Ouvrage réalisé sous la direction de
Michel Delattre et Chantal Demonque

Philosophie

Terminale L

Alain Consil
agrégé de philosophie
enseigne à Verneuil-sur-Seine

Michel Delattre
agrégé de philosophie
enseigne à Antony

Michèle Deléger
certifiée de philosophie
enseigne à Mantes-la-Jolie

Chantal Demonque
certifiée de philosophie
enseigne à Antony

Jean-Jacques Guinchard
certifié de philosophie
enseigne à Ermont

Pierre Kahn
maître de conférences,
enseigne à Versailles

Avec la collaboration de **Jean-François Ragot**
agrégé de philosophie, enseigne à Nogent-sur-Oise

HATIER

Coordination éditoriale : Claire Dupuis
Correction : Sylvie Ambroggi avec la collaboration de Christine Desnos
Iconographie : Brigitte Célérier assistée de Magali Girodet/Hatier illustration
Conception graphique : Créations Dumas
Réalisation : Alinéa

Avant-propos

Conforme au programme entré en vigueur à la rentrée 2003, cet ouvrage présente les caractéristiques généralement exigées d'un manuel de philosophie destiné aux classes de lycée et s'efforce de répondre au mieux aux attentes des professeurs et à celles de leurs élèves.

Les notions au programme

La partie essentielle demeure une anthologie de **textes philosophiques**. Beaucoup de ces textes ont été choisis pour leur caractère classique, c'est-à-dire pour leur pouvoir, éprouvé par la tradition, d'attirer l'attention sur un aspect essentiel ou problématique de la notion ou des notions étudiées. Ce choix a été fait en gardant toujours à l'esprit le caractère « élémentaire » de l'enseignement philosophique dispensé au lycée, qui vise non à former de futurs philosophes professionnels, mais à aborder les grands problèmes relevant d'une culture philosophique générale. Dans la plupart des chapitres, on trouve des textes dont l'édition française est récente. Le renouvellement des auteurs proposés par le programme et le souci de ne pas négliger les apports de quelques travaux récents expliquent l'apparition de ces textes moins connus. Nous avons accordé le plus grand soin au choix des éditions et des traductions : cohérence d'un chapitre à l'autre, rigueur et lisibilité des textes proposés. Cela ne signifie évidemment pas qu'ils puissent tous être abordés sans l'aide du professeur.

Chaque extrait est précédé d'une brève présentation et accompagné de quelques notes le plus souvent lexicales, qui visent à faciliter sa lecture par l'élève mais ne dispensent pas du travail fait en classe.

La présentation du programme n'invite ni à une étude exhaustive de chaque notion, ni à leur traitement successif. Considérant cependant la liberté qu'un manuel scolaire doit laisser aux choix du professeur, nous ne nous sommes pas autorisés à proposer d'autres notions ou regroupements de notions que ceux du programme officiel. C'est au professeur qu'il appartient de circuler comme il l'entend entre les chapitres et entre les parties du manuel. Un système de **renvois** aussi nombreux que possible, ainsi qu'un **index** en fin d'ouvrage devraient faciliter cette circulation.

Chaque **chapitre** est ordonné de façon identique, afin de permettre un usage personnel du manuel par l'élève. À son intention, une brève **présentation** (quatre à six pages), écrite le plus simplement possible, met en évidence les grandes questions abordées par le chapitre. En **ouverture** du chapitre, un texte choisi, sauf exception, hors du champ spécifiquement philosophique manifeste que les problèmes abordés tirent bien leur source d'une expérience de la réalité.

Chaque grande **partie** du programme *(Le sujet, La culture, La raison et le réel, La politique, La morale)* est elle-même introduite par une brève présentation de fils conducteurs possibles entre les chapitres. Là encore, nous nous en sommes tenus à l'essentiel, sans jamais déterminer la façon dont l'enseignement sera organisé.

Chacune de ces grandes parties s'achève par un **dossier documentaire** établissant la relation entre des questions philosophiques abordées dans les chapitres et d'autres domaines de la culture : sciences exactes, sciences humaines, réflexion éthique, droit, histoire... Ces dossiers n'ont évidemment pas la prétention d'épuiser le sujet qu'ils évoquent, mais montrent en quelques pages que la philosophie n'aborde pas des problèmes qu'elle serait seule à pressentir, ce qui en ferait une discipline éloignée des préoccupations de tout honnête homme. Il s'agit, très modestement, de manifester aux élèves que, comme le dit le programme, l'enseignement philosophique « ouvert aux autres disciplines [...] contribue ainsi à former des esprits autonomes, avertis de la complexité du réel et capables de mettre en œuvre une conscience critique du monde contemporain ».

Les repères

Le nouveau programme ajoute aux notions une liste de **repères** dont le choix se justifie par le fait qu'ils sont nécessaires à « la mise en forme d'une pensée rigoureuse » ou parce qu'ils opèrent « des distinctions conceptuelles accréditées dans la tradition et, à ce titre, constitutives d'une culture philosophique élémentaire ». Ces repères ne sont pas destinés à être étudiés en eux-mêmes, mais à prendre place au sein du travail sur les notions, dans le cadre de problématiques qu'ils aident à comprendre et à formuler.

Nous en proposons deux approches. Au fil des chapitres, nous avons systématiquement signalé des références à ces repères, dans les présentations et dans les textes. En outre, en fin d'ouvrage, une présentation de chaque repère est proposée aux élèves. Volontairement simple, cette présentation n'a pas cherché à épuiser tous les sens possibles. Elle expose, en s'appuyant aussi souvent que possible sur des exemples clairs, à la fois les liens et les écarts entre l'usage courant de la langue et la terminologie philosophique. Elle signale les usages philosophiques les plus fréquents. Le cas échéant, elle renvoie rapidement à une doctrine ou à un auteur qui a fait du repère considéré un usage très spécifique.

La préparation technique de l'examen

Une attention particulière a été portée à la préparation technique des épreuves du baccalauréat. Une partie méthodologique de **préparation au bac** propose aux élèves une présentation de la dissertation et de l'explication de texte, suivie d'exercices portant sur des sujets de dissertations ou des extraits philosophiques à expliquer. Le professeur pourra, s'il le souhaite, s'y référer en cours ou y renvoyer ses élèves pour un travail personnel. Il pourra également prendre appui sur les textes qui, au fil des chapitres, sont suivis de questions.

Parcours philosophique et chronologique

La classe de terminale n'a pas pour objectif l'enseignement de l'histoire de la philosophie. Les grands textes qui nourrissent la réflexion ne peuvent cependant pas être abordés sans une connaissance minimale du contexte historique et culturel qui les a au moins en partie inspirés. C'est pourquoi les **Parcours philosophique** et **Parcours chronologique** proposent aux élèves les repères historiques dont ils auront besoin. Ils n'y trouveront ni une histoire de la philosophie, ni une histoire culturelle exhaustive, mais une sobre présentation dont le seul but est d'éviter à l'élève les anachronismes parfois rencontrés dans les copies.

Nous espérons avoir ainsi fait le nécessaire pour aider au travail dans les classes en proposant un ouvrage simple à utiliser et conforme à l'esprit des études philosophiques au lycée. Si, comme nous l'espérons, ce travail philosophique, jamais facile, s'accompagne de plaisir, nous aurons alors atteint nos objectifs.

Programme

Notions

Le sujet
- La conscience
- L'inconscient
- La perception
- Autrui
- Le désir
- L'existence et le temps

La culture
- Le langage
- L'art
- Le travail et la technique
- La religion
- L'histoire

La raison et le réel
- Théorie et expérience
- La démonstration
- L'interprétation
- Le vivant
- La matière et l'esprit
- La vérité

La politique
- La société
- La justice et le droit
- L'État

La morale
- La liberté
- Le devoir
- Le bonheur

Repères

Absolu/Relatif
Abstrait/Concret
Analyse/Synthèse
Cause/Fin
Contingent/Nécessaire/Possible
Croire/Savoir
En acte/En puissance
En fait/En droit
En théorie/En pratique
Essentiel/Accidentel
Expliquer/Comprendre
Formel/Matériel
Genre/Espèce/Individu
Idéal/Réel
Identité/Égalité/Différence
Intuitif/Discursif
Légal/Légitime
Médiat/Immédiat
Objectif/Subjectif
Obligation/Contrainte
Origine/Fondement
Persuader/Convaincre
Principe/Conséquence
Ressemblance/Analogie
Transcendant/Immanent
Universel/Général/Particulier/Singulier

Auteurs

Platon, Aristote, Épicure, Lucrèce, Sénèque, Cicéron, Épictète, Marc Aurèle, Sextus Empiricus, Plotin, Augustin, Averroès, Anselme, Thomas d'Aquin, Guillaume d'Ockham.

Machiavel, Montaigne, Bacon, Hobbes, Descartes, Pascal, Spinoza, Locke, Malebranche, Leibniz, Vico, Berkeley, Condillac, Montesquieu, Hume, Rousseau, Diderot, Kant.

Hegel, Schopenhauer, Tocqueville, Comte, Cournot, Mill, Kierkegaard, Marx, Nietzsche, Freud, Durkheim, Husserl, Bergson, Alain, Russell, Bachelard, Heidegger, Wittgenstein, Popper, Sartre, Arendt, Merleau-Ponty, Levinas, Foucault.

Sommaire

Notions

Le sujet 12

La conscience 16

Ouverture 18
Butor. Les errements d'une conscience voyageuse
Présentation 20
Textes 25

› 1 | Nature et fonctions de la conscience 25
1 **Descartes.** « Je ne suis pas » : une pensée impossible
2 **Kant.** Ce que la conscience ajoute à la représentation
3 **Bergson.** Le pouvoir de faire des choix
4 **Husserl.** L'« intentionnalité » : toute conscience vise quelque chose
5 **Sartre.** La conscience, un « néant » qui dévoile l'être

› 2 | La prise de conscience de soi 30
6 **Hume.** L'illusion du moi
7 **Kant.** Le pouvoir de dire « je »
8 **Hegel.** Un être qui mène une double existence
9 **Popper.** Le langage, témoin de la conscience

› 3 | Les limites de la conscience 33
10 **Marx** et **Engels.** Remettre la conscience à sa place
11 **Nietzsche.** Un « fantôme d'*ego* »
12 **Freud.** Le moi n'est pas maître dans sa propre maison

L'inconscient 36

Ouverture 38
Freud. Un souvenir d'enfance
Présentation 40
Textes 44

› 1 | Les dessous de la conscience 44
1 **Leibniz.** Les « petites perceptions »
2 **Descartes.** Une fille un peu « louche »
3 **Spinoza.** De l'ignorance à l'illusion

› 2 | Le concept freudien d'inconscient 46
4 **Freud.** Je ne sais jamais tout de moi-même
5 **Dolto.** Le *ça*, le *moi* et le *surmoi*
6 **Freud.** Principe de plaisir et principe de réalité
7 **Lacan.** L'inconscient est le « chapitre censuré » de mon histoire

› 3 | Inquiétante étrangeté de la psychanalyse 50
8 **Alain.** *Je* suis l'unique sujet de mes pensées
9 **Sartre.** Contre l'hypothèse de l'inconscient
10 **Freud.** La psychanalyse ne menace pas la conscience

La perception 54

Ouverture 56
Maupassant. Un organe de plus ou de moins...
Présentation 58
Textes 62

› 1 | Le procès de la sensation et du corps 62
1 **Platon.** Le corps, tombeau de l'âme
2 **Sextus Empiricus.** Les sens ne disent rien de certain sur ce qui existe...
3 **Sextus Empiricus.** ... mais il faut néanmoins se fier à eux dans la vie quotidienne
4 **Épicure.** La sensation en elle-même est toujours vraie
5 **Spinoza.** Ce ne sont pas les sens qui nous trompent

› 2 | Percevoir, juger, imaginer 65
6 **Descartes.** La perception d'une chose est un jugement
7 **Berkeley.** L'immatérialisme : être, c'est être perçu
8 **Alain.** Contre une vision naïve de la perception

› 3 | Apprendre à percevoir 68
9 **Diderot.** Percevoir, c'est le fruit d'un long apprentissage
10 **Merleau-Ponty.** Le corps propre, condition de la représentation du monde

Autrui 70

Ouverture 72
Sartre. L'enfer, est-ce les autres ?
Présentation 74
Textes 78

› 1 | L'« insociable sociabilité » 78
1 **Hobbes.** D'où vient la méchanceté envers autrui ?
2 **Rousseau.** Tout homme a naturellement « pitié » de son semblable
3 **Kant.** Autrui : insupportable mais indispensable

›2| Autrui nécessaire à la construction de soi 81

4 **Tournier.** Pas de conscience du monde sans confrontation avec autrui

5 **Hegel.** La conscience de soi se reconnaît dans « l'autre moi »

6 **Levinas.** Nécessité de la reconnaissance réciproque

›3| Intersubjectivité et construction commune de l'humanité 83

7 **Hume.** La solitude complète est la plus grande des punitions

8 **Lévi-Strauss.** Les autres sont-ils vraiment tous des hommes ?

9 **Merleau-Ponty.** Dialoguer pour mieux penser

Le désir 86

Ouverture 88

Molière. Vanité du désir de toute-puissance

Présentation 90

Textes 94

›1| Le désir est l'essence de l'homme 94

1 **Spinoza.** L'homme, un être de désir

2 **Schopenhauer.** L'impossible satisfaction des désirs

3 **Hegel.** Désir, conscience et liberté

›2| Désir, manque, besoin 97

4 **Platon.** Le mythe d'Aristophane

5 **Épicure.** Désirs nécessaires et désirs conditionnels

6 **Bataille.** Besoins nécessaires et « dépenses improductives »

›3| Désir, raison et volonté 100

7 **Épictète.** La volonté, reine des facultés ?

8 **Descartes.** Changer ses désirs plutôt que l'ordre du monde

9 **Nietzsche.** En finir avec la haine du désir

L'existence et le temps 102

Ouverture 104

Borges. Une expérience de l'éternité

Présentation 106

Textes 110

›1| Le mode d'être du temps, essais de définition 110

1 **Sextus Empiricus.** Qu'est-ce donc que le temps ?

2 **Platon.** « Une image mobile de l'éternité »

3 **Plotin.** Le temps est la vie éclatée de l'âme

4 **Augustin.** Y a-t-il vraiment trois temps ?

›2| Temps subjectif et temps objectif 113

5 **Leopardi.** Le temps n'est pas une chose

6 **Kant.** Le temps, forme *a priori* de la sensibilité

7 **Bergson.** Temps et durée

8 **Arendt.** L'expérience vécue de la durée d'une année

›3| L'existence dans le temps 117

9 **Beauvoir.** L'existence est la présence au monde

10 **Malebranche.** La fuite dans la nouveauté

11 **Marc Aurèle.** L'existence n'a qu'un seul temps

dossier documentaire 120
Philosophie et neurosciences

1 L'esprit des philosophes et celui des scientifiques (**Imbert**)

2 Le cerveau entre imagination et imagerie (**Descartes, Jeannerod**)

3 « Le cerveau est un générateur d'hypothèses » (**Berthoz**)

2 La culture 128

Le langage 132

Ouverture 134

Garcia Marquez. Quand l'écriture vole au secours de la mémoire

Présentation 136

Textes 140

›1| Nécessité de la communication 140

1 **Joëlle Proust.** Que faut-il entendre par langage ?

2 **Rousseau.** Pourquoi les hommes se sont mis à parler

3 **Descartes.** Le langage est le propre de l'homme

4 **Hegel.** Pensée et langage sont indissociables

5 **Merleau-Ponty.** « Toute pensée vient des paroles et y retourne »

›2| Langage et langue 145

6 **Descartes.** Les mots ne ressemblent pas aux choses

7 **Saussure.** Le signe linguistique est arbitraire

8 **Benveniste.** Signification et convention

9 **Wittgenstein.** L'usage des mots fonctionne comme un calcul

›3| Pouvoirs des mots 147

10 **Christophe.** Un système de communication « productif » à l'infini

11 **Nietzsche.** Le concept d'Être n'est qu'une invention du langage

12 **Goody.** L'écriture au service de la raison

13 **Platon.** Parole et domination

L'art 152

Ouverture 154

Vasari. Paolo Uccello, mélancolique inventeur de la perspective en peinture

Présentation 156

Textes 164

1 L'art doit-il imiter ou réinventer la réalité ? 164

1 **Platon.** Des imitations trompeuses de la réalité
2 **Panofsky.** Distinguer création artistique et recherche scientifique
3 **Hegel.** L'imitation parfaite de la nature n'est pas le but de l'art
4 **Klee.** La peinture moderne construit le réel avant de le représenter
5 **Léger.** « L'art consiste à inventer et non à copier »
6 **Diderot.** L'art du comédien ne consiste pas à singer la réalité
7 **Danto.** En transfigurant les objets, l'art crée de la réalité

2 Le mystère de la création et le travail de l'artiste 174

8 **Platon.** L'inspiration poétique
9 **Nietzsche.** Les limites de la notion de génie
10 **Kant.** Les beaux-arts sont des arts de génie
11 **Boulez.** L'œuvre dépasse les intentions de l'artiste
12 **Jankélévitch.** Le savoir-faire ineffable de l'artiste

3 Les œuvres d'art face à leur public 179

13 **Hegel.** Le fond et la forme
14 **Freud.** Le plaisir à l'œuvre
15 **Marx.** L'enfance de l'art
16 **Benjamin.** Du temps de l'œuvre à l'ère des reproductions techniques
17 **Malraux.** Initiés et profanes face aux œuvres d'art

Le travail et la technique 186

Ouverture 188

Haraszti. Un îlot de liberté dans l'atelier

Présentation 190

Textes 196

1 Le monde humain structuré par le travail et la technique 196

1 **Marx.** Entre l'homme et la nature, le travail
2 **Mauss.** Utiliser son propre corps comme instrument
3 **Simondon.** La technique est différente du travail
4 **Lestel.** Pourquoi les chimpanzés ne travaillent pas

2 Les hommes à la fois divisés et réunis par le travail et la technique ... 200

5 **Platon.** Le mythe de Prométhée
6 **Rousseau.** Coopération et décadence
7 **Smith.** Se spécialiser, condition des échanges
8 **Durkheim.** Dans la division du travail, c'est l'individu qui est gagnant

3 Travail et technique : humanisants ou déshumanisants ? 204

9 **Aristote.** L'esclave, un instrument animé
10 **Freud.** Le travail, une « technique pour conduire sa vie »
11 **Nietzsche.** Le travailleur ou l'individu ?
12 **Arendt.** Une libération qui ne serait qu'une privation
13 **Alain.** Réévaluer la paresse

La religion 208

Ouverture 210

Le jardin d'Éden et le péché originel

Présentation 212

Textes 218

1 Un phénomène culturel diversifié et complexe 218

1 **Leroi-Gourhan.** La religion aux temps préhistoriques
2 **Bergson.** Le paradoxe de l'homme raisonnable et religieux
3 **Durkheim.** Définition de la religion
4 **Pascal.** L'angoisse et la quête de Dieu

2 Religion et philosophie, raison et foi 221

5 **Merleau-Ponty.** Le rapport ambigu du philosophe avec la religion instituée
6 **Averroès.** La philosophie au service de la théologie
7 **Spinoza.** L'interprétation des textes religieux
8 **Rousseau.** L'humble culte du cœur
9 **Kant.** Superstition et exaltation : les deux folies religieuses
10 **Alain.** Les rituels, fruits de la raison

3 Quel avenir pour la religion ? 227

11 **Pascal.** Le dieu de la religion n'est pas celui des philosophes
12 **Marx.** L'opium du peuple
13 **Freud.** La crise d'adolescence de l'humanité
14 **Eliade.** La religiosité inconsciente de l'homme areligieux
15 **Nietzsche.** « Dieu est mort ! »

L'histoire 232

Ouverture 234

Lavisse. L'enseignement de l'histoire : une éducation morale et patriotique

Présentation 236

Textes 240

❯1 La connaissance historique 240
1 **Marrou.** L'histoire vise une vérité
2 **Ricœur.** La « bonne » subjectivité de l'historien
3 **Braudel.** Les différents temps de l'histoire
4 **Foucault.** Il n'existe pas d'histoire globale

❯2 Histoire et mémoire 243
5 **Machiavel.** Les leçons de l'histoire
6 **Nietzsche.** Le poids du passé empêche de vivre
7 **Kundera.** L'histoire, une lutte contre l'oubli
8 **Veyne.** Le savoir historique n'est pas la mémoire collective

❯3 Les philosophies de l'histoire 247
9 **Comte.** La loi des trois états
10 **Marx.** Le matérialisme historique
11 **Bergson.** L'illusion du déterminisme historique : le mirage du présent dans le passé
12 **Hegel.** Les passions individuelles sont l'instrument de la réalisation de l'universel
13 **Kant.** Le progrès dans l'histoire est un devoir moral

dossier documentaire 254
La culture et les cultures
1 La culture au service des besoins de l'homme (**Malinowski, Lévi-Strauss**)
2 Culture, société, institutions (**Bruner**)
3 Patrimoine culturel et position sociale (**Bourdieu, Hoggart, Ernaux**)

3 La raison et le réel 262

Théorie et expérience 266

Ouverture 268
Piaget. La physique spontanée des enfants
Présentation 270
Textes 274

❯1 L'expérience juge de la théorie ? 274
1 **Bernard.** Les deux sens du mot « expérience »
2 **Hume.** Le scepticisme est réfuté par l'expérience de la vie
3 **Platon.** Le monde sensible est un jeu d'ombres
4 **Bachelard.** L'obstacle de l'expérience première
5 **Kant.** Aucune expérience ne réfutera jamais la valeur d'une idée morale

❯2 L'empirisme en débat 280
6 **Locke.** L'esprit est une table rase
7 **Condillac.** Comment les idées viennent aux statues
8 **Kant.** La science est une construction de la raison

❯3 La méthode expérimentale 282
9 **Bachelard.** La construction du fait scientifique
10 **Comte.** De la théorie à l'observation... et retour
11 **Duhem.** Une théorie physique n'est pas une explication de la réalité
12 **Popper.** Une théorie scientifique doit pouvoir être réfutée

La démonstration 286

Ouverture 288
Vallès. Dieu démontré par des haricots
Présentation 290
Textes 294

❯1 La logique, science de la démonstration 294
1 **Blanché.** Vérité des propositions et validité des raisonnements
2 **Descartes.** Les règles de la méthode
3 **Leibniz.** Le syllogisme, un « art d'infaillibilité »

❯2 Les limites de la démonstration 297
4 **Pascal.** Toute démonstration suppose des indémontrables
5 **Diderot.** Un fait suffit pour ruiner une démonstration
6 **Hume.** Nos raisonnements sur les faits ne sont pas démonstratifs
7 **Russell.** La science repose sur l'induction, non sur la démonstration
8 **Toulmin.** La logique et l'homme de la rue

L'interprétation 302

Ouverture 304
Descola. Rêves prémonitoires en Amazonie
Présentation 306
Textes 310

❯1 Interpréter, c'est choisir 310
1 **Freud.** Le superstitieux et le paranoïaque
2 **Lévi-Strauss.** La parole donne un sens
3 **Nietzsche.** Le sens de la vie, ou une raison de souffrir ?

❯2 Les domaines de l'interprétation 313
4 **Galilée.** Défendre la raison sans attaquer la foi
5 **Aron.** Interpréter les faits humains pour les comprendre
6 **Freud.** L'analyse d'un rêve
7 **Jouvet.** Le rêve : une fonction plutôt qu'un sens

❯3 Les philosophes, interprètes du monde 316
8 **Nietzsche.** Vrais motifs et motifs agissants
9 **Ricœur.** Toute lecture est interprétation

Le vivant 318

Ouverture 320
Foucault. Le monde est un livre de magie
Présentation 322
Textes 326

1 Le problème de la connaissance du vivant ... 326
1 Spinoza. L'illusion finaliste
2 Bernard. Les « faits de finalité » des êtres vivants
3 Grassé. L'évolution, un processus orienté
4 Bernard. Le déterminisme complexe des êtres vivants
5 Monod. Le vitalisme est un asile de l'ignorance

2 La connaissance du vivant entre physique et métaphysique ... 329
6 Bonnet. Le miracle de la vie
7 Bichat. La vie est ce qui résiste à la mort
8 Descartes. Les animaux-machines
9 La Mettrie. L'homme-machine
10 Kant. Les limites du mécanisme

3 Biologie et éthique ... 334
11 Vacquin. Inquiétante génétique ?
12 Dagognet. Le mythe de la nature : éloge de la biotechnologie

La matière et l'esprit 336

Ouverture 338
Wilde. Méditation sur un visage
Présentation 340
Textes 345

1 Le recours à la notion d'esprit ... 345
1 Aristote. La matière : un principe insuffisant
2 Platon. Critique du matérialisme d'Anaxagore
3 Lucrèce. Matérialité de l'âme et de l'esprit

2 L'âme et le corps ... 348
4 Descartes. Nature et distinction de l'âme et du corps
5 Descartes. L'union de l'âme et du corps
6 Spinoza. « L'Esprit et le Corps, c'est une seule et même chose... »
7 Diderot. La matière est sensible

3 Du mode d'existence de la matière et de l'esprit ... 352
8 Berkeley. L'immatérialisme
9 Kant. La matière : un concept métaphysique nécessaire à la science de la nature
10 Ryle. L'esprit n'est pas un « fantôme dans la machine »
11 Russell. Le physique et le mental

La vérité 356

Ouverture 358
Hugo. Un mensonge plus noble que la vérité
Présentation 360
Textes 364

1 La recherche de la vérité en question ... 364
1 Platon. La méthode socratique
2 Descartes. Le doute, méthode de vérité
3 Sextus Empiricus. Nos représentations subjectives n'ont pas de valeur objective
4 Russell. Pour un scepticisme modéré

2 Le problème de la définition et des critères de la vérité ... 368
5 Austin. Une critique de la vérité-correspondance
6 Arnaud et Nicole. La lumière de l'évidence est suffisante
7 Hume. Il existe deux sortes de vérités

3 La vérité comme valeur ... 370
8 Descartes. Ne pas nous tromper dépend de nous
9 Freud. L'illusion est autre chose que l'erreur
10 Kant. Le devoir de vérité
11 Nietzsche. La volonté de vérité en question

dossier documentaire 374
Science et société
1 La révolution scientifique moderne : une mathématisation du réel (Koyré)
2 La science, promesse de maîtrise du monde (Descartes)
3 La science, moteur du progrès humain et social (Berthelot)
4 Science et démocratie : l'alliance rompue (Lévy-Leblond)
5 La science inquiétante (Jonas)
6 La sociologie désacralise la science et les savants (Latour et Woolgar)
7 La peur du progrès scientifique est irrationnelle (Onfray)

4 La politique 382

La société 386

Ouverture 388
Declerck. Ambiguïtés de la notion d'exclusion
Présentation 390
Textes 394

1 Les échanges sont l'état de société même ... 394
1 Lévi-Strauss. L'échange est le lien social fondamental
2 Lévi-Strauss. L'interdit de l'inceste institue le lien social
3 Mauss. Dons et contre-dons

❯2| La sociabilité est-elle naturelle ? 396
4 **Platon.** Une genèse de la société
5 **Rousseau.** La sociabilité de l'homme est un effet de la société
6 **Schopenhauer.** L'insociable sociabilité

❯3| Les contradictions de la société dépassées dans l'État ? 399
7 **Clastres.** La société primitive contre l'apparition de l'État
8 **Locke.** L'état de nature : un premier état social habité par des contradictions
9 **Hegel.** La société civile et la spirale des besoins antagonistes

[La justice et le droit] 402
Ouverture 404
Kafka. La justice frappe à la porte
Présentation 406
Textes 411

❯1| Justice et légalité 411
1 **Sophocle.** Le conflit des lois
2 **Thomas d'Aquin.** Justice divine et justice terrestre
3 **Platon.** Le respect des décisions de justice
4 **Kant.** Il faut distinguer le droit et la morale

❯2| La recherche d'une norme du droit 414
5 **Pascal.** De la valeur des coutumes
6 **Rousseau.** Le droit du plus fort
7 **Hobbes.** L'idée de droit naturel
8 **Kelsen.** La norme du droit, c'est le droit
9 **Rawls.** La justice comme équité

❯3| L'exercice de la justice 418
10 **Hegel.** Le nécessaire recours à la légalité
11 **Rousseau.** Le recours à la volonté générale
12 **Aristote.** L'équité : une justice des situations singulières
13 **Aristote.** Égalité numérique ou égalité selon le mérite

[L'État] 422
Ouverture 424
Lamartine et **Tocqueville.** Le suffrage universel
Présentation 426
Textes 429

❯1| L'État : nature ou convention ? 429
1 **Aristote.** L'homme est un animal politique
2 **Rousseau.** La société politique n'est pas une grande famille
3 **Hobbes.** Un pacte social qui est un pacte de soumission
4 **Rousseau.** Le contrat social est un pacte d'association

❯2| Les limites de l'État 433
5 **Hegel.** Critique de l'idée de contrat social
6 **Engels.** L'État, instrument de la classe dominante
7 **Clastres.** La société contre l'État
8 **Tocqueville.** Les dangers de la démocratie
9 **Arendt.** La propagande, instrument du totalitarisme
10 **Kant.** Le dépassement de l'État : vers un État cosmopolitique

dossier documentaire 438
L'opinion publique et les médias
1 Le pouvoir de séduire les foules (**Platon, Aristote**)
2 Rapport contre la liberté de la presse (1830)
3 La liberté d'opinion et de publication (1789)
4 Le pouvoir des journalistes (**Delporte**)
5 Construction de la réalité médiatique et formation de l'opinion (**Champagne**)
6 Politique et communication de masse (**Cluzel**)

5 La morale 446

[La liberté] 450
Ouverture 452
Sophocle. La force du destin
Présentation 454
Textes 459

❯1| La servitude et les illusions de la liberté 459
1 **La Boétie.** La coutume est-elle l'ennemie de la liberté ?
2 **Hume.** La force de l'opinion fonde le pouvoir du gouvernement
3 **Platon.** Confusion de la liberté et de la tyrannie
4 **Descartes.** La liberté n'est pas l'indifférence
5 **Spinoza.** L'ignorance des causes qui nous déterminent
6 **Cicéron.** Les méfaits de la croyance au destin

❯2| La liberté, une conquête de l'esprit ? 465
7 **Kant.** Nécessité et liberté
8 **Sartre.** L'homme n'est que ce qu'il se fait
9 **Kant.** Autonomie et liberté morale
10 **Alain.** La pensée libre résiste à l'opinion dominante

❯3| Vivre et agir librement 469
11 **Arendt.** La liberté est toujours politique
12 **Rousseau.** De la liberté naturelle à la liberté civile
13 **Hegel.** C'est l'État qui institue les libertés
14 **Tocqueville.** Égalité et liberté

Le devoir 472

Ouverture 474
Poe. L'attrait du mal
Présentation 476
Textes 480

› 1 | Un difficile apprentissage 480
1 **Bergson.** Le souvenir du fruit défendu
2 **Kant.** La discipline
3 **Brentano.** Les fausses justifications de la loi morale

› 2 | Le devoir et la volonté 482
4 **Descartes.** La générosité : du bon usage de la volonté
5 **Kant.** Tous nos devoirs moraux dérivent d'une loi fondamentale
6 **Kant.** Agir par devoir et agir conformément au devoir
7 **Sénèque.** C'est l'intention qui compte

› 3 | La morale à l'œuvre 485
8 **Nietzsche.** La morale du ressentiment
9 **Arendt.** La dangereuse conception du devoir du fanatique
10 **Kant.** Morale et religion

Le bonheur 488

Ouverture 490
Rousseau. Le bonheur d'exister
Présentation 492
Textes 496

› 1 | Définir le bonheur 496
1 **Kant.** Le bonheur, un idéal de l'imagination
2 **Schopenhauer.** Le malheur irréductible : de la souffrance à l'ennui
3 **Mill.** Le bonheur digne de l'homme

› 2 | La sagesse ou l'art d'être heureux 498
4 **Épicure.** Le bonheur est le plaisir bien compris
5 **Épictète.** Le bonheur réside dans la volonté libre
6 **Descartes.** Les illusions ne rendent pas heureux
7 **Rousseau.** L'esclavage du pouvoir

› 3 | Être heureux : un devoir et un droit ? 502
8 **Alain.** Le bonheur des uns fait le bonheur des autres
9 **Kant.** Contre le paternalisme
10 **Bourdieu.** Grande misère et petites misères...

dossier documentaire 504
Esclavage et dignité humaine
1 L'esclavage est-il contre nature ? (**Aristote, Rousseau**)
2 De l'esclavage des nègres (**Montesquieu**)
3 Extraits du Code noir (1685)
4 L'inversion des causes et des effets (**Schœlcher**)
5 L'argument moral contre le calcul économique (**Schœlcher**)
6 Décret du 27 avril 1848 (abolition de l'esclavage)

Repères

Absolu | Relatif 512
Abstrait | Concret 512
Analyse | Synthèse 513
Cause | Fin 513
Contingent | Nécessaire | Possible 514
Croire | Savoir 514
En acte | En puissance 515
En fait | En droit 516
En théorie | En pratique 516
Essentiel | Accidentel 517
Expliquer | Comprendre 517
Formel | Matériel 518
Genre | Espèce | Individu 518
Idéal | Réel 519
Identité | Égalité | Différence 519
Intuitif | Discursif 520
Légal | Légitime 520
Médiat | Immédiat 521
Objectif | Subjectif 521
Obligation | Contrainte 522
Origine | Fondement 522
Persuader | Convaincre 523
Principe | Conséquence 523
Ressemblance | Analogie 524
Transcendant | Immanent 524
Universel | Général | Particulier | Singulier 525

Préparation au bac

Descriptif de l'épreuve 526

Exemple d'aide à la construction d'une dissertation 530

Exemple d'aide à la construction d'une explication de texte 532

Dissertation
Peut-on ne pas être soi-même ? 534

Explication de texte
Alain. Les animaux n'ont pas de conscience 535

Dissertation
Suis-je ce que mon passé a fait de moi ? 536

Explication de texte
Descartes. Désir et bonheur 537

Dissertation
Peut-on soutenir que le désir est l'essence de l'homme ? 538

Explication de texte
Descartes. Passion, raison et bonheur 539

Dissertation
Prendre son temps, est-ce le perdre ? 540

Explication de texte
Aristote. Bienveillance, amitié et relation à autrui ... 541

Dissertation
Dans quelle mesure la maîtrise du langage contribue-t-elle à nous donner du pouvoir sur le monde et sur nos semblables ? 542

Explication de texte
Rousseau. Langage et pensée 543

Dissertation
Est-il légitime qu'une œuvre d'art fasse l'objet d'un échange marchand ? 544

Explication de texte
Sartre. Art et réalité 545

Dissertation
Faut-il avoir peur des machines ? 546

Explication de texte
Marx. Travail et nécessité 547

Dissertation
Est-ce parce qu'ils sont ignorants que les hommes ont des croyances ? 548

Explication de texte
Freud. Fonction et danger de la religion 549

Dissertation
La mémoire suffit-elle à l'historien ? 550

Explication de texte
Schopenhauer. Histoire et répétition 551

Dissertation
Suffit-il de voir pour savoir ? 552

Explication de texte
Arnauld et **Nicole.** Sciences et sagesse 553

Dissertation
La science rend-elle la philosophie inutile ? 554

Explication de texte
Lucrèce. Matérialité de l'esprit 555

Dissertation
La diversité des opinions rend-elle vaine la recherche de la vérité ? 556

Explication de texte
Condorcet. La vérité contre le pouvoir ? 557

Dissertation
Pour bien penser, faut-il ne rien aimer ? 558

Explication de texte
Montesquieu. Échanges, morale et paix sociale 559

Dissertation
Le meilleur des gouvernements est-il celui qui gouverne le moins ? 560

Explication de texte
Kant. Oser penser par soi-même 561

Dissertation
La lucidité est-elle un obstacle au bonheur ? 562

Explication de texte
Kant. Moralité et bonheur 563

Dissertation
Ne fait-on son devoir que par crainte du regard d'autrui ? 564

Explication de texte
Diderot. La liberté : une illusion ? 565

Parcours philosophique
La Grèce antique 566
Antiquité chrétienne et Moyen Âge 570
La Renaissance 572
Le XVIIe siècle 574
Le XVIIIe siècle 577
Le XIXe siècle 581
Le XXe siècle 584

Parcours chronologique 588
Index des notions 596
Index des repères 601
Index des textes par auteur 602

partie 1

Le sujet

Mathieu Bernard-Reymond (né en 1976), série *Vous êtes ici*, 2003.

Le sujet

- La conscience
- L'inconscient
- La perception
- Autrui
- Le désir
- L'existence et le temps

Qui suis-je ? Qui est autrui ?

Ces questions pourtant bien quotidiennes n'admettent, lorsqu'on y réfléchit, que des réponses problématiques. La notion de « sujet », dérivée du latin *subjicere* (« placer sous, subordonner »), rend compte de la complexité de ce qui constitue fondamentalement chacun d'entre nous. Pour que quiconque soit perçu comme un sujet, il faut toujours supposer qu'« en dessous » de son apparence première (en particulier physique), se loge une **conscience** lui permettant de se mettre en relation avec le monde extérieur ainsi qu'avec sa propre réalité et de les **réfléchir**. C'est ce qu'on appelle l'**intériorité**, qui ouvre une perspective unique sur le monde : la **subjectivité**, par opposition aux simples objets inertes, voire aux autres vivants. Mais être des sujets, c'est plus encore : cela suppose une capacité d'**activité**, voire de résistance au réel qui, d'une façon ou d'une autre, nous confère une forme de responsabilité. Le sujet d'un verbe, c'est celui qui agit… Mes pensées, mes actions, mes désirs et même mes perceptions, mes relations avec autrui, mon **existence** renvoient à moi-même en tant que, d'une certaine façon, il est possible de dire que j'en suis, ne serait-ce que partiellement, l'auteur ou du moins le substrat. Je peux aussi décider de m'y soustraire, par exemple par le doute ou l'abstention.

La notion de sujet ne s'inscrit pourtant pas dans un simple rapport de soi à soi ou de soi au monde. Elle engage toujours une relation avec **autrui**. La conscience de soi, la perception du monde, la nature des désirs, si elles se rapportent toujours à un sujet singulier qui en a la **responsabilité** et qui, jusqu'à un certain point, les contrôle, seraient impossibles sans une relation plus ou moins réglée avec d'autres hommes qui habitent avec nous un même monde au sein duquel nous construisons un horizon commun. Les divers sens **politique**, **juridique** et **moral** de la notion de sujet confirment cette dimension collective de la subjectivité, qui nous impose de ne pas considérer les autres comme de simples individus, mais comme des **personnes** dignes d'égards et de respect, dépositaires de droits, parce que chacune d'entre elles est elle-même un sujet (désirant, percevant) ayant vocation à conduire et assumer son existence.

La langue peut nous aider à circonscrire la double face de la notion de sujet ; « traiter un sujet », c'est à la fois chercher à en maîtriser la matière et le soumettre à notre réflexion ; « être sujet » de ses pensées, de ses actions, de ses désirs, c'est à la fois chercher à les contrôler et s'astreindre à les inscrire dans une réalité et une nécessité que nous n'avons pas le pouvoir de soumettre à notre seule volonté ; « traiter quelqu'un en sujet », cela peut aussi bien signifier vouloir être son maître (au sens où un roi a des sujets) que lui accorder la liberté et la dignité auxquelles il a droit (il s'agit alors du sujet moral).
Rien ne manifeste sans doute mieux cette ambivalence permanente de la notion de sujet que l'analyse philosophique des notions d'**existence** et de **temporalité**. Exister, en effet, c'est à la fois être soi et ne pas l'être ; c'est être en soi et en même temps être hors de soi – et cela ne peut être que le fait d'un sujet conscient. De la même façon, pouvoir s'inscrire dans le temps, c'est à la fois « être là » et ne pas y être : c'est avoir la capacité de se rapporter à quelque chose qui n'est pas là, n'y est plus, ou alors pas encore... On comprend que le temps ait souvent été considéré à la fois comme signe de la **finitude** du sujet humain, mais aussi de sa puissance d'action sur le réel.
Nous sommes donc toujours sujets en un double sens du mot. Positivement, parce que nous avons un pouvoir de conscience, d'activité **autonome**, de contrôle relatif, de résistance à l'altérité. Négativement, parce que ces divers pouvoirs rencontrent toujours des limites : nous ne contrôlons pas tout, nos relations avec les autres sont à la fois des points d'appui et d'enrichissement, des repères et des bornes. Si l'on reconnaît la pertinence du concept psychanalytique d'**inconscient**, nous ne nous contrôlons même pas totalement nous-mêmes, puisque des forces dont le contrôle nous échappe peuvent orienter à notre insu nos propres pensées et actions.
La sagesse consiste alors peut-être à accorder sa juste part à cette activité dont nous sommes capables d'assumer la responsabilité, faute de quoi nous nous exposerions à la **lâcheté** et à la mauvaise foi, sans prétendre dominer ce qui nous dépasse inéluctablement – autre forme d'inconscience qui nous condamnerait à la vanité et à l'**illusion**.

Partie I Le sujet

La conscience

Ouverture

Butor. Les errements d'une conscience voyageuse 18

Présentation

20

Textes

25

1 Nature et fonctions de la conscience

1 **Descartes.** « Je ne suis pas » : une pensée impossible 25
2 **Kant.** Ce que la conscience ajoute à la représentation 26
3 **Bergson.** Le pouvoir de faire des choix 26
4 **Husserl.** L'« intentionnalité » : toute conscience vise quelque chose 28
5 **Sartre.** La conscience, un « néant » qui dévoile l'être 29

2 La prise de conscience de soi

6 **Hume.** L'illusion du moi 30
7 **Kant.** Le pouvoir de dire « je » 31
8 **Hegel.** Un être qui mène une double existence 32
9 **Popper.** Le langage, témoin de la conscience 33

3 Les limites de la conscience

10 **Marx et Engels.** Remettre la conscience à sa place 33
11 **Nietzsche.** Un « fantôme d'*ego* » 34
12 **Freud.** Le moi n'est pas maître dans sa propre maison 35

Gladys, *Le Mur jaune*, 1995, Paris.

ouverture

Michel Butor

Les errements d'une conscience voyageuse

Nous faisons tous régulièrement l'expérience des tentations permanentes de divagation de notre pensée : nos rêveries à l'occasion d'un voyage en sont un bon exemple. L'écrivain Michel Butor adopte dans son roman *La Modification* une écriture épousant les mouvements désordonnés et imprévisibles de la conscience du personnage-narrateur qui se trouve en cours de trajet dans un train.

Au-delà de la fenêtre de plus en plus embuée, vous sentez que tombe toujours la neige, mais un peu moins drue. Passe une gare dont vous ne pouvez lire le nom.

Vous vous redressez, courbatu, déjà fatigué, songeant qu'il va falloir subir encore toute une nuit à cette place dure. Vous regardez votre montre : il n'est que trois heures et demie, encore près d'une heure avant la frontière, encore quatorze heures avant l'arrivée. Voici que passe un court tunnel.

Un des deux garçons veut sortir, c'est le plus âgé, c'est Henri[1], c'est ainsi que sera Henri dans un ou deux ans, mais mieux mis, plus élégant, parce que vous lui avez donné une bien meilleure éducation, certes un peu moins costaud, mais ce n'est pas cela qui le gênera avec les diplômes qu'il aura, et le fait que vous soyez séparé de sa mère ne vous empêchera pas de continuer à le voir quand vous voudrez, quand cela vous plaira à tous les deux, au lieu que cela soit cette pesante obligation chaque soir à table, au lieu que ce soit dans cette pesante et bruyante cohabitation, de continuer à surveiller ses études, de le pousser dans la vie un peu plus tard, de lui donner tout l'appui possible,

ne l'empêchera pas de vous rendre visite quand vous serez installé avec Cécile[2], de venir déjeuner chez vous, de vous emmener voir de quelle façon il aura arrangé sa chambre, quinze place du Panthéon, un jour où il saura qu'Henriette[3] est sortie ;

le fait que vous soyez séparé de sa mère ne vous empêchera pas au bout d'un certain temps, vous savez que cela ne pourra pas vous en empêcher, de venir la voir quelquefois ; vous vous cacherez de Cécile.

Voici que passe un autre tunnel un peu plus long.

Il faut fixer votre attention sur les objets que voient vos yeux, cette poignée, cette étagère, et le filet avec ces bagages, cette photographie de

1. Henri est le fils du narrateur, auquel il assimile le garçon du compartiment.
2. Cécile est la maîtresse du narrateur.
3. Henriette est l'épouse du narrateur.

montagnes, ce miroir, cette photographie de petits bateaux dans un port, ce cendrier avec son couvercle et ses vis, ce rideau roulé, cet interrupteur, cette sonnette d'alarme,

sur les personnes qui sont dans ce compartiment, ces deux ouvriers italiens, le signor Lorenzo Brignole, Agnès et Pierre qui commencent à bâiller un peu et se replongent courageusement dans leurs lectures après s'être donné de petits baisers sur les tempes, sur ce garçon, le plus jeune des deux, qui essuie la buée sur la vitre avec sa manche,

afin de mettre un terme à ce remuement intérieur, à ce dangereux brassage et remâchage de souvenirs ;

ce n'est plus à Henri qu'il faut penser, mais c'est à ce jeune homme qui vient de sortir, ou à son frère près de la fenêtre à qui Thomas[4] ne ressemblera sûrement pas dans quelques années, et que vous pourriez appeler André maintenant que le neveu de la veuve est sorti et que ce prénom reste libre, Sant'Andrea della Valle, un prénom que vous avez toujours aimé et que vous auriez sûrement donné à votre troisième fils (mais après Jacqueline vous n'avez plus voulu d'autre enfant), à ces deux garçons qui doivent rentrer dans leur village de montagne après avoir passé une semaine dans une école technique ou plutôt commerciale de Chambéry, une semaine qui s'est terminée cette fois le vendredi à midi, parce qu'il s'est passé quelque chose chez eux ? parce que leurs parents ont téléphoné le matin pour qu'ils reviennent ? ou bien simplement parce qu'ils remontent tous les soirs et qu'aujourd'hui, un professeur étant malade, les cours de l'après-midi ont été supprimés ?

Voici que passe encore un tunnel ; le lampadaire du plafond s'allume.

Michel Butor, *La Modification* (1957),
Éd. de Minuit, p. 155-157.

4. Thomas est l'autre fils du narrateur.

Alain Fleischer (né en 1944),
Ciel n° 13, série *Les Voyages parallèles*, 1991.

La conscience
Présentation

« Le pire état de l'homme, c'est quand il perd la connaissance et gouvernement de soi », affirme Montaigne[1]. La conscience est ainsi, pour ce qui concerne la pensée comme pour la conduite de la vie, promue au rang de ce qu'il y a d'essentiel dans l'humain – ce dont chacun doit prendre le plus grand soin. Pourtant, cette possession de la conscience est loin d'aller de soi. Pas seulement parce qu'elle est le résultat d'une conquête, mais parce que son unité et sa constance sont toujours problématiques[2]. Jusqu'à quel point « possédons »-nous notre conscience et dans quelles limites nous échappe-t-elle ?

I | Nature et fonctions de la conscience

Une relation immédiate à soi et au monde

Textes 1 à 5
Descartes, Kant, Bergson, Husserl, Sartre, p. 25-30.

De la réalité, nous ne saurions rien si nous n'en avions pas conscience. La conscience de soi, d'autrui et du monde, sont d'abord capacité à prendre connaissance. Être conscient, c'est, conformément à l'étymologie latine du mot *(cum scientia)*, **être présent à son savoir**. Il faut cependant distinguer divers degrés, de la conscience « naïve », qui enregistre passivement ce qu'elle vit – et parfois y réagit – sans l'interroger, à la conscience au sens plein, qui donne à l'existence toute sa richesse. Lorsque Descartes, par exemple, fait du *cogito* (« je pense, je suis ») la première certitude du sujet méditant, il affirme que c'est à partir de notre pouvoir de penser que se constitue ce qu'il y a d'essentiel en nous et que se construit notre expérience du monde. À travers le *cogito*, c'est l'espace de ma **subjectivité** qui, dans un premier temps, s'affirme à moi comme plus certain que le monde avec lequel elle est en rapport. C'est à sa façon ce que signale Pascal, lorsqu'il oppose l'immensité du monde à la petitesse de l'homme (« L'homme n'est qu'un roseau, le plus faible de la nature[3] »), mais qu'il affirme néanmoins la supériorité de celui-ci : « La grandeur de l'homme est grande en ce qu'il se connaît misérable ; un arbre ne se connaît pas misérable[4]. » Déjà les stoïciens fondaient la sagesse sur la capacité à gouverner ce qui seul dépend de nous : non le monde extérieur, dont le cours selon eux fatal nous échappe, mais l'espace intime de ce qu'ils nommaient nos « représentations », c'est-à-dire notre conscience[5].

1. *Essais* (1572-1592), livre II, chap. II. 2. Voir l'extrait de *La Modification* de Michel Butor, qui ouvre ce chapitre, p. 18.
3. *Pensées* (1670), éd. Brunschvicg 347, éd. Lafuma 200. 4. *Pensées* (1670), éd. Brunschvicg 397, éd. Lafuma 114.
5. Voir, dans « Le bonheur », le texte 5 d'Épictète, p. 499.

Un pouvoir de réflexion

La conscience est comme un miroir me renvoyant simultanément mon image et celle du monde et me donnant ainsi la possibilité d'en retoucher la figure. Elle ouvre sur une **vie intérieure** qui, d'un même mouvement, révèle la fragilité et la saveur de l'existence. En nous détachant du monde, elle nous en dégage et le soumet partiellement à notre emprise. C'est en effet grâce à la conscience que ce monde devient notre monde, au sens figuré comme au sens propre.

Nos représentations du monde ne sont cependant jamais neutres : son sens est plus ou moins clair selon l'expérience que nous en avons ou non déjà faite[1]. La conscience s'inscrit dans une épaisseur de durée (une mémoire et une capacité à anticiper) et c'est en cela qu'elle nous permet d'interpréter le monde, de tirer les leçons de l'expérience et de faire des choix. Bergson s'efforce ainsi de montrer que partout où il y a vie, il y a conscience : celle-ci est un pouvoir de faire des choix vitaux.

Un pouvoir de décision

Parce qu'elle est faculté de choix réfléchi, la conscience fonde également une responsabilité juridique et morale[2]. La langue française confond en un seul mot la **conscience réflexive** et la **conscience morale** – alors que, sans ignorer ce qui les lie, l'allemand distingue entre *Bewusstsein* (« conscience théorique ») et *Gewissen* (« conscience morale »). Par ses dimensions à la fois théoriques et éthiques, la conscience constitue ce qu'on appelle une **personne** au sens plein et en fonde les **responsabilités**. Être responsable (du latin *res pondere*), c'est savoir « peser les choses » et répondre de ses actions, être celui à qui on les attribue. C'est que la conscience exclut que nos actions soient purement mécaniques : elle n'est pas simple « courant de conscience », car elle ne se résume pas en une chambre d'enregistrement passive. Elle est un **principe d'organisation** de notre expérience et de nos actions.

Contre les « on » impersonnels et lâches, ma conscience fait donc de moi, dans une certaine mesure, « le sujet de moi-même » et m'offre la possibilité de n'être le jouet ni du monde tel qu'il est, ni des préjugés qui l'habitent.

Un mode d'être problématique

Mais le monde de la conscience n'est pas uniforme. Le réel se manifeste à nous, au sein même de la conscience, selon une richesse et une diversité d'expériences. Les choses se présentent en nous comme réelles, imaginaires, perçues, pensées, ressenties, inventées – mais aussi comme passées, présentes, à venir, éternelles, nécessaires, impossibles, inéluctables... En décrivant de façon minutieuse cette organisation complexe des données de la conscience, le courant philosophique de la **phénoménologie**[3] souligne que nous appréhendons toujours la réalité sur le mode de l'intériorité. Même celles de nos représentations qui se distinguent par leur capacité à rendre compte du monde extérieur (les représentations objectives) n'en sont pas moins des **représentations**. Le projet de la phénoménologie est précisément de mettre en évidence les **critères d'objectivité**[4] de ces représentations

1. Voir « La perception », p. 60-61 et les textes 8 à 10, p. 67-69. 2. Voir à ce propos, dans « La justice et le droit », le texte 4 de Kant, p. 413 et, dans « Le devoir », les textes 9 de Arendt, p. 486. 3. Voir les textes 4 de Husserl et 5 de Sartre, p. 28-29. 4. Voir, dans les Repères, « Objectif / Subjectif ».

internes, en décrivant leur façon spécifique de se présenter à la conscience et de se rapporter au monde extérieur. La conscience n'est pas, il est vrai, d'entrée de jeu une connaissance du monde. Mais elle ne saurait non plus être sans aucun objet, tourner à vide, sans devenir une espèce de délire, ne méritant plus alors vraiment le nom de conscience. Toute conscience est une forme de rapport au monde réel, mais de façon ambiguë : car si la conscience n'était que conscience, elle ne serait rien. Mais si elle voulait être « quelque chose », comme le sont les objets dont elle a conscience, elle ne serait pas plus conscience qu'eux... Comme l'exprime Sartre, la conscience est un « néant » ; mais ce néant n'est pas rien, puisque c'est grâce à lui que se manifeste de l'être.

2 | La prise de conscience de soi

Qui suis-je ?

Textes 6 à 9
Hume, Kant, Hegel, Popper,
p. 30-33.

Il n'est donc pas si aisé de saisir immédiatement ce qu'est une **personne** : elle est l'objet d'une expérience incontestable, dont on ne peut pourtant guère rendre compte de façon satisfaisante. Descartes croyait pouvoir déduire de l'expérience du « je pense » que je suis une **chose** pensante. Cela ne va pas de soi. Le philosophe Thomas Hobbes objectait ainsi que c'est comme si je déduisais du fait que je me promène que « je suis une promenade[1] ». L'identité ou l'unité du sujet, dont on ne doute cependant jamais, restent mystérieuse.

Parallèlement, je ne doute pas un instant de l'expérience intime que j'ai de l'existence, de l'unité et de la permanence de ma propre personne à travers le temps et le changement. Et pourtant : quelle expérience aurais-je de moi-même si je n'avais ni pensées ni perceptions ? Par exemple, si l'on se réfère à l'expérience que nous faisons tous du sommeil profond : quelle conscience de moi-même ai-je, lorsque, au cœur de la nuit, mes sens et mon esprit « n'existent plus » ? Que reste-t-il alors du « moi » d'un être qui ne perçoit ni ne pense plus rien ? A-t-il une réelle identité ou n'est-il qu'un mouvement perpétuel d'oubli et de ressaisissement de soi ?

Un pouvoir de synthèse et de dévoilement

En réalité, la conscience n'est pas tant une chose qu'une force dynamique : ce que Kant appelle la fonction « transcendantale[2] » du sujet. La conscience n'est pas une réalité subsistant par elle-même, mais un pouvoir à l'origine de l'acte de penser. Le *cogito* kantien, qui affirme que « le : *je pense* doit nécessairement *pouvoir* accompagner toutes mes représentations[3] », renvoie non à l'expérience d'une chose à penser, mais à la condition de toute pensée. C'est le sens de l'expression « sujet transcendantal » : il n'est pas une « chose pensante », il est un pouvoir préalable de **synthèse**[4] **de nos représentations** qui nous permet de les articuler

1. *Troisièmes objections aux* Méditations métaphysiques *de Descartes* (1641). 2. Voir, dans les Repères, « Transcendant / Immanent ». 3. Kant, *Critique de la raison pure* (1781), « Logique transcendantale », « Analytique des concepts », § 16, trad. A. Renault, Flammarion, coll. « GF », 2001, p. 198. 4. Voir, dans les Repères, « Analyse / Synthèse ».

entre elles et d'assurer ainsi l'unité de la conscience dans la **durée**. Le moi n'existe pas avec certitude indépendamment de ses opérations. Mais grâce à lui, toutes mes expériences sont une seule et même expérience, dont je m'efforce de ressaisir la plus ou moins grande cohérence.

Il n'y a donc pas de conscience subsistant « en arrière » du monde ; il n'y a qu'un sujet qui fait l'épreuve de soi dans l'acte de **dévoilement** de ce qui est. Comme le souligne Heidegger, la conscience n'est pas tant un être qu'un rapport à l'être, un « être-là » *(Dasein)* dont la destinée est d'avoir **souci** de l'être.

Si la conscience n'est pas une substance permanente mais un pouvoir, c'est pourtant bien parce que nous sommes des êtres conscients qu'il est possible de nous considérer comme des personnes, c'est-à-dire comme ayant une identité et une certaine forme de permanence.

La mise à l'épreuve de la conscience par la pratique

Il existe une autre opération nécessaire pour développer la conscience que j'ai de moi-même : celle qui passe par l'action et la confrontation avec le monde extérieur. C'est en faisant l'épreuve de la résistance du réel que je prends conscience de ce réel. Par là même, c'est de moi-même que je prends conscience : ce sont mes propres qualités que je construis en les mettant littéralement **en œuvre**. C'est ce qui se passe lorsque le travail transforme la matière en produit[1], que le langage **fait exister** la pensée[2] ou encore que l'artiste **exprime** son intériorité en l'imprimant sur un matériau sensible[3]. La conscience devient alors production de soi dans le monde extérieur. L'intention et le talent propre du charpentier n'existent que par l'effet produit dans le bois en construisant un meuble de qualité. « Dis-moi ce que tu fais – ou plutôt fais-le – et tu te diras en même temps à toi-même ce que tu es vraiment. »

Autrui est également une condition essentielle du développement que j'ai de la conscience de moi-même, pour le meilleur et pour le pire[4]... Il est la condition de la connaissance que j'ai de moi-même et du monde par la **reconnaissance** qu'il m'accorde. Si la conscience est réflexion, à la façon dont Platon définissait la pensée comme un « dialogue intérieur que l'âme entretient, en silence, avec elle-même[5] », on peut se demander si la structure réflexive de la conscience ne résulte pas d'une intériorisation de la confrontation avec le **point de vue d'autrui**. « C'est, en effet, vis-à-vis des autres qu'on est porté à chercher des preuves, tandis qu'on se croit toujours soi-même d'emblée, avant précisément que les autres ne nous aient appris à discuter les objections et avant qu'on ait intériorisé une telle conduite sous la forme de cette discussion intérieure qui est la réflexion[6] », écrit le psychologue suisse Jean Piaget en soulignant l'égocentrisme[7] enraciné dans l'expérience encore syncrétique[8] de l'enfance. La conscience commence lorsqu'on devient capable d'intégrer le point de vue possible d'une autre conscience dans sa propre intériorité, pour élaborer sa propre pensée.

1. Voir, dans « Le travail et la technique », le texte 1 de Marx, p. 196. 2. Voir, dans « Le langage », les textes 4 de Hegel et 5 de Merleau-Ponty, p. 143-144. 3. Voir, dans « L'art », le texte 13 de Hegel, p. 179. 4. Voir, dans « Autrui », le texte d'ouverture de Sartre, p. 72, et les textes 4 à 6 de Tournier, Hegel et Levinas, p. 81 à 83. 5. *Le Sophiste*, 263e. 6. « Le développement mental de l'enfant », dans *Six études de psychologie* (1964), Denoël-Gonthier, p. 39. 7. L'égocentrisme désigne l'indistinction entre le moi et le monde extérieur. Voir également, dans « L'inconscient », le texte 6 de Freud, p. 49 et, dans « Autrui », le texte 9 de Merleau-Ponty, p. 84. 8. Une représentation syncrétique est une perception globale et confuse.

3 Les limites de la conscience

L'illusion[1] de la souveraineté de la conscience

Textes 10 à 12
Marx et Engels, Nietzsche, Freud, p. 33-35.

Les XIXe et XXe siècles ont infligé au sujet pensant plusieurs blessures narcissiques[2] : l'humanité est à chaque fois atteinte dans sa prétention à la souveraineté. Le marxisme, en élaborant la théorie de l'idéologie, a voulu dénoncer certaines illusions de la conscience[3]. Au sens donné par Marx à ce terme, une **idéologie** est l'ensemble des représentations (morales, religieuses, politiques...) communes à une collectivité, non en raison de leur valeur ou de leur vraisemblance, mais parce qu'elles correspondent à ses intérêts, réels ou imaginaires. Dans une société, l'idéologie de la classe dominante est partagée même par des individus dont elle ne sert pas les intérêts, parce qu'elle s'impose à eux à leur insu – à travers la publicité, les journaux, les *reality shows*... Les hommes croient qu'ils adhèrent librement aux valeurs partagées avec leurs semblables. En réalité, ce sont les conditions matérielles d'existence qui déterminent la conscience, non l'inverse. La conscience ne forme donc pas un monde à part, ayant ses propres lois et son autonomie. Les représentations dominantes ne sont décidées par personne, pas même par les classes dominantes : elles sont déterminées par l'organisation matérielle (économique) de la société et des rapports sociaux qui s'y nouent. La théorie marxiste de l'idéologie dénonce ainsi une **aliénation de la conscience** difficile à contester.

Autre blessure narcissique : celle qui est venue de Nietzsche, dénonçant également l'illusion de la souveraineté de la conscience : « À la surface de notre conscience apparaissent une succession de pensées qui donnent à croire que chacune est la cause de celle qui la suit. En réalité, nous ne voyons pas la lutte qui se livre sous cette surface[4]. » Non seulement la conscience ne serait qu'une vision partielle et déformante du monde mais, de surcroît, loin d'être autonome, elle ne serait que l'effet obscur de la combinaison de nos **instincts**. Pointe visible d'un iceberg aux profondeurs insondables, la conscience serait en outre souvent nuisible : les réussites de l'humanité proviendraient plus souvent d'un instinct aveugle que d'une volonté consciente... Et cette conscience que nous croyons avoir de nous-mêmes se réduit souvent à l'image que, dans un esprit moutonnier, nous allons chercher dans le regard d'autrui.

Enfin, Freud[5], qui repère dans l'histoire de la culture humaine d'autres blessures narcissiques du sujet, explique que la découverte de l'inconscient est une nouvelle atteinte à la souveraineté de la conscience. Si nos pensées et comportements sont en effet en partie déterminés par des **pulsions** échappant à notre conscience, cela signifie que « le moi n'est pas maître dans sa propre maison ».

La conscience n'est donc jamais absolument souveraine. N'en concluons pas pour autant qu'elle est toujours impuissante. Dénoncer les illusions dont elle est porteuse n'invite pas au renoncement, mais plutôt à la vigilance. C'est tout ce qui fait l'intérêt d'une existence. Comme le disait Socrate, que son humilité poussait à répéter inlassablement : « tout ce que je sais c'est que je ne sais rien », il n'en demeure pas moins qu'« une vie sans examen n'est pas humainement vivable[6] ».

1. Sur la différence entre erreur et illusion, voir, dans « La vérité », le texte 9 de Freud, p. 371. 2. Le narcissisme est l'attitude consistant à se complaire dans la contemplation quasi exclusive de soi-même, voire dans l'autosatisfaction. 3. Voir, dans « La religion », le texte 12 de Marx, p. 228, et, dans « L'histoire », le texte 10 de Marx, p. 248. 4. *La Volonté de puissance*, § 91 (1887), t. I, trad. G. Bianquis, Gallimard, coll. « Tel », 1995, p. 40. 5. Voir, dans « L'inconscient », le texte 4, p. 46. 6. Platon (vers 420-340 av. J.-C.), *Apologie de Socrate*, 38a, trad. Cl. Chrétien, Hatier, coll. « Les classiques de la philosophie », 1999, p. 39.

La conscience Textes

I | Nature et fonctions de la conscience

texte 1

Descartes.
« Je ne suis pas » : une pensée impossible

De quoi, à propos de moi-même, puis-je être certain ? Ce qu'on doit retenir du célèbre *cogito*, c'est moins la découverte de la pensée que l'expérience d'une première évidence. On peut, comme Descartes, s'exercer à douter de tout ce qui n'est pas évident. Il restera une vérité indubitable : même si je me trompe sur tout, je ne peux douter que je suis en train de penser.

Je suppose[1] donc que toutes les choses que je vois sont fausses ; je me persuade que rien n'a jamais été de tout ce que ma mémoire remplie de mensonges me représente ; je pense n'avoir aucun sens ; je crois que le corps, la figure, l'étendue, le mouvement et le lieu ne sont que des fictions de mon esprit. Qu'est-ce donc qui pourra être estimé véritable ? Peut-être rien autre chose, sinon qu'il n'y a rien au monde de certain[2].

Mais que sais-je s'il n'y a point quelque autre chose différente de celles que je viens de juger incertaines, de laquelle on ne puisse avoir le moindre doute ? N'y a-t-il point quelque Dieu, ou quelque autre puissance[3], qui me met en l'esprit ces pensées ? Cela n'est pas nécessaire ; car peut-être que je suis capable de les produire de moi-même. Moi donc à tout le moins ne suis-je pas quelque chose ? Mais j'ai déjà nié que j'eusse aucun sens ni aucun corps. J'hésite néanmoins, car que s'ensuit-il de là ? Suis-je tellement dépendant du corps et des sens, que je ne puisse être sans eux ? Mais je me suis persuadé qu'il n'y avait rien du tout dans le monde, qu'il n'y avait aucun ciel, aucune terre, aucuns esprits, ni aucuns corps ; ne me suis-je donc pas aussi persuadé que je n'étais point ? Non certes, j'étais sans doute, si je me suis persuadé, ou seulement si j'ai pensé quelque chose. Mais il y a un je ne sais quel trompeur – très puissant et très rusé, qui emploie toute son industrie à me tromper toujours. Il n'y a donc point de doute que je suis, s'il me trompe ; et qu'il me trompe tant qu'il voudra, il ne saurait jamais faire que je ne sois rien, tant que je penserai être quelque chose. De sorte qu'après y avoir bien pensé, et avoir soigneusement examiné toutes choses, enfin il faut conclure, et tenir pour constant que cette proposition : *Je suis, j'existe*, est nécessairement vraie, toutes les fois que je la prononce, ou que je la conçois en mon esprit.

René DESCARTES, *Méditations métaphysiques* (1641), IIe méditation, Hatier, coll. « Les classiques de la philosophie », 1999, p. 29-30.

1. Descartes résume ici la démarche (le doute systématiquement appliqué à tout ce qui n'est pas certain) qu'il s'est imposée dans la Ire méditation métaphysique, qui précède la découverte de la certitude du *cogito*. Voir, dans « La vérité », le texte 2 de Descartes, p. 366.
2. Rien d'autre ne sera véritable que : « Il n'y a rien au monde de certain. »
3. Allusion à l'hypothèse de l'existence d'un « malin génie » (émise dans la Ire méditation), qui a permis au sujet méditant de douter même des croyances les plus résistantes.

texte 2 Kant. Ce que la conscience ajoute à la représentation

Se représenter quelque chose, est-ce la même chose qu'en avoir conscience ? Kant explique ici que la conscience suppose en réalité déjà un minimum de connaissance de ce qu'est l'objet représenté.

Toute notre connaissance comporte une *double* relation ; d'abord une relation à l'*objet*, ensuite une relation au *sujet*. Au premier point de vue, elle se rapporte à la *représentation* ; au second, à la *conscience*, condition universelle de toute connaissance en général. – (À proprement parler, la conscience c'est une représentation qu'une autre représentation est en moi.)

En toute connaissance, il faut distinguer la *matière*, c'est-à-dire l'objet, et la *forme*, c'est-à-dire la manière dont nous connaissons l'objet. Si par exemple un sauvage voit une maison au loin, dont il ne sait pas à quoi elle sert, il ne s'en représente pas moins exactement le même objet qu'un autre homme, qui sait parfaitement qu'elle est destinée à l'habitation humaine. Mais au point de vue de la forme, cette connaissance d'un seul et même objet est différente chez les deux hommes. Chez l'un, elle est une *simple intuition*[1], chez l'autre, elle est *intuition et concept en même temps*[2].

La variété dans la forme de la connaissance repose sur une condition qui accompagne toute connaissance : la *conscience*. Si j'ai conscience de la représentation, elle est *claire* ; si je n'en ai pas conscience, elle est *obscure*.

Emmanuel KANT, *Logique* (1800), Introduction, § 5, trad. L. Guillermit, Vrin, coll. « Bibliothèque des textes philosophiques », 1970, p. 34-35.

1. L'*intuition* (qui, chez Kant, est toujours sensible et non pas intellectuelle et encore moins spirituelle) désigne la simple perception par les sens d'un objet, source d'une représentation spatio-temporelle.
2. À l'*intuition* sensible, le *concept*, outil de l'entendement, ajoute la compréhension de ce dont il s'agit.

Repères
Voir **Objectif / Subjectif, Formel / Matériel.**

Questions

1. Explicitez et développez la distinction entre représentation et conscience.
2. Montrez la différence entre les deux visions de la maison évoquées dans le deuxième paragraphe. Laquelle illustre une simple représentation ? Laquelle une véritable conscience ?
3. Explicitez la différence entre « matière » et « forme » de la connaissance puis appuyez-vous sur cette distinction pour préciser ce qui rend une conscience « claire » ou « obscure ».
4. En quoi la conscience est-elle « condition universelle de toute connaissance en général » (l. 3-4) ?

texte 3 Bergson. Le pouvoir de faire des choix

La conscience serait-elle possible sans mémoire ni anticipation de l'avenir ? Dans l'analyse qui suit, Bergson montre que c'est parce qu'elle consiste en une telle « épaisseur de durée » qu'elle rend possible un pouvoir de choisir.

Qui dit esprit dit, avant tout, conscience. Mais, qu'est-ce que la conscience ? Vous pensez bien que je ne vais pas définir une chose aussi concrète, aussi constamment présente à l'expérience de chacun de nous. Mais sans donner de la conscience une définition qui serait moins claire qu'elle, je puis la caractériser par son trait le plus apparent : conscience signifie d'abord mémoire. La mémoire peut manquer d'ampleur ; elle peut n'embrasser qu'une faible partie du passé ; elle peut ne retenir que ce qui vient d'arriver ; mais la mémoire est là, ou bien alors la conscience n'y est pas. Une conscience qui ne conserverait rien de son passé, qui s'oublierait sans cesse elle-même, périrait et renaîtrait à chaque instant : comment définir autrement l'inconscience ? Quand Leibniz disait de la matière que c'est « un esprit instantané », ne la déclarait-il pas, bon gré, mal gré insensible ? Toute conscience est donc mémoire, – conservation et accumulation du passé dans le présent.

Mais toute conscience est anticipation de l'avenir. Considérez la direction de votre esprit à n'importe quel moment : vous trouverez qu'il s'occupe de ce qui est, mais en vue surtout de ce qui va être. L'attention est une attente, et il n'y a pas de conscience sans une certaine attention à la vie. L'avenir est là ; il nous appelle, ou plutôt il nous tire à lui : cette traction ininterrompue, qui nous fait avancer sur la route du temps, est cause aussi que nous agissons continuellement. Toute action est un empiétement sur l'avenir.

Retenir ce qui n'est déjà plus, anticiper sur ce qui n'est pas encore, voilà donc la première fonction de la conscience. Il n'y aurait pas pour elle de présent, si le présent se réduisait à l'instant mathématique. Cet instant n'est que la limite, purement théorique, qui sépare le passé de l'avenir ; il peut à la rigueur être conçu, il n'est jamais perçu ; quand nous croyons le surprendre, il est déjà loin de nous. Ce que nous percevons en fait, c'est une certaine épaisseur de durée qui se compose de deux parties : notre passé immédiat et notre avenir imminent. Sur ce passé nous sommes appuyés, sur cet avenir nous sommes penchés ; s'appuyer et se pencher ainsi est le propre d'un être conscient. Disons donc, si vous voulez, que la conscience est un trait d'union entre ce qui a été et ce qui sera, un pont jeté entre le passé et l'avenir. Mais à quoi sert ce pont, et qu'est-ce que la conscience est appelée à faire ?

[...] si, comme nous le disions, la conscience retient le passé et anticipe l'avenir, c'est précisément, sans doute, parce qu'elle est appelée à effectuer un choix : pour choisir, il faut penser à ce qu'on pourra faire et se remémorer les conséquences, avantageuses ou nuisibles, de ce qu'on a déjà fait ; il faut prévoir et il faut se souvenir. Mais d'autre part notre conclusion, en se complétant, nous fournit une réponse plausible à la question que nous venons de poser : tous les êtres vivants sont-ils des êtres conscients, ou la conscience ne couvre-t-elle qu'une partie du domaine de la vie ?

Si, en effet, conscience signifie choix, et si le rôle de la conscience est de se décider, il est douteux qu'on rencontre la conscience dans des organismes qui ne se meuvent pas spontanément et qui n'ont pas de décision à prendre. À vrai dire, il n'y a pas d'être vivant qui paraisse tout à fait incapable de mouvement spontané. Même dans le monde végétal, où l'organisme est généralement fixé au sol, la faculté de se mouvoir est plutôt endormie qu'absente : elle se réveille quand elle peut se rendre utile. Je crois que tous les êtres vivants, plantes et animaux, la possèdent en droit ; mais beaucoup d'entre eux y renoncent en fait, – bien des animaux d'abord, surtout parmi ceux qui vivent en parasites sur d'autres organismes et qui n'ont pas besoin de se déplacer pour trouver leur nourriture, puis la plupart des végétaux : ceux-ci ne sont-ils pas, comme on l'a dit, parasites de la terre ? Il me paraît donc vraisemblable que la conscience, originalement immanente[1] à tout ce qui vit, s'endort là où il n'y a plus de mouvement spontané[2], et s'exalte quand la vie appuie vers l'activité libre. Chacun de nous a pu le vérifier sur lui-même. Qu'arrive-t-il quand une de nos actions cesse d'être spontanée pour devenir automatique ? La conscience s'en retire. Dans l'apprentissage d'un exercice, par exemple, nous commençons par être conscients de chacun des mouvements que nous exécutons, parce qu'il vient de nous, parce qu'il résulte d'une décision et implique un choix ; puis, à mesure que ces mouvements s'enchaînent plus mécaniquement les uns les autres, nous dispensant ainsi de nous décider et de choisir, la conscience que nous en avons diminue et disparaît. Quels sont, d'autre part, les moments où notre conscience atteint le plus de vivacité ? Ne sont-ce pas les moments de crise intérieure, où nous hésitons entre deux ou plusieurs partis à prendre, où nous sentons que notre avenir sera ce que nous l'aurons fait ? Les variations d'intensité de notre conscience semblent donc bien correspondre à la somme plus ou moins considérable de choix ou, si vous voulez, de création, que nous distribuons sur notre conduite. Tout porte à croire qu'il en est ainsi de la conscience en général. Si conscience signifie mémoire et anticipation, c'est que conscience est synonyme de choix.

Henri BERGSON, « La conscience et la vie », *L'Énergie spirituelle* (1919), PUF, coll. « Quadrige », 2003.

1. *Immanent* (intérieur à) signifie ici que tout vivant est animé par une forme de conscience.
2. Il faut ici éviter le contresens courant qui confond spontanéité et irréflexion. Au sens propre, est *spontané* ce qui vient de soi (par exemple : des aveux spontanés). Un mouvement spontané est donc un mouvement qui n'est pas le simple effet d'une cause extérieure, mais qui résulte d'un choix. Bergson oppose du reste « spontané » et « automatique », l. 58-59.

Repères Voir **Transcendant / Immanent.**

texte 4

Husserl. L'« intentionnalité » : toute conscience vise quelque chose

La conscience peut-elle n'avoir aucun objet ? La phénoménologie[1] se propose d'étudier les choses par la façon dont elles apparaissent à la conscience. Elle travaille à décrire les différents états de conscience. Toute conscience est en effet réflexive : elle instaure une relation entre un sujet conscient et l'objet de sa conscience.

Tout état de conscience en général est, en lui-même, conscience *de* quelque chose, quoi qu'il en soit de l'existence réelle de cet objet et quelque abstention que je fasse, dans l'attitude transcendantale[2] qui est mienne, de la position de cette existence et de tous les actes de l'attitude naturelle. Par conséquent, il faudra élargir le contenu de l'*ego cogito* transcendantal[3], lui ajouter un élément nouveau et dire que tout *cogito* ou encore tout état de conscience « vise » quelque chose, et qu'il porte en lui-même, en tant que « visé » (en tant qu'objet d'une intention), son *cogitatum* respectif.

Chaque *cogito*, du reste, le fait à sa manière. La perception de la « maison » « vise » (se rapporte à) une maison – ou, plus exactement, telle maison individuelle – de la manière perceptive ; le souvenir de la maison « vise » la maison comme souvenir ; l'imagination, comme image ; un jugement prédicatif[4] ayant pour objet la maison « placée là devant moi » la vise de la façon propre au jugement prédicatif ; un jugement de valeur surajouté la viserait encore à sa manière, et ainsi de suite.

1. Du grec *phainomenon*, « ce qui apparaît ».
2. Pour Husserl, l'*attitude transcendantale* est la décision de ne pas se poser la question de l'existence de ce à quoi l'on pense. L'*attitude naturelle* (ou *attitude naïve*) pose sans y réfléchir l'existence des objets de la conscience.
3. Par référence à Descartes, Husserl emploie le terme *cogito* (l. 6) pour désigner l'acte de penser. Le *cogitatum* (l. 8) est l'objet de cette pensée. L'« *ego cogito* transcendantal » est la relation interne de la conscience et de son objet.
4. Jugement attribuant au sujet une qualité.

Repères
Voir **Transcendant / Immanent, Objectif / Subjectif.**

Ces états de conscience sont aussi appelés états *intentionnels*. Le mot *intentionnalité* ne signifie rien d'autre que cette particularité foncière et générale qu'a la conscience d'être conscience *de* quelque chose, de porter, en sa qualité de *cogito*, son *cogitatum* en elle-même.

Edmund HUSSERL, *Méditations cartésiennes. Introduction à la phénoménologie* (1929), trad. G. Peiffer et E. Levinas, Vrin, 1966, p. 28.

texte 5

Sartre. La conscience, un « néant » qui dévoile l'être

En quel sens peut-on dire que la conscience est « quelque chose » ? Dans le sillage de la conception husserlienne de l'intentionnalité, Sartre définit la conscience comme un « néant » : la conscience d'un arbre ne sera jamais un arbre ; l'arbre ne se réduira jamais à la conscience qu'on en a. Mais ce « néant » n'est pas rien : c'est par lui qu'une visée de l'être est possible.

« Il la mangeait des yeux. » Cette phrase et beaucoup d'autres signes marquent assez l'illusion commune au réalisme et à l'idéalisme, selon laquelle connaître, c'est manger[1].

[...] Husserl ne se lasse pas d'affirmer qu'on ne peut pas dissoudre les choses dans la conscience. Vous voyez cet arbre-ci, soit. Mais vous le voyez à l'endroit même où il est : au bord de la route, au milieu de la poussière, seul et tordu sous la chaleur, à vingt lieues de la côte méditerranéenne. Il ne saurait entrer dans votre conscience, car il n'est pas de même nature qu'elle. [...] La conscience et le monde sont donnés d'un même coup : extérieur par essence à la conscience, le monde est, par essence, relatif à elle. C'est que Husserl voit dans la conscience un fait irréductible qu'aucune image physique ne peut rendre. Sauf, peut-être, l'image rapide et obscure de l'éclatement. Connaître, c'est « s'éclater vers », s'arracher à la moite intimité gastrique pour filer, là-bas, par-delà soi, vers ce qui n'est pas soi, là-bas près de l'arbre et cependant hors de lui, car il m'échappe et me repousse et je ne peux pas plus me perdre en lui qu'il ne se peut diluer en moi : hors de lui, hors de moi. Est-ce que vous ne reconnaissez pas dans cette description vos exigences et vos pressentiments ? Vous saviez bien que l'arbre n'était pas vous, que vous ne pouviez pas le faire entrer dans vos estomacs sombres et que la connaissance ne pouvait pas, sans malhonnêteté, se comparer à la possession. Du même coup, la conscience s'est purifiée, elle est claire comme un grand vent, il n'y a plus rien en elle, sauf un mouvement pour se fuir, un glissement hors de soi ; si, par impossible, vous entriez « dans » une conscience, vous seriez saisi par un tourbillon et rejeté au-dehors, près de l'arbre, en pleine poussière, car la conscience n'a pas de « dedans » ; elle n'est rien que le dehors d'elle-même et c'est cette fuite absolue, ce refus d'être substance qui la constituent comme une conscience. Imaginez à présent une suite liée d'éclatements qui nous arrachent à nous-mêmes, qui ne laissent même pas à un « nous-mêmes » le loisir de se former derrière eux, mais qui nous jettent au contraire au-delà d'eux, dans la poussière sèche du monde, sur la terre rude, parmi les choses ; imaginez que nous sommes ainsi rejetés, délaissés par notre nature même dans un monde indifférent, hostile et rétif ; vous aurez saisi le sens profond de la découverte que

1. La métaphore « digestive » ou « gastrique » doit être gardée en mémoire pour suivre le raisonnement du texte. Pour Sartre, connaître n'est pas digérer en soi, mais « s'éclater vers » (l. 13) ce qui n'est pas soi.

2. *Immanence* désigne ici ce qui prétendrait demeurer interne à la conscience.

3. Le *protoplasma* est une substance cellulaire qui se nourrit d'échanges avec des éléments extérieurs qu'elle digère.

4. Par *transcendance*, la phénoménologie entend ce qui « transcende » la conscience : ce qui se donne en elle comme au-delà d'elle, extérieur à elle.

Repères
Voir **Transcendant / Immanent, Objectif / Subjectif.**

Husserl exprime dans cette fameuse phrase : « Toute conscience est conscience *de* quelque chose. » Il n'en faut pas plus pour mettre un terme à la philosophie douillette de l'immanence[2], où tout se fait par compromis, échanges protoplasmiques[3], par une tiède chimie cellulaire. La philosophie de la transcendance[4] nous jette sur la grand-route, au milieu des menaces, sous une aveuglante lumière. Être, dit Heidegger, c'est être-dans-le-monde. Comprenez cet « être-dans » au sens de mouvement. Être, c'est éclater dans le monde, c'est partir d'un néant de monde et de conscience pour soudain s'éclater-conscience-dans-le-monde. Que la conscience essaye de se reprendre, de coïncider enfin avec elle-même, tout au chaud, volets clos, elle s'anéantit. Cette nécessité pour la conscience d'exister comme conscience d'autre chose que soi, Husserl la nomme « intentionnalité ».

Jean-Paul SARTRE, « Une idée fondamentale de la phénoménologie de Husserl : l'intentionnalité » (1939), *La Nouvelle Revue française*, rééd. *Situations philosophiques*, Gallimard, coll. « Tel », 1998, p. 9-11.

2 La prise de conscience de soi

texte 6 Hume. L'illusion du moi

Qu'est-ce donc que le moi ? Hume se demande ici s'il ne s'agirait pas d'une illusion métaphysique : est-ce bien directement d'une chose distincte, appelée « moi », que nous avons conscience ?

Il est des philosophes qui imaginent que nous sommes à chaque instant intimement conscients de ce que nous appelons notre MOI, que nous en sentons l'existence et la continuité d'existence, et que nous sommes certains, avec une évidence qui dépasse celle d'une démonstration, de son identité et de sa simplicité parfaites[1]. La sensation la plus forte, la passion la plus violente, disent-ils, loin de nous détourner de cette vue, ne la fixent que plus intensément et nous font considérer, par la douleur ou le plaisir qui les accompagne, l'influence qu'elles exercent sur le *moi*. Tenter d'en trouver une preuve supplémentaire serait en atténuer l'évidence, puisqu'on ne peut tirer aucune preuve d'un fait dont nous sommes si intimement conscients, et que nous ne pouvons être sûrs de rien si nous en doutons.

Malheureusement toutes ces affirmations positives[2] sont contraires à cette expérience même que l'on invoque en leur faveur et nous n'avons aucune idée du *moi* de la manière qu'on vient d'expliquer. De quelle impression, en effet, cette idée pourrait-elle provenir ? Il est impossible de répondre à cette question sans une contradiction et une absurdité manifestes et pourtant, c'est une question qui doit trouver une réponse si nous voulons que l'idée du moi passe pour claire et intelligible. Toute idée réelle doit provenir d'une impression particulière. Mais le moi, ou la personne,

1. Allusion au *cogito* cartésien (voir le texte 1 de Descartes, p. 25).
2. Les *affirmations positives* sont ici celles qui affirment la réalité de ce dont elles parlent.

ce n'est pas une impression particulière, mais ce à quoi nos diverses idées et impressions sont censées se rapporter. Si une impression donne naissance à l'idée du moi, cette impression doit nécessairement demeurer la même, invariablement, pendant toute la durée de notre vie, puisque c'est ainsi que le moi est supposé exister. Mais il n'y a pas d'impression constante et invariable. La douleur et le plaisir, le chagrin et la joie, les passions et les sensations se succèdent et n'existent jamais toutes en même temps. Ce ne peut donc pas être d'une de ces impressions, ni de toute autre, que provient l'idée du moi et, en conséquence, il n'y a pas une telle idée.

Mais, si l'on va plus loin, qu'advient-il de toutes nos perceptions particulières, d'après cette hypothèse ? [...] Pour moi, quand je pénètre le plus intimement dans ce que j'appelle *moi-même*, je tombe toujours sur une perception particulière ou sur une autre, de chaleur ou de froid, de lumière ou d'ombre, d'amour ou de haine, de douleur ou de plaisir. Je ne parviens jamais à aucun moment à me saisir *moi-même* sans une perception et je ne peux jamais rien observer d'autre que la perception. Quand mes perceptions sont absentes pour quelque temps, quand je dors profondément, par exemple, je suis, pendant tout ce temps, sans conscience de *moi-même* et on peut dire à juste titre que je n'existe pas.

David HUME, *Traité de la nature humaine*, livre I, *L'Entendement* (1739), IVe partie, section VI, trad. Ph. Saltel et Ph. Baranger, Flammarion, coll. « GF », 1995, p. 342-343.

Questions

1. Restituez le plus précisément possible la thèse que le texte s'efforce de réfuter.
2. Pourquoi, selon Hume, l'idée du moi n'a-t-elle aucun fondement véritable ?
3. Expliquez le dernier paragraphe en centrant cette explication autour de l'idée selon laquelle « sans conscience de *moi-même* [...] on peut dire à juste titre que je n'existe pas » (l. 38-39).

texte 7

Kant.
Le pouvoir de dire « je »

Que le moi ne soit pas une chose suffit-il pour nier son existence ? Contrairement à Descartes, Kant refuse que l'expérience du « je pense » suffise à affirmer l'existence d'une chose pensante. Le « je » dont il est ici question est plutôt une activité qui assure l'unité et la dignité du sujet pensant.

Posséder le Je dans sa représentation : ce pouvoir élève l'homme infiniment au-dessus de tous les autres êtres vivants sur la terre. Par là, il est une personne[1] ; et grâce à l'unité de la conscience dans tous les changements qui peuvent lui survenir, il est une seule et même personne, c'est-à-dire un être entièrement différent, par le rang et la dignité, de *choses* comme le sont les animaux sans raison, dont on peut disposer à sa guise ; et ceci, même lorsqu'il ne peut pas encore dire le Je, car il l'a cependant dans sa pensée ; ainsi toutes les langues, lorsqu'elles parlent à la première personne, doivent penser ce Je, même si elles ne l'expriment pas par un mot particulier. Car cette faculté (de penser) est l'entendement[2].

1. Une *personne* est donc un être possédant une identité, une dignité et des responsabilités, parce qu'il possède la conscience du « je » qui garantit l'unité de son expérience.
2. L'*entendement* est la faculté de raisonner grâce à des concepts.

Il faut remarquer que l'enfant, qui sait déjà parler assez correctement, ne commence qu'assez tard (peut-être un an après) à dire *Je* ; avant, il parle de soi à la troisième personne (Charles veut manger, marcher, etc.) ; et il semble que pour lui une lumière vienne de se lever quand il commence à dire *Je* ; à partir de ce jour, il ne revient jamais à l'autre manière de parler. Auparavant il ne faisait que se sentir, maintenant il se pense.

› Voir également la préparation à l'explication de ce texte, p. 532.

Emmanuel KANT, *Anthropologie du point de vue pragmatique* (1798), trad. M. Foucault, Vrin, 1984, p. 17.

texte 8

Hegel.
Un être qui mène une double existence

Comment l'homme peut-il prendre conscience de ce qu'il est ? Cette conscience de soi et du monde ne peut se contenter d'être subjective. Elle doit se construire par la pratique, en s'extériorisant, c'est-à-dire en imprimant sa marque dans la nature.

Les choses naturelles ne sont *qu'immédiatement* et pour ainsi dire *en un seul exemplaire*, mais l'homme, en tant qu'esprit, se *redouble*, car d'abord il *est* au même titre que les choses naturelles *sont*, mais ensuite, et tout aussi bien, il est *pour soi*[1], se contemple, se représente lui-même, pense et n'est esprit que par cet être-pour-soi actif. L'homme obtient cette conscience de soi-même de deux manières différentes : *premièrement de manière théorique*[2], dans la mesure où il est nécessairement amené à se rendre intérieurement conscient à lui-même, où il lui faut contempler et se représenter ce qui s'agite dans la poitrine humaine, ce qui s'active en elle et la travaille souterrainement, se contempler et se représenter lui-même de façon générale, fixer à son usage ce que la pensée trouve comme étant l'essence[3], et ne connaître, tant dans ce qu'il a suscité à partir de soi-même que dans ce qu'il a reçu du dehors, que soi-même. *Deuxièmement*, l'homme devient pour soi par son activité *pratique*[4], dès lors qu'il est instinctivement porté à se produire lui-même au jour tout comme à se reconnaître lui-même dans ce qui lui est donné immédiatement et s'offre à lui extérieurement. Il accomplit cette fin en transformant les choses extérieures, auxquelles il appose le sceau[5] de son intériorité et dans lesquelles il retrouve dès lors ses propres déterminations[6]. L'homme agit ainsi pour enlever, en tant que sujet libre, son âpre étrangeté au monde extérieur et ne jouir dans la figure des choses que d'une réalité extérieure de soi-même. La première pulsion de l'enfant porte déjà en elle cette transformation pratique des choses extérieures ; le petit garçon qui jette des cailloux dans la rivière et regarde les ronds formés à la surface de l'eau admire en eux une œuvre, qui lui donne à voir ce qui est sien. Ce besoin passe par les manifestations les plus variées et les figures les plus diverses avant d'aboutir à ce mode de production de soi-même dans les choses extérieures tel qu'il se manifeste dans l'œuvre d'art[7]. Or l'homme ne procède pas seulement ainsi avec les objets extérieurs, mais tout autant avec lui-même, avec sa propre figure naturelle qu'il ne laisse pas subsister en l'état, mais qu'il modifie intentionnellement.

Friedrich HEGEL, *Cours d'esthétique* (1818-1829), t. I, Introduction (texte établi en 1842), trad. J.-P. Lefebvre et V. von Schenk, Aubier, coll. « Bibliothèque philosophique », 1995, p. 45-46.

1. Le *pour soi* désigne le monde interne de la conscience.
2. *Premièrement* (l. 6) et *Deuxièmement* (l. 13) n'ont pas ici un sens chronologique, mais logique. Hegel examine tour à tour deux faces de la prise de conscience de soi : la représentation théorique et la mise en œuvre pratique qui la rend possible et la met à l'épreuve.
3. L'*essence* désigne ici ce qui est essentiellement humain et que l'homme ressaisit par une observation intérieure de soi-même et par un examen de ses œuvres extérieures.
4. La *pratique*, c'est l'action sur le monde extérieur.
5. L'empreinte, le cachet.
6. L'homme *détermine* la nature en lui imposant ses transformations.
7. Voir, dans « L'art », le texte 13 de Hegel, p. 179. Marx considère également le travail comme un mode de développement de la conscience (voir dans « Le travail et la technique », le texte 1, p. 196).

› **Repères**
Voir
Objectif / Subjectif, En théorie / En pratique.

texte 9 Popper. Le langage, témoin de la conscience

Qu'est-ce qui permet de distinguer une conscience proprement humaine ? Tout en admettant que tout être vivant dispose d'une forme de conscience, Popper montre ici le rôle que joue le langage dans notre conscience, même lorsque celle-ci est mutilée par les accidents de la vie.

Certains animaux ont sans aucun doute une personnalité ; ils possèdent quelque chose d'analogue à la fierté et à l'ambition, et ils apprennent à réagir à un nom. La conscience de soi humaine, en revanche, est ancrée dans le langage et (explicitement comme implicitement) dans des théories formulées. Un enfant apprend à utiliser son nom pour lui-même et, finalement, à employer un mot comme « ego » ou « je[1] », et il en apprend l'usage avec la conscience de la continuité de son corps et de son moi [...]. La grande complexité et la non-indépendance de l'âme humaine, ou de l'ego humain, sont particulièrement manifestes quand on considère qu'il existe des cas où des personnes ont oublié qui elles sont ; elles ont oublié tout ou partie de leur histoire passée, tout en ayant conservé, ou peut-être recouvré, une partie de leur ego. Dans un certain sens, leur mémoire n'a pas disparu, car *elles se souviennent de la façon* de marcher, de manger, et même de parler. Mais *elles ne se souviennent pas qu*'elles viennent de Bristol, ou alors de leur nom et de leur adresse. Comme elles ne savent plus rentrer chez elles (ce que les animaux savent faire en principe), leur conscience de soi est même tombée en deçà du niveau normal de la mémoire animale. Mais si elles n'ont pas perdu la faculté de parler, une conscience humaine supérieure à celle de l'animal est demeurée intacte.

Karl POPPER, *Toute vie est résolution de problèmes* (1994), trad. Cl. Duverney, Actes Sud, 1997, p. 90-91.

1. Voir le texte 7 de Kant, p. 31.

3 | Les limites de la conscience

texte 10 Marx et Engels. Remettre la conscience à sa place

La conscience est-elle une réalité autonome ? Le matérialisme historique (la philosophie marxiste) s'oppose à l'illusion selon laquelle les idées existeraient de façon indépendante. Ce sont les conditions matérielles d'existence qui déterminent la conscience que les hommes prennent de la réalité, non l'inverse[1].

À l'encontre de la philosophie allemande qui descend du ciel sur la terre, c'est de la terre au ciel que l'on monte ici. Autrement dit, on ne part pas de ce que les hommes disent, s'imaginent, se représentent, ni non plus de ce qu'ils sont dans les paroles, la pensée, l'imagination et la représentation d'autrui, pour aboutir ensuite aux hommes en chair et en os ; non, on part des hommes dans leur activité réelle ; c'est à partir de leur processus de vie

1. Voir, dans « L'histoire », le texte 10 de Marx, p. 248.

réel que l'on représente aussi le développement des reflets et des échos idéologiques de ce processus vital. Et même les fantasmagories[2] dans le cerveau humain sont des sublimations[3] résultant nécessairement du processus de leur vie matérielle que l'on peut constater empiriquement et qui repose sur des bases matérielles. De ce fait, la morale, la religion[4], la métaphysique et tout le reste de l'idéologie, ainsi que les formes de conscience qui leur correspondent, perdent aussitôt toute apparence d'autonomie. Elles n'ont pas d'histoire, elles n'ont pas de développement[5] ; ce sont au contraire les hommes qui, en développant leur production matérielle et leurs rapports matériels, transforment, avec cette réalité qui leur est propre, et leur pensée et les produits de leur pensée. Ce n'est pas la conscience qui détermine la vie, mais la vie qui détermine la conscience. Dans la première façon de considérer les choses, on part de la conscience comme étant l'individu vivant, dans la seconde façon, qui correspond à la vie réelle, on part des individus réels et vivants eux-mêmes et l'on considère la conscience uniquement comme *leur* conscience.

Karl MARX et Friedrich ENGELS, *L'Idéologie allemande* (1845-1846), trad. G. Badia, Éditions sociales, 1976, p. 20.

2. Représentations fantaisistes, le plus souvent collectives.
3. Métaphore physique : *sublimer*, c'est faire passer un corps solide à l'état gazeux.
4. Voir, dans « La religion », le texte 12 de Marx, p. 228.
5. C'est-à-dire qu'elles n'ont pas d'histoire autonome ni d'auto-développement.

> Repères
Voir **Idéal / Réel**.

texte 11 Nietzsche. Un « fantôme d'*ego* »

Quelle conscience authentique avons-nous de nous-mêmes ? Nietzsche condamne ici les effets de l'esprit de troupeau et dénonce les illusions qu'il produit dans la conscience que nous prétendons avoir de nous-mêmes.

La plupart des gens, quoi qu'ils puissent penser et dire de leur « égoïsme », ne font malgré tout, leur vie durant, rien pour leur *ego*[1] et tout pour le fantôme d'*ego* qui s'est formé d'eux dans l'esprit de leur entourage qui le leur a ensuite communiqué ; – en conséquence ils vivent tous dans un brouillard d'opinions impersonnelles ou à demi personnelles et d'appréciations de valeur arbitraires et pour ainsi dire poétiques, toujours l'un dans l'esprit de l'autre qui, à son tour, vit dans d'autres esprits : étrange monde de fantasmes qui sait pourtant se donner une apparence si objective ! Ce brouillard d'opinions et d'habitudes s'accroît et vit presque indépendamment des hommes qu'il recouvre ; de lui dépend la prodigieuse influence des jugements généraux sur « l'homme » – tous ces hommes qui ne se connaissent pas eux-mêmes croient à cette abstraction exsangue, « l'homme », c'est-à-dire à une fiction ; et tout changement que les jugements d'individus puissants (tels les princes et les philosophes) entreprennent d'apporter à cette abstraction exerce une influence extraordinaire et d'une ampleur irrationnelle sur la grande majorité, – tout cela pour la raison que chaque individu, dans cette majorité, ne peut opposer aucun *ego* véritable qui lui soit accessible et qu'il ait approfondi lui-même, à la pâle fiction générale qu'il détruirait de ce fait.

Friedrich NIETZSCHE, *Aurore* (1880), § 105, trad. J. Hervier, Gallimard, coll. « Folio essais », 1980, p. 84.

1. Le mot *ego* désigne ici l'idée de sujet libre de ses représentations et de ses actions.

Questions

1. Quelle illusion ce texte dénonce-t-il ?
2. Quelles sont les diverses causes de cette illusion ?
3. D'où vient l'apparence objective qui soutient cette illusion ?
4. Quels remèdes vous semblent possibles pour lutter contre cette illusion ?

texte 12

Freud.
Le moi n'est pas maître dans sa propre maison

La conscience est-elle souveraine ? Freud décrit ici ce qu'il a appelé « les trois blessures narcissiques de l'humanité » : la révolution copernicienne a établi, à la fin du XVIe siècle, que l'homme n'est pas au centre de l'univers ; l'évolutionnisme, au XIXe siècle, que l'homme n'était pas *a priori* une espèce biologique privilégiée ; la psychanalyse montre qu'il n'est pas même totalement maître de ses pensées.

Dans le cours des siècles, la science a infligé à l'égoïsme naïf de l'humanité deux graves démentis[1]. La première fois, ce fut lorsqu'elle a montré que la terre, loin d'être le centre de l'univers, ne forme qu'une parcelle insignifiante du système cosmique dont nous pouvons à peine nous représenter la grandeur. Cette première démonstration se rattache pour nous au nom de Copernic[2], bien que la science alexandrine ait déjà annoncé quelque chose de semblable. Le second démenti fut infligé à l'humanité par la recherche biologique, lorsqu'elle a réduit à rien les prétentions de l'homme à une place privilégiée dans l'ordre de la création, en établissant sa descendance du règne animal et en montrant l'indestructibilité de sa nature animale. Cette dernière révolution s'est accomplie de nos jours, à la suite des travaux de Ch. Darwin[3], de Wallace[4] et de leurs prédécesseurs, travaux qui ont provoqué la résistance la plus acharnée des contemporains. Un troisième démenti sera infligé à la mégalomanie[5] humaine par la recherche psychologique de nos jours qui se propose de montrer au moi qu'il n'est seulement pas maître dans sa propre maison, qu'il en est réduit à se contenter de renseignements rares et fragmentaires sur ce qui se passe, en dehors de sa conscience, dans sa vie psychique[6]. Les psychanalystes ne sont ni les premiers ni les seuls qui aient lancé cet appel à la modestie et au recueillement, mais c'est à eux que semble échoir la mission d'étendre cette manière de voir avec le plus d'ardeur et de produire à son appui des matériaux empruntés à l'expérience et accessibles à tous. D'où la levée générale de boucliers contre notre science, l'oubli de toutes les règles de politesse académique, le déchaînement d'une opposition qui secoue toutes les entraves d'une logique impartiale.

Sigmund FREUD, *Introduction à la psychanalyse* (1916), IIe partie, chap. XVIII, trad. S. Jankélévitch, Payot, coll. « Petite Bibliothèque », 1961, p. 266-267.

1. Voir, dans *L'Inquiétante Étrangeté et Autres essais*, « Une difficulté de la psychanalyse », article de 1917 qui reprend et développe les idées exprimées dans cet extrait. Voir également, dans « L'inconscient », les textes 4 et 10, p. 46 et 52.
2. Nicolas Copernic (1473-1543), astronome polonais qui, contre le géocentrisme, a soutenu l'héliocentrisme et la rotation des planètes sur elles-mêmes.
3. Charles Darwin (1809-1882), naturaliste anglais qui, à partir de l'idée de sélection naturelle, a élaboré la théorie transformiste, selon laquelle les espèces vivantes s'adaptent à leur milieu en donnant naissance à de nouvelles espèces.
4. Alfred Wallace (1823-1913), naturaliste anglais, fondateur de la géographie zoologique.
5. Folie des grandeurs, la *mégalomanie* est l'art de donner de soi une représentation exagérément favorable.
6. Voir, dans « L'inconscient », le texte 10 de freud, p. 52-53.

Pour se préparer au baccalauréat

Dissertations : p. 534, 562.
Explications de texte : p. 535.

L'inconscient

Ouverture

Freud. Un souvenir d'enfance 38

Présentation

Présentation 40

Textes

Textes 44

1 Les dessous de la conscience

1 **Leibniz.** Les « petites perceptions » 44
2 **Descartes.** Une fille un peu « louche » 45
3 **Spinoza.** De l'ignorance à l'illusion 46

2 Le concept freudien d'inconscient

4 **Freud.** Je ne sais jamais tout de moi-même 46
5 **Dolto.** Le *ça*, le *moi* et le *surmoi* 47
6 **Freud.** Principe de plaisir et principe de réalité 49
7 **Lacan.** L'inconscient est le « chapitre censuré » de mon histoire 50

3 Inquiétante étrangeté de la psychanalyse

8 **Alain.** *Je* suis l'unique sujet de mes pensées 50
9 **Sartre.** Contre l'hypothèse de l'inconscient 51
10 **Freud.** La psychanalyse ne menace pas la conscience 52

Jean-Michel Othoniel (né en 1964), *Lágrimas*, 2002, verre, eau, Musée d'art moderne, Saint-Étienne.

ouverture

Sigmund Freud
Un souvenir d'enfance

Freud met ici une scène de sa propre enfance à l'épreuve de la psychanalyse et montre à son propos comment les mécanismes de l'inconscient peuvent transformer le souvenir d'un événement apparemment anodin en un écheveau complexe, où se mêlent réalités, rêves, souvenirs et oublis.

Lorsque j'ai commencé, à l'âge de 43 ans, à m'intéresser aux vestiges de souvenirs de ma propre enfance, je me suis rappelé une scène qui, depuis longtemps (et même, d'après ce que je croyais, de tout temps), s'était présentée de temps à autre à ma conscience et que de bonnes raisons me permettent de situer avant la fin de ma troisième année. Je me voyais criant et pleurant devant un coffre dont mon demi-frère, de 20 ans plus âgé que moi, tenait le couvercle relevé, lorsque ma mère, belle et svelte, entra subitement dans la pièce comme venant de la rue. C'est ainsi que je me décrivais cette scène dont j'avais une représentation visuelle et dont je n'arrivais pas à saisir la signification. Mon frère voulait-il ouvrir ou fermer le coffre (dans la première description du tableau il s'agissait d'une « armoire ») ? Pourquoi avais-je pleuré à ce propos ? Quel rapport y avait-il entre tout cela et l'arrivée de ma mère ? Autant de questions auxquelles je ne savais comment répondre. J'étais enclin à m'expliquer cette scène, en supposant qu'il s'agissait du souvenir d'une frasque de mon frère, interrompue par l'arrivée de ma mère. Il n'est pas rare de voir ainsi donner une signification erronée à des scènes d'enfance conservées dans la mémoire : on se rappelle bien une situation, mais cette situation est dépourvue de centre et on ne sait à quel élément attribuer la prépondérance psychique. L'analyse[1] m'a conduit à une conception tout à fait inattendue de ce tableau. M'étant aperçu de l'absence de ma mère, j'avais soupçonné qu'elle était enfermée dans le coffre (ou dans l'armoire) et j'avais exigé de mon frère d'en soulever le couvercle. Lorsqu'il eut accédé à ma demande et que je me fus assuré que ma mère n'était pas dans le coffre, je me mis à crier. Tel est l'incident retenu par ma mémoire ; il a été suivi aussitôt de l'apparition de ma mère et de l'apaisement de mon inquiétude et de ma tristesse. Mais comment l'enfant en est-il venu à l'idée de chercher sa mère dans le coffre ? Des rêves datant de la même époque évoquent vaguement dans ma mémoire l'image d'une bonne d'enfants dont j'avais conservé encore d'autres souvenirs : par exemple qu'elle avait l'habitude de m'engager à lui remettre consciencieusement la petite monnaie que je recevais en cadeau, détail qui, à son tour, pouvait servir seulement de

1. *Analyse* est ici employé dans le sens de « psychanalyse ».

2. Souvenir d'enfance à la fois très net et apparemment insignifiant, qui *fait écran* à un autre souvenir, censuré et refoulé dans l'inconscient.

« souvenir-écran[2] » à propos de faits ultérieurs. Aussi me décidai-je, afin de faciliter cette fois mon travail d'interprétation, à questionner ma vieille mère, au sujet de cette bonne d'enfants. Elle m'apprit beaucoup de choses, et entre autres que cette femme rusée et malhonnête avait, pendant que ma mère était retenue au lit par ses couches, commis de nombreux vols à la maison et qu'elle avait été, sur la plainte de mon demi-frère, déférée devant les tribunaux. Ce renseignement me fit comprendre la scène enfantine décrite plus haut, comme sous le coup d'une révélation. La disparition brusque de la bonne ne m'avait pas été tout à fait indifférente ; j'avais même demandé à mon frère ce qu'elle était devenue, car j'avais probablement remarqué qu'il avait joué un certain rôle dans sa disparition ; et mon frère m'avait répondu évasivement (et, selon son habitude, en plaisantant) qu'elle était « coffrée ». J'ai interprété cette réponse à la manière enfantine, mais j'ai cessé de questionner, car je n'avais plus rien à apprendre. Lorsque ma mère s'absenta quelque temps après, je me mis en colère, et convaincu que mon frère lui avait fait la même chose qu'à la bonne, j'exigeai qu'il m'ouvrît le coffre. Je comprends aussi maintenant pourquoi, dans la traduction de la scène visuelle, la sveltesse de ma mère se trouve accentuée : elle m'était apparue comme à la suite d'une véritable résurrection.

Sigmund FREUD, *Psychopathologie de la vie quotidienne* (1901), trad. S. Jankélévitch, Payot, coll. « Petite Bibliothèque », 1981, p. 57-59.

Jacques Henri Lartigue (1894-1986), *Dans ma chambre, collection de mes autos de course, 40 rue Cortambert,* 1905, Paris.

L'inconscient
Présentation

I | Les dessous de la conscience

Des frontières parfois floues

Textes 1 à 3
Leibniz, Descartes, Spinoza, p. 44-46.

Aussi souvent reprise que diversement interprétée, l'injonction socratique « Connais-toi toi-même » constitue un noyau dur de la tradition philosophique occidentale : le souci de la conscience de soi y est érigé en condition de l'accès à la sagesse. Loin d'être incité à l'introspection psychologique – préoccupation globalement absente de la philosophie jusqu'à la fin du XVIIIe siècle –, chacun est par là invité à assumer l'entière responsabilité de ce qu'il est et de ce qu'il pense. Renforcée par la conception **dualiste** du sujet développée par Descartes (l'âme et le corps sont distincts, aucune influence de l'un sur l'autre n'est possible), cette perspective refuse l'idée que la conscience puisse être obscurcie, à son insu, par des forces « étrangères » qu'elle n'aurait pas le pouvoir de contrôler[1].

La distinction du **psychique**[2] (c'est-à-dire de ce qui se passe dans l'esprit, par opposition aux phénomènes corporels ou **somatiques**) et du conscient serait alors exclue, bien que la vie quotidienne impose à elle seule le constat d'une très grande variété des états possibles de la conscience : la conscience de soi, comme celle du monde extérieur, connaissent au moins des degrés (de vigilance ou de lucidité), voire des sortes de passages à vide.

Même dans la plus simple perception, nous pouvons faire l'expérience, comme le montre Leibniz à propos du bruit de la mer, de tout ce qui échappe à notre conscience. Qui prétendra en effet, lorsqu'il entend la mer depuis le rivage, qu'il perçoit consciemment le bruit de chaque vague ou celui des milliards de gouttes qu'elle contient[3] ?

La conscience et le sujet menacés par les intermittences de la raison ?

Les « petites perceptions » soigneusement décrites par Leibniz, trop petites pour devenir consciemment distinctes, ne sont pas la seule forme de « non-conscience » observée et analysée par les philosophes. D'autres errements de la conscience font en effet douter de sa toute-puissance, mais aussi du pouvoir de la **raison**[4].

1. Voir « La conscience », p. 20, et « La perception », p. 58. 2. Le *psychique* (du grec *psychè*, « l'âme ») désigne ce qui se passe dans l'esprit, par opposition aux phénomènes corporels ou *somatiques* (du grec *sôma*, « le corps »).
3. Sur la base de ce qui échappe ainsi à la perception consciente, des techniques de manipulation mentale ont été élaborées, telles les images subliminales, qui peuvent être utilisées aussi bien à des fins de propagande que pour conditionner les consommateurs. 4. Voir « Théorie et expérience », p. 266-285, et « La vérité », p. 356-373.

Bien avant la naissance de la psychologie, Descartes, par exemple, analyse les mystères de la vie affective et cherche des explications à la part d'**irrationnel** qui accompagne le plus souvent la naissance des passions, et donne paradoxalement à celles-ci l'essentiel de leur force. Évoquant un souvenir d'enfance, il cherche à comprendre pourquoi l'amour qu'il a un jour porté à une jeune fille un peu disgracieuse l'a marqué au point qu'il conserve à son insu, longtemps après cette expérience, une attirance plus forte pour les personnes qui louchent que pour les autres. Un défaut, surtout physique, ne saurait empêcher la naissance d'une passion, dès lors qu'il appartient à une personne dont les qualités d'esprit sont évidentes : dans ce cas, conclut Descartes, les passions sont même à leur façon rationnelles, voire éminemment morales, parce qu'elles « ont leur cause en l'esprit, et non dans le corps ».

Même lorsqu'il n'est que partiellement conscient de soi, le sujet peut donc rester maître de ses choix. Toutes les passions ne se valent pas : la **morale** est sauve.

Le dualisme en question

La conscience peut ainsi n'être que la résultante de processus dont les détails lui échappent. Elle peut se tromper dans ses jugements sur soi ou sur le monde. Spinoza en fait le constat, sinon prémonitoire (il serait abusif de le considérer comme le lointain ancêtre de la psychanalyse), en tout cas courageux, puisqu'il lui vaudra un rejet violent et public (jugé et condamné pour ses idées, il sera exclu en 1656[1] de la communauté juive d'Amsterdam). Rompant avec le dualisme de Descartes, qui garantit la souveraineté de la conscience et donc l'indépendance du **libre arbitre**[2], Spinoza soutient que des phénomènes matériels ou physiques peuvent agir à son insu sur la conscience subjective (substance immatérielle) ; sans aller jusqu'à la considérer comme totalement illusoire, il pose bien avant Freud qu'il y a souvent de l'illusion et de la vanité à lui accorder une souveraineté et des pouvoirs qu'elle n'a pas. Ainsi, les hommes se croient libres parce qu'ils ont conscience de leurs volontés et désirs alors que, bien souvent, ils ignorent ce qui les pousse à vouloir ce qu'ils veulent ou à faire ce qu'ils font. Pour n'en donner qu'une illustration triviale, on décide de manger parce qu'on a faim, mais on ne décide pas d'avoir faim.

2 | Le concept freudien d'inconscient

De l'invention thérapeutique de la notion d'inconscient...

Textes 4 à 7
Freud, Dolto, Freud, Lacan, p. 46-50.

L'idée selon laquelle nous n'avons pas en permanence une conscience immédiate et lucide de ce que nous sommes n'est pas en soi un scandale : qui a conscience de la circulation de son sang, de la multitude des mouvements musculaires qu'il enchaîne lorsqu'il gravit un escalier ? Loin d'être une atteinte à notre liberté et à notre dignité, ces vastes zones de non-conscience nous permettent au contraire de nous concentrer sur ce qui mérite véritablement notre attention.

1. Voir, dans « La matière et l'esprit », le texte 6 de Spinoza, p. 350. 2. Le *libre arbitre* est, pour la philosophie classique, la capacité de se déterminer par soi-même, capacité qui permet d'imputer au sujet la volonté et la responsabilité de ses pensées et de ses actes. C'est donc l'un des fondements de la possibilité de la morale.

L'élaboration de la notion d'**inconscient** par la psychanalyse renvoie à des phénomènes d'un autre ordre. Un médecin viennois, Sigmund Freud, s'intéresse, dès la fin du XIXe siècle, à des maladies face auxquelles la médecine traditionnelle reste impuissante : des **symptômes** très spectaculaires (paralysie, graves troubles de la parole...) ne semblent liés à aucun dysfonctionnement organique. Le recours à l'hypnose entraîne, en particulier dans les cas d'hystérie[1], des guérisons parfois durables : ce que le malade fait et dit dans ces états de non-conscience provoquée artificiellement semble avoir des effets libérateurs, à la mesure de la force avec laquelle sont revécus sous hypnose des expériences ou des événements traumatisants. L'hypothèse de l'existence de l'inconscient fait de ces pathologies l'expression déguisée de **pulsions refoulées**, qui trouvent un mode substitutif de satisfaction sous la forme des symptômes. Cette hypothèse se trouve confortée par le fait que, lorsque la cure psychanalytique[2] parvient à ce que le patient fasse ressurgir à la conscience la source refoulée de ses symptômes, ceux-ci tendent à disparaître.

... à une description de la vie psychique

La vie quotidienne est parsemée de rêves et rêveries, *lapsus*, actes manqués[3], qui sont autant de manifestations banales de l'inconscient. Les mécanismes de l'inconscient concernent donc chacun d'entre nous ; certains d'entre eux seulement deviennent pathologiques, entraînant souffrance et inadaptation à la vie en commun.

La théorie freudienne distingue trois grandes **instances psychiques**. Le **ça** est le lieu des désirs inconscients (refoulés) et des pulsions sexuelles et d'autoconservation. Le **surmoi**, lui aussi inconscient, se constitue dans la petite enfance, lorsque les interdits sociaux et parentaux commencent à être intériorisés, et à opposer une **censure** aux désirs ou représentations dont la prise de conscience, et à plus forte raison la satisfaction immédiate, pourraient menacer la construction du sujet. Instance la plus proche de la notion classique de conscience, le **moi** remplit une fonction de médiateur : il s'efforce de concilier les intérêts contradictoires du ça et du surmoi (essentiellement le « principe de plaisir » et le « principe de réalité[4] »), tout en tenant compte du monde extérieur[5].

Freud cherchera aussi à appliquer l'hypothèse de l'inconscient à des phénomènes sociaux[6] tels que la culture esthétique, les croyances religieuses ou les violences collectives. La psychanalyse permettrait ainsi à la fois de rendre compte de phénomènes psychiques, individuels et collectifs, jusqu'ici mystérieux, et de traiter des maladies face auxquelles la médecine classique est impuissante.

1. Sans lésion organique décelable, l'*hystérie* se manifeste par des symptômes somatiques (corporels) et des troubles neurologiques pouvant aller jusqu'à la paralysie ou le délire. 2. Retenant de l'hypnose l'effet libérateur de la parole, Freud lui préférera rapidement un traitement fondé sur le même principe, mais dans lequel le patient est invité à parler librement (associations d'idées, récit de ses rêves) pour « reconstituer » en quelque sorte l'histoire qui l'a conduit à l'état de souffrance dont il ignore les causes. 3. Le *rêve* est nocturne tandis que la *rêverie* est diurne et a lieu lorsque la conscience est en éveil. Un *lapsus* est ce qui se produit lorsque le sujet veut dire quelque chose et dit autre chose. Un *acte manqué* consiste à faire autre chose que ce que l'on voulait faire : oublier un rendez-vous avec quelqu'un, perdre ou casser un cadeau qu'on vous a fait, etc. Lorsque ces actes se répètent de façon significative, la psychanalyse considère qu'ils ne sont pas dus au hasard ou à la simple maladresse. 4. Voir, dans les Repères, « Principe / Conséquence ». 5. Les textes 4 à 7 de ce chapitre, p. 46-50, présentent quelques concepts importants de la psychanalyse. On pourra compléter cette première approche par la lecture des *Cinq leçons sur la psychanalyse* (1904) de Freud. 6. Voir, dans « L'art », le texte 14 de Freud, p. 181, dans « Le travail et la technique », le texte 8 de Durkheim, p. 203, dans « La religion », le texte 3 de Freud, p. 229.

3 | Inquiétante étrangeté de la psychanalyse

Critiques philosophiques de l'inconscient

Textes 8 à 10
Alain, Sartre, Freud, p. 50-53.

« Ce qui est nouveau devient facilement effrayant et étrangement inquiétant ; telle chose nouvelle est effrayante, toutes ne le sont certes pas. Il faut, à la chose nouvelle et non familière, quelque chose en plus pour lui donner le caractère de l'inquiétante étrangeté[1]. » Il est tentant d'appliquer ce propos de Freud… à la psychanalyse elle-même. D'autant que ce « quelque chose en plus » qui rend certaines choses nouvelles inquiétantes, voire angoissantes, c'est le fait qu'elles réveillent très confusément un sentiment de « déjà vu » ou « déjà ressenti ». Sans prétendre expliquer par là la totalité des critiques et résistances opposées à la psychanalyse, on peut affirmer sans grand risque que même ses plus ardents détracteurs ont fait, un jour ou l'autre, l'expérience qu'ils ne maîtrisent ou ne contrôlent pas tout d'eux-mêmes.

La reconnaissance de l'inconscient met incontestablement en question l'idée d'une souveraineté de la conscience. Sans nier l'existence de ces zones d'ombres ou de ces manifestations psychiques que la psychanalyse impute à l'existence de l'inconscient, des philosophes contemporains de Freud en ont proposé des explications qui préservent la dimension fondamentale de la conscience au sens classique : son **unité**[2]. Il y a peut-être bien en tout homme une part d'animalité, qui le gouverne parfois à son insu, admet Alain, mais ces « choses » qui échappent à notre volonté n'ont aucune prise sur le moi, « unique sujet » de nos pensées. Pour Sartre, l'explication par l'inconscient « rompt l'unité psychique » sans résoudre le problème posé par les conduites dont elle prétend rendre compte : une tendance refoulée ne peut selon lui « se déguiser » en autre chose qu'elle-même que s'il y a « un projet de déguisement », ancré dans la conscience des raisons du refoulement[3].

La valeur de la conscience n'est pas perdue

Il ne faut cependant pas se tromper sur le sens et les conséquences de la remise en question freudienne de l'identité de la pensée et de la conscience. De fait, sous l'effet de certaines **exigences morales et sociales**, nos pulsions n'ont pas toutes droit à la satisfaction. Nous tendons alors à ne plus vouloir avoir conscience de leur existence et à les refouler. Cela ne les fait pas disparaître pour autant, d'où leur réapparition sous forme déguisée. Faut-il voir dans ce refoulement une atteinte à notre liberté, une menace pour la possibilité de la morale ? Cela ne confirme-t-il pas, au contraire, que nous sommes capables de gouverner au moins en partie notre existence en la référant à des valeurs, et que nous y parvenons d'autant mieux que nous nous connaissons mieux nous-mêmes ?

Qu'on y adhère ou non, la théorie psychanalytique éclaire ainsi une dimension fondamentale de la condition humaine. Freud affirme même que la conscience « reste la seule lumière qui brille pour nous et nous guide dans les ténèbres de la vie psychique[4] ».

1. Freud, *L'Inquiétante Étrangeté* (1919), Hatier, coll. « Profil philosophie », 1987, p. 38. 2. Voir, dans « La conscience », le texte 7 de Kant, p. 31. 3. *La Mauvaise Foi* (Ire partie, chap. II de *L'Être et le Néant*, 1943), Hatier, coll. « Les classiques de la philosophie », 2001, p. 19-20. 4. Voir le texte 10 de Freud, p. 52.

L'inconscient
Textes

1 | Les dessous de la conscience

texte 1 Leibniz.
Les « petites perceptions »

La conscience perçoit-elle dans le moindre détail les informations que lui communiquent nos perceptions sensorielles ? Sans qu'on puisse y voir une préfiguration de ce que Freud nommera bien plus tard l'inconscient, la forme de non-conscience décrite ici par Leibniz est très courante. Elle évoque par exemple l'accomplissement automatique de nombre de nos gestes quotidiens.

D'ailleurs il y a mille marques qui font juger qu'il y a à tout moment une infinité de perceptions en nous, mais sans aperception[1] et sans réflexion, c'est-à-dire des changements dans l'âme même dont nous ne nous apercevons pas, parce que les impressions sont ou trop petites et en trop grand nombre ou trop unies, en sorte qu'elles n'ont rien d'assez distinguant à part, mais jointes à d'autres, elles ne laissent pas[2] de faire leur effet et de se faire sentir au moins confusément dans l'assemblage. C'est ainsi que l'accoutumance fait que nous ne prenons pas garde au mouvement d'un moulin ou à une chute d'eau, quand nous avons habité tout auprès depuis quelque temps. Ce n'est pas que ce mouvement ne frappe toujours nos organes, et qu'il ne se passe encore quelque chose dans l'âme qui y réponde, à cause de l'harmonie de l'âme et du corps, mais ces impressions qui sont dans l'âme et dans le corps, destituées des attraits de la nouveauté, ne sont pas assez fortes pour s'attirer notre attention et notre mémoire, attachées à des objets plus occupants. Car toute attention demande de la mémoire, et souvent quand nous ne sommes point admonestés[3] pour ainsi dire et avertis de prendre garde à quelques-unes de nos propres perceptions présentes, nous les laissons passer sans réflexion et même sans être remarquées ; mais si quelqu'un nous en avertit incontinent[4] après et nous fait remarquer par exemple quelque bruit qu'on vient d'entendre, nous nous en souvenons et nous nous apercevons d'en avoir eu tantôt quelque sentiment. Ainsi c'étaient des perceptions dont nous ne nous étions pas aperçus incontinent, l'aperception[5] ne venant dans ce cas que de l'avertissement après quelque intervalle, tout petit qu'il soit. Et pour juger encore mieux des petites perceptions que nous ne saurions distinguer dans la foule, j'ai coutume de me servir de l'exemple du mugissement ou du bruit de la mer dont on est frappé quand on est au rivage. Pour entendre ce bruit

1. Conscience de la perception, qui vient après la perception elle-même, lorsque notre attention est attirée sur celle-ci.
2. On écrirait aujourd'hui : « elles ne manquent pas ».
3. Alertés.
4. Tout de suite, immédiatement.
5. Voir note 1.

comme l'on fait, il faut bien qu'on entende les parties qui composent ce tout, c'est-à-dire les bruits de chaque vague, quoique chacun de ces petits bruits ne se fasse connaître que dans l'assemblage confus de tous les autres ensemble, c'est-à-dire dans ce mugissement même, et ne se remarquerait pas si cette vague qui le fait était seule.

Gottfried Wilhelm LEIBNIZ, *Nouveaux essais sur l'entendement humain* (1re publication posthume en 1765), Préface, Flammarion, coll. « GF », 1966, p. 38-39.

texte 2 Descartes. Une fille un peu « louche »

À quelles conditions nos passions sont-elles une expérience enrichissante ? Nos goûts, voire nos passions, nous apparaissent souvent comme ce que nous avons de plus personnel. Descartes montre au contraire, en évoquant l'exemple des inclinations amoureuses, qu'elles ne sont pas à l'abri de mécanismes que l'on qualifierait aujourd'hui d'inconscients.

Je passe maintenant à votre question, touchant les causes qui nous incitent souvent à aimer une personne plutôt qu'une autre, avant que nous en connaissions le mérite ; et j'en remarque deux, qui sont, l'une dans l'esprit, et l'autre dans le corps. [...] Par exemple, lorsque j'étais enfant, j'aimais une fille de mon âge, qui était un peu louche[1] ; au moyen de quoi, l'impression qui se faisait par la vue en mon cerveau, quand je regardais ses yeux égarés, se joignait tellement à celle qui s'y faisait aussi pour émouvoir en moi la passion de l'amour, que longtemps après, en voyant des personnes louches, je me sentais plus enclin à les aimer qu'à en aimer d'autres, pour cela seul qu'elles avaient ce défaut : et je ne savais pas néanmoins que ce fût pour cela. Au contraire, depuis que j'y ai fait réflexion[2] et que j'ai reconnu que c'était un défaut, je n'en ai plus été ému. Ainsi, lorsque nous sommes portés à aimer quelqu'un, sans que nous en sachions la cause, nous pouvons croire que cela vient de ce qu'il y a quelque chose en lui de semblable à ce qui a été dans un autre objet que nous avons aimé auparavant, encore que nous ne sachions pas ce que c'est. Et bien que ce soit plus ordinairement une perfection[3] qu'un défaut, qui nous attire ainsi à l'amour ; toutefois, à cause que ce peut être quelquefois un défaut, comme en l'exemple que j'ai apporté, un homme sage ne se doit pas laisser entièrement aller à cette passion, avant que d'avoir considéré le mérite de la personne pour laquelle nous nous sentons émus. Mais, à cause que nous ne pouvons pas aimer également tous ceux en qui nous remarquons des mérites égaux, je crois que nous sommes seulement obligés de les estimer également ; et que, le principal bien de la vie étant d'avoir de l'amitié pour quelques-uns, nous avons raison de préférer ceux à qui nos inclinations secrètes nous joignent, pourvu que nous remarquions aussi en eux du mérite. Outre que, lorsque ces inclinations[4] secrètes ont leur cause en l'esprit, et non dans le corps, je crois qu'elles doivent toujours être suivies ; et la marque principale qui les fait connaître, est que celles qui viennent de l'esprit sont réciproques, ce qui n'arrive pas souvent aux autres.

René DESCARTES, Lettre à Chanut, 6 juin 1647, dans *Œuvres et Lettres*, Gallimard, coll. « Bibliothèque de la Pléiade », 1953, p. 1277-1278.

1. *Louche* doit être compris ici comme synonyme de « qui louche ».
2. Depuis que j'y ai réfléchi.
3. *Perfection* signifie ici « qualité ».
4. Ces attirances.

texte 3

Spinoza.
De l'ignorance à l'illusion

Notre vie psychique se réduit-elle à ce dont nous avons conscience ? Spinoza répondrait sans doute aujourd'hui non à une telle question : il en voudrait pour preuve l'illusion qui fait croire aux hommes qu'ils sont totalement libres, ce qui montre bien qu'ils n'ont pas conscience de tout ce qui les détermine à leur insu. S'il n'autorise pas à spéculer sur une possible influence de Spinoza sur Freud, le rapprochement entre l'analyse qui suit et la description freudienne du fonctionnement de l'inconscient s'impose.

[...] tous les préjugés que j'entreprends de dénoncer ici viennent de cela seul, que les hommes supposent communément que toutes les choses naturelles agissent, comme eux-mêmes, à cause d'une fin[1], et vont même jusqu'à tenir pour certain que Dieu lui-même règle tout en vue d'une certaine fin précise : ils disent en effet que Dieu a tout fait à cause de l'homme, et a fait l'homme pour qu'il l'honore. C'est donc cela seul que je considérerai d'abord, en cherchant *premièrement* la cause qui fait qu'ils se reposent, pour la plupart, sur ce préjugé, et pourquoi ils ont tous un tel penchant à l'embrasser. *Ensuite*, j'en montrerai la fausseté, et *enfin*, comment en sont nés les préjugés relatifs au *bien* et au *mal*, au *mérite* et au *péché*, à la *louange* et au *blâme*, à l'*ordre* et à la *confusion*, à la *beauté* et à la *laideur* et autres choses du même genre. Mais, quant à les déduire de la nature de l'esprit humain, ce n'est pas ici le lieu : Il suffira ici que je prenne pour fondement ce qui doit être à la connaissance de tous ; je veux dire, que les hommes naissent tous ignorants des causes des choses, et qu'ils ont tous l'appétit[2] de chercher ce qui leur est utile, chose dont ils ont conscience. Car de là suit, *premièrement*, que les hommes se croient libres, pour la raison qu'ils ont conscience de leurs volitions[3] et de leur appétit, et que, les causes qui les disposent à appéter[4] et à vouloir, ils les ignorent, et n'y pensent pas même en rêve. Il suit *deuxièmement*, qu'en tout les hommes agissent à cause d'une fin ; à savoir, à cause de l'utile, dont ils ont l'appétit ; d'où vient que, des choses accomplies, ils veulent toujours savoir les causes finales[5], et rien qu'elles, et quand on les leur a dites, ils sont contents ; c'est qu'ils n'ont plus alors de raison de douter. Et, si nul ne peut les leur dire, il ne leur reste plus qu'à se tourner vers eux-mêmes, à réfléchir aux fins qui les déterminent eux-mêmes, d'ordinaire, à de tels actes, et à juger nécessairement du tempérament d'autrui à partir de leur propre tempérament.

Baruch Spinoza, *Éthique* (1677, publication posthume), Ire partie, Appendice, trad. B. Pautrat, Éd. du Seuil, coll. « Points essais », 1999, p. 81.

1. En fonction d'un but. Voir aussi note 5.
2. Du latin *appetitus*, « désir », utilisé par Spinoza pour désigner la tendance fondamentale de l'homme à agir et désirer. Le verbe correspondant est *appéter*, à peu près synonyme de « désirer », employé quelques lignes plus loin dans le texte.
3. C'est-à-dire de ce qu'ils veulent.
4. À désirer. Voir note 2.
5. Selon une terminologie héritée d'Aristote, et par opposition à la cause *efficiente* (qui produit directement un effet), la cause *finale* est le but en vue duquel sont accomplies ou produites une action ou une transformation. Parmi les préjugés dont il annonce la dénonciation au début de ce texte, Spinoza évoquera un peu plus loin le *finalisme*, qui fait croire aux hommes que la nature tout entière a été conçue « pour leur usage », en fonction de leurs besoins. Voir aussi, dans « Le vivant », le texte 1, p. 326.

› Repères
Voir Cause / Fin, Croire / Savoir.

› 2 | Le concept freudien d'inconscient

texte 4

Freud.
Je ne sais jamais tout de moi-même

Comment expliquer la résistance opposée à l'hypothèse que l'inconscient agit sur la conscience à son insu ? Développant son exposé de la blessure narcissique infligée à l'humanité par la psychanalyse[1], Freud imagine ici le discours que cette dernière pourrait tenir au moi[2], pour vaincre cette résistance.

1. Voir aussi, dans « La conscience », le texte 12 de Freud, p. 35.
2. Voir le texte suivant.

La psychanalyse [...] peut finalement dire au moi : « Rien d'étranger n'est entré en toi ; c'est une partie de ta propre vie psychique qui s'est dérobée à ta connaissance et à la domination de ta volonté. C'est pourquoi d'ailleurs tu es si faible pour te défendre ; tu combats avec une partie de tes forces contre l'autre partie ; tu ne peux pas mobiliser toutes tes forces comme contre un ennemi extérieur. Et ce n'est même pas la part la plus mauvaise ou la plus insignifiante de tes forces psychiques qui s'est ainsi opposée à toi et est devenue indépendante de toi. La responsabilité, je dois le dire, t'en incombe entièrement. Tu as surestimé tes forces quand tu as cru que tu pouvais faire de tes pulsions sexuelles ce que tu voulais, et que tu n'avais pas besoin de faire le moindre cas de leurs intentions. Alors elles se sont révoltées, et ont suivi leurs propres voies obscures pour échapper à la répression, elles se sont fait droit d'une manière qui ne peut plus te convenir. Comment elles y ont réussi et par quelles routes elles ont cheminé, cela, tu ne l'as pas appris ; c'est seulement le résultat de ce travail, le symptôme, que tu ressens comme souffrance, qui est parvenu à ta connaissance. Tu ne le reconnais pas alors comme un rejeton de tes propres pulsions réprouvées, et tu ne sais pas qu'il s'agit là de leur satisfaction substitutive.

« Mais ce qui rend tout ce processus possible, c'est seulement le fait que tu es également dans l'erreur sur un autre point important. Tu es assuré d'apprendre tout ce qui se passe dans ton âme, pourvu que ce soit assez important, parce que, alors, ta conscience te le signale. Et quand dans ton âme tu n'as reçu aucune nouvelle de quelque chose, tu admets en toute confiance que cela n'est pas contenu en elle. Davantage, tu vas jusqu'à tenir "psychique" pour identique à "conscient", c'est-à-dire connu de toi, malgré les preuves les plus patentes que, dans ta vie psychique, il doit en permanence se passer beaucoup plus de choses qu'il n'en peut accéder à ta conscience. Accepte donc sur ce point de te laisser instruire ! Le psychique en toi ne coïncide pas avec ce dont tu es conscient ; ce sont deux choses différentes, que quelque chose se passe dans ton âme, et que tu en sois par ailleurs informé. [...] »

› **Repères**
Voir **Croire / Savoir**.

Sigmund Freud, « Une difficulté de la psychanalyse » (1917), dans *L'Inquiétante Étrangeté et Autres essais*, trad. B. Féron, Gallimard, coll. « Folio essais », 1985, p. 184-186.

texte 5 Dolto. Le ça, le *moi* et le *surmoi*

Qu'est-ce que l'inconscient ? Pas plus que la conscience, ce n'est une « chose » – plutôt un ensemble complexe de processus, ou de forces, dont le fonctionnement interfère avec celui de la conscience. Dès 1939, année de la mort de Freud, Françoise Dolto, elle aussi médecin et psychanalyste, s'est efforcée de faire connaître et comprendre la psychanalyse en France, et de mettre en garde contre une représentation simpliste de la description freudienne de la vie psychique.

Nous allons donner une brève description de la personnalité, mais n'oublions pas qu'il s'agit d'un schéma artificiel et commode pour l'étude, et gardons-nous de voir des compartiments étanches et des entités réelles.

On distingue le *Ça*, le *Moi* et le *Sur-Moi*.

– Le *Ça*. Source des pulsions, force libidinale[1] aveugle qui, à la manière d'un fleuve, doit trouver à s'écouler. La libido[2] étant à la sexualité ce que la faim est à la nutrition.

– Le *Moi*. Siège des satisfactions et des malaises conscients. Noyau limité, organisé, cohérent et lucide de la personnalité. C'est par son intermédiaire que le Ça entre en contact avec le monde extérieur. Tampon entre le Ça et le monde extérieur d'abord, puis, à partir de 6-7 ans, entre le Ça et le Sur-Moi.

– Le *Sur-Moi*. Sorte de mentor formé par l'intégration des expériences, permises et défendues, comme elles ont été vécues dans les premières années. Siège d'une force inhibitrice[3] qui joue aveuglément elle aussi, le Sur-Moi est incapable d'évoluer sensiblement de lui-même après 8 ans, même si les circonstances de la vie modifient totalement les exigences du monde extérieur.

Quand nous disons que le Ça et le Sur-Moi sont le siège de forces aveugles, nous voulons dire que leur fonctionnement est inconscient. Le Moi n'est d'ailleurs qu'en partie conscient[4].

[...] ce n'est que dans les premières années de la vie que les pulsions se heurtent au monde extérieur ; les interdictions auxquelles elles se heurteront au bout des premières expériences auront vite fait d'envahir la personnalité même du sujet (le Sur-Moi).

Une comparaison classique nous fera comprendre la formation du Sur-Moi. On met des poissons dans un bocal et l'on sépare un jour le bocal en deux par une plaque de verre transparente. Les poissons enfermés dans chacun des deux compartiments du bocal tentent vainement de traverser le mur transparent, et s'y heurtent, sans cesse ; jusqu'au jour où ils agissent « comme s'ils n'avaient plus envie » de sortir du compartiment qui leur est réservé. Ils ne se heurtent jamais plus alors à la cloison de verre et si, au bout de quelques semaines, on retire la cloison, on constate que les poissons continuent à se comporter « comme si elle existait toujours » ; l'interdiction est devenue « intérieure », elle fait partie de « la personnalité » de ces poissons.

C'est ainsi qu'agit le Sur-Moi. Il assimile les interdictions du monde extérieur, afin d'éviter les déconvenues ; mais une fois formé, le Sur-Moi est rigide. Grâce à lui les pulsions sont entravées spontanément, avant même d'être conscientes, dès qu'elles suscitent une résonance associative de celles qui, lors des premières expériences de l'enfant, avaient entraîné de la part du monde extérieur une répression suivie d'angoisse. Voilà le mécanisme inhibiteur auquel on donne le nom de *refoulement*. On voit que c'est un processus *intérieur*.

Françoise Dolto, *Psychanalyse et Pédiatrie* (1939),
Éd. du Seuil, coll. « Points », 1971, p. 18-22.

1. Le terme latin *libido* signifie « envie », « désir ». Freud et ses successeurs l'utilisent pour désigner l'énergie constituée par l'ensemble des pulsions d'ordre sexuel. *Libidinal* est l'adjectif formé à partir de *libido*.
2. Voir la note précédente.
3. Force dont l'intervention empêche la satisfaction directe des pulsions. Il s'agit plus précisément ici des interdits opposés par l'inconscient aux désirs incompatibles avec les exigences de la vie morale et sociale (voir aussi le texte suivant).
4. Répétons qu'il s'agit d'un schéma ; ce qu'il est important de comprendre, c'est qu'en somme l'inconscient, source de la force affective, est très tôt « divisé contre lui-même » (Ça – et Sur-Moi). *(Note de Fr. Dolto.)*

texte 6

Freud.
Principe de plaisir et principe de réalité

Les limites entre le conscient et l'inconscient sont-elles aisées à fixer ? Non, car la vie psychique se structure au fur et à mesure que se construit le sentiment d'un moi distinct du monde extérieur : ne « connaissant » d'abord que le principe de plaisir, qui exige la satisfaction immédiate des besoins et des désirs, le sujet intègre progressivement la nécessité de passer des compromis avec soi-même et avec la réalité.

[...] rien n'est pour nous plus assuré que le sentiment de notre moi propre. Ce moi nous apparaît autonome, unitaire, bien démarqué de tout le reste. Que cette apparence soit un leurre, qu'au contraire le moi se continue vers l'intérieur, sans frontière tranchée, dans un être animique[1] inconscient que nous qualifions de ça, auquel il sert en quelque sorte de façade, c'est ce que nous a enseigné, la première, la recherche psychanalytique [...]. Ainsi donc le sentiment du moi est lui-même soumis à des perturbations et les frontières du moi ne sont pas stables.

Poursuivons la réflexion : ce sentiment du moi de l'adulte ne peut avoir été tel depuis le début. Il faut qu'il soit passé par un développement qui, cela se conçoit, ne se laisse pas mettre en évidence, mais se laisse construire avec passablement de vraisemblance. Le nourrisson ne fait pas encore le départ[2] entre son moi et un monde extérieur comme source des sensations affluant sur lui. Il apprend à le faire peu à peu en vertu d'incitations diverses. Ce qui lui fait nécessairement la plus forte impression, c'est qu'un certain nombre de sources d'excitations, dans lesquelles il reconnaîtra ultérieurement ses organes du corps, peuvent à tout moment lui adresser des sensations, alors que d'autres se soustraient à lui par moments – parmi elles ce qui est le plus désiré : le sein maternel – ne sont ramenées à lui que par des cris d'appel à l'aide. Par là s'oppose au moi la première fois un « objet » en tant que quelque chose qui se trouve « au dehors » et qui n'est poussé dans le champ phénoménal[3] que par une action particulière. Ce qui donne une nouvelle impulsion au détachement du moi d'avec la masse des sensations, donc à la reconnaissance d'un « dehors », d'un monde extérieur, ce sont les fréquentes, multiples et inévitables sensations de douleur et de déplaisir que le principe de plaisir, à la domination sans bornes, commande de supprimer et d'éviter. [...] Mainte chose qu'on ne voudrait pas abandonner comme étant dispensatrice de plaisir n'est pourtant pas moi, est objet, et maint tourment qu'on veut jeter au dehors se révèle pourtant comme étant inséparable du moi, comme de provenance interne. On fait l'apprentissage d'un procédé consistant, par une orientation intentionnelle de l'activité sensorielle et par une action musculaire appropriée, à pouvoir différencier ce qui est intérieur – ce qui appartient au moi – et ce qui est extérieur – ce qui est issu d'un monde extérieur –, et on fait par là le premier pas vers l'instauration du principe de réalité qui doit dominer le développement ultérieur. Cette différenciation sert naturellement la visée pratique de se défendre des sensations de déplaisir éprouvées et de celles qui menacent.

Sigmund Freud, *Le Malaise dans la culture* (1929), trad. R. Cotet, L. Lainé, J. Stute-Cadiot, PUF, coll. « Quadrige », 2002, p. 7-9.

1. Qui a un rapport avec l'âme. Comprendre ici : dans une partie inconsciente de la vie psychique.
2. La différence.
3. Dans le champ des objets perçus distinctement, par opposition à la confusion primitive entre soi-même et le monde extérieur dont il est question quelques lignes plus haut dans le texte (l. 12-14), à propos du nourrisson.

› Repères
Voir **Objectif / Subjectif, Principe / Conséquence.**

texte 7 Lacan. L'inconscient est le « chapitre censuré » de mon histoire

Sous quelle forme l'inconscient conserve-t-il la trace de ce qu'il dissimule à la conscience ? Il fonctionne comme un langage, qui serait devenu momentanément incompréhensible, explique le psychanalyste Jacques Lacan. Il faut donc, pour déchiffrer ses mécanismes et leur signification, retrouver le code « perdu » dans l'opération de refoulement.

L'inconscient est ce chapitre de mon histoire qui est marqué par un blanc ou occupé par un mensonge : c'est le chapitre censuré. Mais la vérité peut être retrouvée ; le plus souvent déjà elle est écrite ailleurs. À savoir :
– dans les monuments : et ceci est mon corps, c'est-à-dire le noyau hystérique de la névrose où le symptôme hystérique[1] montre la structure d'un langage et se déchiffre comme une inscription qui, une fois recueillie, peut sans perte grave être détruite ;
– dans les documents d'archives aussi : et ce sont les souvenirs de mon enfance, impénétrables aussi bien qu'eux, quand je n'en connais pas la provenance ;
– dans l'évolution sémantique[2] : et ceci répond au stock et aux acceptions du vocabulaire qui m'est particulier, comme au style de ma vie et à mon caractère ;
– dans les traditions aussi, voire dans les légendes qui sous une forme héroïsée véhiculent mon histoire ;
– dans les traces, enfin, qu'en conservent inévitablement les distorsions, nécessitées par le raccord du chapitre adultéré[3] dans les chapitres qui l'encadrent, et dont mon exégèse[4] rétablira le sens.

Jacques Lacan, *Écrits I* (1966),
Éd. du Seuil, coll. « Points », 1970, p. 136-137.

1. Voir note 1, p. 42.
2. L'évolution des significations des mots.
3. Falsifié, altéré.
4. Travail d'interprétation. Voir, dans « L'interprétation », les textes 4 de Galilée, p. 313, et 9 de Ricœur, p. 317.

3 | Inquiétante étrangeté de la psychanalyse

texte 8 Alain. *Je suis l'unique sujet de mes pensées*

Peut-on se passer de l'hypothèse de l'inconscient pour expliquer nos conduites ? L'erreur de la psychanalyse, pour Alain, c'est de déduire cette hypothèse de l'existence de phénomènes comme les rêves ou les peurs incontrôlables. Pour lui, c'est précisément parce qu'elles échappent au sujet conscient de ses pensées que ces zones d'ombre ne sauraient entretenir le moindre rapport avec lui.

Il y a de la difficulté sur le terme d'inconscient. Le principal est de comprendre comment la psychologie a imaginé ce personnage mythologique. Il est clair que le mécanisme échappe à la conscience, et lui fournit des résultats (par exemple, j'ai peur) sans aucune notion des causes. En ce sens la nature humaine est inconsciente autant que l'instinct animal et par les mêmes causes. On ne dit point que l'instinct est inconscient. Pourquoi ? Parce qu'il n'y a point de conscience animale devant laquelle l'instinct produise ses effets. L'inconscient est un effet de contraste dans la conscience. On dit à un anxieux : « Vous avez peur », ce dont il n'a même pas l'idée ; il sent alors en lui un autre être qui est bien lui et qu'il trouve tout fait. Un caractère, en ce sens, est inconscient. Un homme regarde s'il tremble afin de savoir s'il a peur. Ajax[1], dans l'*Iliade*, se dit : « Voilà mes jambes qui me poussent ! Sûrement un dieu me conduit ! » Si je ne crois pas à un tel dieu, il faut alors que je croie à un monstre caché en moi. En fait l'homme s'habitue à avoir un corps et des instincts. Le psychiatre contrarie cette heureuse disposition ; il invente le monstre ; il le révèle à celui qui en est habité. Le freudisme, si fameux, est un art d'inventer en chaque homme un animal redoutable, d'après des signes tout à fait ordinaires ; les rêves sont de tels signes : les hommes ont toujours interprété leurs rêves, d'où un symbolisme facile. Freud se plaisait à montrer que ce symbolisme facile nous trompe et que nos symboles sont tout ce qu'il y a d'indirect. Les choses du sexe échappent évidemment à la volonté et à la prévision ; ce sont des crimes de soi[2], auxquels on assiste. On devine par là que ce genre d'instinct offrait une riche interprétation. L'homme est obscur à lui-même ; cela est à savoir. Seulement il faut éviter ici plusieurs erreurs que fonde le terme d'inconscient. La plus grave de ces erreurs est de croire que l'inconscient est un autre Moi ; un Moi qui a ses préjugés, ses passions et ses ruses ; une sorte de mauvais ange, diabolique conseiller. Contre quoi il faut comprendre qu'il n'y a point de pensées en nous sinon par l'unique sujet, Je ; cette remarque est d'ordre moral.

Émile CHARTIER, dit ALAIN, *Éléments de philosophie* (1941), livre II, chap. XVI, note, Gallimard, coll. « Folio essais », 1990, p. 155.

1. Héros grec, célèbre pour son courage.
2. Les crimes causés par notre propre nature, mal contrôlée.

› **Repères**
Voir **Cause / Fin.**

Questions

1. Relevez les termes et expressions utilisés tout au long du texte pour qualifier l'inconscient qui justifient son assimilation à un « personnage mythologique » (l. 2).
2. Quelle critique de la psychanalyse recouvre l'usage que fait Alain des notions d'invention et d'interprétation (l. 16 et 19) ?
3. Quel est le problème « d'ordre moral » (l. 29) posé par l'identification de l'inconscient à « un autre Moi » (l. 26) ?

texte 9

Sartre.
Contre l'hypothèse de l'inconscient

Pourrions-nous nous masquer à nous-mêmes certains de nos désirs ou de nos intentions si nous ne le voulions pas ? Comme Alain (voir le texte précédent) – qu'il cite à l'appui de sa démonstration –, Sartre refuse l'idée d'un pouvoir autonome de l'inconscient : si la censure n'était pas consciente, elle ne saurait pas sur quoi elle doit s'exercer.

[...] la censure, pour appliquer son activité avec discernement, doit connaître ce qu'elle refoule. Si nous renonçons en effet à toutes les métaphores représentant le refoulement comme un choc de forces aveugles, force est bien d'admettre que la censure doit choisir et, pour choisir, *se représenter*. D'où viendrait, autrement, qu'elle laisse passer les impulsions sexuelles licites[1], qu'elle tolère que les besoins (faim, soif, sommeil) s'expriment dans la claire conscience ? Et comment expliquer qu'elle peut *relâcher* sa surveillance, qu'elle peut même être *trompée* par les déguisements de l'instinct ? Mais il ne suffit pas qu'elle discerne les tendances maudites, il faut encore qu'elle les saisisse comme *à refouler*, ce qui implique chez elle à tout le moins une représentation de sa propre activité. En un mot, comment la censure discernerait-elle les impulsions refoulables sans avoir conscience de les discerner ? Peut-on concevoir un savoir qui serait ignorance de soi ? Savoir, c'est savoir qu'on sait, disait Alain. Disons plutôt : tout savoir est conscience de savoir. Ainsi les résistances du malade impliquent au niveau de la censure une représentation du refoulé en tant que tel, une compréhension du but vers quoi tendent les questions du psychanalyste et un acte de liaison synthétique[2] par lequel elle compare la *vérité* du complexe refoulé à l'hypothèse psychanalytique qui le vise. Et ces différentes opérations à leur tour impliquent que la censure est conscience (de) soi. Mais de quel type peut être la conscience (de) soi de la censure ? Il faut qu'elle soit conscience (d') être conscience de la tendance à refouler, mais précisément *pour n'en être pas conscience*. Qu'est-ce à dire sinon que la censure doit être de mauvaise foi ? La psychanalyse ne nous a rien fait gagner puisque, pour supprimer la mauvaise foi, elle a établi entre l'inconscient et la conscience une conscience autonome et de mauvaise foi. C'est que ses efforts pour établir une véritable dualité – et même une trinité (*Es, Ich, Über-Ich*[3] s'exprimant par la censure) – n'ont abouti qu'à une terminologie verbale.

Jean-Paul SARTRE, *La Mauvaise Foi* (Ire partie, chap. II de *L'Être et le Néant*, 1943), © Gallimard, Hatier, coll. « Les classiques de la philosophie », 2001, p. 18-19.

1. Autorisées, acceptables.
2. *Acte de liaison synthétique* : au cours de la cure psychanalytique, le malade mettrait en relation (de façon forcément consciente, selon Sartre) les représentations qu'il se fait de ce qu'il a « refoulé » et l'explication de ce refoulement vers laquelle le psychanalyste tenterait de l'orienter.
3. Il s'agit des trois termes allemands utilisés par Freud pour décrire la vie psychique, traduits en français par *Ça (Es), Moi* (Ich) et *Surmoi* (Überich). Voir aussi le texte 5 de Dolto, p. 47. Pour Sartre, il ne s'agit en fin de compte que de mots (« une terminologie verbale »), qui ne correspondent pas à de véritables réalités psychiques.

texte 10 **Freud.** La psychanalyse ne menace pas la conscience

L'hypothèse de l'inconscient peut-elle fonder une théorie d'ensemble cohérente du psychisme ? À la veille de sa mort, malade et réfugié à Londres pour fuir le nazisme, Freud cherche encore à répondre à ses adversaires : la psychanalyse permet de rendre compte des lacunes de la conscience, sans pour autant en réduire la valeur.

Et voici, chose étrange, que tous ou presque tous s'accordent à trouver à tout ce qui est psychique un caractère commun, un caractère qui traduit son essence même. C'est le caractère unique, indescriptible et qui n'a d'ailleurs pas besoin d'être décrit, de la *conscience (Bewusstheit)*. Tout ce qui est conscient est psychique et, inversement, tout ce qui est psychique est conscient. Comment nier une pareille évidence ! Toutefois reconnaissons que cette manière de voir n'a guère éclairé l'essence du psychisme car l'investigation scientifique se trouve devant la conscience, une des données fondamentales de notre vie, comme devant un mur. [...] Comment méconnaître, en effet, que les phénomènes psychiques dépendent à un haut degré des phénomènes somatiques[1] et qu'inversement, ils agissent aussi très fortement sur eux ? Si jamais l'esprit humain se trouva dans une impasse, ce fut bien à cette occasion. Pour trouver un détour, les philosophes furent contraints d'admettre au moins l'existence de processus organiques parallèles aux processus

1. Corporels, physiques.

psychiques et dépendant de ceux-ci d'une façon difficilement explicable[2]. Ces processus permettent les échanges entre « l'âme et le corps » et insèrent à nouveau le phénomène psychique dans l'ensemble de la vie. Mais cette explication n'est guère satisfaisante.

La psychanalyse sortit de ces difficultés en niant énergiquement l'assimilation du psychique au conscient. Non, la conscience ne constitue pas l'essence du psychisme, elle n'en est qu'une qualité et une qualité inconstante, bien plus souvent absente que présente. L'élément psychique en soi, quelle que soit, par ailleurs, sa nature, demeure inconscient et est probablement semblable à tous les autres phénomènes naturels que nous connaissons…

À notre avis, la question des rapports de la conscience avec le psychisme est maintenant résolue : la conscience n'est qu'une qualité (qu'une propriété), inconstante d'ailleurs, du psychisme. Mais il nous reste encore à réfuter une objection : malgré les faits dont nous venons de parler, certains prétendent qu'il ne convient pas de renoncer à l'idée de l'identité entre psychique et conscient car les processus psychiques dits inconscients ne seraient que les processus organiques parallèles aux processus psychiques et admis depuis longtemps. De ce fait le problème que nous voulons résoudre ne porterait plus que sur une vaine question de définition[3]. Répondons qu'il serait déraisonnable et inopportun de détruire l'unicité de la vie psychique au seul profit d'une définition, alors que nous constatons que la conscience ne nous livre que des séries de manifestations incomplètes, pleines de lacunes. Est-ce seulement par l'effet du hasard que l'on n'est parvenu à donner du psychisme une théorie d'ensemble cohérente qu'après en avoir modifié la définition ?

[…] Les recherches psychanalytiques ont trouvé certains caractères jusque-là insoupçonnés du psychisme inconscient et découvert quelques-unes des lois qui le régissent. Nous ne voulons pas dire par là que la qualité de conscience ait perdu de sa valeur à nos yeux. Elle reste la seule lumière qui brille pour nous et nous guide dans les ténèbres de la vie psychique. Par suite de la nature particulière de notre connaissance, notre tâche scientifique dans le domaine de la psychologie consistera à traduire les processus inconscients en processus conscients pour combler ainsi les lacunes de ce que nous percevons consciemment.

Sigmund Freud, *Abrégé de psychanalyse* (1938, publié en 1940), trad. A. Berman, PUF, 1997, note, p. 19-20.

2. C'est effectivement le type d'explication proposé par la plupart des textes philosophiques présentés dans ce chapitre : l'existence de lacunes dans la conscience n'est pas niée, mais attribuée à des influences étrangères, comme celle des sens (donc du corps). Voir notamment les textes 1 de Leibniz, p. 44, 2 de Descartes, p. 45, 8 d'Alain, p. 50 et 9 de Sartre, p. 51.

3. Voir par exemple la conclusion de la critique de Sartre (texte 9, p. 51, note 3). Avec la psychanalyse, Freud n'aurait selon lui pas fait progresser la connaissance de la vie psychique, il se serait contenté de donner des noms à des réalités dont l'existence n'est pas établie.

Questions

1. Quelles sont exactement les « difficultés » (l. 19), comparées à un « mur » (l. 9) puis à une « impasse » (l. 12), auxquelles la psychanalyse a mis un terme, selon Freud ?
2. Comment le dernier paragraphe du texte définit-il la « valeur » accordée par Freud à la conscience ? À quelle critique de la psychanalyse cette définition est-elle supposée répondre ? (Vous mettrez en particulier cette question en relation avec la question 3 posée sur le texte 8 d'Alain, p. 50.)
3. Quelle « tâche scientifique » ce dernier paragraphe fixe-t-il à la psychanalyse ?

Pour se préparer au baccalauréat

Dissertations : p. 534, 536.
Explications de texte : p. 535.

La perception

Ouverture

Maupassant. Un organe de plus ou de moins... **56**

Présentation

58

Textes

62

1 Le procès de la sensation et du corps

1 **Platon.** Le corps, tombeau de l'âme ... 62
2 **Sextus Empiricus.** Les sens ne disent rien de certain sur ce qui existe... ... 63
3 **Sextus Empiricus.** ... mais il faut néanmoins se fier à eux dans la vie quotidienne ... 63
4 **Épicure.** La sensation en elle-même est toujours vraie ... 64
5 **Spinoza.** Ce ne sont pas les sens qui nous trompent ... 64

2 Percevoir, juger, imaginer

6 **Descartes.** La perception d'une chose est un jugement ... 65
7 **Berkeley.** L'immatérialisme : être, c'est être perçu ... 66
8 **Alain.** Contre une vision naïve de la perception ... 67

3 Apprendre à percevoir

9 **Diderot.** Percevoir, c'est le fruit d'un long apprentissage ... 68
10 **Merleau-Ponty.** Le corps propre, condition de la représentation du monde ... 69

Jean-Marc Tingaud (né en 1947), 1994, Berlin.

ouverture

Guy de Maupassant
Un organe de plus ou de moins...

Dans cette lettre à son médecin, un homme s'interroge : est-il devenu fou, depuis qu'il a pris au sérieux une phrase de Montesquieu selon laquelle « un organe de plus ou de moins dans notre machine nous aurait fait une autre intelligence » ?

Suis-je devenu fou ?

Je me suis dit : je suis enveloppé de choses inconnues. J'ai supposé l'homme sans oreilles et soupçonnant le son comme nous soupçonnons tant de mystères cachés, l'homme constatant des phénomènes acoustiques dont il ne pourrait déterminer ni la nature, ni la provenance. Et j'ai eu peur de tout, autour de moi, peur de l'air, peur de la nuit. Du moment que nous ne pouvons connaître presque rien, et du moment que tout est sans limites, quel est le reste ? Le vide n'est pas ? Qu'y a-t-il dans le vide apparent ?

Et cette terreur confuse du surnaturel qui hante l'homme depuis la naissance du monde est légitime puisque le surnaturel n'est autre chose que ce qui nous demeure voilé !

Alors j'ai compris l'épouvante. Il m'a semblé que je touchais sans cesse à la découverte d'un secret de l'univers.

J'ai tenté d'aiguiser mes organes, de les exciter, de leur faire percevoir par moments l'invisible. [...]

Or, un soir, j'ai entendu craquer mon parquet derrière moi. Il a craqué d'une façon singulière. J'ai frémi. Je me suis tourné. Je n'ai rien vu. Et je n'y ai plus songé.

Mais le lendemain, à la même heure, le même bruit s'est produit. J'ai eu tellement peur que je me suis levé, sûr, sûr, sûr, que je n'étais pas seul dans ma chambre. On ne voyait rien pourtant. L'air était limpide, transparent partout. Mes deux lampes éclairaient tous les coins.

Le bruit ne recommença pas et je me calmai peu à peu ; je restais inquiet cependant, je me retournais souvent.

Le lendemain, je m'enfermai de bonne heure, cherchant comment je pourrais parvenir à voir l'invisible qui me visitait.

Et je l'ai vu. J'en ai failli mourir de terreur.

J'avais allumé toutes les bougies de ma cheminée et de mon lustre. La pièce était éclairée comme pour une fête. Mes deux lampes brûlaient sur ma table.

En face de moi, mon lit, un vieux lit de chêne à colonnes. À droite, ma cheminée. À gauche, ma porte que j'avais fermée au verrou. Derrière moi, une très grande armoire à glace. Je me regardai dedans. J'avais des yeux étranges et les pupilles très dilatées.

Puis je m'assis comme tous les jours.

Le bruit s'était produit, la veille et l'avant-veille, à neuf heures vingt-deux minutes. J'attendis. Quand arriva le moment précis, je perçus une indescriptible sensation, comme si un fluide, un fluide irrésistible eût pénétré en moi par toutes les parcelles de ma chair, noyant mon âme dans une épouvante atroce et bonne. Et le craquement se fit, tout contre moi.

Je me dressai en me tournant si vite que je faillis tomber. On y voyait comme en plein jour, et je ne me vis pas dans la glace ! Elle était vide, claire, pleine de lumière. Je n'étais pas dedans, et j'étais en face, cependant. Je la regardais avec des yeux affolés. Je n'osais pas aller vers elle, sentant bien qu'il était entre nous, lui, l'Invisible, et qu'il me cachait.

Oh ! comme j'eus peur ! Et voilà que je commençai à m'apercevoir dans une brume au fond du miroir, dans une brume comme à travers de l'eau ; et il me semblait que cette eau glissait de gauche à droite, lentement, me rendant plus précis de seconde en seconde. C'était comme la fin d'une éclipse. Ce qui me cachait n'avait pas de contours, mais une sorte de transparence opaque s'éclaircissant peu à peu.

Et je pus enfin me distinguer nettement, ainsi que je le fais tous les jours en me regardant.

Je l'avais donc vu !

Et je ne l'ai pas revu.

Guy DE MAUPASSANT, « Lettre d'un fou » (1885),
dans *Le Horla et autres contes d'angoisse*,
Flammarion, coll. « GF », 1984, p. 40-43.

Nan Goldin (née en 1953), *Autoportrait dans une salle de bains bleue*, 1980, Londres.

La perception
Présentation

I | Le procès de la sensation et du corps

Les sens au banc des accusés

Textes 1 à 5
Platon, Sextus Empiricus, Épicure, Spinoza, p. 62-64.

Nos sens nous trompent : le bâton immergé nous paraît brisé, la tour carrée vue de loin semble ronde – et tout le monde constate que le Soleil tourne autour de la Terre alors que, dans la réalité, c'est l'inverse... C'est pourquoi la philosophie s'est souvent insurgée contre les méfaits du corps et des sensations[1].

Pourquoi, dans ces conditions, avons-nous généralement tendance à considérer ce qui est perçu comme plus vrai que ce qui est dit ou ce qui s'ensuit d'un raisonnement ? C'est que, malgré les **illusions** qu'ils causent, ils n'en sont pas moins indispensables à notre **expérience de la réalité**. Mieux : lorsque, en particulier dans la vie quotidienne, ce que nous recherchons ne relève pas des légitimes exigences de rigueur des sciences, on peut dire que les sens, *grosso modo*, nous fournissent avec une **vraisemblance suffisante** les informations utiles à notre conduite : ainsi, il vaut mieux ne pas marcher au bord des précipices, ne pas avaler ce dont le goût nous répugne, éviter ce qui provoque en nous de la souffrance, etc.

Le témoignage des sens

L'exemple des handicaps sensoriels nous démontre *a contrario* tout ce que nous apportent les sens : être aveugle, sourd, handicapé moteur, ce n'est certainement pas être un homme démuni d'esprit ni de capacité de penser, ce n'est certainement pas non plus mériter une vie moins digne que celle des autres hommes, mais c'est être privé d'outils précieux pour **se représenter** le monde et peut-être pour le comprendre. Les procès contre le corps et les sens sont donc parfois incontestablement injustes : privés de toutes nos sensations, que saurions-nous du monde ?

L'accusé est-il le coupable ?

Du reste, sont-ce bien nos sensations et notre corps qui nous trompent ? Une analyse plus précise nous permet de les innocenter : la sensation en elle-même est un **mécanisme psycho-physique** et, à ce titre, n'est ni vraie ni fausse. Lorsque je vois ronde la tour carrée aperçue de loin, lorsque j'éprouve de la douleur ou de la

1. Voir l'allégorie de la caverne de Platon : texte 3, dans « Théorie et expérience », p. 276-278.

peine, qui donc aura l'audace de nier que je ressens ce que je ressens ? Ce n'est donc pas de la sensation que vient l'erreur, mais d'ailleurs : de l'**interprétation** que j'en fais, ou des jugements que je porte à partir d'elle (à commencer par les **jugements d'existence**, ou les **jugements prédicatifs** du type « La tour est ronde », « Le miel est amer »).

Cette **positivité de la sensation** – c'est-à-dire le fait qu'elle relève d'un mécanisme absolument réel échappant en soi à la question du faux et du vrai – n'est, en outre, en aucun cas atteinte par la découverte du vrai : je vois le Soleil à cent pas ; je calcule grâce à mon savoir en astronomie la distance réelle qui me sépare de lui ; muni de ce savoir, je me tourne à nouveau vers le Soleil... pour continuer de le voir à cent pas... C'est là tout ce qui sépare l'**illusion** de la simple **erreur** : après qu'une erreur a été corrigée, elle n'existe plus ; les causes qui m'incitent à m'illusionner ne se dissipent pas aussi facilement[1].

2 | Percevoir, juger, imaginer

Le jugement au cœur de la perception

Textes 6 à 8
Descartes, Berkeley, Alain, p. 65-68.

La méfiance à l'égard des sens vient donc de ce qu'ils nous paraissent totalement clairs, mais que nous constatons leur insuffisance. C'est que la sensation ne saurait être pure. Si nos perceptions sont indispensables à notre vie, que serait pourtant notre vie sensible si elle n'était pas appréhendée et organisée par notre **intelligence** ? Dans le passage célèbre où il analyse comment on perçoit un morceau de cire, Descartes ne vise pas tant à faire peser un doute excessif sur le sensible qu'à montrer comment un jugement plus ou moins conscient vient se loger au cœur de ce que nous croyons simplement percevoir ou même imaginer[2]. Ce sont en réalité les qualités appréhendées par cette « **inspection de l'esprit** », non les qualités sensibles évanescentes (la cire fond, change de couleur, d'odeur, etc., mais elle conserve un certain nombre d'éléments liés à l'espace : « figure », étendue, position...) qui permettent d'identifier les objets physiques et, à terme, d'élaborer à leur propos un savoir exact[3].

Plutôt qu'idéaliste (réduisant abusivement le réel à des idées claires), il faut ici qualifier la démarche cartésienne de rationaliste : elle ne nie pas le rôle de l'expérience dans la recherche de la vérité[4], simplement elle accorde la plus grande fiabilité au raisonnement rigoureux lorsque celui-ci est possible. Et, dans la vie quotidienne, Descartes reconnaît, après bien d'autres, que c'est la perception qui nous communique les informations les plus indispensables à notre survie.

Être, est-ce être perçu ?

En revanche, l'examen attentif de la perception a pu conduire à nier jusqu'à l'existence de quoi que ce soit qui lui soit extérieur. Arguant du fait que nous ne pouvons être immédiatement certains de rien d'autre que de ce qui est directement perçu par

1. Voir, dans « La vérité », le texte 9 de Freud, p. 371-372. 2. Sur ces fonctions de l'esprit inaperçues dans la perception, voir, dans « L'inconscient », le texte 9 de Leibniz, p. 44, sur les « petites perceptions ». 3. Voir, dans « Théorie et expérience », le texte 9 de Bachelard, p. 282-283. 4. Voir, par exemple, la fonction importante de l'expérience telle qu'elle est exposée dans la VIe partie du *Discours de la méthode*.

nos sens et par notre esprit, l'évêque irlandais Berkeley a ainsi soutenu une thèse radicalement **immatérialiste**. En un sens, Berkeley pousse à l'extrême, et contre toute évidence, certains aspects de la position cartésienne : Descartes, pour prouver l'existence des choses extérieures, se fiait aux idées claires et distinctes que nous pouvons en avoir. Berkeley s'appuie sur ce qu'il considère comme une impossibilité de séparer les choses des perceptions et des idées que nous en avons pour nier leur existence hors de notre esprit. On se demandera alors sans doute d'où vient la cohérence de ces perceptions et de ces idées, et comment s'explique que nous puissions les partager avec d'autres. Berkeley répond que c'est la puissance divine qui en est la source unique... L'immatérialisme réduit ainsi en quelque sorte le monde à l'immédiateté des choses perçues par l'esprit[1]. Cette thèse, évidemment excessive, présente cependant l'intérêt de souligner la difficulté qu'il y a à établir l'existence d'un corrélat matériel extérieur à nos perceptions internes.

Toute perception est anticipation

La perception ne saurait être la réception passive d'une réalité extérieure. Cela ne revient pas pour autant à la réduire à une pure représentation sans objet. Il faut comprendre que la perception est au moins autant l'effet d'une activité de l'esprit, qui enregistre, compare, juge et imagine, que d'une activité des sens. Ce ne sont donc pas nos sens qui nous trompent ni, du reste, qui nous instruisent.

Si la perception est toujours **organisée par l'esprit**, la question qui se pose surtout est celle du pouvoir dont nous disposons pour la contrôler. C'est en ce sens qu'Alain a pu dire que toute perception est une imagination rectifiée : « la perception ne se distingue alors de l'imagination que par une liaison de toutes nos expériences et une vérification à chaque instant de toutes nos anticipations. Mais, dans la perception la plus rigoureuse, l'imagination circule toujours[2]. » L'exemple de la perspective en peinture en est l'illustration convaincante : ce que nous percevons y apparaît avec évidence comme une interprétation (pas nécessairement fautive, car incontestablement fidèle aux intentions du peintre) de ce que nous percevons[3].

3 | Apprendre à percevoir

De la sensation à la perception

Textes 9 et 10
Diderot, Merleau-Ponty, p. 68-69.

De tout cela, on peut d'abord conclure que la perception est bien loin d'être aussi immédiate[4] qu'elle nous en donne le sentiment. Mais, si toute perception est ainsi relative à une expérience, à des jugements, à un travail de l'imagination, cela signifie que toute perception est organisée[5]. Cela entraîne alors aussi qu'elle est forcément l'objet d'un **apprentissage**. Comme le montrent les psychologues du développement mental de l'enfant, il ne suffit pas de voir pour discerner, et encore moins pour

1. Voir, dans les Repères, « Formel / Matériel », « Médiat / Immédiat », « Objectif / Subjectif ». 2. *Éléments de philosophie* (1941), Gallimard, coll. « Folio essais », n° 150, 1997, p. 62. 3. Voir le texte d'ouverture de « L'art », p. 154-155. 4. Voir, dans les Repères, « Médiat / Immédiat ». 5. C'est la thèse centrale de la *Gestalttheorie* (« théorie de la forme ») selon laquelle toute perception est toujours spontanément mise en forme ; voir Paul Guillaume, *La Psychologie de la forme* (1937), Flammarion, coll. « Champs », n° 71, 2001.

comprendre, ce que l'on voit : le bébé apprend peu à peu à identifier les objets de sa perception, à les distinguer de son propre corps, à leur attribuer des mouvements indépendants des siens et de ses besoins ou de ses désirs, à leur accorder une existence autonome... Tout cela est le fruit d'un long apprentissage dont chacun de nous est aujourd'hui l'héritier sans en avoir conscience.

Les philosophes du XVIIIe siècle l'ont vérifié en étudiant les réactions des aveugles de naissance auxquels une opération a procuré la vue. Ils se sont longuement penchés sur le « problème de Molyneux[1] » : la possibilité d'opérer de la cataracte des aveugles-nés permet-elle de trancher la question du caractère **inné** ou **acquis** de nos idées ? Diderot répondra par une réflexion mesurée, précisément parce que la faculté de voir ne peut être exploitée, par l'aveugle ayant récupéré la vue, qu'à la suite d'un apprentissage difficile. Notre expérience du monde est ainsi en permanence nourrie d'une **mémoire corporelle** dont nous ignorons le fonctionnement : aucun d'entre nous n'a jamais perçu les six faces d'un cube et pourtant nous *voyons* tous qu'il s'agit d'un cube à six faces... C'est que nos déplacements physiques conjugués à la sédimentation de nos perceptions nous ont enseigné à construire des représentations exactes de ce que nous ne percevons que de façon partielle[2].

Percevoir pour le plaisir

On a vu que la perception et, d'une façon plus générale, l'expérience sensible, étaient indispensables à la vie quotidienne. On peut alors demander si cette **utilité** de la perception ne lui est pas, à certains égards, très dommageable : ne voir les choses que pour ce qu'elles présentent d'utile, n'est-ce pas inévitablement réduire nos perceptions à des dimensions désespérément mesquines ? Le champ de la perception, comme celui de l'intelligence, est dans ce cas limité par une optique purement utilitariste. Il faut reconnaître que cette vision corrompue du réel est notre lot quotidien et que notre survie en dépend parfois. Cela ne nous condamne pas pour autant à renoncer à percevoir le monde pour le simple **plaisir** de le percevoir. L'art présenterait alors l'immense intérêt, au-delà de toute quête utilitaire, d'élargir notre horizon et de nous permettre de percevoir le monde simplement pour en jouir gratuitement[3]. Sans doute est-ce par là que nous demeurons de temps à autre momentanément un peu humains... au point de nous jouer de l'illusion du monde pour échapper à un monde d'illusions.

1. Médecin et opticien irlandais du XVIIIe siècle, qui se demanda quelle pouvait être la représentation du monde et la pensée des aveugles, et si le fait de les opérer les rendrait véritablement capables de voir le monde comme les autres hommes, questions qui furent reprises par des philosophes des Lumières tels que d'Alembert, Condillac, Diderot... Cette question est évidemment essentielle à cette époque, très influencée par la philosophie sensualiste britannique, qui tendait à voir dans les sens l'origine première de nos pensées. Voir, dans « Théorie et expérience », le texte 7 de Condillac, p. 281. 2. Voir, dans « Philosophie et neurosciences », le texte 3 de Berthoz, p. 126. 3. Voir Henri Bergson, *La Pensée et le Mouvant* (1934).

I | Le procès de la sensation et du corps

texte 1

Platon. Le corps, tombeau de l'âme[1]

Peut-on s'appuyer sur les sens pour rechercher la vérité ? Platon met ici en évidence les multiples raisons de se méfier d'eux. Selon lui, philosopher, c'est apprendre à l'âme à se détacher du corps et à se recueillir en elle-même.

SOCRATE. – [...] Le corps fait-il, ou non, obstacle, quand, poursuivant une recherche, on s'avise de l'y associer ? Je veux dire à peu près ceci : la vue, ou encore l'ouïe, comportent-elles pour les hommes une vérité quelconque ? Ou, au moins, est-ce que cela ne se passe pas comme même les poètes ne cessent de nous le rabâcher : nous n'entendons rien, ne voyons rien avec exactitude ? Or, si parmi les perceptions du corps, ces deux-là ne sont ni exactes ni claires, ne parlons pas des autres. Car elles sont toutes, j'imagine, plus imparfaites que celles-là. N'est-ce pas ton avis ?

SIMIAS. – Si, tout à fait, dit-il.

– À quel moment, donc, dit Socrate, l'âme saisit-elle la vérité ? Chaque fois en effet qu'elle se sert du corps pour tenter d'examiner quelque chose, il est évident qu'elle est totalement trompée par lui.

– C'est vrai.

– Alors ? N'est-ce pas dans l'acte de raisonner, et nulle part ailleurs, qu'en vient à se manifester à elle ce qu'est réellement la chose en question ?

– Oui.

– Et, je suppose, l'âme raisonne le plus parfaitement quand ne viennent la perturber ni audition, ni vision, ni douleur, ni plaisir aucun ; quand au contraire elle se concentre le plus possible en elle-même et envoie poliment promener le corps ; quand, rompant autant qu'elle en est capable toute association comme tout contact avec lui, elle aspire à ce qui est ?

– Oui, c'est ainsi.

PLATON (vers 420-340 av. J.-C.), *Phédon*, 65a-b, trad. M. Dixsaut, Flammarion, coll. « GF », 1991, p. 214-215.

1. Platon joue sur les mots : « Le corps *(soma)* est le tombeau *(sêma)* de l'âme » (*cf. Cratyle*, 400b-c).

Repères

Voir **Absolu / Relatif, Abstrait / Concret, Essentiel / Accidentel, Objectif / Subjectif.**

Questions

1. En quoi est-il vrai que nous ne percevons rien avec exactitude ? (Donnez des exemples.)
2. En quoi l'âme et la pensée peuvent-elles dépasser les incertitudes liées aux sens ?
3. Développez ce que désignent, dans le texte, des expressions telles que « la chose en question » (l. 15), ou « ce qui est » (l. 21).

texte 2 Sextus Empiricus. Les sens ne disent rien de certain sur ce qui existe…

Les sens nous permettent-ils de juger de l'état extérieur des choses ? Montrant comment ils ne cessent de se contredire (les mêmes choses peuvent être senties de façons très différentes selon les circonstances et les personnes), Sextus Empiricus en tire un argument en faveur du scepticisme.

En fait la vue, même dans son état naturel, dit de la [même] tour tantôt qu'elle est ronde, tantôt qu'elle est carrée ; le goût dit des mêmes aliments qu'ils sont déplaisants dans le cas de gens rassasiés et agréables dans le cas de gens affamés ; de même, l'ouïe saisit le même son intense pendant la nuit et assourdi pendant le jour ; à l'odorat il semble que les mêmes choses sont malodorantes pour la plupart des gens et ne le sont pas du tout pour les tanneurs ; et le même toucher nous donne une impression de chaleur quand nous entrons dans un établissement de bains par la galerie et de froid quand nous en sortons. C'est pourquoi, puisque les sens entrent en conflit entre eux même quand ils sont dans un état naturel, et que leur désaccord est indécidable, et puisque nous ne possédons pas de critère pour les juger sur lequel on soit d'accord, il s'ensuit nécessairement les mêmes difficultés. […] Il n'est donc sans doute pas vrai que le sens seul puisse juger des objets extérieurs.

Sextus Empiricus, *Esquisses pyrrhoniennes* (IIe-IIIe siècles), II, § 54-56, trad. P. Pellegrin, Éd. du Seuil, coll. « Points », 1997, p. 231-233.

› **Repères**
Voir **Absolu / Relatif, Objectif / Subjectif.**

texte 3 Sextus Empiricus. … mais il faut néanmoins se fier à eux dans la vie quotidienne

Est-il vraiment possible de négliger les informations qui nous viennent des sens ? La philosophie sceptique répond que, dans le domaine des affaires courantes, il serait absurde d'être aussi exigeant que dans celui des connaissances scientifiques.

Ceux qui disent que les sceptiques rejettent les choses apparentes me semblent ne pas avoir écouté ce que nous disons. Ce qui nous conduit à l'assentiment sans que nous le voulions conformément à une impression passive[1], nous ne le refusons pas, comme nous l'avons déjà dit plus haut[2]. Or c'est cela les choses apparentes. Mais quand nous cherchons si la réalité est telle qu'elle apparaît, nous accordons qu'elle apparaît, et notre recherche ne porte pas sur ce qui apparaît mais sur ce qui est dit de ce qui apparaît. Or cela est différent du fait de faire une recherche sur ce qui apparaît lui-même. Par exemple, le miel nous apparaît avoir une action adoucissante. De cela nous sommes d'accord, car nous subissons cette action adoucissante par nos sens. Mais, de plus, s'il est doux, pour autant que cela ne découle pas de l'argument précédent[3], nous continuons de le chercher : ce n'est pas la chose apparente mais quelque chose qui est dit de la chose apparente. Si nous proposons des arguments directement contre les choses apparentes, nous ne proposons pas ces arguments dans l'intention de rejeter les choses apparentes, mais pour bien montrer la précipitation des dogmatiques.

Ibid., I, § 19-20, p. 65-67.

1. Lorsque les sens agissent sur nous indépendamment de nous.
2. Sextus vient de dire (§ 17) que les sceptiques vivent suivant les apparences, mais sans affirmer rien de certain.
3. L'argument dogmatique qui affirme que les choses sont comme elles apparaissent, auquel le sceptique opposera, par exemple, que le miel, sous l'effet de certaines maladies, a un goût amer.

› **Repères**
Voir **Absolu / Relatif, Croire / Savoir, En théorie / En pratique.**

texte 4 Épicure. La sensation en elle-même est toujours vraie

Dire que les sens sont trompeurs, est-ce accuser le bon coupable ? Épicure (IVe-IIIe siècles av. J.-C.) insiste sur le fait que la sensation est un processus objectif, qui ne saurait donc en lui-même être vrai ou faux. Loin de considérer la sensation comme fausse, il faut au contraire la prendre comme critère pour déceler, parmi les jugements dérivés de nos perceptions, ceux qui sont faux.

« Toute sensation, dit-il[1], est dénuée de raison et totalement dépourvue de mémoire ; en effet, elle n'est pas mue par cette dernière[2], et lorsque quelque autre chose la meut, elle n'est pas capable d'y ajouter ou d'en retrancher quoi que ce soit. Et il n'est rien qui puisse réfuter les sensations. Car une sensation de même genre ne réfutera pas une autre sensation de même genre, en raison de leur force égale[3], ni une sensation d'un autre genre ne réfutera une deuxième d'un autre genre, car elles ne distinguent pas les mêmes choses, et la raison certes non plus, car toute raison est suspendue aux sensations, ni l'une ne réfutera l'autre, car c'est vers toutes que nous sommes tendus. Que les impressions sensibles existent accrédite la vérité des sensations ; car pour nous le fait de voir et d'entendre existe de la même manière que le fait de souffrir. »

De là vient que même les réalités inévidentes[4] sont à rendre manifestes à partir de ce qui apparaît ; de fait, toutes les pensées supplémentaires[5] tirent leur origine des sensations, aussi bien par la rencontre, l'analogie, la ressemblance, la composition, ce à quoi le raisonnement apporte aussi sa contribution ; et les images mentales des fous et celles qui surviennent dans les rêves sont vraies, car elles meuvent. Mais ce qui n'est pas ne meut pas[6].

Diogène LAËRCE (IIIe s. apr. J.-C.), *Vie et Doctrine des philosophes illustres*, trad. J.-F. Balaudé, Le Livre de Poche, coll. « La Pochothèque », 1999, p. 1261-1262.

1. Épicure.
2. Une sensation est instantanée. C'est un mouvement physique provoqué par l'action d'autres corps.
3. Entre deux visions contradictoires de la même chose, on ne peut pas trancher.
4. Le terme grec *adêlon* désigne ce qui n'apparaît pas avec évidence. C'est une notion essentielle de l'épicurisme.
5. Celles qui s'ajoutent à la sensation.
6. Même le rêve ou le délire sont des effets réels de la réalité.

Repères
Voir **Croire / Savoir, Objectif / Subjectif, Ressemblance / Analogie.**

texte 5 Spinoza. Ce ne sont pas les sens qui nous trompent

Suffit-il de savoir ce qui est vrai pour dissiper nos illusions ? Spinoza montre ici que nos perceptions ne sont pas nécessairement transformées par notre savoir. Les mécanismes sensoriels et imaginatifs sont des réalités que la connaissance de la vérité ne modifie pas.

[...] quand nous fixons le soleil, nous l'imaginons à une distance d'environ deux cents pieds de nous, erreur qui ne consiste pas dans cette seule imagination, mais dans le fait que, tandis que nous l'imaginons ainsi, nous ignorons sa vraie distance et la cause de cette imagination. Car, même si plus tard nous savons qu'il est à une distance de nous de plus de 600 diamètres de la terre, nous n'en continuerons pas moins à l'imaginer proche de nous ; car, si nous imaginons le soleil si proche, ce n'est pas parce que nous ignorons sa vraie distance, mais parce qu'une affection de notre Corps enveloppe l'essence du soleil, en tant que le Corps lui-même est affecté par lui.

Baruch SPINOZA, *Éthique* (1677, publication posthume), IIe partie, proposition XXXV, scolie, trad. B. Pautrat, Éd. du Seuil, coll. « Points essais », 1999, p. 159.

Repères
Voir **Croire / Savoir, Objectif / Subjectif.**

2 Percevoir, juger, imaginer

texte 6

Descartes. La perception d'une chose est un jugement

Peut-on percevoir sans interpréter ? Dans ce passage célèbre, Descartes montre que nos sensations font toujours l'objet d'une interprétation. Percevoir, c'est juger à propos de ce qui est senti. Même dans la perception, c'est ce jugement qui est décisif.

Prenons pour exemple ce morceau de cire qui vient d'être tiré de la ruche : il n'a pas encore perdu la douceur du miel qu'il contenait, il retient encore quelque chose de l'odeur des fleurs dont il a été recueilli ; sa couleur, sa figure, sa grandeur, sont apparentes ; il est dur, il est froid, on le touche, et si vous le frappez, il rendra quelque son. Enfin toutes les choses qui peuvent distinctement faire connaître un corps se rencontrent en celui-ci.

Mais voici que, cependant que je parle, on l'approche du feu : ce qui y restait de saveur s'exhale, l'odeur s'évanouit, sa couleur se change, sa figure se perd, sa grandeur augmente, il devient liquide, il s'échauffe, à peine le peut-on toucher, et quoiqu'on le frappe, il ne rendra plus aucun son. La même cire demeure-t-elle après ce changement ? Il faut avouer qu'elle demeure ; et personne ne le peut nier. Qu'est-ce donc que l'on connaissait en ce morceau de cire avec tant de distinction ? Certes ce ne peut être rien de tout ce que j'y ai remarqué par l'entremise des sens, puisque toutes les choses qui tombaient sous le goût, ou l'odorat, ou la vue, ou l'attouchement, ou l'ouïe, se trouvent changées, et cependant la même cire demeure[1]. Peut-être était-ce ce que je pense maintenant, à savoir que la cire n'était pas ni cette douceur du miel, ni cette agréable odeur des fleurs, ni cette blancheur, ni cette figure, ni ce son, mais seulement un corps qui un peu auparavant me paraissait sous ces formes, et qui maintenant se fait remarquer sous d'autres. Mais qu'est-ce, précisément parlant, que j'imagine, lorsque je la conçois en cette sorte ? Considérons-le attentivement, et éloignant toutes les choses qui n'appartiennent point à la cire, voyons ce qui reste. Certes il ne demeure rien que quelque chose d'étendu, de flexible et de muable. Or qu'est-ce que cela : flexible et muable ? N'est-ce pas que j'imagine que cette cire étant ronde est capable de devenir carrée, et de passer du carré en une figure triangulaire ? Non certes, ce n'est pas cela, puisque je la conçois capable de recevoir une infinité de semblables changements, et je ne saurais néanmoins parcourir cette infinité par mon imagination, et par conséquent cette conception que j'ai de la cire ne s'accomplit pas par la faculté d'imaginer[2].

Qu'est-ce maintenant que cette extension ? N'est-elle pas aussi inconnue, puisque dans la cire qui se fond elle augmente, et se trouve encore plus grande quand elle est entièrement fondue, et beaucoup plus encore quand la chaleur augmente davantage ? Et je ne concevrais pas clairement et selon la vérité ce que c'est que la cire, si je ne pensais qu'elle est capable de recevoir plus de variétés selon l'extension, que je n'en ai jamais imaginé. Il faut donc que je tombe d'accord, que je ne saurais pas même concevoir par

1. Les qualités du corps perçues par les sensations, qui peuvent disparaître sans que je juge qu'il s'agit d'un autre corps, ne sont donc pas des qualités essentielles de ce corps. Par suite, ce n'est donc pas par mes sens, qui voient, goûtent, etc., que je connais la vraie nature de la chose.

2. L'imagination est ici la faculté de se représenter les choses sous une forme sensible. Ce n'est pas par l'imagination que je conçois le morceau de cire comme étendu, car il peut adopter une infinité de formes et l'imagination ne peut embrasser cette infinité.

l'imagination ce que c'est que cette cire, et qu'il n'y a que mon entendement seul qui le conçoive, je dis ce morceau de cire en particulier, car pour la cire en général, il est encore plus évident. Or quelle est cette cire, qui ne peut être conçue que par l'entendement ou l'esprit ? Certes c'est la même que je vois, que je touche, que j'imagine, et la même que je connaissais dès le commencement. Mais ce qui est à remarquer, sa perception, ou bien l'action par laquelle on l'aperçoit, n'est point une vision, ni un attouchement, ni une imagination, et ne l'a jamais été, quoiqu'il le semblât ainsi auparavant, mais seulement une inspection de l'esprit[3], laquelle peut être imparfaite et confuse, comme elle était auparavant, ou bien claire et distincte, comme elle est à présent, selon que mon attention se porte plus ou moins aux choses qui sont en elle, et dont elle est composée.

René DESCARTES, *Méditations métaphysiques* (1641), IIe méditation, Hatier, coll. « Les classiques de la philosophie », 1999, p. 37-39.

3. Là réside la principale leçon de cette analyse : à supposer que nous connaissions quelque chose de ce morceau de cire, ce ne serait pas par les sens ni par l'imagination, mais par une « inspection de l'esprit ». C'est une décision de l'entendement qui permet, par-delà les changements de ses qualités sensibles, d'identifier la même cire.

Repères
Voir **Croire / Savoir, Essentiel / Accidentel.**

texte 7

Berkeley.
L'immatérialisme : être, c'est être perçu

Les perceptions prouvent-elles l'existence du monde extérieur ? Arguant du fait que nous n'avons aucune autre expérience que celle de ce qui se passe dans notre esprit, Berkeley en conclut de façon radicale que les choses n'existent que dans celui-ci et dans celui de Dieu. Rien ne prouve donc que la matière existe indépendamment de nos perceptions[1].

Philonous[2]. – Toute chose qui est vue, touchée, entendue, bref perçue par les sens d'une manière ou d'une autre, est sur la base des principes que j'adopte un être réel, elle ne l'est pas sur les vôtres. Rappelez-vous que la matière pour laquelle vous vous battez[3] est quelque chose d'inconnu (si même on peut l'appeler *quelque chose*), qui est entièrement dépouillé de toutes qualités sensibles, et qui ne peut être ni perçu par le sens ni appréhendé par l'esprit. Rappelez-vous, dis-je, qu'elle n'est aucun objet qui soit dur ou mou, chaud ou froid, bleu ou blanc, rond ou carré et ainsi de suite. Car toutes ces choses, je l'affirme, existent bien. Quoique bien sûr je nie qu'elles aient une existence distincte du fait d'être perçues, ou qu'elles existent hors de tous les esprits sans exception. Pensez-y, considérez ces points avec attention et gardez-les en vue. Autrement vous ne comprendrez pas l'état de la question ; vos objections passeront par conséquent toujours loin de la cible, et peut-être risqueront-elles de porter (comme elles l'ont fait plus d'une fois) contre vos propres conceptions au lieu de porter contre les miennes.

Hylas. – Il faut bien l'avouer, Philonous, c'est apparemment ce malentendu sur la question qui, plus que tout, m'a empêché de tomber d'accord avec vous. À première vue je suis tenté d'imaginer qu'en niant la matière, vous niez les choses que nous voyons et que nous touchons, mais à la réflexion je trouve que cette assimilation n'est pas fondée. Si donc on gardait le mot de *matière* pour l'appliquer aux choses sensibles, qu'en pensez-vous ? On pourrait le faire sans rien changer à vos sentiments et,

1. Voir également, dans « La matière et l'esprit », le texte 8, p. 352 (passage qui suit immédiatement celui-ci).

2. Les noms des personnages renvoient à leurs positions dans le dialogue : *Philonous*, en grec, c'est « l'ami de l'esprit », tandis que le nom *Hylas* vient du grec *hylè*, « la matière ».

3. Hylas, dans le dialogue, soutenait l'existence de la matière, dont il a admis cependant qu'elle est difficile à comprendre. Philonous en a tiré argument pour lui opposer que la seule existence claire est celle de nos perceptions.

croyez-moi, ce serait un moyen de leur concilier un certain nombre de gens qui se choquent plus peut-être d'une innovation dans les mots que dans l'opinion.

Philonous. – J'y consens de tout cœur : gardez le mot de *matière* et appliquez-le aux objets du sens, si cela peut vous faire plaisir, à condition de ne pas leur attribuer une subsistance distincte du fait qu'ils sont perçus.

George BERKELEY, *Trois dialogues entre Hylas et Philonous* (1713), dans *Œuvres*, t. II, éd. G. Brykman, trad. J.-M. Beyssade, PUF, coll. « Épiméthée », 2e éd. 1999, p. 146-147.

› Repères
Voir
Médiat / Immédiat, Objectif / Subjectif.

Questions

1. Expliquez le plus précisément possible ce qui oppose au départ Philonous et Hylas.
2. Par quel type d'argument Philonous peut-il en arriver à affirmer que la matière « est quelque chose […] qui est entièrement dépouillé de toutes qualités sensibles, et qui ne peut être ni perçu par le sens ni appréhendé par l'esprit » (l. 4-7) ?
3. Sur quelle conception de la matière les deux interlocuteurs semblent-ils finalement se mettre d'accord ? (Voir aussi, dans « La matière et l'esprit », le texte 8, p. 352.)

texte 8

Alain. Contre une vision naïve de la perception

Une perception pure est-elle possible ? Alain met ici en évidence la part du jugement et de l'imagination dans toute perception.

L'idée naïve de chacun, c'est qu'un paysage se présente à nous comme un objet auquel nous ne pouvons rien changer, et que nous n'avons qu'à en recevoir l'empreinte. Ce sont les fous seulement, selon l'opinion commune, qui verront dans cet univers étalé des objets qui n'y sont point ; et ceux qui, par jeu, voudraient mêler leurs imaginations aux choses sont des artistes en paroles surtout, et qui ne trompent personne. Quant aux prévisions que chacun fait, comme d'attendre un cavalier si l'on entend seulement le pas du cheval, elles n'ont jamais forme d'objet ; je ne vois pas ce cheval tant qu'il n'est pas visible par les jeux de lumière ; et quand je dis que j'imagine le cheval, je forme tout au plus une esquisse sans solidité, une esquisse que je ne puis fixer. Telle est l'idée naïve de la perception.

Mais, sur cet exemple même, la critique peut déjà s'exercer. Si la vue est gênée par le brouillard, ou s'il fait nuit, et s'il se présente quelque forme mal dessinée qui ressemble un peu à un cheval, ne jurerait-on pas quelquefois qu'on l'a réellement vu, alors qu'il n'en est rien ? Ici, une anticipation, vraie ou fausse, peut bien prendre l'apparence d'un objet. Mais ne discutons pas si la chose perçue est alors changée ou non, ou si c'est seulement notre langage qui nous jette dans l'erreur ; car il y a mieux à dire, sommairement ceci, que tout est anticipation dans la perception des choses. […]

La connaissance par les sens est l'occasion d'erreurs sur la distance, sur la grandeur, sur la forme des objets. Souvent notre jugement est explicite et nous le redressons d'après l'expérience ; notre entendement est alors bien éveillé. Les illusions diffèrent des erreurs[1] en ce que le jugement y est

1. Voir aussi, dans ce chapitre, le texte 5 de Spinoza, p. 64, et, dans « La vérité », le texte 9 de Freud, p. 371.

implicite, au point que c'est l'apparence même des choses qui nous semble changée. Par exemple, si nous voyons quelque panorama habilement peint, nous croyons saisir comme des objets la distance et la profondeur ; la toile se creuse devant nos regards. Aussi voulons-nous toujours expliquer les illusions par quelque infirmité de nos sens, notre œil étant fait ainsi ou notre oreille. C'est faire un grand pas dans la connaissance philosophique que d'apercevoir dans presque toutes, et de deviner dans les autres, une opération d'entendement et enfin un jugement qui prend pour nous forme d'objet.

› **Repères**
Voir
Objectif / Subjectif.

Émile CHARTIER, dit ALAIN, *Éléments de philosophie* (1941), Gallimard, coll. « Folio essais », n° 150, 1997, p. 21-22, 26-27.

› 3 | Apprendre à percevoir

texte 9 Diderot. Percevoir, c'est le fruit d'un long apprentissage

La sensation pure nous apprend-elle quelque chose d'utile ? Réfléchissant sur des opérations qui ont permis de donner la vue à des aveugles-nés, des philosophes du XVIIIe siècle interrogent le rôle respectif des organes des sens et de la réflexion dans la perception. Il en ressort que celle-ci est le fruit d'un long apprentissage : comme le nourrisson, l'aveugle qui découvre la vision ne comprend pas d'emblée le monde visible.

Il faut donc convenir que nous devons apercevoir dans les objets une infinité de choses que l'enfant ni l'aveugle-né n'y aperçoivent point, quoiqu'elles se peignent également au fond de leurs yeux ; que ce n'est pas assez que les objets nous frappent, qu'il faut encore que nous soyons attentifs à leurs impressions ; que, par conséquent, on ne voit rien la première fois qu'on se sert de ses yeux ; qu'on n'est affecté, dans les premiers instants de la vision, que d'une multitude de sensations confuses qui ne se débrouillent qu'avec le temps et par la réflexion habituelle sur ce qui se passe en nous ; que c'est l'expérience seule qui nous apprend à comparer les sensations avec ce qui les occasionne ; que les sensations n'ayant rien qui ressemble essentiellement aux objets, c'est à l'expérience à nous instruire sur des analogies qui semblent être de pure institution : en un mot, on ne peut douter que le toucher ne serve beaucoup à donner à l'œil une connaissance précise de la conformité de l'objet avec la représentation qu'il en reçoit ; et je pense que, si tout ne s'exécutait pas dans la nature par des lois infiniment générales ; si, par exemple, la piqûre de certains corps durs était douloureuse, et celle d'autres corps accompagnée de plaisir, nous mourrions sans avoir recueilli la cent millionième partie des expériences nécessaires à la conservation de notre corps et à notre bien-être.

› **Repères**
Voir
Intuitif / Discursif, Objectif / Subjectif, Universel / Général / Particulier / Singulier.

Denis DIDEROT, *Lettre sur les aveugles* (1749), dans *Œuvres philosophiques*, Classiques Garnier, 1964, p. 135.

texte 10 Merleau-Ponty. Le corps propre, condition de la représentation du monde

À quelle condition pouvons-nous percevoir le monde qui nous entoure ? Merleau-Ponty montre, dans cet extrait, à quel point la conscience que nous avons de notre corps, et plus encore l'expérience que nous avons des mouvements de ce corps – ou « schéma corporel » –, est déterminante : la représentation du monde est toujours en partie une reconstruction fondée sur une « culture » corporelle.

Le corps propre[1] est dans le monde comme le cœur dans l'organisme : il maintient continuellement en vie le spectacle visible, il l'anime et le nourrit intérieurement, il forme avec lui un système. Quand je me promène dans mon appartement, les différents aspects sous lesquels il s'offre à moi ne sauraient m'apparaître comme les profils d'une même chose si je ne savais pas que chacun d'eux représente l'appartement vu d'ici ou vu de là, si je n'avais conscience de mon propre mouvement, et de mon corps comme identique à travers les phases de ce mouvement. Je peux évidemment survoler en pensée l'appartement, l'imaginer ou en dessiner le plan sur le papier, mais même alors je ne saurais saisir l'unité de l'objet sans la médiation de l'expérience corporelle, car ce que j'appelle un plan n'est qu'une perspective plus ample : c'est l'appartement « vu d'en haut », et si je peux résumer en lui toutes les perspectives coutumières, c'est à condition de savoir qu'un même sujet incarné[2] peut voir tour à tour *de* différentes positions. On répondra peut-être qu'en replaçant l'objet dans l'expérience corporelle comme l'un des pôles de cette expérience, nous lui ôtons ce qui fait justement son objectivité[3]. Du point de vue de mon corps, je ne vois jamais égales les six faces du cube, même s'il est en verre, et pourtant le mot « cube » a un sens, le cube lui-même, le cube en vérité, au-delà de ses apparences sensibles, a ses six faces égales. À mesure que je tourne autour de lui, je vois la face frontale, qui était un carré, se déformer, puis disparaître, pendant que les autres côtés apparaissent et deviennent chacun à leur tour des carrés. Mais le déroulement de cette expérience n'est pour moi que l'occasion de penser le cube total avec ses six faces égales et simultanées, la structure intelligible qui en rend raison. Et même, pour que ma promenade autour du cube motive le jugement « voici un cube », il faut que mes déplacements soient eux-mêmes repérés dans l'espace objectif et, loin que l'expérience du mouvement propre conditionne la position d'un objet, c'est au contraire en pensant mon corps lui-même comme un objet mobile que je puis déchiffrer l'apparence perceptive et construire le cube vrai[4].

Maurice Merleau-Ponty, *Phénoménologie de la perception* (1945), Gallimard, coll. « Tel », 1971, p. 235-236.

1. Mon corps, celui dont je fais directement (proprement) l'expérience.
2. La notion d'incarnation renvoie à la « chair », notion d'origine théologique qui désigne un corps animé par un esprit.
3. Affirmer que l'expérience corporelle du monde est une condition de nos représentations, ne serait-ce pas se condamner à ce que celles-ci soient partielles, subjectives ? Merleau-Ponty répond que non : s'il ne nie pas que la représentation objective est une construction de la pensée, il affirme que celle-ci n'est possible qu'à partir d'une conscience de l'inscription du corps – et de ses mouvements – dans le monde.
4. M'en former une représentation exacte.

> Repères
Voir **Médiat / Immédiat, Objectif / Subjectif.**

Pour se préparer au baccalauréat
Dissertations : p. 552.
Explications de texte : p. 553, 555.

Autrui

Ouverture
Sartre. L'enfer, est-ce les Autres ? 72

Présentation 74

Textes 78

1 L'« insociable sociabilité »

1 Hobbes. D'où vient la méchanceté envers autrui ? 78
2 Rousseau. Tout homme a naturellement « pitié » de son semblable 79
3 Kant. Autrui : insupportable mais indispensable 80

2 Autrui nécessaire à la construction de soi

4 Tournier. Pas de conscience du monde sans confrontation avec autrui 81
5 Hegel. La conscience de soi se reconnaît dans « l'autre moi » 82
6 Levinas. Nécessité de la reconnaissance réciproque 83

3 Intersubjectivité et construction commune de l'humanité

7 Hume. La solitude complète est la plus grande des punitions 83
8 Lévi-Strauss. Les autres sont-ils vraiment tous des hommes ? 84
9 Merleau-Ponty. Dialoguer pour mieux penser 85

Jean-Charles Blais (né en 1956), *Sans titre*, 1993.

ouverture

Jean-Paul Sartre
« L'enfer, c'est les Autres... »

Trois personnages décédés sont enfermés dans une même pièce sous le regard les uns des autres : ce regard qui les juge leur rappelle sans cesse leurs fautes sur terre : n'est-ce pas là la pire des punitions ? Ce faisant, Sartre n'a jamais voulu dire que l'existence des autres est toujours un mal, mais que nous dépendons en partie de leurs jugements, surtout lorsque nous nous sommes rendus coupables de quelque faute : l'enfer, c'est lorsque nous sommes incapables de nouer avec eux des rapports qui ne soient pas « tordus », par exemple lorsque la dépendance remplace la véritable réciprocité.

GARCIN

[...] Autrefois, j'agissais... Ah ! revenir un seul jour au milieu d'eux[1]... quel démenti ! Mais je suis hors jeu ; ils font le bilan sans s'occuper de moi et ils ont raison puisque je suis mort. Fait comme un rat. *(Il rit.)* Je suis tombé dans le domaine public.

Un silence.

ESTELLE, *doucement.*

Garcin !

GARCIN

Tu es là ? Eh bien, écoute, tu vas me rendre un service. Non, ne recule pas. Je sais : cela te semble drôle qu'on puisse te demander du secours, tu n'as pas l'habitude. Mais si tu voulais, si tu faisais un effort, nous pourrions peut-être nous aimer pour de bon ? Vois ; ils sont mille à répéter que je suis un lâche. Mais qu'est-ce que c'est, mille ? S'il y avait une âme, une seule, pour affirmer de toutes ses forces que je n'ai pas fui, que je ne *peux pas* avoir fui, que j'ai du courage, que je suis propre, je... je suis sûr que je serais sauvé ! Veux-tu croire en moi ? Tu me serais plus chère que moi-même.

ESTELLE, *riant.*

Idiot ! cher idiot ! Penses-tu que je pourrais aimer un lâche ?

GARCIN

Mais tu disais[2]...

ESTELLE

Je me moquais de toi. J'aime les hommes, Garcin, les vrais hommes, à la peau rude, aux mains fortes. Tu n'as pas le menton d'un lâche, tu n'as pas la bouche

1. Garcin se réfère à ses anciens camarades, qui sont probablement en train de juger sa lâcheté présumée durant la Deuxième Guerre mondiale.
2. Estelle a laissé entendre précédemment qu'elle pensait que Garcin avait fui par lâcheté, mais qu'elle s'en moquait, car ce qui l'intéressait c'est qu'il soit un homme prêt à l'aimer.

d'un lâche, tu n'as pas la voix d'un lâche, tes cheveux ne sont pas ceux d'un lâche. Et c'est pour ta bouche, pour ta voix, pour tes cheveux que je t'aime.

GARCIN

C'est vrai ? C'est bien vrai ?

ESTELLE

Veux-tu que je te le jure ?

GARCIN

Alors, je les défie tous, ceux de là-bas et ceux d'ici. Estelle, nous sortirons de l'enfer. *(Inès éclate de rire. Il s'interrompt et la regarde.)* Qu'est-ce qu'il y a ?

INÈS, *riant.*

Mais elle ne croit pas un mot de ce qu'elle dit ; comment peux-tu être si naïf ? « Estelle, suis-je un lâche ? » Si tu savais ce qu'elle s'en moque !

ESTELLE

Inès. *(À Garcin.)* Ne l'écoute pas. Si tu veux ma confiance, il faut commencer par me donner la tienne.

INÈS

Mais oui, mais oui ! Fais-lui donc confiance. Elle a besoin d'un homme, tu peux le croire, d'un bras d'homme autour de sa taille, d'une odeur d'homme, d'un désir d'homme dans des yeux d'homme. Pour le reste... Ha ! elle te dirait que tu es Dieu le Père, si cela pouvait te faire plaisir.

GARCIN

Estelle ! est-ce que c'est vrai ? Réponds ; est-ce que c'est vrai ?

ESTELLE

Que veux-tu que je te dise ? Je ne comprends rien à toutes ces histoires. *(Elle tape du pied.)* Que tout cela est donc agaçant ! Même si tu étais un lâche, je t'aimerais, là ! Cela ne te suffit pas ?

Un temps.

GARCIN, *aux deux femmes.*

Vous me dégoûtez !

Jean-Paul SARTRE, *Huis clos* (1944), scène 5, Gallimard, 1947, coll. « Folio », p. 82-84.

Giulio Paolini (né en 1940), *Intervallo Hermès*, 1985.

Autrui

Présentation

Pourrais-je vivre sans aucune relation avec d'autres humains ? Pourquoi les enfants ne commencent-ils à dire « je » que lorsqu'ils deviennent capables d'intégrer l'existence et le point de vue des autres ? Si j'étais seul au monde, y aurait-il un sens à agir, parler, me conduire bien ou mal dans la vie ? Le terme « autrui » est d'un usage peu courant, mais les réalités et problèmes auxquels il renvoie sont tous ancrés dans l'expérience commune.

Pourtant, si le souci de placer la conscience de soi, ou le *je* pensant[1], au cœur de la condition humaine a très tôt constitué un axe majeur de la philosophie classique, la prise en compte des **relations intersubjectives**[2], de leur rôle dans la construction de chaque sujet, n'interviendra guère avant le XIXe siècle, avec Hegel notamment. Seule la philosophie politique a rencontré plus tôt, et en quelque sorte indirectement, cette dimension de l'homme, en s'interrogeant sur les conditions du passage d'un hypothétique état naturel de l'humanité à la vie sociale organisée.

I | L'« insociable sociabilité »

Paradoxes de la condition humaine

Textes 1 à 3
Hobbes, Rousseau, Kant, p. 78-81.

Pour reprendre la célèbre formule de Pascal[3], l'homme « n'est qu'un roseau, le plus faible de la nature », qu'une goutte d'eau pourrait tuer. « Un roseau pensant », certes, mais à quoi penser lui servirait-il si, à chaque instant, sa vie même était menacée ? Premier paradoxe de la condition humaine : nous disposons de facultés uniques (la conscience de soi, la pensée, le langage), mais nous sommes particulièrement mal adaptés à l'hostilité de la nature, particulièrement démunis dans la lutte pour la survie face à des animaux dotés d'une force physique supérieure à la nôtre. Si l'espèce humaine a malgré tout survécu, c'est probablement parce qu'elle a, dès l'origine, su compenser son extrême faiblesse par la domination intellectuelle de la nature et des autres espèces et, très tôt, inventé des formes de coopération efficaces.

D'où un deuxième paradoxe : dans la lutte pour la survie, l'existence même des autres constitue à la fois une menace et la condition de possibilité de cette survie, dans une organisation collective seule en mesure d'imposer à tous le respect d'une autre loi que celle du plus fort. La **solitude absolue** n'est en effet pas concevable, d'abord parce que survivre seul n'est pas possible. Sans doute aussi parce que, au-delà de la survie, la vie dans son ensemble n'est pas possible sans établissement de relations psychologiques, affectives, morales entre les hommes.

1. Voir, dans « La conscience », notamment les textes 1 de Descartes, p. 25, 7 de Kant, p. 31 et 8 de Hegel, p. 32.
2. Relations entre les sujets, c'est-à-dire entre les hommes. 3. *Pensées* (1670), éd. Brunschvicg 347, éd. Lafuma 200. À propos de cette formule, voir « La conscience », p. 20.

Ambivalence des relations humaines

Aux XVIIe et XVIIIe siècles, les philosophes qui se sont interrogés sur l'origine de la vie en société ont ainsi, chacun à sa manière, ancré cette interrogation dans une réflexion sur les motivations qui incitent chacun à haïr ou à aimer autrui, à le fuir, à l'attaquer ou à vouloir s'en rapprocher. Partant de conceptions différentes, voire opposées, des premières relations entre les hommes, ils apportent des réponses divergentes à la question de savoir à quoi ressemblait – s'il a jamais existé – l'« **état de nature** » antérieur à la naissance des sociétés organisées, ainsi qu'à la question des raisons de la sortie de cet état de nature[1].

Pour Hobbes, dans la cohabitation inorganisée d'individus qui aspirent tous à la satisfaction des mêmes désirs, l'égalité des aspirations se transforme naturellement en rivalité, la méchanceté se généralise et conduit à une « **guerre** de tous contre tous », état « odieux et misérable », puisqu'il rend précisément impossible la satisfaction des désirs de la plupart des individus. C'est pour fuir cet état naturel de guerre que les hommes seraient devenus sociables par nécessité, contraints à respecter leurs semblables pour voir leurs propres intérêts respectés.

Contre Hobbes, Rousseau développera une tout autre analyse de ces relations : autrui étant d'abord mon semblable, mon sentiment le plus spontané à son égard est la **sympathie** (la « pitié », écrit-il), pas la méfiance. À plus forte raison dans un hypothétique état de nature, où la « guerre de tous contre tous » n'a pas lieu d'être, puisque c'est au contraire la vie en société qui multiplie les occasions de rivalité.

Pourquoi ne pas plutôt prendre acte du caractère ambivalent des sentiments humains[2] ? Nous avons tous besoin des autres, éprouvons profondément la nécessité d'une vraie réciprocité des services mais aussi des sentiments et, dans le même temps, chacun veut « tout diriger dans son sens ». Kant qualifie cette ambivalence d'« insociable sociabilité » et s'en réjouit : l'obligation de concilier ces dispositions contraires constitue selon lui le principal moteur du développement de l'humanité.

2 | Autrui nécessaire à la construction de soi

Le même et l'autre

Textes 4 à 6
Tournier, Hegel, Levinas, p. 81-83.

Cette ambivalence renvoie à la dualité constitutive de toute relation interindividuelle : autrui est à la fois mon **semblable** et **différent**, **même** que moi et **autre** que moi.

J'ai besoin de me représenter autrui comme semblable à moi : mes jugements, mes émotions n'ont de signification que si d'autres peuvent en être les témoins ou les garants, ce qui suppose qu'ils soient capables de porter les mêmes jugements ou d'éprouver les mêmes émotions que moi. Sur son île déserte, Robinson découvre le caractère insupportable de la solitude absolue : la perte du point de vue de l'autre sur les mêmes choses que soi fait à terme disparaître la conscience même de l'existence du monde extérieur. Pourtant, les autres sont aussi source d'inquiétude ou de conflits : leurs comportements peuvent m'apparaître comme profondément étrangers, ces « mêmes que moi » peuvent soudain devenir radicalement autres.

1. Voir, dans « L'État », les textes 2 de Rousseau, p. 430, et 3 de Hobbes, p. 431, et, dans « La société », le texte 8 de Locke, p. 400. Voir aussi, dans les Repères, « Origine / Fondement ». 2. Voir « Le désir », p. 93.

Proximité et distance, familiarité et étrangeté qualifient mon rapport à l'autre : autrui m'est aussi nécessaire que redoutable. Cette différence irréductible entre moi et mon semblable est paradoxalement la condition de possibilité de nos relations. Si autrui n'était qu'un autre moi-même, je n'aurais aucune raison de chercher à le connaître[1] ou à le rencontrer. Mais nos relations sont nécessairement complexes. Car, s'il est tentant de croire qu'on peut connaître l'autre (ne serait-ce que sur le mode indirect de l'**analogie**[2]), il est en réalité très difficile d'accéder à l'intériorité d'une conscience qui occupe sur elle-même et sur le monde un point de vue qui lui est propre, donc nécessairement différent du mien.

Reconnaissance d'autrui et construction de soi

Si on a raison de se méfier de l'influence d'autrui, on ne peut pour autant ignorer que, sans lui, nous ne serions en réalité conscients de rien : autrui est d'une certaine façon présent à l'intérieur de ma propre conscience, et cette présence est l'une des conditions d'existence de ma propre conscience. À l'intérieur de toute conscience se trouverait ainsi ce que Gilles Deleuze, commentant le roman de Michel Tournier *Vendredi ou les Limbes du Pacifique*, a appelé « la structure Autrui[3] ». Robinson « sauve » et reconstruit sa conscience, dans la solitude de l'île de Speranza, en s'inventant un « autre » imaginaire, ne serait-ce que par le jeu de l'écriture d'un Journal, puis en rencontrant cet autre radical, Vendredi, qui, comme l'indique le titre du roman, devient l'acteur principal de l'histoire de Robinson.

C'est ce que le philosophe contemporain Emmanuel Levinas exprime lorsqu'il écrit que « chaque conscience singulière est en même temps pour soi et pour autrui ». Hegel avait inauguré l'analyse de cette nécessaire réciprocité : la conscience de soi ne peut pas se réduire à la certitude subjective d'exister. Le moment où la conscience de soi est tentée de nier l'existence de toute autre conscience doit être dépassé : seule la reconnaissance de son existence comme conscience de soi par une autre conscience de soi peut transformer la **certitude subjective** en une **vérité objective**[4].

3 | Intersubjectivité et construction commune de l'humanité

Besoin des autres, morale et responsabilité

Textes 7 à 9
Hume, Lévi-Strauss, Merleau-Ponty, p. 83-85.

Autrui est ainsi l'auxiliaire indispensable de la reconnaissance et de la construction de soi et du monde, pour le meilleur… et pour le pire.

C'est le véritable sens de la célèbre formule prêtée par Jean-Paul Sartre à l'un de ses personnages, dans sa pièce *Huis clos* : « L'enfer, c'est les Autres[5]. » Loin de condamner autrui, cette affirmation signifie que les punitions ne viennent ni d'un diable, ni des tortures de l'enfer. Le regard qu'autrui porte sur mes mauvaises

1. D'une manière générale, l'existence d'une distance entre le sujet connaissant et l'objet à connaître est une condition fondamentale de la possibilité de la connaissance. Voir, dans les Repères, « Objectif/Subjectif ». 2. Voir, dans les Repères, « Ressemblance/Analogie ». 3. Gilles Deleuze, « Michel Tournier et le monde sans autrui », Postface à *Vendredi ou les Limbes du Pacifique*, Gallimard, coll. « Folio », 1972. 4. Voir, dans les Repères, « Objectif/Subjectif ». 5. Voir le texte d'ouverture de ce chapitre, p. 72-73.

actions, dès lors que j'en admets le bien-fondé, suffit pour que je reconnaisse ma culpabilité et que j'en fasse comme une torture intérieure. Comme la conscience de soi, la **conscience morale** passe par le détour vers la conscience que je prête à autrui.

Même la philosophie classique, alors qu'elle attribue un rôle essentiel au sujet dans les jugements sur la vérité, voire sur la morale[1], n'a jamais ignoré la nécessité et la valeur des relations intersubjectives. L'un des plus admirables dons de Dieu aux hommes, soutient Malebranche[2], c'est l'amour que les hommes se portent naturellement les uns aux autres. Le sentiment d'appartenance au même « tout » (à la même communauté, l'humanité) est même une condition de survie. La souffrance des autres nous fait souffrir, nous nous portons secours, nous nous sentons responsables les uns des autres. La solitude absolue serait même probablement, selon Hume, la pire des punitions qu'on puisse infliger à un être humain. Même les plus riches et les plus puissants seraient « misérables » s'ils ne pouvaient partager avec d'autres le bonheur d'être riches et puissants.

Une même humanité

On peut être moins optimiste que Malebranche ou Hume.

Le respect de l'humanité dans l'autre est-il vraiment « naturel » ? Non, si l'on en croit les observations de l'ethnologue Claude Lévi-Strauss. Dans les sociétés dites « primitives » – c'est-à-dire qui sont restées durablement fermées sur elles-mêmes, sans contact avec d'autres –, « l'humanité cesse aux frontières de la tribu », de la petite communauté dans laquelle on vit. Rarement rencontrés, les autres sont parfois même soupçonnés de n'être que des fantômes. En tout cas, on leur refuse la qualité d'hommes. Mais cette forme extrême de la non-reconnaissance d'autrui n'est pas archaïque au point d'être réservée à quelques très lointaines « tribus ». Lévi-Strauss la compare à juste titre aux réflexes de rejet brutal de l'autre dont chacun de nous est capable dès qu'il se sent menacé par l'excès de différence. Le racisme en est un exemple évident. Cette forme de peur de l'autre est le plus souvent l'expression d'une très grande méconnaissance : la reconnaissance d'autrui passe en effet par la connaissance et la compréhension, d'autant plus difficiles que leur objet est étranger à celui qui est supposé connaître et comprendre. La connaissance d'autrui n'est donc pas donnée : elle se construit, notamment dans la communication. Le **dialogue**[3] est au cœur des relations intersubjectives, il n'est pas seulement échange, mais élaboration réciproque de soi.

En plaçant la relation à autrui au centre de leur réflexion, des philosophes contemporains comme Sartre[4], Merleau-Ponty, Levinas[5] ont mis en évidence une exigence morale et politique essentielle : assumer toutes les dimensions de l'intersubjectivité (ses difficultés comme son absolue nécessité), c'est affirmer que le monde commun de l'humanité n'est pas appauvri, mais bien au contraire extraordinairement enrichi par la multiplicité des points de vue qui lui donnent épaisseur et signification.

1. Voir notamment, dans « La conscience », le texte 1 de Descartes, p. 25. 2. Nicolas Malebranche, *De la recherche de la vérité* (6e éd., 1712), livre IV, chap. XIII, Vrin, 1962, p. 70. 3. Voir aussi, dans « Le langage », le texte 5 de Merleau-Ponty, p. 143. 4. En particulier dans *L'Être et le Néant* (1943), Ire partie, chap. II (« La mauvaise foi ») et IIIe partie (« Le pour-autrui »). 5. En particulier dans *Totalité et Infini. Essai sur l'extériorité* (1971), Le Livre de Poche, coll. « Biblio essais ».

Textes

1 | L'« insociable sociabilité »

texte 1 Hobbes. D'où vient la méchanceté envers autrui ?

Pourquoi les hommes ont-ils très tôt été contraints de « choisir » de se soumettre à une autorité souveraine ? Parce que leur nature est de n'en faire qu'à leur tête, quoi qu'il en coûte à autrui, répond Hobbes, et qu'elle ne pouvait donc les conduire qu'à une situation de guerre générale. Le prix de la sécurité individuelle serait ainsi le renoncement à une forme de liberté incompatible avec la vie en commun.

Certes, bien que les hommes aient ceci naturellement, c'est-à-dire, dès leur naissance, et de ce qu'ils naissent animaux, qu'ils désirent et tâchent de faire tout ce qu'il leur plaît, et qu'ils fuient avec crainte, ou qu'ils repoussent avec colère les maux qui les menacent, toutefois, ils ne doivent pas être pour cela estimés méchants ; parce que les affections[1] de l'âme qui viennent de la nature animale, ne sont point mauvaises en elles-mêmes, mais bien quelquefois les actions qui en procèdent, c'est à savoir, lorsqu'elles sont nuisibles et contre le devoir. Si vous ne donnez aux enfants tout ce qu'ils désirent, ils pleurent, ils se fâchent, ils frappent leurs nourrices, et la nature les porte à en user de la sorte. Cependant ils ne sont pas à blâmer, et on ne dit pas qu'ils sont mauvais, premièrement, parce qu'ils ne peuvent point faire de dommage, en après[2], à cause qu'étant privés de l'usage de la raison, ils sont exempts de tous les devoirs des autres hommes. Mais, s'ils continuent de faire la même chose lorsqu'ils sont plus avancés en âge, et lorsque les forces leur sont venues avec lesquelles ils peuvent nuire, c'est alors que l'on commence de les nommer[3], et qu'ils sont méchants en effet. De sorte que je dirais volontiers, qu'un méchant homme est le même qu'un enfant robuste, ou qu'un homme qui a l'âme d'un enfant ; et que la méchanceté n'est autre chose que le défaut de raison en un âge auquel elle a accoutumé de venir aux hommes, par un instinct de la nature, qui doit être alors cultivée par la discipline[4], et qui se trouve déjà assez instruite par l'expérience des dangers et des infortunes passées. Si ce n'est donc que l'on veuille dire, que la nature a produit les hommes méchants, parce qu'elle ne leur a pas donné en les mettant au monde les disciplines, ni l'usage de la raison, il faut avouer qu'ils peuvent avoir reçu d'elle le désir, la crainte, la colère, et les autres passions de l'âme sensitive[5], sans qu'il faille l'accuser d'être cause de leur méchanceté. Ainsi le fondement que j'ai jeté demeurant ferme, je fais voir premièrement

1. Ce que l'on ressent (ce qui « affecte » l'âme).
2. Et après.
3. De les qualifier de méchants.
4. Ensemble des contraintes qu'on impose aux enfants pour les empêcher de n'obéir qu'à leurs instincts naturels.
5. Allusion au principe immatériel qui anime tous les corps vivants, décrit par Aristote comme la forme de sensibilité la plus élémentaire, commune à tous les animaux.

que la condition des hommes hors de la société civile[6] (laquelle condition permettez-moi de nommer l'état de nature) n'est autre que celle d'une guerre de tous contre tous ; et que durant cette guerre il y a un droit général de tous sur toutes choses. Ensuite, que tous les hommes désirent, par une nécessité naturelle, de se tirer de cet odieux et misérable état dès qu'ils en reconnaissent la misère. Ce qu'ils ne peuvent point faire, s'ils ne conviennent entre eux de céder de leurs prétentions et de leur droit sur toutes choses.

Thomas HOBBES, *Du citoyen* (1642), Préface, trad. G. Mairet, Le Livre de Poche, coll. « Classiques de la philosophie », 1996, p. 46-47.

6. Société organisée en vue de rendre possible la vie des citoyens. Voir « La société », p. 391-392. Voir aussi, dans « La justice et le droit », le texte 7 de Hobbes, p. 416, et, dans « L'État », le texte 3 de Hobbes, p. 431.

texte 2 Rousseau. Tout homme a naturellement « pitié » de son semblable

Comment les « sauvages » pourraient-ils être méchants, alors qu'ils ne savent même pas ce que c'est qu'être bons ? Rousseau s'oppose ici directement à Hobbes (voir le texte précédent) : les hommes sont naturellement bienveillants à l'égard de leurs semblables, et l'état sauvage est celui où cette bienveillance – qualifiée par Rousseau de pitié[1] – s'exprime le plus spontanément.

N'allons pas surtout conclure avec Hobbes, que pour n'avoir aucune idée de la bonté, l'homme soit naturellement méchant[2], qu'il soit vicieux parce qu'il ne connaît pas la vertu, qu'il refuse toujours à ses semblables des services qu'il ne croit pas leur devoir, ni qu'en vertu du droit qu'il s'attribue avec raison aux choses dont il a besoin, il s'imagine follement être le seul propriétaire de tout l'univers. [...] Le méchant, dit-il, est un enfant robuste ; il reste à savoir si l'homme sauvage est un enfant robuste. Quand on le lui accorderait, qu'en conclurait-il ? Que si, quand il est robuste, cet homme était aussi dépendant des autres que quand il est faible, il n'y a sorte d'excès auxquels il ne se portât, qu'il ne battît sa mère lorsqu'elle tarderait trop à lui donner la mamelle, qu'il n'étranglât un de ses jeunes frères lors qu'il en serait incommodé, qu'il ne mordît la jambe à l'autre lorsqu'il en serait heurté ou troublé ; mais ce sont deux suppositions contradictoires dans l'état de nature qu'être robuste et dépendant ; l'homme est faible quand il est dépendant, et il est émancipé[3] avant que d'être robuste. Hobbes n'a pas vu que la même cause qui empêche les sauvages d'user de leur raison, comme le prétendent nos jurisconsultes[4], les empêche en même temps d'abuser de leurs facultés, comme il le prétend lui-même ; de sorte qu'on pourrait dire que les sauvages ne sont pas méchants précisément, parce qu'ils ne savent pas ce que c'est qu'être bons ; car ce n'est ni le développement des lumières[5], ni le frein de la loi, mais le calme des passions, et l'ignorance du vice qui les empêche de mal faire ; *tanto plus in illis proficit vitiorum ignoratio, quam in his cognitio virtutis*[6]. Il y a d'ailleurs un autre principe que Hobbes n'a point aperçu et qui, ayant été donné à l'homme pour adoucir, en certaines circonstances, la férocité de son amour-propre[7], ou le désir de se conserver avant la naissance de cet amour, tempère l'ardeur qu'il a pour son bien-être par une répugnance innée à voir souffrir son semblable. [...] Je parle de la pitié, disposition convenable à des êtres aussi faibles, et sujets à autant de maux que nous le sommes,

1. Du latin *pietas* (qui a aussi donné le mot « piété »). Sympathie liée à la connaissance des souffrances d'autrui et à l'envie de les soulager.
2. Voir le texte 1, l. 16-26, de Hobbes auquel Rousseau s'oppose ici.
3. Il a conquis sa liberté, son autonomie.
4. Spécialistes des questions de droit.
5. Synonyme de « raison », comme dans l'expression « siècle des Lumières ».
6. « Chez eux, l'ignorance des vices est plus efficace que ne l'est chez les autres la connaissance de la vertu. »
7. Rousseau précise en note qu'il distingue nettement l'*amour-propre* qui, selon lui, n'existe pas à l'état de nature et « naît de la comparaison avec autrui » de l'*amour de soi*, qui « est un sentiment naturel qui porte tout animal à veiller à sa propre conservation » (note 14, p. 109 de l'éd. Hatier).

› Repères
Voir **Principe / Conséquence.**

vertu d'autant plus universelle et d'autant plus utile à l'homme qu'elle précède en lui l'usage de toute réflexion, et si naturelle que les bêtes mêmes en donnent quelquefois des signes sensibles.

Jean-Jacques ROUSSEAU, *Discours sur l'origine et les fondements de l'inégalité parmi les hommes* (1755), Ire partie, Hatier, coll. « Les classiques de la philosophie », 1999, p. 46-48.

Questions

1. Dans ce texte, Rousseau s'oppose presque point par point à la conception de la nature humaine développée par Hobbes dans le texte précédent. Résumez chacune des deux thèses.
2. Relevez les arguments au nom desquels Rousseau récuse la thèse de Hobbes.
3. Pourquoi la *pitié*, au sens donné par Rousseau à ce terme (voir notamment la présentation du texte et la note 1), est-elle selon lui « utile à l'homme » (l. 30) ?

texte 3 Kant. Autrui : insupportable mais indispensable

Les hommes seraient-ils plus heureux s'ils pouvaient vivre seuls ? Certainement pas, répond Kant, selon qui la nature a bien fait les choses : en obligeant les hommes à coopérer pour survivre, elle leur a fourni l'occasion de développer leur intelligence, leur sens moral, le goût de l'action, l'aptitude au travail – en d'autres termes, l'occasion de devenir des hommes libres.

Le moyen dont la nature se sert pour mener à bien le développement de toutes ses dispositions est leur antagonisme *au sein de la Société, pour autant que celui-ci est cependant en fin de compte la cause d'une ordonnance*[1] *régulière de cette Société.* – J'entends ici par antagonisme *l'insociable sociabilité* des hommes, c'est-à-dire leur inclination à entrer en société, inclination qui est cependant doublée d'une répulsion générale à le faire, menaçant constamment de désagréger cette société. L'homme a un penchant *à s'associer*, car dans un tel état, il se sent plus qu'homme par le développement de ses dispositions naturelles. Mais il manifeste aussi une grande propension *à se détacher* (s'isoler), car il trouve en même temps en lui le caractère d'insociabilité qui le pousse à vouloir tout diriger dans son sens ; et, de ce fait, il s'attend à rencontrer des résistances de tous côtés, de même qu'il se sait par lui-même enclin à résister aux autres. C'est cette résistance qui éveille toutes les forces de l'homme, le porte à surmonter son inclination à la paresse, et, sous l'impulsion de l'ambition, de l'instinct de domination ou de cupidité, à se frayer une place parmi ses compagnons qu'il supporte de mauvais gré, mais dont il ne peut se passer. L'homme a alors parcouru les premiers pas, qui de la grossièreté le mènent à la culture dont le fondement véritable est la valeur sociale de l'homme ; c'est alors que se développent peu à peu tous les talents, que se forme le goût, et que même, cette évolution vers la clarté se poursuivant, commence à se fonder une forme de pensée qui peut avec le temps transformer la grossière disposition naturelle au discernement moral en principes pratiques[2] déterminés. Par cette voie, un accord *pathologiquement*[3] extorqué en vue de l'établissement d'une société, peut se convertir en un tout *moral*. Sans ces qualités d'insociabilité,

1. Mise en ordre, c'est-à-dire, ici, organisation selon des règles.
2. Principes d'action guidés par l'exercice de la raison. Voir, dans « Le devoir », le texte 5 de Kant, p. 483.
3. Chez Kant, est *pathologique* ce qui relève du sentiment, par opposition à ce qui est de l'ordre de la volonté. Du grec *pathos*, « affection », « souffrance », « passion ».

peu sympathiques certes par elles-mêmes, source de la résistance que chacun doit nécessairement rencontrer à ses prétentions égoïstes, tous les talents resteraient à jamais enfouis en germes, au milieu d'une existence de bergers d'Arcadie[4], dans une concorde, une satisfaction, et un amour mutuels parfaits ; les hommes, doux comme les agneaux qu'ils font paître, ne donneraient à l'existence guère plus de valeur que n'en a leur troupeau domestique ; ils ne combleraient pas le néant de la création en considération de la fin[5] qu'elle se propose comme nature raisonnable. Remercions donc la nature pour cette humeur peu conciliante, pour la vanité rivalisant dans l'envie, pour l'appétit insatiable de possession ou même de domination. Sans cela toutes les dispositions naturelles excellentes de l'humanité seraient étouffées dans un éternel sommeil. L'homme veut la concorde, mais la nature sait mieux que lui ce qui est bon pour son espèce : elle veut la discorde. Il veut vivre commodément et à son aise ; mais la nature veut qu'il soit obligé de sortir de son inertie et de sa satisfaction passive, de se jeter dans le travail et dans la peine pour trouver en retour les moyens de s'en libérer sagement.

Emmanuel KANT, *Idée d'une histoire universelle d'un point de vue cosmopolitique* (1784), IVe proposition, trad. S. Piobetta dans *Opuscules sur l'histoire*, Flammarion, coll. « GF », 1990, p. 74-75.

4. L'Arcadie était dans la Grèce antique la partie centrale du Péloponnèse, vantée par les poètes comme une région idyllique.

5. Du but.

> Repères
Voir **Cause / Fin.**

2 | Autrui nécessaire à la construction de soi

texte 4 — Tournier. Pas de conscience du monde sans confrontation avec autrui

Condamné au face-à-face avec lui-même dans l'île déserte où il a fait naufrage, Robinson aurait-il pu longtemps échapper à la folie ? Le héros du roman de Michel Tournier, inspiré par le Robinson Crusoé de Daniel Defoe[1], découvre dans la solitude que sa conscience du monde n'était pas spontanée, mais construite à travers tout un réseau de points de vue autres que le sien sur lui-même et sur ce qui l'environne.

Je sais maintenant que chaque homme porte en lui – et comme au-dessus de lui – un fragile et complexe échafaudage d'habitudes, réponses, réflexes, mécanismes, préoccupations, rêves et implications qui s'est formé et continue à se transformer par les attouchements perpétuels de ses semblables. Privée de sève, cette délicate efflorescence s'étiole et se désagrège. Autrui, pièce maîtresse de mon univers… Je mesure chaque jour ce que je lui devais en enregistrant de nouvelles fissures dans mon édifice personnel. Je sais ce que je risquerais en perdant l'usage de la parole, et je combats de toute l'ardeur de mon angoisse cette suprême déchéance. Mais mes relations avec les choses se trouvent elles-mêmes dénaturées par ma solitude. Lorsqu'un peintre ou un graveur introduit des personnages dans un paysage ou à proximité d'un monument, ce n'est pas par goût de l'accessoire. Les personnages donnent l'échelle et, ce qui importe davantage encore, ils constituent des points de vue possibles qui ajoutent au point de vue réel de l'observateur d'indispensables virtualités[2].

1. Journaliste et romancier anglais (1660-1731), auteur de *Robinson Crusoé*.

2. Points de vue possibles.

À Speranza[3], il n'y a qu'un point de vue, le mien, dépouillé de toute virtualité. Et ce dépouillement ne s'est pas fait en un jour. Au début, par un automatisme inconscient, je projetais des observateurs possibles – des paramètres – au sommet des collines, derrière tel rocher ou dans les branches de tel arbre. L'île se trouvait ainsi quadrillée par un réseau d'interpolations et d'extrapolations qui la différenciait et la douait d'intelligibilité. Ainsi fait tout homme normal dans une situation normale. Je n'ai pris conscience de cette fonction – comme de bien d'autres – qu'à mesure qu'elle se dégradait en moi. Aujourd'hui, c'est chose faite. Ma vision de l'île s'est réduite à elle-même. [...]

Et ma solitude n'attaque pas que l'intelligibilité des choses. Elle mine jusqu'au fondement même de leur existence. De plus en plus, je suis assailli de doutes sur la véracité du témoignage de mes sens. Je sais maintenant que la terre sur laquelle mes deux pieds appuient aurait besoin pour ne pas vaciller que d'autres que moi la foulent. Contre l'illusion d'optique, le mirage, l'hallucination, le rêve éveillé, le fantasme, le délire, le trouble de l'audition... le rempart le plus sûr, c'est notre frère, notre voisin, notre ami, ou notre ennemi, mais quelqu'un, grands dieux, quelqu'un !

3. Nom de l'île déserte sur laquelle Robinson a fait naufrage.

Michel TOURNIER, *Vendredi ou les Limbes du Pacifique* (1967), Gallimard, coll. « Folio », 1972, p. 53-55.

texte 5 Hegel. La conscience de soi se reconnaît dans « l'autre moi »

La conscience de soi perd-elle de sa liberté en reconnaissant l'existence d'autres consciences de soi ? Oui, mais c'est une étape nécessaire du processus de reconnaissance réciproque sans laquelle la constitution de soi comme sujet serait impossible : je n'existe comme sujet conscient de soi que si un autre sujet conscient de soi me reconnaît comme tel[1]. La liberté que me ferait « gagner » l'absence d'autrui serait totalement abstraite et illusoire, puisque je n'existerais que pour moi-même.

Une conscience de soi pour une autre conscience de soi est tout d'abord *immédiate* comme autre chose pour une *autre chose*. Je me vois en lui moi-même immédiatement comme Moi, mais j'y vois aussi un autre objet étant là *(daseiendes)* immédiatement, en tant que Moi absolument indépendant en face de moi. La mise de côté de l'*individualité* de la conscience de soi a été la première ; par là elle n'a été déterminée que comme particulière. – Cette contradiction lui inspire le désir de se *montrer* comme soi libre et d'être *présente* pour l'autre comme tel, – c'est le processus de la reconnaissance des moi. [...]

La *conscience générale de soi* est l'affirmative connaissance de soi-même dans l'autre moi ; et chacun d'eux, comme individualité libre, a une *autonomie absolue* ; mais grâce à la négation de son immédiateté ou de son désir, l'un ne se distingue pas de l'autre, ils sont universels et objectifs, et possèdent la réelle généralité, comme réciprocité, de telle sorte que chacun se sait reconnu dans l'autre moi libre et qu'il le sait à condition de reconnaître l'autre moi et de le savoir libre.

1. Voir, dans le texte suivant, l'analyse par Levinas de cette notion hégélienne de reconnaissance.

> Repères
Voir
Médiat / Immédiat, Objectif / Subjectif, Universel / Général / Particulier / Singulier.

Friedrich HEGEL, *Précis de l'encyclopédie des sciences philosophiques* (1817), § 430 et 436, trad. J. Gibelin, Vrin, 1967, p. 242-243.

texte 6 Levinas. Nécessité de la reconnaissance réciproque

Pourquoi la conscience est-elle nécessairement en même temps singulière et « pour autrui » ? Emmanuel Levinas reprend et prolonge l'analyse de Hegel (voir le texte précédent), en montrant que la relation à autrui est la médiation nécessaire à la constitution réciproque des sujets conscients et pensants : prétendre penser seul, ce serait se condamner à ne pas être reconnu comme une conscience par les autres.

C'est au cœur de la conscience singulière que se découvre pour Hegel un rapport nécessaire à d'autres consciences singulières. Le *je pense* n'est possible que si, en même temps que dans ma pensée, je suis en rapport avec d'autres pensées. Chaque conscience singulière est en même temps pour soi et pour autrui. Elle ne peut être pour soi que dans la mesure où elle est pour autrui. Chacune exige la reconnaissance par l'autre pour être elle-même, mais elle doit aussi reconnaître l'autre, parce que la reconnaissance par l'autre ne vaut que si l'autre est lui-même reconnu. C'est là que réside le dépassement de l'immédiat (pour Hegel, toute pensée est une pensée entre consciences ; elle est immédiate quand elle ignore cette relation entre consciences ; l'immédiat, c'est le *cogito* tout seul).

› Repères
Voir
Médiat / Immédiat, Universel / Général / Particulier / Singulier.

Emmanuel LEVINAS, « La mort et le temps » (1975-1976), dans *Dieu, la Mort et le Temps*, Grasset, coll. « Figures », 1993, p. 94.

› 3 | Intersubjectivité et construction commune de l'humanité

texte 7 Hume. La solitude complète est la plus grande des punitions

Aurais-je encore besoin des autres si j'étais tout-puissant ? Selon Hume, même le pouvoir de commander au soleil et aux océans ne suffirait au bonheur de personne dès l'instant où le sentiment de toute-puissance qui en découlerait ne serait pas partagé. La domination de l'univers entier, si elle s'exerçait dans un « isolement complet », ressemblerait au pire des châtiments.

Chez toutes les créatures qui ne vivent pas comme des prédateurs[1] aux dépens des autres, et que n'agitent pas des passions violentes, se manifeste un remarquable désir de compagnie qui les associe sans qu'elles ne puissent jamais projeter de récolter le moindre avantage de leur union. Ce trait est encore plus saillant chez l'homme qui, de toutes les créatures de l'univers, désire le plus ardemment la société et se trouve doté en sa faveur des meilleures dispositions. Nous ne pouvons former aucun souhait qui ne fasse référence à la société. Il n'est peut-être pas possible d'endurer un châtiment plus pénible qu'un isolement complet. Tout plaisir devient languissant quand on en jouit hors de toute compagnie ; et toute peine devient alors plus cruelle et plus intolérable. Quelles que soient les autres passions qui peuvent nous agiter, orgueil, ambition, avarice, curiosité, vengeance ou luxure, leur

1. Au sens figuré, hommes qui profitent de la faiblesse pour établir leur pouvoir.

âme ou leur principe animateur, c'est la sympathie[2] ; elles perdraient même toute force si nous devions nous dégager entièrement des pensées et des sentiments des autres. Que tous les pouvoirs et les éléments de la nature conspirent à ne servir qu'un homme et à lui obéir exclusivement ; que le soleil se lève et se couche à son commandement ; que l'océan et les fleuves roulent leurs flots à sa guise ; que la terre fournisse spontanément tout ce qui peut lui être utile et agréable : il n'en restera pas moins misérable tant que vous ne lui donnerez pas l'occasion de partager son bonheur, ne serait-ce qu'avec une personne dont l'estime et l'amitié lui fassent plaisir.

David HUME, *Traité de la nature humaine*, livre II, *Dissertation sur les passions* (1739), IIe partie, IVe section, trad. J.-P. Cléro, Flammarion, coll. « GF », 1991, p. 211.

2. À comprendre ici au sens étymologique : « le fait d'éprouver les mêmes sentiments ». (Du grec *sum*, « avec », et *pathos*, « affection », « souffrance ».)

Questions

1. Expliquez l'affirmation de Hume selon laquelle « nous ne pouvons former aucun souhait qui ne fasse référence à la société » (l. 7-8).
2. Résumez brièvement la thèse développée dans ce texte et celle de l'« insociable sociabilité » soutenue par Kant dans le texte 3, p. 80.
3. Ces deux conceptions de l'origine et de la nature des relations sociales vous semblent-elles plutôt convergentes ou plutôt contradictoires ?

texte 8 Lévi-Strauss. Les autres sont-ils vraiment tous des hommes ?

Un « sauvage » appartient-il forcément à une société « primitive » ? Pour l'ethnologue Claude Lévi-Strauss, n'importe quel individu, dès l'instant où il cède à la tentation de qualifier de « sauvage » quelqu'un ou quelque chose qu'il perçoit comme trop étranger, adopte une attitude... de sauvage. Le sauvage, c'est tout simplement celui qui refuse à autrui l'humanité qu'il ne reconnaît qu'à ses plus proches semblables.

L'attitude la plus ancienne, et qui repose sans doute sur des fondements psychologiques solides puisqu'elle tend à réapparaître chez chacun de nous quand nous sommes placés dans une situation inattendue, consiste à répudier purement et simplement les formes culturelles : morales, religieuses, sociales, esthétiques, qui sont les plus éloignées de celles auxquelles nous nous identifions. « Habitudes de sauvages », « cela n'est pas de chez nous », « on ne devrait pas permettre cela », etc., autant de réactions grossières qui traduisent ce même frisson, cette même répulsion, en présence de manières de vivre, de croire ou de penser qui nous sont étrangères.

[...] On sait, en effet, que la notion d'humanité, englobant, sans distinction de race ou de civilisation, toutes les formes de l'espèce humaine, est d'apparition fort tardive et d'expansion limitée. Là même où elle semble avoir atteint son plus haut développement, il n'est nullement certain – l'histoire récente le prouve – qu'elle soit établie à l'abri des équivoques ou des régressions. Mais, pour de vastes fractions de l'espèce humaine et pendant des dizaines de millénaires, cette notion paraît être totalement absente. L'humanité cesse aux frontières de la tribu, du groupe linguistique, parfois même du village ; à tel point qu'un grand nombre de populations dites primitives se désignent d'un nom qui signifie les « hommes » (ou parfois – dirons-nous avec plus de discrétion – les « bons », les « excellents », les « complets »), impliquant ainsi que les autres tribus, groupes ou villages ne participent pas des vertus – ou même de la nature – humaines, mais sont tout au plus composés de « mauvais », de « méchants », de « singes de terre » ou d'« œufs de pou ». On va souvent jusqu'à priver l'étranger de ce dernier degré de réalité en en faisant un « fantôme » ou une « apparition ».

Repères Voir **Genre / Espèce / Individu.**

Claude LÉVI-STRAUSS, *Race et Histoire* (1952),
© Denoël, Gallimard, coll. « Folio essais », 1987, p. 19-21.

texte 9

Merleau-Ponty.
Dialoguer pour mieux penser

Pourquoi le langage joue-t-il un rôle essentiel dans ma relation à autrui ? Dans le dialogue tout particulièrement, je vérifie qu'autrui m'est absolument indispensable : mes pensées ne prennent vraiment forme que dans la confrontation avec celles d'au moins un de mes semblables. Mais cette expérience peut m'apparaître comme une menace pour ma liberté...

Il y a, en particulier, un objet culturel qui va jouer un rôle essentiel dans la perception d'autrui : c'est le langage. Dans l'expérience du dialogue, il se constitue entre autrui et moi un terrain commun, ma pensée et la sienne ne font qu'un seul tissu, mes propos et ceux de l'interlocuteur sont appelés par l'état de la discussion, ils s'insèrent dans une opération commune dont aucun de nous n'est le créateur. Il y a là un être à deux, et autrui n'est plus ici pour moi un simple comportement dans mon champ transcendantal[1], ni d'ailleurs moi dans le sien, nous sommes l'un pour l'autre collaborateurs dans une réciprocité parfaite, nos perspectives glissent l'une dans l'autre, nous coexistons à travers un même monde. Dans le dialogue présent, je suis libéré de moi-même, les pensées d'autrui sont bien des pensées siennes, ce n'est pas moi qui les forme, bien que je les saisisse aussitôt nées ou que je les devance, et même, l'objection que me fait l'interlocuteur m'arrache des pensées que je ne savais pas posséder, de sorte que si je lui prête des pensées, il me fait penser en retour. C'est seulement après coup, quand je me suis retiré du dialogue et m'en ressouviens, que je puis le réintégrer à ma vie, en faire un épisode de mon histoire privée, et qu'autrui rentre dans son absence, ou, dans la mesure où il me reste présent, est senti comme une menace pour moi. La perception d'autrui et le monde intersubjectif[2] ne font problème que pour des adultes. L'enfant vit dans un monde qu'il croit d'emblée accessible à tous ceux qui l'entourent, il n'a aucune conscience de lui-même, ni d'ailleurs des autres, comme subjectivités privées, il ne soupçonne pas que nous soyons tous et qu'il soit lui-même limité à un certain point de vue sur le monde. C'est pourquoi il ne soumet à la critique ni ses pensées, auxquelles il croit à mesure qu'elles se présentent, et sans chercher à les lier, ni nos paroles. Il n'a pas la science des points de vue.

1. Dans l'espace de ma seule conscience, sans contact réel avec les autres.
2. Monde où les individus (les sujets) sont en relation les uns avec les autres.

Repères Voir **Objectif / Subjectif, Transcendant / Immanent.**

Maurice MERLEAU-PONTY, *Phénoménologie de la perception* (1945),
Gallimard, coll. « Tel », 1971, p. 407.

Pour se préparer au baccalauréat
Dissertations : p. 564.
Explications de texte : p. 541, 559.

Le désir

Ouverture

Molière. Vanité du désir de toute-puissance 88

Présentation

Présentation 90

Textes

Textes 94

1 Le désir est l'essence de l'homme

1 **Spinoza.** L'homme, un être de désir ... 94
2 **Schopenhauer.** L'impossible satisfaction des désirs ... 95
3 **Hegel.** Désir, conscience et liberté ... 95

2 Désir, manque, besoin

4 **Platon.** Le mythe d'Aristophane ... 97
5 **Épicure.** Désirs nécessaires et désirs conditionnels ... 98
6 **Bataille.** Besoins nécessaires et « dépenses improductives » ... 99

3 Désir, raison et volonté

7 **Épictète.** La volonté, reine des facultés ? ... 100
8 **Descartes.** Changer ses désirs plutôt que l'ordre du monde ... 101
9 **Nietzsche.** En finir avec la haine du désir ... 101

Ferrante Ferranti (né en 1960), *L'Enlèvement de Proserpine*, marbre sculpté par Le Bernin, 1621-1622, galerie Borghèse, Rome.

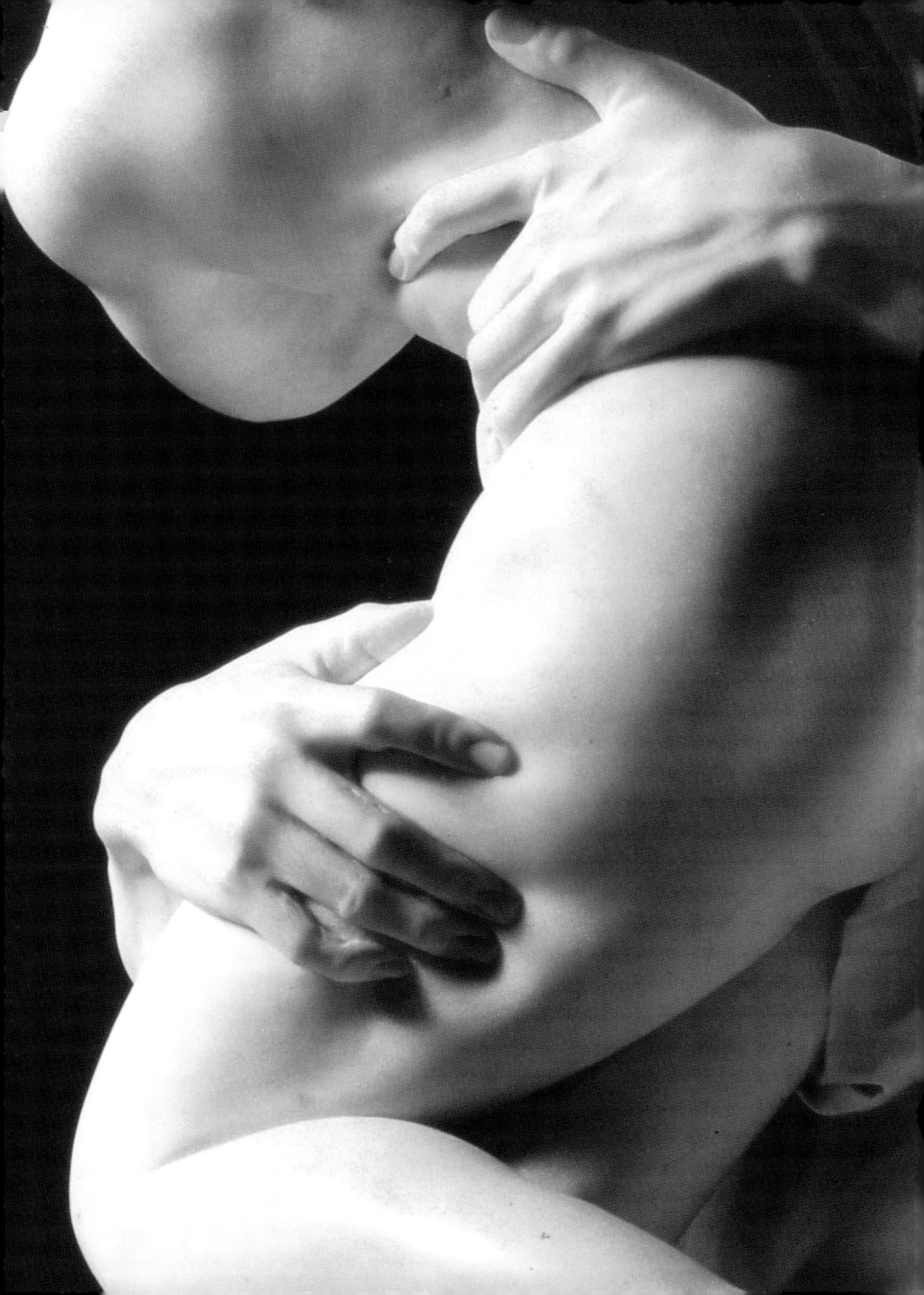

ouverture

Molière

Vanité du désir de toute-puissance

La littérature offre de nombreux exemples de personnages poussés à des conduites extrêmes pour obtenir la satisfaction de leurs désirs. Version comique et dérisoire de Pygmalion[1], Arnolphe raconte ici comment, pour être sûr d'épouser une femme parfaitement sotte – la femme selon lui idéale –, il l'a choisie petite fille et fait élever hors de sa famille.

ARNOLPHE

[...] Non, non, je ne veux point d'un esprit qui soit haut ;
Et femme qui compose en sait plus qu'il ne faut.
Je prétends que la mienne, en clartés[2] peu sublime,
Même ne sache pas ce que c'est qu'une rime ;
Et s'il faut qu'avec elle on joue au corbillon[3]
Et qu'on vienne à lui dire à son tour : « Qu'y met-on ? »
Je veux qu'elle réponde : « Une tarte à la crème » ;
En un mot, qu'elle soit d'une ignorance extrême ;
Et c'est assez pour elle, à vous en bien parler,
De savoir prier Dieu, m'aimer, coudre et filer.

CHRYSALDE

Une femme stupide est donc votre marotte[4] ?

ARNOLPHE

Tant, que j'aimerais mieux une laide bien sotte
Qu'une femme fort belle avec beaucoup d'esprit.

CHRYSALDE

L'esprit et la beauté...

ARNOLPHE

L'honnêteté suffit.

CHRYSALDE

Mais comment voulez-vous, après tout, qu'une bête
Puisse jamais savoir ce que c'est qu'être honnête ?
Outre qu'il est assez ennuyeux, que je crois,
D'avoir toute sa vie une bête avec soi,
Pensez-vous le bien prendre, et que sur votre idée
La sûreté d'un front puisse être bien fondée ?
Une femme d'esprit peut trahir son devoir ;
Mais il faut pour le moins qu'elle ose le vouloir ;

1. Roi légendaire qui demanda à Aphrodite de donner la vie à la statue dont il était tombé amoureux, pour pouvoir l'épouser.
2. Connaissances.
3. Petit panier qui a donné son nom à un jeu de société, où l'on doit répondre par un mot rimant en *on* à la demande : « Que met-on dans mon corbillon ? »
4. Sceptre des fous de cour. Ici, comme dans la langue familière, « manie ridicule ».

Et la stupide au sien peut manquer d'ordinaire,
Sans en avoir l'envie et sans penser le faire. [...]

ARNOLPHE
Chacun a sa méthode.
En femme, comme en tout, je veux suivre ma mode.
Je me vois riche assez pour pouvoir, que je crois,
Choisir une moitié qui tienne tout de moi,
Et de qui la soumise et pleine dépendance
N'ait à me reprocher aucun bien ni naissance[5].
Un air doux et posé, parmi d'autres enfants,
M'inspira de l'amour pour elle dès quatre ans ;
Sa mère se trouvant de pauvreté pressée,
De la lui demander il me vint la pensée ;
Et la bonne paysanne, apprenant mon désir,
À s'ôter cette charge eut beaucoup de plaisir.
Dans un petit couvent, loin de toute pratique[6],
Je la fis élever selon ma politique,
C'est-à-dire ordonnant quels soins on emploierait
Pour la rendre idiote autant qu'il se pourrait.
Dieu merci, le succès a suivi mon attente :
Et grande, je l'ai vue à tel point innocente,
Que j'ai béni le Ciel d'avoir trouvé mon fait[7],
Pour me faire une femme au gré de mon souhait.
Je l'ai donc retirée ; et comme ma demeure
À cent sortes de monde est ouverte à toute heure,
Je l'ai mise à l'écart, comme il faut tout prévoir,
Dans cette autre maison où nul ne me vient voir ;
Et pour ne point gâter sa bonté naturelle,
Je n'y tiens que des gens tout aussi simples qu'elle.
Vous me direz : Pourquoi cette narration ?
C'est pour vous rendre instruit de ma précaution.

MOLIÈRE, *L'École des femmes* (1663), acte I, scène I, v. 93-150, Hatier, coll. « Classiques et Cie », 2003, p. 17-19.

5. Une femme acariâtre pourrait rappeler à son mari la dot qu'elle lui a apportée ou se plaindre d'avoir fait une mésalliance.
6. Relation avec les autres.
7. Mon affaire ; ici, « une jeune fille qui me convînt ».

Olivier Rebufa (né en 1958), *Effigie de Gilbert Garcin.*

Présentation

I | Le désir est l'essence de l'homme

Textes 1 à 3
Spinoza, Schopenhauer, Hegel, p. 94-96.

« Tout le malheur des hommes vient d'une seule chose, qui est de ne savoir pas demeurer en repos, dans une chambre[1] », écrivait Pascal. On peut partager ce constat, tant il est vrai que l'horizon de nos aspirations ne se limite jamais à ce qui nous est instantanément donné : dans notre rapport au monde, aux autres, et d'abord à nous-même, nous aspirons à autre chose qu'à ce que nous avons déjà, à ce qui est déjà là. L'homme est un être de désir, mais est-ce vraiment, ou seulement, la cause de son malheur ? On aurait envie d'objecter à Pascal qu'un homme au repos absolu se priverait aussi de toute joie : la chambre ressemblerait très vite à une prison.

Une faculté vitale

Car avant d'être une source de tristesse, voire de malheur, le désir est une condition essentielle de la vie humaine : désirer, c'est d'abord inscrire son **existence** dans la **durée**[2], puisque le désir est inséparable de la projection dans l'avenir (de la représentation de sa satisfaction). Spinoza, tout particulièrement, a mis en avant cette conception très positive du désir. Puissance d'affirmation de la **vie**, c'est le désir qui donne de la valeur à ses objets, et non l'inverse : c'est parce que nous désirons une chose que nous la jugeons bonne, le désirable ne préexiste pas au désir, il est créé par lui. « La *faculté de désirer* », écrira Kant un peu plus tard, « est la faculté d'être, par ses représentations, cause des objets de ces représentations. La faculté que possède un être d'agir conformément à ses représentations s'appelle la *vie*[3]. »

Que le désir soit aussi cause de nos peines ne contredit pas l'affirmation que le désir et la vie ne vont pas l'un sans l'autre. Notre condition d'être désirant est ambiguë. Nos peines, en effet, viennent souvent du désir non satisfait. Mais l'insatisfaction devient à son tour source de nouveaux désirs, ne serait-ce que par l'aspiration à vaincre les désirs qui causent ces peines. Dans le même temps, nos joies les plus intenses nous viennent généralement de la satisfaction de nos désirs les plus fondamentaux. Et cette satisfaction est à son tour à l'origine de nouveaux désirs…

On peut juger l'engrenage terrifiant et en tirer argument pour développer une conception profondément pessimiste de la vie : pour Schopenhauer, par exemple, il est, au mieux, envisageable de réduire la souffrance inhérente à cette sorte de cycle infernal à son niveau minimal[4].

1. *Pensées*, éd. Brunschvicg 139, éd. Lafuma 136. 2. Voir « L'existence et le temps », p. 108. 3. *Métaphysique des mœurs*, t. I, *Introduction* (1785), trad. A. Renaut, Flammarion, coll. « GF », 1994, p. 159. 4. Voir, dans « Le bonheur », le texte 2 de Schopenhauer, p. 497.

Ambiguïtés du désir

Cette ambiguïté constitutive du désir explique que les philosophes aient cherché à se prononcer sur sa nature, sur son objet et sur la façon de le traiter. Comme son étymologie le souligne, la **philosophie** elle-même (« amour de la sagesse ») est du reste une forme de désir. La sagesse peut même être définie, et l'a souvent été, comme un art de se conduire à l'égard de ses propres désirs. Chaque homme, en leur donnant libre cours ou en les réprimant, en réfléchissant aux conditions de leur satisfaction, en triant ses bons et ses « mauvais » désirs, engage le sens et la valeur de son existence.

C'est que, contrairement à l'ordre de la nature, toujours réductible à lui-même, l'ordre du désir engage la responsabilité de celui qui désire. À strictement parler, le loup ne *désire* pas manger l'agneau : il éprouve simplement « une faim de loup ». Il ne viendrait à l'idée de personne de reprocher au loup de n'avoir pas contrôlé son **instinct**. Lorsque l'homme désire, au contraire, il est lui-même au moins en partie source de son désir. Dans cette dynamique, des liens complexes se tissent entre l'**imaginaire** et le réel. Désirer, c'est aspirer à une réalité qui n'est pas là, c'est disposer en imagination d'une autre existence, dont on espère la réalisation. C'est en quelque sorte mener une double vie.

De là, une nouvelle ambiguïté du désir : sa satisfaction est peut-être moins source de contentement que le fait même d'éprouver du désir. Sa faim apaisée, le loup est repu. L'homme qui aurait satisfait tous ses désirs, ou qui n'en éprouverait plus, serait un peu comme un homme « fini ». Celui qui, de son côté, ne croirait pas à la possibilité de satisfaction d'aucun de ses désirs serait désespéré. Le désir est donc fondamentalement « désir de désirer » ; mais il est également désir que le désir d'autrui se porte sur soi et, par là, nous reconnaisse[1]. Comme l'écrit Hegel : *« La conscience de soi ne parvient à sa satisfaction que dans une autre conscience de soi[2]. »*

2 | Désir, manque, besoin

Ambivalence du désir amoureux

Textes 4 à 6
Platon, Épicure, Bataille, p. 97-100.

En recourant au mythe pour figurer, plus qu'expliquer, les racines métaphysiques de l'amour, Platon exprime à quel point le désir révèle à celui qui désire ses manques constitutifs. Mais l'érotisme marque aussi le refus humain de réduire l'activité biologique de reproduction à sa pure naturalité. Par le **désir amoureux**, l'espèce humaine manifeste à nouveau son inaptitude à être satisfaite d'elle-même. L'amoureux, en cherchant sa « moitié », vise, certes, à combler un manque, mais paradoxalement, ce qu'il redoute, c'est de se suffire à lui-même. On pourrait dire, en accord avec un certain nombre d'approches de ces questions par la psychanalyse, que l'**amour** consiste non seulement à demander à l'autre ce qu'on n'a pas, mais à obtenir de lui ce qu'il n'a pas lui-même. L'amour est en même temps cette expérience contradictoire dans laquelle on veut être aimé pour soi-même tout en refusant d'être suffisant à soi-même – et dans laquelle, parallèlement, on aime l'autre pour ce qu'il est, tout en aspirant à ce qu'il nous élise pour le métamorphoser.

1. Voir, dans « Autrui », le texte d'ouverture de Sartre, p. 72, et le texte 4 de Tournier, p. 81. 2. *Phénoménologie de l'esprit* (1807), trad. J.-P. Lefebvre, Aubier, coll. « Bibliothèque philosophique », 1991, p. 149. Voir aussi, dans « Autrui », les textes 5 de Hegel et 6 de Levinas, p. 82-83.

La classification des désirs

Le désir s'enracine toujours dans un manque, mais il n'est pas réductible au besoin biologique. Il devient alors nécessaire de s'interroger sur la nature de nos désirs pour proposer une classification, voire une hiérarchisation, de nos aspirations. L'épicurisme, contrairement à une image répandue, qui conduisit même parfois à le qualifier de « philosophie de pourceaux[1] », distingue en la matière ce qui est **naturel** et ce qui ne l'est pas, mais surtout, parmi les **désirs naturels**, ce qui est strictement nécessaire[2] à une vie heureuse et ce dont la satisfaction, tout en relevant de plaisirs à proprement parler naturels, n'est pas absolument indispensable à une vie humaine sereine. Le but de cette classification n'est donc pas de limiter la quête du plaisir à ce qui est strictement nécessaire à la survie biologique (l'amitié, par exemple, fait partie des désirs « naturels ») – car l'épicurisme n'est pas un **ascétisme** –, mais de préserver l'accès au bonheur[3], ou du moins l'**absence de troubles** (ataraxie de l'âme, aponie du corps), même dans les situations les plus difficiles. Épicure prétendait ainsi que, avec du pain sec et de l'eau, un sage peut rivaliser avec les dieux...

Nécessité de l'inutile

L'amour, évoqué plus haut, n'est pas la seule manifestation de l'aspiration humaine à ajouter à la réalité donnée une dimension artificielle, façonnée par la logique de nos désirs. La vie quotidienne est elle-même pavée d'exigences et de satisfactions débordant largement la simple sphère de nos besoins. Si l'on définit en effet le besoin comme l'ordre de la nécessité absolue, vitale, on s'aperçoit très vite que, dans toutes les cultures, la majeure partie des activités humaines est consacrée à des choses à la fois **essentielles** et **inutiles**[4]. L'art, la recherche du luxe, le culte des morts ou celui des dieux, la quête perpétuelle d'un confort matériel superflu, etc., qui motivent la plus grande part de nos efforts, sont autant de signes de notre volonté de dépasser l'ordre du strict nécessaire. Nos activités les plus vitales, telles que l'alimentation, l'habitation, l'habillement, sont autant de prolongements culturels[5] qui résultent de notre désir de ne pas régler nos existences sur le strict besoin biologique. En un sens, l'humanité consacre l'essentiel de son énergie à des activités qui ne sont pas nécessaires, si ce n'est pour se prouver son humanité.

3 | Désir, raison et volonté

La maîtrise des désirs

Textes 7 à 9
Épictète, Descartes, Nietzsche, p. 100-101.

Si la sagesse est **maîtrise** lucide des désirs, elle ne se confond pas pour autant avec un renoncement ascétique. Le désir ne devient insensé que lorsqu'il prétend subvertir la hiérarchie des valeurs et gouverner l'esprit. C'est ce que les Grecs appelaient la **démesure** (l'*hubris*). Ainsi Platon décrit-il l'âme (l'esprit qui anime le corps)

1. Expression utilisée par le poète latin Horace, puis par divers détracteurs de l'épicurisme. 2. Voir, dans les Repères, « Contingent / Nécessaire / Possible ». 3. Voir, dans « Le bonheur », les textes 4 d'Épicure et 5 d'Épictète, p. 498-499. 4. Voir Marcel Mauss, « Essai sur le don » (1923-1924), dans *Sociologie et Anthropologie* (1950), PUF. Voir aussi, dans « Le bonheur », le texte 10 de Bourdieu, p. 503. 5. Voir, dans « La culture et les cultures », le texte de Malinowski, p. 255. Voir aussi, dans les Repères, « Essentiel / Accidentel ».

comme divisée en trois parties : la raison *(logos)*, le courage *(thumos)* et le désir *(épithumia*[1]*)*. Le désir n'est pas condamné en soi ; ce qui est condamnable est qu'il veuille prendre le pas sur la raison et décider à sa place de ce qui est désirable. Dans cette lutte intérieure, le *thumos* joue le rôle de ce que nous appelons aujourd'hui la **volonté**[2]. La volonté est cette faculté qui, éclairée par la raison, donne toute sa puissance au désir légitime et s'oppose de toutes ses forces au désir qui ne l'est pas.

Plaçant au centre de leur morale cette faculté selon eux supérieure à toutes les autres que doit être la volonté, les stoïciens, en l'associant à la raison, y voient la seule instance capable de décider entre ce qui dépend de nous, qui mérite qu'on le prenne au sérieux dans la mesure où c'est cela qui délimite l'espace de notre liberté, et ce qui n'en dépend pas, dont nous ne devons pas tenir compte[3]. Ainsi, le sage se prépare à résister aux événements extérieurs à son contrôle, devant lesquels il doit rester impassible. Dans cette perspective, le contrôle actif du désir est d'un même mouvement source de sagesse et de bonheur : désirer l'impossible (par exemple, ne pas mourir) est à la fois insensé et source certaine de malheur. C'est empoisonner sa vie réelle au nom d'une aspiration dont on sait d'avance qu'elle ne sera pas satisfaite. Mais il n'est guère plus raisonnable de suspendre son bonheur à des événements incertains[4], échappant pour une grande part à notre maîtrise, que la langue française désigne de façon éloquente par le mot « **fortune** » (les richesses, le pouvoir, la beauté...). Selon la belle formule de Descartes, il est toujours plus sensé de travailler à « changer mes désirs que l'ordre du monde[5] ».

L'usage que nous faisons de notre volonté est ainsi la seule source légitime de nos satisfactions, car il est la seule source de nos mérites : on est rarement puissant ou riche sans le devoir en grande partie à sa naissance, ou bien responsable de sa beauté ou de son intelligence, mais on l'est toujours des décisions que l'on prend[6].

Désir et dépassement de soi

Cette volonté de traiter raisonnablement ses désirs ne doit pas être confondue avec les diverses formes de renoncement morbide (provenant d'une impuissance et non d'une décision), de sacrifice pour le sacrifice, que Nietzsche désigne du nom de **nihilisme**. La morale occidentale, selon lui, s'est ainsi singularisée, tout au long de son histoire, par le culte du dépouillement et un éloge insensé de la privation. La sagesse du désir a été dérisoirement confondue avec une condamnation de tout désir, voire de toute volonté. La sagesse a été grimée en **ascétisme** : pour Nietzsche, la morale qu'il fonde est en réalité une mutilation de l'existence humaine, qui brise son pouvoir de toujours se dépasser elle-même. On peut sans hésitation accorder à Nietzsche que la vraie sagesse ne consiste pas à renoncer au désir : on l'a vu, ce serait renoncer à vivre. Bien avant lui, Leibniz affirmait déjà que l'**inquiétude** qui accompagne l'attente de la satisfaction du désir est même « le principal, pour ne pas dire le seul, aiguillon qui excite l'industrie et l'activité des hommes[7] ».

Beau programme que celui de se dépasser soi-même – mais plus aisé à formuler qu'à respecter : nous ne sommes pas seuls, la concurrence des désirs impose la négociation, contraire à la nature du désir... mais nécessaire à sa satisfaction.

1. *La République*, livre IV. Voir également *Phèdre*, notamment 237d-e. 2. Voir, dans « Le devoir », la présentation, p. 477-478, et les textes 4 à 7, p. 482-485. 3. Voir, dans « Le bonheur », le texte 5 d'Épictète, p. 499. 4. Voir, dans « Le bonheur », les textes 4 d'Épicure et 5 d'Épictète, p. 498-499. 5. Voir à ce propos, dans les Repères, « Contingent / Nécessaire / Possible ». 6. Voir, dans « Le devoir », la présentation, p. 477-478, et le texte 4 de Descartes, p. 482. 7. *Nouveaux essais sur l'entendement humain* (1765, 1re publication posthume), livre II, chap. XX.

Le désir
Textes

› 1 | Le désir est l'essence de l'homme

texte 1

Spinoza.
L'homme, un être de désir

Existe-t-il des choses en elles-mêmes plus désirables que d'autres ? À cette idée largement répandue, Spinoza oppose, dès le XVIIe siècle, la dénonciation de l'illusion qui la sous-tend : le monde n'est pas modelé par avance en fonction de notre nature. Nous ne désirons pas les choses parce qu'elles sont bonnes, mais parce que notre nature nous conduit à les juger désirables.

PROPOSITION VI

Chaque chose, autant qu'il est en elle, s'efforce de persévérer dans son être. [...]

PROPOSITION VII

L'effort par lequel chaque chose s'efforce de persévérer dans son être n'est rien à part l'essence actuelle de cette chose. [...]

PROPOSITION IX

SCOLIE

Cet effort, quand on le rapporte à l'Esprit seul, s'appelle Volonté ; mais, quand on le rapporte à la fois à l'Esprit et au Corps, on le nomme Appétit, et il n'est, partant, rien d'autre que l'essence même de l'homme, de la nature de qui suivent nécessairement les actes qui servent à sa conservation ; et par suite l'homme est déterminé[1] à les faire.

Ensuite, entre l'appétit et le désir il n'y a pas de différence, sinon que le désir se rapporte généralement aux hommes en tant qu'ils sont conscients de leurs appétits, et c'est pourquoi on peut le définir ainsi : *le Désir est l'appétit avec la conscience de l'appétit*. Il ressort donc de tout cela que, quand nous nous efforçons à une chose, quand nous la voulons, ou aspirons à elle, ou la désirons, ce n'est jamais parce que nous jugeons qu'elle est bonne ; mais au contraire, si nous jugeons qu'une chose est bonne, c'est précisément parce que nous nous y efforçons, nous la voulons, ou aspirons à elle, ou la désirons.

Baruch SPINOZA, *Éthique* (1677, publication posthume), IIIe partie, trad. B. Pautrat, Éd. du Seuil, coll. « Points essais », 1999, p. 217, 219-221.

1. L'homme est conduit, par des causes qu'il ne choisit pas, à désirer ce qui sert à sa conservation.

› **Repères**
Voir
Essentiel / Accidentel, Objectif / Subjectif.

texte 2
Schopenhauer. L'impossible satisfaction des désirs

L'homme est-il condamné à l'insatisfaction perpétuelle ? Pour Schopenhauer, il est dans la nature même du désir de se reproduire indéfiniment : à peine satisfait, un désir est remplacé par un autre, qui demande à son tour à être satisfait... Seuls peuvent échapper à ce cycle désespérant[1] les êtres d'exception dont l'intelligence pure l'emporte sur la volonté.

Entre les désirs et leurs réalisations s'écoule toute la vie humaine. Le désir, de sa nature, est souffrance ; la satisfaction engendre bien vite la satiété ; le but était illusoire ; la possession lui enlève son attrait ; le désir renaît sous une forme nouvelle, et avec lui le besoin ; sinon, c'est le dégoût, le vide, l'ennui, ennemis plus rudes encore que le besoin. – Quand le désir et la satisfaction se suivent à des intervalles qui ne sont ni trop longs, ni trop courts, la souffrance, résultat commun de l'un et de l'autre, descend à son minimum ; et c'est là la plus heureuse vie. Car il est bien d'autres moments, qu'on nommerait les plus beaux de la vie, des joies qu'on appellerait les plus pures ; mais elles nous enlèvent au monde réel et nous transforment en spectateurs désintéressés de ce monde ; c'est la connaissance pure, pure de tout vouloir, la jouissance du beau, le vrai plaisir artistique ; encore ces joies, pour être senties, demandent-elles des aptitudes bien rares ; elles sont donc permises à bien peu, et, pour ceux-là même, elles sont comme un rêve qui passe ; au reste, ils les doivent, ces joies, à une intelligence supérieure, qui les rend accessibles à bien des douleurs inconnues du vulgaire[2] plus grossier, et fait d'eux, en somme, des solitaires au milieu d'une foule toute différente d'eux ; ainsi se rétablit l'équilibre. Quant à la grande majorité des hommes, les joies de la pure intelligence leur sont interdites, le plaisir de la connaissance désintéressée les dépasse ; ils sont réduits au simple vouloir.

Arthur SCHOPENHAUER, *Le Monde comme volonté et comme représentation* (1819), livre IV, § 57, trad. A. Burdeau revue par R. Roos, PUF, coll. « Quadrige », 2003, p. 396-397.

1. Sur le pessimisme de Schopenhauer, voir aussi, dans « Le bonheur », le texte 2, p. 497.
2. Du mot latin *vulgus*, « le commun des hommes ».

Repères
Voir **Idéal / Réel**.

Questions

1. Reconstituez et explicitez les arguments qui conduisent l'auteur à affirmer que « le désir, de sa nature, est souffrance » (l. 1-2).
2. Comment comprenez-vous l'opposition entre « connaissance pure » et « simple vouloir », autour de laquelle le texte est construit à partir de la ligne 8 ?

texte 3
Hegel. Désir, conscience et liberté

Le désir est-il conscient de soi ? Non, dans la mesure où il « appartient au monde sensible ». Mais, comme le montre Hegel, ce qui distingue néanmoins et fondamentalement l'homme de l'animal, c'est que, chez l'homme, la pensée s'interpose entre le désir et sa satisfaction : elle peut empêcher un désir de devenir conscient ou, au contraire, contribuer à sa satisfaction, par le biais de la représentation qu'elle en élabore.

Tout ce qui est vivant a des désirs. Ainsi nous sommes des êtres naturels, et le désir appartient au monde sensible en général. [...] Les perceptions sont particulières, sensibles. Le désir l'est également, quel que soit son contenu. À ce niveau, l'homme est la même chose que l'animal, car il n'y a pas de conscience de soi dans le désir. Or l'homme se connaît soi-même et par là se distingue de l'animal. Il est *pensant* ; mais penser c'est connaître l'universel. [...]

Ce que l'homme est réellement, il *doit* l'être idéellement[1]. Sachant le réel comme idéel, il cesse d'être un simple être naturel, livré à ses perceptions et désirs immédiats, à leur satisfaction et leur création. Il en est conscient et c'est pourquoi il refoule ses désirs et met la pensée, l'idéel, entre la poussée du désir et sa satisfaction. En revanche, chez l'animal les deux coïncident : l'animal ne rompt pas volontairement leur connexion ; elle ne peut être rompue que par la douleur ou la peur. Mais le désir humain existe indépendamment de sa satisfaction. Pouvant freiner ou laisser aller ses désirs, l'homme agit selon des *fins* et se détermine selon l'universel. Il doit déterminer quelle fin doit être imposée ; il peut même poser comme fin l'universel lui-même. Ce qui le détermine, c'est la représentation de ce qu'il est et de ce qu'il veut. C'est là son indépendance : il sait ce qui le détermine. Ainsi il peut prendre comme fin le concept simple, par exemple sa liberté positive. Les représentations de l'animal ne sont pas idéelles, réelles : c'est pourquoi l'animal est privé d'indépendance interne. En tant que vivant, l'animal porte en lui la source de son mouvement. Mais nulle stimulation extérieure n'est opérante si elle n'existe déjà en lui : ce qui ne correspond pas à son être intime n'existe pas pour l'animal. L'animal se divise lui aussi en lui-même et par lui-même. Mais il ne peut s'interposer entre ses désirs et leur satisfaction ; il n'a pas de volonté et ne connaît pas de refoulement. Chez lui, la stimulation commence intérieurement et suppose un développement immanent. Mais l'homme est indépendant, non parce qu'il est doué d'auto-mouvement, mais parce qu'il est capable de freiner le mouvement et de briser par là son immédiateté et sa naturalité.

Friedrich HEGEL, *La Raison dans l'histoire* (1830),
trad. K. Papaioannou, 10/18, coll. « Bibliothèques », © Plon 1965, p. 77-78.

1. En pensée. C'est-à-dire que l'homme, à la différence de l'animal, ne se contente pas d'exister mais a conscience d'exister.

› Repères
Voir **Cause / Fin, Idéal / Réel, Médiat / Immédiat, Transcendant / Immanent, Universel / Général / Particulier / Singulier.**

Questions

1. Reconstituez le raisonnement qui conduit Hegel à passer de l'affirmation selon laquelle « il n'y a pas de conscience de soi dans le désir » (l. 4-5), à l'affirmation que l'homme « met la pensée, l'idéel, entre la poussée du désir et sa satisfaction » (l. 11-12).
2. Comment comprenez-vous la phrase : « C'est là son indépendance : il sait ce qui le détermine » (l. 19-20) ?
3. Quelles différences entre l'homme et l'animal, autres que celles évoquées dans ce texte, découlent de l'opposition établie ici par Hegel à propos du désir ?

2 | Désir, manque, besoin

texte 4 Platon. Le mythe d'Aristophane

Peut-on comprendre les mystères du désir amoureux ? Les mythes platoniciens ont souvent pour but de figurer ce dont on ne peut totalement rendre compte rationnellement. Celui-ci, en évoquant la recherche d'une plénitude perdue, semble renvoyer à une vie antérieure, supposée sans désir.

ARISTOPHANE[1]. – Au temps jadis, notre nature n'était pas la même qu'aujourd'hui, mais elle était d'un genre différent.

Oui et premièrement, il y avait trois catégories d'êtres humains et non pas deux comme maintenant, à savoir le mâle et la femelle. Mais il en existait encore une troisième, qui participait des deux autres, dont le nom subsiste aujourd'hui, mais qui, elle, a disparu. En ce temps-là en effet, il y avait l'androgyne, un genre distinct qui, pour le nom comme pour la forme, faisait la synthèse des deux autres, le mâle et la femelle. Aujourd'hui, cette catégorie n'existe plus, et il n'en reste qu'un nom tenu pour infamant.

Deuxièmement, la forme de chaque être humain était celle d'une boule, avec un dos et des flancs arrondis. Chacun avait quatre mains, un nombre de jambes égal à celui des mains, deux visages sur un cou rond avec, au-dessus de ces deux visages en tout point pareils et situés à l'opposé l'un de l'autre, une tête unique pourvue de quatre oreilles. En outre, chacun avait deux sexes et tout le reste à l'avenant, comme on peut se le représenter à partir de ce qui vient d'être dit.

[…] leur vigueur et leur force étaient redoutables, et leur orgueil était immense. Ils s'en prirent aux dieux, et ce que Homère raconte au sujet d'Éphialte et d'Otos[2], à savoir qu'ils entreprirent l'escalade du ciel dans l'intention de s'en prendre aux dieux, c'est à ces êtres qu'il convient de le rapporter.

C'est alors que Zeus et les autres divinités délibérèrent pour savoir ce qu'il fallait en faire ; et ils étaient bien embarrassés. Ils ne pouvaient en effet ni les faire périr et détruire leur race comme ils l'avaient fait pour les Géants[3] en les foudroyant – car c'eût été la disparition des honneurs et des offrandes qui leur venaient des hommes –, ni supporter plus longtemps leur impudence. Après s'être fatigué à réfléchir, Zeus déclara : « Il me semble, dit-il, que je tiens un moyen pour que, tout à la fois, les êtres humains continuent d'exister et que, devenus plus faibles, ils mettent un terme à leur conduite déplorable. En effet, dit-il, je vais sur-le-champ les couper chacun en deux ; en même temps qu'ils seront plus faibles, ils nous rapporteront davantage, puisque leur nombre sera plus grand[4]. Et ils marcheront en position verticale sur deux jambes […]. »

Quand il avait coupé un être humain, il demandait à Apollon de lui retourner du côté de la coupure le visage et la moitié du cou, pour que, ayant cette coupure sous les yeux, cet être humain devînt modeste ; il lui demandait aussi de soigner les autres blessures. Apollon retournait le visage et, ramenant de

1. Ce personnage du dialogue emprunte le nom d'un poète comique athénien (vers 450-386 av. J.-C.), auteur d'une satire de Socrate (*Les Nuées*) présentée dans l'*Apologie de Socrate* (18d et 19c) comme indirectement responsable de son procès. Le mythe qui suit n'exprime donc pas la pensée de Platon et sera du reste en partie critiqué dans la suite du *Banquet* (205d-e).

2. *Odyssée*, chant XI, v. 305-320 : Éphialte et Otos étaient les plus grands des hommes. Ils entreprirent de s'élever jusqu'au ciel en entassant des montagnes les unes sur les autres.

3. Selon la mythologie, les dieux grecs durent vaincre les Titans et les Géants pour établir leur propre pouvoir.

4. En doublant le nombre des hommes, on double celui des sacrifices offerts aux dieux.

toutes parts la peau sur ce qu'on appelle à présent le ventre, procédant comme on le fait avec les bourses à cordons, il l'attachait fortement au milieu du ventre en ne laissant qu'une cavité, ce que précisément on appelle le « nombril ». Puis il effaçait la plupart des autres plis en les lissant et il façonnait la poitrine, en utilisant un outil analogue à celui qu'utilisent les cordonniers pour lisser sur la forme les plis du cuir. Il laissa pourtant subsister quelques plis, ceux qui se trouvent dans la région du ventre, c'est-à-dire du nombril, comme un souvenir de ce qui était arrivé dans l'ancien temps.

Quand donc l'être humain primitif eut été dédoublé par cette coupure, chaque morceau, regrettant sa moitié, tentait de s'unir de nouveau à elle. Et, passant leurs bras autour l'un de l'autre, ils s'enlaçaient mutuellement, parce qu'ils désiraient se confondre en un même être, et ils finissaient par mourir de faim et de l'inaction causée par leur refus de rien faire l'un sans l'autre. Et, quand il arrivait que l'une des moitiés était morte tandis que l'autre survivait, la moitié qui survivait cherchait une autre moitié, et elle s'enlaçait à elle, qu'elle rencontrât la moitié d'une femme entière, ladite moitié étant bien sûr ce que maintenant nous appelons une « femme », ou qu'elle trouvât la moitié d'un « homme ». Ainsi l'espèce s'éteignait.

Mais, pris de pitié, Zeus s'avise d'un autre expédient[5] : il transporte les organes sexuels sur le devant du corps de ces êtres humains. Jusqu'alors en effet, ils avaient ces organes eux aussi sur la face extérieure de leur corps ; aussi ce n'est pas en s'unissant les uns les autres, qu'ils s'engendraient et se reproduisaient mais, à la façon des cigales en surgissant de la terre. Il transporta donc leurs organes sexuels à la place où nous les voyons, sur le devant, et ce faisant il rendit possible un engendrement mutuel, l'organe mâle pouvant pénétrer dans l'organe femelle. Le but de Zeus était le suivant. Si, dans l'accouplement, un homme rencontrait une femme, il y aurait génération et l'espèce se perpétuerait ; en revanche, si un homme tombait sur un homme, les deux êtres trouveraient de toute façon la satiété dans leur rapport, ils se calmeraient, ils se tourneraient vers l'action et ils se préoccuperaient d'autre chose dans l'existence.

C'est donc d'une époque aussi lointaine que date l'implantation dans les êtres humains de cet amour, celui qui rassemble les parties de notre antique nature, celui qui de deux êtres tente de n'en faire qu'un seul pour ainsi guérir la nature humaine.

5. D'une autre solution.

PLATON (vers 420-340 av. J.-C.), *Le Banquet*, 189d-191d, trad. L. Brisson, Flammarion, coll. « GF », 1998, p. 114-117.

texte 5 Épicure. Désirs nécessaires et désirs conditionnels

Le bonheur se confond-il avec la satisfaction de tous nos désirs ? Selon l'épicurisme, le bonheur est le but de la sagesse et la source de ce bonheur est le plaisir[1]. Mais cette quête ne doit pas donner libre cours à tous les désirs. En distinguant désirs naturels et désirs vains, puis désirs naturels nécessaires et désirs naturels possibles, la classification qui suit ouvre la voie à la maîtrise mesurée du plaisir (la métriopathie) qui est l'objectif véritable du sage épicurien.

1. Voir aussi, dans « Le bonheur », le texte 4 d'Épicure, p. 498.

Maintenant, il faut parvenir à penser que, parmi les désirs, certains sont naturels, d'autres sont vains. Parmi les désirs naturels, certains sont nécessaires, d'autres sont simplement naturels. Parmi les désirs nécessaires, les uns le sont pour le bonheur[2], d'autres pour le calme du corps, d'autres enfin simplement pour le fait de vivre. En effet, une vision claire de ces différents désirs permet à chaque fois de choisir ou de refuser quelque chose, en fonction de ce qu'il contribue ou non à la santé du corps et à la sérénité de l'âme, puisque ce sont ces deux éléments qui constituent la vie heureuse dans sa perfection. Car nous n'agissons qu'en vue d'un seul but : écarter de nous la douleur et l'angoisse. Lorsque nous y sommes parvenus, les orages de l'âme se dispersent, puisque l'être vivant ne s'achemine plus vers quelque chose qui lui manque, et ne peut rien rechercher de plus pour le bien de l'âme et du corps. En effet, nous ne sommes en quête du plaisir que lorsque nous souffrons de son absence. Mais quand nous n'en souffrons pas, nous ne ressentons pas le manque de plaisir.

ÉPICURE (341-270 av. J.-C.), *Lettre à Ménécée*, trad. P. Pénisson, Hatier, coll. « Les classiques de la philosophie », 1999, p. 10-12.

2. Selon Épicure, c'est le cas de la philosophie, nécessaire pour la conduite de la vie heureuse.

> Repères
Voir **Contingent / Nécessaire / Possible.**

texte 6 Bataille. Besoins nécessaires et « dépenses improductives »

Comment expliquer que nos désirs vont bien au-delà de nos stricts besoins ? Georges Bataille montre que nombre de pratiques et de « dépenses » humaines, comme les cadeaux somptueux, les jeux d'argent, les dépenses luxueuses, les sacrifices exigés par les religions, sont autant de preuves que la majorité des désirs humains ne vise pas véritablement des choses utiles, puisque ces activités trouvent en quelque sorte leur sens dans le fait même d'être accomplies.

L'activité humaine n'est pas entièrement réductible à des processus de production et de conservation et la consommation doit être divisée en deux parts distinctes. La première, réductible, est représentée par l'usage du minimum nécessaire, pour les individus d'une société donnée, à la conservation de la vie et à la continuation de l'activité productive : il s'agit donc simplement de la condition fondamentale de cette dernière. La seconde part est représentée par les dépenses dites improductives : le luxe, les deuils, les guerres, les cultes, les constructions de monuments somptuaires[1], les jeux, les spectacles, les arts, l'activité sexuelle perverse (c'est-à-dire détournée de la finalité génitale) représentent autant d'activités qui, tout au moins dans les conditions primitives, ont leur fin en elles-mêmes. Or, il est nécessaire de réserver le nom de *dépense* à ces formes improductives, à l'exclusion de tous les modes de consommation qui servent de moyen terme à la production. Bien qu'il soit toujours possible d'opposer les unes aux autres les diverses formes énumérées, elles constituent un ensemble caractérisé par le fait que dans chaque cas l'accent est placé sur la *perte* qui doit être la plus grande possible pour que l'activité prenne son véritable sens.

Georges BATAILLE, « La notion de dépense », *La Part maudite* (1933), Éd. de Minuit, 1967, p. 28.

1. Qui entraînent une dépense excessive, correspondant à un luxe et non à une nécessité.

3 | Désir, raison et volonté

texte 7 Épictète. La volonté, reine des facultés ?

Comment savoir si et quand le désir doit être satisfait ? C'est la volonté qui le décide. C'est pourquoi les stoïciens en ont fait la faculté souveraine, seule source possible de sagesse. La volonté, en effet, en ajoutant au désir la décision éclairée de donner suite ou non à ce désir, est à la fois source de liberté, de dignité et de bonheur. C'est elle qui fait de l'homme son propre maître[1].

Comment peut-il y avoir une faculté supérieure à celle qui use des autres comme servantes, qui estime et déclare le prix de chacune d'elles ? Laquelle parmi les autres sait ce qu'elle est et ce qu'elle vaut ? Laquelle sait quand on doit user d'elle ou ne pas en user ? Quelle est celle qui ouvre ou ferme nos yeux, qui écarte le regard des objets dont on doit l'écarter, ou le fixe sur les autres ? Est-ce la faculté de voir ? Non, c'est celle de vouloir. Quelle est celle qui vous fait boucher les oreilles ou qui les ouvre ? Quelle est celle qui nous rend curieux et questionneurs ou, à l'inverse, indifférents aux paroles entendues ? Est-ce la faculté d'entendre ? Ce n'est pas une autre que la volonté libre. Et quand cette faculté a vu qu'elle est dans toutes les autres, qui sont sourdes, aveugles et incapables de rien percevoir sinon les actes mêmes dans lesquels elles s'ordonnent à elle pour la servir et lui obéir, alors que seule elle a la vue perçante et voit quelle est la valeur des autres et la sienne propre, va-t-elle nous déclarer que la supériorité appartient à d'autres ou à elle-même ? Que fait d'autre un œil ouvert que de voir ? Mais qui dit si et comment il faut regarder la femme d'un autre ? C'est la volonté réfléchie.

ÉPICTÈTE (vers 50-130 apr. J.-C.), *Entretiens II*, trad. É. Bréhier revue par P. Aubenque, dans *Les Stoïciens*, Gallimard, coll. « Bibliothèque de la Pléiade », 1962, p. 949-950.

1. Voir, dans « Le bonheur », le texte 5 d'Épictète, p. 499.

texte 8 Descartes. Changer ses désirs plutôt que l'ordre du monde

La véritable sagesse ne consiste-t-elle pas à éviter de désirer l'impossible ? Dans le cadre de sa « morale par provision[1] », et dans le sillage du stoïcisme, Descartes s'efforce de montrer que notre bonheur et notre sagesse sont suspendus au bon usage de notre volonté. Il suffit de ne vouloir que ce qui est en notre pouvoir, et de faire alors tout ce qui est en notre pouvoir pour l'obtenir, et l'on sera toujours légitimement satisfait.

Ma troisième maxime était de tâcher toujours plutôt à me vaincre que la fortune[2], et à changer mes désirs que l'ordre du monde ; et plus généralement, de m'accoutumer à croire qu'il n'y a rien qui soit entièrement en notre pouvoir que nos pensées[3], en sorte qu'après que nous avons fait notre mieux, touchant les choses qui nous sont extérieures, tout ce qui manque de nous réussir est, au regard de nous, absolument impossible. Et ceci seul me semblait être suffisant pour m'empêcher de rien désirer à l'avenir que je n'acquisse, et ainsi pour me rendre content. Car notre volonté ne se portant naturellement à désirer que les choses que notre entendement lui

1. À la différence des règles absolument indiscutables de sa méthode (voir, dans « La démonstration », le texte 2, p. 295), les maximes de la morale proposée par Descartes sont simplement pour lui les plus vraisemblablement utiles. De même que l'on peut verser une provision pour garantir le paiement ultérieur d'une somme d'argent, cette « morale par provision » (et non

représente en quelque façon comme possibles[4], il est certain que, si nous considérons tous les biens qui sont hors de nous[5] comme également éloignés de notre pouvoir, nous n'aurons pas plus de regret de manquer de ceux qui semblent être dus à notre naissance, lorsque nous en serons privés sans notre faute, que nous avons de ne posséder pas les royaumes de la Chine ou du Mexique ; et que faisant, comme on dit, de nécessité vertu, nous ne désirerons pas davantage d'être sains, étant malades, ou d'être libres, étant en prison, que nous faisons maintenant d'avoir des corps d'une matière aussi peu corruptible que les diamants, ou des ailes pour voler comme les oiseaux.

René DESCARTES, *Discours de la méthode* (1637), IIIe partie, Hatier, coll. « Les classiques de la philosophie », 1999, p. 30-31.

provisoire, selon une confusion courante) constitue une « garantie de l'avenir », pour bien se diriger dans la vie.
2. Les événements incertains.
3. Il n'y a rien d'autre que nos pensées sur quoi nous ayons du pouvoir.
4. Voir, dans « La liberté », le texte 4 de Descartes, p. 462.
5. Qui ne dépendent pas de nous.

texte 9

Nietzsche.
En finir avec la haine du désir

Pourquoi la philosophie et la religion mettent-elles si souvent en garde contre le désir, au lieu d'en glorifier la puissance créatrice ? Sous le nom « nihilisme », Nietzsche a constamment dénoncé la condamnation *a priori* de tout désir, qui domine selon lui la tradition judéo-chrétienne. À la volonté de puissance, qui est créative et élève l'homme au-dessus de sa condition première, s'opposerait depuis des siècles, selon lui, une volonté de néant, qui prône lâchement le renoncement et le sacrifice[1].

[...] attaquer les passions à la racine, c'est attaquer la vie à la racine : la pratique de l'Église est hostile à la vie...

Le même moyen, couper, arracher, est instinctivement choisi, dans la lutte contre un désir, par ceux qui sont trop faibles de volonté, trop dégénérés pour garder la mesure dans la satisfaction de ce désir : par ces natures qui ont besoin de *la trappe*[2], au sens figuré (et au sens propre...), d'une déclaration de guerre à outrance, de mettre un *abîme* entre eux et une passion. Il faut être dégénéré pour avoir recours aux solutions radicales ; la faiblesse de la volonté, plus exactement l'incapacité à *s'empêcher* de réagir à une sollicitation, n'est elle-même qu'une forme de dégénérescence. L'hostilité radicale, à mort, envers la sensualité est un symptôme qui laisse songeur : il justifie qu'on s'interroge sur l'état général d'un être porté à ce point à l'excès. – Cette hostilité, cette haine n'atteignent d'ailleurs leur comble que lorsque les natures de ce genre n'ont plus assez de fermeté pour se soumettre à un traitement radical, pour renoncer à leurs « démons ». Qu'on parcoure toute l'histoire des prêtres et des philosophes, en y ajoutant celle des artistes : les mots les plus venimeux contre les sens ne viennent pas des impuissants, ni *non plus* des ascètes, ils viennent des ascètes impossibles, de ceux qui auraient eu besoin d'être ascètes...

Friedrich NIETZSCHE, *Crépuscule des idoles* (1888), § 1 et 2, trad. É. Blondel, Hatier, coll. « Les classiques de la philosophie », 2001, p. 33-34.

1. Voir, dans « Le devoir », la présentation, p. 479, et le texte 8 de Nietzsche, p. 485.
2. C'est-à-dire à la fois la vie monastique et le trou où l'on fait tomber les gêneurs.

Pour se préparer au baccalauréat
Dissertations : p. 538, 558, 562.
Explications de texte : p. 535, 537, 539.

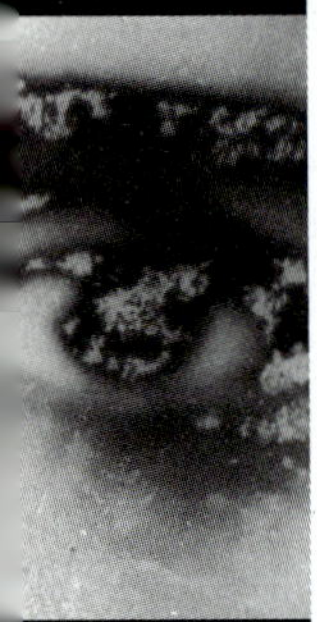

L'existence et le temps

Ouverture

Borges. Une expérience de l'éternité 104

Présentation

106

Textes

110

1 Le mode d'être du temps, essais de définition

1 **Sextus Empiricus.** Qu'est-ce donc que le temps ? 110
2 **Platon.** « Une image mobile de l'éternité » 110
3 **Plotin.** Le temps est la vie éclatée de l'âme 111
4 **Augustin.** Y a-t-il vraiment trois temps ? 112

2 Temps subjectif et temps objectif

5 **Leopardi.** Le temps n'est pas une chose 113
6 **Kant.** Le temps, forme *a priori* de la sensibilité 114
7 **Bergson.** Temps et durée 115
8 **Arendt.** L'expérience vécue de la durée d'une année 117

3 L'existence dans le temps

9 **Beauvoir.** L'existence est la présence au monde 117
10 **Malebranche.** La fuite dans la nouveauté 118
11 **Marc Aurèle.** L'existence n'a qu'un seul temps 119

Xavier Zimbardo (né en 1955), *Anaïs*, série *Les Belles Disparues*, 1991.

ouverture

Jorge Luis Borges
Une expérience de l'éternité

Le narrateur, en promenade dans le quartier qu'il habita durant son enfance, y éprouve des impressions singulières relatives aux effets du temps.

Je désire noter ici une expérience qui m'est arrivée il y a quelques jours ; impression trop évanescente et extatique[1] pour que je l'appelle aventure ; trop irrationnelle et sentimentale pour que je l'appelle pensée. Il s'agit d'une scène et d'une réplique ; réplique que j'avais déjà dite, mais que je n'avais pas vécue jusqu'alors en m'y donnant pleinement. J'en viens maintenant à l'illustrer avec les accidents de temps et de lieu qui la caractérisent.

Je me la remémore ainsi : l'après-midi qui précéda cette nuit-là, j'étais allé à Barracas, où je n'avais pas coutume d'aller, endroit si éloigné de ceux que je parcourus ensuite, que ce jour en reçut une bien étrange saveur. La nuit de ce jour n'avait pas d'emploi précis ; comme elle était sereine, je sortis après dîner me promener et me souvenir. Je ne voulus pas fixer de but à cette promenade ; je lui ménageai la plus grande marge de possibilités pour ne pas décourager l'attente par l'anticipation inévitable d'une seule d'entre elles. Je réalisai dans la faible mesure du possible ce que l'on appelle marcher à l'aventure. J'acceptai, sans autre préjugé conscient que celui d'éviter les avenues et les grandes rues, les plus obscures invitations du hasard ; malgré tout, une espèce de gravitation familière m'éloigna vers des quartiers dont je n'oublierai jamais le nom et qui inspirent du respect à mon cœur. Ce n'est pas de mon quartier que je parle, du cadre précis de mon enfance, mais de ses abords encore mystérieux : confins que j'ai pleinement possédés en paroles, mais peu en réalité, confins à la fois proches et mythologiques. Pour moi, ces rues avant-dernières, presque aussi effectivement ignorées que les fondations de ciment de notre maison ou notre squelette invisible, représentent l'envers, l'autre côté des choses connues. Mes pas m'amenèrent à un coin de rue. Merveilleusement libre de pensée, je respirai la nuit. Ma fatigue paraissait simplifier encore le spectacle, très simple, certes, qui s'offrait à ma vue ; son aspect typique le rendait irréel. C'était une rue bordée de maisons basses ; à première vue, elle évoquait la pauvreté mais il s'en dégageait aussi une impression de bonheur. Très pauvre et très belle. Aucune maison ne donnait directement sur la rue. Un figuier faisait une tache noire au coin du mur. Les portes – plus hautes que le faîte étiré des enceintes – semblaient faites de la substance infinie de la nuit ; le trottoir tombait abrupt sur la chaussée ; celle-ci était de terre primitive, une

1. Impression d'extase, qui soustrait à la réalité sensible.

boue d'Amérique pas encore conquise ; plus loin, la ruelle devenait piste de pampa et s'enfonçait en direction du Maldonado. Sur la terre chaotique, un mur rose semblait non pas accueillir la lumière de la lune, mais diffuser une lumière intérieure ; rien ne pourra nommer la tendresse mieux que ce rose.

Je restai en contemplation devant cette simplicité. Je pensai, certainement à voix haute : « C'est comme il y a trente ans... » J'imaginai cette date ; époque récente en d'autres pays, mais déjà lointaine de ce côté du monde où tout change. Peut-être un oiseau a-t-il chanté et ai-je ressenti pour lui une jeune tendresse, pas plus grande qu'un oiseau ; mais il est plus probable que dans ce silence qui devenait vertigineux, il n'y ait eu d'autre bruit que le chant, intemporel lui aussi, des grillons. Cette pensée facile : *je suis en mille huit cent et quelque*, cessa d'être quelques mots approximatifs pour devenir réalité profonde. Je me sentis mort, je sentis que je percevais ce monde en spectateur abstrait ; peur indéfinissable pénétrée de savoir, qui est la plus sûre clarté sur la métaphysique. Je ne crus pas un instant avoir remonté les eaux présumées du temps ; je pensai plutôt que j'étais en possession du sens caché ou absent de l'inconcevable mot *éternité*.

À présent, je la définis ainsi : cette pure représentation de faits homogènes – nuit sereine, mur limpide, odeur champêtre de chèvrefeuille, terre primitive – n'est pas seulement identique à celle qu'il y eut à ce même coin de rue voici tant d'années ; elle est, sans ressemblance ni répétition, la même. Le temps, pour peu que nous puissions percevoir une telle identité, est une illusion : le fait qu'on ne puisse ni distinguer ni séparer un moment de l'apparent hier et un autre de l'apparent aujourd'hui suffit à l'anéantir.

Jorge Luis BORGES, *Histoire de l'infamie. Histoire de l'éternité* (1933-1934), trad. R. Caillois et L. Guille, 10/18, 1951, p. 165-168.

David Alan Harvey (né en 1944), Cuba, Trinidad, 1998.

L'existence et le temps
Présentation

I | Le mode d'être du temps, essais de définition

Paradoxes du temps fugace

Textes 1 à 4
Sextus Empiricus, Platon, Plotin, Augustin, p. 110-113.

« Qu'est-ce donc que le temps ? » demande Augustin, « si personne ne me le demande, je le sais. Si quelqu'un pose la question et que je veuille l'expliquer, je ne sais plus[1]. » Paradoxalement, le temps est en effet à la fois évident et insaisissable.

Fidèle à l'attitude sceptique[2], Sextus Empiricus entreprend de dissoudre le temps. Suivant le principe de « non-contradiction », il affirme que, s'il existe, il doit être soit infini, soit fini. S'il était fini, il y aurait eu du temps avant le temps ; il faudrait affirmer que le passé et l'avenir existent, donc sont présents. Infini, cela conduirait à dire que le passé et le futur sont, donc sont présents. La logique nous montrant que le temps n'est ni fini ni infini conduit à douter de son existence. D'un tel raisonnement, on peut tirer deux enseignements : 1) notre esprit est incapable de penser quoi que ce soit, sans le penser dans le temps (c'est pourquoi s'*il y a eu* quelque chose avant le temps, cela implique immédiatement pour nous qu'il y avait déjà du temps) ; 2) si le temps est quelque chose, sa **façon d'être** ne pourra pas être du même ordre que lorsque nous disons que les choses *sont*. Car la présence du passé et de l'avenir suppose un mode d'être qui les distingue du présent. Plus encore : le présent lui-même n'est finalement réductible qu'à une infinitésimale de temps (l'**instant**) qui n'existe que pour disparaître aussitôt. La question revient donc : « Qu'est-ce que le temps ? »

Temps et éternité, être et existence

Décrire le temps, à la façon de Platon, comme une « image mobile de l'éternité », c'est penser notre existence comme une forme inférieure d'être, par opposition à un autre **être**, que sa supposée plénitude place dans l'**éternité**. C'est lorsque le temps est pensé par opposition à l'éternité qu'on affirme la finitude de l'**existence** face à l'éternité de l'**être**. Face à cet être « plein », éternel, immuable, l'esprit humain apparaît à la fois comme un « éclatement », dans la mesure où il ne peut tout ressaisir, et comme un pouvoir de saisie de cet éclatement en une expérience continue[3] qui lui

1. Augustin, *Confessions* (vers 400), livre XI, § XIV, trad. P. Cambronne, Gallimard, coll. « Bibliothèque de la Pléiade », 1998, p. 1040. 2. *Sceptique* vient du grec *skeptikos*, « qui observe, réfléchit, enquête ». Les vrais sceptiques soutiennent qu'on n'a pas encore trouvé et qu'il faut chercher. 3. Voir, dans « La conscience », la présentation, p. 21, et le texte 2 de Kant, p. 26.

évite de ne vivre qu'une succession d'instants incohérents. La temporalité de notre expérience de la réalité est le signe de notre faiblesse à embrasser d'un seul regard ce qui est – ce que les philosophes ont appelé la **finitude**.

Cela explique du reste que, très tôt, la mesure du temps s'est effectuée par référence au mouvement circulaire des astres, dont la régularité (l'éternel retour à l'identique) fondait la fiabilité. Nous croyons que l'année, la semaine, le jour, l'heure... sont des réalités. C'est oublier qu'ils ne sont que la traduction, consolidée par l'habitude, d'une conversion des mouvements célestes en mouvements de références.

La présence du passé, du présent et du futur

Le mot « présent » renvoie en français à sa signification temporelle ; il signifie également ce qui est effectivement *là*. En définitive, le temps, parce qu'il se donne toujours au présent, même lorsqu'il renvoie à un *ailleurs* passé ou futur, doit donc être ressaisi comme ce dont la conscience a actuellement conscience. C'est ce que souligne Augustin lorsqu'il précise que, si nous nous exprimions rigoureusement, nous ne dirions pas qu'« il y a » du passé, du présent et de l'avenir, mais qu'il n'y a en réalité qu'un seul temps : « le présent » – qui seul se présente à la conscience –, ce qui nous conduirait à dire qu'il y a un présent du passé, un présent du présent et un présent du futur. Cela entraîne-t-il que ce temps qui n'existe que par la conscience soit purement subjectif ?

2 | Temps subjectif et temps objectif

Le temps n'est pas dans les choses

Textes 5 à 8
Leopardi, Kant, Bergson, Arendt,
p. 113-117.

Si le temps est dans la conscience, faut-il en conclure qu'il n'est pas dans les choses ? Qu'il n'est pas objectif[1] ? Deux questions, en réalité, qui ne sont pas synonymes. Car, si le temps n'*est* pas, néanmoins il *existe*. Il naît d'une relation entre la conscience et ses objets. Il n'est donc jamais une réalité objective au sens de « posée comme une chose en face de nous ». L'objectivité du temps est autre : elle tient à ce qu'il se présente à nous avec des structures universelles, communes à toutes les consciences. Par exemple : nous vivons tous la temporalité comme irréversible ; ce qui est passé l'est pour toujours. Si le temps n'est pas un élément de la réalité, il est cependant la forme universelle de notre appréhension consciente de la réalité. Il est alors utile de distinguer deux formes de temporalité.

Une forme a priori de la sensibilité

On peut, ainsi que l'a fait Kant, se représenter le temps comme une **forme a priori de la sensibilité** (notre appréhension sensible des choses). Le temps ici est un **ordre** de succession, un système de relations – ce qu'exprime le mot « forme ». Il s'impose à toute expérience : deux événements distincts sont soit successifs, soit simultanés. S'ils sont successifs, leur ordre ne peut être inversé. Cette nécessité est le signe de

1. Voir, dans les Repères, « Objectif / Subjectif ».

ce que Kant appelle *a priori*: ce qui, dans l'esprit, précède l'expérience en ce sens que, sans lui, elle ne serait pas possible. Le temps ainsi pensé est forme de toute expérience de la conscience, car il est forme de notre vie intime, c'est-à-dire de l'intuition que nous avons de notre propre existence et de l'existence de ce qui nous entoure. Tous les objets de notre pensée prennent la forme d'une succession. Aussi, selon Kant, les choses, inévitablement données à la conscience selon une temporalité qui ne leur appartient pas en propre, se manifestent à nous sous forme de «**phénomènes**», jamais telles qu'elles sont en soi. On ne peut pourtant en conclure que le temps est subjectif, si l'on veut dire par là qu'il n'a aucune objectivité. Car le monde des phénomènes est bien réel: il est la forme nécessaire selon laquelle le réel nous apparaît. Il faut alors comprendre que, si le temps est bien subjectif (il est une structure du sujet percevant et pensant), il est en même temps objectif (il impose à tous les esprits et à tous les objets de pensée ses formes universelles[1]).

Le temps vécu

Face à ce temps pensé de façon «objectivante» – ce qui en autorise la mesure rigoureuse –, Bergson en distingue un autre et lui réserve le nom «**durée**». Celle-ci n'est pas un temps quantifiable et homogène, représenté par des symboles spatiaux (le point pour l'instant, la ligne du temps...). Elle est une continuité hétérogène, avec des changements de rythme liés à notre façon d'appréhender nos diverses expériences et de mettre en relation notre propre durée intérieure avec celle des choses. Lorsque, par exemple, nous ressaisissons le sens général d'une phrase, nous ne comptons pas les lettres, les syllabes ou les mots: nous appréhendons un tout, un «sens» qui disparaîtrait si notre conscience se limitait au seul instant présent. De même, écouter une mélodie, c'est percevoir une structure d'ensemble. Car si, comme nous l'avons vu, le passé n'est plus et le futur pas encore, cette durée qui nous fait apprécier la mélodie, comprendre la phrase, ou compter les coups de l'horloge, ne peut renvoyer qu'à l'«épaisseur» d'une vie intérieure à la conscience[2].

Selon les circonstances, «le temps nous dure» ou au contraire «passe vite»; nous savons que les années s'accélèrent à mesure que nous vieillissons. Mais n'est-il pas en un sens «objectif» que la durée d'une année représente le quart d'une conscience de quatre ans et... le cinquantième de celle d'un cinquantenaire?

3 | L'existence dans le temps

L'homme, un être pour la mort

Textes 9 à 11
Beauvoir, Malebranche, Marc Aurèle,
p. 117-119.

La question que nous nous sommes très tôt posée – celle de savoir pourquoi le monde et nous-même existent – vient de la nécessité que nous éprouvons de penser un **commencement**[3] et une **fin** à tout et de l'impossibilité de les appréhender.

Comme le soulignait inlassablement Heidegger, il n'est pas donné d'emblée de savoir poser dans sa simplicité première la question de l'être. L'existant est celui qui

1. Voir, dans les Repères, «Formel / Matériel», «Objectif / Subjectif», «Universel / Général / Particulier / Singulier». 2. Voir, dans «La conscience», le texte 3 de Bergson, p. 26, ainsi que le texte d'ouverture de Butor, p. 18. 3. Voir, dans les Repères, «Origine / Fondement».

prend une position de recul face au monde et qui, par cette posture singulière, se situe « ailleurs », avec pour prétention de dévoiler l'être. Mais dès qu'elle s'éveille, notre existence s'impose à nous dans sa temporalité finie. Cet être que nous sommes, qui est « **jeté dans le monde** », se découvre en même temps comme un « **être pour la mort** ». Cela ne le condamne pas nécessairement au désespoir. Il peut décider d'assumer sa finitude et construire authentiquement son existence. Il peut au contraire se voiler la face et abolir cette faculté de donner sens à son existence, qui lui a été donnée malgré lui mais qu'il lui faut désormais assumer. L'angoisse est conscience que ce que nous sommes aujourd'hui ne reviendra jamais plus mais nous engage pour toujours.

La fuite devant les réalités de l'existence

Cette angoisse peut nous conduire à fuir en permanence notre existence en nous projetant sans cesse dans un avenir toujours reculé et jamais réalisé ou en cultivant à l'inverse une nostalgie qui exprime notre incapacité à jouir de son présent.

Ainsi en est-il de l'irrésistible **attrait de la nouveauté** dont nous sommes si souvent à la fois les spectateurs, les acteurs et… les jouets : toujours déçus par ce que le présent nous offre, nous attendons impatiemment que la dernière mode nous apporte des satisfactions jusqu'ici refusées. Ce faisant, comme l'écrit Pascal, « nous ne vivons jamais, mais nous espérons de vivre[1] »…

… et nous nous désespérons d'avoir un jour à mourir ! À l'horizon de notre expérience temporelle de l'existence se situe en effet la perspective limite de la mort. On peut même dire, puisque le temps est irréversible, que chaque instant est comme une petite mort. C'est pourquoi notre existence est peuplée de **nostalgies**, de **remords**, de **repentirs** et d'**angoisses**. L'existence, de ce fait, est aussi souvent effort pour endormir cette conscience, parfois trop douloureuse : mauvaise foi qui nous conduit à nous masquer nos responsabilités ; fuites diverses dans des mondes imaginaires, fuite devant la perspective d'une mort pourtant certaine ; démission devant l'opinion commune qui n'est celle de personne…

Assumer sa condition de mortel

Ce n'est donc pas seulement la perspective lointaine d'une mort inéluctable qui pèse sur la condition humaine. En réalité, tous les jours nous mourons un peu. Et, puisque la sagesse consiste à savoir gouverner sa vie, nombre de philosophes ont décliné à leur manière cette thèse du *Phédon* de Platon : philosopher, c'est toujours, en un sens, **apprendre à mourir**. Notre position par rapport à la mort renvoie, fondamentalement, à notre façon d'assumer notre existence – à notre courage ou à notre lâcheté face à elle. Aussi la représentation de la mort est-elle bien souvent plus à craindre que la mort elle-même[2]. Inversement, l'immortalité, au moins au sens symbolique, n'est peut-être paradoxalement accessible qu'à un être qui aura déjà su assumer sa condition de mortel. Puisque l'éternité n'est pas offerte à notre existence terrestre, autant apprendre au moins à vivre dans le temps qui nous est compté.

1. *Pensées*, éd. Brunschvicg 172, éd. Lafuma 47. Voir « Le désir », p. 90. 2. Voir Épicure, *Lettre à Ménécée*. Voir, dans « Le bonheur », le texte 4 d'Épicure, p. 498.

L'existence et le temps
Textes

› 1 | Le mode d'être du temps, essais de définition

texte 1 Sextus Empiricus.
Qu'est-ce donc que le temps ?

Jusqu'à quel point est-il possible de parler d'une réalité du temps ? Dans le but de conforter sa position sceptique, Sextus Empiricus met l'accent sur les paradoxes inévitables qui suivent de cette question, dès lors que, cherchant à approfondir sa compréhension du temps au-delà des apparences utiles à la vie quotidienne, on la prend au sérieux.

S'il existe un temps, il est soit limité, soit infini. Mais s'il est limité, il a commencé à un certain temps et s'achèvera à un certain temps ; et pour cette raison il y avait un temps quand il n'y avait pas de temps – avant qu'il ait commencé –, et il y aura du temps quand il n'y aura plus de temps – après qu'il sera achevé –, ce qui est absurde. Le temps n'est donc pas limité. Mais s'il est infini, puisque quelque chose de lui est dit passé, quelque chose présent et quelque chose futur, le futur et le passé sont ou ne sont pas. Mais s'ils ne sont pas, étant donné qu'il ne restera que le présent, lequel est très petit, le temps sera limité et il s'ensuivra les apories[1] signalées ci-dessus. Mais si le passé existe et le futur existe, chacun d'eux sera présent. Mais il est absurde de dire que le temps passé et le temps futur sont présents. Donc le temps n'est pas non plus infini ; mais s'il n'est ni infini ni limité, le temps n'existe pas du tout.

Sextus Empiricus, *Esquisses pyrrhoniennes* (IIe-IIIe s.), livre III, chap. XIX, § 143, trad. P. Pellegrin, Éd. du Seuil, coll. « Points essais », 1997, p. 445-447.

1. Impasses dans lesquelles se trouve un raisonnement.

› **Repères** Voir **Objectif / Subjectif.**

texte 2 Platon.
« Une image mobile de l'éternité »

Si l'on est convaincu que ce qui est véritablement, par opposition à l'existence, est éternel, quel statut accorder au temps ? Le recours au mythe est symptomatique d'une difficulté : dire que le temps est « image mobile de l'éternité », c'est au moins une façon d'inaugurer la tradition qui fait de l'existence « ici-bas » une expérience de la finitude.

[...] quand le père[1] qui l'avait engendré constata que ce monde, qui est une représentation des dieux éternels, avait reçu le mouvement et qu'il était vivant, il se réjouit et, comme il était charmé, l'idée lui vint de le rendre

1. Le père du monde.

encore plus semblable à son modèle[2]. Comme effectivement ce modèle se trouve être un vivant éternel, le dieu entreprit de faire que notre univers aussi devienne finalement tel, dans la mesure du possible. Or ce vivant, comme il était éternel, il n'était pas possible de l'adapter en tout point au vivant qui est engendré. Le démiurge[3] a donc l'idée de fabriquer une image mobile de l'éternité ; et tandis qu'il met le ciel en ordre, il fabrique de l'éternité qui reste dans l'unité une certaine image éternelle progressant suivant le nombre[4], celle-là même que précisément nous appelons le « temps ».

En effet, les jours, les nuits, les mois et les années n'existaient pas avant que le ciel fût né ; c'est en même temps qu'il construisait le ciel, que le dieu s'arrangea pour qu'ils naquissent. Tout cela, ce sont les divisions du temps, et les expressions « il était », « il sera », ne sont que des modalités du temps, qui sont venues à l'être ; et c'est évidemment sans réfléchir que nous les appliquons à l'être qui est éternel, de façon impropre. Certes, nous disons qu'« il était », qu'« il est » et qu'« il sera », mais, à parler vrai, seule l'expression « il est » s'applique à l'être qui est éternel. En revanche, les expressions « il était » et « il sera », c'est à ce qui devient en progressant dans le temps qu'il sied de les appliquer, car ces deux expressions désignent des mouvements. Mais ce qui reste toujours dans le même état sans changer, il ne convient pas que cela devienne plus jeune ou plus vieux avec le temps, ni que cela soit venu à l'être dans le passé, se trouve venu à l'être dans le présent ou vienne à l'être dans l'avenir. Et de façon générale, à ce qui reste toujours dans le même état sans changer n'appartient rien de tout ce que le devenir a attaché à ce qui est transmis par les sens, mais ce ne sont là que des modalités du temps qui imite l'éternité et qui se meut en cercle suivant le nombre[5]. [...]

Le temps est donc né en même temps que le ciel afin que, engendrés en même temps, ils soient dissous en même temps si jamais ils doivent connaître la dissolution ; en outre, le temps a été engendré sur le modèle de la nature éternelle, pour qu'il entretienne avec elle la ressemblance la plus grande possible. Effectivement, le modèle est de toute éternité quelque chose qui est, alors que le ciel, sans discontinuer, d'un bout à l'autre du temps a été, est et sera.

PLATON (vers 420-340 av. J.-C.), *Timée*, 37c-38c, trad. L. Brisson, Flammarion, coll. « GF », 1992, p. 127-128.

2. Platon présuppose que notre monde n'est qu'une imitation d'un autre monde, véritable, éternel et parfait, qui en est le modèle. Le mouvement de notre monde le plus proche de l'éternité de l'être éternel est censé être le mouvement circulaire. Voir, dans « Théorie et expérience », le texte 3 de Platon, p. 276-278.

3. Le mot *dêmiourgos* désigne en grec un artisan (chez Platon, l'artisan divin qui a produit notre monde). En français, le mot désigne une personne très créative.

4. La régularité des mouvements circulaires des astres, auxquels va se référer la mesure quantitative du temps, est ce qui ressemble le plus à l'immobilité de l'éternité. Cette régularité permit l'apparition de la première science fondée sur des lois immuables de la nature : l'astronomie.

5. Cette dénonciation de l'application à l'éternité des catégories de pensée du temps sera très souvent reprise, en particulier sous la forme d'une interdiction de se représenter Dieu comme un être dans le temps.

› Repères
Voir **Absolu / Relatif**.

texte 3 Plotin. Le temps est la vie éclatée de l'âme

Si, comme le pensent Plotin et bien des doctrines religieuses, l'être, c'est l'éternel, en quel sens peut-on dire que le temps est ? Commentant la définition platonicienne du temps (voir le texte précédent), Plotin le décrit comme un mouvement de l'âme imitant du mieux qu'elle peut l'être immobile et parfait vers lequel elle tend de toutes ses forces. La vie de l'âme est ainsi « un tout qui doit venir parties par parties et qui est toujours à venir », par opposition à l'être éternel qui ne connaît ni passé, ni présent, ni avenir.

[...] comme le monde se meut dans l'âme (car l'univers sensible n'a pas un autre lieu que l'âme), il se meut aussi dans le temps qui appartient à cette âme[1]. L'âme produit ses actes l'un après l'autre, dans une succession

1. Le temps n'appartient donc pas aux choses, mais à l'esprit qui les appréhende.

toujours variée ; avec un nouvel acte elle engendre ce qui suit ; et en même temps qu'un autre acte de pensée qui suit le précédent, se produit au jour un événement qui n'existait pas auparavant. C'est que ni sa pensée n'est en acte[2] ni sa vie actuelle n'est semblable à sa vie précédente. Et, en même temps et par là même que c'est une vie différente, elle occupe un temps différent. Ainsi la vie de l'âme, en se dissociant, occupe du temps ; la partie de cette vie qui avance occupe à chaque instant un temps nouveau ; sa vie passée occupe le temps passé. Dire que le temps est la vie de l'âme consistant dans le mouvement par lequel l'âme passe d'un état de vie à un autre état de vie, ne serait-ce pas dire quelque chose ? L'éternité, c'est une vie dans le repos et l'identité, vie identique à elle-même et infinie. Or, le temps est l'image de l'éternité et doit être à l'éternité comme l'univers sensible est au monde intelligible[3] ; donc, au lieu de la vie intelligible, une autre vie, qui appartient à cette puissance de l'âme et qu'on appelle vie par homonymie[4] ; au lieu du mouvement de l'intelligence[5], le mouvement d'une partie de l'âme ; au lieu de l'identité, de l'uniformité, de la permanence, le changement et l'activité toujours différente ; au lieu de l'indivisibilité et de l'unité, une image de l'unité, l'un qui est dans le continu ; au lieu d'une infinité qui est un tout, un progrès incessant à l'infini ; au lieu de ce qui est tout entier à la fois, un tout qui doit venir parties par parties et qui est toujours à venir. Ainsi l'univers sensible imitera ce tout compact et infini du monde intelligible, en aspirant à des acquisitions sans cesse nouvelles dans l'existence ; son être sera alors l'image de l'être intelligible.

Mais n'allons pas prendre le temps en dehors de l'âme, pas plus que l'éternité en dehors de l'être ; il n'accompagne pas l'âme, il ne lui est pas postérieur ; mais il se manifeste en elle, il est en elle, et il lui est uni, comme l'éternité à l'être intelligible.

D'après cela, il faut concevoir la nature du temps comme un allongement progressif de la vie de l'âme ; ce progrès consiste en changements uniformes et semblables les uns aux autres ; il s'opère silencieusement grâce à la continuité de l'action de l'âme.

PLOTIN (vers 205-270), *Ennéades*, livre III, § 7, 11 et 12, trad. É. Bréhier, 1925, Les Belles Lettres, p. 142-143.

2. La pensée est toujours en devenir, elle n'est pas donnée tout entière comme l'être éternel.
3. Allusion à la distinction platonicienne entre le monde sensible et le monde des Idées (voir, dans « Théorie et expérience », le texte 3 de Platon, p. 276-278).
4. La vie dans l'âme porte le même nom que la vraie vie (celle de l'être éternel), mais n'en est qu'une pâle imitation.
5. L'intelligence est l'âme du monde.

> **Repères**
Voir
Objectif / Subjectif.

texte 4

Augustin.
Y a-t-il vraiment trois temps ?

Où faut-il localiser le temps, s'il n'est qu'un éternel devenir ? Ce célèbre texte nous explique en quel sens toutes les « dimensions » du temps se ramènent en réalité à une conscience présente ou, pour mieux dire, à une forme de présence dans la conscience.

Si donc le futur et le passé existent, où sont-ils ? Je veux le savoir. À défaut d'en être capable pour l'instant, je sais du moins ceci : où qu'ils soient, ils n'y sont pas en tant que futur ou passé, mais en tant que présent. Car, si le futur y est comme futur, il n'y est pas encore ; si le passé y est comme passé, il n'y est plus. Et donc, où qu'ils soient, quels qu'ils soient, ils n'y sont que comme présent.

Aussi bien, un récit véridique du passé fait-il surgir de la mémoire, non pas les réalités elles-mêmes, qui sont du passé, mais des mots conçus à partir de leurs images, formes d'empreintes laissées dans l'esprit par leur défilement à travers les sens. Ainsi mon enfance, qui n'est plus, appartient au passé, qui n'est plus. Mais lorsque je l'évoque et que j'en parle, c'est dans le présent que j'en perçois l'image qui subsiste dans ma mémoire.

La même explication vaut-elle pour les prédictions de l'avenir ? Des réalités encore inexistantes, perçoit-on des images réelles par anticipation ? Ici, mon Dieu, j'avoue mon ignorance, sauf sur ceci : généralement, nos actions à venir sont l'objet d'une préméditation ; celle-ci est présente, alors que l'acte prémédité n'existe pas encore, puisqu'il est à venir : mais une fois lancée et entreprise l'action préméditée, alors, elle existera, n'étant plus du futur, mais du présent.

[...] ce qui m'apparaît comme une évidence claire, c'est que ni le futur ni le passé ne sont. C'est donc une impropriété de dire : « Il y a trois temps : le passé, le présent et le futur. » Il serait sans doute plus correct de dire : « Il y a trois temps : le présent du passé, le présent du présent, le présent du futur. » En effet, il y a bien dans l'âme ces trois modalités du temps, et je ne les trouve pas ailleurs. Le présent du passé, c'est la mémoire ; le présent du présent, c'est la vision directe ; le présent du futur, c'est l'attente. S'il m'est permis d'user de ces définitions, alors, oui, je le vois, je déclare, il y a trois temps, et ces trois temps *sont*.

AUGUSTIN (354-430), *Confessions*, livre XI, chap. XVIII et XX, trad. P. Cambronne, Gallimard, coll. « Bibliothèque de la Pléiade », 1998, p. 1044-1046.

Questions

1. Que veut dire Augustin lorsqu'il affirme que le passé et l'avenir ne peuvent être qu'au présent (premier paragraphe) ?
2. Le présent lui-même peut-il être considéré comme un être consistant ? Quelle est sa réalité ? Sa durée ?
3. Les trois modalités du temps sont « dans l'âme » et « pas ailleurs » (l. 24-25). Expliquez et commentez. Donnez des exemples.
4. Quelle(s) conception(s) du temps se trouve(nt) ainsi réfutée(s) ?

2 | Temps subjectif et temps objectif

texte 5

Leopardi.
Le temps n'est pas une chose

Peut-on considérer le temps comme une réalité objective ? Certainement pas, en tout cas, selon Leopardi (poète et essayiste italien), si cela veut dire que le temps est une chose parmi les choses. Le temps n'existe pas en lui-même, il naît de notre considération des choses.

Le temps n'est pas une chose. Il est un accident des choses et, indépendamment de leur existence, il n'est rien. Il est un accident de cette existence, ou plutôt, il n'est qu'une idée, qu'un mot. Le temps est la durée de ce qui est, comme les 7200 battements du pendule de l'horloge font une heure, – heure qui n'est jamais que le fruit de notre esprit et qui n'existe ni par elle-même, ni dans le temps, comme l'une de ses parties, ni même n'existait avant l'invention de l'horloge. L'être du temps n'est donc pas autre chose qu'un mode, pour ainsi dire, un aspect de notre considération de l'existence de ce qui est, de ce qui peut être, ou encore de ce que l'on suppose pouvoir être. Il en va de même pour l'espace. Le néant n'empêche pas ce qui est d'être, de persister, de demeurer. Donc, rien n'empêche qu'une chose soit ou naisse là où il n'y a rien. Le néant est nécessairement un lieu. Être un lieu est donc une propriété du néant : propriété négative, puisque l'être du *lieu* est lui aussi purement et simplement négatif. C'est pourquoi, de même que le temps est un mode et un aspect de la considération de l'existence des choses, de même l'espace n'est rien d'autre qu'un mode et un aspect de notre considération du néant. Donc, là où il n'y a rien, il y a de l'espace ; le néant ne peut exister sans espace. Il est donc également évident qu'en dehors des ultimes confins de l'univers existant, il y a de l'espace, puisqu'il n'y a rien. Si une chose pouvait être, soit créée, soit tirée de ces ultimes confins, elle trouverait un lieu, ce qui revient à dire qu'elle ne trouverait rien qui l'empêche d'y aller ou d'y rester. Concluons que le temps et l'espace ne sont substantiellement que des idées ou des noms. Les questions innombrables et infinies sur le temps et l'espace débattues depuis l'origine de la métaphysique par les plus grands métaphysiciens de chaque siècle, ne sont que logomachies[1] nées de malentendus, résultat d'une bien piètre clarté dans les idées et dans la faculté d'analyse de notre esprit qui est le seul lieu où le temps et l'espace, comme tant d'autres choses abstraites, existent, indépendamment et par eux-mêmes, et sont quelque chose.

Giacomo LEOPARDI, *Zibaldone di pensieri*, n° 4233 (14 décembre 1826), trad. E. Cantavenera et B. Schefer, *Tout est rien*, Allia, 1998, p. 229-230.

1. Paroles vides et inutiles.

> Repères
Voir Objectif / Subjectif.

texte 6

Kant. Le temps, forme *a priori* de la sensibilité

Peut-on appréhender les objets de notre expérience sensible autrement que dans le temps ? Nos représentations sont par nature successives. Nous n'appréhendons donc jamais le monde tel qu'il est, mais tel qu'il se manifeste à travers ces formes (l'espace et le temps) que l'intuition[1] sensible lui impose.

a. Le temps n'est pas quelque chose qui existerait pour soi-même ou qui serait attaché aux choses comme une détermination objective[2], et qui par conséquent subsisterait quand bien même l'on ferait abstraction de toutes les conditions subjectives de leur intuition[3] : car dans le premier cas il serait quelque chose qui, sans objet réel, posséderait pourtant de la réalité. Mais dans le second il ne pourrait, en constituant une détermination ou un ordre inhérents aux choses elles-mêmes, précéder les objets comme leur condition et être *a priori*[4] connu et intuitionné par les propositions synthétiques. Cette dernière éventualité se réalise en revanche très facilement si le temps n'est rien que la condition subjective sous laquelle toutes les

1. Voir, dans les Repères, « Intuitif / Discursif ».
2. Qualité objective des choses.
3. Chez Kant, l'*intuition* est l'opération par laquelle la sensibilité reçoit les données de l'expérience.
4. Un être *a priori* précède l'expérience, par opposition à une donnée *a posteriori*.

intuitions peuvent avoir lieu en nous. Car alors cette forme de l'intuition interne peut être représentée avant les objets, par conséquent *a priori*.

b. Le temps n'est rien d'autre que la forme du sens interne, c'est-à-dire de l'intuition que nous avons de nous-mêmes et de notre état intérieur. Car le temps ne peut être une détermination de phénomènes extérieurs : il n'appartient ni à une figure, ni à une position, etc. ; au contraire, il détermine la relation des représentations dans notre état interne. Et c'est précisément parce que cette intuition interne ne fournit aucune figure que nous cherchons à parer à ce manque par des analogies et que nous représentons la suite du temps par une ligne prolongée à l'infini, dans laquelle le divers[5] constitue une série qui ne possède qu'une dimension, et que nous concluons des propriétés de cette ligne à toutes les propriétés du temps, à cette seule exception près que les parties de la première sont simultanées, alors que celles du second sont toujours successives. Par quoi s'éclaire aussi que la représentation du temps lui-même est une intuition, dans la mesure où toutes ses relations se peuvent exprimer à l'aide d'une intuition externe.

c. Le temps est la condition formelle *a priori* de tous les phénomènes en général. L'espace, en tant qu'il constitue la forme pure de toute intuition externe, est limité, comme condition *a priori*, simplement aux phénomènes extérieurs[6]. En revanche, puisque toutes les représentations, qu'elles aient ou non des choses extérieures pour objets, appartiennent néanmoins en elles-mêmes, comme déterminations de l'esprit, à l'état interne, tandis que cet état interne, soumis qu'il est à la condition formelle de l'intuition interne, appartient par conséquent au temps, le temps est une condition *a priori* de tout phénomène en général, et plus précisément la condition immédiate des phénomènes intérieurs (de notre âme), et par là même aussi, de façon médiate, celle des phénomènes extérieurs. Si je peux dire *a priori* : tous les phénomènes extérieurs sont dans l'espace et sont déterminés *a priori* selon les rapports spatiaux, je peux à partir du principe du sens interne dire de manière tout à fait universelle : tous les phénomènes en général, c'est-à-dire tous les objets des sens, sont dans le temps et se trouvent soumis de façon nécessaire à des rapports temporels.

Emmanuel KANT, *Critique de la raison pure* (1781), « Esthétique transcendantale », section II, § 6, trad. A. Renaut, Flammarion, coll. « GF », 2001, p. 128-129.

5. Les diverses données de l'expérience.
6. Les *phénomènes* sont la façon dont la réalité apparaît dans notre conscience.

› Repères
Voir **Absolu / Relatif, Formel / Matériel, Médiat / Immédiat, Intuitif / Discursif.**

texte 7

Bergson. Temps et durée

La durée est-elle une chose mesurable ? Elle ne l'est, selon Bergson, qu'au prix d'une représentation spatiale, qui est une trahison. Nous avons en effet régulièrement recours à l'espace pour symboliser et représenter le temps. Mais cela trahit la vraie durée.

Il est vrai que nous comptons les moments successifs de la durée, et que, par ses rapports avec le nombre, le temps nous apparaît d'abord comme une grandeur mesurable, tout à fait analogue à l'espace. Mais il y a ici une importante distinction à faire. Je dis par exemple qu'une minute vient de s'écouler, et j'entends par là qu'un pendule, battant la seconde, a exécuté soixante oscillations. Si je me représente ces soixante oscillations tout d'un coup et par une seule aperception[1] de l'esprit, j'exclus par hypothèse l'idée d'une succession : je pense, non à soixante battements qui se succèdent, mais à soixante points d'une ligne fixe, dont chacun symbolise, pour ainsi dire, une oscillation du pendule[2]. – Si, d'autre part, je veux me représenter ces soixante oscillations successivement, mais sans rien changer à leur mode de production dans l'espace, je devrai penser à chaque oscillation en excluant le souvenir de la précédente, car l'espace n'en a conservé aucune trace : mais par là même je me condamnerai à demeurer sans cesse dans le présent ; je renoncerai à penser une succession ou une durée. Que si enfin je conserve, joint à l'image de l'oscillation présente, le souvenir de l'oscillation qui la précédait, il arrivera de deux choses l'une : ou je juxtaposerai les deux images, et nous retombons alors sur notre première hypothèse ; ou je les apercevrai l'une dans l'autre, se pénétrant et s'organisant entre elles comme les notes d'une mélodie, de manière à former ce que nous appellerons une multiplicité indistincte ou qualitative, sans aucune ressemblance avec le nombre : j'obtiendrai ainsi l'image de la durée pure. Mais aussi je me serai entièrement dégagé de l'idée d'un milieu homogène ou d'une quantité mesurable. En interrogeant soigneusement la conscience, on reconnaîtra qu'elle procède ainsi toutes les fois qu'elle s'abstient de représenter la durée symboliquement[3]. [...]

Quand je suis des yeux, sur le cadran d'une horloge, le mouvement de l'aiguille qui correspond aux oscillations du pendule, je ne mesure pas de la durée, comme on paraît le croire ; je me borne à compter des simultanéités, ce qui est bien différent. En dehors de moi, dans l'espace, il n'y a jamais qu'une position unique de l'aiguille et du pendule, car des positions passées il ne reste rien. Au-dedans de moi, un processus d'organisation ou de pénétration mutuelle des faits de conscience se poursuit, qui constitue la durée vraie. C'est parce que je dure de cette manière que je me représente ce que j'appelle les oscillations passées du pendule, en même temps que je perçois l'oscillation actuelle. Or, supprimons pour un instant le moi qui pense ces oscillations dites successives ; il n'y aura jamais qu'une seule oscillation du pendule, une seule position même de ce pendule, point de durée par conséquent. Supprimons, d'autre part, le pendule et ses oscillations ; il n'y aura plus que la durée hétérogène du moi, sans moments extérieurs les uns aux autres, sans rapport avec le nombre. Ainsi, dans notre moi, il y a succession sans extériorité réciproque ; en dehors du moi, extériorité réciproque sans succession : extériorité réciproque, puisque l'oscillation présente est radicalement distincte de l'oscillation antérieure qui n'est plus ; mais absence de succession, puisque la succession existe seulement pour un spectateur conscient qui se remémore le passé et juxtapose les deux oscillations ou leurs symboles dans un espace auxiliaire.

Henri Bergson, *Essai sur les données immédiates de la conscience* (1889), dans *Œuvres*, PUF, 1991, p. 70-73.

1. Dérivé du verbe « apercevoir », le mot désigne une perception intérieure et unifiante.
2. Donc je convertis une succession d'instants évanescents en une simultanéité spatiale.
3. C'est-à-dire qu'elle n'utilise pas l'espace (points et lignes) comme symbole du temps.

› Repères
Voir **Intuitif / Discursif, Objectif / Subjectif.**

texte 8 Arendt. L'expérience vécue de la durée d'une année

D'où vient qu'une même durée, une année par exemple, nous paraît parfois courte et parfois longue ? Arendt propose ici une explication : le sentiment d'une durée est relatif à la conscience que nous avons de celle de l'ensemble de notre vie, elle-même inscrite dans un temps qui la dépasse.

Être en vie signifie occuper un monde qui précédait votre arrivée et survivra à votre départ. Sur ce plan de la vie pure et simple, apparition et disparition, dans leur succession, constituent les événements primordiaux qui délimitent le temps, l'intervalle entre la vie et la mort. Le nombre limité d'années imparti à tout être vivant détermine non seulement la durée de sa vie, mais aussi sa façon de vivre le temps ; il fournit le prototype caché de toute mesure du temps, aussi loin qu'on le veuille dans le passé et le futur, au-delà d'une vie humaine. C'est ainsi que l'expérience vécue de la durée d'une année change du tout au tout au cours d'une vie. L'année qui, pour un enfant de cinq ans, représente tout un cinquième d'existence, doit sembler beaucoup plus longue qu'elle ne le fera quand elle n'en sera plus que le vingtième ou le trentième. Chacun sait combien les années tournent de plus en plus vite avec l'âge, jusqu'à ce que, quand arrive la vieillesse, elles recommencent à ralentir, parce qu'on se met à les évaluer en fonction de la date du grand départ, pressentie psychologiquement et somatiquement[1]. Cette horloge, inséparable des êtres humains qui naissent et meurent, s'oppose au temps objectif selon lequel la longueur d'une année ne change pas. C'est là le temps qui règle le monde et se fonde – en dehors de toute croyance religieuse ou scientifique – sur l'hypothèse qu'il n'a ni commencement ni fin, hypothèse qui ne peut que venir naturellement à des êtres entrés de tout temps dans un monde qui les a précédés et leur survivra.

Hannah ARENDT, *La Vie de l'esprit* (1971), t. I, *La Pensée*, trad. L. Lotringer, PUF, coll. « Philosophie d'aujourd'hui », 1996, p. 35-36.

1. *Psychologiquement* : au niveau de l'esprit ; *somatiquement* : au niveau du corps.

› Repères Voir **Objectif / Subjectif.**

›3 L'existence dans le temps

texte 9 Beauvoir. L'existence est la présence au monde

Qu'est-ce exactement qu'exister ? Dans le sillage de la pensée de Sartre, Beauvoir montre ici qu'exister n'est pas une façon d'être comme les autres : c'est à la fois être et ne pas être. Les représentations de la conscience ne sont pas de l'être ; elles ne sont pas rien pour autant ; et, sans elles, l'être ne serait révélé à personne.

En fait, Sartre nous dit que l'homme se fait manque d'être[1] *afin* qu'il y ait de l'être ; le terme « afin que » indique clairement une intentionnalité[2] ; ce n'est pas en vain que l'homme néantise[3] l'être : grâce à lui l'être se dévoile et il veut ce dévoilement. Il y a un type originel d'attachement à l'être qui n'est pas la relation : vouloir être, mais bien : vouloir dévoiler l'être. Or ici il

1. Voir, dans « La conscience », le texte 5 de Sartre, p. 29.
2. Voir, dans « La conscience », les textes 4 de Husserl et 5 de Sartre, p. 28-29.
3. Voir, dans « La conscience », le texte 5 de Sartre, p. 29.

n'y a pas échec, mais au contraire succès : cette fin que l'homme se propose en se faisant manque d'être, elle se réalise en effet par lui. Par son arrachement au monde, l'homme se rend présent au monde et se rend le monde présent. Je voudrais être le paysage que je contemple, je voudrais que ce ciel, cette eau calme se pensent en moi, que ce soit moi qu'ils expriment en chair et en os, et je demeure à distance ; mais aussi est-ce par cette distance que le ciel et l'eau existent en face de moi ; ma contemplation n'est un déchirement que parce qu'elle est aussi une joie. Je ne peux pas m'approprier le champ de neige sur lequel je glisse : il demeure étranger, interdit ; mais je me complais dans cet effort même vers une possession impossible, je l'éprouve comme un triomphe, non comme une défaite. C'est dire que, dans sa vaine tentative pour *être* Dieu[4], l'homme se fait *exister* comme homme, et s'il se satisfait de cette existence, il coïncide exactement avec soi. Il ne lui est pas permis d'exister sans tendre vers cet être qu'il ne sera jamais ; mais il lui est possible de vouloir cette tension même avec l'échec qu'elle comporte. Son être est manque d'être, mais il y a une manière d'être de ce manque qui est précisément l'existence.

Simone DE BEAUVOIR, *Pour une morale de l'ambiguïté* (1944), Gallimard, coll. « Folio essais », 2003, p. 17-18.

4. Le Dieu des religions n'est pas à distance de l'être, il coïncide avec lui. L'homme voudrait lui aussi se confondre avec l'être, se fondre en lui, mais il ne peut que se le représenter à distance.

› Repères
Voir **Idéal / Réel, Objectif / Subjectif.**

texte 10

Malebranche. La fuite dans la nouveauté

Pourquoi sommes-nous toujours attirés par ce qui se présente comme nouveau ? Pour Malebranche, cette attirance est liée aux déceptions que le passé et le présent ont opposées à nos désirs.

Les hommes, après avoir examiné les opinions anciennes et communes, n'y ont point reconnu la lumière de la vérité. Après avoir goûté les biens ordinaires, ils n'y ont point trouvé le plaisir solide qui doit accompagner la possession du bien ; leurs désirs et leurs empressements ne se sont donc point apaisés par les opinions et les biens ordinaires. Si donc on leur parle de quelque chose de nouveau et d'extraordinaire, l'idée de la nouveauté leur fait d'abord espérer que c'est justement ce qu'ils cherchent ; et parce qu'on se flatte ordinairement et qu'on croit volontiers que les choses sont comme on souhaite qu'elles soient, leurs espérances se fortifient à proportion que leurs désirs s'augmentent, et enfin elles se changent insensiblement en des assurances imaginaires. Ils attachent ensuite si fortement l'idée de la nouveauté avec l'idée de la vérité, que l'une ne se représente jamais sans l'autre ; et ce qui est plus nouveau leur paraît toujours plus vrai et meilleur que ce qui est plus ordinaire, plus commun ; bien différents en cela de quelques-uns, qui, ayant joint par aversion pour les hérésies l'idée de la nouveauté avec celle de la fausseté, s'imaginent que toutes les opinions nouvelles sont fausses et qu'elles renferment quelque chose de dangereux.

On peut donc dire que cette disposition ordinaire de l'esprit et du cœur des hommes à l'égard de tout ce qui porte le caractère de la nouveauté est une des causes les plus générales de leurs erreurs, car elle ne les conduit

1. Le mot (du latin *divertere*, « se détourner ») a ici à peu près le même sens que chez Pascal : ce qui nous détourne de la considération des choses essentielles.

› Repères
Voir **Idéal / Réel.**

presque jamais à la vérité. Lorsqu'elle les y conduit, ce n'est que par hasard et par bonheur ; et enfin elle les détourne toujours de leur véritable bien, en les arrêtant dans cette multiplicité de divertissements[1] et de faux biens dont tout le monde est rempli ; ce qui est l'erreur la plus dangereuse dans laquelle on puisse tomber.

Nicolas MALEBRANCHE, *De la recherche de la vérité* (6e éd., 1712), livre IV, chap. IV, Vrin, 1962, p. 20.

texte 11

Marc Aurèle.
L'existence n'a qu'un seul temps

Vivrions-nous mieux si nous vivions plus longtemps ? La philosophie stoïcienne répond à cette question de manière « qualitative » : ce n'est pas la quantité de vie qui compte, c'est la qualité que nous sommes capables d'introduire dans la vie qu'il nous est réellement donné de vivre.

Dusses-tu vivre trois fois mille ans, et même autant de fois dix mille ans, souviens-toi toujours que personne ne perd d'autre existence que celle qu'il vit et qu'on ne vit que celle qu'on perd. Ainsi la plus longue et la plus courte reviennent au même. Le présent est égal pour tous et ce qu'on perd est donc égal (aussi), et ce qu'on perd apparaît de la sorte infinitésimal. On ne saurait perdre, en effet, le passé ni l'avenir, car ce que nous n'avons pas, comment pourrait-on nous le ravir ?

Souviens-toi donc toujours de ces deux choses : d'abord, que tout, de toute éternité, est d'aspect identique et repasse par les mêmes cycles[1], et qu'il n'importe pas qu'on assiste au même spectacle pendant cent ou deux cents ans ou toute l'éternité ; ensuite que l'homme le plus chargé d'années et celui qui mourra le plus tôt font la même perte, car c'est du moment présent seul qu'on doit être privé, puisque c'est le seul qu'on possède, et qu'on ne peut perdre ce qu'on n'a pas.

MARC AURÈLE (121-180), *Pensées*, livre II, chap. XIV, trad. A.-I. Trannoy, Les Belles Lettres, 1975, p. 15.

1. Selon les stoïciens, une raison universelle (la Nécessité ou Zeus) gouverne le monde et lui imprime un cours inéluctable pour l'éternité. Ce monde est donc fatalement déterminé à naître, se développer, se détruire, renaître, et ainsi de suite indéfiniment selon des cycles qui prennent toujours la même forme. C'est le mythe de l'éternel retour, dont Nietzsche fera un usage très personnel (en particulier dans *Ainsi parlait Zarathoustra*).

> Repères
Voir **Contingent / Nécessaire / Possible.**

Pour se préparer au baccalauréat
Dissertations : p. 536, 540.
Explications de texte : p. 537.

dossier documentaire

Philosophie et neurosciences

Très tôt, la pensée occidentale a placé la conscience au cœur de la condition humaine. C'est parce qu'il est conscient que le sujet humain peut penser, fabriquer de la connaissance à partir de sa perception du monde extérieur, construire avec les autres des relations qui ne se limitent pas à l'organisation de sa survie, se conduire moralement... Conscience, âme, esprit : tels sont les noms donnés, aujourd'hui encore, à cette partie bien mystérieuse de la nature humaine, longtemps considérée comme radicalement distincte du corps.

Comme la plupart des questions philosophiques sur l'homme et la nature, celle des relations entre vie consciente et vie organique glisse progressivement, au XIXe siècle, du champ de la philosophie à celui de l'investigation scientifique. En 1888, le médecin et biologiste espagnol Ramón y Cajal établit définitivement que les neurones (l'unité de base du cerveau) sont des cellules individuelles et distinctes, et que le tissu nerveux du cerveau est lui-même, de ce fait, discontinu. Cette découverte aura des conséquences décisives sur l'étude des liens entre les conduites humaines et le cerveau : la pensée elle-même n'est donc pas une entité unique et continue, mais un ensemble de fonctions au moins en partie distinctes et indépendantes les unes des autres.

Un siècle plus tard, aucun spécialiste n'oserait prétendre résumer en quelques pages l'état des connaissances (et des nombreuses questions sans réponse) sur les liens entre les conduites humaines, les activités mentales (la conscience, la pensée...) et leur support organique, le cerveau.

Les textes qui suivent donnent un bref aperçu de la continuité et de la complémentarité entre les interrogations des philosophes et celles des scientifiques sur la nature de l'esprit humain et évoquent quelques aspects de la version contemporaine de cette question : comment le cerveau fabrique-t-il l'activité mentale ?

Raoul Haussmann (1888-1971), *L'Esprit de notre temps (Tête mécanique)*, 1919-1920, marotte en bois et divers objets fixés, Centre MNAM-CCI, Paris.

Sciences cognitives

Cognitif **signifie « qui concerne la connaissance ». Peuvent être qualifiées de *cognitives* les capacités de l'esprit humain qui contribuent à la formation des connaissances : la perception, le langage, le raisonnement... Et sans que le sens de cette expression soit clairement défini, on réunit en général aujourd'hui sous les mots *sciences cognitives* toutes les disciplines dont l'objet a quelque chose à voir avec l'étude de ces capacités : linguistique, psychologie, neurosciences, étude de l'intelligence artificielle, etc. Au sein de ce vaste ensemble, les *neurosciences* sont l'ensemble des sciences qui étudient la structure et le fonctionnement du cerveau.**

document 1.

L'esprit des philosophes et celui des scientifiques

Pour Michel Imbert, spécialiste des sciences de la vision, étudier le cerveau aujourd'hui, c'est chercher à répondre aux questions que la philosophie, notamment, se pose depuis des siècles sur la nature de l'esprit humain[1]. Il explique ici comment les sciences cognitives, pour faire progresser les connaissances à la fois sur la structure, le support biologique et les manifestations de l'intelligence, requièrent une collaboration étroite entre sciences du cerveau, sciences humaines et philosophie.

••• Je n'essayerai pas, n'étant ni assez naïf ni suffisamment présomptueux, de donner de l'intelligence une définition liminaire formelle ; pour s'entendre sur ce que cette notion recouvre, peut-être suffit-il de décrire ce que fait tout être que l'on s'accorde à reconnaître comme intelligent. Il découpe le monde complexe dans lequel il vit en sous-ensembles plus simples, connaissables, et utilise cette connaissance pour décider d'une action adaptée et en planifier le décours[2]. Le traitement par les systèmes sensoriels de l'information recueillie sur l'environnement est ce qui permet en premier lieu d'en structurer la connaissance utile. La planification, qui est le processus par lequel sont combinées les connaissances utiles pour décider du meilleur déroulement possible de l'action en vue d'atteindre un certain but, implique la capacité de représenter de façon flexible et adaptative l'environnement. Cette capacité, qui n'est autre que celle d'apprendre, suppose l'assimilation de nouvelles informations, leur stockage et leur accommodation en vue de modifier les structures de connaissance, les stratégies perceptives de l'action. Cet apprentissage lui-même suppose, pour être efficace, la communication ; les informations doivent en effet circuler entre les structures de connaissance et entre les individus. Il ne fait guère de doute que le langage, moyen de représentation des connaissances et de communication par excellence, confère à notre espèce des propriétés remarquables et fait du cerveau humain le dispositif le plus intelligent jamais rencontré ou fabriqué. La perception, l'action finalisée, l'organisation conceptuelle, le raisonnement,

1. Voir « La matière et l'esprit », p. 336-355, qui développe ces questions et en présente les principales approches philosophiques.
2. Le déroulement.

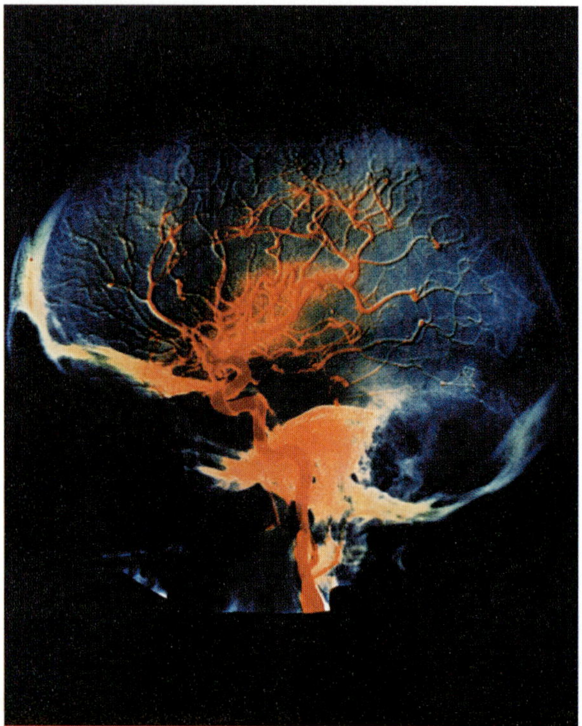
Artériographie cérébrale.

l'apprentissage, la communication, le langage sont ainsi autant d'aspects que recouvre le concept de cognition.

Il est évident, et personne ne peut raisonnablement en douter, que ces processus cognitifs sont représentés, incarnés, dans le système nerveux ; qu'ils sont, en dernière instance, autant de manifestations et d'expressions du fonctionnement du cerveau. [...]

Dire que les phénomènes cognitifs dépendent de mécanismes cérébraux risque d'ouvrir un débat difficile, passionné, plein d'embûches, obscurci de querelles idéologiques. Je n'ai pas l'intention de discuter en détail ce problème ni la prétention de clore définitivement ce débat, mais seulement d'expliciter une position qui me semble, pour le moment, devoir convenir aux neurobiologistes qui se situent eux-mêmes dans le champ des sciences cognitives. Il est donc nécessaire de commencer par clarifier le sens qu'il faut, me semble-t-il, attribuer, tout au moins dans un premier temps, à cette dépendance. Les phénomènes cognitifs dépendent des mécanismes cérébraux dans le sens où l'on peut dire, par analogie, que le traitement de l'information par un programme informatique dépend du détail des circuits électroniques de l'ordinateur sur lequel il est, à un moment donné, exécuté. Cela ne veut pas dire que les neurosciences doivent aujourd'hui, ou pourront demain, avoir le dernier mot dans l'explication des phénomènes cognitifs ; qu'il suffirait en quelque sorte de décrire les mécanismes neuroniques élémentaires d'un acte cognitif, perceptif, moteur ou intellectuel, pour rendre *ipso facto*[3] inutile ou caduc le recours à une théorie de *ce qui est fait* quand une forme est reconnue, une action décidée, une phrase comprise ou une solution trouvée. On reconnaît par là même que les explications des opérations cognitives jouissent d'une relative autonomie par rapport aux explications neurologiques. On ne peut vraiment espérer comprendre comment le cerveau travaille que si, au préalable, on a soigneusement décrit les opérations qu'il réalise et spécifié des théories précises sur la façon dont elles sont exécutées.

Michel IMBERT, « Neurosciences et sciences cognitives », dans *Introduction aux sciences cognitives* (dir. Daniel ANDLER), Ire partie (« Le cerveau, problème et modèle »), chap. I, Gallimard, coll. « Folio essais », 1992, p. 49-52.

3. Locution latine (littéralement : « par le fait même ») équivalente au français « du même coup », « automatiquement ».

document **2.**

Le cerveau entre imagination et imagerie[1]

Les « esprits animaux » de Descartes sont les toutes petites parties du sang, « les plus vives et les plus subtiles[2] », dont la circulation entre le cerveau, les nerfs et les muscles commande, selon lui, le fonctionnement de la « machine » humaine[3], qu'il compare ici aux mécanismes extraordinaires des fontaines et automates qui ornent les jardins royaux.
Trois cent cinquante ans plus tard, Marc Jeannerod, spécialiste de sciences cognitives, propose une description très simple des fonctions cérébrales et de la façon dont elles assurent chez l'homme le lien entre l'organisme, le monde extérieur et le monde intérieur.

[…] à mesure que ces esprits entrent ainsi dans les concavités du cerveau, ils passent de là dans les pores de sa substance, et de ces pores dans les nerfs ; où selon qu'ils entrent, ou même seulement qu'ils tendent à entrer, plus ou moins dans les uns que dans les autres, ils ont la force de changer la figure[4] des muscles en qui ces nerfs sont insérés, et par ce moyen de faire mouvoir tous les membres. Ainsi que vous pouvez avoir vu, dans les grottes et les fontaines qui sont aux jardins de nos Rois, que la seule force dont l'eau se meut en sortant de sa source est suffisante pour y mouvoir diverses machines, et même pour les y faire jouer de quelques instruments, ou prononcer quelques paroles, selon la diverse disposition des tuyaux qui la conduisent.

Et véritablement l'on peut fort bien comparer les nerfs de la machine que je vous décris aux tuyaux des machines de ces fontaines, ses muscles et ses tendons aux autres divers engins et ressorts qui servent à les mouvoir ; ses esprits animaux à l'eau qui les remue, dont le cœur est la source, et les concavités du cerveau sont les regards. De plus, la respiration, et autres telles actions qui lui sont naturelles et ordinaires, et qui dépendent du cours des esprits, sont comme les mouvements d'une horloge, ou d'un moulin, que le cours ordinaire de l'eau peut rendre continus. Les objets extérieurs, qui par leur seule présence agissent contre les organes de ses sens, et qui par ce moyen la déterminent à se mouvoir en plusieurs diverses façons, selon que les parties de son cerveau sont disposées, sont comme des étrangers qui, entrant dans quelques-unes des grottes de ces fontaines, causent eux-mêmes sans y penser les mouvements qui s'y

Gui de Pavia, *Médecin ouvrant le crâne d'un patient*, école italienne, XIVe siècle, musée Condé, Chantilly.

1. Les progrès rapides de la connaissance du cerveau s'expliquent notamment par le développement de techniques qui permettent de visualiser le cerveau (les IRM : « imageries par résonance magnétique ») de sujets sains, sans provoquer artificiellement une activité cérébrale particulière pour les besoins de l'observation.
2. Lettre au marquis de Newcastle, avril 1645.
3. Voir, dans « Le vivant », les textes 8 et 9, de Descartes et La Mettrie, p. 331-332.
4. La forme.

font en leur présence : car ils n'y peuvent entrer qu'en marchant sur certains carreaux tellement disposés, que, par exemple, s'ils approchent d'une Diane[5] qui se baigne, ils la feront cacher dans des roseaux ; et s'ils passent plus outre pour la poursuivre, ils feront venir vers eux un Neptune qui les menacera de son trident ; ou s'ils vont de quelque autre côté, ils en feront sortir un monstre marin qui leur vomira de l'eau contre la face ; ou choses semblables, selon le caprice des ingénieurs qui les ont faites. Et enfin quand l'*âme raisonnable* sera en cette machine, elle y aura son siège principal dans le cerveau, et sera là comme le fontenier, qui doit être dans les regards où se vont rendre tous les tuyaux de ces machines, quand il veut exciter, ou empêcher, ou changer en quelque façon leurs mouvements.

Mais, afin que je vous fasse entendre tout ceci distinctement, je veux, premièrement, vous parler de la fabrique des nerfs et des muscles, et vous montrer comment, de cela seul que les esprits qui sont dans le cerveau se présentent pour entrer dans quelques nerfs, ils ont la force de mouvoir au même instant quelque membre. Puis, ayant touché un mot de la respiration, et de tels autres mouvements simples et ordinaires, je dirai comment les objets extérieurs agissent contre les organes des sens. Et après cela, j'expliquerai par le menu tout ce qui se fait dans les concavités et dans les pores du cerveau ; comment les esprits animaux y prennent leur cours ; et quelles sont celles de nos fonctions que cette machine peut imiter par leur moyen.

René DESCARTES, *Traité de l'homme* (1644), dans *Œuvres et Lettres*, Gallimard, coll. « Bibliothèque de la Pléiade », 1953, p. 814-815.

5. Diane et Neptune (cité plus loin) sont des dieux romains (respectivement de la Chasse et de la Mer) dont les statues ornaient les jardins royaux évoqués par Descartes à propos du cerveau : des mécanismes complexes commandaient l'animation de ces statues lorsqu'on marchait à certains endroits du dallage qui se trouvaient à proximité.

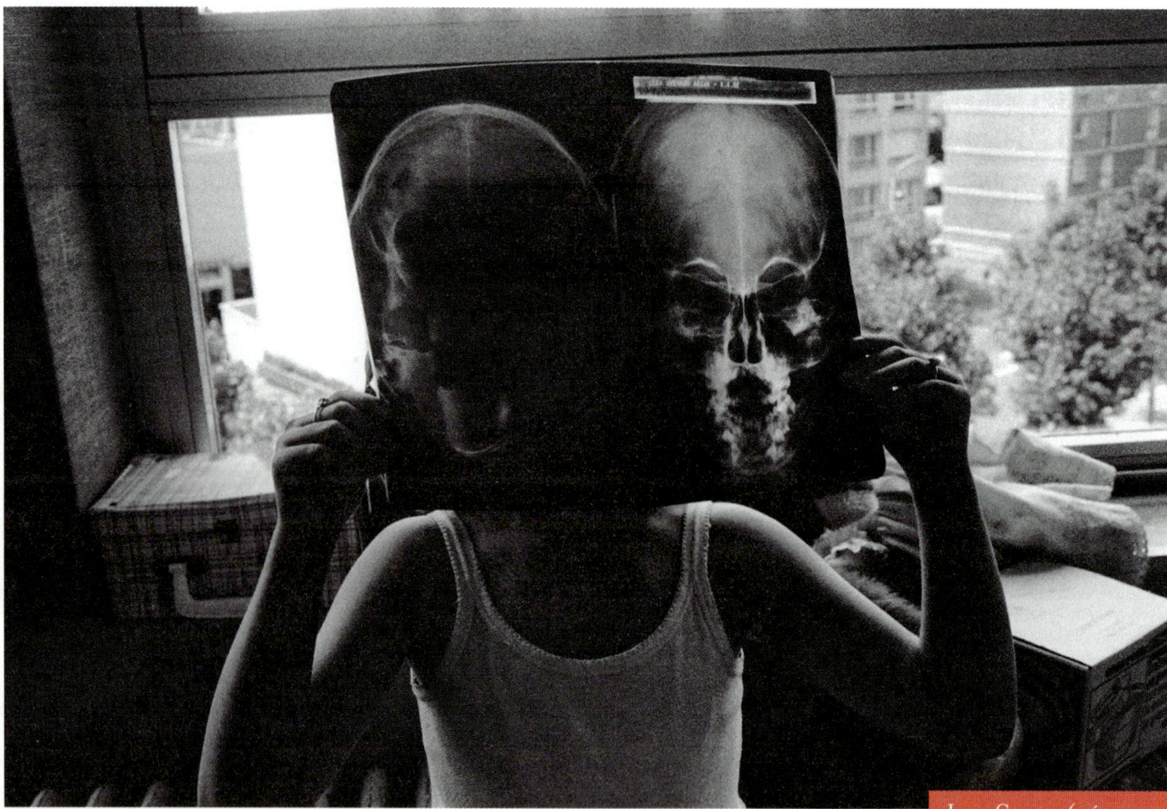

Jean Gaumy (né en 1948), *Le Havre, radiographies*, 1982.

Jean-Michel Alberola (né en 1953), *Crâne, L'Effondrement des enseignes lumineuses*, 1995, néon, Fondation Cartier pour l'art contemporain, Paris.

Le cerveau doit d'abord ses fonctions à son organisation anatomique. Mais l'existence d'une plasticité des synapses[1], permettant d'accroître ou de diminuer la surface de contact entre neurones ou même de créer de nouveaux contacts, constitue une autre de ses propriétés fondamentales. Cette plasticité a un rôle fonctionnel important dans le processus d'apprentissage qui conduit à l'acquisition de capacités nouvelles. Le développement de nouvelles connexions pourrait peut-être aussi expliquer la récupération d'un déficit à la suite d'une lésion pathologique.

Toute explication du fonctionnement du cerveau doit aussi tenir compte de l'existence des multiples relations qui l'unissent au reste du corps. Le corps, par les organes sensoriels disposés sur toute sa surface (dans la peau, la rétine, la cochlée[2], etc.) et par les terminaisons sensibles situées dans les viscères[3], envoie au cerveau des informations sur l'état du monde extérieur et intérieur. En retour, le cerveau contrôle l'ensemble de l'organisme, non seulement par les fibres nerveuses qui le connectent aux muscles et à l'appareil végétatif[4], mais également par l'intermédiaire de signaux chimiques, comme les hormones, qu'il émet en direction des récepteurs placés dans les organes. C'est ainsi que des influences venues du reste du corps peuvent modifier l'état cérébral et créer des émotions, ou que, à l'inverse, le cerveau contribue à modifier l'état du corps pour le préparer à l'effort ou déclencher les réactions de stress, en un mot, pour l'adapter aux conditions de l'environnement.

Marc JEANNEROD, « Les fonctions cérébrales », dans *Le Cerveau, le Langage, le Sens*, Université de tous les savoirs, 5, Odile Jacob, « Poches Odile Jacob », 2002, p. 57.

1. Zones de jonction, points de contact entre deux neurones successifs, assurant la transmission des messages de l'un à l'autre (voir, p. 120, l'évocation de la découverte par le prix Nobel Ramón y Cajal de la discontinuité du tissu nerveux).
2. Partie de l'oreille interne qui commande le sens de l'ouïe.
3. Organes mous situés à l'intérieur de la tête, du thorax ou de l'abdomen – notamment le cœur, le foie, l'estomac.
4. Parties du système nerveux qui règlent le fonctionnement des viscères (voir note précédente).

document 3.

« Le cerveau est un générateur d'hypothèses »

S'appuyant sur des exemples très concrets, Alain Berthoz, spécialiste de physiologie de la perception et de l'action, montre ici comment la perception sensorielle et l'action humaine sont à l'origine des fonctions cognitives les plus complexes. Le cerveau est le support biologique du système de traitement de l'information qui rend possible l'exercice de ces fonctions cognitives.

Les relations entre perception et action sont à l'origine des fonctions cognitives les plus complexes du cerveau. Pour se déplacer, les animaux et les hommes disposent de réseaux de neurones dans leur moelle épinière qui produisent des rythmes automatiques, comme la locomotion ou la course. Mais le problème de la coordination entre posture et mouvement est complexe. Il est résolu, entre autres, par une remarquable stabilisation de la tête, qui devient une plate-forme de guidage. La tête d'une autruche qui court est parfaitement stable. Mais le cerveau a surtout été développé pour capturer des proies et échapper à des prédateurs, grâce à des mouvements très rapides. Le cerveau d'un léopard qui cherche à attraper une gazelle n'a pas le temps de traiter toutes les informations de ses capteurs sensoriels : il faut qu'il les sélectionne. Un skieur n'a pas le temps d'évaluer tous les mouvements de son corps sur la piste. Il simule la trajectoire dans sa tête, et ne fait que vérifier de temps en temps l'état de quelques indices sensoriels qui lui sont utiles pour connaître sa position ou la distance au piquet.

Comment le cerveau intègre cette multiplicité d'informations qui sont données par les sens ? Quels sont les sens qui nous permettent d'évaluer ce mouvement et de prendre des décisions ?

La vision[1], bien sûr, nous permet d'examiner des objets. À partir de l'œil, les informations sur le monde visuel et les objets sont projetées sur les aires visuelles primaires[2], et l'identification des objets est assurée par quatre voies neuronales, deux voies courtes, le colliculus[3] et ses structures annexes qui véhiculent des informations de mouvement et permettent l'orientation vers une cible, et deux voies corticales. La première, dite ventrale, permet principalement l'identification des objets. Dans le cortex[4] inférotemporal se trouvent des neurones qui vont reconnaître des visages, des objets, véritable bibliothèque de représentations. La deuxième, dite dorsale, est plus impliquée dans les relations entre le corps et l'espace et le guidage de l'action.

En plus de ces voies, qui vont de la rétine vers les centres qui élaborent la perception des objets, il y a des voies en retour, qui influencent notre perception des objets. Lequel d'entre nous n'a pas, dans la nuit ou dans la pénombre, reconnu une girafe ou un éléphant, alors que ce n'était qu'un vulgaire

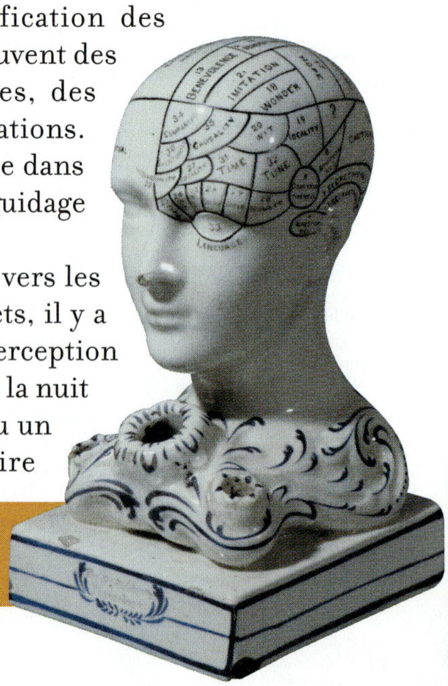

Dr Frederick Bridges, *Tête phrénologique*, école anglaise, XIXe siècle, porcelaine, collection particulière.

1. La compréhension fine de ce paragraphe supposerait des explications scientifiques qui n'ont pas leur place dans le cadre de ce dossier. Nous faisons néanmoins le choix de laisser ces quelques lignes parce qu'elles renvoient à un aspect du fonctionnement du cerveau à la fois essentiel et compréhensible intuitivement.
2. Le corps est représenté dans le cerveau, de manière répétitive, en quatre « cartes » complètes, deux par hémisphère (c'est-à-dire deux « cartes » dans chaque moitié de la partie principale du cerveau). Ainsi le cerveau peut-il interpréter et ordonner les signaux venus du monde environnant par l'intermédiaire des sens : sa représentation du corps lui permet de localiser la provenance des sensations. L'auteur explique ici comment cette reconnaissance fonctionne dans le domaine de la vision.
3. Le *colliculus* est une zone du cerveau qui joue un rôle décisif dans la perception du monde extérieur : chaque point du colliculus représente un point de l'espace environnant, la stimulation d'un de ces points par un stimulus visuel, auditif ou tactile permet d'orienter immédiatement le regard vers le stimulus, avant même de l'avoir reconnu.
4. Le *cortex* (mot latin signifiant « écorce ») est la surface du faisceau nerveux qui réunit les deux hémisphères du cerveau : les *voies corticales* conduisent au cerveau les signaux visuels émis par les yeux.

Andy Warhol (1928-1987), *Rorschach*, 1984, acrylique sur toile (50,8 x 40,6 cm), The Andy Warhol Foundation, New York.

rocher, ou un arbre ? Le cerveau projette sur le monde des préperceptions à partir des structures internes du cerveau, qui vont projeter sur les premiers relais sensoriels, et en particulier sur l'aire V1, des prereprésentations, des préperceptions. Cette idée n'est pas récente. Déjà les Grecs, comme Empédocle, avaient l'idée que le cerveau projetait un feu sur les objets, le cerveau ne se contentant pas de recevoir passivement les informations du monde. Il projetait une lumière. On retrouve quelques-uns des aspects de cette théorie dans les découvertes actuelles de la neurologie.

Un exemple illustre cette déformation que fait notre cerveau de la réalité du monde visuel. Sur une photo de Mme Thatcher, j'ai modifié les sourcils de façon à la rendre très laide en les inversant de haut en bas. Si je montre cette image à l'envers vous aurez du mal à reconnaître Mme Thatcher mais si vous la reconnaissez vous ne vous apercevrez pas qu'elle a les sourcils inversés. Le cerveau a projeté sur l'image une préperception issue de sa mémoire de la photo de Mme Thatcher que vous avez vue il y a longtemps. Le cerveau aime la *symétrie* ; il a tendance à symétriser les objets qu'il perçoit. Il aime aussi attribuer une *rigidité* des formes. Le cerveau est une machine qui traite l'information, mais une machine qui projette aussi ses contraintes, ses hypothèses, ses perceptions sur le monde.

Alain Berthoz, « Le cerveau et le mouvement », dans *Le Cerveau, le Langage, le Sens*, Université de tous les savoirs, 5, Odile Jacob, « Poches Odile Jacob », 2002, p. 132-133.

Pour aller plus loin

Bernard Andrieu, *L'Invention du cerveau. Anthologie des neurosciences*, Pocket, coll. « Agora », 2002.

Jean-Pierre Changeux, *L'Homme neuronal*, Fayard, coll. « Pluriel », 1983.

Jean-Pierre Changeux et **Paul Ricœur**, *Ce qui nous fait penser. La nature et la règle*, Odile Jacob, 1998.

Laurent Cohen, *L'Homme-thermomètre. Le Cerveau en pièces détachées*, Odile Jacob, 2003.

Jean-Jacques Feldmeyer, *Cerveau et Pensée. La Conquête des neurosciences*, Georg Éditeur, 2002.

Gilbet Ryle, *La Notion d'esprit* (1949), Payot, 1978.

partie 2

La culture

Patrick Tosani (né en 1954), *Le Temple*, 1983.

La culture

- Le langage
- L'art
- Le travail et la technique
- La religion
- L'histoire

Les hommes ne sont pas des animaux comme les autres...

Particulièrement démunis sur le plan physique, ils sont cependant presque « maîtres et possesseurs de la nature », pour reprendre une célèbre formule de Descartes. Longtemps, de façon assez paradoxale, on a pourtant attribué la supériorité de l'espèce humaine à sa **nature**. Pour expliquer la conscience, affirmer la capacité de la raison à chercher la vérité, fonder la possibilité de l'action technique ou morale, notre tradition philosophique, au moins jusqu'au XVIIIe siècle, renvoie, en effet, à l'existence d'une **nature humaine**, que l'expression soit ou non explicitement utilisée. Pourtant, s'il y a bien un domaine dans lequel les hommes sont très « inférieurs » à beaucoup d'autres animaux, c'est celui des forces dont la nature les dote à la naissance – forces réduites à un point tel que, s'ils devaient s'en contenter, les humains seraient condamnés à une mort aussi rapide que certaine.

Ces deux approches (nature originaire démunie et nature humaine dominante) sont moins contradictoires qu'il n'y paraît : plus que l'idée de nature humaine, c'est la notion de nature qui est très ambiguë. Le mot évoque, selon les contextes, soit ce qui existe avant et en dehors de toute intervention humaine dans le monde, soit l'ensemble des caractéristiques communes à tous les hommes, soit, à l'opposé du sens précédent, les propriétés spécifiques à un individu (son « essence », son « identité »), qui en font un être singulier. Au-delà de ces ambiguïtés, qui tiennent plus aux mots qu'aux concepts eux-mêmes, deux questions fondamentales sont très tôt systématiquement posées : qu'est-ce qui différencie le plus fondamentalement les hommes des autres animaux ? Qu'est-ce qui caractérise les activités spécifiquement humaines de transformation de la nature ? À la première question, la même réponse s'est très vite et toujours imposée : la **pensée** et le **langage** sont la marque par excellence de l'humanité. Si des théories ont pu diverger sur la nature exacte des liens entre pensée et langage, la certitude partagée que ces deux facultés sont à la fois indissociables et au fondement de toutes les autres potentialités humaines n'a jamais été ébranlée.

Pour répondre à la deuxième question, le mot « culture » n'a été employé que tardivement, et d'abord en dehors de la philosophie, lorsque l'ethnologie et l'anthropologie, au cours du XXe siècle, se sont progressivement constituées en sciences autonomes. Mais l'**opposition entre la nature et la culture** est bien, depuis l'Antiquité, le fil conducteur de la réflexion philosophique sur l'origine et la nature des activités qui permettent aux hommes de transformer ce qui, donné à l'état brut, n'est pas adapté à leurs besoins. Pourquoi travaillons-nous ? Dans quelle mesure ce **travail** est-il, à la fois, une activité qui libère les hommes de la soumission à la nature et sans doute aussi celle qui génère le plus de contraintes et d'inégalités ? Le développement du progrès **technique** est-il toujours bénéfique à l'ensemble de l'humanité ? Aujourd'hui encore, ces questions restent essentielles, tout simplement parce qu'elles sont au cœur de la **condition humaine.**

Mais la nécessité vitale n'a jamais été le seul facteur déterminant de transformation de la nature. Comment expliquer l'invention de l'**art**, de la **religion** ? À quels besoins répondent ces pratiques par excellence « culturelles » et essentielles (on serait tenté de dire « naturelles » !) au point qu'elles se sont développées dans toutes les sociétés ? Bien avant qu'elles ne constituent des objets d'étude privilégiés pour les sciences humaines, ces questions étaient au cœur de la réflexion philosophique.

Une dernière différence, fondamentale, entre l'ordre de la nature et celui de la culture englobe toutes celles qui viennent d'être évoquées : la condition humaine se distingue par les modalités de son inscription dans le temps. La nature change, mais ne le décide pas de façon consciente. L'humanité, elle, s'édifie peu à peu à travers un temps au cours duquel elle se définit de façon plus ou moins volontaire et plus ou moins réfléchie. L'homme est donc un être dont la « nature » se constitue progressivement au fil d'une **histoire** : ce qu'il est, ce qu'il fait ne sont pas déterminés d'avance selon des lois définitivement établies, mais se constituent de siècle en siècle, à la faveur d'héritages transmis de génération en génération, et, de plus en plus, d'échanges entre sociétés originairement éloignées les unes des autres. Cela fait de l'humanité une espèce engagée dans une historicité, peut-être à jamais inachevée : ce que certains courants philosophiques ont voulu exprimer en affirmant, d'une façon qui ne peut évidemment être prise à la lettre, que la nature de l'homme est de ne pas avoir de nature. Mais il est peut-être vain, tout simplement, de chercher absolument la frontière en l'homme entre le naturel et le culturel.

Le langage

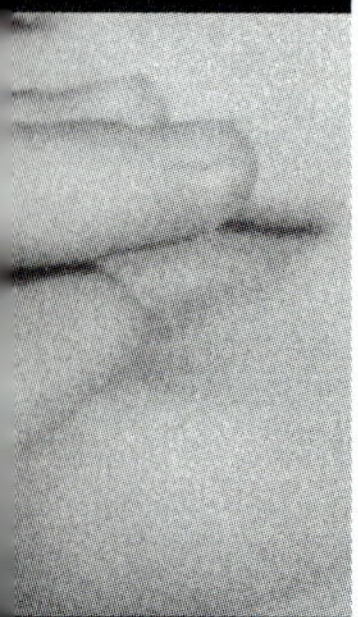

Ouverture

Garcia Marquez. Quand l'écriture vole au secours de la mémoire 134

Présentation 136

Textes 140

1 Nécessité de la communication

1 **Joëlle Proust.** Que faut-il entendre par langage ? 140
2 **Rousseau.** Pourquoi les hommes se sont mis à parler 141
3 **Descartes.** Le langage est le propre de l'homme 142
4 **Hegel.** Pensée et langage sont indissociables 143
5 **Merleau-Ponty.** « Toute pensée vient des paroles et y retourne » 143

2 Langage et langue

6 **Descartes.** Les mots ne ressemblent pas aux choses 145
7 **Saussure.** Le signe linguistique est arbitraire 145
8 **Benveniste.** Signification et convention 146
9 **Wittgenstein.** L'usage des mots fonctionne comme un calcul 146

3 Pouvoirs des mots

10 **Christophe.** Un système de communication « productif » à l'infini 147
11 **Nietzsche.** Le concept d'Être n'est qu'une invention du langage 148
12 **Goody.** L'écriture au service de la raison 149
13 **Platon.** Parole et domination 150

Géraldine Aresteanu (née en 1976), *Parler*, Roumanie, série *Portraits pour un mot*, 1998.

ouverture

Gabriel Garcia Marquez

Quand l'écriture vole au secours de la mémoire

Une bien mystérieuse épidémie s'abat sur le petit village sud-américain de Macondo, qui rend tous ses habitants insomniaques et leur fait bientôt perdre la mémoire. L'un d'eux pense avoir trouvé dans le recours à l'écriture le remède contre l'oubli. La fiction prend ici le relais de l'interrogation philosophique, sur les liens entre les mots et les choses, entre l'écriture, la transmission du savoir et la mémoire.

Ce fut Aureliano qui conçut la formule grâce à laquelle ils allaient se défendre pendant des mois contre les pertes de mémoire. Il la découvrit par hasard. Expert en insomnie puisqu'il avait été l'un des premiers atteints, il avait appris à la perfection l'art de l'orfèvrerie. Un jour, en cherchant la petite enclume qui lui servait à laminer les métaux, il ne se souvint plus de son nom. Son père le lui dit : « C'est un tas. » Aureliano écrivit le nom sur un morceau de papier qu'il colla à la base de la petite enclume : *tas*. Ainsi fut-il sûr de ne pas l'oublier à l'avenir. Il ne lui vint pas à l'idée que ce fût là un premier symptôme d'amnésie, parce que l'objet en question avait un nom facile à oublier. Pourtant, quelques jours plus tard, il s'aperçut qu'il éprouvait de la difficulté à se rappeler presque tous les objets du laboratoire. Alors il nota sur chacun d'eux leur nom respectif, de sorte qu'il lui suffirait de lire l'inscription pour pouvoir les identifier. Quand son père lui fit part de son inquiétude parce qu'il avait oublié jusqu'aux événements les plus marquants de son enfance, Aureliano lui expliqua sa méthode et José Arcadio Buendia la mit en pratique dans toute la maisonnée, et l'imposa plus tard à l'ensemble du village. Avec un badigeon trempé dans l'encre, il marqua chaque chose à son

nom : *table*, *chaise*, *horloge*, *porte*, *mur*, *lit*, *casserole*. Il se rendit dans l'enclos et marqua les animaux comme les plantes : *vache*, *bouc*, *cochon*, *poule*, *manioc*, *malanga*, *bananier*. Peu à peu, étudiant les infinies ressources de l'oubli, il se rendit compte que le jour pourrait bien arriver où l'on reconnaîtrait chaque chose grâce à son inscription, mais où l'on ne se souviendrait plus de son usage. Il se fit alors plus explicite. L'écriteau qu'il suspendit au garrot de la vache fut un modèle de la manière dont les gens de Macondo entendaient lutter contre l'oubli : *Voici la vache, il faut la traire tous les matins pour qu'elle produise du lait et le lait, il faut le faire bouillir pour le mélanger avec du café et obtenir du café au lait*. Ainsi continuèrent-ils à vivre dans une réalité fuyante, momentanément retenue captive par les mots, mais qui ne manquerait pas de leur échapper sans retour dès qu'ils oublieraient le sens même de l'écriture.

À l'entrée du chemin du marigot, on avait planté une pancarte portant le nom de *Macondo* et, dans la rue principale, une autre proclamant : *Dieu existe*. Pas une maison où l'on n'eût écrit ce qu'il fallait pour fixer dans la mémoire chaque chose, chaque sentiment.

Gabriel GARCIA MARQUEZ, *Cent ans de solitude*, trad. Cl. et C. Durand, Éd. du Seuil (1968), coll. « Points roman », 1980, p. 55-57.

Brigitte Enguerand, *Isabelle Huppert dans « 4.48 Psychose »* de Sarah Kane, mise en scène de Claude Régy, théâtre des Bouffes du Nord, Paris, 2002.

Le langage
Présentation

I | Nécessité de la communication

Textes 1 à 5
J. Proust, Rousseau, Descartes, Hegel, Merleau-Ponty,
p. 140-144.

En un sens large, peuvent être qualifiés de langages tous les **systèmes de signes** permettant la production de messages et leur compréhension (le code de la route, les symboles mathématiques sont en ce sens des langages). Le langage humain, auquel nous allons particulièrement nous intéresser, obéit à une définition plus stricte, tant au plan de la nature des signes qui le composent et de leurs règles de combinaison que par les fonctions qu'il remplit. Système très complexe, le langage humain est la condition non seulement de l'expression mais de l'élaboration même de la pensée ; quant aux formes de communication qu'il rend possibles, elles expliquent probablement en grande partie la survie de l'espèce humaine[1].

De la pensée au langage

La réflexion sur le langage humain a très longtemps privilégié sa fonction d'**instrument** au service de l'**expression de la pensée**. L'intuition commune va d'ailleurs dans le même sens : les mots véhiculent les idées, les bébés ne commencent à parler que lorsqu'ils commencent à penser, « Ce que l'on conçoit bien s'énonce clairement[2] », etc. Les hypothèses sur l'origine du langage, au-delà de leur relative diversité, confortent elles aussi ce type de représentations : si les « premiers hommes » ne s'étaient pas mis à penser, à se préoccuper d'autre chose que de satisfaire leurs besoins matériels immédiats, l'invention d'un moyen d'expression et de communication plus subtil que les cris, les regards ou les gestes, ne serait probablement jamais devenue nécessaire. On inventa les premières langues, suggère Rousseau, lorsque le besoin se fit sentir d'évoquer des réalités abstraites, ou absentes, et de communiquer à leur sujet.

Le fait que les animaux communiquent entre eux par toutes sortes de signes (variables d'une espèce à l'autre) et que, par exemple, les perroquets sont même capables de reproduire la langue qu'on leur a « apprise » ne suffit pas à contredire cette conviction que le langage sert à exprimer la pensée. Car, pour l'essentiel, les animaux n'échangent entre eux que des messages rigidement codés (sur l'emplacement d'une source de nourriture, sur la proximité d'un danger, pour exprimer une sensation...) ; et les phrases prononcées par les perroquets sont le résultat d'un dressage efficace mais n'ont (sinon par hasard) aucun rapport avec la situation dans laquelle ils les prononcent, ce qui prouve bien qu'elles ne sont motivées par aucune réflexion.

1. Voir « Autrui », p. 74. 2. Célèbre formule de l'écrivain français Boileau dans *L'Art poétique* (chant I, vers 29).

Communiquer pour penser et survivre

L'idée que la pensée précède et commande la parole est pourtant réductrice : **pensée et langage** sont en réalité **interdépendants.** Dans la tradition philosophique, Hegel est sans doute le premier à l'avoir clairement affirmé. Anticipant sur l'approche linguistique[1] de la nature des signes du langage, il réfute la hiérarchie classique qui subordonne l'extériorité (les mots) à l'intériorité (les idées qu'ils véhiculent) : loin d'être un indice de supériorité ou de profondeur exceptionnelle, le fait qu'une pensée soit inexprimable est au contraire, selon Hegel, la marque d'un défaut de clarté qui l'empêche d'accéder à la parole.

Ce réquisitoire contre le rêve d'une pensée si parfaite qu'elle pourrait totalement se passer du langage marque une rupture décisive avec la conviction, aussi ancienne que fausse, que parler n'est qu'un moyen d'expression. Au XXe siècle, la biologie[2], la paléontologie[3], la linguistique, la psychologie... confirment et complètent l'analyse philosophique inaugurée par Hegel : si langage et pensée sont indissociables, c'est que la **nécessité de communiquer pour survivre** est le moteur de leur développement conjoint chez les premiers hommes, mais aussi chez les enfants qui apprennent à parler[4].

Le langage est la faculté commune à tous les hommes de s'exprimer et de communiquer à l'aide de signes ; les langues sont les formes particulières que prend l'exercice de cette faculté au sein des différentes sociétés. Confirmant l'étroite interdépendance entre langage, pensée et communication, les linguistes vont montrer qu'une langue n'est pas seulement une liste d'étiquettes (les mots) correspondant terme à terme à une liste de choses ou d'idées, mais un système complexe de signes à la fois matériels (sonores et/ou graphiques) et psychiques.

2 | Langage et langue

Signes naturels et signes conventionnels

Textes 6 à 9
Descartes, Saussure, Benveniste, Wittgenstein,
p. 145-147.

Une langue est donc un système de signes dont il convient de préciser la nature. Un signe représente une chose, une situation, une idée... avec laquelle il entretient un lien soit **naturel**, soit **conventionnel**. On peut distinguer différentes sortes de signes, selon la nature du lien qu'ils entretiennent avec ce qu'ils représentent. Lorsque ce lien est naturel, les signes sont des **indices** : la fumée pour le feu, ou les traces de pas permettant de savoir que quelqu'un est passé à l'endroit où se trouvent les empreintes. Le lien entre l'indice et ce qu'il indique est une relation de cause à effet.

1. Voir la suite de cette présentation, p. 138-139, et les textes 7 et 8, p. 145-146. 2. Dans *Le Hasard et la Nécessité*, le biologiste français Jacques Monod (1910-1976), prix Nobel de physiologie et de médecine en 1965, développe l'idée selon laquelle l'apparition du langage a joué le rôle d'une « pression de sélection » déterminante pour la survie de l'espèce humaine. Devenue capable de parler suite à une mutation génétique brusque, l'espèce humaine aurait tiré profit de cette nouvelle capacité pour compenser sa très grande infériorité physique par le développement rapide de l'intelligence et de la communication. 3. Étude des fossiles, c'est-à-dire des traces très anciennes, dans les couches géologiques, d'espèces ou de formes de vie souvent disparues aujourd'hui. 4. Pour la plupart des psychologues qui s'intéressent au développement des enfants, la pensée ne précède pas le langage : dès la naissance, les deux fonctions se développent en étroite interaction, sous la pression notamment de la nécessité de communiquer pour « survivre » (c'est-à-dire, dans un premier temps, exprimer ses besoins et obtenir satisfaction).

Lorsque le lien est conventionnel, les signes sont des **symboles** : le rond rouge barré de blanc pour le sens interdit, la couleur verte pour l'espérance. On peut bien sûr observer que la barre blanche transversale du sens interdit (rue « barrée ») ou la couleur verte pour l'espérance (qui évoque peut-être le renouveau de la nature au printemps) ne sont pas choisies complètement au hasard, mais beaucoup d'autres symboles auraient fait l'affaire ; on est donc bien dans le domaine des choix conventionnels, au sens où aucun lien strict de cause à effet ne dicte tel choix plutôt que tel autre.

Spécificité des signes linguistiques

Les mots qui constituent les langues humaines, qualifiés de **signes linguistiques** par les spécialistes, présentent des caractères assez proches des symboles (mais ils sont totalement arbitraires ou « immotivés »). La thèse développée par Platon dans son dialogue *Cratyle*, selon laquelle les sons qui composent les mots seraient étroitement liés à leurs significations, n'est pas très convaincante (sauf pour les onomatopées – ces mots dont la sonorité imite phonétiquement ce qu'ils désignent, comme « cocorico » ou « dring »). Les sons et leurs associations sont reliés aux mots et à leurs significations de façon **arbitraire**[1] et **conventionnelle**[2]. Si tel n'était pas le cas, comment pourrait-on rendre compte de la très grande diversité des langues parlées dans le monde ?

Un signe linguistique est composé de deux parties indissociables, qualifiées par les linguistes de signifiant et de signifié. Le **signifiant** est la forme matérielle du mot, constituée de lettres (pour la forme écrite de la langue) ou de sons (pour sa forme orale) ; le **signifié** est la représentation mentale qui donne son sens au mot. Il importe de ne pas le confondre avec la réalité que le mot désigne (le **référent**), et à laquelle il renvoie. Ainsi, les éléments qui composent le mot « maison » ne sont articulés à bon escient – et compris par un auditeur – que dans la mesure où leur énonciation et leur audition sont inséparables des représentations mentales associées au mot « maison » par les utilisateurs de la langue française.

Les langues sont des systèmes

Les signes d'une langue sont organisés en **systèmes.** Un ensemble très complexe de **règles** détermine aussi bien les associations des sons (ou des syllabes pour l'écriture) qui composent les mots que les combinaisons de mots susceptibles de produire des phrases et des discours pourvus de sens. Chaque système (chaque langue) renvoie en outre à un **code**, qui fixe la signification de chaque mot. Pour communiquer entre eux, les utilisateurs d'une même langue ont besoin de connaître (sans en être nécessairement conscients) et surtout de respecter ces règles et ce code.

Ce qui, par exemple, est vrai du code de la route l'est à plus forte raison de la langue : de même que, pour conduire sans risque, il est préférable de connaître à la fois les règles de la circulation automobile sur les routes et la signification des panneaux de signalisation qu'on y rencontre, il faut, pour comprendre et être compris lorsqu'on parle, appliquer les principales règles de la grammaire et utiliser

1. Sans raison nécessaire. 2. Par opposition à *naturelle*. Voir aussi le texte 8, p. 146, note 1.

les mots conformément aux définitions fixées par les dictionnaires. On peut, à la rigueur, conduire sans connaître le code de la route du pays dans lequel on se déplace ; mais, dans le cas du langage, la maîtrise de la faculté de parler n'est pas dissociable de la maîtrise d'une langue particulière.

L'étude du fonctionnement du langage et des langues par les linguistes, en explicitant les conditions de la **signification** et de la **compréhension** d'une langue, vient ainsi confirmer, s'il en était encore besoin, l'étroitesse des liens entre **langage**, **pensée** et **communication**.

3 | Pouvoirs des mots

Langage et pouvoir sur le monde

Textes 10 à 13
Christophe, Nietzsche, Goody, Platon,
p. 147-151.

Dans sa forme spécifique à l'espèce humaine, le langage, en même temps et parce qu'il rend possible l'élaboration de la pensée, contribue à la maîtrise du monde par la **connaissance** : les langues permettent de produire un nombre infini d'**unités de sens** pour nommer les choses et organiser la réalité[1]. C'est du reste l'un des fondements de la critique nietzschéenne de la métaphysique classique : la catégorie philosophique de l'Être ne serait rien d'autre qu'une pure invention, rendue possible, précisément, par le fait qu'il peut suffire de nommer une chose pour arriver à faire croire à son existence.

On pourrait rapprocher cette critique de celle parfois adressée à l'**écriture**, accusée de figer la pensée et de favoriser l'oubli qu'elle prétend combattre[2]. Mais l'écriture offre aussi, à l'inverse, la meilleure illustration de l'**ambivalence du pouvoir des mots** : c'est elle qui, en fixant le savoir, libère la mémoire et repousse très loin les limites de l'activité intellectuelle.

Langage et pouvoir sur les autres

Le pouvoir des mots peut être redoutable. Pensons à tous ces métiers dont l'exercice de la parole constitue l'un des principaux moyens d'action – pour le meilleur et pour le pire... Les avocats, les enseignants, les journalistes, les hommes politiques... n'ont-ils pas un « privilège » analogue à celui revendiqué par Gorgias – soumettre les auditeurs à l'esclavage de la rhétorique[3] ? Certes, mais ils ont aussi celui de mettre leur savoir et leur habileté au service des autres : les défendre, les instruire, les informer, les gouverner dans le souci du bien commun[4].

1. Voir, dans « L'interprétation », le texte 2 de Lévi-Strauss, p. 311. Un tout autre aspect des liens entre langage et action sur la réalité a été particulièrement étudié par la philosophie analytique anglaise : qualifiant de *performatifs* (de l'anglais *to perform*, « accomplir, effectuer ») des énoncés tels que « je te baptise », « je te promets de », « je te jure que », ces philosophes ont montré que la parole se confond alors avec l'action, au lieu de simplement l'accompagner. En effet, les énoncés cités ne décrivent pas une action possible ou à venir : ils *sont* l'action de baptiser, de promettre, de jurer. Voir par exemple J. L. Austin, *Quand dire c'est faire*, Éd. du Seuil, coll. « Points essais », 1991. 2. Voir notamment Platon, *Phèdre*, 274d-275d. Voir aussi le texte qui ouvre ce chapitre, p. 134. 3. Art du discours habile et efficace. Voir également « L'art », p. 156. 4. Voir « L'opinion publique et les médias », p. 438-445.

1 | Nécessité de la communication

texte 1

Joëlle Proust.
Que faut-il entendre par langage ?

À quelles conditions un système de signaux peut-il être qualifié de langage au sens strict ? Pour la philosophe Joëlle Proust (qui pose, à propos des animaux non pourvus de langage, la question des liens entre pensée et langage), la qualification de « langage » doit être réservée aux systèmes de communication qui permettent non seulement la compréhension du sens des messages échangés, mais aussi la prise en compte des intentions de communication sous-jacentes aux messages.

Le terme de « langage » est parfois appliqué en éthologie[1] de manière relativement vague, pour désigner tout type de signalisation complexe qui permet à un récepteur d'identifier correctement le contenu du message. Pris au sens strict, ne constitue un langage que ce qui satisfait à plusieurs conditions. C'est un ensemble de formules : 1) organisées par une grammaire – les formules sont composées de termes discrets[2], combinables selon des règles syntaxiques ; 2) pourvues d'une interprétation – elles expriment des faits du monde, et peuvent être vraies ou fausses. Enfin on considère souvent (mais pas toujours : le concept de langage peut être défini indépendamment de la fonction de communiquer) que tout langage répond à une condition pragmatique – touchant à la manière d'utiliser ses formules. Il n'y a langage (en ce sens) que si le récepteur comprend le contenu du signal comme l'expression de l'intention qu'a l'émetteur que le récepteur reconnaisse son intention présente de communiquer. Cette condition compliquée revient à dire qu'un échange de signaux codés ne peut suffire à former un langage ; pour qu'il y ait langage, le récepteur doit être capable d'inférer[3], à partir du message littéralement transmis et des circonstances de l'énonciation, l'intention avec laquelle le locuteur produit ce message dans le contexte particulier où il est émis. Le langage est donc bien davantage que l'exploitation d'un code commun à l'émetteur et au récepteur ; il suppose la compréhension de l'intention qui préside à l'envoi du message[4].

Joëlle Proust, *Les animaux pensent-ils ?*, Bayard, 2003, p. 66-67.

1. Étude scientifique des comportements animaux.
2. D'unités distinctes.
3. De déduire.
4. Cette intention est complexe, puisqu'elle inclut l'attribution au récepteur d'intentions propres.

texte 2

Rousseau. Pourquoi les hommes se sont mis à parler

Pourquoi les hommes ne se sont-ils pas durablement contentés du langage naturel des cris et des gestes ? Dans le texte qui suit, Rousseau fait l'hypothèse qu'ils se sont mis à parler lorsqu'ils ont eu à satisfaire des besoins de communication qui ne se limitaient plus au concret et au présent, que les cris ou les gestes suffisaient à exprimer.

Le premier langage de l'homme, le langage le plus universel, le plus énergique, et le seul dont il eut besoin, avant qu'il fallût persuader des hommes assemblés, est le cri de la nature. Comme ce cri n'était arraché que par une sorte d'instinct dans les occasions pressantes, pour implorer du secours dans les grands dangers, ou du soulagement dans les maux violents, il n'était pas d'un grand usage dans le cours ordinaire de la vie, où règnent des sentiments plus modérés. Quand les idées des hommes commencèrent à s'étendre et à se multiplier, et qu'il s'établit entre eux une communication plus étroite, ils cherchèrent des signes plus nombreux et un langage plus étendu : ils multiplièrent des inflexions de la voix, et y joignirent les gestes, qui, par leur nature, sont plus expressifs, et dont le sens dépend moins d'une détermination antérieure. Ils exprimaient donc les objets visibles et mobiles par des gestes, et ceux qui frappent l'ouïe, par des sons imitatifs : mais comme le geste n'indique guère que les objets présents, ou faciles à décrire, et les actions visibles ; qu'il n'est pas d'un usage universel, puisque l'obscurité, ou l'interposition d'un corps le rendent inutile, et qu'il exige l'attention plutôt qu'il ne l'excite, on s'avisa enfin de lui substituer les articulations de la voix, qui, sans avoir le même rapport avec certaines idées, sont plus propres à les représenter toutes, comme signes institués ; substitution qui ne put se faire que d'un commun consentement, et d'une manière assez difficile à pratiquer pour des hommes dont les organes grossiers n'avaient encore aucun exercice, et plus difficile encore à concevoir en elle-même, puisque cet accord unanime dut être motivé, et que la parole paraît avoir été fort nécessaire, pour établir l'usage de la parole.

On doit juger que les premiers mots, dont les hommes firent usage, eurent dans leur esprit une signification beaucoup plus étendue que n'ont ceux qu'on emploie dans les langues déjà formées, et qu'ignorant la division du discours en ses parties constitutives, ils donnèrent d'abord à chaque mot le sens d'une proposition entière.

› Repères
Voir
Universel / Général / Particulier / Singulier.

Jean-Jacques ROUSSEAU, *Discours sur l'origine et les fondements de l'inégalité parmi les hommes* (1755), Hatier, coll. « Les classiques de la philosophie », 1999, p. 41-42.

Questions

1. En quel sens le « premier langage de l'homme », tel que se le représente Rousseau, peut-il être qualifié d'« universel » ?
2. Expliquez la phrase « on s'avisa enfin de lui substituer... comme signes institués » (l. 17-19). À quelles caractéristiques du langage humain renvoie cette hypothèse de Rousseau sur l'origine des langues ?
3. Comment comprenez-vous l'allusion du début du texte à la nécessité de « persuader des hommes assemblés » (l. 2-3) ?

texte 3

Descartes. Le langage est le propre de l'homme

Qu'est-ce qui distingue le plus fondamentalement les hommes des autres animaux ? Un des premiers à affirmer que les corps des uns et des autres sont comparables à des machines, Descartes propose ici un critère de distinction selon lui indiscutable entre les hommes et les autres animaux : seuls les hommes parlent de façon sensée, preuve qu'eux seuls sont dotés de la faculté de penser.

Enfin il n'y a aucune de nos actions extérieures, qui puisse assurer ceux qui les examinent, que notre corps n'est pas seulement une machine qui se remue de soi-même, mais qu'il y a aussi en lui une âme qui a des pensées, excepté les paroles, ou autres signes faits à propos des sujets qui se présentent, sans se rapporter à aucune passion. Je dis les paroles ou autres signes, parce que les muets se servent de signes en même façon que nous de la voix ; et que ces signes soient à propos, pour exclure le parler des perroquets, sans exclure celui des fous, qui ne laisse pas d'être à propos des sujets qui se présentent, bien qu'il ne suive pas la raison ; et j'ajoute que ces paroles ou signes ne se doivent rapporter à aucune passion, pour exclure non seulement les cris de joie ou de tristesse, et semblables, mais aussi tout ce qui peut être enseigné par artifice aux animaux ; car si on apprend à une pie à dire bonjour à sa maîtresse, lorsqu'elle la voit arriver, ce ne peut être qu'en faisant que la prolation[1] de cette parole devienne le mouvement de quelqu'une de ses passions ; à savoir, ce sera un mouvement de l'espérance qu'elle a de manger, si l'on a toujours accoutumé de lui donner quelque friandise, lorsqu'elle l'a dit ; et ainsi toutes les choses qu'on fait faire aux chiens, aux chevaux et aux singes, ne sont que des mouvements de leur crainte, de leur espérance, ou de leur joie, en sorte qu'ils les peuvent faire sans aucune pensée. Or il est, ce me semble, fort remarquable que la parole, étant ainsi définie, ne convient qu'à l'homme seul. Car, bien que Montaigne et Charron[2] aient dit qu'il y a plus de différence d'homme à homme, que d'homme à bête, il ne s'est toutefois jamais trouvé aucune bête si parfaite, qu'elle ait usé de quelque signe, pour faire entendre à d'autres animaux quelque chose qui n'eût point de rapport à ses passions ; et il n'y a point d'homme si imparfait, qu'il n'en use ; en sorte que ceux qui sont sourds et muets inventent des signes particuliers, par lesquels ils expriment leurs pensées. Ce qui me semble un très fort argument pour prouver que ce qui fait que les bêtes ne parlent point comme nous est qu'elles n'ont aucune pensée, et non point que les organes leur manquent. Et on ne peut dire qu'elles parlent entre elles, mais que nous ne les entendons pas ; car, comme les chiens et quelques autres animaux nous expriment leurs passions, ils nous exprimeraient aussi bien leurs pensées, s'ils en avaient.

René DESCARTES, Lettre du 23 novembre 1646 au marquis de Newcastle, dans *Œuvres et Lettres*, Gallimard, coll. « Bibliothèque de la Pléiade », 1953, p. 1255-1256.

1. Du verbe « proférer ». Synonyme d'énonciation.
2. Théologien et philosophe français (1541-1603), ami de Montaigne.

texte 4

Hegel.
Pensée et langage sont indissociables

Les mots sont-ils de simples véhicules de la pensée ? Si tel était le cas, il faudrait presque regretter que la pensée ne se suffise pas à elle-même. Hegel met ici en évidence la complexité des liens entre langage, pensée et réalité : c'est l'étroite association entre les mots et les idées qui permet aux hommes à la fois de se représenter les choses et de les nommer.

Nous n'avons savoir de nos pensées – nous n'avons des pensées déterminées, effectives – que quand nous leur donnons la forme de l'*ob-jectivité*[1], de l'*être-différencié* d'avec notre *intériorité*, donc la figure de l'*extériorité*, et, à la vérité, d'une extériorité *telle* qu'elle porte, en même temps, l'empreinte de la suprême *intériorité*. Un extérieur ainsi intérieur, seul l'est le *son articulé*, le *mot*. C'est pourquoi vouloir penser sans mots – comme *Mesmer*[2] l'a tenté une fois – apparaît comme une déraison, qui avait conduit cet homme, d'après ce qu'il assura, presque à la manie délirante. Mais il est également risible de regarder le fait, pour la pensée, d'être liée au mot comme un défaut de la première et comme une infortune ; car, bien que l'on soit d'avis ordinairement que l'*inexprimable* est précisément ce qui est le plus excellent, cet avis cultivé par la vanité n'a pourtant pas le moindre fondement, puisque l'inexprimable est, en vérité, seulement quelque chose de trouble, en fermentation, qui n'acquiert de la clarté que lorsqu'il peut accéder à la parole. Le mot donne, par suite, aux pensées leur être-là le plus digne et le plus vrai. Assurément, on peut aussi – sans se saisir de la Chose – se battre avec les mots. Cependant, ce n'est pas là la faute du mot, mais celle d'une pensée défectueuse, indéterminée, sans teneur. De même que la *pensée* vraie est la *Chose*, de même le *mot* l'est aussi, lorsqu'il est employé par la pensée vraie. C'est pourquoi, en se remplissant du mot, l'intelligence accueille en elle la nature de la Chose.

Friedrich HEGEL, *Encyclopédie des sciences philosophiques* (1817), t. III, *Philosophie de l'esprit*, § 462, Addition, trad. B. Bourgeois, Vrin, coll. « Bibliothèque des textes philosophiques », 1998, p. 560-561.

1. Hegel joue ici sur le mot. *Ob-jectum* est « ce qui est jeté, posé devant moi ».
2. Franz Anton Mesmer (1734-1815) fut un médecin et un magnétiseur célèbre en Allemagne.

› Repères
Voir
Objectif / Subjectif.

texte 5

Merleau-Ponty. « Toute pensée vient des paroles et y retourne »

Faut-il rêver d'une pensée qui se suffirait à elle-même ou d'un langage si parfait qu'il pourrait tout dire ? À ces rêves selon lui parfaitement illusoires, Merleau-Ponty oppose, comme Hegel (voir le texte précédent), la conviction que les limites de l'un et de l'autre résident dans le fait qu'ils sont interdépendants ; mais c'est aussi même de cette interdépendance que pensée et langage tirent chacun leur extraordinaire richesse.

Le langage ne serait pas, selon le mot de Freud, un « réinvestissement » total de notre vie, notre élément, comme l'eau est l'élément des poissons, s'il doublait du dehors une pensée qui légifère dans sa solitude pour toute autre pensée possible. Une pensée et une expression parallèles devraient être chacune dans son ordre complètes, on ne pourrait concevoir d'irruption de l'une dans l'autre, d'interception de l'une par l'autre. Or l'idée même d'un énoncé *complet* est inconsistante : ce n'est pas parce qu'il est en soi complet que nous le comprenons, c'est parce que nous avons compris que nous le disons complet ou suffisant. Il n'est pas davantage de pensée qui soit complètement pensée et qui ne demande à des mots le moyen d'être présente à elle-même. Pensée et parole s'escomptent[1] l'une l'autre. Elles se substituent continuellement l'une à l'autre. Elles sont relais, stimulus l'une pour l'autre. Toute pensée vient des paroles et y retourne, toute parole est née dans les pensées et finit en elles. Il y a entre les hommes et en chacun une incroyable végétation de paroles dont les « pensées » sont la nervure. – On dira : mais enfin, si la parole est autre chose que bruit ou son, c'est que la pensée y dépose une charge de sens – et le sens lexical ou grammatical d'abord –, de sorte qu'il n'y a jamais contact que de la pensée avec la pensée. Bien sûr, des sons ne sont parlants que pour une pensée, cela ne veut pas dire que la parole soit dérivée ou seconde. Bien sûr, le système même du langage a sa structure pensable. Mais, quand nous parlons, nous ne la pensons pas comme la pense le linguiste, nous n'y pensons pas même, nous pensons à *ce que nous disons*. Ce n'est pas seulement que nous ne puissions penser à deux choses à la fois : on dirait que, *pour* avoir devant nous un signifié[2], que ce soit à l'émission ou à la réception, *il faut* que nous cessions de nous représenter le code et même le message, que nous nous fassions purs opérateurs de la parole. La parole opérante fait penser et la pensée vive trouve magiquement ses mots. Il n'y a pas *la* pensée et *le* langage, chacun des deux ordres à l'examen se dédouble et envoie un rameau dans l'autre. Les opérations expressives se passent entre parole pensante et pensée parlante, et non pas, comme on le dit légèrement, entre pensée et langage. Ce n'est pas parce qu'ils sont parallèles que nous parlons, c'est parce que nous parlons qu'ils sont parallèles. La faiblesse de tout « parallélisme » est qu'il se donne des correspondances entre les ordres et nous masque les opérations qui d'abord les ont produites par empiètement. Les « pensées » qui tapissent la parole et font d'elle un système compréhensible, les champs ou dimensions de pensée que les grands auteurs et notre propre travail ont installés en nous sont des ensembles ouverts de significations disponibles que nous ne réactivons pas, ce sont des sillages du penser que nous ne retraçons pas, que nous continuons. Nous avons cet acquis comme nous avons des bras, des jambes, nous en usons sans y penser, comme nous « trouvons » sans y penser nos jambes, nos bras.

Maurice Merleau-Ponty, *Signes*, Préface,
Gallimard, coll. « Folio essais », 1960, p. 32-34.

1. C'est-à-dire : ont besoin l'une de l'autre.
2. L'auteur emprunte ici ses termes à la linguistique : voir la présentation de ce chapitre, p. 138.

Questions

1. Pourquoi « l'idée même d'un énoncé *complet* » est-elle « inconsistante » (l. 6-7) ? Appuyez votre réponse sur l'explication de ce qu'il faut entendre ici par « complet » et « inconsistante ».
2. « Il y a entre les hommes et en chacun une incroyable végétation de paroles dont les "pensées" sont la nervure » (l. 14-15). Comment comprenez-vous cette métaphore ? Cherchez des exemples précis de situations de communication qui justifient et illustrent cette affirmation.
3. Expliquez la référence au « parallélisme » (l. 31-35) et la critique qu'en fait l'auteur.

2 | Langage et langue

texte 6 Descartes. Les mots ne ressemblent pas aux choses

Comment peut-on croire à l'existence d'une quelconque ressemblance entre les choses, les idées et les mots[1] ? Descartes dénonce ici l'absurdité qui consiste à croire que les mots ressemblent à ce qu'ils nomment.

[...] encore que chacun se persuade communément que les idées que nous avons en notre pensée sont entièrement semblables aux objets dont elles procèdent, je ne vois point toutefois de raison qui nous assure que cela soit ; mais je remarque, au contraire, plusieurs expériences qui nous en doivent faire douter.

Vous savez bien que les paroles, n'ayant aucune ressemblance avec les choses qu'elles signifient, ne laissent pas de nous les faire concevoir[2], et souvent même sans que nous prenions garde au son des mots, ni à leurs syllabes ; en sorte qu'il peut arriver qu'après avoir ouï un discours, dont nous aurons fort bien compris le sens, nous ne pourrons pas dire en quelle langue il aura été prononcé.

René DESCARTES, *Le Monde* (inachevé, publication posthume en 1664), dans Geneviève RODIS-LEWIS, *Descartes, Textes et Débats*, Le Livre de Poche, 1984, p. 457-458.

1. La question a été posée dès l'Antiquité grecque. Voir plus bas note 1 du texte 8 de Benveniste.
2. Ne nous empêchent pas de les concevoir.

Repères
Voir **Ressemblance / Analogie**.

texte 7 Saussure. Le signe linguistique est arbitraire

Quelle est la nature du lien qui unit les signes du langage et ce qu'ils signifient ? Saussure[1] explique ici comment, dans toutes les langues, les mots résultent de l'association, arbitrairement choisie, entre des sons.

Le lien unissant le signifiant au signifié est arbitraire, ou encore, puisque nous entendons par signe le total résultant de l'association d'un signifiant à un signifié, nous pouvons dire plus simplement : *le signe linguistique est arbitraire*.

Ainsi l'idée de « sœur » n'est liée par aucun rapport intérieur avec la suite de sons *s – ö – r* qui lui sert de signifiant[2] ; il pourrait être aussi bien représenté par n'importe quelle autre : à preuve les différences entre les langues et l'existence même de langues différentes : le signifié « bœuf » a pour signifiant *b – ö – f* d'un côté de la frontière, et *o – k – s (Ochs)* de l'autre. [...]

Le mot *arbitraire* appelle aussi une remarque. Il ne doit pas donner l'idée que le signifiant dépend du libre choix du sujet parlant (on verra plus bas qu'il n'est pas au pouvoir de l'individu de rien changer à un signe une fois établi dans un groupe linguistique) ; nous voulons dire qu'il est immotivé, c'est-à-dire arbitraire par rapport au signifié[3], avec lequel il n'a aucune attache naturelle dans la réalité.

Ferdinand DE SAUSSURE, *Cours de linguistique générale* (1906-1911), Payot, 1995, p. 100-101.

1. Le linguiste suisse Ferdinand de Saussure (1857-1913) est le principal fondateur de la linguistique moderne – étude des règles de fonctionnement des langues humaines et de la nature des signes qui les constituent.
2. Sur le sens de ce terme, voir la présentation de ce chapitre, p. 138.
3. Voir note précédente.

texte 8

Benveniste. Signification et convention

Le fait que les signes linguistiques sont arbitraires implique-t-il qu'on puisse les utiliser n'importe comment ? S'il n'y a pas de lien naturel ou nécessaire entre sons et significations, les utilisateurs d'une même langue ne peuvent à plus forte raison se comprendre que s'ils emploient toujours les mêmes mots pour parler des mêmes choses.

Ce qui est arbitraire, c'est que tel signe, et non tel autre, soit appliqué à tel élément de la réalité, et non à tel autre. En ce sens, et en ce sens seulement, il est permis de parler de contingence, et encore sera-ce moins pour donner au problème une solution que pour le signaler et en prendre provisoirement congé. Car ce problème n'est autre que le fameux : *phusei* ou *thesei*[1] ? et ne peut être tranché que par décret. C'est en effet, transposé en termes linguistiques, le problème métaphysique de l'accord entre l'esprit et le monde, problème que le linguiste sera peut-être un jour en mesure d'aborder avec fruit, mais qu'il fera mieux pour l'instant de délaisser. Poser la relation comme arbitraire est pour le linguiste une manière de se défendre contre cette question et aussi contre la solution que le sujet parlant y apporte instinctivement. Pour le sujet parlant, il y a entre la langue et la réalité adéquation complète : le signe recouvre et commande la réalité ; mieux, il est cette réalité [...].

Émile BENVENISTE[2], *Problèmes de linguistique générale*, Gallimard, coll. « Tel », t. I, 1966, p. 52.

1. En grec : « fait de nature » ou « institution ». Le problème est effectivement aussi ancien que célèbre : c'est déjà celui que pose Platon dans le *Cratyle*, dialogue qui oppose Socrate et Hermogène sur la question de savoir si les noms des choses représentent leurs essences, ou si les liens entre mots et choses sont pour la plupart de pure convention.
2. Linguiste français (1902-1976).

› Repères
Voir **Contingent / Nécessaire / Possible.**

texte 9

Wittgenstein. L'usage des mots fonctionne comme un calcul

Pourquoi la communication par la parole est-elle aussi souvent efficace ? En s'appuyant sur des exemples très simples d'usage ordinaire de la langue, Wittgenstein montre que parler revient à appliquer des règles et à respecter un code, comme pour le calcul : l'efficacité de la communication linguistique dépend de l'usage, conforme ou non conforme, du code et des règles par celui qui parle ainsi que par celui à qui les mots sont adressés.

Il n'y a précisément pas, entre la façon d'utiliser nos mots dans la langue et un calcul, une pure et simple analogie ; bien plutôt je peux effectivement prendre le concept de calcul de façon à ce que l'usage des mots tombe sous ce concept. Je vais tout de suite expliquer comment je l'entends. J'ai ici un flacon de benzine. À quoi cela me sert-il ? Eh bien, à nettoyer. Maintenant, il y a là, collée, une étiquette avec l'inscription « Benzine ». Eh bien, pourquoi cette inscription est-elle là ? Je nettoie bien avec la benzine, mais pas avec l'inscription. (Il est clair, naturellement, qu'à la place de cette inscription, on pourrait avoir n'importe quelle autre.) Eh bien, cette inscription est un point d'application pour un calcul, à savoir pour l'usage. Je peux vous dire en effet : « Allez chercher la benzine ! » Et, au moyen de cette étiquette, il y a une règle conformément à laquelle vous pouvez procéder. Quand vous allez chercher la benzine, c'est encore un pas dans ce même calcul qui est déterminé au moyen de ces règles. J'appelle le tout un calcul parce qu'il y a présentement deux possibilités : ou bien vous procédez conformément à la règle ou bien vous procédez non conformément à la règle ; en ce cas je suis en position de dire quelque chose comme : « Non, ce que vous êtes allé chercher n'était certainement pas de la benzine ! »

Les noms dont nous nous servons dans la vie quotidienne sont toujours de petits écriteaux de ce genre que nous accrochons sur les choses et dont nous nous servons comme points d'application d'un calcul. Je peux par exemple accrocher sur moi un petit écriteau avec le nom « Wittgenstein », sur vous, un autre avec l'inscription « Waismann ». Je peux aussi à la place faire quelque chose d'autre : je désigne avec le bras successivement cette direction, celle-là, puis celle-là, et je dis : Monsieur Müller, Monsieur Waismann, Monsieur Meier. J'ai produit ce faisant à nouveau des points d'application pour un calcul. Je peux par exemple dire : Monsieur Waismann, allez Fruchtgasse[1] ! Qu'est-ce que cela veut dire ? Est accroché ici à nouveau un petit écriteau avec l'inscription « Fruchtgasse ». C'est seulement par ce moyen que je peux déterminer si ce que vous faites est correct ou non.

Ludwig WITTGENSTEIN, « Intention, vouloir dire, signifier » (1931), dans *Manifeste du cercle de Vienne et autres écrits*, dir. A. Soulez, trad. B. Cassin, C. Chauviré, A. Guitard, J. Sebestik, A. Soulez, J. Vickers, PUF, coll. « Philosophie d'aujourd'hui », 1985, p. 277.

1. *Fruchtgasse* est le nom de la rue où habitait *Waismann*, l'interlocuteur de Wittgenstein dans cet entretien. M. *Müller* et M. *Meier* ne sont pas, semble-t-il, des personnes réelles.

3 | Pouvoirs des mots

texte 10 Christophe. Un système de communication « productif » à l'infini

D'où vient la supériorité du langage humain sur tous les autres systèmes de communication ? La psycholinguiste Anne Christophe confirme ici une découverte essentielle des tout premiers travaux de la linguistique : dans les langues humaines, on peut construire un nombre infini de phrases à partir d'un nombre fini de mots. C'est en ce sens qu'il faut comprendre l'affirmation selon laquelle le langage humain est un système de communication « productif ».

D'une part, tous les êtres humains parlent. On n'a jamais trouvé une culture, aussi isolée soit-elle, qui ne possède pas de langage. D'autre part, aucune autre espèce animale ne possède un système de communication productif. D'autres animaux communiquent aussi entre eux, de manière plus ou moins complexe selon les espèces, mais il n'y a rien qui ressemble au langage, permettant de formuler un nombre infini de phrases à partir d'un nombre fini de « mots[1] ». De nombreuses tentatives ont eu lieu pour apprendre une langue humaine à d'autres espèces, en particulier aux chimpanzés. Un exemple célèbre est celui de ce couple de chercheurs qui a décidé d'adopter un bébé chimpanzé à la naissance de leur propre enfant. Au bout de deux ans environ, il a fallu arrêter l'expérience : en effet le bébé humain commençait à parler, mais pas le bébé chimpanzé ; par contre, le chimpanzé grimpait parfaitement bien au sommet des arbres, et avait tendance à y entraîner son « frère » ! D'autres tentatives ont été faites en utilisant la langue

1. Voir aussi, dans « Le travail et la technique », le texte 4 de Lestel, p. 198.

des signes des sourds-muets, car si les chimpanzés ne peuvent pas articuler les sons des langues humaines, en revanche, ils ont des mains semblables aux nôtres. Or, les langues des signes (il en existe plusieurs) possèdent les mêmes caractéristiques que les langues humaines parlées : elles aussi ont des règles syntaxiques, qui suivent les mêmes principes structurels que les langues parlées. Mais cette tentative aussi a échoué : les chimpanzés arrivent à apprendre un vocabulaire assez important, de l'ordre de plusieurs centaines de mots (contre 50 000 ou 100 000 pour un être humain). Ils parviennent donc bien à utiliser un symbole pour un concept. Par contre, l'aspect syntaxique, ou productif, du langage, c'est-à-dire la capacité à combiner des mots pour former de nouveaux sens, n'apparaît jamais.

Anne CHRISTOPHE, « L'apprentissage du langage (les bases cérébrales du langage) », dans *Le Cerveau, le Langage, le Sens*, Université de tous les savoirs, 5, Odile Jacob, « Poches Odile Jacob », 2002, p. 199.

texte 11 Nietzsche. Le concept d'Être n'est qu'une invention du langage

Le fait de donner un nom à une chose ou à une idée peut-il suffire à faire croire à son existence ? Pour Nietzsche, le pouvoir des mots est trompeur au point qu'il porte une grande part de responsabilité dans l'histoire même de la philosophie : la *raison*, l'*Être*, *Dieu*... pourraient bien n'être que de pures inventions, sans rapport avec la moindre réalité. Mais le fait d'avoir un jour nommé ces abstractions a contribué à créer l'illusion de leur importance.

Il en va ici comme pour le mouvement du soleil : dans ce dernier cas, ce sont nos yeux qui plaident constamment en faveur de l'erreur ; dans l'autre[1], c'est notre *langage*. Le langage remonte, par son origine, à l'époque de la forme la plus rudimentaire de psychologie : nous entrons dans un grossier fétichisme quand nous prenons conscience des présupposés fondamentaux de la métaphysique du langage, traduisez : de la *raison*. C'est *elle* qui voit partout sujet agissant et action ; elle, qui croit à la volonté comme cause ; elle, qui croit au « moi », au moi comme être, au moi comme substance, et *projette* la croyance au moi-substance sur toutes les choses – elle *forge* ainsi le concept de « chose ». Partout l'Être comme cause est rajouté par la pensée, *glissé dessous* tout phénomène[2] ; c'est de la conception du « moi » que découle son dérivé, le concept d'« être »... Au commencement se trouve l'erreur fatale qui veut que la volonté soit quelque chose qui *agit*, – que la volonté soit une *faculté*... Aujourd'hui, nous savons que ce n'est qu'un mot... [...] De fait, rien n'a eu jusqu'ici de force persuasive plus naïve que l'erreur de l'Être, telle que l'ont formulée par exemple les Éléates[3] : cette erreur a pour elle chaque mot, chaque phrase que nous prononçons ! – Même les adversaires des Éléates ont encore succombé à l'insidieuse séduction de leur concept de l'Être : entre autres, Démocrite[4], quand il a inventé son *atome*... La « raison » dans le langage : oh, quelle vieille bonne femme trompeuse ! Je crains que nous ne puissions nous défaire de Dieu, car nous avons encore foi en la grammaire...

Friedrich NIETZSCHE, *Crépuscule des idoles* (1888), Hatier, coll. « Les classiques de la philosophie », 2001, p. 27-28.

1. Dans les lignes qui précèdent, Nietzsche dénonce les préjugés de la raison, qui la conduisent, selon lui, à inventer des catégories pour mettre de l'ordre dans la réalité et à leur donner des noms.
2. Ce qui apparaît, ce qui est perceptible.
3. Penseurs grecs originaires de la ville d'Élée, en Asie Mineure, qui affirmaient le caractère illusoire et trompeur de la connaissance sensible. Les plus célèbres sont Parménide et Zénon (Ve siècle av. J.-C.).
4. *Démocrite* (vers 460-370 av. J.-C.) : ce contemporain de Socrate a affirmé le premier la composition atomique de la matière.

> **Repères**
Voir **Cause / Fin, Croire / Savoir, Origine / Fondement, Persuader / Convaincre.**

texte 12

Goody.
L'écriture au service de la raison

Quelles transformations décisives les sociétés humaines doivent-elles à l'écriture ? En rendant possible la conservation du discours dans le temps, et donc la transmission et l'échange des messages au-delà du moment de leur production, l'écriture a profondément transformé et développé les processus d'élaboration et de stockage de la connaissance.

[...] je voudrais [...] montrer quel rôle ont les changements du mode de communication dans le développement des structures et des processus cognitifs, dans l'accroissement du savoir et des capacités qu'ont les hommes à le stocker et à l'enrichir. Ces différences de démarche intellectuelle, que l'on désigne par des oppositions très générales du type « ouvert » / « fermé », peuvent, pour certaines du moins, être expliquées par une différence dans les systèmes de communication plutôt que dans les mentalités. [...]

Qu'est-ce que la culture, après tout, sinon une série d'actes de communication ? La variation des modes de communication est souvent aussi importante que celle des modes de production, car elle implique un développement tant des relations entre individus que des possibilités de stockage, d'analyse et de création dans l'ordre du savoir. Plus précisément, l'écriture, surtout l'écriture alphabétique, rendit possible une nouvelle façon d'examiner le discours grâce à la forme semi-permanente qu'elle donnait au message oral. Ce moyen d'inspection du discours permit d'accroître le champ de l'activité critique, favorisa la rationalité, l'attitude sceptique, la pensée logique (pour faire resurgir ces contestables dichotomies[1]). Les possibilités de l'esprit critique s'accrurent du fait que le discours se trouvait ainsi déployé devant les yeux ; simultanément s'accrut la possibilité d'accumuler des connaissances, en particulier des connaissances abstraites, parce que l'écriture modifiait la nature de la communication en l'étendant au-delà du simple contact personnel et transformait les conditions de stockage de l'information ; ainsi fut rendu accessible à ceux qui savaient lire un champ intellectuel plus étendu. Le problème de la mémorisation cessa de dominer la vie intellectuelle ; l'esprit humain put s'appliquer à l'étude d'un « texte » statique, libéré des entraves propres aux conditions dynamiques de l'« énonciation », ce qui permit à l'homme de prendre du recul par rapport à sa création et de l'examiner de manière abstraite, plus générale, plus « rationnelle ». En rendant possible l'examen successif d'un ensemble de messages étalé sur une période beaucoup plus longue, l'écriture favorisa à la fois l'esprit critique et l'art du commentaire d'une part, l'esprit d'orthodoxie[2] et le respect du livre d'autre part.

Tout cela n'implique pas que je reprenne à mon compte une théorie du Grand Partage[3] ; c'est un effort pour cesser de se représenter la pensée humaine dans une perspective excluant tout développement et en même temps pour rétablir un lien avec l'histoire de la pratique scientifique au sens le plus large du terme [...].

Jack Goody, *La Raison graphique. La domestication de la pensée sauvage*, trad. J. Bazin et Alb. Bensa, Éd. de Minuit, 1979, p. 85-87.

1. À comprendre ici au sens de séries de termes opposés.
2. Strict respect des idées ou des propos que l'on reprend à son compte, par opposition à « l'esprit critique ou l'art du commentaire », dont il est question juste avant.
3. Théorie qui affirme un partage historique entre les sociétés occidentales, qui seraient développées, et les autres, qui auraient à un moment cessé de se développer. Goody reproche à cette théorie son ethnocentrisme (voir *La Raison graphique*, p. 38).

> Repères Voir **Abstrait / Concret.**

texte 13

Platon.
Parole et domination

Peut-on vraiment exercer sur les autres une domination fondée exclusivement sur la parole ? Orateur célèbre, proche des sophistes[1], Gorgias[2] soutient ici que maîtriser l'art des beaux discours confère sur les autres un pouvoir plus grand encore que celui de l'argent, puisque même les plus riches peuvent tomber sous la coupe des beaux parleurs.

SOCRATE. – À toi, maintenant, Gorgias. La rhétorique se trouve exercer son action et son autorité entièrement par le discours, n'est-ce pas ?

GORGIAS. – Oui.

SOCRATE. – Dis-moi alors à propos de quoi. Quelle est parmi les choses existantes celle sur laquelle portent les discours dont se sert la rhétorique ?

GORGIAS. – Les plus grandes et les meilleures des choses humaines, Socrate.

SOCRATE. – Mais, Gorgias, ce que tu dis est ambigu et n'est en rien clair jusqu'ici. Je pense que tu as entendu chanter dans les banquets ce scolie[3] dans lequel le chanteur passe en revue les biens : le premier consiste à être en bonne santé, le second à être beau, le troisième, selon la formule du scolie, à s'enrichir sans malhonnêteté.

GORGIAS. – Je connais la chanson. Mais que cherches-tu à me dire ?

SOCRATE. – Ceci, que les artisans de ces biens dont l'auteur du scolie fait l'éloge – le médecin, le pédotribe[4], le financier – t'interpelleraient aussitôt :

Le médecin, le premier, dirait : « Socrate, Gorgias t'abuse. Ce n'est pas son art qui s'occupe du plus grand bien des gens, mais le mien. »

Et si moi-même alors je lui disais : « Mais toi, qui es-tu pour dire cela ? » il répondrait, je suppose, qu'il est médecin. « Que veux-tu dire ? C'est ton art qui œuvre au plus grand bien ? »

« Comment ne serait-ce pas la santé, Socrate ? me répondrait-il sans doute. Est-il un bien plus important pour les hommes que la santé ? »

Là-dessus, le pédotribe à son tour dirait : « Je serais étonné moi aussi, Socrate, que Gorgias puisse te démontrer que son art produit un bien plus grand que celui que je peux démontrer dans le mien. »

Je me tournerais cette fois vers lui : « Qui es-tu donc, toi, et que fais-tu ? »

« Je suis pédotribe, dirait-il, et mon métier est de façonner des hommes beaux et forts de corps. »

Après le pédotribe, le financier dirait, plein de mépris, j'imagine, à l'égard de tous les autres : « Regarde, Socrate, si le bien qu'on peut trouver auprès de Gorgias ou de n'importe qui d'autre te paraît plus important que la richesse. »

Je m'adresserais alors à lui : « Quoi ? Ce sont des richesses que tu produis ? » Il acquiescerait.

« Qu'es-tu ? »

« Financier. »

« Alors ? Tu juges que la richesse est pour les hommes le plus grand bien ? » lui dirions-nous.

« Comment ne le serait-ce pas ? » reprendrait-il.

1. Un *sophiste* était, en Grèce antique, un professeur itinérant qui enseignait aux jeunes gens riches destinés à l'exercice du pouvoir l'art d'argumenter et de convaincre en toutes situations.

2. Célèbre orateur grec (voir note précédente) ; auteur du traité *Du non-être ou De la nature*. Il est l'un des interlocuteurs de Socrate dans le dialogue qui porte son nom.

3. Un *scolie* est une chanson de table (que les convives devaient chanter à tour de rôle, chacun choisissant le chanteur suivant).

4. En Grèce, un *pédotribe* était un maître de gymnastique, compétent aussi bien en matière d'exercice physique que d'hygiène du corps.

5. À Athènes, les procès donnaient lieu à une confrontation publique entre le plaignant et l'accusé, devant un jury populaire imposant (allant jusqu'à cinq cents membres, tirés au sort annuellement). Chacun défendait sa partie lui-même ou lisait un discours écrit par un professionnel (un « logographe »).

6. La *Boulè* : assemblée de cinq cents membres, renouvelés annuellement, chargés du « gouvernement » quotidien de la cité ; de préparer l'ordre du jour de l'*Ecclesia* où le peuple assemblé prend les décisions orientant la politique générale de la cité.

7. L'*Ecclesia* : assemblée du peuple se réunissant environ une fois par mois. C'est elle qui dispose du pouvoir décisif à Athènes, faisant de la cité antique un modèle de démocratie directe, fortement critiqué cependant à l'époque de Platon, et par Platon lui-même.

> Repères
Voir
Obligation / Contrainte, Persuader / Convaincre.

« Mais Gorgias, là, proteste en disant que son art est la cause d'un plus grand bien que le tien », lui répondrions-nous.

Il est évident qu'après cela il dirait : « Et quel est ce bien ? Que Gorgias réponde. »

Eh bien, Gorgias, imagine que nous te demandions, eux et moi, de nous dire enfin ce que tu affirmes être pour les hommes le plus grand bien et que tu prétends pouvoir produire.

GORGIAS. – Cela même, Socrate, qui est réellement le plus grand bien : ce qui procure aux hommes à la fois la liberté et le pouvoir de dominer les autres dans leurs cités respectives.

SOCRATE. – Que veux-tu dire par là ?

GORGIAS. – Je veux dire : être capable par des discours de persuader les juges au Tribunal[5], les conseillers au Conseil[6], le peuple assemblé à l'Assemblée[7] et dans toute autre réunion qui soit une réunion de citoyens. En vérité, grâce à ce pouvoir tu feras de ton médecin ou de ton pédotribe un esclave ; quant au financier, il laissera apparaître que c'est un autre qu'il enrichit et non lui-même, mais toi qui sais parler et persuader la foule.

SOCRATE. – À présent, Gorgias, je crois que tu es très près de mettre en évidence la nature de ce qu'est pour toi la rhétorique ; et si je te suis bien, tu dis que la rhétorique fait œuvre de persuasion, et que toute son action et son objectif essentiel se ramènent à cela. Ou bien peux-tu me dire une chose que la rhétorique fasse de plus que produire de la persuasion dans l'âme de ses auditeurs ?

GORGIAS. – Rien de plus, Socrate ; tu me sembles en avoir donné une définition satisfaisante ; telle est bien sa caractéristique essentielle.

PLATON (vers 420-340 av. J.-C.), *Gorgias*, 451d-453a, trad. B. Piettre, Hatier, coll. « Les classiques de la philosophie », 2000, p. 16-19.

Pour se préparer au baccalauréat
Dissertations : p. 542.
Explications de texte : p. 543.

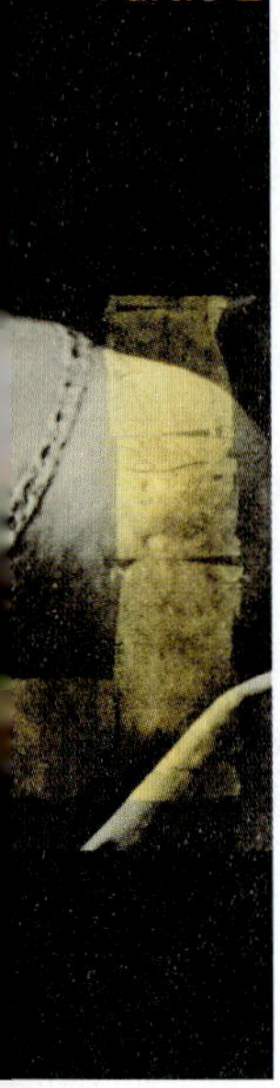

L'art

Ouverture

Vasari. Paolo Uccello, mélancolique inventeur de la perspective en peinture 154

Présentation 156

Textes 164

1 L'art doit-il imiter ou réinventer la réalité ?

1 **Platon.** Des imitations trompeuses de la réalité ... 164
2 **Panofsky.** Distinguer création artistique et recherche scientifique 165
3 **Hegel.** L'imitation parfaite de la nature n'est pas le but de l'art ... 167
4 **Klee.** La peinture moderne construit le réel avant de le représenter ... 169
5 **Léger.** « L'art consiste à inventer et non à copier » ... 170
6 **Diderot.** L'art du comédien ne consiste pas à singer la réalité ... 172
7 **Danto.** En transfigurant les objets, l'art crée de la réalité ... 173

2 Le mystère de la création et le travail de l'artiste

8 **Platon.** L'inspiration poétique ... 174
9 **Nietzsche.** Les limites de la notion de génie ... 175
10 **Kant.** Les beaux-arts sont des arts de génie ... 176
11 **Boulez.** L'œuvre dépasse les intentions de l'artiste ... 177
12 **Jankélévitch.** Le savoir-faire ineffable de l'artiste ... 178

3 Les œuvres d'art face à leur public

13 **Hegel.** Le fond et la forme ... 179
14 **Freud.** Le plaisir à l'œuvre ... 181
15 **Marx.** L'enfance de l'art ... 182
16 **Benjamin.** Du temps de l'œuvre à l'ère des reproductions techniques ... 183
17 **Malraux.** Initiés et profanes face aux œuvres d'art ... 184

Keiichi Tahara (né en 1951), émulsion photographique sur pierre, 1999, feuilles d'or et feuilles de platine (100 x 100 cm).

ouverture

Giorgio Vasari

Paolo Uccello, mélancolique inventeur de la perspective en peinture

Selon le premier véritable historien de l'art, Giorgio Vasari (1511-1574), le grand peintre italien Paolo Uccello (1397-1475) a perdu son temps et gâché son talent en attachant trop d'importance à la représentation de la perspective[1]. Obsédé par ses recherches sur la construction de ses tableaux, il en serait devenu moins bon dessinateur et piètre coloriste.

Paolo Uccello aurait possédé le talent le plus charmant et le plus inventif de la peinture depuis Giotto[2] s'il eût pris pour les figures[3] et les animaux autant de peine et de temps qu'il en perdit dans l'étude de la perspective. Bien que cette étude soit belle et féconde en recherches, à s'y adonner sans mesure on ne fait que consumer temps après temps, forcer sa nature et charger son esprit de préoccupations qui détruisent sa spontanéité naturelle et le rendent stérile et tortueux. On en tire, en s'y attachant plus qu'aux figures mêmes, un style sec, tout en contours ; c'est ce qui arrive pour trop de minutie dans le travail. Et cela rend souvent solitaire, bizarre, mélancolique et pauvre. Tel est le cas de Paolo Uccello ; doté par la nature d'un esprit pénétrant et subtil, il n'eut plaisir qu'à l'étude des points de perspective difficiles, voir insolubles ; recherches qui, malgré de belles trouvailles, devinrent si gênantes pour les figures qu'en vieillissant il les fit de plus en plus mauvaises. Il ne fait aucun doute que forcer sa nature par un violent excès d'étude aiguise l'esprit ; mais de telles créations n'ont jamais cette marque de facilité et de grâce qu'obtiennent naturellement ceux qui composent avec mesure et qui ont un jugement réfléchi : les touches[4] sont alors à leur place et évitent les singularités qui donnent à l'œuvre on ne sait quoi de contraint, de sec, de mal venu, propre à susciter chez le spectateur la pitié plutôt que l'admiration. L'esprit de recherche ne doit être mis à contribution que dans la mesure où l'intelligence est excitée au travail et l'inspiration enflammée ; alors seulement naissent les œuvres excellentes et divines, les idées merveilleuses.

Paolo, sans jamais s'accorder le moindre répit, s'adonna donc aux recherches les plus difficiles de l'art ; il porta à sa perfection la manière de construire la perspective par

1. Uccello est considéré comme l'inventeur de la représentation de la perspective en peinture, technique qui permet de donner l'illusion – alors que le tableau est un plan – du volume et du respect des proportions respectives des différents éléments (bâtiments, personnages...) représentés. Vasari en donne une définition précise dans ce texte (début du deuxième paragraphe). Voir aussi le dessin, p. 262-263.
2. Peintre et architecte italien (1266-1337).
3. Les personnages.
4. Au sens de « touches de couleur ».

5. Le point vers lequel convergent à la fois les lignes dont il est question dans cette phrase et le regard du spectateur.
6. Sculpteur italien (1386-1466).
7. Turbans à facettes portés à Florence au XVe siècle.
8. Spécialistes de la marqueterie, c'est-à-dire de l'assemblage de lamelles de bois (ou de métaux, de nacre...) pour décorer notamment des pièces de menuiserie.

l'intersection des lignes tirées à partir des plans et des élévations des édifices jusqu'aux faîtes des corniches et des toits ; il les faisait se réduire et diminuer vers le point de fuite[5], après avoir établi plus haut ou plus bas, à sa convenance, le point de vue du spectateur. Il s'appliqua tant à ces questions qu'il créa une méthode et des règles nouvelles pour situer les figures sur les plans où elles posaient leurs pieds et où elles diminuaient peu à peu, au fur et à mesure qu'elles s'éloignaient vers le fond du tableau, ce qu'on faisait avant lui au jugé. Il trouva également une méthode pour dessiner les nervures et les arcs des voûtes, le raccourci des plafonds avec leurs caissons et leurs poutres, pour peindre des colonnes rondes dans l'encoignure d'une maison, qui, tout en épousant l'angle, le corrigent par le dessin en perspective et le jeu des plans. Au milieu de ces préoccupations, il en vint à demeurer seul, comme un sauvage, sans presque recevoir personne et sans se montrer nulle part pendant des semaines et des mois. Ces problèmes étaient intéressants et difficiles mais s'il s'était consacré à l'étude des figures, qu'il dessinait par ailleurs fort bien, il les aurait exécutées à la perfection ; il préféra gaspiller son temps à ces fantaisies et se trouva ainsi, toute sa vie, plus pauvre que célèbre. Aussi le sculpteur Donatello[6], son ami intime, lui disait souvent, en voyant ses *mazzocchi*[7] à pointes et à facettes, tracés en perspective sous divers angles, ou ses boules à soixante-douze faces, à pointes de diamant, avec sur chaque face des copeaux enroulés sur des baguettes, et d'autres bizarreries auxquelles il perdait son temps : « Eh ! Paolo ! ta perspective te fait abandonner le certain pour l'incertain ; ce sont là exercices de marqueteurs[8], qui remplissent leurs frises de copeaux, coquilles rondes et carrées, ou autres motifs. »

Giorgio VASARI, *Les Vies des meilleurs peintres, sculpteurs et architectes* (1568), t. III, dir. A. Chastel, Berger-Levrault, 1983, p. 105-106.

Paolo Uccello (1397-1475), *La Bataille de San Romano*, vers 1440-1450, tempera sur bois (182 x 323 cm), galerie des Offices, Florence.

L'art

Présentation

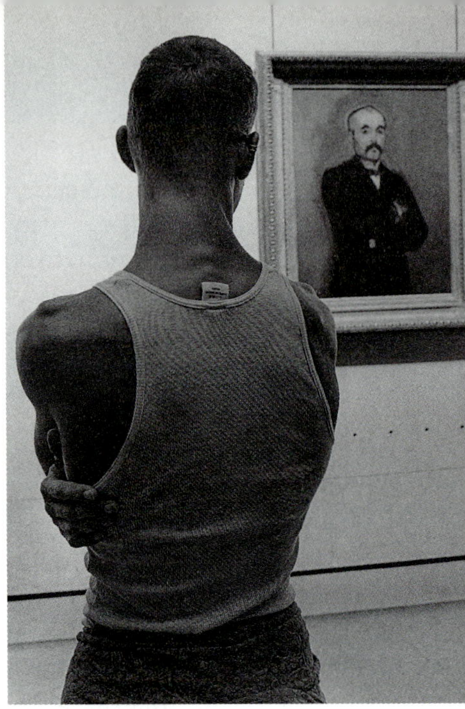

Philippe Bertin (né en 1954), *Orsay, hors série*, 1995.

Si chacun de nous est susceptible d'éprouver du plaisir au contact d'une œuvre d'art, cette expérience personnelle ne suffit pas à répondre aux questions que l'on peut se poser sur la nature et la fonction de l'art, sur la spécificité du travail des artistes, sur celle des œuvres qu'ils produisent.

Ces questions sont à peu près aussi anciennes que l'art lui-même. Dans plusieurs de ses dialogues, Platon prête à Socrate des propos très sévères sur les artistes, qu'il considère comme de simples imitateurs de la nature, marchands d'illusions, peu différents des sophistes[1]. Pour son disciple Aristote, l'art contribue au contraire à une « purification des passions » (la *catharsis*, en grec) : la poésie ou le théâtre éveillent en nous des émotions qui, à l'inverse de ce qui se passerait dans la vie réelle, sont éprouvées sans dommage et ressenties comme apaisantes. L'opposition entre Platon et Aristote porte sur un enjeu fondamental : quel lien l'art doit-il entretenir avec la réalité ?

Une anecdote rapportée par Stendhal montre à quel point la question n'est pas simple. En août 1822, lors d'une représentation de la pièce *Othello* de Shakespeare, le soldat en faction pour assurer la sécurité dans le théâtre, voyant Othello sur le point de tuer Desdémone, tire un coup de fusil et casse un bras à l'acteur qui jouait le rôle d'Othello. « L'illusion que l'on va chercher au théâtre n'est pas une illusion parfaite », commente Stendhal, « l'illusion parfaite était celle du soldat en faction au théâtre de Baltimore », alors que « les spectateurs savent bien qu'ils sont au théâtre[2] ».

I | L'art doit-il imiter ou réinventer la réalité ?

L'œuvre d'art entre illusion, expression et révélation

Textes 1 à 7
Platon, Panofsky, Hegel, Klee, Léger, Diderot, Danto,
p. 164-174.

De la préhistoire au XIXe siècle, la peinture et la sculpture puis, dès l'Antiquité, la poésie ou le théâtre semblent se référer à une même conception de l'art : il s'inspire forcément de la nature ou, plus généralement, de la réalité. L'originalité de chaque artiste ou de chaque courant artistique s'exprime dans la très grande diversité des œuvres produites : les sujets peints sur les parois des grottes préhistoriques, sur les murs des églises au XIIIe siècle, sur les tableaux des XVIIe et XIXe siècles présentent d'innombrables différences ; les techniques privilégiées, les intentions des peintres

1. Les *sophistes* professaient que, la vérité étant difficile d'accès, voire inaccessible, l'art de persuader l'opinion était le meilleur moyen de produire du consensus. Platon les considère comme des usurpateurs, imitateurs de la vraie sagesse.
2. Dans *Racine et Shakespeare*, Jean-Jacques Pauvert, coll. « Libertés », 1965, p. 38-39.

qui ont choisi de les représenter sont d'une infinie diversité (selon que l'art est mis au service de la religion, destiné à immortaliser de grandes batailles, exalter la gloire des rois...). Mais toutes ces œuvres ont en commun d'être **figuratives**, c'est-à-dire que la **réalité** qui leur a, d'une façon ou d'une autre, servi de modèle est facilement identifiable. Cela ne signifie pas pour autant qu'à ces époques la fonction essentielle de l'art est d'imiter le réel.

Lorsque Platon reproche aux artistes – qui sont, selon lui, de simples imitateurs – de tromper leur public, il semble donc condamner presque sans appel l'art lui-même, au nom d'une conception de la philosophie et de la vérité qui dévalue aussi bien la connaissance sensible que la contemplation ou la production d'images. L'artiste joue avec les apparences, le sage doit leur préférer la réalité des Idées, accessibles à la seule connaissance intellectuelle[1]. Pour l'historien contemporain de l'art Erwin Panofsky, la philosophie de Platon est, de ce fait, « étrangère à l'art » : en refusant toute valeur à l'imitation des réalités sensibles, elle ne tolère paradoxalement que des productions dont l'auteur – renonçant à toute originalité personnelle (qui est précisément la marque distinctive de l'art) – aurait pour seule ambition d'exprimer les Formes idéales qui constituent, selon lui, le modèle du monde visible[2].

S'inspirer de la réalité, est-ce forcément et uniquement en fabriquer des imitations parfaites ? Si tel était le cas, comme le montre Hegel, l'art n'aurait pas grand intérêt. Les copies ne sont jamais à la hauteur de leurs modèles et, quand elles approchent la perfection (au point, par exemple, qu'un oiseau vienne picorer des raisins peints sur une toile ou un mur), c'est plutôt mauvais signe : un artiste qui se fixe pour principale ambition de tromper un oiseau ne révèle rien de plus que de l'**habileté technique**. L'art vise, par la libre production d'œuvres originales, la **révélation** de ce que la réalité ne donne pas immédiatement à voir – c'est ce qui justifie l'expression courante « **création** artistique[3] ».

Inventer le réel

Même la peinture figurative – ou les œuvres littéraires qui racontent des histoires vraies ou vraisemblables – ne se contente jamais de copier le plus fidèlement possible des modèles. « Le style pour l'écrivain, aussi bien que la couleur pour le peintre », écrit Marcel Proust, « est une question non de technique mais de **vision**[4] ». La vie d'un héros de roman peut ressembler beaucoup à la nôtre : l'art du grand romancier est de nous la raconter de telle façon qu'il nous donne en même temps la clé du monde dans lequel nous vivons. Et le traitement de la lumière par Rembrandt[5] ou Vermeer[6] donne au sujet de leurs tableaux et à la vision que nous en avons des siècles plus tard, même quand il s'agit de scènes ou de paysages connus, un sens que nous ne leur aurions jamais reconnu dans la réalité.

Nils-Udo (né en 1937), rameaux liés avec des brins d'herbe, fleurs de liserons sur un étang, île de la Réunion, 1990.

1. Voir, dans « Théorie et expérience », le texte 3, p. 276, où Platon expose sa célèbre allégorie de la caverne. 2. Voir, dans les Repères, « Idéal / Réel ». 3. Alors que, en toute rigueur, le mot « création » devrait être réservé aux actions divines. 4. *Le Temps retrouvé*, dans *À la recherche du temps perdu*, t. III, Gallimard, coll. « Bibliothèque de la Pléiade », 1954, p. 895. 5. Peintre flamand (1606-1669). 6. Peintre hollandais (1632-1675).

Il n'y a à cet égard aucune contradiction entre l'**art figuratif** ou réaliste et l'art moderne et contemporain. L'**abstraction** en peinture – ou simplement la représentation destructurée des corps et des visages par Picasso –, les textes poétiques écrits sans respecter la syntaxe et la ponctuation classique[1] créent en quelque sorte de nouveaux mondes. Ceux qui qualifient un peu vite ces œuvres d'incompréhensibles oublient du reste que les scènes de la Bible si souvent reproduites par les peintres du XVIe ou du XVIIe siècle, qui peuvent donner l'**illusion** d'être plus familières, étaient tout aussi éloignées de la réalité dont elles s'inspiraient : les vêtements, les paysages, l'architecture... y sont, « au mieux », des reconstitutions très fantaisistes de ceux du temps et des lieux où ces scènes sont supposées s'être déroulées. La Vierge, par exemple, est en général représentée sous les traits d'une noble de l'époque du peintre, les paysages en toile de fond sont un mélange d'éléments disparates empruntés à la fois à l'environnement de l'auteur du tableau et au décor supposé de la scène évoquée.

Même lorsqu'il semble nous en éloigner, l'art nous dévoile le réel en le réinventant : les maisons qui penchent dans un tableau ne risquent pas de tomber, mais leur forme et leur position constituent un élément de l'économie générale de l'œuvre[2].

Giorgio Morandi (1890-1964), *Nature morte*, 1938, huile sur toile (31 x 46 cm), collection particulière.

Représentation et vérité

L'art n'a donc pas pour fin d'imiter la réalité, mais d'ouvrir un espace qui permet de la mettre à distance. C'est ce que font aussi les sciences : la **connaissance** construit les médiations nécessaires à l'appropriation intellectuelle du monde[3].

Les médiations de l'art sont d'un autre ordre, mais au service de fins très similaires : la **représentation** et l'**interprétation**[4] sont, comme la connaissance, des façons réfléchies, non immédiates, de s'approprier le réel. Dans l'interprétation d'une pièce de théâtre ou dans le tableau accroché au mur d'un musée, dans l'interprétation de son rôle par l'acteur, dans celle d'une partition musicale par le chef d'orchestre et les instrumentistes, ce que « racontent » les œuvres n'est pas présent à la façon de la réalité, mais re-présenté (« rendu présent ») ou interprété (en quelque sorte « traduit[5] »). La vérité de l'art ne réside pas dans sa conformité à des modèles, mais dans son aptitude à transformer ses modèles

1. Voir le texte de Butor qui ouvre « La conscience », p. 18. 2. Voir les textes 4 de Klee, p. 169, et 5 de Léger, p. 170-171, dans lesquels ces deux peintres de la première moitié du XXe siècle définissent l'« art moderne ».
3. Voir « Théorie et expérience », p. 270-273. 4. Voir, dans « L'interprétation », notamment la présentation, p. 306.
5. Voir, dans les Repères, « Expliquer / Comprendre », « Médiat / Immédiat ».

en une autre réalité[1], dont le témoin (le visiteur du musée, le public du théâtre ou de la salle de concert) sait, en même temps qu'il y adhère, qu'elle n'existe pas vraiment.

La **distanciation** prônée par le dramaturge allemand Bertolt Brecht au XXe siècle prolonge ainsi la réflexion de Diderot presque deux siècles plus tôt : l'efficacité du théâtre réside dans la distance instaurée par le **jeu**, qui permet aux acteurs comme aux spectateurs d'être à la fois dans le réel (une histoire vraie ou vraisemblable) et dans la position critique de l'observateur (l'histoire que raconte la pièce n'est réellement vécue par personne).

2 | Le mystère de la création et le travail de l'artiste

L'inspiration et le génie

Textes 8 à 12
Platon, Nietzsche, Kant, Boulez, Jankélévitch,
p. 174-178.

La notion de jeu, en tant qu'elle manifeste une prise de distance d'avec le réel, peut du reste rendre en partie compte de l'activité artistique. S'il n'y a pas d'artiste sans **travail** (le pianiste « fait ses gammes », l'acteur répète longuement son rôle, etc.), si l'acquisition de techniques est nécessaire, l'art n'en est pas pour autant réductible à la simple exécution d'une **technique**. C'est ce qu'on exprime lorsqu'on a recours aux notions obscures de création, d'**inspiration**, de don ou de **génie** : on veut à chaque fois souligner la part d'**ineffable**, de non codifiable, qui habite toute œuvre. L'art s'éprouve ; il ne se prouve pas.

Si Platon, comme on l'a vu, dénonce certaines pratiques artistiques à cause de leur proximité avec les techniques de manipulation de l'opinion publique, il n'en reconnaît pas moins que l'art, et plus spécialement la poésie, est susceptible de transmettre aux humains un message inspiré, qui est irréductible aux codes techniques, et qu'il assimile à une forme de délire d'origine divine. C'est une façon de reconnaître à la fois la valeur et le caractère mystérieux, pour l'essentiel ineffable (irréductible à des formules explicites et reproductibles), du processus de création.

Même si, comme Nietzsche, on refuse de voir dans ce processus un quelconque phénomène magique, surnaturel, même si l'on nourrit en conséquence une certaine méfiance à l'égard de la notion de génie, on doit cependant avouer une part d'impuissance lorsqu'il s'agit de décrire de façon précise comment l'œuvre se fait ou ce qui lui donne tout son pouvoir de séduction. Comme le dit Kant : « aucun Homère, aucun Wieland[2] ne peut indiquer comment ses idées poétiquement riches et pourtant, en même temps, intellectuellement fortes surgissent et s'assemblent dans son cerveau – cela parce qu'il ne le sait pas lui-même, et dès lors ne peut non plus l'enseigner à personne[3]. » Il n'existe donc pas *a priori* de formule pour réussir une œuvre d'art. Du reste, lorsqu'on emploie aujourd'hui la notion d'art pour désigner d'autres activités que les beaux-arts (la médecine, la pédagogie…), c'est souvent pour signaler que, malgré tout le savoir requis par ces activités, celles-ci ne sont pas réductibles à l'application mécanique d'un savoir et encore moins de recettes.

1. Y compris en détournant des objets du quotidien pour les transformer en œuvres d'art (voir le texte 7 de Danto, p. 173).
2. Poète allemand (1733-1813). 3. *Critique de la faculté de juger* (1790), trad. A. Renaut, Flammarion, coll. « GF », 2000, p. 295.

Le créateur et ses épigones[1]

La notion de **création** est d'abord d'origine religieuse. C'est l'opération inexplicable par laquelle un dieu est capable, à partir de rien *(ex nihilo)*, de produire l'univers. L'usage de cette notion dans le domaine esthétique souligne non seulement que l'artiste crée en quelque sorte son propre monde, mais que l'action par laquelle il le fait est à son tour, au moins en partie, incompréhensible et incodifiable. En outre, s'il est vrai que la création de l'artiste est impossible sans inscription dans un matériau, ce **matériau** (visuel, audible, linguistique, olfactif...) n'y est que le support d'une **intention spirituelle** qui prime sur lui[2]. La notion de génie – qu'on la rapporte, comme le fait Platon, à un don divin ou, comme Kant, à une inspiration de la nature – renverrait elle aussi à cette incapacité dans laquelle nous nous trouvons de rendre totalement compte de l'activité de création de l'artiste. Dans ces conditions, il est sans doute possible de produire à propos des artistes, de leurs œuvres, des courants auxquels ils appartiennent, des analyses et des informations susceptibles d'en enrichir la perception, mais aucun discours n'est capable de se substituer à l'œuvre et d'en épuiser le sens[3].

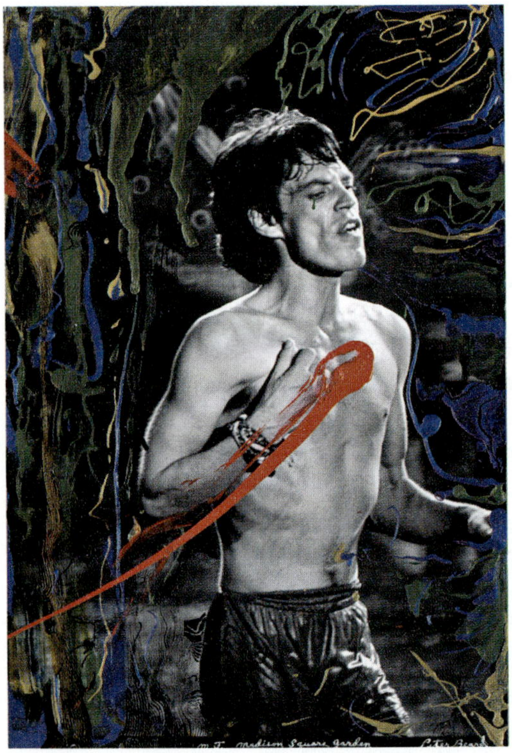

Peter Beard (né en 1938), *Mick Jagger*, tirage argentique avec peinture acrylique et inscriptions par l'artiste, galerie Kamel Mennour, Paris.

On peut le vérifier en examinant rétrospectivement le destin d'un style introduit par un artiste ou un courant réellement novateurs. Sans insister sur le nombre de talents ignorés de leur vivant et sur les succès « feu de paille », oubliés après quelques années, on vérifie que le temps seul, en mettant à l'épreuve les œuvres, souligne peu à peu leur véritable originalité et leur valeur durable. Un nouveau style, un courant novateur, donne rapidement lieu à un cortège d'**imitateurs** qui, en appliquant sans réel talent leurs techniques, font apparaître par contraste le talent original du créateur.

L'activité artistique est donc d'abord une **activité** : sa valeur fondamentale ne se joue ni dans une intention préalable ni dans un commentaire après coup, mais dans une **réalisation** effective dont certaines dimensions échappent toujours en partie à la maîtrise lucide de celui qui crée l'œuvre comme de celui qui la contemple.

3 | Les œuvres d'art face à leur public

La matière et l'esprit

Textes 13 à 17
Hegel, Freud, Marx, Benjamin, Malraux, p. 179-184.

Ce qui caractérise donc l'art, et sans quoi il n'existe pas, c'est qu'il donne naissance à des œuvres et que ce n'est que par celles-ci qu'on peut prétendre appréhender l'activité artistique. L'art est de l'esprit qui vient s'inscrire dans une matière et s'offrir ainsi à la sensibilité d'un public.

1. Du grec *epigonos*, « descendant ». Un *épigone* est quelqu'un qui appartient à la deuxième génération d'un mouvement (originairement : dans la mythologie grecque, on a appelé *épigones* les héros qui prirent la ville de Thèbes, enfants de la génération précédente qui avait organisé la première expédition contre la ville). Voir le texte 11 de Boulez, p. 177.
2. Voir, dans les Repères, « Formel / Matériel », « Idéal / Réel ». 3. Voir, dans les Repères, « Expliquer / Comprendre ».

Tout art, en effet, est **manifestation sensible** de l'esprit. « Manifestation », « phénomène », « expression », « extériorisation », etc., renvoient tous à une même idée, dont Hegel offre sans doute la meilleure formulation : l'esprit n'existe que dans la mesure où il ne demeure pas purement intérieur à la conscience ; il doit se servir de la réalité extérieure, de la matière, des corps, du monde, etc., comme d'un support matériel lui permettant proprement d'exister[1]. L'esprit n'existe que s'il fait l'épreuve de la réalité matérielle et se met à l'**épreuve** de celle-ci. L'art est une matérialisation de l'esprit, parmi d'autres modes d'expression de la spiritualité humaine.

En outre, la **sensibilité** est déjà elle-même une manifestation de l'esprit : sentiments, passions, émotions constituent en effet une forme de manifestation spirituelle de l'homme confronté à la réalité du monde. Comprendre la signification profonde de ces réactions immédiates de la sensibilité, c'est-à-dire les **réfléchir**, est l'une des tâches de la philosophie ; la sensibilité devient alors peu à peu pensée consciente. L'art, selon Hegel, ne réfléchit pas vraiment ces manifestations sensibles, mais il les **représente** : il en fait des œuvres concrètes, que la matérialité de leur existence effective permet de ressaisir. L'œuvre est la manifestation **inscrite dans la matière** (la pierre, la couleur, le son, la langue, etc.) de la **spiritualité** des sentiments. Si le philosophe doit s'intéresser à l'art, c'est parce que celui-ci est, selon Hegel, expression embryonnaire de ce qu'est l'esprit : l'art exprime sous forme sensible ce que la raison elle-même ne parvient pas (ou pas encore) à formuler[2].

En quoi les œuvres nous concernent-elles ?

Étant entendu que les intentions de l'artiste peuvent nous atteindre par le moyen d'une œuvre qui finit par échapper à son contrôle, il reste à comprendre pourquoi cette œuvre nous touche, nous qui sommes extérieurs au processus de sa réalisation.

La psychanalyse, en interprétant l'œuvre comme expression plus ou moins consciente des aspirations profondes de l'artiste, nous permet de répondre en partie à cette question. L'œuvre, comme le rêve ou le délire, tend à la fois à exprimer et à exaucer de façon détournée, par le jeu d'une substitution, les **pulsions** profondes et **inconscientes** de l'artiste, dont la satisfaction n'est pas autorisée dans la vie réelle. Ces pulsions sont ainsi « sublimées » grâce à un réinvestissement de l'énergie qui les anime dans l'activité de création artistique. Mais, contrairement au rêve ou au délire, l'œuvre existe matériellement et s'adresse ainsi à tous. Freud reconnaît que l'explication psychanalytique n'éclaire pas totalement ni le processus de telle ou telle création, ni celui par lequel la contemplation de telle œuvre nous séduit ; du moins nous permet-elle de comprendre que les œuvres d'art produites par un génie singulier sont susceptibles de tous nous concerner, parce qu'elles renvoient à des aspirations communes à l'ensemble de l'humanité.

Louise Bourgeois (née en 1911), *Spider*, 1994, aquarelle et gouache sur papier (29,2 x 29,8 cm), galerie Karsten Grève, Paris.

1. Voir, dans « La conscience », le texte 8 de Hegel, p. 32, et, dans « Le travail et la technique », le texte 1 de Marx, p. 196. 2. Voir, dans les Repères, « Formel / Matériel », « Idéal / Réel ».

On peut aussi se demander comment des œuvres dont les modes d'expression, les systèmes de valeurs et la signification datent de plusieurs siècles peuvent encore s'adresser à nous aujourd'hui. L'esthétique antique, par exemple, exprime un mode d'existence qui ne nous concerne plus du tout ; comment expliquer alors l'émotion qu'une statue ou un temple grecs sont capables de susciter en nous ? Peut-être, comme Marx se risque à le formuler, parce que nous reconnaissons en elle l'**enfance de notre propre humanité**. L'art exprime sans doute la singularité d'une époque ou d'une culture ; son caractère fondamentalement humain lui conférerait cependant le pouvoir universel de s'adresser pour toujours à tous les peuples de tous les temps[1].

La contestation de l'art, au service de l'art

Alonso Sanchez Coello (vers 1531-1588), *L'Infante Isabella Clara Eugenia*, 1579, huile sur toile (116 x 102 cm), musée du Prado, Madrid.

L'art contemporain ne déroge pas forcément à cette règle, même s'il pâtit à juste titre d'une réputation d'**hermétisme**. L'objet d'art du Moyen Âge, en apparence figuratif, peut nous donner l'illusion d'une compréhension immédiate. On doit alors se souvenir que sa rareté et sa singularité, les conditions particulières dans lesquelles il était exposé au public, en faisaient une œuvre le plus souvent sacrée et réservée à un public restreint. L'ère de la reproduction technique et des musées peut, en revanche, donner l'illusion contraire d'une accessibilité générale. En réalité, toute œuvre est inspirée par une démarche qu'il est plus ou moins nécessaire d'interroger si l'on veut vraiment pénétrer dans l'espace proprement esthétique qu'elle ouvre. Si l'œuvre n'est en général plus sacrée, elle n'en porte pas moins l'exigence d'une attitude de réception spécifique. Ce qui intéresse le véritable amateur d'art autant que l'artiste, c'est que l'art propose d'entrer dans un univers spécifique. Les démarches contemporaines tendent du reste à mettre en évidence, par leurs partis pris souvent difficiles à épouser, cette tendance de l'art à se prendre pour objet et à se mettre lui-même en question : **mises en abyme**[2] ; insistance

1. Voir, dans les Repères, « Universel / Général / Particulier / Singulier ». 2. Procédés par lesquels la représentation se représente elle-même (l'acte de peindre est représenté sur le tableau ; le roman raconte l'écriture d'un roman, etc.).

Bertrand Lavier (né en 1949), *Rue Réaumur n° 2*, 2002, badigeonnage au blanc d'Espagne sur une vitrine, galerie Yvon Lambert, Paris.

sur le matériau utilisé, le seul jeu de lignes ou de couleurs, en l'absence délibérée de tout objet représenté ; application systématique de **formules** mathématiques pour composer l'œuvre, mettant en question les notions mêmes de création et de génie ; **citations** et **détournement** d'œuvres antérieures contestant l'originalité des sujets ; **séries répétitives** refusant la singularité de l'œuvre et niant la dimension subjective de la création ; « **événements** » ou « **installations** » éphémères... : l'art, inlassablement, semble toujours vouloir défier à la fois son passé et le discours explicatif qui prétendrait épuiser ses possibilités d'invention.

De ce point de vue, l'une des leçons de l'art contemporain, qui rend impossible, par ses formes et ses démarches mêmes, l'**illusion d'une œuvre transparente**, pourrait être de mettre en évidence que l'accès aux œuvres n'a jamais été immédiatement donné sans effort[1]. L'art n'existe peut-être vraiment que pour celui qui accepte, au moins temporairement, d'oublier la réalité et de changer de regard pour pénétrer dans le monde des œuvres. C'est sans doute pourquoi, depuis plus d'un siècle, nombre d'artistes s'attachent moins à représenter le monde qu'à montrer le regard qui le contemple ou le geste qui le représente.

1. Voir, dans les Repères, « Médiat / Immédiat ».

L'art

Textes

› I | L'art doit-il imiter ou réinventer la réalité ?

texte 1

Platon.
Des imitations trompeuses de la réalité

L'artiste fait-il autre chose que fabriquer de l'illusion ? À la différence des artisans, qui utilisent leur savoir-faire pour fabriquer des objets utiles, les artistes, comme les sophistes qui ne cultivent l'art de bien parler que pour séduire leur auditoire, ne font, selon Platon, qu'éloigner de la recherche de la vérité ceux qui contemplent leurs œuvres. Imiter la réalité, c'est, en effet, en rester aux apparences, faire passer la copie pour le modèle.

Maintenant, considère ce point ; lequel de ces deux buts se propose la peinture relativement à chaque objet : est-ce de représenter ce qui est tel qu'il est, ou ce qui paraît, tel qu'il paraît ? Est-elle l'imitation de l'apparence ou de la réalité ?

De l'apparence.

L'imitation est donc loin du vrai, et si elle façonne tous les objets, c'est, semble-t-il, parce qu'elle ne touche qu'à une petite partie de chacun, laquelle n'est d'ailleurs qu'une ombre. Le peintre, dirons-nous par exemple, nous représentera un cordonnier, un charpentier ou tout autre artisan sans avoir aucune connaissance de leur métier ; et cependant, s'il est bon peintre, ayant représenté un charpentier et le montrant de loin, il trompera les enfants et les hommes privés de raison, parce qu'il aura donné à sa peinture l'apparence d'un charpentier véritable.

Certainement.

Eh bien ! ami, voici, à mon avis, ce qu'il faut penser de tout cela. Lorsque quelqu'un vient nous annoncer qu'il a trouvé un homme instruit de tous les métiers, qui connaît tout ce que chacun connaît dans sa partie, et avec plus de précision que quiconque, il faut lui répondre qu'il est un naïf, et qu'apparemment il a rencontré un charlatan et un imitateur, qui lui en a imposé au point de lui paraître omniscient, parce que lui-même n'était pas capable de distinguer la science, l'ignorance et l'imitation.

Rien de plus vrai, dit-il.

Nous avons donc à considérer maintenant la tragédie et Homère qui en est le père, puisque nous entendons certaines personnes dire que les poètes tragiques sont

Vincent Van Gogh (1853-1890), *La Chaise*, 1888, huile sur toile (93 x 73,5 cm), National Gallery, Londres.

versés dans tous les arts, dans toutes les choses humaines relatives à la vertu et au vice, et même dans les choses divines ; il est en effet nécessaire, disent-elles, que le bon poète, s'il veut créer une belle œuvre, connaisse les sujets qu'il traite, qu'autrement il ne serait pas capable de créer. Il faut donc examiner si ces personnes, étant tombées sur des imitateurs de ce genre, n'ont pas été trompées par la vue de leurs ouvrages, ne se rendant pas compte qu'ils sont éloignés au troisième degré du réel[1], et que, sans connaître la vérité, il est facile de les réussir (car les poètes créent des fantômes et non des réalités), où si leur assertion a quelque sens, et si les bons poètes savent vraiment ce dont, au jugement de la multitude, ils parlent si bien.

David Hockney (né en 1937), *Chaise Van Gogh*, 1988, acrylique sur toile (121,9 x 91,4 cm), Dingwall Investment, S. A.

1. Dans ce qui précède cet extrait, Platon a distingué trois sortes de lits : l'idée du lit, dont s'inspire le charpentier, est le degré le plus élevé de réalité. Le lit en bois est le deuxième degré, et l'apparence du lit en peinture est le troisième degré.

› Repères
Voir
Persuader / Convaincre, Ressemblance / Analogie.

PLATON (vers 420-340 av. J.-C.), *La République*, livre X, 598a-599b, trad. R. Baccou, Flammarion, coll. « GF », 1966, p. 362-363.

texte 2 Panofsky. Distinguer création artistique et recherche scientifique

La critique platonicienne de l'art ne revient-elle pas à lui refuser toute valeur ? Pour l'historien de l'art Erwin Panofsky, la philosophie de Platon (voir le texte précédent) est en tout cas « étrangère à l'art » ; elle n'accorde d'intérêt à ses productions que dans la mesure où elles poursuivent la même fin que la « connaissance vraie » : s'approcher des Idées, c'est-à-dire de l'essence intelligible des réalités sensibles (dont on ne peut que se méfier). Pour Panofsky, c'est en quelque sorte faire un contresens sur la nature et la fonction de l'art.

[...] il n'en demeure pas moins légitime de désigner la philosophie de Platon, sinon comme une ennemie déclarée de l'art, du moins comme une philosophie étrangère à l'art ; cela se comprend du fait que presque toute la postérité – c'est le cas notamment de Plotin – a retenu de ses nombreuses attaques contre les arts « mimétiques[1] » la leçon d'une condamnation générale de l'art plastique comme tel. En effet, dès lors que Platon mesure la valeur des productions de la sculpture et de la peinture en fonction du concept d'une connaissance vraie, c'est-à-dire d'une conformité à l'Idée[2] – concept qui leur est fondamentalement étranger –, une esthétique des arts plastiques ne peut trouver place dans son système philosophique à titre de domaine spécifique de l'esprit (en gros, c'est seulement au XVIIIe siècle que s'instaurera une séparation, fondée en principes, entre la sphère de l'esthétique et celles de la théorétique et de l'éthique[3]) ; Platon en vient donc nécessairement à délimiter très étroitement le cercle des productions

1. Fondés sur la *mimésis*, terme grec signifiant « imitation ».
2. Aux réalités intelligibles. Voir, dans « Théorie et expérience », le texte 3 de Platon, p. 276.
3. Référence aux trois grands domaines de la philosophie qui traitent des valeurs : le beau pour l'*esthétique*, le vrai pour la *théorétique* (c'est-à-dire la philosophie de la connaissance), le bien pour l'*éthique* (domaine des valeurs morales).

Vincent Van Gogh (1853-1890), *La Chaise de Gauguin*, 1888, huile sur toile (90,5 x 72 cm), Rijksmuseum Vincent Van Gogh, Amsterdam.

David Hockney (né en 1937), *Chaise Gauguin*, 1988, huile sur toile (121,9 x 91,4 cm), collection Raymond et Sally J. Allen.

artistiques auxquelles il pouvait, de son propre point de vue, souscrire ; et même dans cette perspective étroitement limitée, l'art ne peut recevoir, à ses yeux, qu'une valeur conditionnelle : si l'art a pour mission d'être vrai au sens « idéaliste », c'est-à-dire s'il doit entrer dans une sorte de concurrence avec la connaissance rationnelle, son but doit consister nécessairement alors, au prix d'une renonciation à l'individualité et à l'originalité, où nous voyons habituellement l'éminente marque distinctive des productions de l'art, à ramener le monde visible aux Formes[4] qui ne changent jamais et qui sont universellement et éternellement valables. (Par voie de conséquence, Platon donne la priorité, sur l'art indiscipliné des Grecs, à l'art « canoniquement[5] fixé » des Égyptiens dont les œuvres n'étaient, dix mille ans auparavant, ni plus belles ni plus laides qu'en ce temps-là, bien mieux, que l'on exécutait toujours selon le même style.) Et même lorsque ce but, dans la mesure des possibilités humaines, se trouve atteint, l'œuvre d'art ne peut pas pour autant prétendre à un rang plus élevé que celui de « l'image » ; or l'image, malgré toute sa ressemblance apparente avec l'Idée, est, à bien des égards, en contradiction avec elle et s'en trouve aussi éloignée que le « nom[6] », à l'aide duquel le philosophe, soumis à la nécessité (du langage), exprime ses réflexions.

Dès lors, la valeur d'une création artistique se détermine pour Platon comme valeur d'une recherche scientifique, c'est-à-dire en fonction de l'intelligence théorétique et surtout mathématique qui s'y trouve investie ; aussi bien, la majeure partie de ce que l'on a tenu et de ce que l'on tient encore en général pour l'art, et même pour le grand art, tombe pour lui sous le concept « d'art mimétique », contre lequel, dans le Xe livre de *La République*[7] et dans *Le Sophiste*, il a lancé ses condamnations bien connues ; de deux choses l'une : ou bien l'artiste, et c'est le meilleur des cas, produit de scrupuleuses images, qui, prises dans le sens de « l'imitation par copie », reproduisent les contenus de la réalité qui se

4. À peu près synonyme d'« Idées ». Voir note 2.

5. De *canon*, au sens d'ensemble de règles et critères destinés à définir un modèle, ici un modèle de beauté.

6. Allusion au *Cratyle* de Platon, qui s'interroge sur la nature des liens entre les choses, les Idées et les mots. Voir aussi, dans « Le langage », les textes 6 à 8, p. 145-146.

7. Voir le texte précédent, auquel Panofsky fait ici explicitement référence.

donne à la perception sensible, mais ces contenus-là seulement, et correspondant aux choses ; dans ce cas l'artiste se contente de redoubler inutilement le monde sensible qui, de toute façon, n'est lui-même qu'une imitation des Idées ; ou bien il engendre d'incertaines et trompeuses apparences qui, au sens où s'entend « l'imitation par simulacre », rapetissent ce qui est grand et grandissent ce qui est petit afin d'induire en erreur notre regard, lui-même imparfait ; d'où il résulte que l'œuvre d'art augmente encore la confusion qui est dans notre âme et constitue, par rapport à la vérité, et en deçà même du monde sensible, « une sorte de troisième terme éloigné de la vérité ».

Erwin PANOFSKY, *Idea. Contribution à l'histoire du concept de l'ancienne théorie de l'art*, trad. H. Joly, Gallimard, coll. « Tel », 1989, p. 18-21.

› Repères
Voir **Idéal / Réel, Ressemblance / Analogie.**

Questions

1. En vous reportant également au texte précédent de Platon, cherchez les principaux arguments qui conduisent Panofsky à affirmer que la philosophie de Platon est « étrangère à l'art » (l. 3).
2. En quel sens faut-il comprendre l'affirmation selon laquelle l'individualité et l'originalité sont « l'éminente marque distinctive des productions de l'art » (l. 21-22) ?
3. Pourquoi ne peut-on pas juger de la valeur d'une œuvre d'art et de celle d'une recherche ou d'une découverte scientifique selon les mêmes critères ?

texte 3 Hegel. L'imitation parfaite de la nature n'est pas le but de l'art

Un peintre doit-il se réjouir lorsqu'il parvient à donner l'illusion parfaite de la réalité ? Non, car l'art ne se réduit pas à la parfaite maîtrise de techniques de production ou de représentation[1]. Selon Hegel, qu'un singe déchiquette une toile peinte parce qu'elle représente un insecte qu'il « croit » vivant prouve simplement que l'artiste a su « reproduire quelque chose qui existe déjà par ailleurs ».

[...] il existe aussi des exemples d'imitations donnant parfaitement le change. Depuis les temps anciens, on cite toujours les raisins de Zeuxis[2] pour vanter le triomphe de l'art et en même temps celui du principe d'imitation de la nature, parce que des colombes vivantes, dit-on, s'y seraient laissé prendre et auraient commencé à les picorer. À cet exemple séculaire il faudrait ajouter celui, plus récent, du singe de Büttner[3], qui déchiqueta un hanneton peint dans les *Plaisantes curiosités du monde des insectes* de Rösel[4] et obtint cependant, pour avoir prouvé ainsi l'excellence des illustrations, le pardon de son maître à qui il venait pourtant d'abîmer le plus bel exemplaire de cette œuvre précieuse. Toutefois, ces exemples et d'autres du même genre ne peuvent manquer de nous inspirer au moins la réflexion suivante : au lieu de louer des œuvres d'art parce qu'elles ont *même* abusé[5] des colombes et des singes, mieux vaudrait se contenter de blâmer justement ceux qui s'imaginent encenser l'œuvre d'art en ne lui attribuant, comme fin suprême et ultime, qu'un aussi médiocre effet. Mais, de toute façon, il suffit de dire que, du point de vue de la simple imitation, l'art ne pourra jamais rivaliser avec la nature et se donnera

1. Sauf lorsque l'artiste a délibérément choisi d'exécuter ce que l'on qualifie, précisément, de « trompe-l'œil ».
2. Peintre grec de la seconde moitié du Ve siècle av. J.-C. L'anecdote se trouve chez Pline l'Ancien, *Histoire naturelle*, XXXV, 36.
3. Christian Wilhelm Büttner (1716-1801), naturaliste.
4. August Johann Rösel von Rosenhof (1705-1759), zoologue et peintre.
5. Trompé.

l'allure d'un ver de terre rampant derrière un éléphant. Étant donné que la production de copies ne réussit donc jamais à égaler parfaitement le modèle naturel, la seule fin qu'on puisse désormais lui trouver est le plaisir pris au tour d'adresse[6] consistant à réaliser quelque chose qui ressemble à la nature. Et assurément l'homme peut se réjouir de pouvoir produire quelque chose qui existe déjà par ailleurs, mais qui est dû cette fois à son propre travail, à son habileté et son application propres. Cependant, même cette joie et cette admiration, prises pour elles-mêmes, ont tendance à se tempérer et à se refroidir, voire à tourner à l'ennui et à la répulsion, et cela d'autant plus, justement, que la copie est semblable au modèle naturel. Il y a des portraits qui, comme on l'a dit spirituellement, sont ressemblants jusqu'au dégoût, et à propos de cette complaisance que nous avons pour les imitations comme telles, Kant[7] donne un autre exemple, disant qu'un homme qui sait imiter parfaitement les trilles du rossignol – et il en existe – nous inspire bientôt de l'agacement et que, si le chant que nous écoutions en le prenant pour celui d'un oiseau se révèle être celui d'un homme, nous le trouvons aussitôt fastidieux et rébarbatif. Car alors nous ne reconnaissons plus en lui qu'un habile stratagème, qui n'est ni libre production naturelle ni œuvre d'art ; nous attendons en effet de la libre puissance productrice de l'homme tout autre chose qu'une telle musique, qui nous intéresse uniquement lorsqu'elle surgit sans être intentionnelle, telles les trilles du rossignol qui, rappelant les inflexions de l'émotion humaine, émanent d'une vie originale et caractéristique. De manière générale, ce plaisir que suscite l'habileté imitative ne pourra jamais être que restreint, et il sied mieux à l'homme de prendre plaisir à ce qu'il produit à partir de ses propres ressources.

Friedrich HEGEL, *Cours d'esthétique* (1818-1829), t. I, Introduction, trad. J.-P. Lefebvre et V. von Schenck, Aubier, coll. « Bibliothèque philosophique », 1995, p. 61-63.

6. À l'habileté.
7. Dans *Analytique du beau*, Hatier, coll. « Les classiques de la philosophie », 2000, p. 67.

> Repères
Voir **Ressemblance / Analogie.**

Georg Flegel (1566-1638), *Nature morte avec perroquet nain*, dessin à l'aquarelle (17,2 x 23,4 cm), Musée national, Berlin.

texte 4

Klee. La peinture moderne construit le réel avant de le représenter

Qu'est-ce qui différencie l'art dit « moderne » de celui des siècles précédents ? Peintre lui-même, Paul Klee (1879-1940) explique dans ce texte comment, pour le courant expressionniste dont il était proche, la technique de représentation ne fait qu'un avec le choix d'exprimer, de telle façon plutôt que de telle autre, une certaine vision du monde. « Construire » sur le tableau des maisons qui penchent n'est pas simplement une façon parmi d'autres de les peindre (un simple moyen) : le fait que les maisons penchent signifie quelque chose (le monde ne va pas très bien).

Une conséquence majeure de l'attitude expressionniste est en effet d'élever la construction au rang d'un moyen d'expression, son insistance opératoire. L'impressionnisme[1] pur ignorait la construction. Il s'employait à rendre à l'état brut les phénomènes colorés du monde extérieur, le tempérament de l'artiste décidant du choix de ces phénomènes et de leur accentuation. Certaines époques antérieures s'étaient déjà distinguées au contraire par la prédominance de la construction[2], mais comme un échafaudage : moyen et non pas fin.

Arnold Topp (1887-1945), *La Maison bleue*, 1917, huile sur carton (58,5 x 50,5 cm), Musée national, Berlin.

Si l'impression est élaborée avant d'être rendue, on en revient à la peinture de mémoire. Certes, il y aura toujours des artistes aux réflexes rapides, pour abstraire immédiatement de la nature les éléments d'une composition, et d'autres qui, manquant de l'assurance nécessaire pour emmagasiner des réserves et en disposer en temps voulu, continueront à travailler sur nature[3]. D'une manière générale, cependant, c'est la peinture d'atelier qui redevient la norme et avec elle la construction, ne serait-ce que déjà comme échafaudage commode. La prépondérance revient au squelette de l'organisme « tableau » dont il devient la *vérité* : pour s'intégrer à une armature plastique intéressante, les maisons se mettent à pencher (car nul ne songe à adopter un principe de construction restreint à des horizontales et à des verticales) ; violence est faite aux arbres, les humains ne sont plus en état de vivre, l'objet devient méconnaissable au point que l'on croit à une mystification. Mais ici s'exerce non pas une loi profane mais une loi d'art[4].

Dans le tableau, des maisons plantées de travers ne s'effondrent pas pour autant, il n'est pas nécessaire que l'arbre soit capable de refleurir, ni l'homme de respirer. Un tableau n'est pas un « tableau vivant ».

Paul Klee, « Approches de l'art moderne » (1912), dans *Théorie de l'art moderne*, trad. P.-H. Gonthier, Denoël-Gonthier, coll. « Bibliothèque Médiations », 1982, p. 10-11.

1. L'*expressionnisme* est un courant artistique, particulièrement important en Allemagne, qui a privilégié, dans la première moitié du XXe siècle, l'intensité (voire la dureté) de l'expression des personnages, situations, etc., mis en scène dans les œuvres d'art, notamment en peinture et en littérature. Il s'agissait pour ces artistes, souvent marqués par une conception pessimiste de la destinée humaine, de prendre leurs distances avec l'*impressionnisme* des peintres de la fin du XIXe siècle, qui cherchaient au contraire à évoquer dans leurs tableaux des impressions fugitives.
2. Voir notamment le texte d'ouverture de ce chapitre, p. 154-155.
3. La peinture *d'après nature* s'effectue en dehors de l'atelier du peintre, en présence de la scène représentée.
4. De même que l'homme, le tableau a lui aussi un squelette, des muscles et une peau. On peut parler d'une anatomie particulière du tableau. Un tableau avec le sujet « homme nu » n'est pas à figurer selon l'anatomie humaine, mais selon celle du tableau. On commence par construire une charpente de l'œuvre à bâtir. La mesure dans laquelle on pousse au-delà de cette armature est facultative, une efficacité artistique se peut exercer dès la charpente, plus profondément qu'à partir de la seule surface. (*Das bildnerische Denken*, p. 449.) (*Note de l'auteur*, qui cite un autre de ses textes, publié en 1956.)

texte 5

Léger.
« L'art consiste à inventer et non à copier »

L'artiste peut-il s'accorder la liberté de ne pas imiter du tout la nature ? Le peintre Fernand Léger (1881-1955) revendique cette liberté ; et, un siècle après Hegel (voir le texte 3), il soutient une thèse assez proche de celle du philosophe. Reproduire la réalité à la perfection n'est ni le but de l'art ni l'indice d'une quelconque supériorité de ceux qui le font sur ceux qui ne le font pas. La technique doit être au service de l'intention de l'artiste, et non l'inverse. Seule une totale liberté d'expression permet de donner à voir de la réalité autre chose que ses apparences immédiatement perceptibles.

Cette fameuse question du sujet de l'imitation de la nature domine toute la question plastique et crée l'inquiétude des gens non initiés. C'est la Renaissance italienne[1] qui, en s'approchant le plus près de cette imitation, a créé la confusion.

Le fait de bien imiter un muscle comme Michel-Ange[2] ou une figure comme Raphaël[3] ne crée pas un progrès ni une hiérarchie en art. Ce n'est pas parce que ces artistes du XVIe siècle ont imité les formes humaines qu'ils sont supérieurs aux Hautes Époques égyptienne, chaldéenne, indochinoise, romane, gothique qui, elles, interprétaient la forme, la stylisaient, mais ne l'imitaient pas[4].

Au contraire, l'art consiste à inventer et non à copier. La Renaissance italienne est une époque de décadence artistique. Ces gens dépourvus de l'invention de leurs prédécesseurs ont cru être plus forts en imitant – c'est faux. L'art doit être libre dans son invention, il doit nous enlever à la réalité trop présente. Que cela soit poésie ou peinture, c'est là le but.

La vie plastique, le tableau est fait de rapports harmonieux de volumes, de lignes, de couleurs. Ce sont ces trois forces qui doivent régir l'œuvre d'art. Si, en harmonisant ces trois éléments essentiels, il se trouve que des objets, des éléments de réalités peuvent entrer dans la composition, c'est peut-être mieux et cela donne plus de richesse. Mais ils sont subordonnés aux trois éléments essentiels cités plus haut.

Donc l'œuvre moderne part exactement du point de vue opposé à l'œuvre académique[5]. L'œuvre académique met en avant le sujet et en second plan les mérites picturaux, s'il y a lieu.

Nous autres, c'est le contraire. Toute toile, même non représentative, qui procède des rapports harmonieux des trois forces : couleur, valeur, dessin, est œuvre d'art.

Je le répète, si l'objet peut s'y inscrire sans briser l'armature conditionnelle[6], la toile s'enrichit.

Quelquefois, ces rapports ne sont que décoratifs lorsqu'ils sont abstraits. Mais si des *objets* entrent dans la composition – objets libres qui ont une valeur plastique réelle – on obtient des tableaux qui ont autant de variété, de profondeur qu'avec un sujet d'imitation.

Fernand LÉGER, « Peinture moderne », dans *Fonctions de la peinture* (1965), Denoël-Gonthier, coll. « Bibliothèque Médiations », 1984, p. 37-38.

1. En Europe en général, particulièrement en Italie, la *Renaissance* est le nom donné au grand mouvement de renouvellement des idées et des œuvres dans les domaines artistique, littéraire et scientifique, aux XVe et XVIe siècles. Le jugement plutôt négatif porté par Léger sur la Renaissance italienne est évidemment discutable, mais n'enlève rien à la pertinence de son analyse.
2. Michelangelo Buonarroti (1475-1564), sculpteur, peintre et architecte italien.
3. Raffaello Sanzio (1483-1520), peintre italien.
4. Allusion aux caractéristiques dominantes de la peinture et de la sculpture de différentes civilisations de l'Antiquité – en *Égypte*, dans l'actuel Moyen-Orient (les *Chaldéens*), en Asie (l'art *indochinois*), puis à la fin du Moyen Âge en Europe (les arts *roman* et *gothique*).
5. Rigoureusement conforme à des normes. Dans le domaine des arts, *académique* est le plus souvent employé dans un sens péjoratif.
6. En s'intégrant dans la structure d'ensemble, c'est-à-dire en respectant les « rapports harmonieux » évoqués dans la phrase précédente.

› Repères
Voir **Idéal / Réel, Ressemblance / Analogie.**

Fernand Léger (1881-1955), *Les Grands Plongeurs noirs*, 1944, huile sur toile (186 x 221 cm), Musée national d'art moderne, Centre Georges-Pompidou, Paris.

… En 1940, j'étais à Marseille quand je travaillais *Les Plongeurs*, cinq ou six personnes en train de plonger. J'avais eu l'idée de ce tableau-là dans le Midi. Ensuite je suis parti aux États-Unis et puis un jour je suis allé dans une piscine. Qu'est-ce que je vois ? Les plongeurs n'étaient plus cinq ou six, mais deux cents à la fois. À qui la tête, à qui la jambe, les bras, on ne savait plus. Alors j'ai fait les membres dispersés dans mon tableau et j'ai compris qu'en faisant cela j'étais beaucoup plus vrai que Michel-Ange lorsqu'il s'occupe de chaque muscle.

… Les personnages peints dans la chapelle Sixtine, je les ai bien vus, ils ne tombent pas, ils restent accrochés dans tous les coins de l'édifice : on peut discerner la forme des ongles de leurs orteils. Moi, je vous assure que lorsque les garçons de Marseille se précipitaient dans l'eau, je n'avais pas le temps d'apercevoir les détails, et mes plongeurs ils tombent.

Fernand Léger, © ADAGP, Paris 2004, dans *Fernand Léger. Rétrospective*, Catalogue de l'exposition, Fondation Maeght, 1988, p. 156.

texte 6

Diderot. L'art du comédien ne consiste pas à singer la réalité

Un comédien doit-il, pour émouvoir les spectateurs de la pièce qu'il joue, éprouver ou simuler parfaitement ce que ressentirait son personnage dans la réalité ? Certainement pas, répond Diderot. La représentation théâtrale de la douleur n'est pas destinée à faire souffrir cruellement. L'artiste qui ne prend aucune distance par rapport à son personnage – comme celui qui, à l'inverse, exagère son jeu – est peu crédible, voire ridicule[1]. Pour provoquer une véritable émotion artistique chez le spectateur, il faut jouer avec sa tête avant de le faire avec son corps.

Une femme malheureuse, et vraiment malheureuse, pleure et ne vous touche point : il y a pis, c'est qu'un trait léger qui la défigure vous fait rire ; c'est qu'un accent qui lui est propre dissone à votre oreille et vous blesse ; c'est qu'un mouvement qui lui est habituel vous montre sa douleur ignoble[2] et maussade ; c'est que les passions outrées sont presque toutes sujettes à des grimaces que l'artiste sans goût copie servilement, mais que le grand artiste évite. Nous voulons qu'au plus fort des tourments l'homme garde le caractère d'homme, la dignité de son espèce. Quel est l'effet de cet effort héroïque ? De distraire de la douleur et de la tempérer. Nous voulons que cette femme tombe avec décence, avec mollesse, et que ce héros meure comme le gladiateur ancien, au milieu de l'arène, aux applaudissements du cirque, avec grâce, avec noblesse, dans une attitude élégante et pittoresque. Qui est-ce qui remplira notre attente ? Sera-ce l'athlète que la douleur subjugue et que la sensibilité décompose ? Ou l'athlète académisé qui se possède et pratique les leçons de la gymnastique en rendant le dernier soupir ? Le gladiateur ancien, comme un grand comédien, un grand comédien, ainsi que le gladiateur ancien ne meurent pas comme on meurt sur un lit, mais sont tenus de nous jouer une autre mort pour nous plaire, et le spectateur délicat sentirait que la vérité nue, l'action dénuée de tout apprêt serait mesquine et contrasterait avec la poésie du reste.

Ce n'est pas que la pure nature n'ait ses moments sublimes[3] ; mais je pense que s'il est quelqu'un sûr de saisir et de conserver leur sublimité, c'est celui qui les aura pressentis d'imagination ou de génie, et qui les rendra de sang-froid.

Cependant je ne nierais pas qu'il n'y eût une sorte de mobilité d'entrailles acquise ou factice ; mais si vous m'en demandez mon avis, je la crois presque aussi dangereuse que la sensibilité naturelle. Elle doit conduire peu à peu l'acteur à la manière et à la monotonie. C'est un élément contraire à la diversité des fonctions d'un grand comédien ; il est souvent obligé de s'en dépouiller, et cette abnégation de soi n'est possible qu'à une tête de fer.

Denis Diderot, *Paradoxe sur le comédien* (1769-1778), dans *Œuvres esthétiques*, Classiques Garnier, 1968, p. 317-318.

1. Voir « L'interprétation », p. 306.
2. Le mot doit ici être compris au sens propre : le contraire de « noble ».
3. Nobles, élevés.

texte 7

Danto. En transfigurant les objets, l'art crée de la réalité

En quel sens peut-on soutenir que l'art « crée » de la réalité ? Pour le philosophe de l'art Arthur Danto, la question des liens entre art et réalité est mal posée si l'on se contente d'opposer imitation et invention. L'art peut à la fois imiter parfaitement et transfigurer la réalité, y compris la plus banale. Certains artistes contemporains poussent ce paradoxe à l'extrême, en représentant ou en fabriquant des objets de la vie quotidienne.

Dans la mesure où la classe des objets définissables par leurs propriétés représentationnelles (c'est-à-dire des objets qui sont à propos de quelque chose, ou pour lesquels la question de savoir à propos de quoi ils sont est logiquement pertinente) est beaucoup plus vaste que celle des œuvres d'art[1], le problème consistant à spécifier ce qui différencie ces dernières des autres vecteurs de la représentation est au moins aussi important que la question de la distinction entre œuvres d'art et objets réels [...]. Quoi qu'il en soit, en supposant que nous ayons situé les œuvres d'art dans l'espace ontologique[2] pertinent, nous voyons que le programme qui, en réponse au défi lancé par Platon, se propose de combler le fossé entre l'art et la réalité[3] est mal conçu du point de vue logique : celui qui a soutenu qu'un poème ne devrait pas signifier mais être a énoncé une sorte d'incohérence. C'est pourquoi, avant de passer à l'étape suivante de notre analyse, il peut être utile d'examiner une ou deux étonnantes tentatives dans cette direction, entreprises en toute naïveté par le monde de l'art contemporain.

L'artiste Jasper Johns[4] s'est servi dans son travail d'une classe d'objets qui semblent exclure d'office l'idée qu'ils puissent être imités, et qui semblent donc être réels par nécessité logique, en ce sens que tout ce qui leur ressemble assez pour pouvoir en être une imitation devient immédiatement un membre de la classe dont ils font partie. Une cible, un drapeau ou un chiffre, par exemple, semblent être des objets qui possèdent cette propriété étonnante : ainsi, tout ce qui ressemble assez à un drapeau pour en être une représentation mimétique devient un drapeau, et il en va de même pour une cible, un chiffre ou une carte géographique. Avec de tels objets, le rêve de Pygmalion[5], qui est de se servir des chemins de l'art pour la création de la réalité, semble logiquement pouvoir être réalisé. C'est ainsi que les cartes géographiques dans les tableaux de Vermeer[6] réussissent ce que ne réussissent jamais ses

Jasper Johns (né en 1930), *Trois drapeaux*, 1958, encaustique sur toile (78 x 115,6 x 12,7 cm), Whitney Museum of American Art, New York.

1. Dans les lignes qui précèdent ce passage, Danto a expliqué que l'art est de même nature que le langage, au sens où, comme lui, il « représente » la réalité. Il y a donc beaucoup plus d'objets dans le monde réel que dans le monde de l'art, puisque l'art ne s'inspire que d'une partie de la réalité (de la même manière qu'il n'existe pas un mot pour chaque chose). Voir aussi « Le langage », p. 138-139.
2. Dans l'espace où leur existence a un sens, c'est-à-dire celui de la représentation de la réalité, qui ne se confond donc pas avec la réalité elle-même.
3. Voir les différentes approches de la question des liens entre art et réalité développées dans les textes 1 à 6 de ce chapitre.
4. Artiste américain né en 1930. À partir de 1955, il réalise une série de toiles représentant des cibles et le drapeau américain. En 1960, Jasper Johns crée une série de sculptures en bronze qui posent les mêmes problèmes théoriques que ses toiles en les transposant dans un espace en trois dimensions, en particulier *Boîtes de bière* et le *Savarin Can*, dont il est question plus loin.
5. Roi légendaire qui obtint d'Aphrodite qu'elle donne la vie à la statue dont il était amoureux, pour pouvoir l'épouser. Voir le texte de Molière qui ouvre « Le désir », p. 88.
6. Peintre hollandais (1632-1675).

Repères
Voir **Idéal / Réel, Ressemblance / Analogie.**

Johannes Vermeer (1632-1675), *Soldat et jeune fille riant*, détail, vers 1655-1660, huile sur toile (46 x 50,5 cm), Frick Collection, New York.

femmes : celles-ci ne se métamorphosent pas pour passer du tableau à la réalité, alors que ses cartes refusent d'être des images de cartes et se changent immédiatement en ce qu'elles ne voulaient que représenter. Il faut préciser que Johns lui-même n'a connu qu'un succès partiel : ses représentations d'ampoules et de flashes ne se sont pas transformées en des exemples effectifs de ces objets. Et son *Savarin Can* en bronze a été un succès mitigé, comme les tableaux de Vermeer représentant des femmes et des cartes géographiques.

Arthur DANTO, *La Transfiguration du banal. Une philosophie de l'art* (1981), trad. Cl. H. Schaeffer, Éd. du Seuil, coll. « Poétique », 1989, p. 145-146.

2 | Le mystère de la création et le travail de l'artiste

texte 8 Platon. L'inspiration poétique

À quelles conditions une œuvre d'art a-t-elle vraiment une valeur esthétique ? S'appuyant sur l'exemple de la poésie et prenant acte du fait que l'œuvre ne peut pas être strictement soumise à un code, Platon attribue cette valeur à une inspiration divine, sans laquelle l'art serait sans attrait. Alors l'artiste n'est plus un illusionniste, mais le révélateur d'un message divin.

SOCRATE. – [...] La troisième forme de possession et de folie est celle qui vient des Muses. Lorsqu'elle saisit une âme tendre et vierge, qu'elle l'éveille et qu'elle la plonge dans une transe bachique[1] qui s'exprime sous forme d'odes et de poésies de toutes sortes, elle fait l'éducation de la postérité en glorifiant par milliers les exploits des anciens. Mais l'homme qui, sans avoir été saisi par cette folie dispensée par les Muses, arrive aux portes de la poésie avec la conviction que, en fin de compte, l'art[2] suffira à faire de lui un poète, celui-là est un poète manqué ; de même, devant la poésie de ceux qui sont fous, s'efface la poésie de ceux qui sont dans leur bon sens.

Tu vois tous les beaux effets – et ce ne sont point les seuls – que je suis en mesure de mettre au compte d'une folie dispensée par les dieux.

PLATON (vers 420-340 av. J.-C.), *Phèdre*, 245a-b, trad. L. Brisson, Flammarion, coll. « GF », 1989, p. 115-116.

1. Allusion aux fêtes en l'honneur de Dionysos, dieu de la Végétation, en particulier de la Vigne et du Vin, que les Romains rebaptisèrent Bacchus.
2. *Art* traduit ici le grec *tekhnê* et désigne une technique de simple exécution, dénuée d'inspiration.

texte 9

Nietzsche.
Les limites de la notion de génie

L'artiste est-il un homme totalement hors du commun ? Sans ignorer ce qui peut échapper à la compréhension rationnelle dans la création ou la contemplation d'une œuvre d'art, Nietzsche refuse d'y voir une opération miraculeuse. Dans ce but, il insiste sur l'indispensable part de travail et de persévérance, sans lesquels la création artistique ne serait pas possible.

CULTE DU GÉNIE PAR VANITÉ. – Pensant du bien de nous, mais n'attendant pourtant pas du tout de nous de pouvoir former seulement l'ébauche d'un tableau de Raphaël ou une scène pareille à celles d'un drame de Shakespeare, nous nous persuadons que le talent de ces choses est un miracle tout à fait démesuré, un hasard fort rare, ou, si nous avons encore des sentiments religieux, une grâce d'en haut. C'est ainsi que notre vanité, notre amour-propre, favorise le culte du génie : car ce n'est qu'à condition d'être supposé très éloigné de nous, comme un *miraculum*, qu'il ne nous blesse pas [...]. Mais abstraction faite de ces suggestions de notre vanité, l'activité du génie ne paraît pas le moins du monde quelque chose de foncièrement différent de l'activité de l'inventeur en mécanique, du savant astronome ou historien, du maître en tactique. Toutes ces activités s'expliquent si l'on se représente des hommes dont la pensée est active dans une direction unique, qui utilisent toutes choses comme matière première, qui ne cessent d'observer diligemment leur vie intérieure et celle d'autrui, qui ne se lassent pas de combiner leurs moyens. Le génie ne fait rien que d'apprendre d'abord à poser des pierres, ensuite à bâtir, que de chercher toujours des matériaux et de travailler toujours à y mettre la forme. Toute activité de l'homme est compliquée à miracle, non pas seulement celle du génie : mais aucune n'est un « miracle ».

Friedrich NIETZSCHE, *Humain, trop humain* (1878), partie I, chap. IV, aphorisme 162, trad. A.-M. Desrousseaux et H. Albert revue par A. Kremer-Marietti, Le Livre de Poche, coll. « Classiques de la philosophie », 1995, p. 157.

Jean-Marie del Moral (né en 1952), *Miquel Barceló dans son atelier* à Cap Farrutx, île de Majorque, 21 septembre 1997.

texte 10

Kant.
Les beaux-arts sont des arts de génie

Quelles règles suit un artiste dans l'accomplissement de son œuvre ? Puisque, selon la définition kantienne, est beau ce qui plaît sans concept, l'art ne saurait consister en une exécution mécanique de règles préalablement énoncées. Il faut donc dire que c'est la nature spécifique de l'artiste qui dicte ses règles à l'art. C'est cette nature que Kant baptise « génie ».

Le *génie* est le talent (don naturel) qui donne à l'art ses règles. Dans la mesure où le talent, comme pouvoir de produire inné chez l'artiste, appartient lui-même à la nature, on pourrait aussi s'exprimer ainsi : le *génie* est la disposition innée de l'esprit *(ingenium)* par l'intermédiaire de laquelle la nature donne à l'art ses règles.

Quoi qu'il puisse en être de cette définition, qu'elle soit simplement arbitraire ou conforme au concept[1] que l'on est accoutumé à associer au mot de *génie* [...], on peut cependant déjà prouver, à titre préalable, que les beaux-arts, d'après la signification selon laquelle ce mot est pris ici, doivent nécessairement être considérés comme arts du *génie*.

1. C'est-à-dire à l'idée associée au mot *génie*. Ce concept n'existe pas, d'où le recours à la notion de *génie* pour expliquer ce qui préside à la réalisation de l'œuvre.

Miquel Barceló (né en 1957), *Christ mandragore* au sol, église Santa Eulalia, dei Catalani, Palerme, 6 octobre 1998.

2. Le mot *art* est utilisé dans son sens large (activité qui ajoute quelque chose à la nature) et se distingue des *beaux-arts*.
3. Intermédiaire.
4. Les œuvres d'art ne sont pas *déterminées* par un concept préalable, comme le sont les objets techniques. D'où le recours à la notion de génie, ou d'inspiration, pour en rendre compte. L'œuvre de génie pourra ensuite servir de modèle pour une partie de la génération suivante (les épigones ; voir le texte suivant de Boulez).

Car tout art[2] suppose des règles par le truchement[3] desquelles seulement un produit est représenté comme possible, s'il doit être désigné comme un produit de l'art. Cela dit, le concept des beaux-arts ne permet pas que le jugement sur la beauté de son produit soit dérivé d'une quelconque règle possédant un *concept* comme principe de détermination[4] : par conséquent, il ne permet pas que le jugement se fonde sur un concept de la manière dont le produit est possible. En ce sens, les beaux-arts ne peuvent pas se forger eux-mêmes la règle d'après laquelle ils doivent donner naissance à leur produit. Or, étant donné cependant que, sans une règle qui le précède, un produit ne peut jamais être désigné comme un produit de l'art, il faut que la nature donne à l'art sa règle dans le sujet (et cela à travers l'accord qui intervient entre les pouvoirs dont dispose celui-ci) ; c'est dire que les beaux-arts ne sont possibles que comme produits du génie.

Emmanuel KANT, *Critique de la faculté de juger* (1790), § 46, trad. A. Renaut, Flammarion, coll. « GF », 2000, p. 293.

Questions

1. Le texte veut démontrer que les beaux-arts sont des arts de génie. Restituez les étapes progressives par lesquelles il y parvient.
2. Analysez le sens précis que prend la notion de génie dans le texte.
3. Qu'ont de spécifique les beaux-arts par rapport aux arts en général (pris dans le sens de « productions techniques »).
4. Comment faut-il comprendre la thèse selon laquelle, par le génie, « le talent (don naturel) donne à l'art ses règles » (l. 1) ?

texte 11

Boulez.
L'œuvre dépasse les intentions de l'artiste

Jusqu'à quel point l'artiste maîtrise-t-il son œuvre ? Le compositeur et chef d'orchestre Pierre Boulez décrit ici les diverses formes par lesquelles elle lui échappe. L'artiste n'est pas juge, au moment où il crée, de tous les aspects de son œuvre ; en outre, il ne peut en prévoir les effets futurs. Enfin, en créant un style nouveau, il s'expose à être imité.

[...] il reste primordial, à mon sens, de sauvegarder le potentiel d'inconnu enclos dans un chef-d'œuvre. Je demeure persuadé que l'auteur, aussi perspicace soit-il, ne peut concevoir les conséquences – proches ou lointaines – de ce qu'il a écrit, et que son optique n'est pas forcément plus aiguë que celle de l'analyste[1] (tel que je le conçois). Certains procédés, résultats, manières d'inventer, vieilliront ou bien resteront purement personnels, qui lui avaient paru primordiaux lorsqu'il les a découverts ; et il aura considéré comme négligeables ou comme détails secondaires des aperçus qui se révéleront, tardivement, d'importance capitale. C'est un grave préjudice que de confondre la valeur de l'œuvre, ou sa nouveauté immédiate, avec son éventuel pouvoir de fertiliser. [...]

On raconte que, dans certaines tribus d'Afrique, si l'idole adoptée n'a pas rendu les services qu'on attendait d'elle, on la bat, on la mutile et finalement on la jette aux ordures en l'accablant de crachats et d'injures, pour en trouver une autre, éventuellement plus bénéfique. La tribu des épigones[2] n'agit pas

1. De celui qui analyse l'œuvre.
2. Disciples sans originalité personnelle. Voir note 1, p. 160.

autrement : elle se précipite avec voracité sur un moyen déterminé, dont elle n'apercevra évidemment ni les origines, ni la nécessité, puisqu'elle l'isole de toute pensée conductrice logique ; elle en fera des applications standardisées, et, ayant rapidement épuisé ses charmes apparents, incapable qu'elle se trouve d'en saisir la rigueur interne, il lui faut trouver un nouveau ballon d'oxygène, coûte que coûte : la fourmilière attend le choc qui va l'affoler et la mettre en remue-ménage. On conviendra qu'une telle pratique (dit tout crûment) relève du bordel d'idées plus que de la composition.

Nam June Paik (né en 1932), *Sans titre*, 1993, piano, quinze téléviseurs, deux caméras, deux lecteurs de CD, une lampe, une ampoule, câbles (environ 254 x 266,7 x 121,9 cm), Museum of Modern Art, New York.

Il était utile, sans doute, que ces fétichismes[3] se soient donné libre cours car ils ont eu le mérite de clarifier la situation ; ce n'est point par paradoxe que je l'écris. Une période comme la nôtre aura connu leur expansion plus rapide, étant donné la plus grande facilité de diffusion ; mais « l'épigonisme », à vrai dire, n'est pas un fait particulièrement remarquable de nouveauté : c'est même un mal nécessaire ; il aiguille l'attention plus vite et à moindres frais sur la caducité[4] de certains procédés, la non-validité de certains raisonnements – démonstration *ab absurdo*[5] ; il met en garde et tient en éveil toute conscience créatrice qui tendrait à s'éblouir des merveilles nouvelles rencontrées, à se laisser prendre au piège narcissique des miroirs qu'elle se fabrique. L'« épigonisme » peut être considéré comme la critique la plus aiguë, quoique – ou parce qu'involontaire ; profitant des leçons qui s'en peuvent tirer, on aurait tort de s'en irriter. Aussi bien, le domaine créateur n'a-t-il pas fini de s'enrichir des résultats auxquels il concourt négativement.

Pierre Boulez, *Penser la musique aujourd'hui. Le nouvel espace sonore* (1963), Denoël-Gonthier, coll. « Bibliothèque Médiations », 1977, p. 13-14 et 17-18.

3. Vénération excessive pour un objet auquel on attribue une signification qui le dépasse (ici, par exemple, pour une technique qu'on isole et à laquelle on réduit le style de l'artiste novateur).
4. Le fait d'être *caduc*, dépassé, de ne plus avoir de valeur.
5. Démonstration par l'absurde, c'est-à-dire qui montre qu'une proposition, si on la prend au sérieux, conduit à des conséquences absurdes (donc que cette proposition est fausse).

› Repères Voir **En acte / En puissance.**

texte 12 Jankélévitch. Le savoir-faire ineffable de l'artiste

Que peut-on dire de pertinent sur une œuvre ? On peut décrire les techniques que l'artiste a employées ; on peut décrire le contexte de l'œuvre et donner des informations sur ce qu'elle représente ; on peut rapporter ce qu'on sait des intentions affichées de l'artiste[1]. Mais toujours, dans l'œuvre, quelque chose dépassera le discours qu'on tient sur elle.

La musique a ceci de commun avec la poésie et l'amour, et même avec le devoir : elle n'est pas faite pour qu'on en parle, elle est faite pour qu'on en *fasse* ; elle n'est pas faite pour être dite, mais pour être « jouée »... Non, la

1. Voir « L'interprétation », p. 306.

musique n'a pas été inventée pour qu'on parle de musique ! N'est-ce pas la définition même du Bien ? Le Bien est fait pour être fait, non pas pour être dit ou connu ; et de même le mal est une manière de commettre l'acte plutôt qu'une chose sue ; bien et mal sont d'ordre sinon dramatique, du moins drastique[2]. Le bien est l'affaire des militants ! La poésie, en cela, n'est-elle pas une sorte de *bienfaisance* ? Faire comme on dit, et même faire sans dire[3] : telle serait sans doute la devise de celui dont toute la vocation intentionnelle est de faire, de faire transitivement[4], de faire purement et simplement, et non pas de faire faire... Car qu'est-ce que la parole, sinon une action secondaire, une action avec exposant[5] ou, mieux encore, comme dans l'art de persuader des rhéteurs, une action sur de l'action ? Le Dire est un Faire atrophié, avorté et un peu dégénéré : action en retrait ou simplement ébauchée, la parole est volontiers pharisienne[6] et n'agit qu'indirectement..., sauf bien entendu en poésie, où c'est le dire lui-même qui est le faire ; le poète parle, mais ce ne sont pas des paroles pour dire, comme les paroles du Code civil : ce sont des paroles pour suggérer ou captiver, des paroles de charme ; la poésie est faite, immédiatement, pour faire le poème, et la poétique, qui est un faire avec exposant, pour réfléchir sur la poésie. La même différence sépare en musique le créateur et le théoricien. On parle trop, aujourd'hui, pour avoir musicalement quelque chose à dire ! Tels les philosophes, oubliant de philosopher, parlent de la philosophie du voisin...

Vladimir JANKÉLÉVITCH, *La Musique et l'Ineffable* (1961), Éd. du Seuil, 1983, p. 101-102.

2. Du grec *drastikos* qui, dans le vocabulaire médical, qualifie ce qui est très efficace, énergique. L'auteur souligne ainsi le fait que l'art est une activité réelle, pas une simple parole.
3. Épictète, *Manuel* 46. *(Note de l'auteur.)*
4. En agissant sans intermédiaire sur son objet.
5. L'*exposant* indique qu'on multiplie un nombre par lui-même. Ici, on propose un discours sur le discours. L'auteur dénonce une manière de dire alors qu'on ne fait pas.
6. Les *pharisiens*, dans les évangiles, prétendent appliquer à la lettre l'intégralité des règles religieuses, même s'ils en trahissent l'esprit.

3 | Les œuvres d'art face à leur public

texte 13

Hegel.
Le fond et la forme

Quelles relations entretiennent dans une œuvre la forme et l'esprit ? Hegel montre que l'art a pour fonction de manifester de façon sensible ce que la pensée ne parvient pas encore à formuler clairement. Il n'y aurait donc pas d'œuvre qui n'exprime rien de spirituel ; inversement, l'esprit ne réussit à s'exprimer dans l'œuvre qu'en empruntant des formes sensibles adéquates[1].

Le dieu grec n'est pas abstrait, mais individuel, et il est très proche de la figure naturelle[2] ; le dieu chrétien est certes lui aussi personnalité concrète, mais il l'est en tant que *pure* spiritualité, et demande à être connu comme *esprit* et dans l'esprit. Aussi l'élément de son existence est-il essentiellement le savoir intérieur et non la figure naturelle extérieure, par laquelle il ne pourra être représenté qu'imparfaitement et non selon toute la profondeur de son concept.

Or, dès lors que l'art a pour tâche de représenter pour la contemplation immédiate dans une figure sensible, et non sous la forme de la pensée et de la pure spiritualité en général, et dès lors que cette représentation trouve sa

1. Voir aussi, dans « La conscience », le texte 8 de Hegel, p. 32.
2. Les Grecs se représentent leurs dieux sous des formes proches de figures humaines.

3. La vérité supérieure de l'art, c'est lorsque les formes matérielles dans lesquelles l'esprit se manifeste sont les plus propres à toucher la sensibilité.

4. Hegel annonce le plan « naturel » de son ouvrage qui progressera des arts les plus matériels : architecture, sculpture, aux plus immatériels : musique, puis poésie.

5. Selon Hegel, l'esprit se développe toujours par étapes (ici, celles de l'histoire de l'art).

› Repères

Voir **Formel / Matériel, Idéal / Réel, Universel / Général / Particulier / Singulier.**

valeur et sa dignité dans la correspondance et l'unité de ces deux côtés que sont l'idée et sa figure, alors la grandeur et l'excellence de l'art, dans la réalité conforme à son concept, dépendra du degré d'intimité et d'unisson avec lequel l'idée et la figure auront été travaillées pour s'intégrer l'une dans l'autre.

C'est en ce point de la vérité supérieure, prise comme la spiritualité ayant conquis la configuration adéquate au concept de l'esprit[3], que la science de l'art trouve le principe de sa partition[4]. Car, avant de parvenir au concept vrai de son essence absolue, l'esprit doit d'abord parcourir une succession de degrés qui a son fondement dans ce concept lui-même[5], et à cette gradation de contenu qu'il se donne correspond, en connexion immédiate avec elle, une succession de configurations artistiques dans la forme desquelles l'esprit, en tant qu'esprit artistique, se donne la conscience de lui-même.

Cette succession qui se déroule à l'intérieur de l'esprit artistique présente elle-même à son tour, du fait de sa nature propre, deux côtés. En effet, ce développement lui-même est *premièrement* un développement *spirituel* et *universel*, dès lors que ce qui prend figure artistique est la succession de *visions du monde* déterminées, comme autant de degrés de la conscience déterminée mais englobante du naturel, de l'humain et du divin ; *deuxièmement*, ce développement intérieur de l'art doit se donner une existence immédiate et une présence sensible, et les modalités déterminées de l'existence artistique sensible sont elles-mêmes une totalité de différences nécessaires de l'art – les *arts particuliers*.

Friedrich HEGEL, *Cours d'esthétique* (1818-1829), t. I, Introduction, trad. J.-P. Lefebvre et V. von Schenck, Aubier, coll. « Bibliothèque philosophique », 1995, p. 101-102.

Fabienne Verdier (née en 1962), *Yi* (l'unique trait de pinceau), 2000, hommage aux théories de Shitao, XVIIe siècle, diptyque (170 x 110 cm), technique mixte, encre de Chine, pigments et médium à l'eau, cinabre, sur toile de lin / coton montée sur châssis à clés.

texte 14

Freud.
Le plaisir à l'œuvre

Qu'est-ce qui explique le plaisir esthétique ? Freud soutient que l'artiste parvient, dans le cadre de son œuvre, à exprimer de façon sublimée des pulsions qu'il partage avec les autres hommes mais qui sont réprimées dans la réalité. L'œuvre d'art est ainsi un compromis offrant des satisfactions de substitution.

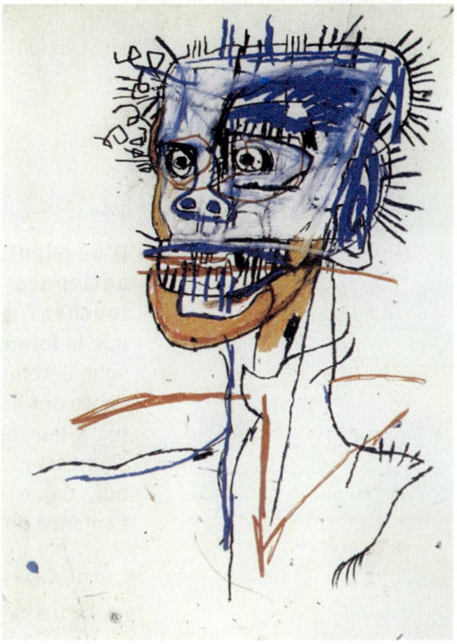

Jean-Michel Basquiat (1960-1988), *Sans titre (tête de fou)*, 1982, crayon gras sur papier monté sur toile (109 x 78,7 cm), collection Leo Malca, New York.

À l'instar du névrosé, l'artiste s'était retiré[1] de la réalité insatisfaisante dans ce monde imaginaire, mais, à la différence du névrosé, il savait trouver le chemin qui permettait d'en sortir et de reprendre pied dans la réalité. Ses créations, les œuvres d'art, étaient des satisfactions fantasmatiques de vœux inconscients, tout comme les rêves avec lesquels elles avaient également en commun le caractère de compromis, car elles aussi devaient éviter d'entrer en conflit ouvert avec les puissances du refoulement. Mais, à la différence des productions du rêve, asociales et narcissiques, elles étaient conçues pour que d'autres hommes y participassent[2], elles pouvaient susciter et satisfaire chez ceux-ci les mêmes motions de désirs inconscients. En outre, elles se servaient du plaisir que procure la perception de la beauté formelle comme d'une « prime de séduction ». L'apport spécifique de la psychanalyse pouvait consister à reconstruire, par recoupement des impressions vécues, des destinées fortuites et des œuvres de l'artiste, sa constitution et les motions pulsionnelles qui étaient à l'œuvre en elle, soit ce qu'il y avait en lui d'universellement humain. C'est dans une telle intention que j'ai pris par exemple Léonard de Vinci comme objet d'une étude[3] qui repose sur un seul souvenir d'enfance communiqué par lui-même, et qui vise pour l'essentiel à expliquer son tableau *La Vierge, l'Enfant Jésus et Sainte Anne*. Mes amis et élèves ont ensuite entrepris un grand nombre d'analyses semblables sur des artistes et leurs œuvres. Il n'est point arrivé que le plaisir pris à l'œuvre d'art fût gâté par l'intelligence analytique[4] ainsi obtenue. Mais il faut confesser au profane, qui attend peut-être ici trop de l'analyse, qu'elle ne jette aucune lumière sur deux problèmes qui sont sans doute ceux qui l'intéressent le plus. L'analyse ne peut rien dire qui éclaire le problème du don artistique, de même que la mise au jour des moyens avec lesquels l'artiste travaille, soit de la technique artistique, ne relève pas de sa compétence.

Sigmund Freud, *Sigmund Freud présenté par lui-même* (1925), trad. F. Cambon, Gallimard, coll. « Folio essais », 1984, p. 109-111.

1. L'emploi du plus-que-parfait s'explique par le fait que l'auteur se réfère à une théorie qu'il a publiée dans le passé.
2. Les productions du rêve et des fantasmes sont personnelles et peu transmissibles. L'univers onirique de l'artiste est accessible à tous. Ses satisfactions sont donc, dans une certaine mesure, transmissibles.
3. Dans *Un souvenir d'enfance de Léonard de Vinci*.
4. Il peut y avoir une jouissance immédiate de l'œuvre, sans analyse. Mais l'analyse bien conçue (ici, celle de la psychanalyse) peut conduire à jouir encore davantage de l'œuvre en l'appréhendant mieux, sans que cette analyse prétende se substituer au plaisir esthétique face à l'œuvre.

texte 15

Marx.
L'enfance de l'art

D'où vient que des œuvres très anciennes puissent encore nous toucher ? Marx, tout en soutenant que la forme et la nature des œuvres sont déterminées par les conditions de vie des hommes qui les ont produites à leur époque, explique qu'elles s'adressent encore à nous aujourd'hui, parce qu'elles témoignent de l'enfance de notre humanité.

Martial Raysse (né en 1936), *Peinture simple et douce*, 1965.

On sait que la mythologie grecque n'a pas été seulement l'arsenal de l'art grec, mais la terre même qui l'a nourri. La façon de voir la nature et les rapports sociaux qui inspire l'imagination grecque et constitue de ce fait le fondement de [la mythologie] grecque est-elle compatible avec les *Selfactors* [machines à filer automatiques], les chemins de fer, les locomotives et le télégraphe électrique ? Qu'est-ce que Vulcain[1] auprès de Roberts and C°[2], Jupiter[3] auprès du paratonnerre et Hermès[4] auprès du Crédit mobilier ? Toute mythologie maîtrise, domine les forces de la nature dans le domaine de l'imagination et par l'imagination et leur donne forme : elle disparaît donc quand ces forces sont dominées réellement. Que devient Fama[5] à côté de Printing-House Square[6] ? L'art grec suppose la mythologie grecque, c'est-à-dire l'élaboration artistique mais inconsciente de la nature et des formes sociales elles-mêmes par l'imagination populaire. Ce sont là ses matériaux. Ce qui ne veut pas dire n'importe quelle mythologie, c'est-à-dire n'importe quelle élaboration artistique inconsciente de la nature (ce mot sous-entendant ici tout ce qui est objectif, donc y compris la société). Jamais la mythologie égyptienne n'aurait pu fournir un terrain favorable à l'éclosion de l'art grec. Mais il faut en tout cas *une* mythologie. Donc en aucun cas une société arrivée à un stade de développement excluant tout rapport mythologique avec la nature, tout rapport générateur de mythes, exigeant donc de l'artiste une imagination indépendante de la mythologie.

D'autre part, Achille[7] est-il compatible avec la poudre et le plomb ? Ou, somme toute, l'*Iliade* avec la presse ou encore mieux la machine à imprimer ? Est-ce que le chant, le poème épique, la Muse ne disparaissent pas nécessairement devant la barre du typographe, est-ce que ne s'évanouissent pas les conditions nécessaires de la poésie épique ?

1. Dieu romain du Feu et du Travail des métaux.
2. Manufacture de Londres, ville où Marx a longtemps vécu.
3. Dieu romain suprême, maître des dieux et, en particulier, maître de la foudre.
4. Dieu grec des Voyageurs, des Marchands et des Voleurs.
5. Représentation mythologique romaine de la « voix publique » : la réputation.
6. Place à Londres.
7. Héros central de l'*Iliade*, du poète grec Homère. Guerrier célèbre pour sa rapidité à la course, qui ne lui serait évidemment plus utile à l'époque de la poudre et du plomb.

Mais la difficulté n'est pas de comprendre que l'art grec et l'épopée sont liés à certaines formes du développement social. La difficulté réside dans le fait qu'ils nous procurent encore une jouissance esthétique et qu'ils ont encore pour nous, à certains égards, la valeur de normes et de modèles inaccessibles. Un homme ne peut redevenir enfant, sous peine de tomber dans la puérilité. Mais ne prend-il pas plaisir à la naïveté de l'enfant et, ayant accédé à un niveau supérieur, ne doit-il pas aspirer lui-même à reproduire sa vérité ? Dans la nature enfantine, chaque époque ne voit-elle pas revivre son propre caractère dans sa vérité naturelle ? Pourquoi l'enfance historique de l'humanité, là où elle a atteint son plus bel épanouissement, pourquoi ce stade de développement révolu à jamais n'exercerait-il pas un charme éternel ? Il est des enfants mal élevés et des enfants qui prennent des airs de grandes personnes. Nombre de peuples de l'Antiquité appartiennent à cette catégorie. Les Grecs étaient des enfants normaux. Le charme qu'exerce sur nous leur art n'est pas en contradiction avec le caractère primitif de la société où il a grandi. Il en est bien plutôt le produit et il est au contraire indissolublement lié au fait que les conditions sociales insuffisamment mûres où cet art est né, et où seulement il pouvait naître, ne pourront jamais revenir.

Karl Marx, *Contribution à la critique de l'économie politique* (1859), trad. M. Husson et G. Badia, Éditions sociales, 1974, p. 174-175.

› Repères
Voir **Idéal / Réel, Origine / Fondement.**

texte 16 Benjamin. Du temps de l'œuvre à l'ère des reproductions techniques

Une œuvre d'art peut-elle ne pas être une œuvre unique ? Au fil de l'histoire de l'art, les œuvres tendent non seulement à s'exposer de plus en plus au public, mais aussi à se reproduire. Le philosophe allemand Walter Benjamin analyse ici les changements que cela produit sur le statut des œuvres, qui perdent peu à peu leur « aura[1] ».

La réception des œuvres d'art est diversement accentuée et s'effectue notamment selon deux pôles. L'un de ces accents porte sur la valeur cultuelle de l'œuvre, l'autre sur sa valeur d'exposition. La production artistique commence par des images qui servent au culte. On peut supposer que l'existence même de ces images a plus d'importance que le fait qu'elles sont vues. L'élan que l'homme figure sur les parois d'une grotte, à l'âge de pierre, est un instrument magique. Cette image est certes exposée aux regards de ses semblables, mais elle est destinée avant tout aux esprits. Aujourd'hui, la valeur cultuelle en tant que telle semble presque exiger que l'œuvre d'art soit gardée au secret : certaines statues de dieux ne sont accessibles qu'au prêtre dans la *cella*[2], et certaines Vierges restent couvertes presque toute l'année, certaines sculptures de cathédrales gothiques sont invisibles si on les regarde du sol. *À mesure que les différentes pratiques artistiques s'émancipent du rituel, les occasions deviennent plus nombreuses de les exposer.* Un buste peut être envoyé ici ou là ; il est plus exposable par conséquent qu'une statue de dieu, qui a sa place assignée à l'intérieur d'un temple. Le tableau est plus exposable que la mosaïque ou la fresque qui l'ont précédé. Et s'il se peut qu'en principe une messe fût aussi exposable

1. Au sens propre, halo qui enveloppe un être magique, mystique. Au sens figuré, l'*aura* est l'atmosphère mystérieuse et fascinante qui entoure une chose ou une personne. Selon Benjamin, l'art tend de plus en plus à dégager l'œuvre de toute *aura*.
2. Lieu clos du temple grec ou romain, abritant la statue du dieu.

Claus Goedicke, *VII, 2*, 1999 (77 x 100 cm), collection particulière.

qu'une symphonie, la symphonie cependant est apparue en un temps où l'on pouvait prévoir qu'elle deviendrait plus exposable que la messe[3].

Les diverses méthodes de reproduction technique de l'œuvre d'art l'ont rendue exposable à un tel point que, par un phénomène analogue à celui qui s'était produit à l'âge préhistorique, le déplacement quantitatif intervenu entre les deux pôles de l'œuvre d'art s'est traduit par un changement qualitatif, qui affecte sa nature même. De même, en effet, qu'à l'âge préhistorique la prépondérance absolue de la valeur cultuelle avait fait avant tout un instrument magique de cette œuvre d'art, dont on n'admit que plus tard, en quelque sorte, le caractère artistique, de même aujourd'hui la prépondérance absolue de sa valeur d'exposition lui assigne des fonctions tout à fait neuves, parmi lesquelles il se pourrait bien que celle dont nous avons conscience – la fonction artistique – apparaisse par la suite comme accessoire. Il est sûr que, dès à présent, la photographie, puis le cinéma fournissent les éléments les plus probants à une telle analyse.

Walter Benjamin, *Œuvres III* (1935), trad. M. de Gandillac, R. Rochlitz, P. Rusch, Gallimard, coll. « Folio essais », 2000, p. 282-285.

3. Autrefois, les œuvres d'art étaient uniques, en un seul lieu et souvent cachées. Aujourd'hui, elles sont publiques, se déplacent, sont reproduites – phénomène encore accentué à l'ère de leur diffusion par Internet.

texte 17 Malraux. Initiés et profanes face aux œuvres d'art

L'artiste, l'initié et le non-artiste ont-ils la même relation avec l'œuvre d'art ? L'artiste, selon Malraux, ainsi que l'initié, s'intéresse d'abord et avant tout à l'art. Sa sensibilité est davantage éveillée par le monde spécifique de l'art. Le profane, lui, cherche à travers l'art à retrouver la vie et s'agace face aux œuvres qui ne lui offrent pas un accès immédiat à ce qu'elles expriment.

Si, entre la vision de l'artiste et celle du non-artiste, la différence n'est pas d'intensité mais de nature, c'est que la seconde est ordonnée par des actions, alors que même pour le peintre le plus misérable, le monde est encore tableaux.

Un artiste n'est pas nécessairement plus sensible qu'un amateur, et l'est souvent moins qu'une jeune fille ; il l'est autrement. Être romanesque n'est pas être romancier, aimer la contemplation n'est pas être poète, et les plus grands artistes ne sont pas des femmes. De même qu'un musicien aime la musique et non les rossignols, un poète les vers et non les couchers de soleil, un peintre n'est pas d'abord un homme qui aime les figures et les paysages : c'est d'abord un homme qui aime les tableaux.

Mais artiste et non-artiste se retrouvent souvent en un domaine équivoque, celui du sentiment. Le non-artiste est bien moins indifférent aux arts, qu'assuré qu'ils sont les moyens d'expression des sentiments : l'homme qui n'aime pas la musique aime les romances ou les marches, l'homme qui n'aime pas la poésie aime les feuilletons, l'homme qui n'aime pas la peinture aime les photos de stars, le *Rêve* ou les chats dans les paniers. Tout art qui atteint des masses est une expression de sentiments, – attendrissement, tristesse ou gaieté, patriotisme, angoisse, amour. C'est pourquoi tels sommets de l'art religieux, où l'art s'unit à la fois à l'amour, et à la conscience de la dépendance humaine ou à celle de sa libération, trouvèrent dès leur naissance une audience immense. Mais il va de soi que si un grand artiste de l'émotion est nécessairement sensible, l'homme le plus sensible du monde n'est pas nécessairement un artiste.

Ce que voient en l'art ceux qui lui sont étrangers, c'est un moyen de fixer les instants émouvants de la vie, ou de les imaginer. Ils sont ainsi conduits à confondre fiction et roman, représentation et peinture. (C'est pourquoi la politique et la religion, en ce domaine, font prendre si aisément des vessies pour des lanternes[1].) La plupart des hommes n'auraient pas plus d'opinion sur la peinture, la sculpture, la littérature qu'ils n'en ont sur l'architecture – à leurs yeux, comme souvent la peinture, vaste dépendance de l'ornementation – si devant la nuit, l'immensité, une naissance, une mort ou même un visage, ils n'avaient fugitivement éprouvé le sentiment de transcendance sur quoi toute religion se fonde. Sans doute y a-t-il de l'ignorance dans la répulsion des masses devant l'art moderne ; mais aussi de la colère contre ce qu'elles tiennent obscurément pour une trahison. Beaucoup d'hommes soupçonnent qu'il existe un grand art au-delà des images qui les séduisent, mais ne le conçoivent que religieux – fût-ce d'une religion de la révolution ou de la victoire. Et il est vrai que les plus grands arts font naître une émotion très haute : ce qui n'est pas vrai, c'est qu'ils le fassent nécessairement en représentant ce qui la suscite dans la vie. L'émotion éprouvée devant la mise à mort du taureau n'a rien de commun avec celle que suscite une Tauromachie, fût-elle de Goya. S'il advient que l'artiste fixe un instant privilégié, il ne le fixe pas parce qu'il le reproduit mais parce qu'il le métamorphose. Un coucher de soleil admirable, en peinture, n'est pas un beau coucher de soleil, mais le coucher de soleil d'un grand peintre – comme un beau portrait n'est pas d'abord le portrait d'un beau visage ; et il y a plus de nuit pascalienne dans telle face de Rembrandt que dans tous les nocturnes…

André Malraux, *Les Voix du silence*, Gallimard, 1951, p. 20-21.

1. Trompent. L'expression fait allusion à une pratique commerciale peu honnête du XIXe siècle, qui consistait à vendre de simples vessies gonflées au prix des lanternes, en profitant de la ressemblance entre leurs formes.

Ferdinando Scianna (né en 1946), *Le Poète argentin Jorge Luis Borges visitant le Musée national de Palerme*, 1984.

Pour se préparer au baccalauréat

Dissertations : p. 544.
Explications de texte : p. 545.

Le travail et la technique

Ouverture

Haraszti. Un îlot de liberté dans l'atelier 188

Présentation

190

Textes

196

1 Le monde humain structuré par le travail et la technique

1 **Marx.** Entre l'homme et la nature, le travail 196
2 **Mauss.** Utiliser son propre corps comme instrument 197
3 **Simondon.** La technique est différente du travail 198
4 **Lestel.** Pourquoi les chimpanzés ne travaillent pas 198

2 Les hommes à la fois divisés et réunis par le travail et la technique

5 **Platon.** Le mythe de Prométhée 200
6 **Rousseau.** Coopération et décadence 202
7 **Smith.** Se spécialiser, condition des échanges 202
8 **Durkheim.** Dans la division du travail, c'est l'individu qui est gagnant 203

3 Travail et technique : humanisants ou déshumanisants ?

9 **Aristote.** L'esclave, un instrument animé 204
10 **Freud.** Le travail, une « technique pour conduire sa vie » 205
11 **Nietzsche.** Le travailleur ou l'individu ? 206
12 **Arendt.** Une libération qui ne serait qu'une privation 206
13 **Alain.** Réévaluer la paresse 207

Jean Dieuzaide (1921-2003), *Four de cracking*, 1957.

ouverture

Miklos Haraszti

Un îlot de liberté dans l'atelier

L'usine est par excellence le lieu du travail contraignant. Dans l'organisation industrielle classique, la rémunération au nombre de pièces produites rendait la situation encore plus pénible. Paradoxalement, c'est pourtant au cœur même du travail qu'une certaine évasion est possible. C'est la perruque[1], travail personnel clandestin, décrit ici par un jeune ouvrier hongrois vers 1970.

La perruque des salariés aux pièces est un but en soi, comme toute passion véritable. La passion, ici, n'est rien d'autre que le travail, le travail comme but en soi. Les différentes sortes de perruques n'obéissent qu'à une seule et unique règle : la taille de l'objet fabriqué ne doit pas être trop grande pour empêcher que l'on puisse le sortir en fraude. Certains ne se plient pas à cette règle, et les objets qu'ils fabriquent restent à prendre la poussière dans leur placard ou à côté de leurs machines ; le jour où ils quittent l'usine, ils essayent de les sortir sans être pris et, si cela apparaît sans espoir, ils les offrent à quelqu'un d'autre.

Chez nous, ce sont les possibilités des fraiseuses, des tours et des perceuses qui stimulent et en même temps limitent notre imagination. Quant à la matière première, c'est surtout du métal. Sont ainsi exécutés : porte-clefs, supports pour pots de fleurs, cendriers, plumiers, règles et équerres, salières pour le petit déjeuner pris à l'usine, tapis de bain (faits de copeaux blancs de polystyrène), jetons en acier inoxydable pour apprendre à calculer aux enfants (un cadeau magnifique), pendentifs faits d'une dent de fraise cassée, roulettes miniatures, dés, porte-savons aimantés, antennes de télévision (à monter chez soi), fixations de sécurité et portemanteaux pour les placards d'atelier, couteaux, poignards, coups de poing américains, etc.

L'ordre « il faut faire ça » est remplacé par une question : « qu'est-ce qu'il est possible de faire ? ». Ce travail, s'il est un but en soi, n'est pas pour autant dépourvu de but. Il devient même le contraire de notre « véritable » travail, le travail sans but. Les possibilités ne sont pas illimitées ; mais l'ouvrier qui s'adonne à la perruque fait marcher sa tête, s'informe. Il passe en revue le matériel qu'il a autour de lui, examine les possibilités non utilisées autres que celles offertes par sa machine : celles des petites machines auxiliaires, de la machine à cisailler les plaques dans le coin de l'atelier, de la meule, des outils à main qui sont à sa disposition ; et il décide. Il décide qu'il va créer quelque chose, puis il travaille à réaliser ce qu'il a décidé, pas nécessairement pour en tirer profit. S'il se sert de son produit, il éprouve

1. En argot d'artisan, *faire une perruque* signifie « travailler pour soi pendant son temps de travail, souvent avec des matériaux détournés ». L'expression provient de l'idée de trompe-l'œil que crée le postiche.

surtout la jouissance de l'avoir créé lui-même, de savoir quand, comment, avec quoi il l'a fait, de savoir que c'est lui qui décide de cette existence.

Ce travail en perruque, humble, exécuté en cachette et au prix de grands sacrifices, sans nul but extérieur, est la seule possibilité, le germe et le modèle tout à la fois d'un travail libre et créatif : tel est le secret de cette passion.

Le minuscule recoin qui est le nôtre dans l'usine devient, grâce au travail en perruque, un îlot de nature dont, tels des hommes libres, nous mesurons les richesses latentes, cueillons les fruits, ramassons les trésors. Nous les transformons, mais ce travail, échappant à toute contrainte de subsistance, est nourri par un plaisir de faire désintéressé. Il vise à nous procurer une joie intense capable de nous faire oublier la précipitation quotidienne : la joie d'une activité autonome et non contrôlée, la joie d'un travail sans chronos, sans contrôleurs, sans contremaîtres.

Au moyen d'une organisation compliquée, ils me contraignent, jour après jour, à maintenir dans mon travail un minimum de qualité ; dans le travail en perruque, la qualité (si je veux que le produit soit bien tel que je l'ai décidé) est au contraire le but, le bénéfice, la joie. C'est si naturel que la question n'est plus « que fais-tu ? » mais « comment le fais-tu ? ».

Miklos HARASZTI, *Salaire aux pièces* (1975), trad. J. Svaradja et J. Aizac, Éd. du Seuil, 1976, p. 139-141.

« Mes soleils ce sont des boîtes de sirop découpées en lamelles.
Au centre, des boîtes de compote, dorées avec à l'intérieur, le bouchon de la bouteille de sirop.
Les lamelles font environ 2 cm de large et sont découpées dans la longueur jusqu'à 3 cm avant la base.
Avec une cuillère à soupe, on les aplatit pour les rendre les plus souples possible et à force, elles se recourbent.
C'est uniquement décoratif. Ici, c'est la misère. »

Jean, 2002.

Catherine Réchard, série *Système P. Bricolage, Invention et Récupération en prison*.

Le travail et la technique
Présentation

« Ni la main nue ni l'entendement laissé à lui-même n'ont beaucoup de force : l'exécution demande des instruments et des aides dont l'entendement n'a pas moins besoin que la main », écrit Bacon[1], un des tout premiers penseurs à ne pas opposer les sciences et les techniques, mais à souligner au contraire leur coopération dans l'effort de l'homme pour dominer la nature. « On ne commande à la nature qu'en lui obéissant », conclut-il.

Les activités que sont le travail et la technique sont typiquement humaines, en ce qu'elles s'appliquent à la **nature** de l'extérieur et impliquent en général des **instruments**. Seuls les hommes, grâce au langage et à la conscience, peuvent en effet prendre leurs distances à l'égard de ce qui les entoure. Peut-être certaines activités animales peuvent-elles être comparées à des techniques, mais elles restent naturelles. Étymologiquement, on rattache le mot « travail » au latin *tripalium* – construction en bois qui servait à immobiliser les chevaux avant de les ferrer, mais aussi chevalet de torture –, tandis que « technique » vient du grec *tekhnê*, désignant les arts au sens ancien et global du mot[2]. Ces origines sont révélatrices : elles associent le travail à la **contrainte** et la technique au **savoir-faire**.

I | Le monde humain structuré par le travail et la technique

Le travail, une activité de production

Textes 1 à 4
Marx, Mauss, Simondon, Lestel, p. 196-199.

Une activité de travail nécessite une dépense d'énergie, qui se solde par la fatigue. Le résultat à atteindre est impératif : on ne peut abandonner, comme dans un jeu, son travail avant de l'avoir atteint. En outre, la qualité du travail se mesure à sa réussite pratique : l'objet ou le service produit. Un bon travail est un travail **efficace**. Un travail peut certes ne pas être rémunéré, mais il n'est jamais gratuit au sens général du mot : une activité bénévole (dans une association par exemple), une activité imposée sans paiement (cas de l'esclave ou du forçat) ou encore privée (faire le ménage chez soi) sont bien du travail si elles sont nécessaires. Le salaire n'est pas un critère en soi mais un travail « improductif » est une contradiction dans les termes, ou un échec. On attend de toute façon certains effets pratiques de l'effort de la personne ou du groupe au travail. Ces effets – des objets ou des services – doivent servir eux-mêmes à une consommation ou à un autre travail.

1. *Novum Organum* (1620), IIe partie, § 1 à 3, PUF, 1982, p. 101. 2. Dans le sens large, *art* renvoie à « artifice » et à « artisanal ».

Dans *Le Capital*, Marx propose une définition du travail qui défend la thèse de son caractère spécifiquement humain. Le marxisme, globalement, adopte le point de vue du travailleur, c'est-à-dire met au centre de tout ce qui est humain l'activité de production et fait de celui qui l'effectue l'être humain par excellence.

La technique, une activité profondément culturelle

Pratiquer une technique consiste à dominer et combiner trois types d'éléments : un **matériau** ou un domaine sur lequel il s'agit d'intervenir pour le transformer en se fixant à l'avance le but à atteindre, des **instruments** permettant cette transformation, enfin, des **compétences** particulières, c'est-à-dire le mode d'emploi qui rend capable d'appliquer les instruments au domaine où l'on agit. À partir de ces critères, on peut définir et classer les techniques les unes par rapport aux autres. La menuiserie, par exemple, transforme le bois, dans la perspective de la fabrication de meubles (des objets d'usage domestique), en utilisant un outillage spécifique et en maîtrisant un savoir-faire adapté (connaître les différentes essences de bois, dominer la conception mais aussi les gestes adéquats...). Rien de tout cela n'est inné. Un apprentissage initial puis un perfectionnement (l'expérience) rendent le technicien plus efficace.

Classiquement, on symbolise chaque technique par ses outils ou ses instruments. Il arrive cependant que l'homme se passe d'instruments artificiels : il utilise alors son propre corps comme un instrument naturel, auquel il applique son savoir-faire. Le savoir-faire serait donc l'élément vraiment indispensable à la présence d'une technique.

Travail et technique : des activités productrices

Mais peut-on vraiment dissocier travail et technique ? Travailler n'est-il pas toujours pratiquer une ou des techniques ? Inversement, toute technique n'implique-t-elle pas un travail, d'abord pour l'acquérir, ensuite pour la mettre en œuvre ?

Travail et technique semblent bien, en fait, être les deux faces d'une même réalité humaine : les activités productrices. Les moyens pratiques, les opérations nécessaires observées d'une manière générale, comme s'ils existaient par eux-mêmes, forment la technique. En revanche, si c'est l'homme lui-même qu'on observe, ce qu'il fait et ce qu'il fait de lui-même dans son action (sa posture, combien de fois un geste doit être effectué, etc.), ce que cette action lui fait (la fatigue, l'expérience, l'usure, la maladie professionnelle...) et la dimension sociale de l'activité, c'est au travail qu'on s'intéresse.

Par exemple, le métier de mineur peut être compris à travers les explications de l'ingénieur des mines, ou bien à travers le témoignage du mineur lui-même. On entendra alors deux discours sur la même réalité, complémentaires mais aussi potentiellement conflictuels... Parfois il s'agira justement de ne pas séparer les deux points de vue, travail et technique. Ce sera l'attitude, dans notre exemple, du médecin du travail ou de l'ergonome[1], mais aussi de l'écrivain réaliste, tel Zola préparant *Germinal*[2].

1. Le mot *ergonomie* a été forgé en combinant les mots grecs *ergon*, « travail », et *nomos*, « loi, règle », comme dans *économie*. L'ergonome étudie l'homme face à son activité professionnelle et préconise ensuite des améliorations concrètes des conditions de travail. 2. Émile Zola, *Carnets d'enquêtes*, éd. H. Mitterrand, Plon, coll. « Terre humaine », 1986.

La technique « précède » le travail

On peut dire qu'il n'y a pas de travail sans technique. Mais l'inverse est moins sûr. Il existe des activités dont la fonction n'est pas la production d'un résultat utilisable séparément. Dans les jeux, on obéit pour le plaisir à des règles parfois très complexes, difficiles à bien maîtriser. On peut souvent identifier dans des activités ludiques des opérations techniques, physiques mais aussi mentales.

Il existe en outre une spécificité du monde technique, spécialement sous la forme matérielle des objets, et tout particulièrement des **machines**. Tous les objets artificiels sont des **produits** et des **moyens du travail**. Mais il est tout à fait possible de les considérer en faisant abstraction de leur origine humaine, comme s'ils existaient par eux-mêmes, avec leur cohérence, sinon leur vie propre.

Enfin, l'éthologie[1] contemporaine nous amène à réviser la conviction classique que seuls les êtres humains pratiquent des techniques, en se servant d'outils. Bien des animaux sont reconnus aujourd'hui capables de techniques. Mais il semble bien qu'ils ne travaillent pas. Car le travail humain ne s'effectue jamais tout à fait seul : on travaille pour autrui – on est sous ses ordres pour lui fournir le produit de son activité –, on fait travailler autrui, mais on travaille aussi avec autrui – en équipe, et parfois même en appelant celui « sur qui » on travaille à participer à l'opération, comme le fait le médecin, qui a besoin de l'assentiment de son patient pour travailler.

2 | Les hommes à la fois divisés et réunis par le travail et la technique

La spécialisation apparemment inévitable

Textes 5 à 8
Platon, Rousseau, Smith, Durkheim,
p. 200-204.

La pratique des techniques unit certes l'humanité, si on l'oppose à la nature. Mais, à l'intérieur même de l'humanité, n'est-elle pas au contraire facteur de conflit ? Le mythe de Prométhée souligne déjà qu'elle ne peut pas à elle seule assurer la paix entre les individus. C'est cette ambivalence sociale du travail et de la technique qu'il faut maintenant aborder.

Tous les individus humains ne se livrent pas aux mêmes occupations et, d'autre part, dans la vie de chacun, il se produit une stabilisation dans un emploi, un poste ou un métier. L'identité sociale et professionnelle est dominante : on est commerçant, employé, cadre, mais aussi chasseur-cueilleur ou éleveur de la préhistoire... Avec des différences[2] qui tiennent aux périodes historiques et aux sociétés, et qui expliquent en partie justement ces périodes et ces sociétés, la **division du travail** est le fait social global de cette spécialisation. Elle comprend trois aspects : la spécialisation professionnelle (sous la forme des différents métiers dont l'origine remonte sans doute aux artisanats de la période néolithique), la hiérarchie ensuite (puisque les uns conçoivent et commandent, tandis que les autres exécutent et obéissent), enfin, la parcellisation ou le découpage en opérations successives (lorsque les exécutants sont, dans un atelier, « voués » chacun à un moment unique du processus de production d'un objet).

1. Cette science actuellement en plein essor porte sur l'étude des comportements animaux. 2. Voir, dans les Repères, « Identité / Égalité / Différence ».

Origine et valeur de la spécialisation

Pourquoi cette spécialisation qui semble bien enfermer chacun dans un travail unique ? Ce phénomène aurait-il pu ne pas se produire ? Les différentes théories de la division du travail ont en commun de se prononcer à la fois sur son origine probable et sur sa valeur. Développer une explication historique de la division du travail, c'est aussi porter sur elle un jugement, la présenter plutôt comme un mal ou plutôt comme un bien pour l'humanité.

Dans le *Discours sur l'origine et les fondements de l'inégalité parmi les hommes*, Rousseau attribue à la spécialisation une origine contingente et des effets désastreux[1] : à ses yeux, ce processus a bénéficié d'une particularité spécifiquement humaine, la « **perfectibilité** », c'est-à-dire la capacité d'apprendre et de se perfectionner indéfiniment. Il en a résulté le luxe, production d'objets inutiles et origine d'une inégalité croissante.

Marx et Engels ont identifié la division du travail comme la source de la succession des différents modes de production, dont le « dernier » est le capitalisme. La première division serait naturelle, sous la forme de la différence physique entre les deux sexes, qui incite à une première répartition des tâches. Mais le tournant vraiment décisif dans l'histoire est la division entre **travail intellectuel** et **travail manuel**, car, dès que certains hommes s'appuient sur une idéologie[2] pour présenter leur domination sur d'autres comme normale[3], la polyvalence initiale des êtres humains est niée et devient de plus en plus difficile à restaurer, alors qu'elle serait plus juste. Seule une révolution radicale permettrait alors d'abolir l'injustice de la division du travail.

En fait, cette analyse remonte à Adam Smith, économiste et philosophe britannique du XVIIIe siècle, qui propose de renverser l'explication commune, qui est aussi celle de Rousseau : ce n'est pas la spécialisation qui rend possibles les surplus, donc le troc. Smith postule au contraire un **désir d'échanger**, commun à tous les hommes, qui pousserait à produire de quoi pratiquer cet échange. Smith juge plutôt favorables les effets sociaux de la division du travail en général. Mais son attention à la polyvalence naturelle de l'homme le conduit déjà à mettre en garde contre les dégâts de l'appauvrissement des tâches : dans une manufacture d'épingles, un ouvrier rivé à une seule des dix-huit opérations successives perd toute compétence.

Parmi les grands sociologues, Durkheim se distingue par son explication et son évaluation de la division du travail. Il s'inspire de la théorie darwinienne de la sélection naturelle, affirmant que des hommes qui cohabitent dans un espace qui se restreint peu à peu survivent non en s'éliminant les uns les autres, comme les plantes et les animaux dans la nature, mais en se rendant mutuellement utiles dans la différence des tâches. Pour lui, d'autre part, la division du travail est le fait qui donne à l'individu moderne sa véritable place dans l'ensemble social. De nos jours, les sociologues jugent schématique cette opposition entre les deux types de **solidarité**, archaïque et moderne. Mais elle peut stimuler la réflexion sur nos sociétés, où l'individu revendique le droit effectif de développer sa compétence et sa créativité.

1. Voir, dans les Repères, « Contingent / Nécessaire / Possible », « Origine / Fondement ». 2. Voir, dans « La conscience », le texte 10 de Marx et Engels, p. 33 et, dans « L'histoire », le texte 10 de Marx, p. 248. Selon Marx, les idées – valeurs, courants politiques, religieux, philosophiques… – s'expliquent plus ou moins directement par les structures sociales caractéristiques d'une époque. Par ce mécanisme de l'idéologie, les classes dominantes imposent leur point de vue à l'ensemble de la société. 3. Voir « Esclavage et dignité humaine », p. 504-511.

3 Travail et technique : humanisants ou déshumanisants ?

L'homme instrumentalisé

Textes 9 à 13
Aristote, Freud, Nietzsche, Arendt, Alain, p. 204-207.

Pourquoi travaillons-nous ? Le travail en général a pour but une production, directement ou indirectement indispensable. Mais il est aussi, en deuxième lieu, une **contrainte**[1] sociale : des masses immenses d'hommes effectuent des tâches qu'ils n'ont pas librement choisies. Dans l'**esclavage**, un être humain est la propriété d'un autre, et même l'outil vivant de son maître. À une période de l'histoire où l'esclavage est une institution massive que personne ne remet en cause, Aristote est à peu près le seul penseur à analyser le lien de l'esclavage – ce qui ne veut pas dire qu'il le désapprouve dans son principe, mais qu'il repère presque malgré lui les difficultés qu'il soulève. L'esclavage est le terme ultime d'une relation purement fonctionnelle entre des êtres humains, quand l'un est complètement réduit aux services qu'il peut rendre à l'autre. Il est intéressant de constater que la description d'Aristote est foncièrement technique, c'est-à-dire montre comment un esclave « fonctionne ». Cette approche est peut-être paradoxalement plus révélatrice et plus critique que ne le serait l'évocation de la cruauté des maîtres, par exemple[2].

Le travail répressif

Une troisième raison du travail est à chercher dans l'homme lui-même : travailler est dépenser une ou des énergies qui « occupent » le corps et l'esprit. Mais il faudrait dire alors qu'on travaille pour travailler, en somme. Car le moyen devient une fin en soi, puisque ce n'est plus tant le résultat qui compte que l'action elle-même.

Freud aborde la question du **sens** et de la **valeur du travail** en soulignant le malaise fondamental des hommes face à la **civilisation** : ils savent qu'elle seule peut les protéger de la sauvagerie à travers la sécurité que procurent la technique et la morale, mais ils regrettent le prix élevé de la renonciation à leurs désirs et pulsions premiers. Le travail, cette activité très civilisée, pourrait donc aider les hommes à trouver un certain bonheur.

Mais peut-on aimer un travail harassant, mal payé, où l'initiative personnelle n'est jamais sollicitée ? N'est-il pas trompeur d'envisager le travail dans sa généralité, sans tenir compte de la grande inégalité des situations ? Certains éloges du travail paraissent surtout destinés à convaincre les individus de renoncer par eux-mêmes à leurs désirs. L'intérêt de défendre le culte du travail est double pour les puissants : justifier l'exploitation et faire accepter la discipline sociale.

Les hommes pourraient-ils ne pas travailler ?

On a vu que la technique « précède » le travail. Peut-on imaginer qu'un jour la technique nous fasse sortir du travail ? Si les machines suppléaient les hommes dans toutes les tâches pénibles et fastidieuses, l'humanité pourrait-elle alors ne se livrer qu'à des activités stimulantes et créatrices ?

1. Voir, dans les Repères, « Obligation / Contrainte ». 2. Voir aussi, dans « Esclavage et dignité humaine », le texte 1 d'Aristote, p. 505.

Gilbert Simondon le pense : « La machine qui est douée d'une haute technicité est une machine ouverte, et l'ensemble des machines ouvertes suppose l'homme comme organisateur permanent, comme interprète vivant des machines les unes par rapport aux autres. Loin d'être le surveillant d'une troupe d'esclaves, l'homme est l'organisateur permanent d'une société des objets techniques qui ont besoin de lui comme les musiciens ont besoin du chef d'orchestre. Le chef d'orchestre ne peut diriger les musiciens que parce qu'il joue comme eux, aussi intensément qu'eux tous, le morceau réalisé[1]. »

À moins qu'il ne soit trop tard, comme le pense Hannah Arendt, pour que les hommes puissent bénéficier de l'automatisation des productions. Car ils ne savent plus faire autre chose que travailler. Ainsi, la disparition du travail ne serait pas une libération mais une privation désastreuse. Il est vrai que la philosophe adopte une définition négative du travail. Pour elle, le travail n'est que la production des moyens de vivre, qu'elle oppose à l'**œuvre** et à l'**action**, réalisations créatrices, donc pleinement humaines, comme l'activité de l'artiste ou celle du citoyen. L'*homo laborans* (l'« homme travailleur ») resterait, quant à lui, très proche de l'animal.

Mais peut-on vraiment opposer travail « pur » et œuvre « pure » ? Car on parle bien d'un travail de l'artiste et, inversement, un emploi même modeste contient sans doute en puissance une dimension d'initiative. Plutôt que de dénigrer le travail sous sa forme ingrate, ne serait-il pas plus juste pour le travailleur de chercher à développer cette dimension personnelle ?

Retrouver la polyvalence ?

Voici comment Marx imaginait l'avenir : « Dans la société communiste[2], où chacun n'a pas une sphère d'activité exclusive, mais peut se perfectionner dans la branche qui lui plaît, la société réglemente la production générale » et, dès lors, il sera possible à chacun « de faire aujourd'hui telle chose, demain telle autre, de chasser le matin, de pêcher l'après-midi, de pratiquer l'élevage le soir, de faire de la critique [philosophique] après le repas, selon [son] bon plaisir, sans jamais devenir chasseur, pêcheur, berger ou critique[3] ». Mais est-ce bien de la « future » société communiste qu'il s'agit ici, ou en fait de la « civilisation du loisir[4] » ? Car peut-on encore appeler travail une activité que je pratique ou abandonne à mon gré ?

Travailler revient presque toujours à réaliser des objectifs qu'on ne choisit pas complètement. Le travail peut-il, dans ces conditions, être aussi pour l'individu une réalisation de soi ? La paresse n'est peut-être que le refus d'un certain travail. N'est-il pas en effet compréhensible qu'un travail qui semble vide de sens ne puisse me satisfaire ?

Le travail ne disparaîtra sans doute jamais, et des emplois ingrats subsisteront nécessairement. Mais la polyvalence potentielle de l'être humain peut être sauvée dans des activités extérieures à ce travail. Les loisirs consistent souvent à pratiquer des techniques de façon désintéressée. On peut alors y développer des habiletés que l'emploi quotidien atrophie ou, en tout cas, laisse en friche.

1. Gilbert Simondon, *Du mode d'existence des objets techniques* (1958), Aubier, 1989, p. 115. 2. Lorsque Marx et Engels parlent de la société communiste, sans classes, il s'agit de l'organisation sociale optimale à leurs yeux, celle qui, après la révolution sociale, associerait les producteurs dans l'intérêt commun. 3. Marx et Engels, *L'Idéologie allemande* (1845-1846), Éditions sociales, 1982, p. 32. Voir Préparation au bac, p. 547 4. *Vers une civilisation du loisir ?* (1962) est le titre d'un ouvrage de prospective du sociologue français Joffre Dumazedier (1915-2002), Éd. du Seuil, coll. « Points », 1972.

Le travail et la technique
Textes

› 1 | Le monde humain structuré par le travail et la technique

texte 1 — Marx.
Entre l'homme et la nature, le travail

Que révèle le travail, l'acte le plus fondamental de l'homme ? Dans *Le Capital*, Marx pose en économiste le problème de la valeur de ce que les hommes produisent. En philosophe, il doit donc d'abord définir le travail et montrer ce qu'il a de spécifiquement humain.

Le travail est de prime abord un acte qui se passe entre l'homme et la nature. L'homme y joue lui-même vis-à-vis de la nature le rôle d'une puissance naturelle. Les forces dont son corps est doué, bras et jambes, tête et mains, il les met en mouvement afin de s'assimiler des matières en leur donnant une forme utile à sa vie. En même temps qu'il agit par ce mouvement sur la nature extérieure et la modifie, il modifie sa propre nature, et développe les facultés qui y sommeillent. Nous ne nous arrêterons pas à cet état primordial du travail où il n'a pas encore dépouillé son mode purement instinctif. Notre point de départ c'est le travail sous une forme qui appartient exclusivement à l'homme. Une araignée fait des opérations qui ressemblent à celles du tisserand, et l'abeille confond par la structure de ses cellules de cire l'habileté de plus d'un architecte. Mais ce qui distingue dès l'abord le plus mauvais architecte de l'abeille la plus experte, c'est qu'il a construit sa cellule dans sa tête avant de la construire dans la ruche. Le résultat auquel le travail aboutit préexiste idéalement dans l'imagination du travailleur. Ce n'est pas qu'il opère seulement un changement de forme dans les matières naturelles ; il y réalise du même coup son propre but dont il a conscience, qui détermine comme loi son mode d'action, et auquel il doit subordonner sa volonté. Et cette subordination n'est pas momentanée. L'œuvre exige pendant toute sa durée, outre l'effort des organes qui agissent, une attention soutenue, laquelle ne peut elle-même résulter que d'une tension constante de la volonté. Elle l'exige d'autant plus que, par son objet et son mode d'exécution, le travail entraîne moins le travailleur, qu'il se fait moins sentir à lui, comme le libre jeu de ses forces corporelles et intellectuelles ; en un mot, qu'il est moins *attrayant*.

Karl Marx, *Le Capital* (1867), t. I, livre I, IIIe section, chap. VII, trad. J. Roy, Éditions sociales, 1983, p. 139-140.

› Repères
Voir **Cause / Fin, Idéal / Réel.**

texte 2

Mauss. Utiliser son propre corps comme instrument

La technique implique-t-elle nécessairement l'emploi d'un objet extérieur au corps ? Pas nécessairement, explique l'anthropologue Marcel Mauss, qui redéfinit la technique comme étant d'abord un usage de son propre corps que l'homme doit apprendre et peut transmettre.

Nous avons fait, et j'ai fait pendant plusieurs années l'erreur fondamentale de ne considérer qu'il n'y a technique que quand il y a instrument. Il fallait revenir à des notions anciennes, aux données platoniciennes sur la technique, comme Platon[1] parlait d'une technique de la musique et en particulier de la danse, et étendre cette notion.

J'appelle technique un acte *traditionnel efficace* (et vous voyez qu'en ceci il n'est pas différent de l'acte magique, religieux, symbolique). Il faut qu'il soit *traditionnel et efficace.* Il n'y a pas de technique et pas de transmission, s'il n'y a pas de tradition. C'est en quoi l'homme se distingue avant tout des animaux : par la transmission de ses techniques et très probablement par leur transmission orale.

Donnez-moi donc la permission de considérer que vous adoptez mes définitions. Mais quelle est la différence entre l'acte traditionnel efficace de la religion[2], l'acte traditionnel, efficace, symbolique, juridique, les actes de la vie en commun, les actes moraux d'une part, et l'acte traditionnel des techniques d'autre part ? C'est que celui-ci est senti par l'auteur *comme un acte d'ordre mécanique, physique ou physico-chimique* et qu'il est poursuivi dans ce but.

Dans ces conditions, il faut dire tout simplement : nous avons affaire à des *techniques du corps.* Le corps est le premier et le plus naturel instrument de l'homme. Ou plus exactement, sans parler d'instrument, le premier et le plus naturel objet technique, et en même temps moyen technique, de l'homme, c'est son corps.

[...] Cette adaptation constante à un but physique, mécanique, chimique (par exemple quand nous buvons) est poursuivie dans une série d'actes montés[3], et montés chez l'individu non pas simplement par lui-même, mais par toute son éducation, par toute la société dont il fait partie, à la place qu'il y occupe. [...]

Je n'en finirais plus si je voulais vous montrer tous les faits que nous pourrions énumérer pour faire voir ce concours du corps et des symboles moraux ou intellectuels. Regardons-nous en ce moment nous-mêmes. Tout en nous tous se commande. Je suis en conférencier avec vous ; vous le voyez à ma posture assise et à ma voix, et vous m'écoutez assis et en silence. Nous avons un ensemble d'attitudes permises ou non, naturelles ou non. Ainsi nous attribuerons des valeurs différentes au fait de regarder fixement : symbole de politesse à l'armée et d'impolitesse dans la vie courante.

Marcel MAUSS, « Les techniques du corps » (1936), dans *Sociologie et Anthropologie* (1950), PUF, coll. « Quadrige », 2001, p. 371-372.

1. Mauss se réfère au mot grec *tekhnê*, qui signifie « art » au sens large, c'est-à-dire toute activité non purement naturelle, qu'elle soit artistique (comme la danse ou la musique) ou simplement artisanale.
2. Mauss considère la religion comme une activité efficace en ce sens que la prière ou le sacrifice, pour le croyant, établissent effectivement une communication avec la divinité.
3. Organisés dans une succession efficace pour parvenir à un certain but (monter un escalier, écrire...).

texte 3

Simondon. La technique est différente du travail

N'y a-t-il pas un monde technique, produit par l'homme certes, mais susceptible de se détacher de lui ? **Le philosophe des techniques Gilbert Simondon prend ici en quelque sorte le parti des objets artificiels, qui ne sont pas, selon lui, seulement les produits et les moyens du travail, mais aussi et surtout une réalité indépendante, combinant l'humain et le naturel.**

[...] le travail est ce par quoi l'être humain est médiateur entre la nature et l'humanité comme espèce. À l'opposé, mais au même niveau, la relation interpsychologique[1] met l'individu devant l'individu, instituant une réciprocité sans médiation. Au contraire, par l'activité technique, l'homme crée des médiations, et ces médiations sont détachables de l'individu qui les produit et les pense ; l'individu s'exprime en elles, mais n'adhère pas à elles ; la machine possède une sorte d'impersonnalité qui fait qu'elle peut devenir instrument pour un autre homme ; la réalité humaine qu'elle cristallise en elle est aliénable, précisément parce qu'elle est détachable. Le travail adhère au travailleur, et réciproquement, par l'intermédiaire du travail, le travailleur adhère à la nature sur laquelle il opère. L'objet technique, pensé et construit par l'homme, ne se borne pas seulement à créer une médiation entre homme et nature ; il est un mixte stable d'humain et de naturel, il contient de l'humain et du naturel ; il donne à son contenu humain une structure semblable à celle des objets naturels et permet l'insertion dans le monde des causes et des effets naturels de cette réalité humaine. La relation de l'homme à la nature, au lieu d'être seulement vécue et pratiquée de manière obscure, prend un statut de stabilité, de consistance, qui fait d'elle une réalité ayant ses lois et sa permanence ordonnée. L'activité technique, en édifiant le monde des objets techniques et en généralisant la médiation objective entre homme et nature, rattache l'homme à la nature selon un lien beaucoup plus riche et mieux défini que celui de la réaction spécifique de travail collectif[2]. Une convertibilité de l'humain en naturel et du naturel en humain s'institue à travers le schématisme[3] technique.

Gilbert SIMONDON, *Du mode d'existence des objets techniques* (1958), Aubier, 1989, p. 245.

1. Entre deux psychismes, deux esprits individuels. Pour Simondon, cette relation serait immédiate, directe.
2. En travaillant ensemble, les hommes manifestent leur appartenance à la même espèce vivante.
3. Non pas la simplification abusive (sens habituel du mot), mais la production de schèmes, c'est-à-dire de formes générales réalisables matériellement (par exemple, un certain mécanisme, comme la roue ou le piston).

› Repères
Voir
Médiat / Immédiat, Objectif / Subjectif.

texte 4

Lestel. Pourquoi les chimpanzés ne travaillent pas

Où finit la pure technique ? Où commence le travail proprement dit ? Pour l'éthologue et philosophe Dominique Lestel, une différence significative sépare les grands primates des êtres humains dans leurs activités techniques : la manière de s'y prendre et la nature des objets produits. C'est la même limite qui sépare les conduites de communication des primates du langage spécifiquement humain.

Au contraire de ce qu'on voit chez l'homme, l'activité technique du chimpanzé est fondamentalement solitaire et individuelle. La coopération technique de ces primates est rarissime. Wolfgang Köhler[1], avec son flair habituel, l'a très bien vu. Il suggère que l'usage de l'outil est pour l'homme

1. Psychologue américain d'origine allemande (1887-1967), pionnier des études sur l'intelligence des chimpanzés dans les années 1920.

une activité sociale, alors que le chimpanzé incorpore plutôt des objets dans les activations locomotrices du corps[2]. Reynolds[3] n'hésite cependant pas à franchir un pas supplémentaire en considérant qu'une différence fondamentale sépare la nature même des objets qui sont manipulés par les humains et ceux qui le sont par les chimpanzés.

Les chimpanzés utilisent en effet, la gravité[4] pour élaborer des constructions complexes alors que les humains fabriquent aussi des attaches et des joints. Doit-on s'étonner alors qu'hommes et chimpanzés adoptent des styles très différents ? Il n'existe pas en anglais, explique Reynolds, « de mot adéquat pour caractériser un objet distinct, non attaché à une surface ou à un autre objet, que l'on peut tourner comme une unité dans toutes ses dimensions spatiales sans qu'il tombe ». Un tel concept est pourtant requis pour comprendre en quoi l'utilisation des outils chez les chimpanzés est très différente de celle de l'humain. Un lithe[5] composé de lithes qui ont été joints ensemble sera appelé un *polylithe*. Reynolds définit le lithe par son intégrité et par sa portabilité. Il ne le fait pas en invoquant la nature des matériaux dans lesquels l'artefact[6] est conçu, ni la simplicité de sa construction. Les *polypodes*[7] tiennent par l'action de la gravité ; le polylithe par les joints et les attaches qui retiennent les différentes parties dont il est composé. Les premiers ne peuvent pas être décrits comme plus simples ; ils sont d'une conception autre. Or les chimpanzés sont capables de fabriquer des polypodes, pas des polylithes. La raison en est qu'il n'y a pas de division du travail chez les primates. De façon marquante, certaines activités coopératives qui nous semblent très primitives ne seront jamais observées chez un grand singe, comme le fait de tenir une échelle de façon à ce qu'un autre puisse y grimper. Reynolds lie d'ailleurs la capacité à construire des polylithes et la capacité à s'engager dans une coopération hétérotechnique[8].

[...] Le problème des polylithes est d'autant plus crucial que Reynolds considère que le langage humain les présuppose. Le langage peut en effet être caractérisé comme étant une unité qui est conçue à partir de parties qui s'agencent selon des séries de transformations[9]. Les constructions linguistiques des primates indiquent d'ailleurs qu'ils ont la même difficulté à construire l'analogue des polylithes linguistiques pour les polylithes physiques. Reynolds offre ainsi l'une des argumentations les plus riches en faveur des différences qualitatives entre les techniques humaines et les techniques chimpanzées.

Dominique LESTEL, *Les Origines animales de la culture*, Flammarion, 2001, p. 98-99.

2. Les mouvements effectués par le singe, efficaces matériellement, mais de façon purement individuelle. On n'a pas observé de chimpanzés se servant ensemble d'un même objet.
3. Ethnologue contemporain.
4. Le poids. Les chimpanzés savent en effet construire des structures tenant debout grâce à leur poids (par exemple, des abris) mais ne pouvant être déplacées sans se défaire.
5. Néologisme désignant un artefact (objet artificiel, absent de la nature) mobile, composite et cohérent (par exemple, un panier tressé). On peut le manipuler sans le désintégrer.
6. Voir note précédente.
7. Artefact posé sur plusieurs pieds (du grec *podos*, « pied »), par exemple, une hutte sans entrelacement des branchages.
8. Coopération avec un autre technicien ou bien avec un individu qui effectue un autre acte technique (du grec *hétéros*, « autre »).
9. Voir, dans « Le langage », les textes 1 de J. Proust, p. 140, et 10 de A. Christophe, p. 147.

Questions

1. Quelle est, selon l'auteur, la différence fondamentale entre l'utilisation des outils chez les chimpanzés et chez les humains ? Quelle spécificité du travail humain est ainsi mise en valeur ?
2. Les chimpanzés ne travaillent pas et ne parlent pas non plus, au sens strict. Expliquez en quoi, d'après Lestel, ces deux activités sont liées : quelle est la capacité essentielle présente chez les hommes, et qui fait justement défaut chez les grands primates ?

2 | Les hommes à la fois divisés et réunis par le travail et la technique

texte 5 Platon.
Le mythe de Prométhée

D'où viennent les techniques ? Dans cette reprise platonicienne du mythe de Prométhée[1], raconté ici par le sophiste Protagoras[2], le don de la technique aux hommes vient compenser leur exceptionnelle détresse à l'état purement naturel. Mais toutes les habiletés techniques des hommes sont insuffisantes à leur assurer une vie collective pacifique ; elles peuvent même s'y opposer. L'« art politique » doit donc aussi leur être communiqué par les dieux.

Il fut un temps où les dieux existaient déjà, mais où les races mortelles n'existaient pas. Lorsque fut venu le temps de leur naissance, fixé par le destin, les dieux les façonnent à l'intérieur de la terre, en réalisant un mélange de terre, de feu et de tout ce qui se mêle au feu et à la terre. Puis, lorsque vint le moment de les produire à la lumière, ils chargèrent Prométhée et Épiméthée[3] de répartir les capacités entre chacune d'entre elles, en bon ordre, comme il convient. Épiméthée demande alors avec insistance à Prométhée de le laisser seul opérer la répartition : « Quand elle sera faite, dit-il, tu viendras la contrôler. » L'ayant convaincu de la sorte, il opère la répartition. Et dans sa répartition, il dotait les uns de force sans vitesse et donnait la vitesse aux plus faibles ; il armait les uns et, pour ceux qu'il dotait d'une nature sans armes, il leur ménageait une autre capacité de survie. À ceux qu'il revêtait de petitesse, il donnait des ailes pour qu'ils puissent s'enfuir ou bien un repaire souterrain ; ceux dont il augmentait la taille voyaient par là même leur sauvegarde assurée ; et dans sa répartition, il compensait les autres capacités de la même façon. Il opérait de la sorte pour éviter qu'aucune race[4] ne soit anéantie ; après leur avoir assuré des moyens d'échapper par la fuite aux destructions mutuelles, il s'arrangea pour les prémunir contre les saisons de Zeus : il les recouvrit de pelages denses et de peaux épaisses, protections suffisantes pour l'hiver, mais susceptibles aussi de les protéger des grandes chaleurs, et constituant, lorsqu'ils vont dormir, une couche adaptée et naturelle pour chacun ; il chaussa les uns de sabots, les autres de peaux épaisses et vides de sang. Ensuite, il leur procura à chacun une nourriture distincte, aux uns l'herbe de la terre, aux autres les fruits des arbres, à d'autres encore les racines ; il y en a à qui il donna pour nourriture la chair d'autres animaux ; à ceux-là, il accorda une progéniture peu nombreuse, alors qu'à leurs proies il accorda une progéniture abondante, assurant par là la sauvegarde de leur espèce.

Cependant, comme il n'était pas précisément sage, Épiméthée, sans y prendre garde, avait dépensé toutes les capacités pour les bêtes, qui ne parlent pas ; il restait encore la race humaine, qui n'avait rien reçu, et il ne savait pas quoi faire.

Alors qu'il était dans l'embarras, Prométhée arrive pour inspecter la répartition, et il voit tous les vivants harmonieusement pourvus en tout,

1. Avant Platon, des versions différentes du mythe de Prométhée ont été exposées par Hésiode, VIIIe-VIIe siècle av. J.-C. (*Théogonie*, 512-614, *Les Travaux et les Jours*, 48-86) et par Eschyle, VIe-Ve siècle av. J.-C. (*Prométhée enchaîné*).

2. Protagoras fut le premier penseur grec à revendiquer le titre de « sophiste » et à donner des cours rémunérés.

3. Prométhée (« celui qui réfléchit à l'avance ») et Épiméthée (« celui qui comprend après coup ») sont littéralement deux frères ennemis.

4. Synonyme ici d'« espèce ». De même, l. 30, *race humaine* signifie « espèce humaine ». Voir, dans les Repères, « Genre / Espèce / Individu ».

mais l'homme nu, sans chaussures, sans couverture, sans armes. Et c'était déjà le jour fixé par le destin, où l'homme devait sortir de terre et paraître à la lumière. Face à cet embarras, ne sachant pas comment il pouvait préserver l'homme, Prométhée dérobe le savoir technique d'Héphaïstos et d'Athéna[5], ainsi que le feu – car, sans feu, il n'y avait pas moyen de l'acquérir ni de s'en servir –, et c'est ainsi qu'il en fait présent à l'homme. De cette manière, l'homme était donc en possession du savoir qui concerne la vie, mais il n'avait pas le savoir politique ; en effet, celui-ci se trouvait chez Zeus. Or Prométhée n'avait plus le temps d'entrer dans l'acropole[6] où habite Zeus, et il y avait en plus les gardiens de Zeus, qui étaient redoutables ; mais il parvient à s'introduire sans être vu dans le logis commun d'Héphaïstos et d'Athéna, où ils aimaient à pratiquer leurs arts, il dérobe l'art du feu, qui appartient à Héphaïstos, ainsi que l'art d'Athéna, et il en fait présent à l'homme. C'est ainsi que l'homme se retrouva bien pourvu pour sa vie, et que, par la suite, à cause d'Épiméthée, Prométhée, dit-on, fut accusé de vol.

Puisque l'homme avait sa part du lot divin, il fut tout d'abord, du fait de sa parenté avec le dieu, le seul de tous les vivants à reconnaître des dieux, et il entreprit d'ériger des autels et des statues de dieux ; ensuite, grâce à l'art, il ne tarda pas à émettre des sons articulés et des mots, et il inventa les habitations, les vêtements, les chaussures, les couvertures et les aliments qui viennent de la terre. Ainsi équipés, les hommes vivaient à l'origine dispersés, et il n'y avait pas de cités ; ils succombaient donc sous les coups des bêtes féroces, car ils étaient en tout plus faibles qu'elles, et leur art d'artisans, qui constituait une aide suffisante pour assurer leur nourriture, s'avérait insuffisant dans la guerre qu'ils menaient contre les bêtes sauvages. En effet, ils ne possédaient pas encore l'art politique[7], dont l'art de la guerre est une partie. Ils cherchaient bien sûr à se rassembler pour assurer leur sauvegarde en fondant des cités. Mais à chaque fois qu'ils étaient rassemblés, ils se comportaient d'une manière injuste les uns envers les autres, parce qu'ils ne possédaient pas l'art politique, de sorte que, toujours, ils se dispersaient à nouveau et périssaient. Aussi Zeus, de peur que notre espèce n'en vînt à périr tout entière, envoie Hermès[8] apporter à l'humanité la Vergogne[9] et la Justice, pour constituer l'ordre des cités et les liens d'amitié qui rassemblent les hommes. Hermès demande alors à Zeus de quelle façon il doit faire don aux hommes de la Justice et de la Vergogne : « Dois-je les répartir de la manière dont les arts l'ont été ? Leur répartition a été opérée comme suit : un seul homme qui possède l'art de la médecine suffit pour un grand nombre de profanes, et il en est de même pour les autres artisans. Dois-je répartir ainsi la Justice et la Vergogne entre les hommes, ou dois-je les répartir entre tous ? » Zeus répondit : « Répartis-les entre tous, et que tous y prennent part[10] ; car il ne pourrait y avoir de cités, si seul un petit nombre d'hommes y prenaient part, comme c'est le cas pour les autres arts ; et instaure en mon nom la loi suivante : qu'on mette à mort, comme un fléau de la cité, l'homme qui se montre incapable de prendre part à la Vergogne et à la Justice. »

PLATON (vers 420-340 av. J.-C.), *Protagoras*, trad. Fr. Ildefonse, Flammarion, coll. « GF », 1997, p. 84-87.

5. Dans la mythologie grecque, Héphaïstos et Athéna sont les détenteurs des arts (techniques).
6. Colline, à Athènes et dans nombre de cités grecques, où se dressaient la plupart des bâtiments officiels. Ici, le centre du domaine des dieux.
7. Vivre en commun de manière harmonieuse est donc un savoir-faire particulier, nécessitant le respect de certaines valeurs. Voir « Autrui », p. 76-77.
8. Le messager des dieux.
9. Ce mot n'est plus utilisé aujourd'hui que négativement (un individu sans *vergogne* : sans scrupules moraux ni honte). Il désigne ici à la fois la pudeur, la retenue, le sentiment de l'honneur et de la dignité.
10. Selon Protagoras, le sens de la justice est donc attribué à tous les hommes et non à des spécialistes, comme c'est le cas des autres compétences.

texte 6 Rousseau. Coopération et décadence

La division du travail était-elle inévitable ? Et n'a-t-elle pas définitivement empoisonné les relations entre les hommes ? Dans le *Discours sur l'origine et les fondements de l'inégalité parmi les hommes*, Rousseau procède à une reconstitution hypothétique de l'histoire de l'humanité. Il évoque ici le tournant fatidique de la dénaturation qu'est en réalité à ses yeux la civilisation.

L'exemple des sauvages qu'on a presque tous trouvés à ce point[1] semble confirmer que le genre humain était fait pour y rester toujours, que cet état est la véritable jeunesse du monde, et que tous les progrès ultérieurs ont été en apparence autant de pas vers la perfection de l'individu, et en effet[2] vers la décrépitude[3] de l'espèce.

Tant que les hommes se contentèrent de leurs cabanes rustiques, tant qu'ils se bornèrent à coudre leurs habits de peaux avec des épines ou des arêtes, à se parer de plumes et de coquillages, à se peindre le corps de diverses couleurs, à perfectionner ou embellir leurs arcs et leurs flèches, à tailler avec des pierres tranchantes quelques canots de pêcheurs ou quelques grossiers instruments de musique, en un mot tant qu'ils ne s'appliquèrent qu'à des ouvrages qu'un seul pouvait faire, et qu'à des arts qui n'avaient pas besoin du concours[4] de plusieurs mains, ils vécurent libres, sains, bons et heureux autant qu'ils pouvaient l'être par leur nature, et continuèrent à jouir entre eux des douceurs d'un commerce indépendant[5] : mais dès l'instant qu'un homme eut besoin du secours d'un autre ; dès qu'on s'aperçut qu'il était utile à un seul d'avoir des provisions pour deux, l'égalité disparut, la propriété s'introduisit, le travail devint nécessaire[6] et les vastes forêts se changèrent en des campagnes riantes qu'il fallut arroser de la sueur des hommes, et dans lesquelles on vit bientôt l'esclavage et la misère germer et croître avec les moissons.

Jean-Jacques ROUSSEAU, *Discours sur l'origine et les fondements de l'inégalité parmi les hommes* (1755), IIe partie, Hatier, coll. « Les classiques de la philosophie », 1999, p. 65-66.

1. Selon Rousseau, les « sauvages » – que les voyageurs occidentaux découvrent au XVIIIe siècle en Amérique, en Afrique ou en Océanie – vivent dans un « deuxième état de nature », où les hommes ne se conduisent déjà plus comme des animaux supérieurs (« état de pure nature »), mais ne sont pas encore des « civilisés » condamnés à l'inégalité.
2. En réalité.
3. Le vieillissement, le déclin.
4. De la coopération.
5. De relations libres et volontaires. *Commerce* a ici le sens large de « fréquentation, relations ».
6. Sans doute forcé, désormais, puisque Rousseau suggère qu'il n'était pas encore nécessaire.

texte 7 Smith. Se spécialiser, condition des échanges

Pourquoi coopérer, pourquoi échanger ? Selon l'économiste britannique Adam Smith, ces activités typiquement et exclusivement humaines sont doublement avantageuses : elles satisfont les désirs spontanés et favorisent l'interdépendance et la prospérité générales. La division du travail est donc d'origine naturelle, mais productrice de sociabilité.

Dans presque toutes les espèces d'animaux, chaque individu, quand il est parvenu à sa pleine croissance, est tout à fait indépendant, et, tant qu'il reste dans son état naturel, il peut se passer de l'aide de toute autre créature vivante. Mais l'homme a presque continuellement besoin du secours de ses semblables, et c'est en vain qu'il l'attendrait de leur seule bienveillance. Il sera bien plus sûr de réussir, s'il s'adresse à leur intérêt personnel et s'il leur persuade que leur propre avantage leur commande de faire ce qu'il souhaite d'eux. C'est ce que fait celui qui propose à un autre un marché quelconque ; le sens de sa proposition est ceci : *Donnez-moi ce dont j'ai besoin, et vous aurez de moi ce dont vous avez besoin vous-même* ; et la plus grande partie de ces bons offices qui nous sont si nécessaires s'obtient de cette façon. Ce n'est pas de la bienveillance du boucher, du marchand de bière ou du boulanger, que nous attendons notre dîner, mais bien du soin qu'ils apportent à leurs intérêts. Nous ne nous adressons pas à leur humanité, mais à leur égoïsme ; et ce n'est jamais de nos besoins que nous leur parlons, c'est toujours de leur avantage. [...]

Dans la réalité, la différence des talents naturels entre les individus est bien moindre que nous ne le croyons, et les aptitudes si différentes qui semblent distinguer les hommes de diverses professions, quand ils sont parvenus à la maturité de l'âge, ne sont pas tant la cause que l'effet de la *division du travail*, en beaucoup de circonstances. La différence entre les hommes adonnés aux professions les plus opposées, entre un philosophe, par exemple, et un portefaix[1], semble provenir beaucoup moins de la nature que de l'habitude et de l'éducation. Quand ils étaient l'un et l'autre au commencement de leur carrière, dans les six ou huit premières années de leur vie, il y avait peut-être entre eux une telle ressemblance que leurs parents ou camarades n'y auraient pas remarqué de différence sensible. Vers cet âge ou bientôt après, ils ont commencé à être employés à des occupations fort différentes. Dès lors a commencé entre eux cette disparité qui s'est augmentée insensiblement, au point qu'aujourd'hui la vanité du philosophe consentirait à peine à reconnaître un seul point de ressemblance. Mais, sans la disposition des hommes à trafiquer[2] et à échanger, chacun aurait été obligé de se procurer lui-même toutes les nécessités et commodités de la vie. Chacun aurait eu la même tâche à remplir et le même ouvrage à faire, et il n'y aurait pas eu lieu à cette grande différence d'occupations, qui seule peut donner naissance à une grande différence de talents.

Adam SMITH, *Recherches sur la nature et les causes de la richesse des nations* (1776), livre I, chap. II, trad. G. Mairet, Gallimard, coll. « Folio essais », 1990.

1. Autrefois, porteur, chargé de transporter des fardeaux (des « faix »).
2. Signifie ici simplement commercer, sans connotation d'illégalité ou de malhonnêteté.

Repères
Voir **Identité / Égalité / Différence.**

texte 8 Durkheim. Dans la division du travail, c'est l'individu qui est gagnant

La spécialisation est-elle un enfermement ? Chez les « primitifs », les tâches sont peu diversifiées et il règne une solidarité mécanique. Fondateur de la sociologie, Durkheim cherche à préciser quel est le principe de cohésion des sociétés humaines. Il vient de décrire la solidarité « mécanique », typique des peuples primitifs chez qui les travaux sont peu diversifiés. Il aborde maintenant la solidarité moderne, qu'il appelle « organique ».

Tandis que la précédente implique que les individus se ressemblent[1], celle-ci suppose qu'ils diffèrent les uns des autres. La première n'est possible que dans la mesure où la personnalité individuelle est absorbée dans la personnalité collective ; la seconde n'est possible que si chacun a une sphère d'action qui lui est propre, par conséquent une personnalité. Il faut donc que la conscience collective laisse découverte une partie de la

1. Dans la solidarité mécanique (« la précédente »), « les individus se ressemblent » comme les rouages d'une machine.

conscience individuelle, pour que s'y établissent ces fonctions spéciales qu'elle ne peut pas réglementer ; et plus cette région est étendue, plus est forte la cohésion qui résulte de cette solidarité[2]. En effet, d'une part, chacun dépend d'autant plus étroitement de la société que le travail est plus divisé, et, d'autre part, l'activité de chacun est d'autant plus personnelle qu'elle est plus spécialisée. Sans doute, si circonscrite qu'elle soit, elle n'est jamais complètement originale ; même dans l'exercice de notre profession, nous nous conformons à des usages, à des pratiques qui nous sont communes avec toute notre corporation. Mais, même dans ce cas, le joug que nous subissons est autrement moins lourd que quand la société tout entière pèse sur nous, et il laisse bien plus de place au libre jeu de notre initiative. Ici donc, l'individualité du tout s'accroît en même temps que celle des parties ; la société devient plus capable de se mouvoir avec ensemble, en même temps que chacun de ses éléments a plus de mouvements propres. Cette solidarité ressemble à celle que l'on observe chez les animaux supérieurs[3]. Chaque organe, en effet, y a sa physionomie spéciale, son autonomie, et pourtant l'unité de l'organisme est d'autant plus grande que cette individuation des parties est plus marquée. En raison de cette analogie, nous proposons d'appeler organique la solidarité qui est due à la division du travail.

Émile Durkheim, *De la division du travail social* (1893), PUF, coll. « Quadrige », 1994, p. 100-101.

2. Ne désigne pas ici l'entraide volontaire (qui joue au profit des victimes d'une catastrophe par exemple), mais la relation d'interdépendance pratique (comme entre les maillons d'une chaîne). Dans la solidarité organique moderne, chacun joue son rôle au sein de l'« organisme social », mais trouve la possibilité de le personnaliser. Cette initiative individuelle est en retour positive pour la société.

3. Êtres vivants complexes chez lesquels les organes sont nettement différenciés et spécialisés, comme c'est déjà le cas de l'insecte, mais pas encore du ver.

3 | Travail et technique : humanisants ou déshumanisants ?

texte 9 — Aristote. L'esclave, un instrument animé

Qu'est-ce qu'un esclave ? Aristote décrit le travail, tel qu'il se pratique dans l'Antiquité, comme une chaîne hiérarchique à quatre éléments : le matériau à élaborer, un premier instrument, qui est l'outil, un deuxième, qui est l'esclave, enfin le maître, qui domine et possède l'ensemble. Ce schéma est fonctionnel et non moral. Aucun outil ne travaille de lui-même, et il est exclu que le maître s'en serve directement.

[...] les instruments[1] sont soit inanimés soit animés, par exemple pour le pilote le gouvernail est un instrument inanimé, alors que le timonier[2] est un instrument animé (car l'exécutant dans les différents métiers entre dans la catégorie de l'instrument) ; de même aussi un bien que l'on a acquis est un instrument pour vivre, la propriété familiale est une masse d'instruments, l'esclave est un bien acquis animé et tout exécutant est un instrument antérieur aux instruments qu'il met en œuvre.

Si donc il était possible à chaque instrument parce qu'il en aurait reçu l'ordre ou par simple pressentiment de mener à bien son œuvre propre, comme on le dit des statues de Dédale[3] ou des trépieds d'Héphaïstos[4] qui,

1. *Organon*, en grec, désigne aussi l'organe biologique.

2. Le *timonier* tient la barre mais obéit au capitaine.

3. Père d'Icare. Il aurait conçu le labyrinthe de Crète et des statues animées.

4. Objets de culte légendaires forgés par le dieu Héphaïstos.

5. Parties mobiles du métier à tisser manuel.
6. Petites baguettes servant à pincer les cordes de la lyre.
7. Aristote distingue la *production*, qui fait exister un objet matériel (*poiésis* du potier par exemple) et l'*action* ou usage, dont l'effet n'est pas séparable (*praxis* du médecin).
8. L'action et la production sont deux *espèces* différentes dans un même *genre*, ici l'art » (*tekhnê*).

> **Repères**
Voir **Genre / Espèce / Individu**.

selon le poète, entraient d'eux-mêmes dans l'assemblée des dieux, si, de même, les navettes[5] tissaient d'elles-mêmes et les plectres[6] jouaient tout seuls de la cithare, alors les ingénieurs n'auraient pas besoin d'exécutants ni les maîtres d'esclaves.

De plus ce qu'on appelle instruments ce sont les instruments de production, alors que le bien acquis appartient à l'ordre de l'action[7]. Car de la navette on tire autre chose que son propre usage, alors que de l'habit et du lit on ne tire que leur propre usage. De plus puisque la production et l'action diffèrent spécifiquement et que toutes deux ont besoin d'instruments, il est nécessaire qu'il y ait entre eux la même différence spécifique[8]. Or la vie est action et non production, c'est pourquoi l'esclave est un exécutant parmi ceux qui sont destinés à l'action.

ARISTOTE (IVe siècle av. J.-C.), *Les Politiques*, livre I, chap. IV, 1253b, trad. P. Pellegrin, Flammarion, coll. « GF », 1993, p. 96-97.

texte 10

Freud. Le travail, une « technique pour conduire sa vie »

Le produit pratique fait-il seul la valeur du travail ? Pour Freud, si un individu ne se sent aucun don particulier pour réaliser ses aspirations, bien faire son travail peut être une clef du bonheur en même temps qu'une façon de répondre aux nécessités matérielles et sociales. Mais les hommes sont en général aveugles à ce bienfait du travail.

1. C'est-à-dire d'une vocation précise.
2. C'est la leçon de *Candide* : « Il faut cultiver notre jardin », donc, pour être heureux, nous limiter à un domaine délibérément modeste.
3. Énergie psychique inconsciente, que l'individu « gère » plus ou moins bien, le travail étant une façon positive de dépenser cette énergie. Voir note 1, p. 48.
4. La libido se compose de tendances différentes, visant l'image de soi, ou débouchant sur des relations d'agression ou de désir à l'égard d'autrui, mais toutes, indirectement, trouveraient à se satisfaire dans le travail.
5. Phénomène inconscient par lequel les pulsions, dont l'expression directe serait dangereuse et choquante, sont masquées et canalisées vers des buts acceptables, voire socialement appréciés. Le théâtre, par exemple, sublime le narcissisme.

En l'absence de prédisposition particulière[1] prescrivant impérativement leur direction aux intérêts vitaux, le travail professionnel ordinaire, accessible à chacun, peut prendre la place qui lui est assignée par le sage conseil de Voltaire[2]. Il n'est pas possible d'apprécier de façon suffisante, dans le cadre d'une vue d'ensemble succincte, la significativité du travail pour l'économie de la libido[3]. Aucune autre technique pour conduire sa vie ne lie aussi solidement l'individu à la réalité que l'accent mis sur le travail, qui l'insère sûrement tout au moins dans un morceau de la réalité, la communauté humaine. La possibilité de déplacer une forte proportion de composantes libidinales, composantes narcissiques, agressives et même érotiques[4], sur le travail professionnel et sur les relations humaines qui s'y rattachent, confère à celui-ci une valeur qui ne le cède en rien à son indispensabilité pour chacun aux fins d'affirmer et justifier son existence dans la société. L'activité professionnelle procure une satisfaction particulière quand elle est librement choisie, donc qu'elle permet de rendre utilisables par sublimation[5] des penchants existants, des motions pulsionnelles poursuivies ou constitutionnellement renforcées. Et cependant le travail, en tant que voie vers le bonheur, est peu apprécié par les hommes. On ne s'y presse pas comme vers d'autres possibilités de satisfaction. La grande majorité des hommes ne travaille que poussée par la nécessité, et de cette naturelle aversion pour le travail qu'ont les hommes découlent les problèmes sociaux les plus ardus.

Sigmund FREUD, *Le Malaise dans la culture* (1930), trad. R. Cotet, L. Lainé, J. Stute-Cadiot, PUF, coll. « Quadrige », 2002, p. 23.

texte 11 Nietzsche. Le travailleur ou l'individu ?

Pourquoi faire aimer le travail ? La valorisation du travail, et d'un certain travail, par ceux qui justement y échappent est, pour Nietzsche, une ruse destinée à rendre les individus inoffensifs. Or précisément, dans l'industrie moderne, les travailleurs prennent conscience de leur force et n'acceptent plus leur sort.

Dans la glorification du « travail », dans les infatigables discours sur la « bénédiction du travail », je vois la même arrière-pensée que dans les louanges adressées aux actes impersonnels et utiles à tous : à savoir la peur de tout ce qui est individuel. Au fond, on sent aujourd'hui, à la vue du travail – on vise toujours sous ce nom le dur labeur du matin au soir –, qu'un tel travail constitue la meilleure des polices, qu'il tient chacun en bride et s'entend à entraver puissamment le développement de la raison, des désirs, du goût de l'indépendance. Car il consume une extraordinaire quantité de force nerveuse et la soustrait à la réflexion, à la méditation, à la rêverie, aux soucis, à l'amour et à la haine, il présente constamment à la vue un but mesquin et assure des satisfactions faciles et régulières. Ainsi une société où l'on travaille dur en permanence aura davantage de sécurité : et l'on adore aujourd'hui la sécurité comme la divinité suprême. – Et puis ! épouvante ! Le « travailleur », justement, est devenu *dangereux* ! Le monde fourmille d'« individus dangereux » ! Et derrière eux, le danger des dangers – *l'individuum*[1] !

Friedrich NIETZSCHE, *Aurore* (1880), § 173, « Les apologistes du travail », trad. J. Hervier, Gallimard, coll. « Folio essais », 1980, p. 136.

1. Ce mot latin signifie « individu » et a été repris tel quel en allemand. Il aurait donc pu être traduit par « individu », mais Nietzsche a peut-être voulu désigner l'individualité, c'est-à-dire les caractéristiques purement personnelles, inassimilables, qui constituent pour lui la plus importante des valeurs.

texte 12 Arendt. Une libération qui ne serait qu'une privation

Que se passerait-il si les machines et la technique en général remplaçaient le travail humain ? La philosophe Hannah Arendt prononce vers 1950 la prophétie suivante, qui ne s'est pas réalisée. Il faut donc prendre son hypothèse comme une manière de mesurer le poids du travail dans la condition humaine moderne.

C'est l'avènement de l'automatisation qui, en quelques décennies, probablement videra les usines et libérera l'humanité de son fardeau le plus ancien et le plus naturel, le fardeau du travail, l'asservissement à la nécessité. Là, encore, c'est un aspect fondamental de la condition humaine qui est en jeu, mais la révolte, le désir d'être délivré des peines du labeur, ne sont pas modernes, ils sont aussi vieux que l'histoire. Le fait même d'être affranchi du travail n'est pas nouveau non plus ; il comptait jadis parmi les privilèges les plus solidement établis de la minorité. À cet égard, il semblerait que l'on s'est simplement servi du progrès scientifique et technique pour accomplir ce dont toutes les époques avaient rêvé sans jamais pouvoir y parvenir.

Cela n'est vrai, toutefois, qu'en apparence. L'époque moderne s'accompagne de la glorification théorique du travail et elle arrive en fait à transformer la société tout entière en une société de travailleurs. Le souhait se réalise donc, comme dans les contes de fées, au moment où il ne peut que mystifier. C'est une société de travailleurs que l'on va délivrer des chaînes du travail, et cette société ne sait plus rien des activités plus hautes et plus enrichissantes pour lesquelles il vaudrait la peine de gagner cette liberté. Dans cette société qui est égalitaire, car c'est ainsi que le travail fait vivre ensemble les hommes, il ne reste plus de classe, plus d'aristocratie politique ou spirituelle, qui puisse provoquer une restauration des autres facultés de l'homme. [...] Ce que nous avons devant nous, c'est la perspective d'une société de travailleurs sans travail, c'est-à-dire privés de la seule activité qui leur reste. On ne peut rien imaginer de pire.

Hannah ARENDT, *Condition de l'homme moderne* (1958), trad. G. Fradier, © Calmann-Lévy, 1961-1993, Pocket, coll. « Agora », 1983, p. 37-38.

texte 13 Alain. Réévaluer la paresse

Ne pas aimer travailler est-il un vice ? Ou bien plutôt le signe d'une insatisfaction face aux tâches que l'on se voit fixer ? Alain, philosophe de l'éducation et de la volonté, analyse ici les rapports entre l'individu, son travail, sa conscience et les autres hommes.

Le paresseux, à ce que je crois, n'est qu'un homme qui n'a point encore de poste, ou qui croit n'en pas avoir. Chose remarquable, c'est toujours parce qu'il sait ou croit qu'on ne compte point sur lui, qu'il ne se presse point. Supposez au contraire dans cet homme l'idée, vraie ou fausse, que nul ne saura le remplacer, vous le verrez aller. C'est donc trop peu dire que de dire que l'homme aime son travail. La prise du travail[1] est bien plus sûre. Comme ces courroies et engrenages, qui vous happent par la manche, ainsi la grande machine ne demande point permission. C'est un fait remarquable, et que je crois sans exception, que l'homme qui règle lui-même son travail est celui qui travaille le plus, pourvu qu'il coopère, et que d'autres lui poussent sans cesse des pièces à finir. Aussi je crois que sous les noms de cupidité, d'avarice, ou d'ambition, on décrit souvent assez mal un sentiment vif d'un travail à continuer, d'une réputation à soutenir, enfin d'une certaine action que les autres ne feront pas aussi bien. Il est clair que l'écolier ne trouve pas de ces raisons d'agir ; pour une version mal faite[2] rien ne manquera au monde. Voilà sans doute pourquoi c'est dans la partie la plus active, la plus remuante, la plus infatigable, qui est l'enfance, que l'on trouve le plus de paresseux.

ALAIN, *Les Idées et les Âges* (1927), Gallimard, 1962, p. 155-156.

1. La manière dont le travail s'empare de l'individu.
2. Ici, exercice scolaire de traduction, d'une langue étrangère en français.

Questions

1. Analysez la notion de « poste » (l. 2). Quelles sont, selon ce texte, les raisons qui expliquent que le travail puisse être autant repoussé que valorisé ?
2. L. 9-11 : « l'homme qui règle lui-même son travail est celui qui travaille le plus, pourvu qu'il coopère, et que d'autres lui poussent sans cesse des pièces à finir » : quelle ambiguïté du travail cette phrase soulève-t-elle ?
3. Alain présente à la fin de ce texte le travail de l'écolier comme moins important que le travail adulte. Quel est cependant le sens du travail scolaire ? Qu'est-ce qui, peut-être, « manquera au monde » (l. 15), s'il n'est pas bien fait ?

Pour se préparer au baccalauréat
Dissertations : p. 546.
Explications de texte : p. 547, 559.

La religion

Ouverture

Le jardin d'Éden et le péché originel **210**

Présentation

212

Textes

218

1 Un phénomène culturel diversifié et complexe

1 **Leroi-Gourhan.** La religion aux temps préhistoriques 218
2 **Bergson.** Le paradoxe de l'homme raisonnable et religieux 219
3 **Durkheim.** Définition de la religion 219
4 **Pascal.** L'angoisse et la quête de Dieu 220

2 Religion et philosophie, raison et foi

5 **Merleau-Ponty.** Le rapport ambigu du philosophe avec la religion instituée 221
6 **Averroès.** La philosophie au service de la théologie 222
7 **Spinoza.** L'interprétation des textes religieux 223
8 **Rousseau.** L'humble culte du cœur 223
9 **Kant.** Superstition et exaltation : les deux folies religieuses 225
10 **Alain.** Les rituels, fruits de la raison 226

3 Quel avenir pour la religion ?

11 **Pascal.** Le dieu de la religion n'est pas celui des philosophes 227
12 **Marx.** L'opium du peuple 228
13 **Freud.** La crise d'adolescence de l'humanité 229
14 **Eliade.** La religiosité inconsciente de l'homme areligieux 230
15 **Nietzsche.** « Dieu est mort ! » 231

Ivan Sejviakov, *Revêtement de l'icône « Mère de Dieu » de Théodore*, Kostroma, 1792.

ouverture Le jardin d'Éden et le péché originel

« Croquer le fruit défendu », « gagner son pain à la sueur de son front », ces expressions courantes parmi tant d'autres sont un héritage culturel du mythe de la Genèse. Il est, à quelques variantes près, commun au judaïsme, au christianisme et à l'islam. À la façon d'autres mythes dans d'autres religions, il relate l'origine de la condition humaine et particulièrement celle de la souffrance des hommes. Son expression métaphorique soulève de nombreuses questions et suscite des interprétations diverses.

Extrait 1

Le serpent était le plus rusé de tous les animaux des champs que Yahvé Dieu avait faits. Il dit à la femme : « Alors, Dieu a dit : Vous ne mangerez pas de tous les arbres du jardin ? » La femme répondit au serpent : « Nous pouvons manger du fruit des arbres du jardin. Mais du fruit de l'arbre qui est au milieu du jardin, Dieu a dit : Vous n'en mangerez pas, vous n'y toucherez pas, sous peine de mort. » Le serpent répliqua à la femme : « Pas du tout ! Vous ne mourrez pas ! Mais Dieu sait que, le jour où vous en mangerez, vos yeux s'ouvriront et vous serez comme des dieux, qui connaissent le bien et le mal. » La femme vit que l'arbre était bon à manger et séduisant à voir, et qu'il était, cet arbre, désirable pour acquérir le discernement. Elle prit de son fruit et mangea. Elle en donna aussi à son mari, qui était avec elle, et il mangea. Alors leurs yeux à tous deux s'ouvrirent et ils connurent qu'ils étaient nus ; ils cousirent des feuilles de figuier et se firent des pagnes.

« Ils entendirent le pas de Yahvé Dieu qui se promenait dans le jardin à la brise du jour, et l'homme et sa femme se cachèrent devant Yahvé Dieu parmi les arbres du jardin. Yahvé Dieu appela l'homme : « Où es-tu ? » dit-il. « J'ai entendu ton pas dans le jardin, répondit l'homme ; j'ai eu peur parce que je suis nu et je me suis caché. » Il reprit : « Et qui t'a appris que tu étais nu ? Tu as donc mangé de l'arbre dont je t'avais défendu de manger ! » L'homme répondit : « C'est la femme que tu as mise auprès de moi qui m'a donné de l'arbre, et j'ai mangé ! » Yahvé Dieu dit à la femme : « Qu'as-tu fait là ? » et la femme répondit : « C'est le serpent qui m'a séduite, et j'ai mangé. »

Alors Yahvé Dieu dit au serpent : « Parce que tu as fait cela, maudit sois-tu entre tous les bestiaux et toutes les bêtes sauvages. Tu marcheras sur ton ventre et tu mangeras de la terre tous les jours de ta vie. Je mettrai une hostilité entre toi et la femme, entre ton lignage et le sien. Il t'atteindra à la tête et tu l'atteindras au talon. »

À la femme, il dit : « Je multiplierai les peines de tes grossesses, dans la peine tu enfanteras des fils. Ta convoitise te poussera vers ton mari et lui dominera sur toi. »

À l'homme, il dit : « Parce que tu as écouté la voix de ta femme et que tu as mangé de l'arbre dont je t'avais interdit de manger, maudit soit le sol à cause de toi ! À force de peines tu en tireras subsistance tous les jours de ta vie. Il produira pour toi épines et chardons et tu mangeras l'herbe des champs. À la sueur de ton visage tu mangeras ton pain, jusqu'à ce que tu retournes au sol, puisque tu en fus tiré. Car tu es glaise et tu retourneras à la glaise. »

L'homme appela sa femme « Ève », parce qu'elle fut la mère de tous les vivants. Yahvé Dieu fit à l'homme et à sa femme des tuniques de peau et les en vêtit. Puis Yahvé Dieu dit : « Voilà que l'homme est devenu comme l'un de nous, pour connaître le bien et le mal ! Qu'il n'étende pas maintenant la main, ne cueille aussi de l'arbre de vie, n'en mange et ne vive pour toujours ! » Et Yahvé Dieu le renvoya du jardin d'Éden pour cultiver le sol d'où il avait été tiré. Il bannit l'homme et il posta devant le jardin d'Éden les chérubins et la flamme du glaive fulgurant pour garder le chemin de l'arbre de vie.

La Bible de Jérusalem, *Genèse* 2, 25 à 3, 24,
trad. École biblique de Jérusalem, Éd. du Cerf, 1956.

Extrait 2

Nous dîmes à Adam : Habite le jardin avec ton épouse ; nourrissez-vous abondamment de ses fruits, de quelque côté du jardin qu'ils se trouvent ; seulement n'approchez pas de l'arbre que voici, de peur que vous ne deveniez coupables.

Satan a fait glisser leur pied et les a fait bannir du lieu où ils se trouvaient. Nous leur dîmes alors : Descendez de ce lieu ; ennemis les uns des autres, la terre vous servira de demeure et de possession temporaire.

Adam apprit de son Seigneur des paroles de *prière* ; Dieu agréa son repentir ; il aime à revenir *à l'homme qui se repent* ; il est miséricordieux.

Coran, sourate II, « La génisse »,
versets 33 à 35, trad. Kasimirski,
Flammarion, coll. « GF », 1970, p. 43.

Peter Marlow (né en 1952),
Le Musée des Beaux-Arts de Bordeaux, 2001.

Présentation

I | Un phénomène culturel diversifié et complexe

L'homme en question

Textes 1 à 4
Leroi-Gourhan, Bergson, Durkheim, Pascal, p. 218-221.

La religion apparaît comme un phénomène **très ancien et quasi universel**. Elle est présente dans toutes les sociétés humaines connues ayant laissé des traces de leur représentation du monde. Si l'ignorance où nous sommes des sociétés qui les ont précédées, l'interprétation hypothétique des traces les plus anciennes et le récent développement de l'athéisme laissent planer un doute sur l'universalité du phénomène, son ampleur cependant incontestable le rend digne d'attention et d'interrogation. La place qu'occupe la religion dans les sociétés humaines met en question la définition de l'homme. L'homme pourrait-il être défini comme un « **animal religieux** » au même titre qu'un « **animal raisonnable** » ? Cela ne va pas de soi, lorsqu'on observe la place de l'irrationnel dans la religion.

Définition étymologique de la religion

L'étymologie du mot « religion » est incertaine, mais elle fournit, avec l'usage courant, quelques indications.

Rattaché au verbe latin *religare* (« relier »), *religio* énonce l'idée d'un **lien**, soit d'obligation à l'égard de certaines pratiques, soit d'union entre les hommes et les dieux, ou des hommes entre eux. Ce premier sens permet de distinguer nettement religion et superstition : les croyances magiques « ne servent jamais à unir les uns aux autres les individus qui les adoptent [...] ; un mage, un sorcier, a une clientèle flottante analogue à celle d'un médecin[1] ». Rattachée cette fois à *religere*, la signification devient : « rassembler, recueillir » et « redoubler d'attention et d'application[2] ». L'usage conforte ce deuxième sens : faire quelque chose religieusement, c'est le faire méticuleusement et scrupuleusement, avec le plus grand soin et respect.

Il faut aussi noter que le mot « religion » n'existe pas dans les langues des cultures dont la religion n'est pas une sphère séparée de croyances et d'activités, mais où toute la vie sociale est structurée par une interprétation religieuse du monde.

1. Durkheim, *Religion, Morale, Anomie*, Éd. de Minuit, 1975, p. 70. 2. Article « Religion », *Dictionnaire historique de la langue française*, Robert, 2000, p. 1886.

Analyse des composantes communes des religions

Les sciences humaines (l'histoire, la sociologie, l'ethnologie…), malgré leurs divergences d'approche, observent des traits communs au sein de l'extrême diversité des religions. Qu'il s'agisse d'animisme[1], qui peuple la nature d'esprits, de polythéisme[2], comme dans les mythologies gréco-romaines, ou de monothéisme[3], comme le judaïsme, le christianisme ou l'islam, des composantes similaires sont présentes.

Toute religion comprend des **croyances**[4] relatives à une réalité autre (le surnaturel, le divin, le **sacré**) et supérieure à la réalité naturelle et humaine (**profane**) qui la **transcende** tout en se manifestant en elle et qui en détermine le sens et la valeur. Des **mythes** racontent, plus qu'ils n'expliquent, l'origine et la finalité du monde naturel et de la condition humaine, par exemple pourquoi et comment l'homme est devenu sexué[5], mortel, travailleur, souffrant[6]… Les croyances prétendent à la vérité sans que celle-ci soit acquise par les moyens humains de démonstration rationnelle ou d'observation et d'expérimentation. Ce sont des « dogmes », des vérités dites « révélées », émanant du divin et dévoilées, transmises aux hommes par une tradition orale ou des textes déclarés sacrés.

La religion s'appuie aussi sur une révélation intérieure, des émotions et **sentiments** mêlant crainte, tremblement et fascination, vénération envers le « tout autre ». L'homme éprouve le sentiment d'être dépassé par quelque chose de mystérieux d'une grandeur incommensurable et de n'être qu'une créature misérable.

Toute religion comprend également des **règles de vie**, une morale définissant les valeurs, le bien et le mal, posant des obligations et interdits, à valeur **absolue**[7], car provenant de la transcendance divine. Ces règles régissent les relations des hommes entre eux, les mœurs, mais aussi les relations des hommes au divin. Toute religion en effet impose une **pratique cultuelle** : des cérémonies, des prières, des sacrifices, des rituels ponctuent la vie et ses événements cruciaux, correspondant à un passage et un renouvellement, comme la naissance, la puberté, le mariage, la mort…

Enfin, ces croyances sont presque toujours transmises et ces cultes orchestrés par des hommes médiateurs privilégiés (qui, par exemple dans l'Église catholique, constituent le **clergé**) entre le commun des mortels, laïc, et le divin. Ils détiennent parfois un très grand pouvoir politique comme dans les monarchies de droit divin ou les théocraties[8].

Tous ces éléments sont étroitement imbriqués dans la religion et plus ou moins prédominants suivant les traditions, les époques et les contextes socioculturels. Mais ils peuvent aussi se retrouver à l'état séparé dans d'autres domaines de la civilisation et être dissociés du surnaturel. La distinction du bien et du mal, les croyances, la recherche d'absolu et de sens, l'enthousiasme pour un idéal se retrouvent dans les morales laïques, l'art, la politique. Le culte de personnalités hors du commun est très répandu, que ce soit dans les domaines politique, sportif ou artistique. Les cérémonies commémoratives d'événements marquants fondateurs pour le groupe social (fêtes nationales) ou pour l'individu (anniversaire), de même. Les êtres humains, même dans les sociétés laïcisées, ont des croyances, posent des

1. Du latin *anima*, « souffle, air, principe de vie, âme ». 2. Du grec *polus*, « nombreux », et *theos*, « dieu ». 3. Du grec *monos*, « seul, unique, solitaire », et *theos*, « dieu ». 4. Voir, dans les Repères, « Croire / Savoir ». 5. Voir, par exemple, dans « Le désir », le texte 4 de Platon, p. 97. 6. Voir les deux textes qui ouvrent ce chapitre, p. 210-211. 7. Voir, dans les Repères, « Absolu / Relatif ». 8. Du grec *theos*, « dieu », et *cratos*, « pouvoir ». Forme de gouvernement où l'autorité est censée émaner de Dieu.

valeurs, pratiquent des rituels. La question de la nature humaine resurgit : cela suffit-il pour qualifier les hommes d'essentiellement religieux, pour en faire les héritiers d'une indépassable religiosité qui serait en quelque sorte naturelle avant d'être culturelle ? Ou bien la religion est-elle une possibilité d'expression, parmi d'autres, de besoins humains fondamentaux ?

Les évolutions religieuses contemporaines

Quoi qu'il en soit, les évolutions contemporaines ne se réduisent pas au développement de l'irréligiosité ou de l'**athéisme**. D'une part, on observe dans toutes les religions la montée d'**intégrismes**[1] hostiles à la rationalité scientifique et au progrès technique, au matérialisme (au sens commun d'attachement aux biens matériels) et à la démocratie, qui refusent que la religion devienne une affaire privée relevant de la libre conscience individuelle. La religion est alors valorisée dans sa dimension dogmatique et sociopolitique et offre parfois une ressource aux groupes opprimés pour affirmer leur identité. D'autre part et à l'inverse, les sociologues remarquent, dans les sociétés occidentales principalement, un déclin de la religion instituée et des rituels collectifs au profit d'un « **bricolage religieux** », d'une religion « à la carte », relevant d'un choix personnel, appuyé sur les sentiments et la réflexion, sans négliger l'intérêt pour l'exotisme religieux, qui semble souvent plus authentique (voir, par exemple, l'attrait pour le bouddhisme). La religion est alors valorisée dans sa dimension affective et individuelle.

La religion est ainsi habitée de tensions internes entre sa dimension **objective**[2], institutionnelle, observable extérieurement, et sa dimension **subjective**, vécue intérieurement. C'est au sein de cette tension que vient se placer la philosophie, qui entretient des relations complexes avec la religion.

2 | Religion et philosophie, raison et foi

Le conflit originel entre religion et philosophie

Textes 5 à 10
Merleau-Ponty, Averroès, Spinoza, Rousseau, Kant, Alain, p. 221-227.

La philosophie occidentale prend naissance dans l'Antiquité grecque et se présente comme une entreprise de pensée rationnelle en rupture avec la parole mythique. Elle ambitionne de comprendre le monde à partir des éléments naturels sans faire intervenir les dieux. La religion étant alors religion d'État et sa reconnaissance une obligation sociale pour le citoyen, les procès de philosophes pour impiété furent nombreux. Platon, dans l'*Apologie de Socrate*, fait un compte rendu philosophique du plus célèbre d'entre eux, qui illustre parfaitement la **position ambiguë du philosophe par rapport à la religion instituée**. Avec Socrate, la philosophie devient interrogative et critique : le doute rationnel est érigé en méthode d'examen des opinions. Le philosophe croyant ne peut donc renoncer à sa raison et croire aveuglément. Qu'il s'agisse de la parole de l'oracle ou des injonctions de son « démon[3] »,

1. Du latin *integer*, « intact, entier ». 2. Voir, dans les Repères, « Objectif / Subjectif ». 3. Socrate déclare qu'il est parfois inspiré par un « démon » (une divinité intérieure) qui lui interdit certains actes.

Socrate veut les comprendre avant de s'y soumettre : cette prétention de la raison à la vérité lui vaudra d'être condamné à mort.

Il n'empêche que la raison est présentée comme la « **lumière naturelle** » donnée aux hommes par Dieu, qui, de son côté, est la lumière surnaturelle. Même si la raison humaine a ses limites et nécessite la lumière surnaturelle, elle peut donc parvenir par ses propres moyens à la connaissance de certaines vérités divines, dont la première est l'existence de Dieu. Thomas d'Aquin et Averroès pensent ainsi que la voie démonstrative peut conduire à la foi. La raison se trouve alors subordonnée à la foi, la philosophie à la théologie, mais elles sont validées jusqu'à un certain point dans leur prétention à la vérité.

Ainsi légitimée, la raison humaine ne va pas se satisfaire de son rôle de servante, elle va progressivement s'émanciper de la tutelle religieuse. Un deuxième procès illustre l'histoire des relations conflictuelles entre philosophie et religion, celui de Galilée au XVIIe siècle, condamné par le tribunal de l'Inquisition pour avoir affirmé la vérité physique de l'héliocentrisme, la réalité du mouvement de la Terre autour du Soleil, alors que certains passages de la Bible réfèrent implicitement au géocentrisme[1]. À partir du XVIIe siècle, une délimitation des domaines de compétence va s'opérer, séparant progressivement la religion et la philosophie, puis la philosophie et la science. Galilée écrit ainsi à la grande duchesse Christine : « L'intention du Saint Esprit est de nous enseigner comment on doit gagner le ciel, et non comment va le ciel[2]. »

La critique philosophique de l'irrationalité religieuse

Cette séparation s'opère par des critiques internes, qui ne visent nullement à détruire la religion, mais à établir une coexistence pacifique avec la raison. Religion et philosophie devront chacune limiter leurs prétentions et éviter les ingérences. La philosophie renonce à la connaissance rationnelle du surnaturel et des mystères révélés, aux preuves de l'existence de Dieu et laisse une place à la foi, mais définit une **religion naturelle** compatible avec la raison commune à tous les hommes. Les philosophes des XVIIe et surtout XVIIIe siècles visent systématiquement à épurer les religions des **superstitions**[3] et des **abus de pouvoir** pour les rendre plus authentiques et pacifiques. Spinoza s'attache ainsi à mettre en évidence les mécanismes psychologiques à l'origine de la superstition, qui réduit Dieu à être « l'asile de l'ignorance ». Pour combattre cette déraison et séparer le religieux du politique, il inaugure une **lecture historique et critique des textes sacrés**. Son but est d'assurer la paix dans l'État par la reconnaissance de la liberté de pensée et d'expression en matière d'interprétation des croyances religieuses.

Rousseau aborde également la question de la religion dans le cadre d'une réflexion politique[4], mais c'est dans *Émile ou De l'éducation* qu'il expose l'essentiel de sa conception religieuse. Le but de l'éducation étant de former un homme libre, autonome, la liberté sera aussi le moyen privilégié d'y parvenir. Pour cette raison, Rousseau s'oppose constamment à la précocité d'enseignements intellectuels que l'enfant n'est pas encore en mesure de comprendre et qui ne forgent dans son esprit que des préjugés[5]. L'éducation religieuse doit donc également

1. Voir, dans « L'interprétation », le texte 4 de Galilée, p. 313. 2. *Encyclopaedia Universalis*, article « Galilée », t. 10, 1995, p. 55. 3. Voir, dans « L'interprétation », le texte 1 de Freud, p. 310. 4. *Du contrat social* (1762), livre IV, § 8.
5. Livre IV. Voir, par exemple, l'éd. Flammarion, coll. « GF », 1992, p. 335-336.

être retardée au maximum et limitée à l'essentiel, qui ne supporte pas le doute, à savoir la **morale**. Le sentiment intérieur, l'« instinct divin » qu'est la conscience, qui précède la raison sans la contredire, sera le fondement et le guide de la religion naturelle[1].

La critique des superstitions et du fanatisme, la revendication de la liberté de conscience et l'appel à la tolérance, appuyés sur la raison naturelle, caractérisent ainsi le siècle des Lumières. Kant s'efforce dans cet esprit de contenir absolument « la religion dans les limites de la simple raison[2] ». Il détermine *a priori*, par une rigoureuse critique, ce que la raison théorique peut connaître et il rejette ses prétentions à une science du suprasensible (ce qui dépasse le cadre de l'expérience possible), laissant ainsi une place à la **foi**. Mais la foi se fonde sur la raison pratique (c'est-à-dire la raison qui guide les actions humaines) et non sur le sentiment mystique de communion avec le divin. C'est une foi raisonnable et non exaltée. L'irrationnel est donc exclu de la religion aussi bien sous sa forme superstitieuse que sous sa forme illuminée, enthousiaste.

L'interprétation rationnelle de l'irrationalité religieuse

Cependant, le rapport irrationnel / rationnel peut aussi être pensé, non sous la forme de l'exclusion mutuelle, mais du dépassement, de l'intégration de l'irrationnel par le rationnel.

En opposition avec la philosophie des Lumières, Alain, dans la lignée de Hegel, interprète rationnellement l'irrationalité apparente des religions. Athée, il affirme paradoxalement que les « religions sont toutes vraies[3] ». Cartésien, il veut croire au bon sens égal en tout homme et au bon sens populaire déposé dans les mythes et les rites : « La supposition d'une immense chaîne d'erreurs sans aucun fondement est misanthropie[4]. » Il ne voit aucune origine surnaturelle aux religions, qui ne sont que la révélation progressive de la raison humaine, les différentes étapes, ou les différents étages coexistants, de son développement. Elles sont l'**expression métaphorique de vérités** que la philosophie exprime conceptuellement. Il sauve ainsi la religion et distingue nettement la croyance, crédule et paresseuse, de la foi, engagement courageux, sans preuves et contre les apparences, qui n'est d'ailleurs pas exclusivement religieuse.

3 | Quel avenir pour la religion ?

La critique religieuse de la « rationalisation » de la religion

Textes 11 à 15
Pascal, Marx, Freud, Eliade, Nietzsche, p. 227-231.

De nombreux philosophes se sont donc attachés à « rationaliser » la religion pour la concilier avec les exigences de la raison, aussi bien aux plans intellectuel que moral et politique. Cette harmonisation est parfois considérée comme une réduction et soumission de la religion et elle est alors contestée. Pascal critique à la fois la

1. Si, pour de nombreux philosophes, l'essentiel de la religion est sa dimension morale, la question de savoir si la religion peut constituer le fondement de la morale se pose alors. Elle est examinée dans « Le devoir », présentation, p. 479, et le texte 11 de Kant, p. 487. 2. C'est le titre d'une œuvre de Kant (1793). 3. *Propos*, 20 janvier 1923. 4. *Histoire de mes pensées* (1936), NRF, p. 281.

théologie rationnelle et le déisme[1], qui n'est qu'athéisme déguisé. Il reproche avec virulence à Descartes de ne plus avoir besoin de Dieu, une fois qu'il a démontré rationnellement son existence et de privilégier de façon excessive le développement des sciences et des techniques, la recherche du bonheur terrestre, au détriment de la méditation religieuse et de la préoccupation du salut. Le **Dieu des philosophes** n'est qu'un concept, une froide abstraction qui n'a rien à voir avec le Dieu, sensible au cœur, de la religion. Et Bergson, non sans humour, note que, si le Dieu des philosophes « descendait dans le champ de l'expérience, personne ne le reconnaîtrait[2] ». Aussi, contrairement à Kant, Bergson valorise l'exaltation, et le **mysticisme** constitue pour lui l'essence vive de la religion. Par son élan créateur, il dynamise la religion établie, « statique », qui a tendance à se fossiliser dans des formes dogmatiques et magiques.

La critique athée de la religion

Dans des perspectives différentes mais à cet égard convergentes, Marx, Nietzsche et Freud assimilent la religion à une **illusion aliénante**, à une drogue, dont l'homme adulte doit se sevrer pour réaliser pleinement sa liberté dans ce monde terrestre, le seul certain. Marx, d'un point de vue politique, considère que la société humaine, divisée en classes aux intérêts opposés, est un monde à l'envers, contradictoire, qui génère à la fois souffrance et protestation illusoire contre celle-ci. La religion remet le monde à l'endroit, ce qui en un sens est un éloge, mais elle ne le fait que dans l'imaginaire. C'est en remettant réellement le monde à l'endroit, en établissant une société sans classes, que la religion sera alors vouée à disparaître d'elle-même.

La mort de Dieu ?

Face à ce double refus et aux évolutions contemporaines contradictoires évoquées en début de ce chapitre, on peut s'interroger sur l'avenir de la religion et sur le sens du développement de l'athéisme, sur ses causes et ses conséquences pour l'humanité. La période présente semble critique à beaucoup. Mais alors que, pour certains, athées, elle représente une crise salutaire sur le chemin de l'autonomie, elle est interprétée par d'autres, croyants, comme une deuxième chute, menant l'homme encore plus bas que celle d'Adam et Ève[3]. Ces deux interprétations enracinent la religion dans l'**inconscient**, mais le conçoivent à l'évidence différemment. Comme le souligne Nietzsche, l'événement de la « **mort de Dieu** » est peut-être encore trop proche pour que l'on puisse en mesurer et en assumer pleinement toutes les conséquences.

La religion est-elle alors une illusion sans avenir, à dépasser, ou une vérité[4] refoulée, à retrouver ?

1. La *théologie rationnelle* use de la raison pour traiter des choses sacrées ; le *déisme* affirme l'existence de Dieu tout en prenant ses distances à l'égard des cultes et de la révélation. 2. *Les Deux Sources de la morale et la religion* (1932), PUF, coll. « Quadrige », 1984, p. 256. 3. Voir les deux textes qui ouvrent ce chapitre, p. 210-211. 4. Voir, dans « La vérité », présentation, p. 363, et le texte 9 de Freud, p. 371.

La religion
Textes

1 | Un phénomène culturel diversifié et complexe

texte 1 Leroi-Gourhan. La religion aux temps préhistoriques

Nos lointains ancêtres avaient-ils déjà des croyances et des pratiques religieuses ? Difficile de répondre avec certitude à une telle question, même si l'hypothèse semble très vraisemblable. L'intelligence humaine, inséparable du langage, s'est probablement développée conjointement aux plans technique et religieux.

Ces réserves faites[1], il n'y a aucune raison valable pour dénier aux Anthropiens paléolithiques[2] des préoccupations de caractère mystérieux, ne serait-ce que parce que leur intelligence, de même nature sinon de même degré que celle de l'*homo sapiens*, implique la même réaction en face de l'anormal, de l'inexpliqué. L'homme, depuis ses premières formes jusqu'à la nôtre, a inauguré et développé la réflexion, c'est-à-dire l'aptitude à traduire par des symboles[3] la réalité matérielle du monde qui l'entourait. La propriété élémentaire du langage est de créer, parallèlement au monde extérieur, un monde tout-puissant de symboles sans lesquels l'intelligence serait sans prise. À mesure qu'on passe des Pithécanthropes à l'homme de Néanderthal puis à nous[4], les témoignages fournis par l'outillage montrent la maturation progressive de l'intelligence technique (probablement parallèle à celle du langage). La prise sur ce que nous considérons comme religieux a dû suivre la même voie ; les symboles ont formulé dans les mots et les opérations le double sentiment de crainte et de maîtrise qui marque la conscience religieuse. Le comportement religieux, sur un autre plan, est aussi pratique[5] que le comportement technique, il assure comme celui-ci l'intégration de l'homme dans un monde qui le surpasse et avec lequel il négocie[6] physiquement ou métaphysiquement. À chaque étape de cette intégration a dû correspondre un stade du comportement religieux. Plus exactement peut-être, alors que les stades anciens se sont prolongés jusque dans l'homme actuel, à chaque étape s'est ajouté un stade nouveau, surplombant tous les autres.

André Leroi-Gourhan, *Les Religions de la préhistoire* (1964), PUF, coll. « Quadrige », 2001, p. 6-7.

1. L'auteur a expliqué l'impossibilité de savoir avec certitude si des religions existaient à la préhistoire.
2. Les premiers hommes à avoir développé les civilisations de la pierre taillée.
3. Des signes inventés, conventionnels, représentant la réalité. (Voir « Le langage », présentation, p. 137-138, et les textes 6 à 9, p. 145-147.)
4. Les préhistoriens situent à 500 000 ans av. J.-C. l'apparition des Pithécanthropes, à 100 000 ans celle de l'homme de Néanderthal et à 30 000 ans celle de l'homme actuel. En une vingtaine de millénaires, l'art, les techniques et une vie intellectuelle complexe se sont développés.
5. Qui concerne l'action.
6. Entretient des échanges.

texte 2 Bergson. Le paradoxe de l'homme raisonnable et religieux

Si la raison est le propre de l'homme, comment expliquer son attachement à des croyances irrationnelles ? Bergson exprime ici son étonnement devant l'absurdité de ce phénomène de grande ampleur. C'est à partir de ce constat qu'il développera une réflexion sur la religion, la recherche de son sens.

Le spectacle de ce que furent les religions, et de ce que certaines sont encore, est bien humiliant pour l'intelligence humaine. Quel tissu d'aberrations ! L'expérience a beau dire « c'est faux » et le raisonnement « c'est absurde », l'humanité ne s'en cramponne que davantage à l'absurdité et à l'erreur. Encore si elle s'en tenait là ! Mais on a vu la religion prescrire l'immoralité, imposer des crimes. Plus elle est grossière, plus elle tient matériellement de place dans la vie d'un peuple. Ce qu'elle devra partager plus tard avec la science, l'art, la philosophie, elle le demande et l'obtient d'abord pour elle seule. Il y a là de quoi surprendre, quand on a commencé par définir l'homme un être intelligent.

Notre étonnement grandit, quand nous voyons que la superstition la plus basse a été pendant si longtemps un fait universel. Elle subsiste d'ailleurs encore. On trouve dans le passé, on trouverait même aujourd'hui des sociétés humaines qui n'ont ni science, ni art, ni philosophie. Mais il n'y a jamais eu de société sans religion.

Quelle ne devrait pas être notre confusion, maintenant, si nous nous comparions à l'animal sur ce point ! Très probablement l'animal ignore la superstition. Nous ne savons guère ce qui se passe dans des consciences autres que la nôtre ; mais comme les états religieux se traduisent d'ordinaire par des attitudes et par des actes, nous serions bien avertis par quelque signe si l'animal était capable de religiosité. Force nous est donc d'en prendre notre parti. L'*homo sapiens*, seul être doué de raison, est le seul aussi qui puisse suspendre son existence à des choses déraisonnables.

Henri Bergson, *Les Deux Sources de la morale et de la religion* (1932), PUF, coll. « Quadrige », 2003.

texte 3 Durkheim. Définition de la religion

Peut-on dégager des traits communs aux diverses religions ? Est-il possible d'en donner une définition unique qui ne soit pas arbitraire ? Durkheim met ici en évidence les caractères, théoriques et pratiques, individuels et collectifs, présents dans tout ce que nous appelons « religion ».

Toutes les croyances religieuses connues, qu'elles soient simples ou complexes, présentent un même caractère commun : elles supposent une classification des choses, réelles ou idéales, que se représentent les hommes, en deux classes, en deux genres opposés, désignés généralement par deux termes distincts que traduisent assez bien les mots de *profane* et de *sacré*. La division du monde en deux domaines comprenant, l'un tout ce qui est sacré, l'autre tout ce qui est profane, tel est le trait distinctif de la pensée religieuse ; les croyances, les mythes, les gnomes[1], les légendes sont ou des représentations ou des systèmes de représentations qui expriment la nature des choses sacrées, les vertus et les pouvoirs qui leur sont attribués, leur histoire, leurs rapports les unes avec les autres et avec les choses profanes. Mais, par choses sacrées, il ne faut pas entendre simplement ces êtres personnels que l'on appelle des dieux ou des esprits ; un rocher, une source, un caillou, une pièce de bois, une maison, en un mot une chose quelconque peut être sacrée. Un rite peut avoir ce caractère ; il n'existe même pas de rite qui ne l'ait à quelque degré. Il y a des mots, des paroles, des formules qui ne peuvent être prononcés que par la bouche de personnages consacrés ; il y a des gestes, des mouvements qui ne peuvent être exécutés par tout le monde. [...] Le cercle des objets sacrés ne peut donc être déterminé une fois pour toutes ; l'étendue en est infiniment variable selon les religions. Voilà comment le bouddhisme est une religion : c'est que, à défaut de dieux, il admet l'existence de choses sacrées, à savoir des quatre vérités saintes et des pratiques qui en dérivent[2]. [...]

Les croyances proprement religieuses sont toujours communes à une collectivité déterminée qui fait profession d'y adhérer et de pratiquer les rites qui en sont solidaires. Elles ne sont pas seulement admises, à titre individuel, par tous les membres de cette collectivité ; mais elles sont la chose du groupe et elles en font l'unité. [...]

Nous arrivons donc à la définition suivante : *Une religion est un système solidaire de croyances et de pratiques relatives à des choses sacrées, c'est-à-dire séparées, interdites, croyances et pratiques qui unissent en une même communauté morale, appelée église, tous ceux qui y adhèrent.* Le second élément qui prend ainsi place dans notre définition n'est pas moins essentiel que le premier ; car, en montrant que l'idée de religion est inséparable de l'idée d'Église, il fait pressentir que la religion doit être une chose éminemment collective.

Émile DURKHEIM, *Les Formes élémentaires de la vie religieuse* (1912), Le Livre de Poche, 1991, p. 92-93 et 103-109.

1. Poésie sentencieuse formulant des maximes.
2. Le Bouddha n'est pas un dieu, mais il a connu l'« éveil » et l'a transmis aux hommes. Les « quatre nobles vérités » sont : 1) qu'il y a de la souffrance dans cette vie ; 2) que cette souffrance est due à l'avidité, le désir ; 3) qu'on peut maîtriser le désir, donc supprimer la souffrance ; 4) que le salut est dans le suprême détachement.

texte 4

Pascal.
L'angoisse et la quête de Dieu

Quels sentiments, quelles questions mènent l'homme à Dieu ? Dans son projet apologétique (afin de convaincre de la nécessité de la foi), Pascal décrit ici ce qu'est selon lui « la misère de l'homme sans Dieu ».

En voyant l'aveuglement et la misère de l'homme, en regardant tout l'univers muet et l'homme sans lumière[1] abandonné à lui-même, et comme égaré dans ce recoin de l'univers sans savoir qui l'y a mis, ce qu'il y est venu faire, ce qu'il deviendra en mourant, incapable de toute connaissance, j'entre en effroi comme un homme qu'on aurait porté endormi dans une île déserte et effroyable, et qui s'éveillerait sans connaître et sans moyen d'en sortir. Et sur cela j'admire[2] comment on n'entre point en désespoir d'un si misérable état. Je vois d'autres personnes auprès de moi d'une semblable nature. Je leur demande s'ils sont mieux instruits que moi. Ils me disent

1. Métaphore désignant la connaissance.
2. Je m'étonne fortement.

que non et sur cela ces misérables égarés, ayant regardé autour d'eux et ayant vu quelques objets plaisants s'y sont donnés et s'y sont attachés. Pour moi je n'ai pu y prendre d'attache et considérant combien il y a plus d'apparence[3] qu'il y a autre chose que ce que je vois j'ai recherché si ce Dieu n'aurait point laissé quelque marque de soi.

3. De vraisemblance.

Blaise PASCAL, *Pensées* (1670),
éd. Brunschvicg 693, éd. Lafuma 198,
Éd. du Seuil, coll. « L'intégrale », 1963, p. 525.

2 Religion et philosophie, raison et foi

texte 5 Merleau-Ponty. Le rapport ambigu du philosophe avec la religion instituée

Le philosophe, qui fait profession d'examiner les opinions à la lumière de la raison, peut-il adhérer à des croyances religieuses ? Sans doute. Cependant, lorsqu'il le fait, sa manière de croire et ses motifs se distinguent souvent de ceux de la religion officielle ou populaire. Merleau-Ponty l'illustre ici en analysant les raisons cachées de la condamnation à mort de Socrate.

La vie et la mort de Socrate[1] sont l'histoire des rapports difficiles que le philosophe entretient, – quand il n'est pas protégé par l'immunité littéraire, – avec les dieux de la Cité, c'est-à-dire avec les autres hommes et avec l'absolu figé dont ils lui tendent l'image. Si le philosophe était un révolté, il choquerait moins. Car, enfin, chacun sait à part soi que le monde comme il va est inacceptable ; on aime bien que cela soit écrit, pour l'honneur de l'humanité, quitte à l'oublier quand on retourne aux affaires. La révolte donc ne déplaît pas. Avec Socrate, c'est autre chose. Il enseigne que la religion est vraie, et on l'a vu offrir des sacrifices aux dieux. Il enseigne qu'on doit obéir à la Cité, et lui obéit le premier jusqu'au bout[2]. Ce qu'on lui reproche n'est pas tant ce qu'il fait, mais la manière, mais le motif. Il y a dans l'*Apologie* un mot qui explique tout, quand Socrate dit à ses juges : *Athéniens, je crois comme aucun de ceux qui m'accusent*. Parole d'oracle : il croit *plus* qu'eux, mais aussi il croit *autrement* qu'eux et dans un autre sens. La religion qu'il dit vraie, c'est celle où les dieux ne sont pas en lutte[3], où les présages restent ambigus – puisque, enfin, dit le Socrate de Xénophon[4], ce sont les dieux, non les oiseaux, qui prévoient l'avenir, – où le divin ne se révèle, comme le démon[5] de Socrate, que par une monition[6] silencieuse et en rappelant l'homme à son ignorance. La religion est donc vraie, mais d'une vérité qu'elle ne sait pas elle-même, vraie comme Socrate la pense et non comme elle se pense. Et de même, quand il justifie la Cité, c'est pour des raisons siennes et non par les raisons d'État. [...] Les commentateurs disent quelquefois : c'est un malentendu. Socrate croit à la religion et à la Cité en esprit et en vérité – eux, ils y croient à la lettre. Ses juges et lui ne sont pas *sur le même terrain*. Que ne s'est-il mieux expliqué, on aurait bien vu qu'il ne cherchait pas de nouveaux

1. Voir Platon, *Apologie de Socrate*. Socrate a été accusé d'impiété et de corruption de la jeunesse ; il a été condamné à mort.
2. Voir Platon, *Criton*. Socrate expose les raisons pour lesquelles il obéit aux lois et accepte son injuste condamnation. Voir, dans « La justice et le droit », le texte 3 de Platon, p. 412.
3. Contrairement à ceux de la mythologie populaire.
4. Xénophon, contemporain de Platon, a aussi écrit une *Apologie de Socrate*.
5. Voir p. 214, note 4.
6. Un avertissement.

dieux et qu'il ne négligeait pas ceux d'Athènes : il ne faisait que leur rendre un sens, il les interprétait[7]. Le malheur est que cette opération n'est pas si innocente. C'est dans l'univers du philosophe qu'on sauve les dieux et les lois en les comprenant, et, pour aménager sur terre le *terrain* de la philosophie, il a fallu justement des philosophes comme Socrate. La religion interprétée, c'est, pour les autres, la religion supprimée, et l'accusation d'impiété, c'est le point de vue des autres sur lui. Il donne des raisons d'obéir aux lois, mais c'est déjà trop d'avoir des raisons d'obéir : aux raisons d'autres raisons s'opposent, et le respect s'en va. Ce qu'on attend de lui, c'est justement ce qu'il ne peut pas donner : l'assentiment à la chose même, et sans considérants.

Maurice MERLEAU-PONTY, *Éloge de la philosophie* (1953), Gallimard, coll. « Idées », 1971, p. 42-43, 45-46.

7. Voir « L'interprétation », p. 306-307.

texte 6 Averroès. La philosophie au service de la théologie

L'homme peut-il obtenir par sa raison la connaissance des vérités révélées[1] ? Pour Averroès, les hommes accèdent à la foi par des voies diverses adaptées à la nature de leur esprit. La voie démonstrative est réservée à l'élite.

Les hommes se répartissent [...] du point de vue de la Loi révélée en trois classes :

Ceux qui ne sont absolument pas hommes à connaître l'interprétation, et qui sont les hommes assentant[2] par rhétorique[3] ; c'est la grande masse des humains, car il n'est pas d'homme sain d'esprit dépourvu de la faculté d'assentir [au moins] de cette façon.

Ceux qui sont hommes à connaître l'interprétation dialecticienne[4], et qui sont les hommes assentant par dialectique, que ce soit par nature uniquement ou par nature et par habitude.

Ceux qui sont hommes à connaître l'interprétation certaine, et qui sont les hommes assentant par démonstration, du fait de leur nature et de la science qu'ils exercent, à savoir la science de philosophie. Cette dernière interprétation, il ne faut pas l'exposer aux hommes assentant par dialectique, et moins encore à la foule.

Exposer quelqu'une de ces interprétations à quelqu'un qui n'est pas homme à les appréhender – en particulier les interprétations démonstratives, en raison de la distance qui sépare celles-ci des connaissances communes – conduit tant celui à qui elle est exposée que celui qui les expose à l'infidélité[5]. La raison en est que l'interprétation suppose deux choses : l'invalidation du sens obvie[6] et l'avènement du sens dégagé par l'interprétation. Si le sens obvie est invalidé aux yeux de qui est homme à assentir à l'obvie sans que ne s'avère pour autant, pour lui, le sens dégagé par l'interprétation, cela le conduira à l'infidélité s'il s'agit d'un des principes fondamentaux de la Loi révélée.

IBN RUSHD, dit AVERROÈS, *Discours décisif* (1179), trad. A. de Libera, Flammarion, coll. « GF », 1996, p. 151-157.

1. Voir « L'interprétation », p. 307-308.
2. Donnant leur assentiment, leur approbation.
3. Art de la parole persuasive.
4. Fondée sur une argumentation.
5. La trahison de la foi.
6. Évident, à une première lecture.

texte 7

Spinoza.
L'interprétation des textes religieux

Les textes sur lesquels s'appuient les religions doivent-ils être pris « au pied de la lettre[1] » ? Ces textes sont dits « sacrés », fruits de la révélation divine, donc intouchables. Ils ont pourtant été écrits par des hommes et leur langage est souvent métaphorique. Ils sont donc loin d'être toujours clairs. Au XVIIe siècle, Spinoza élabore une méthode de lecture historique et critique en vue d'assurer la liberté de chacun et la paix entre tous.

En conséquence, je décidai fermement d'examiner l'Écriture[2] avec un esprit neuf, sincère et libre, et de ne rien affirmer à son sujet, ni de ne rien admettre comme faisant partie de sa doctrine, qui ne m'ait été enseigné très clairement par elle-même. C'est donc avec cette précaution que j'ai formé une méthode pour interpréter les livres Saints[3]. [...] je montre que la Parole révélée de Dieu ne consiste pas en un certain nombre de livres, mais en une conception simple de la pensée divine, révélée aux prophètes[4] : à savoir qu'il faut obéir à Dieu avec un esprit pur en pratiquant la justice et la charité. Et je montre que cette pensée divine a été enseignée dans l'Écriture selon la capacité de compréhension et les opinions de ceux auxquels les Prophètes et les Apôtres[5] avaient l'habitude de prêcher cette Parole de Dieu. Ils procédaient ainsi afin que les hommes l'embrassent[6] sans aucune répugnance et avec un esprit pur. Ensuite, après avoir montré les fondements de la foi, je conclus enfin que la connaissance révélée n'a d'autre objet que l'obéissance, et est entièrement distincte de la connaissance naturelle, tant par son objet que par ses fondements et ses moyens, et n'a rien de commun avec elle, mais que l'une comme l'autre ont chacune leur domaine propre, sans s'opposer l'une à l'autre ni devoir être la servante l'une de l'autre. En outre, comme le tempérament des hommes est tout à fait divers, que l'un adhère à telles opinions, l'autre à telles autres, que ce qui pousse l'un au respect religieux entraîne l'autre à en rire, je conclus comme je l'ai dit plus haut, qu'il faut laisser à chacun la liberté de son propre jugement et le pouvoir d'interpréter les fondements de la foi comme il l'entend. La foi de chacun doit être jugée selon ses œuvres[7] pour savoir si elle est pure ou impure. Ainsi donc tous pourront obéir à Dieu d'un esprit sincère et libre, et seules la justice et la charité auront du prix pour tous.

Baruch SPINOZA, *Traité théologico-politique* (1670), Préface, trad. M. Pardo, Hatier, coll. « Les classiques de la philosophie », 2000, p. 15-18.

1. Voir « L'interprétation », p. 307-308.
2. Il s'agit de la Bible.
3. Voir la note précédente.
4. Un *prophète* est une personne qui dévoile des vérités cachées au nom d'un dieu dont elle se dit inspirée.
5. Les *Apôtres* sont les douze disciples de Jésus-Christ.
6. L'acceptent de plein gré.
7. Ses actes, distingués de ses croyances.

texte 8

Rousseau.
L'humble culte du cœur

Quelle forme peut prendre l'éducation religieuse ? Selon Rousseau, elle doit se distinguer radicalement de l'enseignement d'un prétendu savoir et ne pas consister en un catéchisme dogmatique. Ce sera donc une profession de foi, c'est-à-dire une déclaration ouverte et sincère des croyances, accompagnées de leurs raisons, sans exclure les incertitudes et les doutes, pour les soumettre à la libre réflexion de l'élève.

Je considérais cette diversité de sectes[1] qui règnent sur la terre et qui s'accusent mutuellement de mensonge et d'erreur ; je demandais : *Quelle est la bonne ?* Chacun me répondait : C'est la mienne ; chacun disait : Moi seul et

1. Il s'agit ici des religions particulières (catholicisme, protestantisme...), même majoritaires.

mes partisans pensons juste ; tous les autres sont dans l'erreur ; *Et comment savez-vous que votre secte est la bonne ?* Parce que Dieu l'a dit. [...]

Dieu a parlé ! voilà certes un grand mot. Et à qui a-t-il parlé ? Il a parlé aux hommes. Pourquoi donc n'en ai-je rien entendu ? Il a chargé d'autres hommes de vous rendre sa parole. J'entends ! ce sont des hommes qui vont me dire ce que Dieu a dit. J'aimerais mieux avoir entendu Dieu lui-même ; il ne lui en aurait pas coûté davantage, et j'aurais été à l'abri de la séduction[2]. Il vous en garantit en manifestant la mission de ses envoyés. Comment cela ? Par des prodiges[3]. Et où sont ces prodiges ? Dans les livres. Et qui a fait ces livres ? Des hommes. Et qui a vu ces prodiges ? Des hommes qui les attestent. Quoi ! toujours des témoignages humains ! toujours des hommes qui me rapportent ce que d'autres hommes ont rapporté ! que d'hommes entre Dieu et moi ! Voyons toutefois, examinons, comparons, vérifions. Ô si Dieu eût daigné me dispenser de tout ce travail, l'en aurais-je servi de moins bon cœur ? [...]

D'où il suit que s'il n'y a qu'une religion véritable, et que tout homme soit obligé de la suivre sous peine de damnation, il faut passer sa vie à les étudier toutes, à les approfondir, à les comparer, à parcourir les pays où elles sont établies. Nul n'est exempt du premier devoir de l'homme, nul n'a droit de se fier au jugement d'autrui. [...] Alors, adieu les métiers, les arts, les sciences humaines, et toutes les occupations civiles : il ne peut plus y avoir d'autre étude que celle de la religion : à grand-peine celui qui aura joui de la santé la plus robuste, le mieux employé son temps, le mieux usé de sa raison, vécu le plus d'années, saura-t-il dans sa vieillesse à quoi s'en tenir ; et ce sera beaucoup s'il apprend avant sa mort dans quel culte il aurait dû vivre. [...]

À l'égard de la révélation[4], si j'étais meilleur raisonneur ou mieux instruit, peut-être sentirais-je sa vérité, son utilité pour ceux qui ont le bonheur de la reconnaître ; mais si je vois en sa faveur des preuves que je ne puis combattre, je vois aussi contre elle des objections que je ne puis résoudre. Il y a tant de raisons solides pour et contre, que, ne sachant à quoi me déterminer, je ne l'admets ni ne la rejette ; je rejette seulement l'obligation de la reconnaître, parce que cette obligation prétendue est incompatible avec la justice de Dieu, et que, loin de lever par là les obstacles au salut, il les eût multipliés, il les eût rendus insurmontables pour la grande partie du genre humain. À cela près, je reste sur ce point dans un doute respectueux. Je n'ai pas la présomption[5] de me croire infaillible : d'autres hommes ont pu décider ce qui me semble indécis ; je raisonne pour moi et non pas pour eux ; je ne les blâme ni ne les imite : leur jugement peut être meilleur que le mien ; mais il n'y a pas de ma faute si ce n'est pas le mien. [...]

Voilà le scepticisme[6] involontaire où je suis resté ; mais ce scepticisme ne m'est nullement pénible, parce qu'il ne s'étend pas aux points essentiels à la pratique, et que je suis bien décidé sur les principes de tous mes devoirs. Je sers Dieu dans la simplicité de mon cœur. Je ne cherche pas à savoir ce qui importe à ma conduite. Quant aux dogmes[7] qui n'influent ni sur les actions ni sur la morale, et dont tant de gens se tourmentent, je ne m'en mets nullement en peine. Je regarde toutes les religions particulières comme autant d'institutions salutaires[8] qui prescrivent dans chaque pays une manière

2. Celle des discours persuasifs de ceux qui prétendent parler au nom de Dieu.
3. Des miracles.
4. Les vérités révélées par Dieu dans les textes dits sacrés.
5. La prétention.
6. État de doute où le jugement reste suspendu, sans prendre parti.
7. Croyances tenues pour vraies sans être prouvées.
8. Bénéfiques.

uniforme d'honorer Dieu par un culte public, et qui peuvent toutes avoir leurs raisons dans le climat, dans le gouvernement, dans le génie du peuple, ou dans quelque autre cause locale qui rend l'une préférable à l'autre, selon les temps et les lieux. Je les crois toutes bonnes quand on y sert Dieu convenablement. Le culte essentiel est celui du cœur. Dieu n'en rejette point l'hommage, quand il est sincère, sous quelque forme qu'il lui soit offert. [...]

Vous[9] êtes dans l'âge critique où l'esprit s'ouvre à la certitude, où le cœur reçoit sa forme et son caractère, et où l'on se détermine pour toute la vie, soit en bien, soit en mal. Plus tard, la substance[10] est durcie, et les nouvelles empreintes ne marquent plus. Jeune homme, recevez dans votre âme, encore flexible, le cachet de la vérité. Si j'étais plus sûr de moi-même, j'aurais pris avec vous un ton dogmatique et décisif : mais je suis homme, ignorant, sujet à l'erreur ; que pouvais-je faire ? Je vous ai ouvert mon cœur sans réserve ; ce que je tiens pour sûr, je vous l'ai donné pour tel ; je vous ai donné mes doutes pour des doutes, mes opinions pour des opinions ; je vous ai dit mes raisons de douter et de croire. Maintenant, c'est à vous de juger : vous avez pris du temps ; cette précaution est sage et me fait bien penser de vous. Commencez par mettre votre conscience en état de vouloir être éclairée. Soyez sincère avec vous-même. Appropriez-vous de mes sentiments ce qui vous aura persuadé, rejetez le reste. Vous n'êtes pas encore assez dépravé par le vice pour risquer de mal choisir. [...]

Au surplus, quelque parti que vous puissiez prendre, songer que les vrais devoirs de la religion sont indépendants des institutions des hommes ; qu'un cœur juste est le vrai temple de la Divinité ; qu'en tout pays et dans toute secte, aimer Dieu par-dessus tout et son prochain comme soi-même est le sommaire[11] de la loi ; qu'il n'y a point de religion qui dispense des devoirs de la morale ; qu'il n'y a de vraiment essentiels que ceux-là ; que le culte intérieur est le premier de ces devoirs, et que sans la foi nulle véritable vertu[12] n'existe.

Jean-Jacques ROUSSEAU, *Profession de foi du vicaire savoyard*, dans *Émile ou De l'éducation* (1762), livre IV, Flammarion, coll. « GF », 1996, p. 99-125.

9. C'est le vicaire savoyard, simple curé de campagne, porte-parole de Rousseau, qui s'adresse à un jeune homme.
10. Il s'agit ici de l'esprit, de moins en moins malléable au fil de l'âge.
11. Le résumé qui condense l'essentiel.
12. Qualité morale.

texte 9 Kant. Superstition et exaltation : les deux folies religieuses

La religion peut-elle être totalement conforme à la raison ? Selon Kant, elle le doit, car, sous toutes ses formes, l'irrationalité est pour la religion une menace. La superstition[1] est même selon lui moins dangereuse que l'exaltation, qui tue la raison. La raison spéculative (qui produit les connaissances) ne peut fournir à la religion ses principes ; ce rôle ne revient pas non plus au sentiment, mais à la raison pratique, qui établit la morale.

La folie de vouloir faire quelque chose pour sa justification devant Dieu par les actes religieux du culte, c'est la superstition religieuse ; de même que la folie de vouloir parvenir à ce but en s'efforçant d'avoir un prétendu commerce[2] avec Dieu, c'est l'exaltation religieuse. – C'est une folie superstitieuse que de vouloir devenir agréable à Dieu par des actions que tout homme peut accomplir (par exemple en professant des dogmes

1. Voir, dans « L'interprétation », le texte 1 de Freud, p. 310.
2. Contact, échange direct. Kant vise ici le mysticisme (qui s'appuie sur le sentiment de communion avec le divin dans l'extase) et le spiritisme (qui prétend communiquer avec les esprits des morts).

statutaires[3], en respectant les observances[4] et la discipline de l'église, etc.), sans avoir à être, à proprement parler, un homme de bien. On l'appelle superstitieuse cependant parce qu'elle se choisit de simples moyens naturels (non pas moraux) qui ne peuvent absolument pas agir par eux-mêmes sur ce qui n'est pas la nature (c'est-à-dire le bien moral[5]). – Mais on l'appelle une folie « exaltée » lorsque même le moyen imaginé, en tant que suprasensible, n'est pas au pouvoir de l'homme, sans tenir compte de l'inaccessibilité de la fin suprasensible[6] qui est visée ; car ce sentiment de la présence immédiate de l'Être suprême et la distinction de ce sentiment d'avec tout autre, et même d'avec le sentiment moral, témoigneraient d'une réceptivité envers une intuition pour laquelle il n'existe aucun sens[7] dans la nature humaine. – La folie superstitieuse, parce qu'elle contient en soi un moyen utile pour plus d'un sujet, et par lequel, en même temps, il est possible de s'opposer efficacement aux obstacles à une disposition d'esprit agréable à Dieu, est cependant, sous cet aspect, apparentée à la raison et uniquement condamnable par accident[8] en ce qu'elle fait de ce qui ne peut être que moyen un objet immédiatement agréable à Dieu ; en revanche la folie religieuse exaltée est la mort morale de la raison, sans laquelle cependant il ne peut y avoir aucune religion, celle-ci devant, comme toute moralité en général, être fondée sur des principes.

Le principe d'une foi d'église qui veut remédier à toute folie religieuse ou la prévenir est donc de contenir, à côté des dogmes statutaires dont elle ne peut jusqu'à présent tout à fait se passer, un principe pour susciter la religion de la bonne conduite comme le but véritable, afin de pouvoir un jour se passer de ces dogmes.

Emmanuel KANT, *La Religion dans les limites de la simple raison* (1793),
IVe partie, IIe section, trad. M. Schweyer, Hatier,
coll. « Les classiques de la philosophie », 2000, p. 38-39.

3. Croyances de base d'une religion particulière.
4. Les rituels.
5. L'opposition entre *naturel* et *moral* est illustrée par les exemples de la phrase précédente.
6. Qui dépasse le cadre de l'expérience possible.
7. Aucun organe corporel, ni faculté intellectuelle. Kant ne nie pas la grâce, la possible manifestation divine, mais il nie que l'homme ait les moyens de la reconnaître. Un être suprasensible, immatériel, ne peut affecter les sens, ni la raison, qui n'est pas une faculté réceptive, mais active, productive.
8. Et non par essence.

texte 10 Alain. Les rituels, fruits de la raison

Les rituels religieux ont-ils un sens rationnel ? Pour Alain, à l'inverse de Mircea Eliade qui voit dans les rituels laïques une religiosité dégradée[1], les rituels religieux sont l'expression de la raison, répondant au besoin de discipliner le désordre des émotions suscitées par les événements bouleversants de la vie.

La vie est un travail qu'il faut faire debout. Assis, couché, à genoux, rien de cela n'est bon. Ces pensées me venaient comme je suivais un enterrement de village. Des nuages lourds voilaient le soleil d'instant en instant ; après la route qui serpente à mi-côte, ce fut le chemin pavé et l'escalier de pierre, et la paix d'une vieille église toute blanche, avec des ogives[2] simples et parfaites. Dans ces formes justes, dans le chant liturgique[3], dans les replis de la cérémonie, on percevait la mesure et la décence convenables à des vivants qui se savent mortels. Car nous avons cette charge à porter ; elle nous tient bien aux épaules ; il n'y a qu'à marcher avec ; car nous ne sommes pas des ânes pour nous rouler. Aussi, quand le bât nous blesse, ce n'est pas assez de la nature pour nous rappeler notre métier d'hommes, car elle meurt sans

1. Voir le texte 14, p. 230.
2. Arcs qui soutiennent la voûte d'une église.
3. La liturgie désigne le culte public et officiel institué par les Églises chrétiennes.

savoir. Il faut des choses humaines, comme l'ogive et les discours liturgiques ; des choses humaines qui soient bien appuyées par terre, qui soient bien égales des deux côtés, et qui marchent selon une règle…

Tous ces rites sont parfaits ; exactement à notre mesure ; je n'y vois rien de surhumain[4] ; les hommes y ont suffi. Il fallait cette marche réglée, ces chants, ces formes, ces témoignages, cette politesse étudiée, pour discipliner le désespoir.

Jusqu'où tomberaient les malheureux si tous leurs semblables s'enfuyaient en se bouchant les yeux et les oreilles ? Ou, pis encore, si tous leurs semblables, réveillant leur propre désespoir, se jetaient dans des lamentations désordonnées ? Mais, tout au contraire, l'humanité se range comme pour dire : « Nous savons ce que c'est. »

Parbleu, si l'on voulait, qui donc dans cette foule n'a pas mille bonnes raisons de se précipiter et de mordre la terre ? Qui donc, comme ces Mercenaires[5], n'aurait pas de blessures à montrer ? Mais comme il y a des vêtements pour cacher l'animal, ainsi la cérémonie habille les douleurs comme il faut. La religion est vraie en tout le reste, et menteuse seulement en ce qu'elle dit. Car s'il y avait un Dieu au ciel, comment ne pas crier de terreur ou de colère ? Mais il y a une raison commune, fille de la terre comme nous, mais le plus beau fruit de la terre, et le vrai Dieu, s'il nous en faut un, selon laquelle le courage plie en même temps que le corps ; d'où chacun sait bien qu'il faut se redresser et regarder au loin, par-dessus les peines. Non pas couché. Non pas même à genoux. La vie est un travail qu'il faut faire debout.

Émile CHARTIER, dit ALAIN, *Propos d'un Normand*, dans *Philosophie. Textes choisis*, t. II, PUF, 1973, p. 217-218.

4. Surnaturel, transcendant.
5. Soldats qui se battent pour un salaire, quelles que soient l'armée ou la cause défendue.

› Repères
Voir **Transcendant / Immanent.**

› 3 | Quel avenir pour la religion ?

texte 11

Pascal. Le dieu de la religion n'est pas celui des philosophes

La religion a-t-elle besoin de preuves rationnelles des vérités révélées ? À supposer que de telles preuves soient possibles, Pascal les juge inutiles, car Dieu n'est pas une abstraction, mais une personne, dont l'existence doit être éprouvée et emplir l'âme préoccupée de son salut.

[…] Je n'entreprendrai pas ici de prouver par des raisons naturelles[1], ou l'existence de Dieu, ou la Trinité[2], ou l'immortalité de l'âme, ni aucune des choses de cette nature ; non seulement parce que je ne me sentirais pas assez fort pour trouver dans la nature de quoi convaincre des athées endurcis, mais encore parce que cette connaissance, sans Jésus-Christ, est inutile et stérile. Quand un homme serait persuadé que les proportions des nombres sont des vérités immatérielles, éternelles et dépendantes d'une première vérité en qui elles subsistent, et qu'on appelle Dieu[3], je ne le trouverais pas beaucoup avancé pour son salut.

1. Des démonstrations ne faisant pas intervenir la révélation divine.
2. L'union du Père, du Fils et du Saint-Esprit en une seule personne, Dieu.
3. Allusion à Descartes, qui « prouve » l'existence de Dieu et en fait le garant des vérités rationnelles. Voir, sur ce point, la IIIe méditation métaphysique et la IVe partie du *Discours de la méthode*.

Le Dieu des chrétiens ne consiste pas en un Dieu simplement auteur des vérités géométriques et de l'ordre des éléments [...]. Il ne consiste pas seulement en un Dieu qui exerce sa providence[4] sur la vie et sur les biens des hommes, pour donner une heureuse suite d'années à ceux qui l'adorent [...]. Mais le Dieu d'Abraham, le Dieu d'Isaac, le Dieu de Jacob[5], le Dieu des chrétiens, est un Dieu d'amour et de consolation ; c'est un Dieu qui remplit l'âme et le cœur de ceux qu'il possède ; c'est un Dieu qui leur fait sentir intérieurement leur misère[6], et sa miséricorde[7] infinie ; qui s'unit au fond de leur âme ; qui la remplit d'humilité, de joie, de confiance, d'amour ; qui les rend incapables d'autre fin[8] que de lui-même.

Blaise PASCAL, *Pensées* (1670), éd. Brunschvicg 556, éd. Lafuma 449, Éd. du Seuil, coll. « L'intégrale », 1963, p 558.

4. Du latin *providentia*, « prévoyance » ; désigne la sagesse et la toute-puissance bienveillante de Dieu.
5. Abraham, Isaac et Jacob sont des patriarches de l'Ancien Testament.
6. Voir le texte 4 de Pascal, p. 220.
7. Compassion qui fait pardonner aux coupables.
8. But.

texte 12

Marx. L'opium du peuple

Est-ce Dieu qui a créé l'homme ou l'homme qui a inventé Dieu ? Marx, par un mouvement d'inversion, retrace ici une genèse athée de la religion, situant son origine dans un monde social « à l'envers ». Mais expliquer rationnellement la religion ne lui ôte nullement son caractère aliénant et illusoire. L'émancipation de l'homme exige une critique radicale de la misère sociale, laquelle conduit à la croyance religieuse.

Le fondement de la critique irréligieuse[1] est : *c'est l'homme qui fait la religion*, ce n'est pas la religion qui fait l'homme. C'est-à-dire que la religion est la conscience de soi et le sentiment de soi qu'a l'homme qui ne s'est pas encore atteint lui-même, ou bien s'est déjà reperdu[2]. Mais l'*homme*, ce n'est pas une essence abstraite blottie quelque part hors du monde. L'homme, *c'est le monde de l'homme*, l'État, la société. Cet État, cette société produisent la religion, *conscience inversée du monde*, parce qu'ils sont eux-mêmes un *monde à l'envers*. La religion est la théorie universelle de ce monde, sa somme encyclopédique, sa logique sous forme populaire, son *point d'honneur* spiritualiste, son enthousiasme, sa sanction morale, son complément solennel, le fondement universel de sa consolation et de sa justification. Elle est la *réalisation fantasmagorique* de l'essence humaine, parce que l'*essence humaine* ne possède pas de réalité véritable. Lutter contre la religion, c'est donc indirectement lutter contre le monde dont la religion est l'*arôme* spirituel.

La détresse *religieuse* est, pour une part, l'*expression* de la détresse réelle et, pour une autre, la *protestation* contre la détresse réelle. La religion est le soupir de la créature opprimée, la chaleur d'un monde sans cœur, comme elle est l'esprit de conditions sociales d'où l'esprit est exclu. Elle est l'*opium* du peuple.

Abolir la religion en tant que bonheur *illusoire* du peuple, c'est exiger son bonheur *réel*. Exiger qu'il renonce aux illusions sur sa situation, c'est *exiger qu'il renonce à une situation qui a besoin d'illusions*. La critique de la religion est donc *en germe la critique de cette vallée de larmes*[3] dont la religion est l'*auréole*.

Karl MARX, *Critique de la philosophie du droit de Hegel (1843-1844)*, Introduction, dans K. MARX et Fr. ENGELS, *Études philosophiques*, Éditions sociales, 1977, p. 24-25.

1. Critique athée de la religion.
2. C'est la conscience immédiate, non réfléchie, donc inconsciente de sa propre activité créatrice, qu'elle projette en Dieu. La conscience est alors aliénée, étrangère à elle-même. Voir aussi, dans « La conscience », le texte 10 de Marx et Engels, p. 33, et, dans « L'histoire », le texte 10 de Marx, p. 248.
3. Monde de souffrances, qui résulterait du péché originel. Voir les deux textes qui ouvrent ce chapitre, p. 210-211.

Questions

1. Montrez en quoi le monde social réel est, selon Marx, « un *monde à l'envers* » (l. 7-8) et la religion la « *conscience inversée* » (l. 7) de ce monde. Vous vous appuierez principalement sur le deuxième paragraphe.
2. Analysez la métaphore de la religion comme opium.
3. Un monde social à l'endroit entraînerait-il nécessairement la disparition de la religion ? Appuyez-vous en particulier sur le texte 4 de Pascal, p. 220, pour répondre.

texte 13

Freud.
La crise d'adolescence de l'humanité

Le phénomène contemporain de l'areligiosité est-il voué à s'amplifier ou à disparaître ? En établissant une analogie entre le développement de l'individu et celui de l'humanité, Freud émet ici l'hypothèse de la guérison spontanée de la « névrose religieuse » au cours de la croissance de l'humanité.

Il n'est pas bon de transplanter des concepts loin du sol sur lequel ils ont poussé, mais il nous faut exprimer le sens de cette concordance[1]. De l'enfant de l'homme nous savons qu'il ne peut mener à bien son développement vers la culture sans passer par une phase de névrose[2] plus ou moins nette. Cela vient de ce que l'enfant ne peut pas réprimer par un travail rationnel de l'esprit un aussi grand nombre de ces revendications pulsionnelles qui sont inutilisables pour plus tard, mais qu'il doit les dompter par des actes de refoulement[3] derrière lesquels se trouve, en règle générale, un motif d'angoisse. La plupart de ces névroses d'enfant sont spontanément surmontées pendant la croissance ; les névroses de contrainte[4] de l'enfance en particulier ont ce destin. Pour le reste, c'est le traitement psychanalytique qui est censé y mettre ultérieurement bon ordre. De manière tout à fait similaire, on devrait supposer que l'humanité, considérée comme un tout, entre au cours de son développement séculaire dans des états qui sont analogues aux névroses ; et ce pour les mêmes raisons, parce que, aux temps de son ignorance et de sa faiblesse intellectuelle, c'est seulement par des forces purement affectives qu'elle a réalisé les renoncements pulsionnels indispensables à la vie en commun des hommes. Les précipités[5] de processus similaires aux refoulements survenus à l'époque préhistorique resteraient alors pour longtemps inhérents à la culture. La religion serait la névrose de contrainte universelle de l'humanité ; comme celle de l'enfant, elle serait issue du complexe d'Œdipe[6], de la relation au père. Selon cette conception, il serait à prévoir que se détourner de la religion doit s'effectuer avec la fatale inexorabilité d'un processus de croissance et que nous nous trouvons aujourd'hui même au beau milieu de cette phase de développement.

Sigmund Freud, *L'Avenir d'une illusion* (1927), trad. M. Bonaparte, A. Balseinte, J.-G. Delarbre et D. Hartmann, PUF, coll. « Quadrige », 2002, p. 44-45.

1. C'est-à-dire entre la psychologie individuelle et l'étude des faits collectifs de civilisation, ici la religion.
2. Déséquilibre psychique, provenant du fait que le moi ne parvient pas à concilier harmonieusement les exigences opposées du ça, lieu des pulsions, et du surmoi, lieu des valeurs. Voir « L'inconscient », p. 42.
3. Répression inconsciente des pulsions, souvent inadaptée et source de souffrances.
4. Névroses obsessionnelles. Freud établit une analogie entre le cérémonial des symptômes compulsifs et celui des rites religieux.
5. Résidus condensés.
6. Relation ambivalente inconsciente du fils au père, envers qui il éprouve des sentiments contraires. « Dieu le Père » est la transfiguration du père réel de l'enfance, à la mesure de l'homme adulte. Sur Œdipe, voir, dans « La liberté », le texte de Sophocle, p. 452

texte 14 Eliade. La religiosité inconsciente de l'homme areligieux

L'athée est-il un « croyant qui s'ignore » ? L'historien des religions Mircea Eliade décèle dans les croyances et les rituels profanes une sacralité profondément enfouie dans l'inconscient de l'homme moderne. Cette sacralité serait un héritage légué par ses prédécesseurs religieux, mais non reconnu et non assumé.

La majorité des « sans-religion » se comportent encore religieusement, à leur insu. Il ne s'agit pas seulement de la masse des « superstitions » ou des « tabous » de l'homme moderne, qui ont tous une structure et une origine magico-religieuse. Mais l'homme moderne qui se sent et se prétend areligieux dispose encore de toute une mythologie camouflée et de nombreux ritualismes dégradés. Comme nous l'avons mentionné, les réjouissances qui accompagnent la Nouvelle Année ou l'installation dans une maison neuve présentent, laïcisée, la structure d'un rituel de renouvellement. On constate le même phénomène à l'occasion des fêtes et des réjouissances accompagnant le mariage ou la naissance d'un enfant, l'obtention d'un nouvel emploi, une promotion sociale, etc. [...]

En somme, la majorité des hommes « sans-religion » partagent encore des pseudo-religions et des mythologies dégradées. Ce qui n'a rien pour nous étonner, du moment que l'homme profane est le descendant de l'*homo religiosus* et ne peut pas annuler sa propre histoire, c'est-à-dire les comportements de ses ancêtres religieux, qui l'ont constitué tel qu'il est aujourd'hui. D'autant plus qu'une grande partie de son existence est nourrie par des pulsions qui lui arrivent du tréfonds de son être, de cette zone qu'on a appelée l'inconscient. [...]

[...] dans la mesure où l'inconscient est le résultat des innombrables expériences existentielles, il ne peut pas ne pas ressembler aux divers univers religieux. Car la religion est la solution exemplaire de toute crise existentielle, non seulement parce qu'elle est indéfiniment répétable, mais aussi parce qu'elle est considérée d'origine transcendantale[1] et, en conséquence, valorisée en tant que révélation reçue d'un *autre* monde, transhumain. La solution religieuse non seulement résout la crise, mais en même temps rend l'existence « ouverte » à des valeurs qui ne sont plus contingentes[2] ni particulières, permettant ainsi à l'homme de dépasser les situations personnelles et, en fin de compte, d'accéder au monde de l'esprit.

[...] l'homme areligieux des sociétés modernes est encore nourri et aidé par l'activité de son inconscient, sans pour autant y accéder à une expérience et à une vision du monde proprement religieux. L'inconscient lui offre des solutions aux difficultés de sa propre existence, et dans ce sens il remplit le rôle de la religion, car, avant de rendre une existence créatrice de valeurs, la religion en assure l'intégrité. En un certain sens, on pourrait presque dire que, chez ceux des modernes qui se proclament areligieux, la religion et la mythologie se sont « occultées » dans les ténèbres de leur inconscient – ce qui signifie aussi que les possibilités de réintégrer une expérience religieuse de la vie gisent, chez de tels êtres, très profondément en eux-mêmes.

Mircea ELIADE, *Le Sacré et le Profane* (1957), Gallimard, coll. « Folio essais », 1988, p. 173-180.

1. Synonyme ici de transcendante, divine.
2. Non nécessaires, sans fondement absolu.

Repères
Voir **Contingent / Nécessaire / Possible, Transcendant / Immanent.**

Questions

1. En quoi l'homme areligieux est-il un héritier de l'homme religieux ? Comparez au texte 10 d'Alain, p. 226.
2. En quoi la religion est-elle, selon Eliade, « la solution exemplaire de toute crise existentielle » (l. 22-23) ? Comparez aux textes 12 de Marx, p. 228 et 13 de Freud, p. 229.

texte 15

Nietzsche.
« Dieu est mort ! »

Ceux qui ne croient pas en Dieu ont-ils toujours bien conscience de toutes les implications de cette attitude ? Selon Nietzsche, la mort de Dieu est le plus grand événement récent. Par une accumulation de questions et de métaphores, il tente de montrer l'ampleur de ce bouleversement sans précédent, afin que l'homme soit à sa hauteur.

Le dément. – N'avez-vous pas entendu parler de ce dément qui, dans la clarté de midi, alluma une lanterne, se précipita au marché et cria sans discontinuer : « Je cherche Dieu ! Je cherche Dieu[1] ! » – Étant donné qu'il y avait justement là beaucoup de ceux qui ne croient pas en Dieu, il déchaîna un énorme éclat de rire. [...] Le dément se précipita au milieu d'eux et les transperça du regard. « Où est passé Dieu ? lança-t-il, je vais vous le dire ! *Nous l'avons tué*, – vous et moi ! Nous sommes tous ses assassins ! Mais comment avons-nous fait cela ? Comment pûmes-nous boire la mer jusqu'à la dernière goutte ? Qui nous donna l'éponge pour faire disparaître tout l'horizon ? Que fîmes-nous en détachant cette terre de son soleil ? Où l'emporte sa course désormais ? Où nous emporte notre course ? Loin de tous les soleils ? Ne nous abîmons-nous pas dans une chute permanente ? Et ce en arrière, de côté, en avant, de tous les côtés ? Est-il encore un haut et un bas ? N'errons-nous pas comme à travers un néant infini ? L'espace vide ne répand-il pas son souffle sur nous ? Ne s'est-il pas mis à faire plus froid ? La nuit ne tombe-t-elle pas continuellement, et toujours plus de nuit ? Ne faut-il pas allumer des lanternes à midi ? [...] Dieu est mort ! Dieu demeure mort ! Et nous l'avons tué ! Comment nous consolerons-nous, nous, assassins entre les assassins ? Ce que le monde possédait jusqu'alors de plus saint et de plus puissant, nos couteaux l'ont vidé de son sang, – qui nous lavera de ce sang ? Avec quelle eau pourrions-nous nous purifier ? Quelles cérémonies expiatoires[2], quels jeux sacrés nous faudra-t-il inventer ? La grandeur de cet acte n'est-elle pas trop grande pour nous ? Ne nous faut-il pas devenir nous-mêmes des dieux pour apparaître seulement dignes de lui ? Jamais il n'y eut acte plus grand, – et quiconque naît après nous appartient du fait de cet acte à une histoire supérieure à ce que fut jusqu'alors toute histoire ! »

Friedrich NIETZSCHE, *Le Gai Savoir* (1882-1887), § 125, trad. P. Wotling, Flammarion, coll. « GF », 2e éd. corrigée, 2000, p. 176-177.

1. Parodie du cynique Diogène de Sinope (413-327), qui se promenait en plein jour avec une lanterne en répétant : « Je cherche un homme » (sous-entendu : digne de ce nom).
2. Destinées à réparer ou effacer une faute commise, ici le meurtre de Dieu, et délivrer du poids du sentiment de culpabilité.

Pour se préparer au baccalauréat
Dissertations : p. 548.
Explications de texte : p. 549.

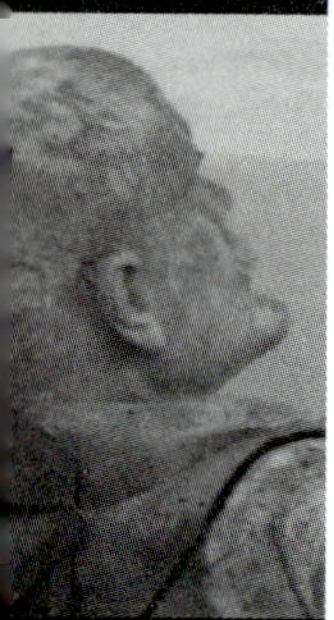

L'histoire

Ouverture

Lavisse. L'enseignement de l'histoire : une éducation morale et patriotique 234

Présentation

236

Textes

240

1 La connaissance historique

1 **Marrou.** L'histoire vise une vérité 240
2 **Ricœur.** La « bonne » subjectivité de l'historien 241
3 **Braudel.** Les différents temps de l'histoire 242
4 **Foucault.** Il n'existe pas d'histoire globale 242

Josef Koudelka (né en 1938), *Tournage de « Le Regard d'Ulysse »* de Theo Angelopoulos, delta du Danube, Roumanie, 1994.

2 Histoire et mémoire

5 **Machiavel.** Les leçons de l'histoire ... 243
6 **Nietzsche.** Le poids du passé empêche de vivre ... 244
7 **Kundera.** L'histoire, une lutte contre l'oubli ... 245
8 **Veyne.** Le savoir historique n'est pas la mémoire collective ... 246

3 Les philosophies de l'histoire

9 **Comte.** La loi des trois états ... 247
10 **Marx.** Le matérialisme historique ... 248
11 **Bergson.** L'illusion du déterminisme historique : le mirage du présent dans le passé ... 249
12 **Hegel.** Les passions individuelles sont l'instrument de la réalisation de l'universel ... 250
13 **Kant.** Le progrès dans l'histoire est un devoir moral ... 253

ouverture

Ernest Lavisse

L'enseignement de l'histoire : une éducation morale et patriotique

Pour l'école républicaine mise en place par Jules Ferry à la fin du XIXe siècle, l'enseignement de l'histoire n'a pas pour but de faire connaître le passé, mais de faire aimer la France à travers le récit de ses héros. L'histoire de France devient une véritable mythologie patriotique. Il ne s'agit pas d'initier les enfants à la science historique, mais de construire une mémoire et une conscience nationales.

Le professeur d'histoire ne laissera pas les élèves quitter l'école normale[1] sans résumer en quelques leçons les conseils pédagogiques qu'il leur aura donnés au cours des études.

Surtout il leur dira qu'à l'enseignement historique incombe le devoir glorieux de faire aimer et de faire comprendre la patrie.

Le patriotisme a besoin d'être cultivé, nous entendons le vrai patriotisme, très rare, hélas ! dans notre pays. [...]

Le vrai patriotisme est à la fois un sentiment et la notion d'un devoir. Or tous les sentiments sont susceptibles d'une culture, et toute notion, d'un enseignement. L'histoire doit cultiver le sentiment et préciser la notion. [...] Il y a dans le passé le plus lointain une poésie qu'il faut verser dans les jeunes âmes pour y fortifier le sentiment patriotique. Faisons-leur aimer nos ancêtres gaulois et les forêts des druides, Charles Martel à Poitiers, Roland à Roncevaux, Godefroi de Bouillon à Jérusalem, Jeanne d'Arc, Bayard, tous nos héros du passé, même enveloppés de légendes ; car c'est un malheur que nos légendes s'oublient, que nous n'ayons plus de contes du foyer [...]. Un pays comme la France ne peut vivre sans poésie. Et puisque nos poètes, même quand ils sont démocrates, n'écrivent point pour le peuple ; puisque la religion ne sait plus avoir prise sur les âmes ; puisque le paysan n'est plus guère occupé que de la matière et passionné que pour des intérêts, cherchons dans l'âme des enfants l'étincelle divine ; animons-la de notre souffle, et qu'elle échauffe ces âmes réservées à de grands devoirs.

Les devoirs, il sera d'autant plus aisé de les faire comprendre que l'imagination des élèves, charmée par des peintures et par des récits, rendra leur raison enfantine plus attentive et plus docile. Tout l'enseignement du devoir patriotique se réduit à ceci : expliquer que les hommes qui, depuis des siècles, vivent sur la terre de France, ont fait, par l'action et par la pensée, une certaine œuvre, à laquelle chaque génération a travaillé ; qu'un lien

1. L'école normale d'instituteurs.

nous rattache à ceux qui ont vécu, à ceux qui vivront sur cette terre ; que nos ancêtres, c'est nous dans le passé ; que nos descendants, ce sera nous dans l'avenir. Il y a donc une œuvre française, continue et collective : chaque génération y a sa part, et, dans cette génération, tout individu a la sienne.

Enseignement moral et patriotique : là doit aboutir l'enseignement de l'histoire à l'école primaire. S'il ne doit rester dans la mémoire que des noms, c'est-à-dire des mots, et des dates, c'est-à-dire des chiffres, autant vaut donner plus de temps à la grammaire et à l'arithmétique, et ne pas dire un mot d'histoire [...] ; n'enseignons pas l'histoire avec le calme qui sied à l'enseignement de la règle des participes. Il s'agit ici de la chair de notre chair et du sang de notre sang. Pour tout dire, si l'écolier n'emporte pas avec lui le vivant souvenir de nos gloires nationales ; [...] s'il n'a point appris ce qu'il a coûté de sang et d'efforts pour faire l'unité de notre patrie, et dégager ensuite du chaos de nos institutions vieillies les lois sacrées qui nous ont faits libres[2] ; s'il ne devient pas un citoyen pénétré de ses devoirs et un soldat qui aime son drapeau, l'instituteur aura perdu son temps.

Ernest LAVISSE, article « Histoire », *Dictionnaire de pédagogie et d'instruction primaire* (1882-1887), Ire partie, dir. Ferdinand BUISSON, Hachette, p. 1271-1272.

2. Référence à la Révolution française.

Gérard Rondeau (né en 1953), *Les Fantômes du Chemin des Dames*, entre 1981 et 2003

L'histoire
Présentation

I | La connaissance historique

Il n'y a d'histoire que de l'homme

Textes 1 à 4
Marrou, Ricœur, Braudel, Foucault, p. 240-243.

Le mot « histoire » a deux sens : il désigne à la fois l'évolution de l'humanité et la connaissance que nous essayons d'en avoir, c'est-à-dire ce qui s'est produit et le discours ou le récit concernant ce qui s'est produit. Mais pourquoi dire que l'histoire concerne spécialement l'homme ? Étymologiquement, le mot grec *historia*[1] signifie « enquête », et c'est en ce sens qu'Aristote écrit une *Histoire des animaux* ou qu'on parle encore aujourd'hui d'« histoire naturelle ». Ces expressions sont toutefois ambiguës car elles ne font pas état de la différence entre le devenir humain et celui des phénomènes naturels : le premier est l'œuvre même des hommes, et la conscience qu'ils prennent de leur passé comme de leur avenir est constitutive de leur existence. Si tous les animaux en effet vivent **dans** le temps, l'homme est le seul à vivre **en fonction** du temps. En ce sens, il n'y a d'histoire que de l'homme.

Faire de l'histoire : les évolutions du métier d'historien

À partir du XVIIIe siècle se formule l'idéal d'une connaissance exacte du passé : dire les choses comme elles se sont passées réellement. Développé au XIXe siècle, ce souci a conduit à un véritable **positivisme historique** qui se méfie de toute interprétation et ne cherche qu'à établir les événements : une date, un lieu, un fait. Se distinguant clairement de la légende, du mythe ou de la fable, l'histoire vise alors à être un discours objectif et scientifique, s'appuie sur le recueil méthodique et critique des sources et utilise des sciences annexes permettant d'authentifier et de croiser les documents (linguistique, chimie, etc.).

Mais cet idéal a été lui-même remis en question. Entre les deux guerres mondiales, une nouvelle génération d'historiens apparaît, initiatrice d'une école historique, l'école des Annales, du nom de la revue fondée en 1929 par Lucien Febvre et Marc Bloch. Il est reproché à la conception purement positiviste de conduire à une histoire des événements marquants, des « grands hommes », à une histoire purement politique qui réduit les époques à quelques grandes figures et quelques faits. Mais n'est-ce pas là que « l'écume » de l'histoire ? Il y a d'autres histoires, économique,

1. Le grec Hérodote (Ve siècle av. J.-C.) est considéré comme le père de l'histoire pour avoir appelé *historia* (« enquête ») une œuvre qui prétend « consigner tout ce que j'ai pu entendre dire aux uns et aux autres » sur l'histoire des Perses.

sociale, démographique, anthropologique... Elles ne relèvent pas de la même temporalité, et Fernand Braudel, successeur de Lucien Febvre à la direction des *Annales de l'histoire*, met en évidence l'existence d'un temps long (l'histoire des cycles économiques), voire d'une très longue durée (l'histoire du rapport des hommes avec leur milieu) au-delà du temps court et précipité des événements politiques. On arrive ainsi à l'idée qu'il existe des **histoires multiples** qui semblent rendre impossible le projet d'une **histoire globale**, cherchant à unifier les différents éléments de la réalité historique à partir d'une causalité principale ou à en saisir le sens général. Ce projet était celui des grandes philosophies de l'histoire du XIXe siècle[1]. Est-ce à dire que les conditions actuelles de la connaissance historique rendent caduque l'idée même d'une philosophie de l'histoire ?

L'histoire est-elle objective ?

Si les Annales mettent en cause le positivisme historique, elles ne mettent pas en cause son projet de faire **science**. Mais ce projet même est-il possible ? L'histoire est-elle une science comme la physique ou la chimie ? Non, car il n'y a pas de reproduction possible des faits, donc pas de possibilité de lois, c'est-à-dire de rapports constants entre les phénomènes permettant de faire des prédictions ; il existe une subjectivité irréductible de l'historien. Il suffit de lire une histoire royaliste et une histoire marxiste de la Révolution française pour le constater. L'histoire apparaît alors comme la justification idéologique du présent et elle est différente selon les idéologies.

On ne peut cependant réduire l'histoire à un tel relativisme qui la rangerait parmi les simples opinions. Il faut, comme y invite Paul Ricœur, distinguer un « moi de recherche » et un moi des passions individuelles : la subjectivité[2] dont l'historien fait nécessairement preuve est celle des conditions de sa recherche (les outils qu'il utilise, les problématiques à partir desquelles il aborde son objet...) ; ce n'est pas, ou ne doit pas être, celle de ses préjugés. Elle n'empêche donc pas l'histoire d'être une science, mais une science différente des sciences de la nature. C'est une science herméneutique, c'est-à-dire une science de l'**interprétation**[3] du sens des conduites humaines.

2 | Histoire et mémoire

L'histoire donneuse de leçons

Textes 5 à 8
Machiavel, Nietzsche, Kundera, Veyne,
p. 243-246.

L'histoire veut connaître quelque chose qui n'existe plus et sur quoi l'homme n'a plus aucune prise. On peut s'intéresser à l'avenir, qui dépend en partie de nous, mais pourquoi s'intéresser au passé[4] ? Une première réponse est que le passé donne des leçons. Soit des leçons morales : c'est dans le spectacle des hommes illustres qu'on peut trouver des exemples immortels de vertu. Soit, à la manière de Machiavel, des leçons de politique : le Prince (le dirigeant) doit connaître les actions des grands chefs d'État du passé pour savoir comment conserver le pouvoir ou y accéder. Cela fait de l'histoire un miroir de l'humanité. Un double miroir en fait, réel et idéal : les hommes peuvent y apprendre non seulement ce qu'ils sont réellement

1. Voir p. 239 de cette présentation. 2. Voir, dans les Repères, « Objectif / Subjectif ». 3. Voir, « Théorie et expérience », p. 272-273, et « L'interprétation », p. 308. 4. Voir, « L'existence et le temps », p. 107-108.

(des envieux, avides de pouvoir, des ambitieux, etc.), mais ils peuvent aussi reconnaître dans les grands exemples du passé ce que l'humanité a produit de meilleur et construire ainsi **l'idée** d'humanité, c'est-à-dire l'idée de la valeur de l'homme.

L'homme, un être historique

Il existe une deuxième réponse à la question « Pourquoi s'intéresser au passé ? ». C'est que les hommes en sont le résultat. Comme l'écrit la philosophe Hannah Arendt, les hommes naissent dans un monde toujours plus vieux qu'eux[1]. On peut ainsi parler d'une **historicité** de l'homme : cela signifie qu'il intègre la dimension du temps dans la représentation de son être. Cela implique bien sûr, comme y insiste le philosophe allemand Hans Jonas, une **responsabilité** des hommes à l'égard du futur (quel monde allons-nous laisser aux générations à venir[2] ?), mais aussi une responsabilité vis-à-vis du passé. Par son historicité, l'homme se sent tenu de garder la mémoire de ce qu'il fut, parce que ce qu'il fut est ce dont il vient et n'est pas sans effet sur ce qu'il est. C'est bien là un point commun entre l'histoire savante et les mythologies : les mythes d'origine parlent d'un passé qui n'a jamais historiquement existé, qui n'a pas pour fonction de dire *ce qui* est arrivé, mais d'imaginer *de quoi* nous arrivons.

Y a-t-il un devoir de mémoire ?

L'oubli du passé équivaudrait alors à l'oubli de soi-même. Ce ne serait pas, comme le voulait Nietzsche, une vertu, c'est-à-dire une force, mais au contraire une faute. D'où l'idée d'un **devoir de mémoire** avancée notamment à propos d'épisodes désastreux où l'homme a fait à l'homme, voire à l'idée d'humanité, un mal exemplaire, par exemple le génocide juif de la Deuxième Guerre mondiale. C'est pourquoi le révisionnisme, c'est-à-dire la négation de ce qui s'est passé, est moralement condamnable. Alors que la responsabilité à l'égard de l'avenir vient de ce qu'il n'est pas encore arrivé et dépend (en partie) de nous, la responsabilité vis-à-vis du passé tient au contraire précisément à ce qu'il est révolu : on ne peut le changer. Le devoir de mémoire n'est rien d'autre alors que l'obligation d'être aussi intègre que possible vis-à-vis d'un passé auquel, parce qu'il est passé, on peut toujours faire dire n'importe quoi, et toujours pour de mauvaises raisons (les régimes totalitaires ont ainsi systématiquement recouru aux réécritures de l'histoire, aux falsifications de documents).

L'idée d'un devoir de mémoire n'est pourtant pas sans poser elle-même des problèmes. D'abord parce que le souvenir est un fait et non un devoir. S'il est condamnable de nier la réalité du génocide commis par Hitler, c'est précisément parce qu'il fait encore, de façon vive, partie de notre mémoire. Mais cela aura-t-il encore un sens de parler à ce sujet de devoir de mémoire dans cinq cents ans ? D'une façon générale, n'y a-t-il de devoir de mémoire que pour des événements dont certains des protagonistes sont encore vivants ? En ce sens, histoire et mémoire doivent être distinguées. L'histoire comme tentative de **connaître** le passé vient justement de l'impossibilité de s'en **souvenir** et voue cette connaissance à être une reconstruction du passé. Ainsi le devoir de mémoire risque-t-il de conduire la société

1. Voir « La Crise de l'éducation », dans *La Crise de la culture* (1968), Gallimard, coll. « Folio essais », 1989. 2. *Le Principe responsabilité* (1979), Flammarion, coll. « Champs », 1998.

qui l'exige à une attitude purement commémorative. L'histoire est autre chose que la mémoire, dans la mesure où elle est tentative froide de comprendre le passé et non ce rapport vivant, affectif, mais historiquement peu fiable qu'est justement la mémoire.

3 | Les philosophies de l'histoire

L'histoire a-t-elle un sens ?

Textes 9 à 13
Comte, Marx, Bergson, Hegel, Kant, p. 247-253.

Il existe une dernière réponse à la question de l'utilité de l'histoire : la connaissance du passé nous permettrait de maîtriser l'avenir. Cette idée suppose que l'évolution historique est régie par des lois dont la connaissance est nécessaire pour la diriger, ou au moins pour la comprendre. Tel est le point commun de toutes les philosophies de l'histoire qui se sont développées au XIXe siècle (Hegel, Comte, Marx...) : essayer de dégager le sens global de l'histoire humaine. Dire que l'histoire a un sens signifie à la fois qu'elle possède une intelligibilité et une direction définie. Le cours de l'histoire est en apparence chaotique, gouverné par des mobiles irrationnels. Jalonné de guerres, de violences et de meurtres. L'effort des philosophies de l'histoire est précisément de chercher, sous ces apparences, un ordre caché. Derrière l'irrationalité des actions humaines, elles perçoivent une « **raison** dans l'histoire[1] » ; derrière l'imprévisibilité des événements, elles croient découvrir une nécessité du cours de l'histoire[2].

Mais les philosophies de l'histoire s'exposent à de nombreuses critiques. Ne sont-elles pas des versions laïcisées de l'idée religieuse de Providence ? Ne témoignent-elles pas d'une confiance naïve en l'idée de Progrès, que le XIXe siècle a eu en effet tendance à diviniser, mais que les grandes catastrophes historiques du XXe siècle ont démentie ? N'y a-t-il pas, enfin, une illusion rétrospective à affirmer que l'histoire ne pouvait évoluer autrement qu'elle ne l'a fait ?

Agir dans l'histoire

Les philosophies de l'histoire se sont surtout heurtées au problème de l'action des hommes dans l'histoire. Le déterminisme qui les sous-tend conduit en effet à en comprendre de façon singulière la signification. Certes, ce sont les hommes qui font l'histoire, mais sans savoir l'histoire qu'ils font et dont le sens leur échappe. Les passions (amour, gloire, pouvoir, jalousie...) qui les font agir sont l'instrument d'une raison historique qui s'accomplit à travers elles, ce que Hegel appelle une « ruse de la raison[3] ».

Mais que reste-t-il alors de la responsabilité humaine devant l'histoire ? De quelle ruse de la raison la traite des Noirs[4] ou Auschwitz ont-ils été l'instrument ? S'il faut trouver dans l'histoire un sens et une finalité, ne serait-ce pas plutôt, comme le voulait Kant, un sens et une finalité d'ordre **moral**, qui fait de l'histoire l'éducatrice de l'humanité en obligeant l'homme à s'améliorer sans cesse, sans jamais le dédouaner de sa responsabilité à l'égard de cette obligation et donc de sa liberté ?

1. Hegel, *La Raison dans l'histoire* (1830). 2. Voir, dans les Repères, « Cause / Fin », « Contingent / Nécessaire / Possible ».
3. *La Raison dans l'histoire*, chap. II, trad. K. Papaioannou, 10/18, p. 129. 4. Voir « Esclavage et dignité humaine », p. 506-511.

I | La connaissance historique

texte 1 Marrou.
L'histoire vise une vérité

En quoi le récit historique se distingue-t-il des écrits de fiction ? En affirmant que l'histoire est, ou doit tendre à être, une connaissance vraie du passé, l'historien Henri-Irénée Marrou entend la démarquer aussi bien de la tradition littéraire que des récits légendaires. Faire de l'histoire n'a rien à voir avec raconter des histoires.

Qu'est-ce donc que l'histoire ? Je proposerai de répondre : *L'histoire est la connaissance du passé humain*. L'utilité pratique d'une telle définition est de résumer dans une brève formule l'apport des discussions [...] qu'elle aura provoquées. Commentons-la :

Nous dirons *connaissance* et non pas [...] « narration du passé humain » ou encore « œuvre littéraire[1] visant à le retracer » ; sans doute, le travail historique doit normalement aboutir à une œuvre écrite (et nous examinerons ce problème pour terminer), mais il s'agit là d'une exigence de caractère pratique (la mission sociale de l'historien...) : de fait, l'histoire existe déjà, parfaitement élaborée dans la pensée de l'historien avant même qu'il l'ait écrite ; quelles que puissent être les interférences des deux types d'activité, elles sont logiquement distinctes.

Nous dirons *connaissance* et non pas, comme d'autres, « recherche » ou « étude » (bien que ce sens d'« enquête » soit le sens premier du mot grec ἱστορία[2]), car c'est confondre la fin et les moyens ; ce qui importe c'est le résultat atteint par la recherche : nous ne la poursuivrions pas si elle ne devait pas aboutir ; l'histoire se définit par la vérité qu'elle se montre capable d'élaborer. Car, en disant *connaissance*, nous entendons connaissance valide, vraie : l'histoire s'oppose par là à ce qui serait, à ce qui est représentation fausse ou falsifiée, irréelle du passé, à l'utopie, à l'histoire imaginaire [...], au roman historique, au mythe, aux traditions populaires ou aux légendes pédagogiques – ce passé en images d'Épinal que l'orgueil des grands États modernes inculque, dès l'école primaire, à l'âme innocente de ses futurs citoyens[3].

Sans doute cette vérité de la connaissance historique est-elle un idéal, dont, plus progressera notre analyse, plus il apparaîtra qu'il n'est pas facile à atteindre : l'histoire du moins doit être le résultat de l'effort le plus rigoureux, le plus systématique pour s'en rapprocher.

Henri-Irénée MARROU, *De la connaissance historique* (1954), Éd. du Seuil, coll. « Points histoire », 1954, p. 32-33.

1. Jusqu'à la fin du XIXe siècle, l'histoire était conçue comme une discipline essentiellement littéraire. C'est au tournant des XIXe et XXe siècles que s'est développée, par opposition à cette orientation, l'école dite « méthodique », à laquelle l'auteur du texte se rattache ici clairement.
2. Lire : *historia*.
3. Voir le texte qui ouvre ce chapitre, p. 234.

› **Repères** Voir **Objectif / Subjectif.**

texte 2

Ricœur. La « bonne » subjectivité de l'historien

La connaissance historique impose-t-elle de renoncer à toute interprétation ? L'historien ne peut faire abstraction de sa subjectivité, ne serait-ce que parce que faire de l'histoire suppose une ouverture et une sympathie envers des formes passées de l'existence humaine. Mais cette subjectivité n'est pas celle de ses passions et de ses opinions. Elle est au contraire ce qui permet une compréhension aussi objective que possible du monde révolu dont l'historien essaie de reconstituer le sens.

[...] quelle est la *bonne* et quelle est la *mauvaise* subjectivité ? [...] Le positivisme ne dépassait pas le niveau de la critique documentaire[1] ; son modèle physique, d'ailleurs, était lui-même pauvre et sans grand rapport avec la physique des physiciens. Mais par-delà son fétichisme du fait – déjà faux en physique, où il n'y a pas non plus de faits qui sautent aux yeux – le positivisme nous rappelle que ni le jugement d'importance, ni la théorie, ni l'imagination temporelle, ni surtout la sympathie, ne livrent l'histoire à n'importe quelle folie subjective ; ces dispositions subjectives sont des dimensions de l'objectivité historique elle-même[2].

Après avoir dit et bien dit que l'histoire *reflète* la subjectivité de l'historien, il faut dire que le métier d'historien *éduque* la subjectivité de l'historien. L'histoire fait l'historien autant que l'historien fait l'histoire. Plutôt : le métier d'historien fait l'histoire *et* l'historien. Autrefois on opposait la raison au sentiment, à l'imagination : aujourd'hui nous les réintroduisons d'une certaine façon dans la rationalité, mais en retour la rationalité pour laquelle l'historien a opté fait que le clivage passe au cœur même du sentiment et de l'imagination, scindant ce que j'appellerai un moi de *recherche* d'un moi *pathétique*[3], le moi des ressentiments, des haines, des réquisitoires. [...] Il ne faut d'ailleurs pas omettre de remarquer que ce moi pathétique n'est pas forcément celui qui fulmine ; ce peut être aussi l'apparente « apathie » de l'hypercritique, qui dénigre toute grandeur réputée et déprécie toutes les valeurs qu'elle rencontre ; cette hargne intellectuelle appartient au moi pathétique au même titre que la passion politique détournée du combat politique contemporain et reportée sur le passé.

Pas d'histoire donc sans une ἐποχή[4] de la subjectivité quotidienne, sans l'institution de ce moi de recherche duquel l'histoire tire son beau nom[5]. Car l'ἱστορία[6] c'est précisément cette « disponibilité », cette « soumission à l'inattendu », cette « ouverture à autrui », où la mauvaise subjectivité est surmontée.

Paul Ricœur, *Histoire et Vérité*, Éd. du Seuil, coll. « Esprit », 1955, p. 33-34.

1. C'est-à-dire l'analyse critique visant à établir l'authenticité d'un document.
2. Pour comprendre une époque ou une société passées, il faut en effet essayer de s'y transporter (par « l'imagination temporelle ») et de s'ouvrir aux mobiles de ceux qui y agissaient (par « la sympathie »).
3. Adjectif employé ici dans son sens étymologique : *pathos*, en grec, signifie « passion ».
4. Lire : *époché*. Terme grec qui signifie « suspension », « mise entre parenthèses ». Ricœur veut dire ici que l'historien ne peut s'ouvrir au passé (« moi de recherche ») que s'il met entre parenthèses ses passions et ses préjugés personnels (le « moi pathétique »).
5. En grec, *historia* signifie « enquête », donc « recherche ».
6. Lire : *historia*.

> **Repères** Voir **Objectif / Subjectif.**

texte 3

Braudel.
Les différents temps de l'histoire

L'histoire se réduit-elle à des faits et à des événements ? Contre le positivisme historique[1], l'historien Fernand Braudel affirme que le champ de l'histoire doit s'élargir à des réalités non événementielles, mais aussi que cela oblige à distinguer des temporalités différentes, du temps court des événements à la très longue durée de l'histoire anthropologique.

Tout travail historique décompose le temps révolu, choisit entre ses réalités chronologiques, selon des préférences et exclusives plus ou moins conscientes. L'histoire traditionnelle attentive au temps bref, à l'individu, à l'événement, nous a depuis longtemps habitués à son récit précipité, dramatique, de souffle court.

La nouvelle histoire économique et sociale[2] met au premier plan de sa recherche l'oscillation cyclique et elle mise sur sa durée : elle s'est prise au mirage, à la réalité aussi des montées et descentes cycliques des prix. Il y a ainsi, aujourd'hui, à côté du récit (ou du « récitatif » traditionnel), un récitatif de la conjoncture qui met en cause le passé par larges tranches : dizaines, vingtaines ou cinquantaines d'années.

Bien au-delà de ce second récitatif se situe une histoire de souffle plus soutenu encore, d'ampleur séculaire cette fois : l'histoire de longue, même de très longue durée. La formule[3], bonne ou mauvaise, m'est devenue familière pour désigner l'inverse de ce que François Simiand[4] [...] aura baptisé histoire événementielle. Peu importent ces formules ; en tout cas c'est de l'une à l'autre, d'un pôle à l'autre du temps, de l'instantané à la longue durée que se situera notre discussion.

Fernand BRAUDEL, *Écrits sur l'histoire*, Flammarion, 1969, p. 44-45.

1. Sur ce terme, voir la présentation de ce chapitre, p. 236.
2. L'expression *nouvelle histoire* désigne la nouvelle orientation (non événementielle) des recherches historiques, née avec l'école des Annales à la fin des années 1920 et dont Braudel fut un des représentants les plus illustres. Voir la présentation de ce chapitre, p. 236.
3. La formule « longue durée ».
4. Historien français du début du XXe siècle.

texte 4

Foucault.
Il n'existe pas d'histoire globale

Peut-on comprendre l'ensemble d'une époque en la ramenant à quelques traits principaux ? Michel Foucault voit dans les conditions actuelles des recherches historiques un démenti apporté aux philosophies de l'histoire du XIXe siècle et à leur projet « d'histoire globale » : si les histoires politique, économique, culturelle, etc. obéissent à des causalités et à des temporalités différentes[1], il est alors désormais impossible d'espérer saisir le principe d'intelligibilité unique d'une époque.

[...] le thème et la possibilité d'une *histoire globale* commencent à s'effacer, et on voit s'esquisser le dessin, fort différent, de ce qu'on pourrait appeler une *histoire générale*. Le projet d'une histoire globale, c'est celui qui cherche à restituer la forme d'ensemble d'une civilisation, le principe – matériel ou spirituel – d'une société, la signification commune à tous les phénomènes d'une période, la loi qui rend compte de leur cohésion, – ce qu'on appelle métaphoriquement le « visage » d'une époque[2]. Un tel projet est lié à deux ou trois hypothèses : on suppose qu'entre tous les événements d'une aire spatio-temporelle bien définie, entre tous les phénomènes dont on a retrouvé la trace, on doit pouvoir établir un système de relations homogènes : réseau de causalité permettant de dériver chacun d'eux, rapports

1. Voir le texte précédent.
2. Voir les textes 9 de Comte, p. 247 et 10 de Marx, p. 248.

d'analogie montrant comment ils se symbolisent les uns les autres, ou comment ils expriment tous un seul et même noyau central ; on suppose d'autre part qu'une seule et même forme d'historicité emporte les structures économiques, les stabilités sociales, l'inertie des mentalités, les habitudes techniques, les comportements politiques, et les soumet tous au même type de transformation ; on suppose enfin que l'histoire elle-même peut être articulée en grandes unités – stades ou phases – qui détiennent en elles-mêmes leur principe de cohésion[3]. Ce sont ces postulats que l'histoire nouvelle[4] met en question quand elle problématise les séries, les découpes, les limites, les dénivellations, les décalages, les spécificités chronologiques, les formes singulières de rémanence[5], les types possibles de relation. [...] Le problème qui s'ouvre alors – et qui définit la tâche d'une histoire générale – c'est de déterminer quelle forme de relation peut être légitimement décrite entre ces différentes séries ; quel système vertical elles sont susceptibles de former ; quel est, des unes aux autres, le jeu des corrélations et des dominances ; de quel effet peuvent être les décalages, les temporalités différentes, les diverses rémanences ; dans quels ensembles distincts certains éléments peuvent figurer simultanément ; bref, non seulement quelles séries, mais quelles « séries de séries » – ou en d'autres termes, quels « tableaux » – il est possible de constituer. Une description globale resserre tous les phénomènes autour d'un centre unique – principe, signification, esprit, vision du monde, forme d'ensemble ; une histoire générale déploierait au contraire l'espace d'une dispersion.

Michel FOUCAULT, *L'Archéologie du savoir*, Gallimard, 1969, p. 17-19.

3. Voir note 2.
4. Foucault appelle ici *histoire nouvelle* la nouvelle orientation donnée aux études historiques depuis la création par Lucien Febvre et Marc Bloch, en 1929, de l'école des Annales. Voir la présentation de ce chapitre, p. 236.
5. C'est-à-dire le fait pour un phénomène de subsister après que sa cause a disparu (par exemple, la persistance des images sur la rétine).

› Repères
Voir **Cause / Fin.**

Questions

1. Qu'est-ce que Foucault appelle ici « histoire globale » ? Quelle différence fait-il entre « histoire globale » et « histoire générale » ?
2. Sur quoi se fonde-t-il pour affirmer que l'« histoire globale » est désormais impossible ? (Vous répondrez en vous aidant du texte 3.)
3. Montrez, à partir des textes 9 de Comte et 10 de Marx, p. 247-248, que l'« histoire globale » est typique des grandes philosophies de l'histoire du XIXe siècle.

› 2 Histoire et mémoire

texte 5 Machiavel. Les leçons de l'histoire

Comment prendre le pouvoir et le conserver ? C'est pour Machiavel une question de fait et non de morale, à laquelle l'histoire, par les exemples qu'elle donne, contribue à répondre. Mais cela suppose une certaine conception de l'histoire : si le passé peut donner des leçons, c'est que le présent lui ressemble.

Mais comme on passe de la condition privée[1] à celle de prince de deux manières encore, manières qu'on ne peut entièrement attribuer ni à la fortune[2] ni à la valeur, je ne veux pas les négliger [...]. Elles consistent ou bien à accéder au rang de prince par une voie scélérate et mauvaise, ou bien, parti

1. C'est-à-dire la condition de simple particulier.
2. La chance.

d'une condition privée, à devenir prince de sa patrie par la faveur des autres citoyens. Pour parler de la première manière, je fournirai deux exemples, l'un ancien, l'autre moderne[3], sans en détailler tous les aspects, parce que j'estime que pour qui se trouverait dans cette situation, il suffit de les imiter.

Agathocle le Sicilien devint roi de Syracuse[4] alors que sa condition n'était pas seulement privée, mais très basse et vile. Fils d'un potier, toujours, à tous les âges, il mena une vie scélérate ; il accompagna cependant ses scélératesses de tant de valeur d'âme[5] et de corps que, s'étant engagé dans l'armée, il devint préteur[6] de Syracuse en franchissant tous les grades. Installé dans ce poste, puisqu'il avait résolu de devenir prince et d'obtenir par la violence et sans obligation envers autrui ce qui lui avait été concédé, et que son dessein l'avait conduit à s'entendre avec son ennemi carthaginois Amilcar qui manœuvrait ses armées en Sicile, un matin il réunit le peuple et le sénat de Syracuse, comme s'il avait à débattre de choses importantes pour la république. Et, sur un signe, il fit exécuter par ses soldats tous les sénateurs et les citoyens les plus riches ; ceux-ci morts, il occupa la cité et se maintint au rang de prince sans aucune opposition populaire. [...] Si l'on considère donc les actions et la vie de cet homme, on ne verra rien, ou si peu, que l'on puisse attribuer à la bonne fortune ; cela vient du fait que comme on l'a dit ci-dessus il parvint au rang de prince non par la faveur de quelqu'un, mais en progressant dans la hiérarchie militaire, dont il avait franchi les grades en affrontant mille épreuves et autant de dangers, puis il s'y maintint en prenant nombre de partis courageux et fort périlleux. Bien sûr, on ne peut nommer valeur le fait de tuer les citoyens de sa patrie, de trahir ses amis, d'être parjure, impitoyable et impie ; ces manières de faire peuvent mener au pouvoir, mais non à la gloire. Car, si l'on considère la valeur d'Agathocle lorsqu'il affronta les dangers et qu'il s'en sortit, et la grandeur de son courage lorsqu'il supporta et vainquit l'adversité, on ne voit pas pourquoi il devrait être jugé inférieur à n'importe quel autre capitaine d'excellence ; cependant sa sauvage cruauté et son inhumanité, avec d'infinies scélératesses, ne permettent pas qu'il soit célébré parmi les hommes d'excellence. On ne peut donc attribuer ni à la fortune ni à la valeur ce qu'il obtint sans l'une ni l'autre.

Nicolas MACHIAVEL, *Le Prince* (1513 ; publication posthume, 1532), trad. Th. Ménissier, Hatier, coll. « Les classiques de la philosophie », 1999, p. 39-41.

3. Dans l'extrait qui suit, seul est envisagé l'exemple ancien, celui d'Agathocle.
4. Agathocle fut tyran de Syracuse de 361 à 289 av. J.-C.
5. De courage.
6. Magistrat de la Rome antique.

texte 6

Nietzsche.
Le poids du passé empêche de vivre

Est-il toujours souhaitable de vouloir connaître le passé ? Si la connaissance historique est une lutte contre l'oubli, alors elle est un obstacle au bonheur et à la vie même. Car l'oubli est une force vitale : vivre, c'est pouvoir oublier. Pour Nietzsche, c'est cette dimension *animale* de l'existence humaine qu'une conscience historique trop développée empêche, pour le plus grand malheur des hommes.

Mais qu'il s'agisse du plus petit ou du plus grand, il est toujours une chose par laquelle le bonheur devient le bonheur : la faculté d'oublier ou bien, en termes plus savants, la faculté de sentir les choses, aussi longtemps que dure le bonheur, en dehors de toute perspective historique[1]. Celui qui ne sait pas s'installer au seuil de l'instant, en oubliant tout le passé, celui qui ne sait pas, telle une déesse de la victoire, se tenir debout sur un seul point, sans crainte et sans vertige, celui-là ne saura jamais ce que c'est que le bonheur, pis encore : il ne fera jamais rien qui rende les autres heureux. Représentez-vous, pour prendre un exemple extrême, un homme qui ne posséderait pas la force d'oublier et serait condamné à voir en toute chose un devenir : un tel homme ne croirait plus à sa propre existence, ne croirait plus en soi, il verrait tout se dissoudre en une multitude de points mouvants et perdrait pied dans ce torrent du devenir [...]. Toute action exige l'oubli, de même que toute vie organique exige non seulement la lumière, mais encore l'obscurité[2]. Un homme qui voudrait sentir les choses de façon absolument et exclusivement historique ressemblerait à quelqu'un qu'on aurait contraint à se priver de sommeil ou à un animal qui ne devrait vivre que de ruminer continuellement les mêmes aliments. II est donc possible de vivre, et même de vivre heureux, presque sans aucune mémoire, comme le montre l'animal ; mais il est absolument impossible de vivre sans oubli. Ou bien, pour m'expliquer encore plus simplement sur mon sujet : *il y a un degré d'insomnie, de rumination, de sens historique, au-delà duquel l'être vivant se trouve ébranlé et finalement détruit, qu'il s'agisse d'un individu, d'un peuple ou d'une civilisation.*

Friedrich NIETZSCHE, *Considérations inactuelles* (1874), II, trad. P. Rusch, Gallimard, coll. « Folio », 1990, p. 96-97.

1. Le bonheur implique un rapport au temps qui privilégie le présent sur le passé comme sur l'avenir. Être heureux, c'est être dans l'instant. Cela conduira Nietzsche à développer, dans *Ainsi parlait Zarathoustra*, son célèbre thème de l'éternel retour : affirmer la vie, c'est refuser la nostalgie comme l'espérance, c'est vouloir l'éternel retour du présent.
2. On peut rapprocher cette affirmation de la conception pascalienne du « divertissement ». Voir, dans « L'existence et le temps », la présentation, p. 109, et le texte 10 de Malebranche, p. 118.

Questions

1. De quel point de vue Nietzsche se place-t-il pour affirmer que l'oubli est nécessaire ?
2. N'y a-t-il pas un autre point de vue qui conduirait à affirmer le contraire ? (Comparez le texte de Nietzsche au texte suivant de Kundera.)
3. Relevez les éléments du texte qui montrent que Nietzsche passe constamment du plan de la mémoire individuelle à l'histoire. Ce passage vous semble-t-il justifié ?

texte 7 Kundera. L'histoire, une lutte contre l'oubli

En quel sens pouvons-nous parler de « devoir de mémoire » ? Ce texte de l'écrivain tchèque Milan Kundera pose le problème de notre rapport à l'histoire. Il ne s'agit pas seulement de connaître le plus exactement possible le passé, mais aussi, peut-être, de lutter contre l'oubli, et contre le pouvoir qui cherche à provoquer l'oubli.

En février 1948, le dirigeant communiste Klement Gottwald se mit au balcon d'un palais baroque de Prague pour haranguer les centaines de milliers de citoyens massés sur la place de la Vieille Ville. Ce fut un grand tournant dans l'histoire de la Bohême. Un moment fatidique comme il y en a un ou deux par millénaire.

Gottwald était flanqué de ses camarades, et à côté de lui, tout près, se tenait Clementis. Il neigeait, il faisait froid et Gottwald était nu-tête. Clementis, plein de sollicitude, a enlevé sa toque de fourrure et l'a posée sur la tête de Gottwald.

La section de propagande a reproduit à des centaines de milliers d'exemplaires la photographie du balcon d'où Gottwald, coiffé d'une toque de fourrure et entouré de ses camarades, parle au peuple. C'est sur ce balcon qu'a commencé l'histoire de la Bohême communiste. Tous les enfants connaissaient cette photographie pour l'avoir vue sur les affiches, dans les manuels ou dans les musées.

Quatre ans plus tard, Clementis fut accusé de trahison et pendu. La section de propagande le fit immédiatement disparaître de l'Histoire et, bien entendu, de toutes les photographies. Depuis, Gottwald est seul sur le balcon. Là où il y avait Clementis, il n'y a plus que le mur vide du palais. De Clementis, il n'est resté que la toque de fourrure sur la tête de Gottwald.

Milan KUNDERA, *Le Livre du rire et de l'oubli* (1978), trad. F. Kérel, Gallimard, coll. « Folio », 1990, p. 13-14.

texte 8 Veyne. Le savoir historique n'est pas la mémoire collective

Peut-on identifier l'histoire et la mémoire ? L'historien Paul Veyne s'y refuse, parce que la « mémoire collective » n'existe pas, en ce sens que la réalité désignée par cette expression n'a rien à voir avec le phénomène psychologique de la mémoire individuelle, qui est involontaire ; la mémoire collective suppose toujours au contraire une construction volontaire et entretenue de notre rapport au passé. En tant que science, l'histoire obéit à un pur intérêt de connaissance et ne cherche aucunement à sacraliser le passé.

Tout d'abord, distinguons bien le savoir historique, l'histoire « savante », d'une grande réalité polymorphe[1], la mémoire collective d'un passé national, la commémoration, par récits, monuments ou rites, de grands événements politiques ou religieux, légendaires ou authentiques, qui sont chers à une société considérée ; beaucoup de sociétés ont une pareille mémoire, ethnocentrique[2] par nature, mais non pas toutes : il est des peuples qu'on dit « sans histoire », bien que leur actualité politique ou militaire soit non moins agitée que l'actualité des autres ; leur manque d'intérêt pour quelque morceau de leur passé n'est qu'un petit détail, qui ne bouleverse pas leur mode d'existence : ces peuples ne ressemblent pas pour autant à des individus amnésiques ; la mémoire collective n'est qu'une métaphore[3] ; souvenirs nationaux et historicité radicale[4] des hommes font deux. Ces souvenirs ne sont que des représentations, plus institutionnelles que spontanées, entretenues au moins par l'éducation ; loin d'être d'authentiques souvenirs, ce sont des légendes ou au moins des vérités tendancieuses. À la différence de la mémoire individuelle, les collectivités oublient instantanément leur passé, sauf si un volontarisme ou une institution en conserve ou en élabore quelque bribe choisie, destinée à un usage intéressé. [...] Car l'histoire savante est un phénomène minuscule, peu répandu, mais autonome et bien différent de la mémoire collective ; son énoncé n'est pas « tel événement (authentique ou légendaire) est sacré et inoubliable pour notre peuple ou notre religion » ; mais : « est-ce vrai ou faux ? ». Ce savoir est donc critique ; en outre, il n'est pas nécessairement ethnocentrique, au contraire : la matière du savoir historique est un inventaire général du passé humain.

Paul VEYNE, « Éloge de la curiosité, Inventaire et intellection en histoire », dans *Philosophie et Histoire*, Éd. du Centre Pompidou, 1987, p. 15-16.

1. Qui présente plusieurs formes.
2. C'est-à-dire centrée sur elles-mêmes.
3. L'auteur veut dire ici qu'à proprement parler, il n'existe de mémoire que pour les individus.
4. *Historicité radicale* désigne ici le fait que les hommes et les sociétés sont (au moins en partie) les produits de leur histoire. Mais ce n'est pas parce qu'un peuple célèbre son passé qu'il en a une connaissance historique, ni parce qu'un peuple est sans mémoire qu'il est sans histoire.

3 Les philosophies de l'histoire

texte 9

Comte.
La loi des trois états

Existe-t-il une loi générale du progrès humain ? La réponse d'Auguste Comte est affirmative, sous la forme de sa célèbre « loi des trois états », qui est d'abord une loi du progrès de l'esprit humain. Mais c'est aussi une loi de l'histoire en général, c'est-à-dire du progrès de la civilisation, car le développement de l'esprit conditionne celui de l'organisation sociale, du système politique, des institutions, des mœurs, etc. Chaque état est une sorte d'âge mental de l'humanité qui caractérise de façon globale l'ensemble de son développement à un moment donné.

En étudiant ainsi le développement total de l'intelligence humaine dans ses diverses sphères d'activité, depuis son premier essor le plus simple jusqu'à nos jours, je crois avoir découvert une grande loi fondamentale, à laquelle il est assujetti par une nécessité invariable, et qui me semble pouvoir être solidement établie, soit sur les preuves rationnelles fournies par la connaissance de notre organisation, soit sur les vérifications historiques résultant d'un examen attentif du passé. Cette loi consiste en ce que chacune de nos conceptions principales, chaque branche de nos connaissances, passe successivement par trois états théoriques différents : l'état théologique, ou fictif[1] ; l'état métaphysique, ou abstrait[2] ; l'état scientifique, ou positif[3]. En d'autres termes, l'esprit humain, par sa nature, emploie successivement dans chacune de ses recherches trois méthodes de philosopher, dont le caractère est essentiellement différent et même radicalement opposé : d'abord la méthode théologique, ensuite la méthode métaphysique et enfin la méthode positive. De là, trois sortes de philosophie, ou de systèmes généraux de conceptions sur l'ensemble des phénomènes, qui s'excluent mutuellement : la première est le point de départ nécessaire de l'intelligence humaine ; la troisième, son état fixe et définitif ; la seconde est uniquement destinée à servir de transition[4].

Dans l'état théologique, l'esprit humain, dirigeant essentiellement ses recherches vers la nature intime des êtres, les causes premières et finales de tous les effets qui le frappent, en un mot, vers les connaissances absolues, se représente les phénomènes comme produits par l'action directe et continue d'agents surnaturels plus ou moins nombreux, dont l'intervention arbitraire explique toutes les anomalies apparentes de l'univers.

Dans l'état métaphysique, qui n'est au fond qu'une simple modification générale du premier[5], les agents surnaturels sont remplacés par des forces abstraites, véritables entités (abstractions personnifiées) inhérentes aux divers êtres du monde, et conçues comme capables d'engendrer par elles-mêmes tous les phénomènes observés, dont l'explication consiste alors à assigner pour chacun l'entité correspondante.

Enfin, dans l'état positif, l'esprit humain, reconnaissant l'impossibilité d'obtenir des notions absolues, renonce à chercher l'origine et la destination

1. L'état *théologique* est pour Comte celui où les hommes expliquent les phénomènes naturels par l'action d'agents surnaturels. Cet état est *fictif* au sens où cette explication est une fiction.
2. Dans l'état *métaphysique*, l'esprit humain cherche toujours des causes premières aux phénomènes, mais il remplace les agents surnaturels par des entités *abstraites*.
3. Dans l'état *scientifique* ou *positif*, l'esprit humain renonce à chercher la cause ultime des choses et se contente d'établir des lois, c'est-à-dire des relations constantes entre les phénomènes.
4. L'état métaphysique est pour Comte moins un « état » à part entière qu'une forme mixte entre l'état théologique et l'état positif.
5. Voir note précédente.

› Repères
Voir Cause | Fin, Contingent | Nécessaire | Possible.

de l'univers, et à connaître les causes intimes des phénomènes pour s'attacher à découvrir, par l'usage bien combiné du raisonnement et de l'observation, leurs lois effectives, c'est-à-dire leurs relations invariables de succession et de similitude.

Auguste COMTE, *Cours de philosophie positive* (1830-1842), 1re leçon, Hermann, t. I, 1998, p. 21-22.

texte 10

Marx.
Le matérialisme historique

Quel est le moteur de l'histoire ? Marx partage avec Hegel l'idée que l'évolution historique a un sens déterminé ainsi que celle selon laquelle l'histoire avance par contradictions surmontées. Il reste aussi un disciple de Hegel en affirmant que le processus historique a une fin et que celle-ci correspond à la réalisation d'un universel. Mais, au contraire de Hegel, Marx est matérialiste : c'est dans les contradictions matérielles de l'organisation des sociétés qu'il voit le moteur de l'histoire et comprend le sens de son devenir.

Le résultat général auquel j'arrivai et qui, une fois acquis, servit de fil conducteur à mes études, peut brièvement se formuler ainsi : dans la production sociale de leur existence, les hommes entrent en des rapports déterminés, nécessaires, indépendants de leur volonté, rapports de production qui correspondent à un degré de développement déterminé de leurs forces productives matérielles. L'ensemble de ces rapports de production constitue la structure économique de la société, la base concrète sur laquelle s'élève une superstructure juridique et politique et à laquelle correspondent des formes de conscience sociales déterminées. Le mode de production de la vie matérielle conditionne le processus de vie social, politique et intellectuel en général. Ce n'est pas la conscience des hommes qui détermine leur être ; c'est inversement leur être social qui détermine leur conscience[1]. À un certain stade de leur développement, les forces productives[2] matérielles de la société entrent en contradiction avec les rapports de production[3] existants, ou, ce qui n'en est que l'expression juridique, avec les rapports de propriété au sein desquels elles s'étaient mues jusqu'alors. De formes de développement des forces productives qu'ils étaient ces rapports en deviennent des entraves. Alors s'ouvre une époque de révolution sociale. Le changement dans la base économique bouleverse plus ou moins rapidement toute l'énorme superstructure. Lorsqu'on considère de tels bouleversements, il faut toujours distinguer entre le bouleversement matériel – qu'on peut constater d'une manière scientifiquement rigoureuse – des conditions de production économiques et les formes juridiques, politiques, religieuses, artistiques ou philosophiques, bref, les formes idéologiques sous lesquelles les hommes prennent conscience de ce conflit et le mènent jusqu'au bout. Pas plus qu'on ne juge un individu sur l'idée qu'il se fait de lui-même, on ne saurait juger une telle époque de bouleversement sur sa conscience de soi ; il faut, au contraire, expliquer cette conscience par les contradictions de la vie matérielle, par le conflit qui existe entre les forces productives sociales et les

1. Ici, Marx s'oppose explicitement à la philosophie hégélienne de l'histoire. Voir également, dans « La conscience », le texte 10 de Marx et Engels, p. 33.
2. Les *forces productives* sont constituées de tous les éléments participant, à un moment donné, à la production des richesses.
3. Les *rapports de production* sont constitués par le régime de propriété des moyens de production. Ils déterminent le rapport des classes sociales à l'intérieur d'une société.

rapports de production. Une formation sociale ne disparaît jamais avant que soient développées toutes les forces productives qu'elle est assez large pour contenir, jamais des rapports de production nouveaux et supérieurs ne s'y substituent avant que les conditions d'existence matérielles de ces rapports soient écloses dans le sein même de la vieille société. C'est pourquoi l'humanité ne se pose jamais que des problèmes qu'elle peut résoudre car, à y regarder de plus près, il se trouvera toujours que le problème lui-même ne surgit que là où les conditions pour le résoudre existent déjà ou du moins sont en voie de devenir. À grands traits, les modes de production asiatique, antique, féodal et bourgeois moderne[4] peuvent être qualifiés d'époques progressives de la formation sociale économique. Les rapports de production bourgeois sont la dernière forme contradictoire du processus de production sociale, contradictoire non pas dans le sens d'une contradiction individuelle, mais d'une contradiction qui naît des conditions d'existence sociale des individus ; cependant les forces productives qui se développent au sein de la société bourgeoise créent en même temps les conditions matérielles pour résoudre cette contradiction. Avec cette forme s'achève donc la préhistoire de la société humaine[5].

Karl MARX, *Contribution à la critique de l'économie politique* (1857), Préface (1859), trad. M. Husson et G. Badia, Éditions sociales, 1974, p. 4-5.

4. Le mode de production *asiatique* est pour Marx une sorte de communisme primitif. Le mode de production *antique* repose sur la division de la société en deux classes, les hommes libres et leurs esclaves. Ce à quoi s'est substituée, avec la *féodalité*, l'opposition des seigneurs et des serfs. Quant au mode de production *bourgeois*, il repose sur l'opposition entre les propriétaires capitalistes et les travailleurs salariés (le prolétariat).

5. En parlant de fin de la *préhistoire* de la société humaine, Marx suggère l'idée d'une nouvelle histoire à venir, dont on ne peut rien dire et qui serait celle de l'humanité émancipée, c'est-à-dire de l'humanité véritablement humaine.

texte 11 — Bergson. L'illusion du déterminisme historique : le mirage du présent dans le passé

L'histoire a-t-elle un sens ? Croire que son cours est déterminé et donc que nous pouvons prévoir l'avenir est pour Bergson une illusion rétrospective : nous regardons toujours le passé depuis notre présent et nous avons alors tendance à repérer dans le passé ce qui préfigure le présent. Mais cette préfiguration n'est qu'une projection. En vérité, l'évolution historique est, comme toute temporalité véritable, une évolution créatrice, et donc radicalement imprévisible.

Notre appréciation des hommes et des événements est tout entière imprégnée de la croyance à la valeur rétrospective du jugement vrai, à un mouvement rétrograde[1] qu'exécuterait automatiquement dans le temps la vérité une fois posée. Par le seul fait de s'accomplir, la réalité projette derrière elle son ombre dans le passé indéfiniment lointain ; elle paraît ainsi avoir préexisté, sous forme de possible, à sa propre réalisation. De là une erreur qui vicie notre conception du passé ; de là notre prétention d'anticiper en toute occasion l'avenir. Nous nous demandons, par exemple, ce que seront l'art, la littérature, la civilisation de demain ; nous nous figurons en gros la courbe d'évolution des sociétés ; nous allons jusqu'à prédire le détail des événements. Certes, nous pourrons toujours rattacher la réalité, une fois accomplie, aux événements qui l'ont précédée et aux circonstances où elle s'est produite ; mais une réalité toute différente (non pas *quelconque*, il est vrai) se fût aussi bien rattachée aux mêmes circonstances et aux mêmes événements, pris par un autre côté. [...] Pour prendre un exemple simple, rien ne nous empêche aujourd'hui de rattacher le

1. Qui va vers l'arrière : Bergson veut dire que nous avons tendance à juger le passé à partir du présent.

romantisme du dix-neuvième siècle à ce qu'il y avait déjà de romantique chez les classiques. Mais l'aspect romantique du classicisme ne s'est dégagé que par l'effet rétroactif du romantisme une fois apparu. S'il n'y avait pas eu un Rousseau, un Chateaubriand, un Vigny, un Victor Hugo, non seulement on n'aurait jamais aperçu, mais encore *il n'y aurait réellement pas eu* de romantisme chez les classiques d'autrefois, car ce romantisme des classiques ne se réalise que par le découpage, dans leur œuvre, d'un certain aspect, et la découpure, avec sa forme particulière, n'existait pas plus dans la littérature classique avant l'apparition du romantisme que n'existe, dans le nuage qui passe, le dessin amusant qu'un artiste y apercevra en organisant la masse amorphe[2] au gré de sa fantaisie. Le romantisme a opéré rétroactivement sur le classicisme, comme le dessin de l'artiste sur ce nuage. Rétroactivement il a créé sa propre préfiguration dans le passé, et une explication de lui-même par ses antécédents.

C'est dire qu'il faut un hasard heureux, une chance exceptionnelle, pour que nous notions justement, dans la réalité présente, ce qui aura le plus d'intérêt pour l'historien à venir[3]. Quand cet historien considérera notre présent à nous, il y cherchera surtout l'explication de son présent à lui, et plus particulièrement de ce que son présent contiendra de nouveauté. Cette nouveauté, nous ne pouvons en avoir aucune idée aujourd'hui, si ce doit être une création. Comment donc nous réglerions-nous aujourd'hui sur elle pour choisir parmi les faits ceux qu'il faut enregistrer, ou plutôt pour fabriquer des faits en découpant selon cette indication la réalité présente ?

Henri BERGSON, *La Pensée et le Mouvant* (1934), PUF, coll. « Quadrige », 2003, p. 14-17.

2. Sans forme.
3. C'est là le deuxième moment de l'argumentation de Bergson : la même raison qui conduit à dénoncer l'illusion d'une préfiguration du présent dans le passé conduit à affirmer l'impossibilité, pour les contemporains d'une époque, de savoir ce que l'histoire future retiendra d'eux.

> Repères
Voir **Cause / Fin, Idéal / Réel.**

texte 12 Hegel. Les passions individuelles sont l'instrument de la réalisation de l'universel

Peut-on dire que ce sont les individus qui font l'histoire ? L'histoire est, pour Hegel, « la marche progressive de l'esprit universel[1] ». Mais ce sont les individus qui agissent dans l'histoire, avec leurs passions et leurs intérêts particuliers. Les mobiles individuels en fonction desquels les hommes agissent sont ainsi des « ruses de la raison[2] » : à travers eux, mais aussi grâce à eux, et souvent sans qu'ils le sachent, s'accomplit la raison dans l'histoire.

Les lois, les principes ne vivent pas et ne valent pas immédiatement par eux-mêmes. L'activité qui les met en œuvre et leur confère l'existence, c'est le besoin, le désir de l'homme, et même son inclination et sa passion. Pour que je mette en acte et que je confère l'existence à quelque chose, il faut que ce quelque chose m'importe ; il faut que j'y trouve mon compte, je veux trouver une satisfaction dans sa réalisation, il faut que cela corresponde à mon intérêt. « Intérêt » signifie : être impliqué, y trouver son compte ; il faut qu'un but en vue duquel je dois m'activer soit également mon but d'une façon ou d'une autre ; il faut que, en même temps, ce soit à *mon* but que je donne satisfaction, lors même que le but en vue duquel je m'active comporte bien d'autres aspects qui ne me concernent pas. C'est là le droit illimité du sujet, le second moment essentiel de la liberté : le sujet

1. « L'histoire philosophique », *La Raison dans l'histoire* (1830), trad. K. Papaioannou, 10/18, 1965, p. 123.
2. *Ibid*, p. 129.

trouve sa propre satisfaction dans une activité, dans un travail ; et si les hommes doivent s'intéresser à quelque chose, il faut qu'ils puissent effectivement y trouver leur compte, c'est-à-dire qu'ils exigent leur intérêt propre dans un intérêt, ils veulent s'y impliquer et que leur amour-propre s'y retrouve. Il convient ici d'éviter un malentendu : c'est à juste titre qu'on blâme un individu [...] quand on dit de lui qu'il est intéressé – on entend par là intéressé à sa propre cause –, c'est-à-dire qu'il ne cherche que son avantage personnel, qu'il isole cet avantage personnel, qu'il ne s'occupe que de *sa propre* cause, sans se soucier du but universel qui lui en fournit l'occasion [...]. Mais celui qui agit pour une cause n'est pas seulement intéressé en général, mais il *s'y* intéresse – la langue rend très exactement cette nuance. Donc rien n'arrive, rien ne s'accomplit sans que les individus qui s'y activent y trouvent également leur satisfaction [...] : ils ont des besoins, des désirs, des intérêts particuliers, singuliers qui leur sont propres, quoique communs avec ceux d'autrui. [...]

Dans l'histoire universelle nous avons affaire avec la façon dont l'Idée s'exprime dans l'élément de la volonté et de la liberté humaines[3] [...]. L'Idée en tant que telle est la réalité ; les passions sont le bras grâce auquel elle s'étend. [...] La volonté de l'individu est libre quand il peut poser ce qu'il veut d'une façon abstraite, absolue, en soi et pour soi. De quelle façon l'universel, le rationnel peut-il alors être déterminant dans l'histoire ? Cette contradiction ne peut pas ici être résolue dans le seul élément de l'individualité. Mais réfléchissons à ce qui suit.

La flamme consume l'air ; elle se nourrit du bois. L'air est la condition indispensable de la croissance des arbres ; en consumant l'air par le moyen du feu, le bois combat contre lui-même et contre sa propre source ; et pourtant l'oxygène subsiste dans l'air, les arbres continuent à verdir. De même, quand quelqu'un veut construire une maison, cela tient à sa décision volontaire ; mais il faut que les éléments l'y aident. Et pourtant la maison est là pour protéger les hommes contre les éléments. Les éléments sont donc utilisés contre eux-mêmes, mais la loi générale de la nature n'en est pas troublée. Construire une maison, c'est d'abord un but et une intention intérieurs. En revanche, les éléments particuliers constituent des moyens, le fer, le bois et les pierres constituent des matériaux. Les éléments sont utilisés pour les travailler : le feu pour faire fondre le fer, l'air pour attiser le feu, l'eau pour mettre les roues en mouvement, pour couper le bois, etc. Le résultat est que l'air, qui y a contribué, est arrêté par la maison, ainsi que les déluges d'eau de pluie et les dégâts des incendies, dans la mesure où la maison résiste au feu. Les pierres et les poutres se soumettent à la pesanteur, sont poussées vers le bas, ce qui permet d'édifier de hautes murailles. Ainsi les éléments sont utilisés conformément à leur nature et contribuent à un résultat qui délimite leur action[4]. Semblablement, les passions se donnent satisfaction, elles s'accomplissent et accomplissent leurs buts selon les déterminations de leur nature et produisent l'édifice de la société humaine, dans laquelle elles ont conféré au droit et à l'ordre la puissance *contre* elles-mêmes. Dans la vie quotidienne, nous voyons qu'il existe un droit qui nous protège ; et ce droit

3. Hegel énonce ici la thèse essentielle de sa philosophie de l'histoire : l'histoire est la réalisation progressive de l'Esprit, ou de l'Idée.

4. Toutes ces images signifient que les éléments peuvent concourir à produire un résultat qui les contredit et les dépasse. C'est un semblable « travail du négatif » que Hegel voit dans l'effet des intérêts particuliers sur l'histoire universelle.

s'offre de lui-même, il est un mode d'action substantiel des hommes, souvent dirigé contre leurs intérêts et buts particuliers. Les hommes font notamment entrer en conflit leurs buts particuliers avec le droit général ; ils agissent librement. Mais la base générale, l'élément substantiel, le droit n'en est pas pour autant troublé. C'est ce qui se passe dans l'ordre du monde ; ses deux ingrédients sont les passions, d'une part, et la rationalité, d'autre part. Les passions constituent l'élément actif. Elles ne s'opposent pas toujours à la moralité des mœurs, et elles vont dans le sens de la réalisation de l'universel. En ce qui concerne la moralité des passions, elles s'efforcent librement d'atteindre leurs intérêts propres. De ce point de vue, elles apparaissent comme mauvaises et égoïstes. Cependant, ce qui est actif est toujours individuel : dans l'action, je suis moi ; c'est mon but que je cherche à réaliser. Mais ce but peut être bon, et même tendre à l'universel. L'intérêt peut certes rester tout à fait particulier ; mais il ne s'ensuit pas qu'il soit en opposition avec l'universel. L'universel ne peut se réaliser que par le truchement du particulier.

On regarde la passion comme quelque chose qui n'est pas juste, qui est plus ou moins mauvais : l'homme ne doit pas avoir de passions. Passion n'est d'ailleurs pas non plus le mot qui convient pour ce que je veux dire ici. J'entends par là en effet toute activité humaine fondée sur des intérêts particuliers, sur des buts spécifiques ou, si l'on veut, des intentions égoïstes, si l'on entend par là qu'ils concentrent toute l'énergie de leur vouloir et de leur caractère sur ces buts, y sacrifient tous les autres buts possibles, ou plutôt y sacrifient tout le reste. Ce contenu particulier s'identifie à la volonté de l'homme au point qu'il en constitue toute la détermination et en est inséparable ; c'est par là qu'il est ce qu'il est. Car l'individu est cet être qui *existe* ici, il n'est pas un être humain en général, car rien de tel n'existe, mais un être humain déterminé. [...]

Nous disons donc que rien n'est jamais advenu indépendamment des intérêts de ceux qui y ont participé ; et si nous appelons passion un intérêt dans la mesure où l'individualité tout entière s'applique à un objet avec l'appui des nombreux autres intérêts et buts que l'on a ou que l'on peut avoir, avec toutes les fibres intérieures de son vouloir, et qu'elle concentre sur ce but tous ses besoins et toutes ses forces, alors il nous faut dire que *rien de grand* dans le monde ne s'est jamais accompli *sans passion*[5].

Friedrich HEGEL, « L'histoire, jeu des intérêts et des passions », extrait de *La Réalisation de l'Esprit dans l'histoire*, trad. É. Blondel, Appendice à *La Raison dans l'histoire* (1830), Hatier, coll. « Les classiques de la philosophie », 2000, p. 54-58.

5. La thèse développée par Hegel dans ce texte est double : d'une part, les passions individuelles ne sont que des ruses de la raison universelle, mais d'autre part, il n'y aurait pas d'histoire si les hommes n'y agissaient pas par intérêt particulier.

› Repères
Voir
Universel / Général / Particulier / Singulier

texte 13 Kant. Le progrès dans l'histoire est un devoir moral

Y a-t-il un sens à supposer une fin de l'histoire ? Oui, répond Kant, si cette supposition est d'ordre moral : quels que soient les vices dont l'histoire donne le spectacle, ils ne peuvent dispenser l'homme, en tant qu'être moral, d'œuvrer à l'amélioration du genre humain. Dès lors, dire de l'histoire qu'elle a un sens ne contredit pas la liberté de l'homme. Au contraire, elle l'implique.

Je pourrai donc admettre que le genre humain étant continuellement en progrès quant à la culture, sa fin naturelle, on peut le concevoir aussi en progrès vers le bien quant à la fin morale de son existence ; et que si ce progrès peut être parfois *interrompu*, il ne sera jamais entièrement *arrêté*. Je n'ai pas besoin de prouver cette supposition ; c'est à l'adversaire d'apporter des preuves. Car je m'appuie sur mon devoir inné d'agir en chaque membre de la série des générations – j'appartiens à cette série (comme homme en général) sans être, avec les qualités morales qui sont exigées de moi, aussi bon que je le devrais et par conséquent que je le pourrais – d'agir sur la postérité de telle sorte qu'elle devienne meilleure (il en faut donc admettre aussi la possibilité) et qu'ainsi ce devoir puisse se transmettre régulièrement d'un membre de chaque génération à l'autre. Or que l'histoire fasse naître autant de doutes qu'on voudra contre mes espérances, doutes qui, s'ils étaient avérés, pourraient m'inciter à renoncer à une tâche vaine en apparence ; je ne puis toutefois, tant que ce ne peut être rendu entièrement certain, échanger le devoir [...] contre la règle de prudence[1] qui dit de ne pas travailler à l'impossible [...] ; et si incertain que je puisse encore être et rester sur la question de savoir s'il y a amélioration à espérer pour le genre humain, cela ne peut nuire à la maxime ni par conséquent à la supposition, qu'elle entraîne nécessairement au point de vue pratique[2], que cette amélioration est possible.

Emmanuel KANT, *Théorie et Pratique* (1793), IIe partie, § 4, trad. J.-M. Muglioni, Hatier, coll. « Profil philosophie », 1990, p. 72.

1. Constante de la morale kantienne : la règle de mes actions ne saurait être une *règle de prudence* (un impératif hypothétique) mais est un devoir moral (impératif catégorique). Il faut faire ce qu'on doit faire, abstraction faite des chances de succès ou d'échec. Voir, dans « Le devoir », le texte 6 de Kant, p. 483.
2. C'est-à-dire au point de vue moral.

Questions

1. Explicitez le sens et le contenu, dans ce texte, de la notion de « fin de l'histoire ».
2. Pourquoi Kant dit-il qu'il n'a pas besoin de prouver cette supposition et que c'est à l'adversaire d'apporter des preuves ?
3. Pourquoi le spectacle des vices de l'homme dans l'histoire ne constitue-t-il pas une objection contre l'idée d'un progrès moral de l'humanité ?

Pour se préparer au baccalauréat
Dissertations : p. 550.
Explications de texte : p. 551.

dossier documentaire

La culture et les cultures

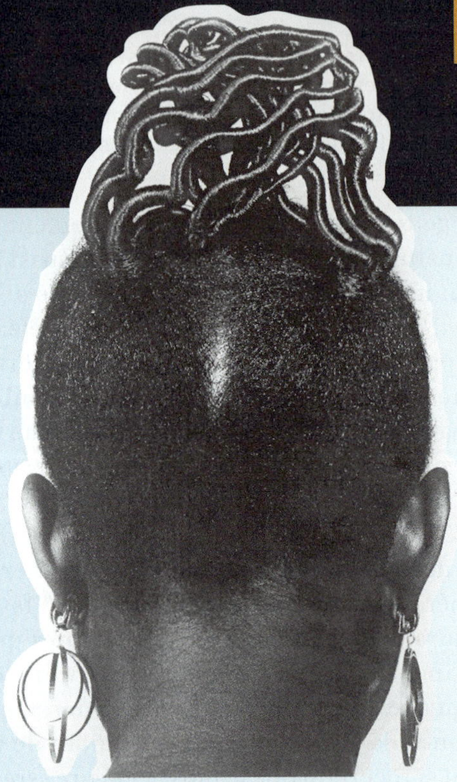

Dans l'usage le plus courant du terme, la « culture » renvoie à la possession de connaissances à la fois nombreuses et empruntées à différents champs du savoir accumulé par les hommes au fil du temps. Est réputé « cultivé » celui qui a beaucoup lu, s'intéresse à l'art, n'est pas totalement ignorant dans le domaine des sciences… Mais, dans la tradition philosophique, la culture, c'est d'abord le contraire de la nature, c'est-à-dire l'ensemble des moyens matériels et intellectuels mis par l'humanité au service de la transformation de la nature, pour l'adapter à ses besoins. D'où quelques interrogations majeures : sur la différence fondamentale entre l'animalité et l'humanité, sur le passage de l'« état de nature » à l'état social.

Jusqu'à la fin du XIXe siècle, la référence plus ou moins mythique aux sociétés alors dites « primitives » nourrit la comparaison avec les sociétés « développées » : celles-ci seraient les seules à avoir une histoire, au cours de laquelle elles ont accumulé des productions culturelles (œuvres écrites, découvertes scientifiques, progrès techniques) ; les autres auraient toujours vécu au plus près de la nature, fermées sur elles-mêmes, sans mémoire des siècles passés, tout simplement parce qu'il ne s'y serait… rien passé. Cette approche présente l'avantage de concilier tous les sens du mot « culture ». Mais, dès le début du XXe siècle, l'étude de ces sociétés dites primitives, la découverte de la complexité de leur fonctionnement ont bouleversé ces certitudes.

Les questions relatives à la culture et aux cultures ont changé. Ce que l'on cherche aujourd'hui à comprendre (et, le cas échéant, à modifier), au lieu de simplement en prendre acte, ce sont les liens entre différences et inégalités – entre sociétés, mais aussi au sein de chaque société. Les textes proposés ici apportent quelques éclairages, évidemment très partiels, sur ces nouvelles approches de la diversité culturelle.

J. D.'Okhai Ojeikere (né en 1930), *Coiffure Suku Sinero/Kiko*, Nigeria. Coiffure appréciée des jeunes filles de la haute société.

document 1.

La culture au service des besoins de l'homme

Bronislaw Malinowski[1] définit ici la culture comme l'ensemble des productions et institutions grâce auxquelles toutes les sociétés humaines, quels que soient leur environnement ou leur degré de développement, assurent la satisfaction des besoins de leurs membres. À peu près à la même époque, Claude Lévi-Strauss tire d'une conception de la culture très proche de celle de Malinowski des conclusions qui le conduisent à contester vigoureusement l'idée selon laquelle certaines cultures seraient supérieures à d'autres.

Au départ, il sera bon d'envisager la culture de très haut, afin d'embrasser ses manifestations les plus diverses. Il s'agit évidemment de cette totalité où entrent les ustensiles et les biens de consommation, les chartes organiques[2] réglant les divers groupements sociaux, les idées et les arts, les croyances et les coutumes. Que l'on envisage une culture très simple ou très primitive, ou bien au contraire une culture complexe très évoluée, on a affaire à un vaste appareil, pour une part matériel, pour une part humain, et pour une autre encore spirituel, qui permet à l'homme d'affronter les problèmes concrets et précis qui se posent à lui. Les problèmes sont dus au fait que le corps humain est l'esclave de divers besoins organiques et qu'il vit dans un milieu qui est à la fois son meilleur allié, puisqu'il fournit les matières premières de son travail manuel, et son pire ennemi, puisqu'il fourmille de forces hostiles. [...]

En premier lieu, il est clair que la satisfaction des besoins élémentaires, ou organiques, de l'homme et de la race constitue le jeu minimum des conditions auxquelles chaque culture est soumise. Les problèmes posés par le besoin nutritif, par le besoin reproductif et par le besoin sanitaire doivent être résolus. Ils le sont par la création d'un milieu nouveau, secondaire ou artificiel. Ce milieu, qui n'est autre que la culture même, doit être perpétuellement reproduit, entretenu, et gouverné. Il se crée donc ce qu'on pourrait appeler très généralement un nouveau niveau de vie, qui dépend du niveau culturel de la communauté, du milieu, et du rendement utile du groupe. Un niveau de vie culturel, toutefois, implique que de nouveaux besoins se font jour, et que de nouveaux impératifs ou de nouveaux déterminants s'imposent à la conduite humaine. Fort évidemment, la tradition culturelle doit se transmettre d'une génération à l'autre. Chaque culture doit avoir ses méthodes et ses mécanismes éducatifs. L'ordre public doit régner, puisque la coopération appartient à l'essence même de toute œuvre culturelle. Dans toute communauté, il doit exister des dispositifs

Louis Psihoyos et John Knoebber, *La Famille Kalnazarov, Tashkent, Ouzbekistan*, 5 décembre 1993.

1. Ce Britannique d'origine polonaise (1884-1942) est considéré comme un des fondateurs de l'anthropologie.
2. Les textes (ou les principes non écrits) à caractère juridique, encadrant l'organisation de la vie en commun.

destinés à sanctionner la loi, l'éthique, et la coutume. Le substrat matériel[3] de la culture doit se renouveler, il doit être entretenu en bon état de marche. Par conséquent, même dans les cultures les plus primitives, il faut des formes d'organisation économique.

Ainsi donc, l'homme doit avant tout satisfaire tous les besoins de son organisme. Il doit créer des dispositifs et déployer des activités pour se nourrir, se chauffer, se loger, s'habiller, pour se protéger du vent, du froid et des intempéries. Il doit se protéger et s'organiser contre les ennemis et les dangers extérieurs, nature, hommes, animaux. Tous ces problèmes élémentaires de l'individu sont résolus par les objets travaillés, par la constitution de groupes de coopération, et également par le progrès du savoir, par le sens des valeurs et par le sens éthique. Nous essaierons de montrer qu'on peut lier les besoins élémentaires et leur satisfaction culturelle à la dérivation de nouveaux besoins culturels ; que ces nouveaux besoins imposent à l'homme et à la société un type de déterminisme secondaire[4]. On pourra alors faire le départ[5] entre les impératifs instrumentaux – issus d'activités de nature économique, normative, pédagogique et politique – et les impératifs intégrants : savoir, religion, magie. Quant aux activités artistiques et récréatives, on pourra les rapporter directement à certaines caractéristiques physiologiques de l'organisme humain, et montrer quel rapport d'influence ou de dépendance elles entretiennent avec les modes d'action concertée, la magie, l'industrie et la croyance religieuse. [...]

Pour accomplir ses desseins, pour parvenir à ses fins, quelles qu'elles soient, l'homme doit s'organiser. Comme nous aurons l'occasion de le montrer, l'organisation implique un thème ou une structure bien précise, dont les grandes lignes sont universelles en ceci qu'elles valent pour tous les groupes organisés, lesquels, à leur tour, sous leur forme typique, se retrouvent à travers toute l'humanité.

3. L'ensemble des moyens concrets de la conservation et de la transmission de la culture : tradition orale et/ou textes écrits, institutions destinées à régir les échanges de biens, à assurer l'éducation des enfants, à faire régner la justice, etc.

4. Voir, dans « Le désir », la présentation p. 92, et le texte 6 de Bataille, p. 99.

5. Départager, faire la différence.

Cette unité élémentaire d'organisation, je la désignerai par un terme consacré, mais qui n'est pas toujours très clairement défini, ni utilisé rigoureusement, celui *d'institution*. C'est un concept qui implique un accord mutuel sur un ensemble de valeurs traditionnelles qui rassemblent les êtres humains. Il implique en outre que ces êtres humains entretiennent un certain rapport les uns avec les autres, et avec un élément physique précis de leur environnement naturel et artificiel.

Bronislaw MALINOWSKI, *Une théorie scientifique de la culture* (1944), trad. P. Clinquart, François Maspero, 1970, p. 35-38.

La civilisation occidentale s'est entièrement tournée, depuis deux ou trois siècles, vers la mise à la disposition de l'homme de moyens mécaniques de plus en plus puissants. Si l'on adopte ce critère, on fera de la quantité d'énergie disponible par tête d'habitant l'expression du plus ou moins haut degré de développement des sociétés humaines. La civilisation occidentale, sous sa forme nord-américaine, occupera la place de tête, les sociétés européennes venant ensuite, avec, à la traîne, une masse de sociétés asiatiques et africaines qui deviendront vite indistinctes. Or ces centaines ou même ces milliers de sociétés qu'on appelle « insuffisamment développées » et « primitives », qui se fondent dans un ensemble confus quand on les envisage sous le rapport que nous venons de citer (et qui n'est guère propre à les qualifier, puisque cette ligne de développement leur manque ou occupe chez elles une place très secondaire), elles se placent aux antipodes les unes des autres ; selon le point de vue choisi, on aboutirait donc à des classements différents.

Si le critère retenu avait été le degré d'aptitude à triompher des milieux géographiques les plus hostiles, il n'y a guère de doute que les Eskimos d'une part, les Bédouins de l'autre, emporteraient la palme. L'Inde a su, mieux qu'aucune autre civilisation, élaborer un système philosophico-religieux, et la Chine, un genre de vie, capables de réduire les conséquences psychologiques d'un déséquilibre démographique. Il y a déjà treize siècles, l'Islam a formulé une théorie de la solidarité de toutes les formes de la vie humaine : technique, économique, sociale, spirituelle, que l'Occident ne devait retrouver que tout récemment, avec certains aspects de la pensée marxiste et la naissance de l'ethnologie moderne. On sait quelle place prééminente cette vision prophétique a permis aux Arabes d'occuper dans la vie intellectuelle du moyen âge. L'Occident, maître des machines, témoigne de connaissances très élémentaires sur l'utilisation et les ressources de cette suprême machine qu'est le corps humain. Dans ce domaine au contraire, comme dans celui,

Andreas Gursky (né en 1955), *Sans titre V (Nike)*.

connexe, des rapports entre le physique et le moral, l'Orient et l'Extrême-Orient possèdent sur lui une avance de plusieurs millénaires ; ils ont produit ces vastes sommes théoriques et pratiques que sont le yoga de l'Inde, les techniques du souffle chinoises ou la gymnastique viscérale des anciens Maoris. L'agriculture sans terre, depuis peu à l'ordre du jour, a été pratiquée pendant plusieurs siècles par certains peuples polynésiens qui eussent pu aussi enseigner au monde l'art de la navigation, et qui l'ont profondément bouleversé, au XVIIIe siècle, en lui révélant un type de vie sociale et morale plus libre et plus généreuse que tout ce que l'on soupçonnait.

Claude LÉVI-STRAUSS, *Race et Histoire*[1] (1952), © Denoël, Gallimard, coll. « Folio essais », 1987, p. 46-48.

1. Contribution à la publication par l'Unesco d'une série de brochures consacrées au problème du racisme.

Leong Ka Tai, *La Famille Wu, Yunan, Chine*, 26 novembre 1993.

document **2.**

Culture, société, institutions

À la fois produit et reflet des caractères communs aux individus qui la partagent, une culture ne se réduit pas pour autant à un ensemble de valeurs facilement ou spontanément partagées. Le spécialiste anglais de l'éducation Jerome Bruner met ici en évidence le rôle joué, dans les organisations sociales complexes, par la multiplication des institutions qui encadrent, contrôlent, éventuellement excluent, les individus.

Les cultures ne sont pas seulement des ensembles de gens qui ont en commun une langue et des traditions historiques. Elles sont faites d'institutions qui précisent très concrètement le rôle imparti à chacun, ainsi que le statut et l'estime que cela leur confère, tandis que d'autres institutions matérialisent le mode de vie général de cette culture. On peut aussi concevoir une culture comme un système d'échange très élaboré[1], où ont cours des monnaies aussi variées que les égards, les biens, la fidélité et les services. Les systèmes d'échange sont concentrés et légitimés dans des institutions qui procurent aux bénéficiaires des bâtiments, des rémunérations, des titres, etc.

1. Bruner fait notamment référence aux travaux de l'ethnologue français Claude Lévi-Strauss (voir le texte précédent et, dans « La société », le texte 1, p. 394).

Ils sont en outre légitimés par un appareil symbolique complexe fait de mythes, de statuts, de coutumes, de manières de parler et de penser, et même d'uniformes. Les institutions imposent leurs « volontés » par la coercition, parfois implicite, lorsqu'il s'agit d'inciter ou au contraire de dissuader, parfois explicite, lorsque entre autres certaines sanctions sont appliquées avec la caution de la puissance de l'État : la radiation de l'ordre des avocats ou le refus d'accorder un crédit à un commerçant indélicat par exemple.

Au sein d'une culture, ce sont les institutions qui font le « sale travail ». Elles le font au travers d'un mélange de coercition et de volontarisme, dont le dosage est toujours imprévisible. Pourquoi « imprévisible » ? Parce qu'il est difficile, tant pour ceux qui vivent dans cette culture que pour ceux qui l'observent de l'extérieur, de dire comment et à quel moment le pouvoir de faire appliquer la loi est exercé par ceux qui en ont reçu le mandat ou par ceux dont on pense qu'ils ont ce pouvoir. Aussi, si l'on peut dire que les institutions d'une culture font le « sale travail », on doit ajouter qu'elles le font de manière ambiguë et trouble.

Un autre trait caractéristique de toute culture est que les individus doivent rarement allégeance à une seule institution : on « appartient » à sa famille d'origine, mais aussi à celle à laquelle on a adhéré par le mariage ; on appartient à un groupe professionnel, mais aussi à un voisinage, ainsi qu'à des groupes plus vastes comme une nation ou une classe sociale. Chaque groupement institutionnel combat pour faire prévaloir ses propres exigences en matière de droits et de responsabilités. Cela ne fait qu'ajouter à l'ambiguïté inhérente à la vie dans une culture donnée.

Jerome Bruner, *L'Éducation. Entrée dans la culture*, trad. Y. Bonin, Retz, 1996, p. 47-48.

document **3.**

Patrimoine culturel et position sociale

À la fin des années 1960, la théorie de la reproduction vient démontrer, statistiques à l'appui, que la corrélation reste très forte entre origine sociale, niveau culturel et réussite socioprofessionnelle. La transmission est quasi automatique, comme par héritage, de la culture et des avantages qu'elle procure en termes de position socio-économique.

Le caractère *statistique* de la relation qui s'établit entre le capital d'origine et le capital d'arrivée[1] est ce qui fait que l'on ne peut complètement rendre raison des pratiques en fonction des seules propriétés définissant la position occupée à un moment donné du temps dans l'espace social : dire que les membres d'une classe disposant à l'origine d'un certain capital économique et culturel sont voués avec une probabilité donnée à une trajectoire scolaire et sociale conduisant à une position donnée, c'est dire en effet qu'une fraction de la classe (qui ne peut pas être déterminée *a priori* dans les limites du système explicatif considéré) est vouée à dévier par rapport à la trajectoire la plus fréquente pour la classe dans son ensemble, empruntant la trajectoire, supérieure ou inférieure, qui était la plus probable pour les membres d'une autre classe, et se déclassant ainsi par le haut ou par le bas.

Pierre Bourdieu, *La Distinction. Critique sociale du jugement*, Éd. de Minuit, coll. « Le sens commun », 1979, p. 123-124.

1. C'est-à-dire les biens culturels, qualifiés de *capital* par analogie avec la richesse économique, parce qu'ils sont comme elle d'autant plus rentables qu'on peut les faire fructifier (par exemple, en « investissant » dans la réussite scolaire). Bourdieu évoque ici le fait que la vérité statistique n'empêche pas la réussite et l'ascension sociale d'enfants issus de milieux populaires, grâce aux études.

Je ne me souviens pas du moment où je me rendis compte pour la première fois que je voulais – je ne me suis jamais dit que je « devais » – sortir de Hunslet[1] et de la vie qu'on y menait. Autant que je me souvienne, cette prise de conscience fut exempte de ressentiment et de rejet ; c'était la certitude aveugle que tel était le chemin qui m'attendait et que je devais prendre, comme si un pur instinct me poussait vers des manières de vivre et de voir la vie que Hunslet n'offrait pas ; je voyais, à mesure que les semaines et que les mois passaient, qu'on pouvait les trouver ailleurs et qu'elles étaient, par certains aspects importants, préférables à celles que je connaissais. Je franchis la première étape de ce voyage, au sens propre comme au sens figuré, lorsque je partis un matin pour me rendre au lycée de Cockburn, de l'autre côté de la « lande ».

Guillaume de Laubier, *Bibliothèque de Trinity College, la grande salle de lecture*, Dublin.

Un petit nombre de garçons sélectionnés au compte-gouttes et un nombre encore plus réduit de filles, une trentaine de boursiers par an sur les 65 000 habitants du sud de Leeds, sortaient des rues surpeuplées, attifés de leur veste d'uniforme ridicule et de leur casquette plus ridicule encore, pour rejoindre une première petite aire de lancement, première étape d'un long voyage. Dès lors leurs grandes amitiés se recruteraient dans la salle de classe, et non plus dans la rue ; ils danseraient sur des rythmes différents. Aucun parent ne les accompagnerait, ni ce premier jour ni les autres. Durant les premiers mois les garçons et les filles ne s'adresseraient pas la parole ; cela viendrait – peut-être – plus tard. Les supports de la mémoire, les gens connus, les endroits connus, tous ces repères se raréfiaient à mesure que le cercle s'élargissait vers l'extérieur et que vous vous propulsiez hors de l'aire d'attraction du quartier, par des rues que vous connaissiez de moins en moins bien. Des individus enfermés en eux-mêmes, regardant droit devant eux nerveusement mais obstinément, traversant ce qui aurait semblé à des étrangers des rues mornes et sans caractère pour aller vers un nouvel ordre de vie, de nouveaux mots, de nouvelles manières de se comporter, des stimulations inédites, un sentiment nouveau de développements possibles, de « perspectives ». Le premier jour à l'université, les premiers pas dans la chambrée où l'on dormira sont eux aussi des moments intenses, si c'est dans votre caractère ; mais aucun n'a autant de force que ce premier trajet vers le lycée, et l'entrée dans la première salle de cours avec tous ces visages nouveaux, à onze ans.

Richard HOGGART, *33 Newport Street. Autobiographie d'un intellectuel issu des classes populaires anglaises*[2], trad. Chr. et Cl. Grignon, Éd. du Seuil-Gallimard, 1991, p. 209-210.

1. Quartier ouvrier de la ville de Leeds, au nord de l'Angleterre, où l'auteur a passé son enfance. Il raconte ici le jour de sa première rentrée scolaire en classe de sixième, au lycée de la ville voisine.

2. Les récits autobiographiques d'intellectuels issus des classes populaires viennent conforter les constats sociologiques : s'il est possible de changer de « place » dans la société, en faisant des études, il n'est pas facile de concilier changement de culture et lien avec son passé. Voir aussi le texte suivant.

••• Quand je lis Proust ou Mauriac, je ne crois pas qu'ils évoquent le temps où mon père était enfant. Son cadre à lui c'est le Moyen Âge.

Il faisait deux kilomètres à pied pour atteindre l'école. Chaque lundi, l'instituteur inspectait les ongles, le haut du tricot de corps, les cheveux à cause de la vermine. Il enseignait durement, la règle de fer sur les doigts, *respecté*. Certains de ses élèves parvenaient au certificat dans les premiers du canton, un ou deux à l'école normale d'instituteurs. Mon père manquait la classe, à cause des pommes à ramasser, du foin, de la paille à botteler, de tout ce qui se sème et se récolte. Quand il revenait à l'école, avec son frère aîné, le maître hurlait : « Vos parents veulent donc que vous soyez misérables comme eux ! » Il a réussi à savoir lire et écrire sans faute. Il aimait apprendre. (On disait apprendre tout court, comme boire ou manger.) Dessiner aussi, des têtes, les animaux. À douze ans, il se trouvait dans la classe du certificat. Mon grand-père l'a retiré de l'école pour le placer dans la même ferme que lui. On ne pouvait plus le nourrir à rien faire. « On n'y pensait pas, c'était pour tout le monde pareil. » [...]

Le patois avait été l'unique langue de mes grands-parents.

Il se trouve des gens pour apprécier le « pittoresque du patois » et du français populaire. Ainsi Proust relevait avec ravissement les incorrections et les mots anciens de Françoise. Seule l'esthétique lui importe parce que Françoise est sa bonne et non sa mère. Que lui-même n'a jamais senti ces tournures lui venir aux lèvres spontanément.

Pour mon père, le patois était quelque chose de vieux et de laid, un signe d'infériorité. Il était fier d'avoir pu s'en débarrasser en partie, même si son français n'était pas bon, c'était du français. Aux kermesses d'Y..., des forts en bagout, costumés à la normande, faisaient des sketches en patois, le public riait. Le journal local avait une chronique normande pour amuser les lecteurs.

Annie ERNAUX, *La Place* (1983), Gallimard, coll. « Folio », 1986, p. 29-30 et 62.

Pour aller plus loin

Pierre BOURDIEU et **Jean-Claude PASSERON**, *Les Héritiers*, Éd. de Minuit, 1964 ; *La Reproduction*, Éd. de Minuit, nouvelle édition, 1971.

Bernard LAHIRE, *Culture écrite et Inégalités scolaires*, Presses universitaires de Lyon, 1993 ; *Tableaux de famille. Heurs et malheurs scolaires en milieux populaires*, Gallimard-Éd. du Seuil, coll. « Hautes Études », 1995.

Claude LÉVI-STRAUSS, *Anthropologie structurale*, Plon, 1958.

Charles TAYLOR, *Multiculturalisme. Différence et démocratie*, Aubier, 1994.

partie 3

La raison et le réel

Principes de perspective, anonyme (Italie), vers 1780, dessin, Victoria and Albert Museum, Londres.

La raison et le réel

- Théorie et expérience
- La démonstration
- L'interprétation
- Le vivant
- La matière et l'esprit
- La vérité

La sagesse, la connaissance vraie…

Quel que soit le motif de sa quête, une attitude philosophique refuse toujours de croire que le réel se donne de façon immédiate aux sens, à la pensée ou dans l'action. On peut se risquer à affirmer que toutes les écoles philosophiques ont ainsi en commun, malgré leurs divergences, de refuser une première version, considérée comme naïve, de la réalité. Elles en élaborent une version plus lucide, à la faveur d'une opération de **jugement**, voire d'**interprétation**, dont la fonction est de **construire** le contact avec le réel.

Si les philosophes refusent de croire que le réel puisse être directement lisible et que ce qu'on doit ou peut y faire soit immédiatement décidable, ils ne sont pas nécessairement condamnés à se rapporter, par le jeu d'une illusion métaphysique, à un autre réel que celui du commun des mortels. Leur projet initial n'est pas d'échapper au réel, mais de le comprendre et, surtout, de lui donner **sens** d'une façon justifiée.

Du reste, loin de condamner la tradition philosophique, les progrès des sciences confirment à leur façon la pertinence de l'une de ses intuitions fondamentales : l'immédiatement donné n'est pas directement lisible sans un commentaire dont il faut établir les règles. La question philosophique la plus classique revient donc à interroger les liens du réel avec la **connaissance** et avec la **vérité**. Pour que la rencontre entre l'esprit et le réel puisse produire de la connaissance, il faut définir des méthodes rigoureuses de construction et des critères fiables d'identification de la vérité.

Dès ses origines, dans l'Antiquité grecque, la philosophie occidentale s'est ainsi interrogée sur les conditions de possibilité et les finalités de la connaissance. Comment notre esprit peut-il former des représentations pertinentes de ce qui existe en dehors de lui ? Comment peut-il déjouer les pièges que lui tendent constamment la sensibilité ou l'imagination, qui font trop facilement prendre les choses pour ce qu'elles ne sont pas ? Les rationalistes se méfient du témoignage des sens au point de ne considérer comme certaines que les vérités établies par l'activité de l'esprit (le raisonnement, la **démonstration**) ou les vérités dont l'**évidence** s'impose au point que – pour reprendre une formule de Spinoza – la vérité est à elle-même son propre critère. Pour les empiristes, le contact avec le réel passe d'abord par les sens et, s'il ne suffit pas à garantir la conformité absolue de nos **perceptions** à leurs objets, l'**expérience sensible** doit être considérée comme notre première et principale source de connaissance de ce qui existe en dehors de nous.

Cette opposition se révèle très vite moins radicale qu'il n'y paraît. Descartes, sans doute le représentant le plus célèbre du courant rationaliste, est aussi celui qui, dès le XVIIe siècle, contribue à la naissance de la physique – à la fois par ses travaux scientifiques et par sa conviction que les progrès de la connaissance et de la maîtrise de la nature sont subordonnés à la mise en œuvre de véritables expériences. La philosophie critique de Kant proposera un peu plus tard le compromis à partir duquel l'opposition supposée entre raison et sensibilité, ou entre **théorie** et **expérience**, perdra progressivement de sa pertinence : pour progresser dans la connaissance du réel, il faut non pas opposer, mais conjuguer la réflexion qui conduit à se poser les bonnes questions et l'observation puis l'expérience guidées par ces questions, qui permettent de vérifier ou d'infirmer des hypothèses, et donc d'élaborer des savoirs.

La question des liens entre la **matière** et l'**esprit** constitue l'autre versant de ces interrogations sur les rapports entre la raison et le réel. Et son histoire est jalonnée des mêmes clivages : le monde de la matière (la nature, les corps physiques) et celui de l'esprit (la pensée, les sentiments, la spiritualité) sont-ils totalement séparés ? Liés l'un à l'autre ? Imbriqués l'un dans l'autre ? Parallèlement au débat sur les rapports entre raison et expérience sensible, la tradition philosophique a été dans ce domaine marquée par l'opposition entre idéalistes et matérialistes.

Même si la connaissance de la nature et celle de l'homme sont aujourd'hui très avancées, philosophes et scientifiques ont désormais en commun de nombreuses questions sans réponses, d'ordre éthique notamment : la raison humaine n'en a pas fini avec la connaissance et la maîtrise du réel.

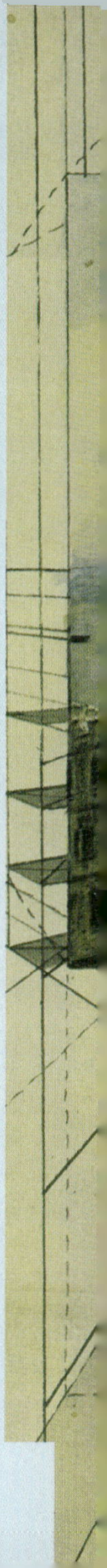

Théorie et expérience

Ouverture

Piaget. La physique spontanée des enfants 268

Présentation

Présentation 270

Textes

Textes 274

1 L'expérience juge de la théorie ?

1 **Bernard.** Les deux sens du mot « expérience » 274
2 **Hume.** Le scepticisme est réfuté par l'expérience de la vie 275
3 **Platon.** Le monde sensible est un jeu d'ombres 276
4 **Bachelard.** L'obstacle de l'expérience première 279
5 **Kant.** Aucune expérience ne réfutera jamais la valeur d'une idée morale 279

2 L'empirisme en débat

6 **Locke.** L'esprit est une table rase 280
7 **Condillac.** Comment les idées viennent aux statues 281
8 **Kant.** La science est une construction de la raison 282

3 La méthode expérimentale

9 **Bachelard.** La construction du fait scientifique 282
10 **Comte.** De la théorie à l'observation... et retour 283
11 **Duhem.** Une théorie physique n'est pas une explication de la réalité 284
12 **Popper.** Une théorie scientifique doit pouvoir être réfutée 285

Thomas Digges (vers 1546-1595), *La Parfaite Description des orbes célestes* (représentation de l'univers selon Copernic), 1576, The Granger Collection, New York.

THIS ORBE OF STARRES FIXED INFINITELY VP EXTENDETH HIT SELF IN ALTITVDE SPHERICALLYE AND THEREFORE
IMMOVABLE THE PALLACE OF FOELICITYE GARNISHED WITH PERPETVALL SHININGE GLORIOVS LIGHTES INNVMERABLE
FARR EXCELLINGE OVR SONNE BOTH IN QVANTITYE AND QVALITYE THE VERY COVRT OF COELESTIALL ANGELLES
DEVOYD OF GREEFE AND REPLENISHED WITH PERFITE ENDLESSE IOYE THE HABITACLE FOR THE ELECT.
THE ORBE OF SATVRNE ♄ MAKINGE HIS REVOLVTION IN 30 YEARES.
THE ORBE OF IVPITER ♃ MAKINGE HIS PERIODE IN 12 YEARES.
THE ORBE OF MARS ♂ MAKINGE HIS REVOLVTION IN 2 YEARES.
THE GREAT ORBE CARREINGE THIS GLOBE OF MORTALITYE WTH HIS CIRCVLAR PERIODE DETERMINETH OVR YEARE.
THE ORBE OF VENVS ♀ ROVLETH ROVND IN 9 MONETHES
THE ORBE OF MERCVRY ☿ IN 80 DAYES
THE SONNE

ouverture

Jean Piaget
La physique spontanée des enfants

Spécialiste du développement des enfants, le psychologue suisse Jean Piaget (1896-1980) montre ici comment, vers huit ans, les enfants construisent des représentations du monde physique qui font la part belle à l'imagination et à l'animisme : comme nous, les phénomènes naturels auraient une volonté et des sentiments. La lune et le soleil « agissent » ainsi, plus pour des raisons morales que parce qu'ils obéissent à des lois physiques.

Vers 7-8 ans [...], apparaît la première notion d'un déterminisme physique : certains mouvements, comme la marche des nuages ou des rivières, s'expliquent de plus en plus comme dus, non plus à une obligation morale, ni à une contrainte légale, mais à une contrainte toute physique. Seulement cette nouvelle notion est lente à se systématiser, elle ne s'applique qu'à certains phénomènes, et ce n'est guère que vers 11-12 ans qu'elle pourra remplacer définitivement dans la physique enfantine l'idée de règle morale. Aussi, entre 7-8 et 11-12 ans verrons-nous diverses combinaisons de la nécessité morale et du déterminisme physique, sans qu'il soit possible de subdiviser cette période en stades proprement dits. Remarquons enfin qu'avant 7-8 ans, il y a naturellement déjà un élément de contrainte physique dans la représentation du monde de l'enfant, mais cette contrainte est encore fort différente du déterminisme qui apparaît après 7-8 ans : c'est, pour ainsi dire, la contrainte corporelle qui accompagne nécessairement, aux yeux de l'enfant, la nécessité morale[1].

Citons maintenant quelques exemples pêle-mêle, en faisant pour chacun la part de la nécessité morale et la part du déterminisme physique.

Reyb (8 ; 7[2]) : « Les nuages font ce qu'ils veulent ? – *Non...* – Ils peuvent aller plus vite s'ils veulent ? – *Non.* – Ils peuvent s'arrêter s'ils veulent ? – *Non.* – Pourquoi ? – *Parce qu'ils marchent tout le temps.* – Pourquoi ? – *Parce que pour annoncer la pluie.* » « Le soleil peut faire ce qu'il veut ? – *Oui.* – Il peut s'arrêter de marcher s'il veut ? – *Non, parce que s'il s'arrêtait il éclairerait pas.* – Est-ce que la lune fait ce qu'elle veut ? – *Non.* – Elle peut s'arrêter si elle veut ? – *Oui.* Pourquoi ? – *Parce que si elle veut, elle peut [ne] pas marcher.* – Elle peut aller se coucher si elle veut ? – *Non, parce qu'elle éclaire la nuit.* » Si l'on compare ces propos aux propos suivants, de Reyb, on voit bien que la régularité de la marche des nuages et des astres s'explique par leur fonction, tandis que

1. Pour l'enfant de huit ans, l'ordre moral et l'ordre naturel sont étroitement imbriqués, ce qui le conduit à voir une forte coïncidence entre la causalité physique et la nécessité morale.
2. Les nombres entre parenthèses donnent l'âge des enfants : le premier, le nombre d'années, le deuxième celui des mois.

la régularité des rivières s'explique par le déterminisme : « Les fleuves font ce qu'ils veulent ? – *Non.* – Pourquoi ? – *Parce qu'ils coulent tout le temps.* – Pourquoi ? – *Parce qu'ils peuvent pas s'arrêter.* – Pourquoi ? – *Parce qu'ils coulent tout le temps.* – Pourquoi ? – *Parce que le vent les pousse. Il fait venir les vagues et ils coulent.* »

ZIM (8 ; 1) estime que la lune fait ce qu'elle veut. Seulement le pouvoir a des limites : « Elle peut ne pas venir le soir si elle veut ? – *Non.* – Pourquoi ? – *Parce que c'est pas elle qui commande* [!]. » Quant au soleil, il fait ce qu'il veut, mais cela revient au même : « Il sait qu'il est derrière la montagne ? – *Oui.* – C'est lui qui a voulu ou bien il est forcé ? – *Il a voulu.* – Pourquoi ? – *Parce que pour que ça fasse beau temps.* »

RAT (8 ; 10) : « Les nuages peuvent aller plus vite s'ils le veulent ? – *Oui.* – Pourquoi ? – *Parce qu'ils marchent tout seuls.* – Ils peuvent partir quand ils veulent ? – *Oui.* – Aujourd'hui [jour de pluie], ils le pourraient ? – *Oui.* – Pourquoi ils ne le font pas ? – *Parce qu'ils le font pas.* – Pourquoi ? – *Parce qu'il pleut.* – C'est eux qui ont voulu ? – *Non.* – Qu'est-ce que c'est ? – *C'est le Bon Dieu.* » « Le soleil peut s'arrêter d'éclairer s'il veut ? – *Oui.* – Il pourrait venir au milieu de la nuit, s'il le voulait ? – *Il veut pas. Il fait nuit. Il va se coucher.* – Il pourrait s'il le voulait ? – *Oui.* – Il l'a déjà fait ? – *Non.* – Pourquoi ? – *Il aime mieux aller se coucher.* – Tu crois ça, toi ? – *Oui.* – Pourquoi il ne vient pas au milieu de la nuit ? – *Il peut pas.* – Pourquoi ? – *S'il vient pas, il éclaire pas. S'il vient il éclaire.* – Alors pourquoi il ne vient pas éclairer la nuit ? – *La lune éclaire un petit peu.* – Il ne peut pas venir aussi ? – *Il veut pas venir.* – Il pourrait venir ? – *Oui.* – Pourquoi il ne le fait pas ? – *Les gens croiraient que c'est le matin.* – Pourquoi il ne fait pas ça ? – *Il veut pas faire ça.* » La lune obéit à des raisons analogues : « La lune pourrait s'arrêter au milieu de la nuit, si elle voulait ? – *Non, parce que c'est pour éclairer un peu plus.* »

ROSS (9 ; 9) : « Le soleil fait ce qu'il veut ? – *Oui.* – Il peut aller plus vite s'il veut ? – *Oui.* – Il peut s'arrêter. – *Non.* – Pourquoi ? – *Parce qu'il doit briller un peu longtemps.* – Pourquoi ? – *Pour nous réchauffer.* »

Jean PIAGET, *La Représentation du monde chez l'enfant* (1926), PUF, coll. « Quadrige », 2003, p. 189-190.

Emmanuel Pierrot (né en 1967), *Échelle pour la lune*, 2000.

Théorie et expérience
Présentation

I | L'expérience juge de la théorie ?

La théorie : une « vue de l'esprit »

Textes 1 à 5
Bernard, Hume, Platon, Bachelard, Kant, p. 274-280.

Tiré du grec *theôria*, le mot « théorie » signifie chez Platon « contemplation, vue de l'esprit ». Mais que vaut une simple vue de l'esprit si elle ne renvoie pas à une expérience ? C'est souvent avec mépris qu'on qualifie de « théoriques » des idées qu'on juge trop éloignées des faits ou de l'expérience vécue. La théorie serait ainsi marquée du sceau de l'incertain, du vague, voire de l'impraticable. Les théories scientifiques elles-mêmes ne sont acceptées que si elles sont validées expérimentalement. Une théorie scientifique veut être en effet une **explication** de certains phénomènes, et les expérimentations ont précisément pour fonction de constater si les phénomènes se produisent conformément ou non à la façon dont la théorie les explique. L'expérience n'apparaît-elle pas alors comme le juge de toute théorie[1] ?

Les différents sens du mot « expérience »

Au sens le plus courant, l'expérience est l'ensemble des savoirs et des savoir-faire acquis par la pratique de la vie. En ce sens, on dira de quelqu'un qu'il *a* de l'expérience ou qu'il est expérimenté. Dans un deuxième sens, plus philosophique, le concept d'expérience renvoie aux données sensibles grâce auxquelles nous nous rapportons aux choses. Par exemple, le sens de la vue permet d'avoir l'expérience des couleurs[2]. Dans un troisième sens, enfin, le mot « expérience » désigne les procédures au moyen desquelles on essaie de contrôler ou de valider des hypothèses ou des croyances. On dira en ce sens d'un scientifique non qu'il *a* de l'expérience mais qu'il *fait* une expérience. Il vaudrait d'ailleurs mieux ici parler d'expérimentation que d'expérience.

Ces trois sens ne doivent pas être confondus. Ils semblent néanmoins tous faire de l'expérience le critère de la valeur des théories. Seule l'expérience semble nous instruire et nous permettre de décider de la vérité ou de la praticabilité de nos « vues de l'esprit ».

L'expérience récusée

La subordination de la théorie à l'expérience n'a pourtant pas été une évidence pour tous les philosophes. Bien au contraire, tout un courant rationaliste, qu'on peut faire remonter à l'Antiquité grecque, argue du caractère souvent trompeur de nos sens pour soutenir la thèse inverse : l'expérience est un obstacle à la connaissance.

1. Voir, dans les Repères, « En théorie / En pratique », « Expliquer / Comprendre ». 2. Voir « La perception », p. 58-61.

C'est notamment ce que nous dit Platon dans son allégorie de la caverne : le monde de notre expérience est comparable à une caverne au fond de laquelle sont projetées des ombres perçues par des prisonniers qui ne peuvent tourner la tête ni par conséquent voir la lumière et les réalités du dehors. Ne vont-ils pas alors être invinciblement portés à croire que les ombres qu'ils voient sont la réalité même ? Ces prisonniers nous ressemblent, dit Platon. La connaissance sensible n'est pas la connaissance véritable, qui oblige au contraire à nous détourner du fond de la caverne afin de contempler au dehors les réalités véritables. Celles-ci sont dès lors purement intelligibles, invisibles à tout autre œil que l'« **œil de l'âme** », et donc objets d'une pure *theôria*.

Le philosophe des sciences Gaston Bachelard reprendra d'une certaine façon le programme platonicien : notre expérience première et immédiate du monde, loin d'être l'origine ou la justification de nos connaissances théoriques, est un **obstacle** qu'il faut dépasser, parce qu'elle tourne le dos à l'objectivité[1]. Personne n'a jamais trouvé les lois de la combustion en se laissant bercer par la chaleur de la cheminée. Le réel, dit Bachelard, n'est pas donné, il est construit par la pensée scientifique[2].

Critique morale de l'expérience

Dans le domaine des théories morales, l'expérience, loin d'être d'un grand secours, tend facilement à devenir l'alibi du renoncement. Agir moralement se heurte certes souvent à des conditions qui rendent l'action difficile : par exemple, je dois toujours secourir quelqu'un que je sais être en danger, mais je ne le peux pas toujours. Est-ce une raison pour ne pas vouloir agir ? L'invocation des circonstances n'est-elle pas qu'un prétexte à notre inaction ? Telle est notamment la position de Kant. L'impossibilité matérielle d'être constamment moral et de faire toujours son devoir ne peut en aucun cas nous dispenser de vouloir toujours le faire. Et jamais on ne réfutera valablement une idée morale en disant que c'est une utopie[3].

2 | L'empirisme en débat

L'expérience, fondement de la connaissance ?

Textes 6 à 8
Locke, Condillac, Kant, p. 280-282.

Contre toutes ces critiques se dresse l'**empirisme**, philosophie dont le projet même est de montrer que l'expérience est le fondement de toute connaissance et la garantie de l'objectivité de nos représentations.

Pour l'empirisme, dont les grands philosophes furent, aux XVIIe et XVIIIe siècles, l'Anglais Locke, l'Écossais Hume et le Français Condillac, l'expérience sensible est à l'origine de toutes nos idées. Si abstraite soit-elle, une idée peut toujours se décomposer en éléments qu'on peut faire dériver de ce que Hume appelle une « impression sensible[4] ». Par exemple, l'idée d'une montagne d'or ne correspond certes à aucune expérience ; pourtant, elle résulte d'une combinaison entre l'idée de montagne et l'idée d'or, dont nous avons l'expérience. Mais l'expérience n'est pas seulement à

1. Voir, dans les Repères, « Objectif / Subjectif ». 2. Voir aussi, dans « La perception », le texte 6 de Descartes, p. 65.
3. Voir, dans les Repères, « En théorie / En pratique ». 4. Voir, dans les Repères, « Abstrait / Concret », « Idéal / Réel ».

l'origine des idées. Elle en atteste aussi la valeur objective. Une idée qu'on ne pourrait pas décomposer en éléments simples dérivant chacun d'une impression sensible ne représenterait rien ; ce serait non une idée, mais un mot vide de sens[1].

L'objection kantienne

Kant reprend et développe une objection que Leibniz formulait déjà contre l'empirisme de Locke : à celui-ci qui affirmait que rien n'est dans l'intelligence qui n'ait d'abord été dans les sens, Leibniz répondait en effet : sauf l'intelligence elle-même[2]. On peut ainsi concéder à l'empirisme une vérité : sans l'expérience, nous ne connaîtrions rien ; elle est la **matière** de notre connaissance. Mais le monde de notre expérience est organisé : nous y repérons un ordre, des régularités, des lois. Or, l'expérience ne peut pas par elle-même rendre compte de ce qui l'organise.

Considérons, par exemple, la catégorie de causalité. Elle renferme l'idée d'une liaison nécessaire entre la cause et son effet. Or, l'expérience ne nous instruit pas de cette nécessité ; au mieux nous apprend-elle que les choses se sont toujours passées ainsi, non que cela doit toujours et en toutes circonstances se passer ainsi. Aussi Kant en déduit-il que le concept de causalité n'est pas lui-même dérivé de l'expérience. C'est un concept pur de l'entendement, entièrement *a priori* (indépendant de l'expérience), mais qui met en forme la matière de nos impressions sensibles[3].

3 | La méthode expérimentale

L'irréductibilité des théories scientifiques

Textes 9 à 12
Bachelard, Comte, Duhem, Popper,
p. 282-285.

L'analyse de l'activité scientifique peut-elle trancher le débat entre la conception kantienne et l'empirisme ? L'empirisme tend à penser que les théories scientifiques ne sont que des synthèses de faits observables. Il néglige alors ce qu'apporte une théorie en organisant et en expliquant les faits. En effet, les concepts d'une théorie scientifique ne sont pas seulement des descriptions du monde : ils veulent aussi en être des **explications**. Par exemple, le concept d'évolution a été avancé par Darwin pour expliquer certains faits d'observation (la relation entre des espèces actuelles et des restes fossiles, la distribution géographique d'espèces reliées par leurs affinités anatomiques ou morphologiques systématiques, etc.), mais il n'est pas lui-même dérivé d'une observation : personne n'a jamais vu une espèce en train d'évoluer. Un tel concept est **construit** par la science. Ainsi, si une théorie scientifique doit évidemment rendre compte des données de l'expérience, elle le fait au moyen de concepts qui ne peuvent s'y réduire. Du reste, on peut construire sur les mêmes observations plusieurs théories différentes, voire contraires. Par exemple, la théorie géocentriste de l'astronome grec du IIe siècle Ptolémée (la Terre est le point immobile autour duquel tournent les planètes et le Soleil) est construite sur les mêmes données observables que la théorie inverse de Copernic (c'est le Soleil qui est au centre) ; l'une et l'autre théories rendent compte de façon opposée du même mouvement apparent des astres.

1. Voir, dans les Repères, « Objectif / Subjectif ». 2. *Nouveaux essais sur l'entendement humain* (1765, publication posthume), Préface. 3. Voir, dans les Repères, « Cause / Fin », « Formel / Matériel ».

La nature est muette

Une expérimentation est toujours un problème posé à la nature. Le monde de l'expérience n'est pas un livre ouvert qu'il suffirait de lire. La nature ne répond qu'aux questions que nous lui posons. Et elle répond dans les termes mêmes dans lesquels la science l'interroge. Cela signifie que l'expérimentation scientifique elle-même est toujours **imprégnée de théorie**. Les théories scientifiques, loin d'être le résultat de l'expérimentation, la structurent. Elles permettent de concevoir les expériences et d'en interpréter les résultats. Autrement dit, les faits sont toujours analysés dans les catégories de la théorie qui les analyse. Par exemple, les atomes et les molécules n'ont aucune réalité observable indépendamment de la théorie atomique, et un « observateur » ignorant de cette théorie n'observerait en réalité rien du tout.

La base empirique des théories scientifiques

Néanmoins, le propre de la science est de soumettre l'acceptation de ses théories au contrôle de l'expérience. L'empirisme a sans doute tort de faire de l'expérience l'origine de nos idées. Mais a-t-il tort d'en faire la justification ? La possibilité même qu'a la science significativement appelée « expérimentale » de contrôler par des faits d'observation si ses théories sont ou non acceptables semble bien être le gage de l'objectivité de ses énoncés, objectivité à laquelle aucune théorie non scientifique (par exemple, philosophique) n'est jamais parvenue. La possibilité d'une confrontation avec l'expérience semble donc être le critère de démarcation entre théories scientifiques et théories non scientifiques, entre science et non-science. Selon cette façon de voir, le propre d'une théorie scientifique n'est pas d'être vérifiée mais d'être **vérifiable**, c'est-à-dire de pouvoir être expérimentalement vérifiée ou infirmée, et le propre d'une théorie non scientifique n'est pas d'être démentie par l'expérience, mais de ne pas être susceptible de se soumettre à un contrôle expérimental.

La « falsifiabilité » des théories scientifiques

Pourtant, le contrôle par les faits n'est pas pour les théories scientifiques un critère de certitude. Le philosophe Karl Popper a montré que l'expérience pouvait plus facilement établir le faux que le vrai. Car les théories sont toujours générales et les faits expérimentaux toujours singuliers[1]. Si un fait singulier est contraire à une théorie générale, il en prouve la fausseté. Mais s'il est conforme à cette théorie, il n'en prouve pas la vérité, car il n'exclut pas que d'autres faits puissent la démentir. Popper exprimera cette idée en disant que le propre de la science expérimentale est non pas d'être **vérifiable**, mais **falsifiable**[2], c'est-à-dire « **réfutable** ». Une théorie irréfutable est alors, paradoxalement, non une théorie vraie avec certitude mais une théorie **non scientifique**, qui échappe à l'examen des faits, c'est-à-dire au risque de sa réfutation. Une théorie expérimentalement confirmée n'est pas en toute rigueur une théorie « vérifiée » : elle n'est confirmée que jusqu'à preuve du contraire. Néanmoins, ses confirmations sont autant de raisons de l'accepter, même si cette acceptation est (peut-être) provisoire. En ce sens, l'expérience reste bien le critère de toute l'objectivité dont les théories scientifiques sont capables.

1. Voir, dans les Repères, « Universel / Général / Particulier / Singulier ». 2. Dérivation de l'anglais *falsifiability*.

Théorie et expérience
Textes

I | L'expérience juge de la théorie ?

texte 1 Bernard. Les deux sens du mot « expérience »

Avoir de l'expérience, est-ce la même chose que faire des expériences ? Dans le premier cas, il s'agit simplement de savoir raisonner sur les faits, y compris les faits de tous les jours ; dans le second, il s'agit de se livrer à une recherche pour confirmer une hypothèse. Être un expérimentateur signifie autre chose qu'être expérimenté. Mais, quel que soit son sens, l'expérience reste toujours le point d'appui d'un esprit rationnel.

Dans la langue française, le mot *expérience* au singulier signifie d'une manière générale et abstraite l'instruction acquise par l'usage de la vie. Quand on applique à un médecin le mot expérience pris au singulier, il exprime l'instruction qu'il a acquise par l'exercice de la médecine. Il en est de même pour les autres professions, et c'est dans ce sens que l'on dit qu'un homme a acquis de l'*expérience*, qu'il a de l'*expérience*. Ensuite on a donné par extension et dans un sens concret le nom d'*expériences* aux faits qui nous fournissent cette instruction expérimentale des choses. [...]

Quand on parle d'une manière concrète, et quand on dit *faire des expériences* ou *faire des observations*, cela signifie qu'on se livre à l'investigation et à la recherche, que l'on tente des essais, des épreuves, dans le but d'acquérir des faits dont l'esprit, à l'aide du raisonnement, pourra tirer une connaissance ou une instruction.

Quand on parle d'une manière abstraite et quand on dit *s'appuyer sur l'observation* et *acquérir de l'expérience*, cela signifie que l'*observation* est le point d'appui de l'esprit qui raisonne, et l'*expérience* le point d'appui de l'esprit qui conclut ou mieux encore le fruit d'un raisonnement juste appliqué à l'interprétation des faits. D'où il suit que l'on peut acquérir de l'expérience sans faire des expériences, par cela seul qu'on raisonne convenablement sur les faits bien établis, de même que l'on peut faire des expériences et des observations sans acquérir de l'expérience, si l'on se borne à la constatation des faits. [...]

« L'expérience, dit Goethe[1], corrige l'homme chaque jour. » Mais c'est parce qu'il raisonne juste et expérimentalement sur ce qu'il observe ; sans cela il ne se corrigerait pas. L'homme qui a perdu la raison, l'aliéné, ne s'instruit plus par l'expérience, il ne raisonne plus expérimentalement. L'expérience est donc le privilège de la raison. [...]

1. Écrivain et savant allemand (1749-1832).

Nous donnerons au mot *expérience*, en médecine expérimentale, le même sens général qu'il conserve partout. Le savant s'instruit chaque jour par l'expérience ; par elle il corrige incessamment ses idées scientifiques, ses théories, les rectifie pour les mettre en harmonie avec un nombre de faits de plus en plus grands, et pour approcher ainsi de plus en plus de la vérité.

On peut s'instruire, c'est-à-dire acquérir de l'expérience sur ce qui nous entoure, de deux manières, empiriquement et expérimentalement. Il y a d'abord une sorte d'instruction ou d'expérience inconsciente et empirique, que l'on obtient par la pratique de chaque chose. Mais cette connaissance que l'on acquiert ainsi n'en est pas moins nécessairement accompagnée d'un raisonnement expérimental vague que l'on se fait sans s'en rendre compte, et par suite duquel on rapproche les faits afin de porter sur eux un jugement. L'expérience peut donc s'acquérir par un raisonnement empirique et inconscient ; mais cette marche obscure et spontanée de l'esprit a été érigée par le savant en une méthode claire et raisonnée, qui procède alors plus rapidement et d'une manière consciente vers un but déterminé. Telle est la méthode expérimentale dans les sciences, d'après laquelle l'expérience est toujours acquise en vertu d'un raisonnement précis établi sur une idée qu'a fait naître l'observation et que contrôle l'expérience.

› Repères
Voir **En théorie / En pratique**.

Claude BERNARD, *Introduction à l'étude de la médecine expérimentale* (1865), Flammarion, coll. « GF », 1966, p. 39-40.

texte 2 Hume. Le scepticisme est réfuté par l'expérience de la vie

Les théories philosophiques peuvent-elles être jugées par l'expérience de la vie ? Hume répond sans ambiguïté : oui. Une philosophie peut bien être profonde et vraie théoriquement, elle n'est qu'une chimère si elle est impraticable. Telle est l'objection qu'il adresse dans ce texte au scepticisme pyrrhonien[1].

Un stoïcien ou un épicurien développent des principes, qui peuvent n'être pas durables, mais qui ont un effet sur la conduite et la manière d'agir. Mais un pyrrhonien ne peut compter que sa philosophie ait aucune influence constante sur l'esprit, ni que, si elle en avait, cette influence dût être bienfaisante pour la société. Au contraire, il est obligé de reconnaître, si tant est qu'il reconnaisse quelque chose, que toute vie humaine périrait forcément, si ses principes devaient universellement et fermement prévaloir. Tout raisonnement, toute action cesseraient aussitôt ; et les hommes resteraient dans une totale léthargie, jusqu'à ce que les nécessités de la nature, n'étant pas satisfaites, missent fin à leur misérable existence. Il est vrai qu'un événement si fatal est très peu à craindre. La nature est toujours plus forte que les principes. Et un pyrrhonien a beau se jeter soi-même ou jeter autrui dans un étonnement et un embarras momentanés par ses profonds raisonnements : l'événement de la vie le premier venu et le plus trivial[2] mettra en fuite tous ses doutes et ses scrupules, et le laissera identique, en tout sujet d'action et de spéculation, aux philosophes de toutes les autres sectes, ou à ceux qui ne s'occupèrent jamais d'aucune recherche

1. Disciple de Pyrrhon d'Élis, fondateur grec, au IIIe siècle av. J.-C., de l'école sceptique. Le scepticisme grec pensait qu'il était impossible à la connaissance humaine d'atteindre une vérité certaine et faisait du doute universel la seule attitude philosophique susceptible de procurer la sagesse.
2. Le plus banal.

philosophique. Quand il s'éveillera de son rêve, il sera le premier à prendre part au rire qui l'excite, et à avouer que toutes ses objections ne sont que pur amusement, et ne peuvent tendre à autre chose qu'à faire voir la bizarre condition de l'humanité, laquelle est obligée d'agir, de raisonner et de croire, encore qu'elle ne soit pas capable, fût-ce par la plus diligente recherche, de se satisfaire touchant le fondement de ces opérations, ou d'écarter les objections qui peuvent être élevées contre elles[3].

David HUME, *Enquête sur l'entendement humain* (1748), XIIe section, IIe partie, trad. G. Tanesse et M. David revue par D. Deleule, Le Livre de Poche, 1999, p. 281-282.

3. La fin du texte reconnaît clairement que le scepticisme pyrrhonien a raison « en théorie » (Hume qualifiait lui-même sa philosophie de « sceptique »), même s'il est impraticable dans la vie.

Repères
Voir **En théorie / En pratique**.

texte 3 Platon. Le monde sensible est un jeu d'ombres

Faut-il se méfier des données des sens ? Platon représente au moyen d'une allégorie célèbre – l'allégorie de la caverne – une thèse essentielle de sa philosophie : le monde sensible dans lequel nous vivons n'est l'objet que d'une connaissance illusoire, la connaissance véritable étant, au-delà du sensible, celle des essences intelligibles des choses.

SOCRATE. – Imagine des hommes dans une demeure souterraine en forme de caverne, possédant une entrée ouverte à la lumière, qui s'étend sur toute la longueur. Imagine aussi que ces hommes sont là depuis l'enfance, les jambes et le cou enchaînés, de sorte qu'ils restent toujours à la même place, et ne peuvent rien voir que ce qui se trouve devant eux, leur chaîne les empêchant de tourner la tête. Imagine, enfin, que la lumière d'un feu allumé loin derrière eux, sur une hauteur, leur parvient ; et qu'entre le feu et les prisonniers s'élève un chemin le long duquel un petit mur a été construit, semblable aux panneaux que les montreurs de marionnettes dressent entre eux et le public, et au-dessus desquels ils font voir leurs tours prestigieux.

GLAUCON. – Je l'imagine.

SOCRATE. – Envisage maintenant tout au long de ce petit mur des hommes portant toutes sortes d'objets fabriqués qui dépassent le mur, des statuettes d'hommes et des animaux en pierre, en bois, façonnés dans toutes les formes ; et, bien entendu, parmi ces hommes qui défilent, les uns parlent et les autres se taisent.

GLAUCON. – Ton image et tes prisonniers sont très étranges.

SOCRATE. – Pourtant, ils nous ressemblent. Et d'abord, penses-tu que de tels hommes aient vu autre chose d'eux-mêmes et de ceux qui les entourent que les ombres projetées par le feu sur la paroi de la caverne en face d'eux ?

GLAUCON. – Comment pourraient-ils faire autrement, s'ils sont forcés de garder la tête immobile pendant toute leur vie ?

SOCRATE. – N'en est-il pas de même des objets qui défilent ?

GLAUCON. – Sans aucun doute.

SOCRATE. – Mais alors, s'ils pouvaient discuter, ne penses-tu pas qu'en désignant par un nom ce qu'ils voient, ils croiraient nommer les choses elles-mêmes ?

GLAUCON. – Nécessairement.

Socrate. – Et si le lieu de leur détention était tel que la paroi qui leur fait face leur renvoyait un écho ? Chaque fois que l'un des porteurs parlerait, ne crois-tu pas qu'ils prendraient sa voix pour celle de l'ombre qui passe devant eux ?

Glaucon. – Si, par Zeus.

Socrate. – Il ne fait aucun doute que, dans une telle situation, ces hommes ne considéreraient comme vraies que les ombres des objets fabriqués[1].

Glaucon. – Sans aucun doute.

Socrate. – Examine alors ce qui leur arrivera naturellement s'ils sont libérés de leurs chaînes et guéris de leur ignorance : chaque fois que l'un d'eux sera délivré et soudain contraint de se dresser, de tourner le cou, de marcher, de lever les yeux vers la lumière, tous ces actes le feront souffrir, et, à cause de la lumière éblouissante, il ne sera pas capable de regarder les objets dont il voyait jusqu'alors les ombres. Que répondra-t-il, à ton avis, si on lui dit qu'il n'a vu auparavant que des choses futiles, mais que maintenant il voit mieux, étant donné qu'il se trouve plus près de la réalité et qu'il est tourné vers des choses plus réelles ; et si, en outre, en lui montrant chacun des objets qui passent devant lui, on le force par des questions à dire ce qu'est chacun d'eux ? Ne crois-tu pas qu'il sera dans l'embarras et qu'il considérera les objets vus auparavant comme plus vrais que ceux qu'on lui montre à présent ?

Glaucon. – Beaucoup plus vrais, en effet.

Socrate. – Et si on l'oblige alors à regarder la lumière même, n'aura-t-il pas mal aux yeux et ne la fuira-t-il pas pour se retourner vers les objets qu'il est capable de voir ? Et ceux-là, ne les estimera-t-il pas plus clairs que ceux qu'on lui montre ?

Glaucon. – Si.

Socrate. – Et si on le tire de là, par force, tout au long de la montée ardue et escarpée, et qu'on ne le lâche pas avant de l'avoir traîné dehors, à la lumière du soleil, ne souffrira-t-il pas, ne s'indignera-t-il pas d'être traîné de la sorte ? Et, une fois parvenu à la lumière, les yeux aveuglés par son éclat, ne sera-t-il pas incapable de voir ne serait-ce qu'un seul des êtres que nous appelons maintenant vrais ?

Glaucon. – Il en sera incapable, du moins sur-le-champ.

Socrate. – En effet, je crois qu'il aura besoin de s'habituer, s'il veut voir les choses d'en haut. Tout d'abord, ce sont les ombres qu'il discernera le plus facilement, puis les reflets des hommes et des autres choses dans l'eau[2], puis les choses elles-mêmes[3]. À partir de là, en levant les yeux vers la lumière des astres et de la lune, il contemplera pendant la nuit les corps célestes et le ciel lui-même plus facilement que pendant le jour le soleil et la lumière du soleil.

Glaucon. – Sûrement.

Socrate. – Et je crois qu'en dernier lieu il pourra voir et contempler le soleil tel qu'il est ; non pas ses images dans l'eau ou sur n'importe quelle autre surface, mais le soleil lui-même à sa vraie place.

Glaucon. – Nécessairement.

Socrate. – Puis, il en conclura que le soleil produit les saisons et les années, qu'il dirige tout ce qui se trouve dans le domaine visible et qu'il est,

1. Les ombres représentent ici les objets sensibles.

2. Ce n'est pas des ombres de la caverne qu'il s'agit dans ce paragraphe. Platon exprime ici de façon imagée le rôle pédagogique de la connaissance mathématique : elle est une préparation à la contemplation des réalités intelligibles, qui sont pour Platon les réalités véritables.

3. Les *choses elles-mêmes* sont les réalités intelligibles. Elles sont plus réelles que les « ombres » sensibles parce qu'elles sont les « essences » des choses (la Beauté en soi, la Justice en soi, etc.).

d'une certaine manière, la cause de tout ce que lui et ses compagnons voyaient dans la caverne.

GLAUCON. – Il est évident que c'est ce qu'il conclura au terme du parcours.

SOCRATE. – Mais alors, s'il se rappelle sa première demeure, la science qu'on y trouvait et ses compagnons de captivité, ne crois-tu pas qu'il sera heureux de ce changement et qu'il s'apitoiera sur les autres ?

GLAUCON. – Certainement.

SOCRATE. – Et ces honneurs et ces louanges qu'ils se décernaient les uns aux autres, et ces récompenses qu'ils accordaient à celui qui distinguait le mieux les ombres qui défilaient, à celui qui se souvenait le mieux de celles qui, d'habitude, passaient les premières, les dernières, ou arrivaient ensemble, et qui, par conséquent, était le plus apte à deviner l'ombre qui allait venir, penses-tu qu'il estimera cela digne d'envie ? [...] Ou bien, ne préférera-t-il pas mille fois, comme le dit Homère : « n'être qu'un valet de ferme au service d'un pauvre paysan », plutôt que de revenir à ses opinions anciennes et de vivre comme il vivait là-bas ?

GLAUCON. – Je partage ton avis ; il préférera tout endurer plutôt que de vivre comme il vivait là-bas.

SOCRATE. – Bien, imagine encore qu'un tel homme redescende dans la caverne[4] et s'assoie à nouveau à la place qui était la sienne ; n'aura-t-il pas les yeux aveuglés par l'obscurité, en arrivant soudain du plein soleil ?

GLAUCON. – Sans aucun doute.

SOCRATE. – Et s'il lui faut encore se mesurer avec les prisonniers toujours enchaînés, porter des jugements sur les ombres, cela pendant que sa vue est encore trouble et avant que ses yeux se soient habitués à l'obscurité – ce qui prendra beaucoup de temps –, ne prêtera-t-il pas à rire et ne dira-t-on pas de lui que de son voyage il est revenu les yeux malades et qu'aller là-haut ne sert à rien ? Et si quelqu'un cherche à délivrer les prisonniers de leurs chaînes et à les conduire en haut, s'ils ont la possibilité de mettre la main sur lui et de le tuer, ne le tueront-ils pas[5] ?

GLAUCON. – Certainement.

SOCRATE. – Maintenant, mon cher Glaucon, il nous faut appliquer cette image à tout ce que nous disions auparavant, assimiler le domaine visible au séjour de la prison, et la lumière du feu qui l'éclaire à la puissance du soleil. En ce qui concerne l'ascension et la contemplation de ce qui se trouve en haut, si tu la considères comme la montée de l'âme vers le domaine intelligible, tu ne te tromperas pas sur ma pensée, que tu désires connaître. [...] En tout cas, voici ma vision des choses : aux confins du domaine connaissable il y a l'Idée du Bien, qui est difficile à voir. Mais une fois qu'on l'a saisie, nous devons conclure qu'elle est en toutes choses la cause de ce tout ce qui est droit et beau ; que dans le domaine visible c'est elle qui a engendré la lumière et le maître de la lumière, et que, dans le domaine intelligible, c'est elle-même qui, en souveraine, dispense vérité et intelligence[6] ; enfin que c'est elle qu'il faut saisir pour agir avec sagesse, dans la vie privée comme dans la vie publique.

PLATON (vers 420-340 av. J.-C.), *La République*, livre VII, 514b-517c, trad. T. Karsenti et Y. Prélorentzos, Hatier, coll. « Les classiques de la philosophie », 2000, p. 60-65.

4. Platon expliquera par la suite qu'il faut forcer le philosophe à redescendre, comme on avait forcé le prisonnier à monter (*La République*, 519c). Il a en effet une vocation politique : la connaissance du Bien et du Juste doit lui permettre de diriger la cité (c'est la thèse du « philosophe-roi »).

5. Allusion à la condamnation à mort de Socrate.

6. Symbolisé dans l'allégorie de la caverne par le soleil, le Bien est, dans la philosophie de Platon, le principe premier de toutes choses, intelligibles et sensibles ; il est aussi ce qui rend possible leur connaissance.

› Repères
Voir **Idéal / Réel**.

texte 4 Bachelard. L'obstacle de l'expérience première

Faut-il penser contre les apparences ? Pour Bachelard, l'empirisme est une philosophie paresseuse. En effet, loin de nous instruire, l'expérience commence par nous étourdir. Elle parle d'abord à l'imagination, et non à la raison, et la première vertu de l'esprit scientifique est de savoir résister à ses enseignements. Certes la science est expérimentale, mais l'expérimentation scientifique n'est pas l'expérience spontanée du monde. Elle est toujours informée et critique (voir les textes 8 et 9, p. 282-283).

Dans la formation d'un esprit scientifique, le premier obstacle, c'est l'expérience première, c'est l'expérience placée avant et au-dessus de la critique qui, elle, est nécessairement un élément intégrant de l'esprit scientifique. Puisque la critique n'a pas opéré explicitement, l'expérience première ne peut, en aucun cas, être un appui sûr. Nous donnerons de nombreuses preuves de la fragilité des connaissances premières, mais nous tenons tout de suite à nous opposer nettement à cette philosophie facile qui s'appuie sur un sensualisme[1] plus ou moins franc, plus ou moins romancé, et qui prétend recevoir directement ses leçons d'un *donné* clair, net, sûr, constant, toujours offert à un esprit toujours ouvert.

Voici alors la thèse philosophique que nous allons soutenir : l'esprit scientifique doit se former *contre* la Nature, contre ce qui est, en nous et hors de nous[2], l'impulsion et l'instruction de la Nature, contre l'entraînement naturel, contre le fait coloré et divers. L'esprit scientifique doit se former en se réformant. Il ne peut s'instruire devant la Nature qu'en purifiant les substances naturelles et qu'en ordonnant les phénomènes brouillés.

1. À prendre ici comme synonyme d'« empirisme ».
2. Bachelard prend le mot *nature* dans ses deux sens : la nature extérieure et notre nature intérieure.

Gaston BACHELARD, *La Formation de l'esprit scientifique* (1938), Vrin, coll. « Bibliothèque des textes philosophiques », 1993, p. 23.

texte 5 Kant. Aucune expérience ne réfutera jamais la valeur d'une idée morale

Peut-on critiquer un idéal moral parce qu'il est irréalisable ? Kant répond très vigoureusement par la négative à cette question. En matière de morale, l'expérience n'est jamais bon juge, parce qu'elle est toujours un prétexte pour ne pas agir, parce qu'elle empêche les hommes d'user de la puissance de leur liberté pour se rapprocher de l'idée de leur perfection.

La République de Platon est devenue proverbiale, comme exemple prétendument frappant d'une perfection de rêve qui ne peut avoir son siège que dans le cerveau du penseur désœuvré [...]. Simplement vaudrait-il mieux prendre davantage en considération cette pensée et [...] consacrer de nouveaux efforts à la mettre en lumière, plutôt que de l'écarter comme inutile, sous le très misérable et malencontreux prétexte qu'elle est irréalisable. Une constitution qui recherche *la plus grande liberté humaine* selon des lois faisant en sorte que *la liberté de chacun puisse coexister avec celle des autres* (sans qu'elle cherche le plus grand bonheur, car celui-ci s'ensuivra de lui-même) est en tout cas pour le moins une idée nécessaire, que l'on doit prendre pour fondement, non seulement dans l'esquisse des premiers contours d'une constitution politique, mais encore à l'occasion de toutes les lois, et où il faut faire dès l'abord abstraction de tous les obstacles présents, qui proviennent peut-être non pas tant, inévitablement, de la nature humaine que bien davantage du mépris dans lequel on tient les Idées véritables en matière de législation. Car on ne peut rien trouver de plus préjudiciable et de plus indigne d'un philosophe que de faire appel, comme le vulgaire, à une expérience prétendument contraire, attendu que cette expérience n'existerait nullement si ces institutions s'étaient trouvées, au moment où il le fallait, conformes aux Idées, et si, à leur place, des concepts grossiers n'avaient pas, précisément parce qu'ils ont été puisés à l'expérience, fait échouer toute bonne intention. Plus la législation et le gouvernement seraient en accord avec une telle Idée, plus rares seraient de leur côté les peines, et dès lors il est, de fait, entièrement raisonnable d'envisager (comme Platon l'affirme) qu'à la faveur d'une organisation parfaite de cette législation et de ce gouvernement absolument aucune d'entre elles ne serait plus nécessaire. Or, bien que cette situation ne puisse jamais se réaliser, l'Idée est pourtant entièrement juste qui établit ce maximum comme modèle nécessaire pour rapprocher toujours davantage, par référence à lui, la constitution légale des hommes de la plus grande perfection possible. Car quel doit être le degré le plus élevé auquel l'humanité doit s'arrêter, et corrélativement quelle ampleur doit avoir la distance qui demeure nécessairement entre l'Idée et sa mise en œuvre, personne ne peut ni ne doit le déterminer, précisément parce qu'il s'agit de la liberté et que celle-ci peut dépasser toute limite qui lui est assignée.

> Repères
Voir **Idéal / Réel.**

Emmanuel KANT, *Critique de la raison pure* (1781), Ire partie, IIe division, livre I, 1re section, trad. A. Renaut, Flammarion, coll. « GF », 2001, p. 343-344.

Questions

1. Pourquoi une idée morale demande-t-elle de faire « abstraction de tous les obstacles » (l. 13) à sa réalisation ?
2. Que veut dire Kant lorsqu'il écrit que l'idée d'un maximum de justice est un « modèle nécessaire » (l. 29) ?
3. Pourquoi le renoncement à une idée morale au nom de l'impossibilité matérielle de son expérience est-elle aussi un renoncement à notre propre liberté ?

2 L'empirisme en débat

texte 6

Locke.
L'esprit est une table rase

L'expérience est-elle à l'origine de nos connaissances ? Ce texte énonce la thèse principale de l'empirisme classique : il n'existe pas, contrairement à ce qu'affirme Descartes, d'idées innées, c'est-à-dire concevables par la seule force spontanée de notre intelligence. Sans l'expérience externe (des choses) et interne (de nous-mêmes), l'esprit serait une page blanche.

Supposons donc qu'au commencement l'Âme est ce qu'on appelle *une Table rase*[1], vide de tous caractères, sans aucune idée, quelle qu'elle soit. Comment vient-elle à recevoir des idées ? Par quel moyen en acquiert-elle cette prodigieuse quantité que l'Imagination de l'Homme, toujours agissante et sans bornes, lui présente avec une variété presque infinie ? D'où puise-t-elle tous ces matériaux[2] qui sont comme le fond de tous ses raisonnements et de toutes ses connaissances ? À cela je réponds en un mot, de l'*Expérience* : c'est là le fondement de toutes nos connaissances, et c'est de là qu'elles tirent leur première origine. *Les observations que nous faisons sur* les objets extérieurs et sensibles, *ou sur* les opérations intérieures de notre âme[3], *que nous apercevons et sur lesquelles nous réfléchissons nous-mêmes, fournissent à notre esprit les matériaux de toutes ses pensées.* Ce sont là les deux sources d'où découlent toutes les idées que nous avons, ou que nous pouvons avoir naturellement.

John Locke, *Essai philosophique concernant l'entendement humain* (1690), livre II, chap. I, § 2, trad. P. Coste, Vrin, coll. « Bibliothèque des textes philosophiques », 1972, p. 61.

1. Du latin *tabula rasa*, « tablette vierge sur laquelle on peut écrire ».
2. Locke sera critiqué à ce propos par Leibniz et Kant : si l'expérience fournit les *matériaux* de notre connaissance, elle n'explique pas comment l'« âme » traite ces matériaux, ce qui est *l'activité propre de l'esprit*.
3. Les deux sources uniques de nos idées sont donc la *sensation* des objets extérieurs et la *réflexion* sur les opérations de notre esprit (comme douter, penser, vouloir, etc.).

texte 7

Condillac.
Comment les idées viennent aux statues

Suffit-il de sentir pour pouvoir penser ? La fiction d'une statue à laquelle on confère un sens (l'odorat) est utilisée par l'empiriste Condillac pour nous faire comprendre comment il est possible de reconstruire toutes les facultés de l'esprit à partir d'une sensation originaire : mise en présence d'une rose, cette statue deviendra successivement odeur de rose, puis attention, puis mémoire, comparaison, jugement, réflexion, imagination et raisonnement.

[...] nous imaginâmes une statue organisée intérieurement comme nous, et animée d'un esprit privé de toute espèce d'idées. Nous supposâmes encore que l'extérieur tout de marbre ne lui permettait l'usage d'aucun de ses sens, et nous nous réservâmes la liberté de les ouvrir à notre choix, aux différentes impressions dont ils sont susceptibles.

Nous crûmes devoir commencer par l'odorat, parce que c'est de tous les sens celui qui paraît contribuer le moins aux connaissances de l'esprit humain. Les autres furent ensuite l'objet de nos recherches, et après les avoir considérés séparément et ensemble, nous vîmes la statue devenir un animal capable de veiller à sa conservation.

Le principe qui détermine le développement de ses facultés est simple ; les sensations mêmes le renferment : car toutes étant nécessairement agréables ou désagréables, la statue est intéressée à jouir des unes et à se dérober aux autres. Or, on se convaincra que cet intérêt suffit pour donner lieu aux opérations de l'entendement et de la volonté. Le jugement, la réflexion, les désirs, les passions, etc., ne sont que la sensation même qui se transforme différemment.

Étienne Bonnot de Condillac, *Traité des sensations* (1754), Fayard, 1984, p. 11.

texte 8 Kant. La science est une construction de la raison

Que veut-on dire en qualifiant une science d'« expérimentale » ? Cette expression pourrait conduire à croire, avec l'empirisme, que c'est en observant la nature qu'on peut en dégager les lois et les vérifier. Contre cette idée, Kant veut mettre en évidence le rôle actif de la raison dans la construction scientifique du monde.

Lorsque *Galilée* fit rouler ses sphères le long d'un plan incliné, avec une pesanteur qu'il avait lui-même choisie[1], ou que *Torricelli*[2] fit porter à l'air un poids qu'il avait préalablement conçu comme égal à celui d'une colonne d'eau qu'il connaissait[3] [...], une lumière se fit dans l'esprit de tous les physiciens. Ils comprirent que la raison ne voit que ce qu'elle produit elle-même d'après son propre plan, qu'elle éprouve le besoin de prendre les devants avec les principes qui déterminent ses jugements d'après des lois constantes et de contraindre la nature à répondre à ses questions, mais qu'elle ne doit pas se laisser conduire seulement par elle, comme en lisière[4] ; car sinon, les observations faites au hasard, sans aucun plan préalablement conçu, ne peuvent tenir ensemble dans une loi nécessaire, conformément à ce que cherche pourtant la raison et dont elle a besoin. La raison, tenant d'une main ses principes, qui seuls peuvent donner valeur de lois à des phénomènes concordants, et de l'autre l'expérimentation qu'elle a conçue d'après ceux-ci, doit s'approcher de la nature, certes pour être instruite par elle, mais non toutefois comme un élève, prêt à entendre tout ce que le maître veut, mais en la qualité d'un juge en exercice qui contraint les témoins à répondre aux questions qu'il leur soumet.

Emmanuel Kant, *Critique de la raison pure* (1781), Préface de la seconde édition (1787), trad. O. Hansen-Løve, Hatier, coll. « Les classiques de la philosophie », 2001, p. 11-12.

1. L'expérience qui consiste à faire rouler des boules sur un plan incliné servit à Galilée, au XVIIe siècle, à établir la loi de la chute des corps.
2. Mathématicien et physicien italien (1608-1647), inventeur du baromètre.
3. Torricelli mit ainsi en évidence l'existence de la pression atmosphérique.
4. Est énoncée ici la thèse principale du texte, que les exemples de Galilée et de Torricelli ont introduite.

3 La méthode expérimentale

texte 9 Bachelard. La construction du fait scientifique

À quelles conditions une observation est-elle scientifique ? Dans le prolongement de sa critique de l'expérience première (voir le texte 4, p. 279), Bachelard insiste sur l'idée selon laquelle les théories scientifiques ne sont pas tirées des faits mais construites par la raison.

Déjà l'observation a besoin d'un *corps* de précautions qui conduisent l'esprit à réfléchir avant de regarder, qui réforment du moins la première vision, de sorte que ce n'est jamais la première observation qui est la bonne. L'observation scientifique est toujours une observation polémique ; elle confirme ou infirme une thèse antérieure, un schéma préalable, un plan d'observation ; elle montre en démontrant ; elle hiérarchise les apparences ; elle transcende l'immédiat[1] ; elle reconstruit le réel après avoir reconstruit ses schémas. Naturellement, dès qu'on passe de l'observation à l'expérimen-

1. Elle dépasse ce qui est immédiatement donné.

tation, le caractère polémique de la connaissance devient plus net encore. Alors il faut que le phénomène soit trié, filtré, épuré, coulé dans le moule des instruments [...]. Or les instruments ne sont que des théories matérialisées. Il en sort des phénomènes qui portent de toutes parts la marque théorique.

[...] La véritable phénoménologie scientifique[2] est donc bien essentiellement une phénoménotechnique[3]. [...] Elle s'instruit par ce qu'elle construit.

Gaston Bachelard, *Le Nouvel Esprit scientifique* (1934), PUF, coll. « Quadrige », 2003, p. 16-17.

2. Façon dont les sciences expérimentales ont affaire aux phénomènes qu'elles étudient.

3. Les phénomènes étudiés par la science sont à la fois rationnellement et techniquement produits par l'activité expérimentale.

texte 10

Comte. De la théorie à l'observation... et retour

L'observation précède-t-elle toujours la théorie ? Comte pose dans ce texte le problème des rapports entre théorie et observation d'un point de vue historique. Certes une science faite (« positive ») doit appuyer ses théories sur l'observation. Mais, historiquement, il a d'abord bien fallu rattacher les observations à des théories, même non scientifiques. Si l'esprit n'avait pas commencé à comprendre le monde avec des théories non scientifiques, il n'aurait pas pu commencer à observer les phénomènes, ni, donc, construire des théories scientifiques.

Tous les bons esprits répètent, depuis Bacon[1], qu'il n'y a de connaissances réelles que celles qui reposent sur des faits observés. Cette maxime fondamentale est évidemment incontestable, si on l'applique, comme il convient, à l'état viril[2] de notre intelligence. Mais, en se reportant à la formation de nos connaissances, il n'en est pas moins certain que l'esprit humain, dans son état primitif, ne pouvait ni ne devait penser ainsi. Car si, d'un côté, toute théorie positive doit nécessairement être fondée sur des observations, il est également sensible, d'un autre côté, que, pour se livrer à l'observation, notre esprit a besoin d'une théorie quelconque. Si, en contemplant les phénomènes, nous ne les rattachions point immédiatement à quelques principes, non seulement il nous serait impossible de combiner ces observations isolées, et, par conséquent, d'en tirer aucun fruit, mais nous serions même entièrement incapables de les retenir ; et, le plus souvent, les faits resteraient inaperçus sous nos yeux.

Ainsi, pressé entre la nécessité d'observer pour se former des théories réelles, et la nécessité non impérieuse de se créer des théories quelconques pour se livrer à des observations suivies, l'esprit humain, à sa naissance, se trouverait enfermé dans un cercle vicieux dont il n'aurait jamais eu aucun moyen de sortir, s'il ne se fût heureusement ouvert une issue naturelle par le développement spontané des conceptions théologiques[3], qui ont présenté un point de ralliement à ses efforts, et fourni un aliment à son activité.

Auguste Comte, *Cours de philosophie positive* (1830-1842), t. I, 1re leçon, Hermann, 1998, p. 23.

1. Le philosophe anglais Francis Bacon (1561-1626) passe pour être le premier à avoir formulé une conception rigoureuse de la méthode expérimentale.

2. L'état de maturité.

3. Voir, dans « L'histoire », le texte 9 de Comte, p. 247 et, en particulier, la note 1.

Questions

1. Quelle(s) différence(s) Comte fait-il entre « théories quelconques » et « théories réelles » (l. 15-16) ? Justifiez l'emploi de ces deux adjectifs.
2. Pourquoi faut-il une théorie « quelconque » pour « retenir » les observations ?
3. Pourquoi Comte affirme-t-il qu'entre théorie et observation un « cercle vicieux » (l. 18) peut exister ? Comment, d'après lui, l'esprit se sort-il de ce cercle vicieux ?

texte 11 Duhem. Une théorie physique n'est pas une explication de la réalité

Qu'est-ce qu'une théorie physique ? À la différence d'une théorie métaphysique, elle ne cherche pas à expliquer le réel, c'est-à-dire à en dévoiler la nature véritable, mais à représenter de la façon la plus « économique » et la plus rigoureuse les données observables. Duhem, philosophe et physicien français du début du XXᵉ siècle, reprend ici une idée de Comte : la science ne répond pas à la question « pourquoi ? » mais à la question « comment ? ».

En regardant une théorie physique comme une explication hypothétique de la réalité matérielle, on la place sous la dépendance de la Métaphysique. Par là, bien loin de lui donner une forme à laquelle le plus grand nombre des esprits puissent consentir, on en limite l'acceptation à ceux qui reconnaissent la philosophie dont elle se réclame. [...]

Ne pourrait-on assigner à la théorie physique un objet tel qu'elle devînt *autonome* ? Fondée sur des principes qui ne relèveraient d'aucune doctrine métaphysique, elle pourrait être jugée en elle-même, et sans que les opinions des divers physiciens à son endroit dépendissent en rien des Écoles philosophiques diverses auxquelles ils peuvent appartenir.

Ne pourrait-on, pour construire une théorie physique, concevoir une méthode qui fût *suffisante* ? [...]

Posons, dès maintenant, une définition de la théorie physique ; cette définition, la suite de cet écrit l'élucidera et en développera tout le contenu :

Une théorie physique n'est pas une explication. C'est un système de propositions mathématiques, déduites d'un petit nombre de principes, qui ont pour but de représenter, aussi simplement et aussi complètement que possible, un ensemble de lois expérimentales. [...]

Ainsi, une théorie *vraie*, ce n'est pas une théorie qui donne, des apparences physiques, une explication conforme à la réalité ; c'est une théorie qui représente d'une manière satisfaisante un ensemble de lois expérimentales ; une théorie *fausse*, ce n'est pas une tentative d'explication fondée sur des suppositions contraires à la réalité ; c'est un ensemble de propositions qui ne concordent pas avec les lois expérimentales. *L'accord avec l'expérience est, pour une théorie physique, l'unique critérium*[1] *de vérité*[2].

Pierre DUHEM, *La Théorie physique. Son objet. Sa structure* (1906), Marcel Rivière, 1914, p. 23-26.

1. Critère.
2. À condition de distinguer « expérience » et « réalité ». Pour Duhem, l'expérience est l'ensemble des « apparences physiques ». À quelle réalité se rattachent ces apparences ? Le physicien ne se prononce pas sur cette question. Ses théories doivent se contenter de « sauver les apparences », c'est-à-dire d'être conformes aux données observables.

texte 12 Popper. Une théorie scientifique doit pouvoir être réfutée

Une théorie scientifique n'est-elle vraie que jusqu'à preuve du contraire ? L'expérience peut prouver qu'une théorie est fausse (quand elle la contredit) mais elle ne peut pas prouver qu'elle est vraie (quand elle la confirme). Ainsi, le travail de l'expérimentateur consiste-t-il à mettre les théories scientifiques à l'épreuve de leur possible réfutation ; celles qui refusent cette épreuve n'ont aucun contenu expérimental et ne sont donc pas scientifiques. Tel est le sens du concept de « falsifiabilité[1] » (réfutabilité) avancé par Popper.

Toutefois, j'admettrai certainement qu'un système n'est empirique[2] ou scientifique que s'il est susceptible d'être soumis à des tests expérimentaux. Ces considérations suggèrent que c'est la falsifiabilité et non la vérifiabilité d'un système, qu'il faut prendre comme critère de démarcation[3].

En d'autres termes, je n'exigerai pas d'un système scientifique qu'il puisse être choisi, une fois pour toutes, dans une acception positive mais j'exigerai que sa forme logique soit telle qu'il puisse être distingué, au moyen de tests empiriques, dans une acception négative : *un système faisant partie de la science empirique doit pouvoir être réfuté par l'expérience.*

(Ainsi l'énoncé « Il pleuvra ou il ne pleuvra pas ici demain » ne sera-t-il pas considéré comme empirique pour la simple raison qu'il ne peut être réfuté, alors que l'énoncé « Il pleuvra ici demain » sera considéré comme empirique.)

[...] Ma proposition est fondée sur une *asymétrie* entre la vérifiabilité et la falsifiabilité, asymétrie qui résulte de la forme logique des énoncés universels[4]. En effet, ceux-ci ne peuvent être déduits d'énoncés singuliers mais ils peuvent être en contradiction avec eux. Il est, en conséquence, possible de conclure de la vérité d'énoncés singuliers à la fausseté d'énoncés universels, à l'aide d'inférences purement déductives[5] [...].

Ce qui caractérise la méthode empirique, dans la conception que je propose, c'est sa manière d'exposer à la falsification le système à éprouver, de toutes les façons concevables. Son but n'est pas de garder des systèmes insoutenables mais, au contraire, de choisir le système qui est comparativement le plus apte en les exposant tous à la plus acharnée des luttes pour la survivance[6].

Karl POPPER, *La Logique de la découverte scientifique* (1934), trad. N. Thyssen-Rutten et P. Devaux, Payot & Rivages, 2002, p. 37-39.

1. Terme qui est la traduction littérale de l'anglais *falsifiability*. Voir la présentation, p. 273.
2. *Empirique* est à prendre dans ce texte au sens d'« expérimental ».
3. Le problème qui préoccupe Popper, c'est celui de la démarcation entre science et non-science.
4. Une loi scientifique est un énoncé universel en ce qu'elle s'énonce sous la forme « Tous... sont ».
5. D'un raisonnement logique. Le raisonnement qui conclut à la fausseté d'une théorie générale contredite par un énoncé singulier lui-même accepté comme vrai est une déduction logique.
6. Cette dernière phrase énonce l'idée d'une *sélection naturelle* des théories scientifiques, de la même façon que Darwin avait avancé la thèse d'une sélection naturelle des espèces vivantes.

Repères
Voir **Universel / Général / Particulier / Singulier**.

Questions

1. Définissez « falsifiabilité » et « vérifiabilité ». Précisez la différence entre ces deux termes, ainsi que la différence entre « vérifiabilité » et « vérifié » d'une part, entre « falsifiabilité » et « falsifié » d'autre part.
2. Pourquoi Popper affirme-t-il qu'il existe une asymétrie entre vérifiabilité et falsifiabilité ?
3. Pourquoi une théorie irréfutable n'a-t-elle pour Popper aucune valeur scientifique ?

Pour se préparer au baccalauréat
Dissertations : p. 548, 552, 554.
Explications de texte : p. 553, 561.

La démonstration

Ouverture

Vallès. Dieu démontré par des haricots **288**

Présentation

290

Textes

294

1 La logique, science de la démonstration

1 **Blanché.** Vérité des propositions et validité des raisonnements ... 294
2 **Descartes.** Les règles de la méthode ... 295
3 **Leibniz.** Le syllogisme, un « art d'infaillibilité » ... 296

2 Les limites de la démonstration

4 **Pascal.** Toute démonstration suppose des indémontrables ... 297
5 **Diderot.** Un fait suffit pour ruiner une démonstration ... 298
6 **Hume.** Nos raisonnements sur les faits ne sont pas démonstratifs ... 299
7 **Russell.** La science repose sur l'induction, non sur la démonstration ... 300
8 **Toulmin.** La logique et l'homme de la rue ... 301

Miguel Chevalier (né en 1959), *Massivement parallèle*, 1997, vidéogrammes, logiciel Claude Micheli (SDI), Havas Espace Virtuel.

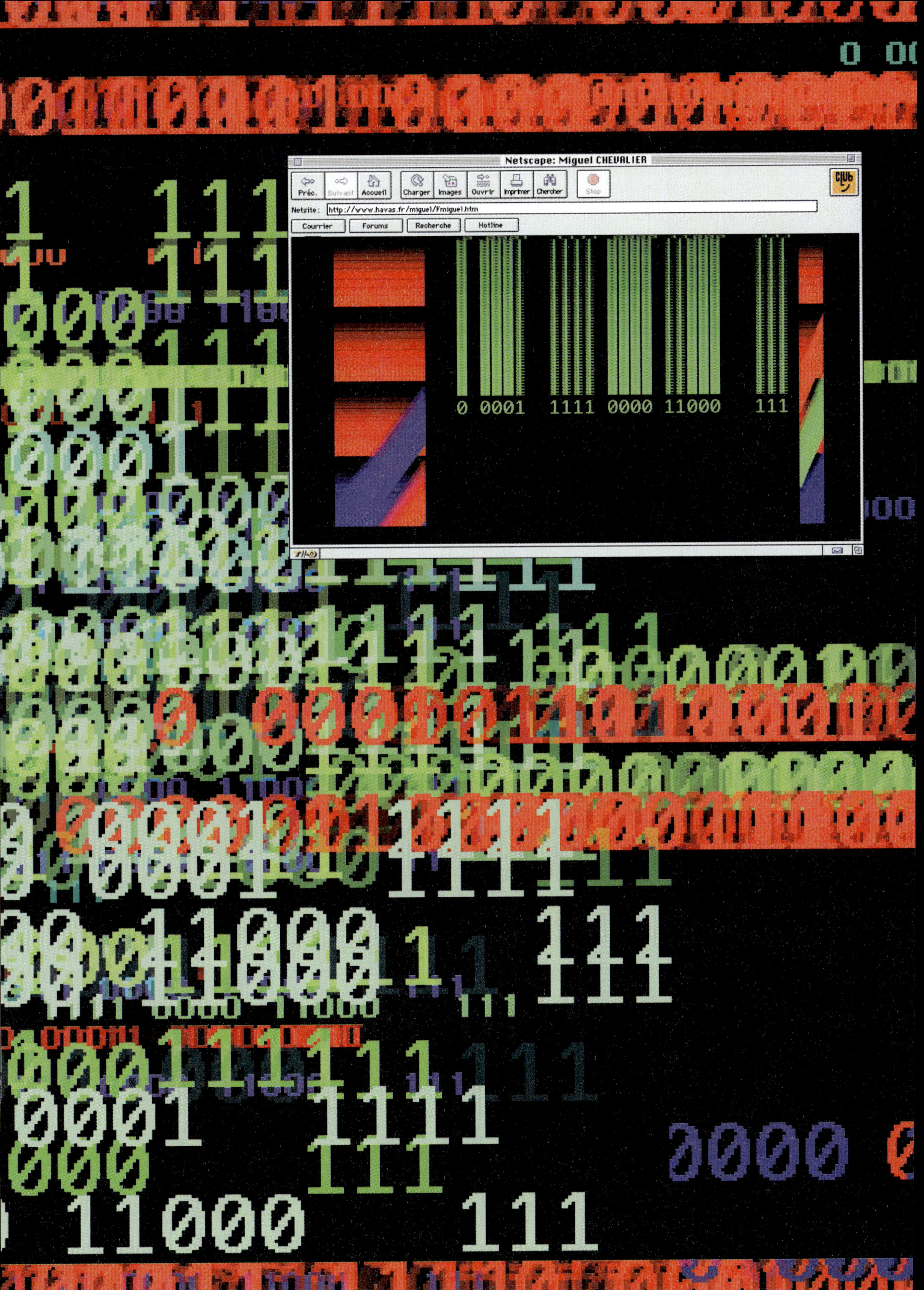
Netscape: Miguel CHEVALIER
Préc.
Suivant
Accueil
Charger
Images
Ouvrir
Imprimer
Chercher
Stop
Netsite:
http://www.havas.fr/miguel/Fmiguel.htm
Courrier
Forums
Recherche
Hotline
0 0001 1111 0000 11000 111

ouverture

Jules Vallès

Dieu démontré par des haricots

Il ne faut pas confondre la démonstration véritable, rigoureuse et probante, avec ses faux-semblants ou ses contrefaçons. Cette confusion frise parfois le ridicule : Jules Vallès décrit ici une « démonstration » grotesque de l'existence de Dieu. Par le biais de la caricature, ce texte illustre deux problèmes : qu'est-ce qu'une démonstration valide ? Peut-on démontrer l'existence d'entités « métaphysiques » ?

Le collège. – Il donnait, comme tous les collèges, comme toutes les prisons, sur une rue obscure, mais qui n'était pas loin du Martouret, le Martouret, notre grande place, où étaient la mairie, le marché aux fruits, le marché aux fleurs, le rendez-vous de tous les polissons, la gaieté de la ville [...].

Le professeur de philosophie – M. Beliben – petit, fluet, une tête comme le poing, trois cheveux, et un filet de vinaigre dans la voix.

Il aimait à prouver l'existence de Dieu, mais si quelqu'un glissait un argument, même dans son sens, il indiquait qu'on le dérangeait, il lui fallait toute la table, comme pour une réussite.

Il prouvait l'existence de Dieu avec des petits morceaux de bois, des haricots.

« Nous plaçons ici un haricot, bon ! – là, une allumette. – Madame Vingtras, une allumette ? – Et maintenant que j'ai rangé, ici les vices de l'homme, là les vertus, j'arrive avec les FACULTÉS DE L'ÂME. »

Ceux qui n'étaient pas au courant regardaient du côté de la porte s'il entrait quelqu'un, ou du côté de sa poche, pour voir s'il allait sortir quelque chose. Les facultés de l'âme, c'était de la haute, du chenu[1] ! Ma mère était flattée.

« Les voici ! »

On se tournait encore, malgré soi, pour saluer ces dames, mais Beliben vous repre-

1. Blanchi par la vieillesse, d'où, par extension : dont les qualités sont prouvées par le temps.

nait par le bouton du paletot et tapait avec impatience sur la table. Il fallait de l'attention. Que diable ! voulait-on qu'il prouvât l'existence de Dieu, oui ou non !

« Moi, ça m'est égal, et vous ? » disait mon oncle Joseph à son voisin, qui faisait chut, et allongeait le cou pour mieux voir.

Mon oncle remettait nonchalamment ses mains dans ses poches et regardait voler les mouches.

Mais le professeur de bon Dieu tenait à avoir mon oncle pour lui et le ramenait à son sujet, l'agrippant par son amour-propre et s'accrochant à son métier.

« Chadenas, vous qui êtes menuisier, vous savez qu'avec le compas[2]... »

Il fallait aller jusqu'au bout : à la fin le petit homme écartait sa chaise, tendait une main, montrait un coin de la table et disait : « DIEU EST LÀ. »

On regardait encore, tout le monde se pressait pour voir : tous les haricots étaient dans un coin avec les allumettes, les bouts de bouchons et quelques autres saletés, qui avaient servi à la démonstration de l'*Être suprême*.

Il paraît que les vertus, les vices, les facultés de l'âme venaient toutes *fa-ta-le-ment* aboutir à ce tas-là. Tous les haricots y sont. Donc Dieu existe. C.Q.F.D[3].

Jules VALLÈS, *L'Enfant* (1879), Gallimard, 1973, p. 63 et 69.

2. Instrument de mesure et de tracé.
3. Abréviation mathématique : « Ce Qu'il Fallait Démontrer ».

John Batho (né en 1939), *Petits Pois*, 1984.

La démonstration
Présentation

1 | La logique, science de la démonstration

Un raisonnement bien formé

Textes 1 à 3
Blanché, Descartes, Leibniz, p. 294-297.

La démonstration est un mode de raisonnement qui consiste à faire dériver de prémisses admises ou déjà elles-mêmes démontrées une conclusion **nécessaire** : elle ne peut pas ne pas être affirmée si le raisonnement qui y conduit est bien formé[1]. La première question qui se pose est alors de savoir si et comment le raisonnement est bien formé. C'est l'objet propre de la **logique** d'en établir les conditions et les critères.

Aristote fut le premier, au IVe siècle av. J.-C., à tenter de construire cette science de la démonstration qu'est la logique. Cela ne signifie pas qu'avant lui il n'existait aucune démonstration valable ni que personne ne savait raisonner. Mais il fut le premier à proposer une codification et une explicitation des règles de la démonstration. La logique d'Aristote a du même coup une dimension **normative** : en dégageant ces règles, elle permet de mettre en lumière les **paralogismes**, c'est-à-dire les démonstrations fallacieuses, les raisonnements n'ayant qu'une apparence de rigueur[2].

Le syllogisme

C'est dans l'élaboration du syllogisme, dont il distingue douze formes, que la contribution d'Aristote à la science de la démonstration est fondamentale. Car le syllogisme est le prototype de la démonstration. Soit l'exemple – classique – suivant : tous les hommes sont mortels (prémisse majeure), tous les philosophes sont des hommes (prémisse mineure), donc tous les philosophes sont mortels (conclusion).

La conclusion est immanquable parce qu'elle met en rapport les termes de plus petite et de plus grande extension – ceux qui désignent la classe d'individus la plus restreinte et la classe d'individus la plus large (ici, « philosophes » et « mortels ») – grâce à un terme moyen (ici, « hommes ») qui rend ce rapport nécessaire. C'est donc le **moyen terme** qui, dans un syllogisme, est l'opérateur de la démonstration.

Une science formelle

L'analyse du syllogisme montre que la conclusion ne renferme rien de plus que ce qui est déjà contenu dans les prémisses ; c'est d'ailleurs ce qui la rend certaine. La fonction du syllogisme n'est donc pas d'étendre notre connaissance, mais de mettre en forme de

1. Voir, dans les Repères, « Contingent / Nécessaire / Possible ». 2. Voir, dans les Repères, « Persuader / Convaincre ».

façon rigoureuse nos raisonnements. Cela signifie que la logique est une science **formelle** : elle s'intéresse à la forme des raisonnements et non à leurs contenus. Ainsi, il est préférable d'énoncer un raisonnement démonstratif sous une forme **hypothétique** (*si* tous les hommes sont mortels, etc.) : cela indique clairement qu'il ne s'agit pas de se prononcer sur la vérité des propositions, mais uniquement sur la validité logique de la conclusion. En d'autres termes, on dira que la démonstration est un raisonnement **hypothético-déductif**, dont les mathématiques – que certains philosophes (tels Frege ou Russell) n'hésitent pas à réduire à de la pure logique – offrent le modèle.

À quoi sert la démonstration ?

Si une démonstration peut être valide indépendamment de la vérité énoncée par chacune des propositions, n'est-elle pas, comme Descartes le reproche à la logique et à ses syllogismes, plus propre « à expliquer à autrui les choses qu'on sait, et même [...] à parler, sans jugement, de celles qu'on ignore, qu'à les apprendre[1] » ? Il y a là, en fait, deux objections formulées à l'encontre de la logique : 1. Est-il nécessaire d'établir par démonstration des vérités aussi universellement connues que la mortalité des hommes ? 2. En ne se souciant pas du contenu des propositions sur lesquelles nous raisonnons (ni de leur vérité, ni même de leur signification), la logique ne risque-t-elle pas de devenir un art fallacieux, utilisé pour démontrer n'importe quoi ? En posant ces deux objections, Descartes dénonce un défaut majeur, à ses yeux, du formalisme logique : il ne nous apprend rien sur le monde ni ne permet de découvrir des vérités nouvelles. Il n'est pas ce que les Grecs appelaient un *organon*, c'est-à-dire un « instrument » de vérité, un moyen d'accès à la vérité.

Intuition et déduction[2]

L'objection de Descartes, il faut le souligner, n'est pas tant une critique de la démonstration en elle-même qu'une mise en cause de l'intérêt d'un raisonnement purement formel. La démonstration peut être un instrument puissant et efficace de vérité, mais à condition qu'elle relie entre elles des propositions **vraies**. Car, dans ce cas, la conclusion ne sera pas seulement déduite avec certitude ; la vérité qu'elle énonce sera également certaine. Le modèle de raisonnement démonstratif est alors pour Descartes non le syllogisme aristotélicien mais la **déduction mathématique** telle que les *Éléments de géométrie* du mathématicien grec Euclide en fournissent, depuis l'Antiquité, l'illustration exemplaire : démontrer les **théorèmes** les uns après les autres à partir d'un petit nombre d'**axiomes**.

Une proposition est vraie si elle est démontrée à partir de propositions antérieures elles-mêmes vraies. Mais il faut alors que ces propositions antérieures soient elles-mêmes démontrées à partir de propositions plus primitives encore, et ainsi de suite... Comme on ne peut tout prouver, il faut à une démonstration des propositions premières non démontrables. Tout l'édifice de la démonstration repose sur ces indémontrables. Pour un cartésien, ils ne peuvent être posés seulement à titre d'hypothèses : la démonstration serait peut-être formellement bonne, mais ne garantirait la déduction d'aucune vérité. Ils ne peuvent être donc que des **évidences**, c'est-à-dire

1. *Discours de la méthode* (1637), IIe partie, Hatier, coll. « Les classiques de la philosophie », 1999, p. 22. 2. Voir, dans les Repères, « Intuitif / Discursif ».

des idées dont la vérité se voit d'elle-même pourvu que l'esprit s'y applique avec attention, et qui n'ont pas besoin d'être établies par une démonstration. À partir de ces évidences initiales, on peut en principe reconstruire démonstrativement, par déductions progressives, toutes les autres vérités. Toutes les vérités sont donc l'objet d'une **déduction**, sauf ces vérités premières, objet quant à elles d'une **intuition** intellectuelle immédiate dont la certitude s'impose à l'esprit sans raisonnement, et qui garantissent la vérité de toutes les déductions faites à partir d'elles[1]. Intuition et déduction sont donc pour Descartes une « mathématique universelle[2] », c'est-à-dire une **méthode** universelle de découverte de la vérité[3].

Le calcul contre l'évidence

L'idéal cartésien de soumettre toute la connaissance humaine aux exigences de l'ordre démonstratif à partir d'évidences premières se heurte à la critique de Leibniz : l'évidence n'est pas un critère suffisant de vérité car elle est trop subjective. Comment distinguer les évidences vraies des fausses évidences ? Leibniz renverse alors la hiérarchie que Descartes établissait entre l'évidence et la démonstration. Il faut toujours chercher à **calculer** et ne jamais se satisfaire du critère de l'évidence. L'histoire moderne des mathématiques a été plus fidèle à Leibniz qu'à Descartes. Tel est le sens de l'**axiomatique**, c'est-à-dire la construction de systèmes déductifs entièrement formalisés, où ne comptent que les relations entre les signes, indépendamment de leur signification, et où, par conséquent, la question du fondement du système sur des vérités premières intuitivement comprises ne se pose plus dans les mêmes termes.

2 | Les limites de la démonstration

L'expérience contre la démonstration

Textes 4 à 8
Pascal, Diderot, Hume, Russell, Toulmin, p. 297-301.

Une deuxième critique concerne l'universalité de l'idéal cartésien : pouvons-nous vraiment *tout* connaître par démonstration à partir de vérités premières ? Toutes les vérités s'obtiennent-elles par ce moyen ? Est-il ainsi légitime d'appliquer la démonstration aux faits physiques ? Les lois de la nature ne se déduisent pas ; elles s'établissent grâce à l'expérience. Le raisonnement expérimental n'est pas de même type que le raisonnement démonstratif à l'œuvre chez les mathématiciens et chez les logiciens. Descartes lui-même en avait conscience.

Les entités métaphysiques sont-elles démontrables ?

Pour Descartes, l'ordre démonstratif peut s'étendre au domaine métaphysique : l'existence de Dieu ou l'immatérialité de l'âme peuvent être connues avec certitude, c'est-à-dire par démonstration. Mais Kant a montré que pas plus que les vérités physiques, on ne peut déduire les vérités métaphysiques. Il faut alors renoncer à faire de la démonstration une **méthode de vérité** (un *organon*) et ne reconnaître en elle

1. Voir, dans les Repères, « Intuitif / Discursif ». 2. Descartes, *Règles pour la direction de l'esprit* (1628), règle IV, dans *Œuvres et Lettres*, Gallimard, coll. « Bibliothèque de la Pléiade », 1953, p. 51. 3. Voir « La vérité », p. 361.

qu'une **méthode de raisonnement**, dont la connaissance des règles formelles est propre à nous faire éviter les déductions incorrectes et les conclusions mal fondées.

Le raisonnement inductif[1]

La tradition classique de la philosophie (Descartes, Spinoza, Leibniz...) pose le problème de la vérité en termes de certitude : on ne peut se satisfaire du probable ; ce qui n'est pas certain ne doit pas être affirmé[2]. Cela conduit à faire de la démonstration un archétype de la rationalité. Pourtant, il y a d'autres raisonnements que la démonstration, notamment le raisonnement **inductif**. Celui-ci consiste à anticiper l'expérience future, c'est-à-dire à conclure d'un fait observé un autre fait attendu, en nous fondant sur la supposition générale que l'ordre de la nature est immuable ou que les mêmes causes produisent les mêmes effets. Nous pouvons ainsi nous attendre à ce qu'une pluie torrentielle provoque une inondation, à ce qu'un mégot jeté par la portière d'une voiture entraîne un incendie, etc. Contrairement aux démonstrations, de tels raisonnements n'impliquent aucune certitude. Ils portent sur le **probable**. Mais s'ils sont formulés avec toute la prudence nécessaire (c'est-à-dire, précisément, s'ils ne sont pas confondus avec une démonstration), ils restent parfaitement valables. Ils constituent même la plupart des raisonnements des sciences expérimentales et de la vie courante. Si nous n'acceptions comme modèle de raisonnement que la démonstration, non seulement la science serait impossible, mais nous ne pourrions même pas vivre ! Dans la vie courante, la certitde n'est pas exigible[3].

Démonstration et argumentation

Les raisonnements démonstratifs sont peu fréquemment utilisés dans la vie quotidienne. Et pourtant, nous raisonnons constamment. Une des thèses centrales du philosophe contemporain Jürgen Habermas est que la raison est **communicationnelle** : c'est dans la situation de discussion que nous manifestons que nous sommes des êtres rationnels, parce que la discussion implique l'argumentation. Mais il ne faut pas confondre l'argumentation et la démonstration. Certes, un argument, pour être valable, exige le respect des règles de la logique. Mais il est loin de se réduire à une démonstration qui peut toujours en principe se faire de façon solitaire. L'argumentation suppose au contraire un rapport à autrui, un dialogue[4]. Elle repose moins sur la recherche de la vérité que sur le pari de la sincérité et de l'égalité des interlocuteurs. Elle cherche non, comme la démonstration, à établir une conclusion certaine et indiscutable, mais un consensus[5]. Elle est en cela un mode de rationalité authentique et spécifique, irréductible à la logique démonstrative. Elle ouvre à la rationalité d'autres domaines que ceux qui relèvent d'un strict projet de vérité : par exemple, le domaine des décisions morales ou politiques. Ce n'est pas parce qu'il est impossible de démontrer la justesse d'une décision morale qu'il est impossible d'argumenter pour la justifier.

1. Voir, dans les Repères, « Intuitif / Discursif ». 2. Voir, dans « La vérité », le texte 2 de Descartes, p. 365. 3. Voir, dans « La perception », le texte 3 de Sextus Empiricus, p. 63. 4. Voir, dans « Autrui », le texte 9 de Merleau-Ponty, p. 84, et « Le langage », p. 137. 5. Voir, dans les Repères, « Persuader / Convaincre ».

La démonstration
Textes

I | La logique, science de la démonstration

texte 1 Blanché. Vérité des propositions et validité des raisonnements

Qu'est-ce que « bien » raisonner ? Le philosophe Robert Blanché précise la fonction de la logique : elle étudie la forme et non le contenu des raisonnements.

Il ne faut pas confondre la *validité d'un raisonnement* avec la *vérité des propositions* qui le composent. Voici, par exemple, deux inférences[1] très simples :

Tout triangle est trilatère donc tout trilatère[2] est triangle
Tout triangle est quadrilatère, donc quelque quadrilatère est triangle.

Un instant de réflexion montrera que la première inférence n'est pas valable bien que les deux propositions y soient vraies, et que la seconde est valable bien que les deux propositions y soient fausses.

On exprime souvent cette distinction en opposant, à la vérité matérielle, une vérité formelle, et en disant d'un raisonnement valide qu'il est vrai par sa forme, indépendamment de la vérité de sa matière, c'est-à-dire de son contenu. Et c'est parce que la logique ne s'intéresse qu'à cette forme qu'on l'appelle elle-même *formelle*. Qu'est-ce donc que la *forme* d'un raisonnement ? et que faut-il entendre par *vérité formelle* ?

Considérons le syllogisme traditionnel :

Tout homme est mortel
Socrate est homme
Donc Socrate est mortel

Il est clair d'abord que la validité d'un tel raisonnement n'est nullement liée au personnage sur qui il porte : si ce raisonnement est valable pour Socrate, il le serait aussi bien pour Platon, pour Alcibiade[3], ou pour n'importe qui. Nous pouvons donc y remplacer le nom de Socrate par une lettre x jouant le rôle d'une variable indéterminée, et marquant seulement la place pour le nom d'un homme quelconque. Et même, il n'est pas nécessaire que ce soit un nom d'homme : car si j'écris « Bucéphale[4] » ou « l'Himalaya », ma mineure assurément sera une proposition fausse et ma conclusion risquera donc de le devenir aussi, mais mon raisonnement n'en demeurera pas moins valable, en ce sens que *si* les deux prémisses étaient

1. Opération de l'esprit par laquelle on conclut d'une idée à une autre.
2. Figure géométrique à trois côtés.
3. Homme politique athénien (450-404 av. J.-C.), ami de Socrate.
4. Nom du cheval d'Alexandre le Grand.

vraies, *nécessairement* la conclusion le serait aussi. Cette variable x, qui représente un individu quelconque, nous l'appellerons une *variable individuelle*. Nous pouvons donc écrire notre raisonnement sous cette forme plus schématique :

$$\begin{cases}\text{Tout homme est mortel}\\ x \text{ est homme}\\ \text{Donc } x \text{ est mortel}\end{cases}$$

Faisons un second pas. La validité de ce raisonnement ne dépend pas non plus des concepts qui y figurent : homme, mortel. Il est donc permis de les remplacer par d'autres sans faire perdre de sa force au raisonnement. Pour marquer cette possibilité, je substituerai, là aussi, aux mots qui les désignent, des lettres symboliques, *f*, *g*, aptes à représenter des concepts quelconques : ce seront des *variables conceptuelles*. D'où cette nouvelle présentation :

$$\begin{cases}\text{Tout } f \text{ est } g\\ x \text{ est } f\\ \text{Donc } x \text{ est } g\end{cases}$$

J'aurai ainsi dégagé l'ossature logique de mon raisonnement, en le dépouillant progressivement de son contenu initial. Les lettres symboliques y marquent des places vides, qui peuvent être remplies par un contenu quelconque, sous la seule réserve qu'à la place de x on mette un nom d'individu, à celles de f et de g des termes exprimant des concepts. Elles sont comparables aux blancs d'une « formule » imprimée qu'on vous demande de compléter à la plume, par des indications qui seules donneront à la feuille valeur de renseignement. De même ici, nous n'avons plus affaire qu'à un schéma de raisonnement ou, si l'on veut, à un moule à raisonnements, qui donnera un raisonnement lorsqu'on y coulera une matière. Seulement, quelle que soit cette matière, le raisonnement sera bon, parce que sa validité ne dépend que de la forme du moule, qui demeure invariante.

Robert BLANCHÉ, *Introduction à la logique contemporaine* (1957), Armand Colin, 1968, p. 9-11.

texte 2 Descartes. Les règles de la méthode

Existe-t-il un moyen assuré de parvenir à des vérités certaines ? Pour Descartes, l'ordre géométrique érigé en « mathématique universelle » fournit ce moyen : il suffit de déduire de façon ordonnée toutes les vérités à partir d'évidences premières.

Et comme la multitude des lois fournit souvent des excuses aux vices, en sorte qu'un État est bien mieux réglé, lorsque, n'en ayant que fort peu, elles y sont fort étroitement observées ; ainsi, au lieu de ce grand nombre de préceptes dont la logique est composée, je crus que j'aurais assez des quatre suivants, pourvu que je prisse une ferme et constante résolution de ne manquer pas une seule fois à les observer.

Le premier était de ne recevoir jamais aucune chose pour vraie, que je ne la connusse évidemment être telle : c'est-à-dire d'éviter soigneusement la précipitation et la prévention[1] ; et de ne comprendre rien de plus en mes

1. C'est-à-dire les préjugés (au sens propre de « jugés avant d'être examinés »).

jugements, que ce qui se présenterait si clairement et si distinctement à mon esprit, que je n'eusse aucune occasion de le mettre en doute.

Le second, de diviser chacune des difficultés que j'examinerais, en autant de parcelles qu'il se pourrait et qu'il serait requis pour les mieux résoudre.

Le troisième, de conduire par ordre mes pensées, en commençant par les objets les plus simples et les plus aisés à connaître[2], pour monter peu à peu, comme par degrés, jusques à la connaissance des plus composés ; et supposant même de l'ordre entre ceux qui ne se précèdent point naturellement les uns les autres.

Et le dernier, de faire partout des dénombrements si entiers, et des revues si générales, que je fusse assuré de ne rien omettre.

Ces longues chaînes de raisons, toutes simples et faciles, dont les géomètres ont coutume de se servir[3], pour parvenir à leurs plus difficiles démonstrations, m'avaient donné occasion de m'imaginer que toutes les choses qui peuvent tomber sous la connaissance des hommes s'entre-suivent[4] en même façon, et que, pourvu seulement qu'on s'abstienne d'en recevoir aucune pour vraie qui ne le soit, et qu'on garde toujours l'ordre qu'il faut, pour les déduire les unes des autres, il n'y en peut avoir de si éloignées, auxquelles enfin on ne parvienne, ni de si cachées qu'on ne découvre.

René DESCARTES, *Discours de la méthode* (1637), IIe partie, Hatier, coll. « Les classiques de la philosophie », 1999, p. 22-24.

2. Pour Descartes, un objet est plus simple à connaître qu'un autre quand, dans l'ordre de la déduction, il le précède. Si, pour déduire B, je dois d'abord établir A, cela signifie que A peut être connu sans la connaissance de B, alors que B ne peut être connu sans la connaissance de A. Dans le langage de Descartes, A est plus simple à connaître que B.

3. À l'exemple des *Éléments de géométrie* d'Euclide (IIIe siècle av. J.-C.).

4. C'est-à-dire s'enchaînent.

> Repères Voir **Intuitif / Discursif.**

texte 3 Leibniz. Le syllogisme, un « art d'infaillibilité »

Peut-on douter d'une vérité démontrée ? Par la bouche de son personnage Théophile (qui exprime le point de vue de l'auteur), Leibniz souligne la grande vertu de la logique : si l'on en suit strictement les règles, on ne peut jamais mal conclure.

PHILALÈTHE. Il est vrai que les syllogismes[1] peuvent servir à découvrir une fausseté cachée sous l'éclat brillant d'un ornement emprunté de la rhétorique[2], et j'avais cru autrefois que le syllogisme était nécessaire, au moins pour se garder des sophismes[3] déguisés sous des discours fleuris ; mais après un plus sévère examen, j'ai trouvé qu'on n'a qu'à démêler les idées dont dépend la conséquence de celles qui sont superflues, et les ranger dans un ordre naturel pour en montrer l'incohérence. J'ai connu un homme, à qui les règles du syllogisme étaient entièrement inconnues, qui apercevait d'abord la faiblesse et les faux raisonnements d'un long discours artificieux et plausible, auquel d'autres gens exercés à toute la finesse de la logique se sont laissé attraper. [...]

THÉOPHILE. Votre raisonnement sur le peu d'usage des syllogismes est plein de quantité de remarques solides et belles. [...] Et cependant, le croiriez-vous ? je tiens que l'invention de la forme des syllogismes est une des plus belles de l'esprit humain, et même des plus considérables. C'est une espèce de *mathématique universelle*[4] dont l'importance n'est pas assez connue ; et l'on peut dire qu'un *art d'infaillibilité* y est contenu, pourvu qu'on sache et qu'on puisse s'en servir, ce qui n'est pas toujours permis. Or

1. Voir la présentation de ce chapitre, p. 290.

2. L'art de composer des discours de façon séduisante.

3. Raisonnements incorrects, malgré une apparence de rigueur.

4. Voir le texte précédent de Descartes.

il faut savoir que par les *arguments en forme*, je n'entends pas seulement cette manière scolastique[5] d'argumenter dont on se sert dans les collèges, mais tout raisonnement qui conclut par la force de la forme, et où l'on n'a pas besoin de suppléer aucun article[6], de sorte qu'un *sorite*[7], un autre tissu de syllogisme qui évite la répétition, même un compte bien dressé, un calcul d'algèbre, une analyse des infinitésimales me seront à peu près des arguments en forme, parce que leur forme de raisonner a été prédémontrée, en sorte qu'on est sûr de ne s'y point tromper.

Gottfried Wilhelm Leibniz, *Nouveaux essais sur l'entendement humain* (1re publication posthume en 1765), livre IV, chap. XVII, Flammarion, coll. « GF », 1966, p. 424-425.

5. Référence aux modèles d'argumentation mis en forme au Moyen Âge (le mot vient du latin *schola*, « école »).
6. Où l'on n'a pas besoin d'ajouter quoi que ce soit.
7. Suite de propositions telles que l'attribut de l'une devient le sujet de la suivante, etc.

Questions

1. Quelle critique Philalèthe adresse-t-il aux syllogismes ?
2. Que veut dire Théophile en répondant à son interlocuteur que la grande valeur du syllogisme est d'être un « art d'infaillibilité » (l. 17) ?
3. En quoi l'insistance de Théophile sur les « arguments en forme » (l. 19) renferme-t-elle une critique de la notion d'évidence dont parle Descartes dans le texte précédent ?

2 | Les limites de la démonstration

texte 4 Pascal. Toute démonstration suppose des indémontrables

Peut-on tout prouver ? La géométrie, pour Pascal comme pour Descartes[1], offre un modèle de démonstration certaine. Mais elle repose sur des propositions premières non démontrées (les axiomes) et des termes premiers non définis (les définitions). Elle n'est donc pas un modèle de démonstration absolument parfait, mais elle reste le meilleur que la raison humaine puisse espérer.

Je ne puis faire mieux entendre la conduite qu'on doit garder pour rendre les démonstrations convaincantes, qu'en expliquant celle que la géométrie observe.

Mais il faut auparavant que je donne l'idée d'une méthode encore plus éminente et plus accomplie[2], mais où les hommes ne sauraient jamais arriver : car ce qui passe la géométrie nous surpasse ; et néanmoins il est nécessaire d'en dire quelque chose, quoiqu'il soit impossible de le pratiquer.

Cette véritable méthode, qui formerait les démonstrations dans la plus haute excellence, s'il était possible d'y arriver, consisterait en deux choses principales : l'une, de n'employer aucun terme dont on n'eût auparavant expliqué nettement le sens ; l'autre, de n'avancer jamais aucune proposition qu'on ne démontrât par des vérités déjà connues ; c'est-à-dire, en un mot, à définir tous les termes et à prouver toutes les propositions. […]

Certainement cette méthode serait belle, mais elle est absolument impossible : car il est évident que les premiers termes qu'on voudrait définir en supposeraient de précédents pour servir à leur explication, et

1. Voir le texte 2 de Descartes, p. 295.
2. Plus parfaite.

que de même les premières propositions qu'on voudrait prouver en supposeraient d'autres qui les précédassent ; et ainsi il est clair qu'on n'arriverait jamais aux premières.

Aussi, en poussant les recherches de plus en plus, on arrive nécessairement à des mots primitifs qu'on ne peut plus définir, et à des principes si clairs qu'on n'en trouve plus qui le soient davantage pour servir à leur preuve. D'où il paraît que les hommes sont dans une impuissance naturelle et immuable de traiter quelque science que ce soit dans un ordre absolument accompli.

Mais il ne s'ensuit pas de là qu'on doive abandonner toute sorte d'ordre. Car il y en a un, et c'est celui de la géométrie, qui est à la vérité inférieur en ce qu'il est moins convaincant, mais non pas en ce qu'il est moins certain. Il ne définit pas tout et ne prouve pas tout, et c'est en cela qu'il lui cède ; mais il ne suppose que des choses claires et constantes par la lumière naturelle, et c'est pourquoi il est parfaitement véritable, la nature le soutenant au défaut[3] du discours. Cet ordre, le plus parfait entre les hommes[4], consiste non pas à tout définir ou à tout démontrer, ni aussi à ne rien définir ou à ne rien démontrer, mais à se tenir dans ce milieu de ne point définir les choses claires et entendues de tous les hommes, et de définir toutes les autres ; et de ne point prouver toutes les choses connues des hommes, et de prouver toutes les autres. Contre cet ordre pèchent également ceux qui entreprennent de tout définir et de tout prouver, et ceux qui négligent de le faire dans les choses qui ne sont pas évidentes d'elles-mêmes.

Blaise PASCAL, *De l'esprit géométrique* (1658), dans *Pensées et Opuscules*, IIIe partie, chap. XV, éd. Brunschvicg, Hachette, 1971, p. 164-165, 167-168.

3. Il faut comprendre : « à défaut ».

4. Mais c'est une perfection relative, et non absolue. Voir note 2.

› Repères
Voir
Intuitif / Discursif.

texte 5 Diderot. Un fait suffit pour ruiner une démonstration

Une expérience peut-elle réfuter une démonstration ? À la philosophie rationnelle qui prétend démontrer les vérités physiques, Diderot oppose la philosophie expérimentale. Celle-ci procède par tâtonnements souvent aveugles, mais aucune démonstration ne résiste à ce qu'elle trouve. Dans les sciences de la nature, il faut montrer, non démontrer.

Nous avons distingué deux sortes de philosophies, l'expérimentale et la rationnelle. L'une a les yeux bandés, marche toujours en tâtonnant, saisit tout ce qui lui tombe sous les mains, et rencontre à la fin des choses précieuses. L'autre recueille ces matières précieuses, et tâche de s'en former un flambeau ; mais ce flambeau prétendu lui a, jusqu'à présent, moins servi que le tâtonnement à sa rivale, et cela devait être. [...] La philosophie expérimentale ne sait ni ce qui lui viendra, ni ce qui ne lui viendra pas de son travail ; mais elle travaille sans relâche. Au contraire, la philosophie rationnelle pèse les possibilités, prononce et s'arrête tout court. Elle dit hardiment : *on ne peut décomposer la lumière* : la philosophie expérimentale l'écoute, et se tait devant elle pendant des siècles entiers ; puis tout à coup elle montre le prisme, et dit : *la lumière se décompose*[1].

Denis DIDEROT, *De l'interprétation de la nature*, XXIII (1754), dans *Œuvres philosophiques*, Classiques Garnier, 1964, p. 192-193.

1. En 1704, Newton décrivit, dans son *Traité d'optique*, la décomposition de la lumière blanche par le prisme.

texte 6

Hume. Nos raisonnements sur les faits ne sont pas démonstratifs

Peut-on conclure avec certitude à l'existence d'un fait non observé ? Par exemple, le soleil se lèvera-t-il demain ? Hume prétend ici que nous ne pouvons pas démontrer qu'il en sera ainsi. Tous les raisonnements qui portent sur des faits n'ont aucune certitude logique et ne résultent que de l'habitude née de la répétition de l'expérience.

Une proposition comme celle-ci : *le soleil ne se lèvera pas demain*, n'est pas moins intelligible et n'implique pas davantage contradiction que cette autre affirmation : *il se lèvera*. C'est donc en vain que nous tenterions d'en démontrer la fausseté. Si elle était fausse démonstrativement, elle impliquerait contradiction, et jamais l'esprit ne pourrait la concevoir distinctement.

Il pourrait donc être intéressant de rechercher quelle est la nature de cette évidence qui nous donne la certitude d'une existence réelle et d'une chose de fait en l'absence du témoignage présent de nos sens ou des souvenirs enregistrés par notre mémoire. [...]

Tous les raisonnements relatifs à une chose de fait paraissent fondés sur la relation de *cause à effet*. Seule cette relation nous permet de dépasser le témoignage de notre mémoire et de nos sens. Demandez à un homme pourquoi il ajoute foi à la réalité d'une chose de fait dont il n'est pas témoin : pourquoi il croit que son ami est à la campagne, par exemple, ou en France ; il vous donnerait une raison, et cette raison serait un autre fait : il a reçu une lettre de lui, ou il connaît ses résolutions et ses promesses antérieures. L'homme qui trouverait une montre, ou quelque autre instrument, dans une île déserte, en conclurait qu'il y a eu autrefois des hommes dans cette île. Tous nos raisonnements en matière de fait sont de même nature. On suppose constamment qu'il y a un lien entre le fait présent et celui qui en est inféré[1]. [...]

Ainsi, pour déterminer à notre propre satisfaction la nature de cette évidence qui est la source de notre certitude touchant les choses de fait, il nous faut rechercher comment nous acquérons la connaissance de la cause et de l'effet.

Je me permettrai d'affirmer – et c'est là, selon moi, une proposition générale qui ne souffre point d'exception – que la connaissance de cette relation n'est acquise en aucun cas par des raisonnements *a priori*[2] ; mais qu'elle vient uniquement de l'expérience, qui nous montre des objets particuliers dans une liaison constante. Présentez un objet à une personne : quelles que soient la raison naturelle et les facultés que vous lui supposiez, si cet objet est pour elle entièrement nouveau, elle sera impuissante, fût-ce par l'examen le plus attentif de ses qualités sensibles, à découvrir aucune de ses causes, aucun de ses effets.

David HUME, *Enquête sur l'entendement humain* (1748), IVe section, Ire partie, trad. G. Tanesse et M. David revue par D. Deleule, Le Livre de Poche, coll. « Classiques de la philosophie », 1999, p. 83-86.

1. C'est-à-dire celui auquel on conclut à partir du fait présent.
2. C'est-à-dire indépendamment de toute expérience.

› Repères
Voir
Intuitif / Discursif, Croire / Savoir.

Questions

1. Pourquoi n'est-il pas possible de démontrer la fausseté d'une proposition comme « le soleil ne se lèvera pas demain » (l. 1) ?
2. Que veut dire Hume lorsqu'il écrit que la relation de cause à effet n'est pas acquise *a priori* ? Comment est-elle alors acquise ?

texte 7 Russell. La science repose sur l'induction, non sur la démonstration

Doit-on douter de ce qu'on ne peut démontrer ? Reprenant l'argumentation de Hume (voir le texte précédent), Russell, philosophe et logicien anglais, entend montrer que, sans recours à l'induction, la connaissance scientifique et l'action humaine deviendraient tout simplement impossibles.

Il faut d'emblée admettre que l'association régulière de deux choses qu'on ne trouve jamais séparément ne suffit pas par elle-même à *prouver* de façon démonstrative qu'on les trouvera à nouveau ensemble au prochain cas examiné[1]. Tout ce que nous pouvons demander, c'est que plus souvent les deux choses ont été trouvées associées, plus il sera probable qu'on les retrouve ensemble une autre fois ; que de plus, pourvu qu'elles aient été associées un nombre suffisant de fois, cette probabilité équivale à une *quasi*-certitude. [...]

On peut opposer à ce point de vue que nous savons que tous les phénomènes naturels sont soumis au règne des lois ; que parfois même, sur la base des observations faites, nous pouvons voir qu'une seule loi s'adapte aux faits. Mais il y a deux réponses à cette objection. D'abord, même si *quelqu'une* de ces lois qui n'admettent pas d'exception s'applique à notre cas, nous ne pouvons jamais en pratique être sûrs d'avoir découvert justement cette loi plutôt qu'une qui admet des exceptions. Ensuite, le règne des lois n'est lui-même que probable, et notre croyance qu'il durera dans l'avenir, ou qu'il était à l'œuvre dans des cas non observés du passé, cette croyance est elle-même fondée sur le principe qui est l'enjeu du débat[2].

Ce principe peut être appelé le *principe d'induction*, et ses deux moments peuvent s'énoncer ainsi :

a) Si on a découvert qu'une certaine chose A est associée avec une autre chose B, et si on ne l'a jamais trouvée en l'absence de B, plus grand est le nombre de cas où A et B ont été associés, plus grande est la probabilité qu'ils soient à nouveau associés dans une situation où l'on sait que l'un des deux est présent.

b) Sous les mêmes conditions, un nombre suffisant de cas d'association fera que la probabilité d'une nouvelle association tende vers la certitude, et s'en approchera au-delà de toute limite assignable. [...]

Tous les raisonnements dont la conclusion, sur la base de l'expérience, porte sur le futur ou sur des faits non observés du passé ou du présent, présupposent le principe d'induction ; si bien que nous ne pouvons faire appel à l'expérience pour prouver le principe d'induction, sous peine de pétition de principe[3]. Nous devons donc, ou bien accepter le principe d'induction en raison de son évidence intrinsèque[4], ou bien renoncer à justifier nos prévisions sur l'avenir. Si le principe n'est pas valide, nous n'avons aucune raison d'escompter que le soleil se lèvera demain[5], de penser que le pain sera plus nourrissant que la pierre, ou que nous tomberons si nous nous jetons d'un toit.

Bertrand RUSSELL, *Problèmes de philosophie* (1912), trad. Fr. Rivenc, Payot, coll. « Petite Bibliothèque », 1989, p. 88-89, 91.

1. Voir le texte précédent de Hume.
2. Par exemple, on peut dire qu'il est certain, en vertu de la loi de la gravitation universelle, qu'une pierre lâchée loin du sol tombera. Mais cette certitude repose sur l'idée que cette loi vaut partout et toujours, qui elle-même résulte d'une induction et n'est donc pas certaine.
3. Une *pétition de principe* consiste à prendre pour principe d'un raisonnement ce que celui-ci cherche précisément à établir. Ainsi, c'est une pétition de principe que de vouloir prouver la valeur de l'induction, car je ne peux la prouver qu'en supposant l'uniformité £des lois de la nature (les mêmes causes entraîneront toujours les mêmes effets), supposition qui est elle-même le résultat d'une induction.
4. Son évidence propre.
5. Voir le texte précédent de Hume.

> **Repères**
Voir **Intuitif / Discursif.**

texte 8

Toulmin.
La logique et l'homme de la rue

La logique sert-elle dans la vie courante ? La logique a évolué vers un formalisme pur, peu soucieux du problème de ses applications aux arguments de la vie courante. Ce n'était pourtant pas l'intention d'Aristote, et le philosophe américain Stephen Toulmin formule dans ce texte le projet d'une logique pour « l'homme de la rue ».

L'homme de la rue (ou l'homme sorti de son cabinet de travail) s'attend sans aucun doute à ce que les conclusions des logiciens s'appliquent dans une certaine mesure à sa pratique courante [...]. Il se peut qu'au XXe siècle il soit devenu possible de mettre en question ce lien, et certains seraient peut-être tentés de dire que la « démonstration logique » est une chose, et l'établissement de conclusions dans la vie courante une autre. [...] et même de nos jours, si nous nous écartons pour une fois des problèmes absorbants de la technique logique, il se peut qu'il reste important de soulever des questions générales, philosophiques, sur l'évaluation pratique de l'argumentation. C'est d'ailleurs le genre de questions auxquelles s'intéresse le présent ouvrage ; et le lecteur sera peut-être surpris de découvrir combien nous avons peu progressé dans la compréhension de leurs réponses depuis la naissance de la science logique, avec Aristote.

Pourtant, demanderont certains, ne sont-ce pas précisément les problèmes dont devrait s'occuper la logique ? Ne sont-ce pas les points essentiels dont part le logicien et auxquels il devrait constamment revenir ? [...] De fait, comme nous allons le découvrir, la science logique a eu tendance, tout au long de son histoire, à évoluer dans une direction qui l'éloignait de ces problèmes, des questions pratiques sur la manière dont nous avons l'occasion de manipuler et critiquer l'argumentation dans différents domaines, et s'est orientée vers un état de complète autonomie dans lequel la logique devient un sujet d'étude théorique en soi, aussi libre de toute préoccupation pratique immédiate que l'est une branche quelconque des mathématiques pures ; et même si, à toutes les étapes de son histoire, il y eut des gens prêts à soulever à nouveau des questions portant sur l'application de la logique, certaines, essentielles pour comprendre cette application, ont à peine été posées.

J'essaierai de montrer que, si les choses se sont passées de cette manière, c'est en partie dû à une ambition exprimée de manière implicite dans la citation d'Aristote qui ouvre ce chapitre[1] : à savoir que la logique devrait devenir une science formelle – une *épistémè*[2]. Les successeurs d'Aristote ont rarement mis en question le bien-fondé de cette ambition, mais nous pouvons nous permettre de le faire en ces pages ; ce sera pour nous une question prioritaire de savoir dans quelle mesure la logique *peut* être une science formelle et cependant conserver la possibilité de se voir appliquée à l'évaluation critique d'arguments réels.

Stephen TOULMIN, *Les Usages de l'argumentation* (1958), trad. P. De Brabanter, PUF, 1993, p. 2-3.

1. Toulmin vient de citer *Les Analytiques* d'Aristote : « Il faut d'abord établir quel est le sujet de notre enquête et de quelle discipline elle relève : son sujet, c'est la démonstration *(apodeixis)*, et c'est la science *(épistémè)* démonstrative dont elle dépend. »
2. Un domaine scientifique et intellectuel spécifique.

Pour se préparer au baccalauréat
Dissertations : p. 552, 554, 556.
Explications de texte : p. 553.

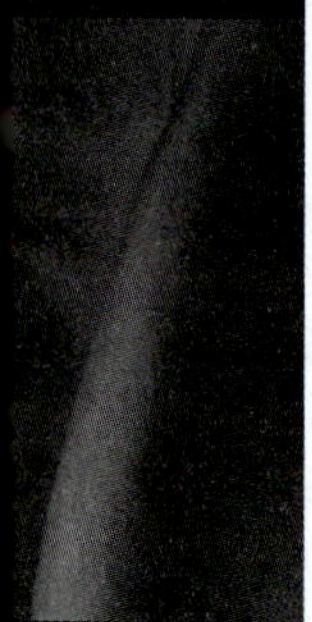

L'interprétation

Ouverture

Descola. Rêves prémonitoires en Amazonie 304

Présentation

Présentation 306

Textes

Textes 310

1 Interpréter, c'est choisir

1 **Freud.** Le superstitieux et le paranoïaque 310
2 **Lévi-Strauss.** La parole donne un sens 311
3 **Nietzsche.** Le sens de la vie, ou une raison de souffrir ? 312

2 Les domaines de l'interprétation

4 **Galilée.** Défendre la raison sans attaquer la foi 313
5 **Aron.** Interpréter les faits humains pour les comprendre 314
6 **Freud.** L'analyse d'un rêve 315
7 **Jouvet.** Le rêve : une fonction plutôt qu'un sens 315

3 Les philosophes, interprètes du monde

8 **Nietzsche.** Vrais motifs et motifs agissants 316
9 **Ricœur.** Toute lecture est interprétation 317

Edward Weston (1886-1958), *Poivrons*, 1930.

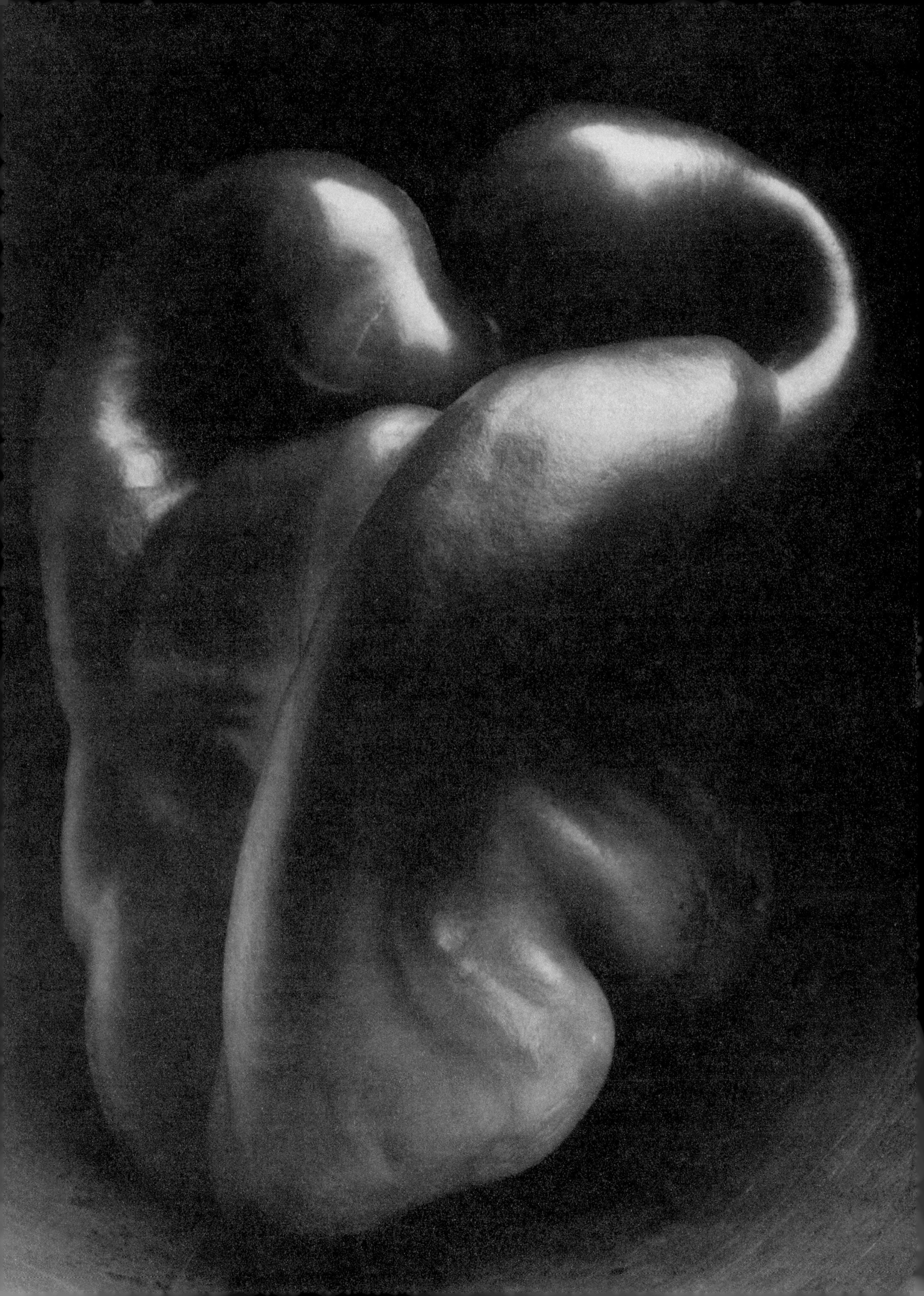

ouverture

Philippe Descola
Rêves prémonitoires en Amazonie

L'ethnologue français Philippe Descola raconte et analyse, dans *Les Lances du crépuscule*, son long séjour auprès des Achuar, tribu de chasseurs et guerriers amazoniens restés très longtemps à l'écart de l'influence occidentale. Ces Indiens font partie des peuples qui considèrent leurs rêves comme prémonitoires. L'originalité des Achuar, explique ici l'auteur en rapportant une conversation avec un de ses hôtes, est d'avoir mis au point un système d'interprétation très perfectionné, qu'ils appliquent particulièrement aux rêves *kuntuknar*.

– Que vas-tu faire aujourd'hui ?

– Je vais en forêt ; j'irai promener les chiens ; j'ai fait un rêve *kuntuknar* ; j'étais sur un chemin en forêt et j'ai entendu des hommes qui s'approchaient ; je me suis caché et j'ai aperçu une troupe de Shuar[1] avec leurs fusils ; ils étaient peints pour la guerre mais ils avançaient à la file sans précautions, en faisant les matamores[2] ; ils répétaient : « Je vais tuer ! je vais tuer ! je vais tuer ! » Ils venaient pour nous attaquer ; ça, beau-frère, c'est un bon rêve kuntuknar pour aller en forêt ! Moi aussi je vais me mesurer aujourd'hui !

Contrairement à ce que pourrait laisser prévoir son message explicite, ce rêve n'annonce pas une escarmouche avec des guerriers, mais la rencontre d'une harde de pécaris[3] à lèvres blanches. Les kuntuknar constituent des augures[4] favorables à la chasse et leur signification latente s'interprète par une inversion terme à terme de leur contenu manifeste[5]. Un songe est généralement défini comme kuntuknar s'il met en scène des êtres humains agressifs ou particulièrement inoffensifs, énigmatiques ou très nombreux, désespérés ou séduisants. Ainsi, rêver d'une femme bien en chair qui invite au coït en exhibant son sexe ou rêver d'une foule de gens qui se baignent bruyamment dans une rivière annonce une rencontre avec des pécaris à lèvres blanches, tandis qu'un songe où un homme en colère apparaît en proférant des menaces doit être considéré comme un signe favorable pour la chasse aux pécaris à collier. L'interprétation repose sur des homologies[6] discrètes de comportement ou d'apparence : la vulve béante symbolise la carcasse éventrée du pécari, une attitude belliqueuse évoque le tempérament batailleur de ces animaux, tandis que les ébats dans l'eau d'une multitude rappellent le tumulte causé par une harde lorsqu'elle traverse un cours d'eau.

Cet ensauvagement du monde humain a valeur de présage pour de nombreuses espèces de gibier. Des visages de femmes en pleurs suspendus dans les arbres comme fruits en saison augurent, par exemple, une bonne

1. Autre tribu, ennemie traditionnelle des Achuar.
2. Faire les braves de façon ridicule.
3. Petits porcs sauvages.
4. Signes annonciateurs.
5. Descola utilise ici implicitement la distinction freudienne entre les images *manifestes* (évidentes), dont on se souvient au réveil, et le contenu *latent* du rêve (c'est-à-dire caché mais attendant d'être révélé, et qui correspond au sens profond).
6. Des correspondances. Voir, dans les Repères, « Ressemblance/Analogie ».

7. Gros rongeur.
8. Petit singe à longue queue.
9. Colorant rouge d'origine végétale très utilisé en Amazonie.
10. Riches en gibier.

chasse aux singes laineux, ce spectacle pathétique rappelant le désespoir que manifestent les femelles d'une troupe lorsqu'un des mâles est tué. Rêver d'un petit bébé gras et potelé devient, par une métaphore presque cannibale, le signe d'un agouti[7] dodu ; un visage blafard aperçu en songe se convertit en la frimousse pâle du sapajou[8] ; le regard d'un guerrier impassible peint au roucou[9] évoque un jaguar ramassé sur lui-même avant son bond, tandis qu'un homme à barbe rousse présage un singe hurleur. Ce dernier rêve est devenu moins improbable depuis que ma présence lui a donné un support concret et je me plais à penser qu'en visitant les nuits de mes compagnons je contribue au moins à leur laisser espérer des réveils giboyeux[10].

L'interprétation du kuntuknar par un processus de naturalisation métaphorique de l'humanité n'est qu'une des formes possibles d'inversion qui définissent son contenu augural. Ainsi, rêver que l'on tire sur des oiseaux branchés est un signe favorable pour la pêche, de même qu'un songe de capture de poisson annonce un succès dans la chasse au gibier à plumes. Le croisement des termes est ici systématique : l'animal aérien, immobile et visible, qu'un dard tue à distance se convertit en animal aquatique, mobile et invisible dont on s'assure la prise directement par une ligne ou un harpon.

Philippe Descola, *Les Lances du crépuscule*, Plon, coll. « Terre humaine », 1993, p. 124-126.

Tony Oursler (né en 1957), *Mirror Maze*, 2003.

Présentation

On appelle interprétation des opérations très différentes : l'acteur interprète une pièce de théâtre, le médecin interprète des symptômes. Mais interpréter, c'est aussi traduire directement des paroles d'une langue dans une autre. De plus, dans une discussion conflictuelle, on reprochera à son interlocuteur d'avoir « mal interprété » des propos ou une attitude. Si tout peut ou semble devoir s'interpréter, comment *interpréter*, justement, cette omniprésence confuse de l'interprétation ?

I | Interpréter, c'est choisir

Le risque de l'interprétation

Textes 1 à 3
Freud, Lévi-Strauss, Nietzsche, p. 310-312.

Certains arts nécessitent la coopération de deux artistes distincts, le **créateur** – tels le compositeur ou le dramaturge – et l'**interprète** – tels l'instrumentiste, le chanteur ou l'acteur. Car la partition ou le texte de la pièce de théâtre ne sont pas complets en eux-mêmes, un autre artiste doit les animer pour les rendre perceptibles au public. Si le créateur a fixé des directives précises, l'interprétation sera une exécution très fidèle à l'original. Sinon, ou bien si l'interprète s'accorde une certaine liberté, le public aura affaire à une version particulière de l'œuvre.

Le diagnostic médical, c'est-à-dire le repérage des symptômes et leur attribution à une maladie précise, donne une responsabilité considérable au praticien : une erreur peut avoir pour sanction la mort du patient... L'interprétation se doit alors d'être indiscutable, et non simplement légitime.

Au sein des activités **herméneutiques**[1], une tension règne donc entre deux pôles opposés : la projection subjective d'un **sens** qui peut être très arbitraire, ou la nécessité de lire objectivement le donné pour l'**expliquer**. Dans les deux cas, on est d'abord confronté à une certaine réalité (un texte, des phénomènes naturels...), on présume ensuite que, telle quelle, cette réalité est incomplète. On décide alors de lui attribuer ou de lui reconnaître un sens. Interpréter est donc toujours prendre position : on se risque hors de la neutralité du constat[2]. Mais quand faut-il donc prendre ce risque ?

Ne pas tout interpréter

Certains surinterprètent, croyant voir ou entendre tout autour d'eux des signes ou des intentions. Pour la croyance traditionnelle qu'est la superstition, ou bien pour la

1. On appelle *herméneutiques* toutes les activités de déchiffrage de signes, donc d'interprétation. Pour Paul Ricœur, la philosophie est essentiellement herméneutique (voir p. 309 ainsi que le texte 9 de Ricœur, p. 317). 2. Voir, dans les Repères, « Objectif / Subjectif ».

paranoïa, pathologie psychiatrique, l'univers entier est un ensemble de signes adressés à l'individu, qui doit impérativement les décoder. L'angoisse rapproche ces deux dispositions : crainte de ce que lui réserve le destin pour le superstitieux, hantise des agressions des autres pour le paranoïaque.

Si tout paraît « appeler » une interprétation, c'est en raison de la position même des hommes face à l'univers qui les entoure. Humanisés par l'apparition du langage, ils ont donné un sens à leur environnement. Mais on peut aussi se demander si l'angoisse signalée par Freud n'est pas commune à tous, ce qui conduirait non seulement à juger significatif l'univers, mais même, comme l'affirme Nietzsche, à inventer « un sens quelconque », parce que cela « vaut mieux que pas de sens du tout »...

Il semble malgré tout possible d'établir une distinction entre ce qui ne nécessite pas d'interprétation (par exemple les panneaux du code de la route, dont le sens est fixé par convention), et un vaste ensemble de faits ou de situations dont le sens n'est pas évident, et qui donc devront être interprétés.

2 | Les domaines de l'interprétation

Textes 4 à 7
Galilée, Aron, Freud, Jouvet,
p. 313-316.

La vie humaine est riche de terrains d'application de l'interprétation, qui ont conduit depuis les débuts de l'histoire à préciser les buts et les moyens de cette pratique. Ainsi, les religions, l'activité judiciaire, les sciences et la médecine confrontent les hommes à des réalités problématiques, à des textes ou des situations ambigus, inapplicables ou inexploitables si on ne les déchiffre pas[1]. Toutes les civilisations font donc appel à des spécialistes de l'interprétation de tel ou tel domaine, et les philosophes eux-mêmes ont toujours cherché le sens de ces pratiques herméneutiques.

Croire et interpréter

Les religions polythéistes abondent en **mythes**, c'est-à-dire en histoires traditionnelles peuplées de personnages exceptionnels, qui mettent souvent en scène l'origine de réalités auxquelles les hommes sont effectivement confrontés. Transmis à travers le temps, les mythes fixent de grands cadres à la vie des peuples. Dans les religions monothéistes, la **révélation** joue un rôle essentiel. Dieu y apparaît comme origine de paroles que les fidèles doivent comprendre et respecter[2].

Là où les mythes polythéistes peuvent être considérés comme des scénarios explicatifs, les textes des « religions du Livre[3] » apparaissent plutôt comme des prescriptions à suivre. La question de la fidélité se pose donc surtout pour ces derniers. C'est à leur propos que se produit le conflit entre la **foi** et la **raison**[4]. Les philosophes et les savants – chrétiens ou musulmans en particulier – ont défendu le droit à une pensée indépendante. Mais, pendant très longtemps, il leur a fallu composer avec les lectures dogmatiques de l'Écriture : ne pouvant ignorer les textes sacrés, ils durent souvent essayer d'en faire admettre d'autres interprétations. Ainsi, à ses adversaires

1. C'est aussi le cas de la politique, où des décisions lourdes de conséquences sont à prendre dans l'urgence, sans se tromper sur le sens d'une situation momentanée. 2. Sur tous ces points, voir « La religion », p. 208-231.
3. Cette expression musulmane classique désigne les trois monothéismes : le judaïsme, le christianisme et l'islam, tous les trois fondés sur des textes considérés comme révélés (la Bible, les Évangiles, le Coran). 4. Voir, dans les Repères, « Croire / Savoir ».

qui arguaient de la contradiction entre sa théorie et un passage célèbre de la Bible, le grand astronome Galilée tenta d'objecter que le texte sacré ne relève pas d'une intention scientifique de la part de Dieu, et donc que lui-même restait un chrétien fidèle[1].

Interpréter pour bien juger

Les juges, chargés au nom de la société de réparer les torts et de sanctionner les délits, sont des hommes de loi. L'adage latin *summum jus, summa injuria* (« comble de justice, comble d'injustice ») les met en garde : le droit le plus strict peut déboucher sur la pire injustice. Le purement **légal** peut ne pas être **légitime**[2]. Le respect de la loi n'exclut donc pas, mais exige même l'interprétation. Quand la loi n'a pas du tout ou pas exactement prévu une situation litigieuse, le juge doit en faire une lecture responsable qui fera jurisprudence[3]. Dans cette perspective, l'interprétation n'est plus seulement une opération, mais une véritable vertu – l'**équité**[4] – qui combine la justesse à la justice.

Interpréter, expliquer, comprendre[5]

Les sciences de l'homme sont particulièrement soumises à la nécessité et donc au risque d'interpréter. Au XVIIe siècle, les sciences de la nature – c'est-à-dire alors surtout la physique – étaient appelées « interprétation de la nature » par Bacon, Galilée, puis Spinoza[6], mais il s'agissait alors de représenter la nature comme un grand livre ouvert sous les yeux du savant, par analogie avec la Bible. Par la suite, les sciences de la nature se voulurent plus résolument explicatives.

À la fin du XIXe siècle, l'interprétation réapparaît, cette fois revendiquée comme attitude spécifique des sciences de l'homme, qui prennent alors leur autonomie à l'égard d'une part de la philosophie, d'autre part des sciences de la nature. Le « Conflit des méthodes » entre savants et philosophes allemands de cette période tourne autour de l'opposition entre deux grands domaines de connaissance et deux grands types de méthodes intellectuelles : les phénomènes naturels – qu'il faut expliquer – et les actions humaines – qu'il faut comprendre. Max Weber propose alors une sociologie compréhensive, qui, selon Raymond Aron, développe la relation entre compréhension et interprétation. Dès qu'un être humain parle ou agit, les autres attribuent spontanément une signification à son intervention. De son côté, le sociologue ajoute ou substitue à ces interprétations « à chaud » un sens construit, lié à un contexte social général. L'historien fait de même pour les actes et propos du passé[7].

Interpréter pour soigner

Le médecin doit savoir lire les signes de la maladie dans les symptômes du corps. Mais ceux de l'esprit nécessitent encore plus une herméneutique. Parmi les écoles psychothérapeutiques, la psychanalyse est celle qui pratique le plus résolument l'interprétation. Exemplaire par sa systématicité, l'analyse freudienne du rêve repose

1. Voir également la position d'Averroès, dans « La religion », texte 6, p. 222. 2. Voir, dans les Repères, « Légal / Légitime » et « La justice et le droit », p. 410. 3. Ainsi, au début du XXe siècle, les véhicules à moteur étant encore exceptionnels, la législation ne prévoyait rien à leur sujet. C'est donc la jurisprudence qui constitua un premier « code de la route », qu'on officialisa et systématisa ensuite. 4. Voir, dans « La justice et le droit », les textes 2 de Thomas d'Aquin, p. 412, et 12 d'Aristote, p. 420. 5. Voir, dans les Repères, « Expliquer / Comprendre ». 6. Voir, dans « La religion », le texte 7 de Spinoza, p. 223. 7. Voir, dans « L'histoire », le texte 2 de Ricœur, p. 241.

sur le postulat du « travail du rêve » : les images et les scènes résultent d'un processus inconscient de combinaison et, à l'inverse, non sans résistance, il sera possible de « défaire » ce travail pour retrouver le sens profond du rêve, généralement un conflit intérieur censuré.

On notera cependant que la théorie de l'inconscient est aujourd'hui fortement remise en question par les spécialistes de la neurobiologie, pour qui le rêve est un phénomène cérébral qui s'explique, et, du coup, ne nécessite pas d'interprétation. Pourtant, en lisant les hypothèses de Michel Jouvet, qui fut l'un des premiers à mettre en évidence la spécificité de la phase onirique du sommeil, une question se pose : postuler une fonction, n'est-ce pas encore interpréter ?

3 | Les philosophes, interprètes du monde

Interpréter au lieu d'agir ?

Textes 8 et 9
Nietzsche, Ricœur,
p. 316-317.

Dans son *Éloge de la philosophie*, Maurice Merleau-Ponty donne le signalement du philosophe : « [il] se reconnaît à ce qu'il a *inséparablement* le goût de l'évidence et le sens de l'ambiguïté[1] ». Autant dire que l'interprétation serait l'acte même de la philosophie. Mais est-ce bien un acte ? Certainement pas pour Marx, qui précise ainsi son refus d'une conception purement théorique de la philosophie : « Les philosophes n'ont fait qu'interpréter le monde de différentes manières, ce qui importe c'est de le transformer[2]. » Paradoxe justement de l'interprétation, cette phrase a divisé les marxistes : faut-il y lire un adieu à toute philosophie, entreprise impuissante et périmée, ou un appel à la revitaliser par une visée pratique et révolutionnaire ?

À défaut de savoir ce qu'a vraiment voulu signifier Marx, soulignons quelle place tient dans le matérialisme historique[3] la recherche d'un sens des faits sociaux et de l'histoire : car jamais Marx n'a cessé d'interpréter le monde. On a réuni Marx, Nietzsche et Freud sous l'étiquette un peu vague de « penseurs du soupçon ». Il ne s'agit évidemment pas de confondre leurs approches, qui sont d'ailleurs inconciliables. Mais elles ont bien en commun de dénoncer les idées reçues et les intérêts, sociaux ou psychologiques, qui se cachent derrière ces évidences.

L'interprétation n'est jamais neutre

Aujourd'hui, beaucoup de philosophes ne se sentent plus investis de la mission de transformer le monde. En revanche, ils sont nombreux à se reconnaître dans l'approche herméneutique que représente particulièrement Paul Ricœur : pour ce dernier, si toute expérience ou production humaine peut devenir, à l'instar d'un texte, l'objet d'une lecture, il est illusoire de prétendre immobiliser une fois pour toutes une signification unique. Et l'interprète lui-même doit s'attendre à se retrouver redéfini par son travail d'interprétation...

1. *Éloge de la philosophie*, Gallimard, coll. « Idées », 1960, p. 10. 2. Marx et Engels, *L'Idéologie allemande* (1845-1846), trad. G. Badia et R. Cartelle, Éditions sociales, 1982, p. 4. 3. Voir, dans « L'histoire », le texte 10 de Marx, p. 248.

L'interprétation
Textes

1 | Interpréter, c'est choisir

texte 1

Freud.
Le superstitieux et le paranoïaque

Un univers où tout ferait signe ne serait-il pas profondément inquiétant ? Pour Freud, le superstitieux et le paranoïaque se rejoignent dans la conviction que tout doit être interprété. À la différence de l'homme rationnel, ils confondent le monde extérieur avec leur monde intérieur.

Ce qui me distingue d'un homme superstitieux, c'est donc ceci : Je ne crois pas qu'un événement, à la production duquel ma vie psychique n'a pas pris part[1], soit capable de m'apprendre des choses cachées concernant l'état à venir de la réalité ; mais je crois qu'une manifestation non intentionnelle de ma propre activité psychique me révèle quelque chose de caché qui, à son tour, n'appartient qu'à ma vie psychique ; je crois au hasard extérieur (réel), mais je ne crois pas au hasard intérieur (psychique). C'est le contraire du superstitieux : il ne sait rien de la motivation de ses actes accidentels et actes manqués[2], il croit par conséquent au hasard psychique ; en revanche, il est porté à attribuer au hasard extérieur une importance qui se manifestera dans la réalité à venir, et à voir dans le hasard un moyen par lequel s'expriment certaines choses extérieures qui lui sont cachées.

[...] La distance qui sépare le déplacement[3] opéré par le paranoïaque[4] de celui opéré par le superstitieux est moins grande qu'elle n'apparaît au premier abord. Lorsque les hommes ont commencé à penser, ils ont été obligés de résoudre anthropomorphiquement[5] le monde en une multitude de personnalités faites à leur image ; les accidents et les hasards qu'ils interprétaient superstitieusement étaient donc à leurs yeux des actions, des manifestations de personnes ; autrement dit, ils se comportaient exactement comme les paranoïaques, qui tirent des conclusions du moindre signe fourni par d'autres, et comme se comportent tous les hommes normaux qui, avec raison, formulent des jugements sur le caractère de leurs semblables en se basant sur leurs actes accidentels et non intentionnels.

Sigmund FREUD, *Psychopathologie de la vie quotidienne* (1904), trad. S. Jankélévitch, Payot, coll. « Petite Bibliothèque », 1983, p. 275-277.

1. Qui s'est produit indépendamment de mon action personnelle.
2. De nombreux petits échecs de la vie pratique expriment selon la psychanalyse un conflit entre une intention avouable et un désir refoulé. Un *acte manqué* est donc ce qui est nommé l. 4-5 une « manifestation non intentionnelle de ma propre activité psychique ». Voir aussi « L'inconscient », p. 36-53.
3. Inconsciemment, l'esprit applique ses propres tendances au monde.
4. Malade mental dont le trouble consiste à surestimer démesurément les intentions ou jugements d'autrui à son égard, voire à imaginer que l'univers entier lui est hostile. La paranoïa est un délire d'interprétation.
5. Les primitifs ont interprété les événements naturels comme les actions de dieux à forme et comportement humains.

Repères
Voir
Objectif / Subjectif.

texte 2

Lévi-Strauss.
La parole donne un sens

Interpréter, est-ce la même chose que connaître ? En s'appuyant sur la linguistique, l'anthropologue Claude Lévi-Strauss fixe un moment décisif de l'histoire : celui où, désormais parlante, l'humanité s'est d'un seul coup mise à trouver le monde significatif. La connaissance est cependant une démarche seconde, progressive et lente, jamais achevée, d'exploration de ce sens globalement attribué.

Quels qu'aient été le moment et les circonstances de son apparition dans l'échelle de la vie animale, le langage n'a pu naître que tout d'un coup. Les choses n'ont pas pu se mettre à signifier progressivement. À la suite d'une transformation dont l'étude ne relève pas des sciences sociales, mais de la biologie et de la psychologie, un passage s'est effectué, d'un stade où rien n'avait un sens, à un autre où tout en possédait. Or, cette remarque, en apparence banale, est importante, parce que ce changement radical est sans contrepartie dans le domaine de la connaissance qui, elle, s'élabore lentement et progressivement. Autrement dit, au moment où l'Univers entier, d'un seul coup, est devenu *significatif*, il n'en a pas été pour autant mieux *connu*, même s'il est vrai que l'apparition du langage devait précipiter le rythme du développement de la connaissance. Il y a donc une opposition fondamentale, dans l'histoire de l'esprit humain, entre le symbolisme[1], qui offre un caractère de discontinuité, et la connaissance, marquée de continuité. Qu'en résulte-t-il ? C'est que les deux catégories du signifiant et du signifié[2] se sont constituées simultanément et solidairement, comme deux blocs complémentaires ; mais que la connaissance, c'est-à-dire le processus intellectuel qui permet d'identifier les uns par rapport aux autres certains aspects du signifiant et certains aspects du signifié – on pourrait même dire de choisir, dans l'ensemble du signifiant et dans l'ensemble du signifié, les parties qui présentent entre elles les rapports les plus satisfaisants de convenance mutuelle – ne s'est mise en route que fort lentement. Tout s'est passé comme si l'humanité avait acquis d'un seul coup un immense domaine et son plan détaillé, avec la notion de leur relation réciproque, mais avait passé des millénaires à apprendre quels symboles déterminés du plan représentaient les différents aspects du domaine. L'Univers a signifié bien avant qu'on ne commence à savoir ce qu'il signifiait ; cela va sans doute de soi. Mais, de l'analyse précédente, il résulte aussi qu'il a signifié, dès le début, la totalité de ce que l'humanité peut s'attendre à en connaître. Ce qu'on appelle le progrès de l'esprit humain et, en tout cas, le progrès de la connaissance scientifique, n'a pu et ne pourra jamais consister qu'à rectifier des découpages, procéder à des regroupements, définir des appartenances et découvrir des ressources neuves, au sein d'une totalité fermée et complémentaire avec elle-même.

Claude Lévi-Strauss, Introduction, dans Marcel Mauss, *Sociologie et Anthropologie* (1950), PUF, coll. « Quadrige », 2001, p. XLVII-XLVIII.

1. Les pensées préscientifiques sont moins explicatives que symboliques, c'est-à-dire enclines à projeter sur la réalité des correspondances de sens (par exemple, tel animal est lié à une qualité ou à un groupe humain).
2. Distinction établie par le linguiste Ferdinand de Saussure entre les deux aspects d'un même signe (comme le mot) : le *signifiant* (la forme) et le *signifié* (le contenu, l'idée). Lévi-Strauss applique cette conception à l'univers : les hommes se sont mis à le trouver « signifiant », donc à chercher son « signifié ». Voir également, dans « Le langage », la présentation, p. 137-138, et le texte 7 de F. de Saussure, p. 145.

Repères Voir **Médiat / Immédiat.**

texte 3 Nietzsche. Le sens de la vie, ou une raison de souffrir ?

L'existence humaine a-t-elle un sens, ou bien les hommes ont-ils été forcés de lui en inventer un ? Faire la « généalogie de la morale », c'est selon Nietzsche démythifier les discours sur le bien, le devoir, le mal ou la faute, en les ramenant à leur véritable origine. Ce passage peut être comparé à la thèse de Lévi-Strauss (voir le texte précédent) selon laquelle l'humanité serait, par sa situation même, « condamnée » à l'interprétation de ce qui l'entoure et d'elle-même. Mais les conclusions des deux penseurs sont très différentes.

[...] quel sens aurait toute *notre* vie, si ce n'est celui-ci, que la volonté de vérité a pris en nous conscience d'elle-même en tant que problème... Point de doute, à partir du moment où la volonté de vérité devient consciente d'elle-même, la morale s'écroule [...]...

En dehors de l'idéal ascétique[1], l'homme, l'*animal*-homme, a été jusqu'à présent dépourvu de sens. Son existence sur terre n'avait pas de but ; « pourquoi l'homme ? » était une question sans réponse ; la *volonté* d'être homme et sur la terre manquait ; toutes les fois qu'une grande destinée humaine venait à s'achever, le refrain se faisait entendre encore amplifié « en vain ! ». C'est ce que signifie l'idéal ascétique : il voulait dire que quelque chose *manquait*, qu'une immense *lacune* enveloppait l'homme, – incapable de se justifier, de s'expliquer, de s'affirmer, il *souffrait* du problème de son sens. Il souffrait aussi d'autres choses, il était pour l'essentiel un animal *maladif*[2] : mais son problème *n'était pas* la souffrance en elle-même, c'était l'absence de réponse au cri dont il interrogeait : « Pourquoi souffrir ? » L'homme, l'animal le plus courageux et le plus habitué à souffrir, *ne* refuse *pas* la souffrance en elle-même : il la *veut*, il la cherche même, pourvu qu'on lui montre le *sens*, le *pourquoi* de la souffrance. Le non-sens de la souffrance, et *non* la souffrance, est la malédiction qui a pesé jusqu'à présent sur l'humanité, – *et l'idéal ascétique lui donnait un sens* ! Ce fut jusqu'à présent son seul sens ; un sens quelconque vaut mieux que pas de sens du tout ; jusqu'à présent l'idéal ascétique a été à tous égards le « *faute de mieux* » *par excellence*. En lui la souffrance était interprétée ; l'immense vide semblait comblé ; la porte se fermait devant le nihilisme[3] et son suicide. Sans aucun doute, l'interprétation entraînait une nouvelle souffrance, une souffrance plus profonde, plus intime, plus venimeuse, plus dévorante : elle plaçait toute souffrance dans la perspective de la faute... Mais malgré tout – l'homme ainsi était *sauvé*, il avait un *sens*, il cessait d'être comme une feuille dans le vent, jouet de l'absurde, de la privation de sens, il pouvait désormais *vouloir* quelque chose, – et ce qu'il voulait, pourquoi et par quoi il le voulait importe peu : *la volonté elle-même était sauvée*.

Friedrich NIETZSCHE, *La Généalogie de la morale* (1887), trad. I. Hildenbrand et J. Gratien, Gallimard, coll. « Folio essais », 2003, p. 193-195.

1. L'ascète se fixe une discipline très rigoureuse, pour se libérer des servitudes et des tentations que lui impose son corps. En parlant d'*idéal ascétique*, Nietzsche critique avec virulence une morale du sacrifice où les hommes cherchent à se nier eux-mêmes.
2. Les animaux vivent à l'abri des tourments de la conscience ; pour Nietzsche, ils sont donc en bonne santé. L'homme au contraire pense, et cela le conduit à l'inquiétude et à la souffrance.
3. Du latin *nihil*, « rien ». Pour Nietzsche, c'est l'effritement de toutes les valeurs. Or, au lieu d'accepter ce vide avec lucidité, les hommes préfèrent inventer de toutes pièces un sens moral à leur vie.

2 | Les domaines de l'interprétation

texte 4 Galilée. Défendre la raison sans attaquer la foi

Peut-on concilier un texte sacré et une démonstration scientifique ? Copernic puis Galilée démontrent que c'est la Terre qui tourne autour du Soleil et non l'inverse, comme l'implique un passage célèbre de la Bible. Galilée repousse ici l'accusation d'hérésie.

Je croirai volontiers que l'autorité des lettres sacrées n'eut pas d'autre intention que d'enseigner aux hommes les articles et les propositions qui, nécessaires à leur salut et dépassant toute raison humaine, ne pouvaient être enseignés et rendus croyables sinon par la bouche même de l'Esprit Saint. Mais que Dieu qui nous a doués de sens, de raison et d'intellect ait voulu que nous négligions d'en faire usage, qu'il ait voulu nous donner un autre moyen de connaître ce que nous pouvons atteindre par eux, je ne pense pas qu'il soit nécessaire de le croire[1], et surtout dans ces sciences dont l'Écriture ne nous offre que d'infimes parcelles dispersées çà et là, ce qui est justement le cas de l'astronomie, dont il est si peu question dans les livres saints que les planètes ne s'y trouvent même pas nommées. Si les premiers auteurs sacrés avaient eu la pensée d'enseigner au peuple l'ordre et le mouvement des corps célestes, ils n'en auraient pas traité si brièvement, car ce qu'ils en disent n'est rien en comparaison des innombrables, des très hautes, des très admirables vérités que cette science enferme. [...]

Étant donc supposé et provisoirement accordé à l'adversaire que les paroles du texte sacré doivent être prises au pied de la lettre, autrement dit que Dieu arrêta le Soleil et prolongea le jour à la prière de Josué[2] afin qu'il pût obtenir la victoire, [...] je dis que ce passage nous montre manifestement la fausseté et l'impossibilité du système du monde aristotélicien et ptoléméen[3], et s'accorde au contraire fort bien au système de Copernic. [...]

J'ai découvert et irréfutablement démontré que le globe du Soleil tourne sur lui-même, son entière conversion durant à peu près le temps d'un mois lunaire et s'effectuant dans le sens de presque toutes les autres conversions célestes ; d'autre part, il est très probable et très vraisemblable que le Soleil, principal instrument et ministre de la nature et pour ainsi dire cœur du monde, donne non seulement la lumière, comme il apparaît clairement qu'il la donne, mais aussi le mouvement à toutes les planètes qui tournent autour de lui. Si donc, conformément à l'hypothèse de Copernic, nous attribuons à la Terre la rotation diurne sur elle-même, qui ne voit que pour arrêter tout le système et prolonger ainsi, sans perturber l'ensemble des relations réciproques entre les planètes, le temps de l'illumination diurne, il a suffi que le Soleil fût arrêté[4], comme le disent expressément les paroles du texte sacré ? Voici donc comment, sans introduire aucune confusion dans les parties de l'univers et sans altérer en rien le sens littéral de l'Écriture, on peut, en arrêtant le Soleil, prolonger le jour terrestre.

GALILÉE, Lettre à Don Benedetto Castelli (21 décembre 1613), dans *Dialogues et Lettres choisis*, trad. P.-H. Michel, Hermann, 1966, p. 387-391.

1. Nous n'avons pas à le croire, c'est-à-dire à y adhérer par fidélité religieuse.
2. Dans la Bible, successeur de Moïse, chef militaire et religieux des Hébreux, qui firent sous ses ordres la conquête de la Terre promise. Le récit affirme qu'il obtint de Dieu à la bataille de Gabaon que le Soleil s'arrête dans sa course, miracle qui lui permit de remporter la victoire (Josué 10, 12-13).
3. Les Grecs Aristote (IVe siècle av. J.-C.) puis Ptolémée (IIe siècle apr. J.-C.) défendirent tous deux la thèse géocentrique.
4. Pour Galilée, cela signifie en fait l'arrêt de l'ensemble du système solaire et non du seul Soleil. Vingt ans plus tard, Galilée, qui a publié le *Dialogue sur les deux grands systèmes du monde*, est contraint par l'Inquisition à se rétracter. L'Église catholique attendra 1992 pour le réhabiliter.

Repères
Voir
Croire / Savoir.

texte 5 Aron. Interpréter les faits humains pour les comprendre

Qu'est-ce exactement que comprendre ? On ne peut pas expliquer directement un phénomène naturel : toute une construction abstraite est d'abord nécessaire. Si l'on peut en revanche saisir du premier coup par intuition les faits de la vie humaine, un autre niveau de compréhension est possible, celle du sociologue ou de l'historien. C'est ce qu'explique ici le sociologue français Raymond Aron, pour présenter la méthode de Max Weber.

L'idée de Weber est la suivante : dans le domaine des phénomènes naturels, nous ne pouvons saisir que par l'intermédiaire de propositions de forme et de nature mathématiques les régularités observées. En d'autres termes, il nous faut expliquer les phénomènes par des propositions confirmées par l'expérience pour avoir le sentiment de les comprendre. La compréhension est donc médiate, elle passe par l'intermédiaire de concepts ou de relations. Dans le cas de la conduite humaine, la compréhension est, en un sens, immédiate : le professeur comprend le comportement des étudiants qui suivent son cours, le voyageur comprend pourquoi le chauffeur de son taxi s'arrête devant un feu rouge. Il n'a pas besoin de constater combien de chauffeurs s'arrêtent devant les feux rouges pour saisir pourquoi ils le font. La conduite humaine présente une intelligibilité[1] intrinsèque qui tient au fait que les hommes sont doués de conscience. Le plus souvent certaines relations intelligibles sont immédiatement perceptibles entre des actes et des fins, entre les actes de l'un et les actes de l'autre. Les conduites sociales comportent une texture intelligible que les sciences de la réalité humaines sont capables de saisir. Cette intelligibilité ne signifie nullement que le sociologue ou l'historien comprend intuitivement les conduites. Tout au contraire, il les reconstruit peu à peu d'après les textes et les documents. Pour le sociologue, le sens subjectif est à la fois immédiatement saisissable et équivoque.

[...] L'intelligibilité n'est pas immédiate en ce sens que nous pourrions saisir d'un coup, sans enquête préalable, la signification des conduites des autres. Même quand il s'agit de nos contemporains, nous pouvons presque toujours donner immédiatement *une* interprétation de leurs actions ou de leurs œuvres, mais nous ne pouvons pas savoir sans recherche et sans preuve *quelle* interprétation est vraie. En bref, mieux vaudrait dire intelligibilité intrinsèque qu'intelligibilité immédiate et se rappeler que cette intelligibilité même, par essence, comporte ambiguïté. L'auteur ne connaît pas toujours les motifs de son action, l'observateur est moins encore capable de les deviner intuitivement : il doit les chercher afin de distinguer entre le vraisemblable et le vrai.

Raymond Aron, *Les Étapes de la pensée sociologique*, Gallimard, coll. « Tel », 1967, p. 504-505.

1. Le caractère compréhensible, le fait qu'un sens puisse être reconnu. Voir également, dans « L'histoire », la présentation, p. 237, et le texte 8 de Ricœur, p. 241, ainsi que « Théorie et expérience », p. 266-285.

› Repères
Voir **Intuitif / Discursif.**

Questions

1. Expliquez le rôle de la conscience dans l'intelligibilité des conduites humaines.
2. Pourquoi Raymond Aron précise-t-il que « le sens subjectif est à la fois immédiatement saisissable et équivoque » (l. 20-21) ? Y a-t-il une contradiction ?

texte 6

Freud. L'analyse d'un rêve

Que révèle le rêve ? Non les signes d'un hypothétique au-delà, mais des désirs inavoués. Le rêve est un message codé venu de l'intériorité du dormeur, qu'on ne comprendra qu'en défaisant par l'analyse ce qu'a réalisé un travail inconscient.

Une autre fois, je suis assis dans un wagon et tiens sur mes genoux un objet qui a la forme d'un chapeau haut de forme, mais qui est en verre transparent. La situation me fait penser tout de suite au dicton : « *Mit dem Hute in der Hand kommt man durchs ganze Land*[1]. » Le *haut-de-forme de verre* me rappelle, par un bref détour, le bec Auer[2], et je sais bientôt que j'aimerais faire une découverte qui me rendrait aussi riche et indépendant que mon compatriote, le Dr Auer von Welsbach, l'est devenu par la sienne, et qu'alors je voyagerais au lieu de demeurer à Vienne. Dans le rêve, je voyage avec mon invention – le haut-de-forme de verre, qui n'est certes pas encore d'usage courant. – Le travail du rêve affectionne tout particulièrement de figurer par la même formation composite deux représentations qui s'opposent : ainsi, par exemple, une femme se voit porter en rêve une haute tige de fleur, ainsi qu'on figure l'ange dans les tableaux de l'Annonciation[3] (innocence – Marie est le nom de cette femme), mais la tige est garnie de grandes fleurs blanches, qui ressemblent à des camélias (contraire de l'innocence : la Dame aux camélias[4]).

Une bonne partie de ce que nous venons de dire sur la condensation[5] du rêve peut se résumer dans cette formule : chaque élément du contenu du rêve est *surdéterminé* par le matériel des pensées du rêve, il ne dérive pas d'un seul élément des pensées du rêve mais de toute une série d'entre eux, lesquels n'ont nullement besoin d'être proches les uns des autres dans les pensées du rêve mais peuvent appartenir aux domaines les plus divers du tissu des pensées.

Sigmund FREUD, *Sur le rêve* (1901), trad. C. Heim, Gallimard, coll. « Folio essais », 1988, p. 80-81.

1. « Le chapeau à la main, on traverse tout le pays. » Autrement dit, avec suffisamment de déférence on arrive au bout de ses peines, au but.
2. Lampe d'éclairage au gaz, inventée à la fin du XIXe siècle par le chimiste autrichien Carl Auer, dont Freud est ici amené à s'avouer à lui-même qu'il jalouse la réussite.
3. Dans les Évangiles, message de l'ange Gabriel à la Vierge Marie, lui annonçant qu'elle donnera naissance au Christ. Dans la peinture religieuse traditionnelle, l'ange est souvent porteur de lis, symbole de la pureté.
4. Roman (1848) puis mélodrame (1852) français d'Alexandre Dumas fils, très connus à l'époque, et dont l'héroïne est une femme « de mauvaise vie ».
5. Un des procédés du travail du rêve. L'esprit y combine inconsciemment des éléments qui existent séparément dans la vie réelle.

texte 7

Jouvet. Le rêve : une fonction plutôt qu'un sens

Rêver renforcerait-il chaque nuit les traits profonds de la personnalité ? Pendant que nous rêvons, notre corps est totalement inerte, mais nos yeux, et surtout notre cerveau, connaissent une intense activité nerveuse. Le biologiste Michel Jouvet, spécialiste de cette phase – le sommeil paradoxal – développe ici une hypothèse audacieuse.

[…] récemment, des expériences faites sur des jumeaux monozygotes[1] humains ont montré la similarité de l'organisation des mouvements oculaires[2] par rapport à des jumeaux hétérozygotes. C'est donc la mémoire génétique de chaque individu qui semble s'exprimer au cours du rêve.

Nous pénétrons sans doute au cœur du problème – champ clos de querelles idéologiques – celui de l'inné et de l'acquis, et la question peut alors être posée : si le rêve apparaît être une reprogrammation du cerveau soumis à un contrôle génétique, ne serait-il pas responsable, chez l'animal, des variations interindividuelles des comportements instinctifs et chez

1. « Vrais » jumeaux, issus d'un même œuf, par opposition aux « faux » jumeaux *hétérozygotes*, seuls les premiers ayant exactement la même identité génétique.
2. Si deux vrais jumeaux effectuaient les mêmes mouvements, cela signifierait que l'hérédité commande le sommeil paradoxal.

l'homme, de cette part innée ou héréditaire de notre personnalité ? Celle qui ne se laisse pas, ou peu, influencer par le milieu, la culture ou l'apprentissage, l'hérédité psychologique. [...]

Programme génétique, donc sélectionné au cours d'une « évolution épiméthéenne[3] » pour qu'il existe au sein d'une population de souris par exemple, un polymorphisme[4] suffisamment important d'individus agressifs ou peureux, lents ou rapides pour apprendre, inhibés ou non par l'émotion. Ainsi, un certain nombre d'individus survivront, les peureux ou les agressifs, selon les circonstances de la sélection naturelle. Avons-nous le droit d'extrapoler[5] et parler de potentialité héréditaire pour être timide ou agressif, musicien ou mathématicien, si les conditions du milieu le permettent, ou tout au moins ne l'empêchent pas ?

Gardien et programmateur périodique de la part héréditaire de notre personnalité, il est possible que chez l'homme, le rêve joue également un rôle prométhéen[6] moins conservateur. En effet, grâce aux extraordinaires possibilités de liaisons qui s'effectuent dans le cerveau au moment où les circuits de base de notre personnalité sont programmés, pourrait alors s'installer un jeu combinatoire varié à l'infini – utilisant les événements acquis – et donnant naissance aux inventions des rêves, ou préparant de nouvelles structures de pensée qui permettront d'appréhender de nouveaux problèmes.

On conçoit alors l'importance des 100 minutes de rêve qui surviennent périodiquement chaque nuit, lorsque notre température centrale est la plus basse.

Michel JOUVET, « Histoire naturelle du rêve », dans *Du rêve au sommeil paradoxal*, dir. Fr. PAROT, Delachaux et Niestlé, coll. « Textes de base en psychologie », 2001, p. 308-310.

3. Allusion à la mythologie grecque. Voir note 6.
4. Variété des formes ou des comportements dans une même espèce.
5. Étendre un raisonnement d'une chose connue à une autre, pour faire une hypothèse.
6. Chargé par les dieux de distribuer des organes aux êtres vivants, Épiméthée laissa les hommes très dépourvus. Son frère Prométhée vola alors le feu aux dieux pour le leur offrir (voir, dans « Le travail et la technique », le texte 5 de Platon, p. 200). Le rêve serait *épiméthéen* et répétitif dans sa consolidation des traits individuels, et *prométhéen*, c'est-à-dire novateur, dans sa préparation des inventions du jour par ses combinaisons nocturnes.

3 | Les philosophes, interprètes du monde

texte 8 Nietzsche. Vrais motifs et motifs agissants

Où se trouve le sens des motifs que les hommes se donnent pour agir ? Il faut peut-être, dit Nietzsche, ne pas trop les interpréter : ce que l'on croit subjectivement est sans doute plus « vrai » que des causes qui paraissent objectivement plus profondes.

Les motifs auxquels on croit. – Si important qu'il puisse être de connaître les motifs d'après lesquels l'humanité a vraiment agi jusqu'à présent : peut-être la *croyance* à tel ou tel motif, donc à ce en quoi l'humanité elle-même a voulu voir et a imaginé à tort jusqu'à présent les véritables ressorts de son agir, est-elle une chose encore plus essentielle pour l'homme de connaissance[1]. Les hommes ont en effet reçu en partage leur bonheur et leur misère intérieurs en fonction de leur croyance à tel ou tel motif – et *non pas* de ce qui était réellement motif ! L'intérêt de ce dernier n'est jamais que de second ordre.

Friedrich NIETZSCHE, *Le Gai Savoir* (1882-1887), § 44, trad. P. Wotling, Flammarion, coll. « GF », 2e éd. corrigée, 2000, p. 100.

1. Ici, le philosophe.

Repères
Voir **Objectif / Subjectif.**

texte 9

Ricœur.
Toute lecture est interprétation

Qu'est-ce qu'un texte, qu'est-ce que lire ? Une parole n'a qu'une permanence réduite et reste captive des circonstances où elle a été prononcée. L'écrit, lui, se libère de ces deux contraintes. Dès lors, il devient disponible pour une lecture nécessairement ouverte et plurielle. Ce que l'auteur a voulu dire n'est pas plus figé que ce que le lecteur voudra lire. Il n'y a donc pas de sens unique…

La médiation par les textes semble restreindre la sphère de l'interprétation à l'écriture et à la littérature au détriment des cultures orales. Cela est vrai. Mais, ce que la définition perd en extension, elle le gagne en intensité[1]. L'écriture, en effet, ouvre des ressources originales au discours [...] d'abord en l'identifiant à la phrase (quelqu'un dit quelque chose sur quelque chose à quelqu'un), puis en le caractérisant par la composition des suites de phrases en forme de récit, de poème ou d'essai. Grâce à l'écriture, le discours acquiert une triple autonomie sémantique : par rapport à l'intention du locuteur, à la réception par l'auditoire primitif, aux circonstances économiques, sociales, culturelles de sa production. C'est en ce sens que l'écrit s'arrache aux limites du dialogue face à face et devient la condition du *devenir-texte* du discours. Il revient à l'herméneutique[2] d'explorer les implications de ce devenir-texte pour le travail de l'interprétation.

La conséquence la plus importante est qu'il est mis définitivement fin à l'idéal cartésien, fichtéen, et, pour une part aussi, husserlien[3], d'une transparence du sujet à lui-même. Le détour par les signes et par les symboles est à la fois amplifié et altéré par cette médiation par des textes qui s'arrachent à la condition intersubjective du dialogue. L'intention de l'auteur n'est plus immédiatement donnée comme veut l'être celle du locuteur dans une parole sincère et directe. Elle doit être reconstruite en même temps que la signification du texte lui-même, comme le nom propre donné au style singulier de l'œuvre. Il n'est donc plus question de définir l'herméneutique par la coïncidence entre le génie[4] du lecteur et le génie de l'auteur. L'intention de l'auteur, absent de son texte, est elle-même devenue une question herméneutique. Quant à l'autre subjectivité, celle du lecteur, elle est autant l'œuvre de la lecture et le don du texte qu'elle est le porteur des attentes avec lesquelles ce lecteur aborde et reçoit le texte. [...] Se comprendre, c'est se comprendre *devant le texte* et recevoir de lui les conditions d'un soi autre que le moi qui vient à la lecture. Aucune des deux subjectivités, ni celle de l'auteur, ni celle du lecteur, n'est donc première au sens d'une présence originaire de soi à soi-même.

Paul RICŒUR, *Du texte à l'action. Essais d'herméneutique*, Éd. du Seuil, coll. « Esprit », 1986, p. 31.

1. Définir *en extension*, c'est faire la liste de tous les éléments qui répondent à la définition plutôt que de préciser cette définition elle-même. Décider d'interpréter seulement les textes et non les propos oraux, c'est restreindre le nombre des objets, mais *approfondir* le sens de l'opération d'interprétation.
2. Acte d'interpréter (voir note 1, p. 306).
3. Pour Descartes, Fichte et Husserl, il serait possible au sujet humain d'accéder à une véritable connaissance de lui-même. Voir, dans « La conscience », la présentation, p. 20 et le texte 1 de Descartes, p. 25, et, dans « L'inconscient », le texte 4 de Freud, p. 46. Le *cogito* (c'est-à-dire le « je pense ») pourrait donc être atteint par lui-même. Ricœur ruine cet espoir en montrant que l'interprétation ne peut jamais être unique et définitive.
4. Ne désigne pas ici l'être exceptionnel, « génial », mais l'identité profonde et personnelle de chacun.

› Repères
Voir
Médiat / Immédiat.

Questions

1. Pour Ricœur, le « devenir-texte » est libérateur. Mais perdre le lien entre la parole et celui qui la prononce est-il sans risque ?
2. Comment un lecteur peut-il être modifié par son interprétation d'un texte ?
3. Ricœur affirme-t-il que toutes les interprétations d'un même texte se valent ?

Pour se préparer au baccalauréat
Dissertations : p. 542, 550, 552, 562.
Explications de texte : p. 553.

Le vivant

Ouverture

Foucault. Le monde est un livre de magie 320

Présentation 322

Textes 326

1 Le problème de la connaissance du vivant

1 **Spinoza.** L'illusion finaliste 326
2 **Bernard.** Les « faits de finalité » des êtres vivants 327
3 **Grassé.** L'évolution, un processus orienté 327
4 **Bernard.** Le déterminisme complexe des êtres vivants 328
5 **Monod.** Le vitalisme est un asile de l'ignorance 328

2 La connaissance du vivant entre physique et métaphysique

6 **Bonnet.** Le miracle de la vie 329
7 **Bichat.** La vie est ce qui résiste à la mort 330
8 **Descartes.** Les animaux-machines 330
9 **La Mettrie.** L'homme-machine 332
10 **Kant.** Les limites du mécanisme 333

3 Biologie et éthique

11 **Vacquin.** Inquiétante génétique ? 334
12 **Dagognet.** Le mythe de la nature : éloge de la biotechnologie 335

Bertrand Gadenne (né en 1951), *L'Escargot*, série *Les Formes symboliques*, 2003.

ouverture

Michel Foucault

Le monde est un livre de magie

Pour l'homme de la Renaissance, la nature est un « Grand Vivant » qui parle aux hommes. Il suffit donc pour la connaître de savoir en déchiffrer les signes inscrits à la surface des choses.

Or, peut-être nous arriverait-il de traverser tout ce foisonnement merveilleux des ressemblances, sans même nous douter qu'il est préparé depuis longtemps par l'ordre du monde, et pour notre plus grand bienfait. Pour savoir que l'aconit[1] guérit nos maladies d'yeux ou que la noix pilée avec de l'esprit de vin soigne les maux de tête, il faut bien qu'une marque nous en avertisse : sans quoi ce secret resterait indéfiniment en sommeil. Saurait-on jamais qu'il y a d'un homme à sa planète un rapport de gémellité ou de joute[2], s'il n'y avait sur son corps et parmi les rides de son visage, le signe qu'il est rival de Mars ou apparenté à Saturne ? Il faut que les similitudes enfouies soient signalées à la surface des choses ; il est besoin d'une marque visible des analogies invisibles. Toute ressemblance n'est-elle pas, d'un même coup, ce qui est le plus manifeste et ce qui est le mieux caché ? Elle n'est pas composée en effet de morceaux juxtaposés, les uns identiques, les autres différents : elle est d'un seul tenant une similitude qu'on voit ou qu'on ne voit pas. Elle serait donc sans critère s'il n'y avait en elle – ou au-dessus ou à côté – un élément de décision qui transforme son scintillement douteux en claire certitude.

Il n'y a pas de ressemblance sans signature. Le monde du similaire ne peut être qu'un monde marqué. « Ce n'est pas la volonté de Dieu, dit Paracelse[3], que ce qu'il crée pour le bénéfice de l'homme demeure caché… Et même s'il a caché certaines choses, il n'a rien laissé sans signes extérieurs et visibles avec des marques spéciales – tout comme un homme qui a enterré un trésor en marque l'endroit afin qu'il puisse le retrouver. » Le savoir des similitudes se fonde sur le relevé de ces signatures et sur leur déchiffrement. Inutile de s'arrêter à l'écorce des plantes pour connaître leur nature ; il faut aller droit à leurs marques […]. C'est pourquoi le visage du monde est couvert de blasons[4], de caractères, de chiffres, de mots obscurs, – de « hiéroglyphes », disait Turner. Et l'espace des

1. Plante de la famille des renonculacées.
2. Rivalité.
3. Médecin et alchimiste de la Renaissance (vers 1493-1541).
4. Signes arborés par les familles nobles et représentant leurs signatures.

immédiates ressemblances devient comme un grand livre ; il est hérissé de graphismes ; on voit tout au long de la page des figures étranges qui s'entrecroisent et parfois se répètent. Il n'est plus que de les déchiffrer. [...] Le grand miroir calme au fond duquel les choses se miraient et se renvoyaient, l'une l'autre, leurs images, est en réalité tout bruissant de paroles. Les reflets muets sont doublés par des mots qui les indiquent. Et par la grâce d'une dernière forme de ressemblance qui enveloppe toutes les autres et les enferme en un cercle unique, le monde peut se comparer à un homme qui parle [...].

Mais il faut s'attarder un peu sur ce langage lui-même. Sur les signes dont il est formé. Sur la manière dont ces signes renvoient à ce qu'ils indiquent.

Il y a sympathie entre l'aconit et les yeux. Cette affinité imprévue resterait dans l'ombre, s'il n'y avait sur la plante une signature, une marque et comme un mot disant qu'elle est bonne pour les maladies des yeux. Ce signe, il est parfaitement lisible dans ses graines : ce sont de petits globes sombres enchâssés dans des pellicules blanches, qui figurent à peu près ce que les paupières sont aux yeux. De même pour l'affinité de la noix et de la tête ; ce qui guérit « les plaies du péricrâne », c'est l'épaisse écorce verte qui repose sur les os – sur la coquille – du fruit : mais les maux intérieurs de la tête sont prévenus par le noyau lui-même « qui montre tout à fait le cerveau[5] ». Le signe de l'affinité, et ce qui la rend visible, c'est tout simplement l'analogie ; le chiffre de la sympathie réside dans la proportion.

Michel FOUCAULT, *Les Mots et les Choses*, Gallimard, 1966, p. 41-42.

5. Crollius, *Traité des signatures* (trad. française, 1624).

Gladys, *Serpent*, 2002.

Présentation

I | Le problème de la connaissance du vivant

À quelles conditions la biologie est-elle une science ?

Textes 1 à 5
Spinoza, Bernard, Grassé, Bernard, Monod, p. 326-329.

En quoi le vivant soulève-t-il des problèmes philosophiques particuliers ? Le premier problème est épistémologique[1] : le vivant est-il objet de science ? La réponse peut sembler aller de soi : la biologie fait partie des disciplines scientifiques au même titre que la physique, la chimie, l'astrophysique, etc. Mais c'est une science jeune, qui s'est construite au XIXe siècle autour de trois éléments majeurs : la théorie cellulaire, la théorie de l'évolution et les commencements de la génétique. Le mot même « biologie » (littéralement : « discours rationnel sur la vie ») ne date que du début du XIXe siècle.

Pourtant les êtres vivants sont depuis l'Antiquité grecque, avec Aristote, un objet d'intérêt et d'analyse. Si la biologie a mis si longtemps à se constituer comme science, c'est qu'il lui a fallu se plier aux conditions de la connaissance scientifique : considérer que le monde du vivant est connaissable selon les règles de la **méthode expérimentale**[2], qu'il est régi par des lois identiques à celles qui gouvernent l'ensemble de la nature, par le même **déterminisme universel.**

L'originalité des êtres vivants

Or, ces conditions ne vont pas de soi : à première vue, la vie est un phénomène à part aux propriétés originales. À la différence des simples corps physiques, les êtres vivants sont des **organismes**. Ils sont les seuls à se reproduire, à dépendre d'un échange avec le milieu, à... mourir. Ils semblent même obéir à une sorte de finalité interne : ils sont adaptés à leur milieu et capables, en partie, d'autorégulation et d'autoréparation.

Rien de tel n'est constatable pour les objets matériels non vivants : pas d'échange avec le milieu, pas d'évolution ni de mort, aucune finalité, mais un pur jeu de forces physiques. Plus aucun physicien n'explique aujourd'hui la chute des corps à la façon d'Aristote, c'est-à-dire comme le résultat d'une « tendance » propre aux corps[3], alors qu'un biologiste doit rendre compte de la façon dont les êtres vivants tendent à s'adapter à leur milieu, et même qu'ils semblent « faits pour » s'adapter à ce milieu, comme si cela résultait d'un projet[4].

1. C'est-à-dire relatif à la philosophie des sciences. 2. Voir « Théorie et expérience », p. 272-273. 3. Voir la *Physique* d'Aristote, notamment le livre V. Voir aussi, dans « Théorie et expérience », le texte 8 de Kant, p. 282. 4. Voir, dans les Repères, « Cause / Fin ».

En ce sens, le vivant pose problème à la connaissance scientifique. La rationalité scientifique moderne naît au XVIIe siècle avec le rejet du finalisme[1] et de l'anthropomorphisme[2]. La vie est-elle alors le dernier refuge d'une représentation préscientifique ou antiscientifique du monde ?

Le problème de l'évolution

La théorie de l'évolution illustre de façon exemplaire cette apparente irréductibilité du vivant aux propriétés physico-chimiques de la matière inerte. Élaborée[3] par Darwin (*De l'origine des espèces par voie de sélection naturelle* paraît en 1859), la théorie de l'évolution affirme l'existence dans le monde animal et végétal d'une **sélection naturelle** : les variations individuelles favorables à une meilleure adaptation de l'organisme au milieu ont tendance à se reproduire et à entraîner la disparition des moins aptes, d'où la formation d'espèces nouvelles. Ainsi, tous les êtres vivants sont le résultat d'une longue série de transformations de plus en plus adaptées au milieu, à partir des formes de vie élémentaires jusqu'aux espèces les plus complexes (l'homme). L'évolution semble donc obéir à un **projet** et réactualise la vieille question d'une finalité gouvernant le monde vivant. Certes, en elle-même, la théorie de Darwin dispense de recourir à l'hypothèse finaliste. Darwin pense en effet que l'évolution a pour cause le fait qu'une variation survenue de façon aléatoire permet une meilleure adaptation fonctionnelle. Il est donc inévitable que les espèces évoluent dans le sens d'une adaptation plus parfaite ; cela est un pur résultat mécanique de la sélection naturelle et n'implique pas du tout une représentation finaliste ou théologique du monde vivant.

Le darwinisme n'a pas suffi à trancher définitivement la question : le philosophe et prêtre Teilhard de Chardin (1881-1955) voyait dans l'évolution la trace d'un plan divin, et Bergson y voyait le signe d'un élan créateur et libre au sein de la nature. Même chez les biologistes, les divergences d'interprétation subsistent. Si le généticien contemporain Jacques Monod défend au nom de la science une conception antifinaliste de l'évolution, qui s'opère par le **hasard** des variations et la **nécessité** de la sélection naturelle, le paléontologiste Pierre-Paul Grassé soutient en revanche qu'on ne peut comprendre les phénomènes évolutifs en supposant qu'ils sont le résultat d'un mécanisme aveugle[4].

2 | La connaissance du vivant entre physique et métaphysique

Vitalisme et mécanisme

Textes 6 à 10
Bonnet, Bichat, Descartes, La Mettrie, Kant, p. 329-333.

Cette originalité des organismes a longtemps fait croire à la spécificité absolue du vivant. Il serait comme une partie de la nature soustraite à l'ordre général du monde. Création de formes nouvelles parfois extraordinaires, trouvant en lui des ressources spectaculaires pour se régénérer, le vivant serait régi non pas par les lois ordinaires de la nature physique, mais par un principe spécial, une « force vitale » : « entéléchie »

1. C'est-à-dire l'explication des phénomènes par leur fin, leur but. 2. Attitude consistant à concevoir tous les objets ou les animaux (ou les dieux dans certaines religions) en leur attribuant des caractères physiques ou mentaux propres à l'homme. 3. L'idée d'une transformation des espèces vivantes a été avancée dès le début du XIXe siècle par Lamarck.
4. Voir, dans les Repères, « Contingent / Nécessaire / Possible ».

chez Aristote, « Âme », « Souffle », « Esprit », « Élan vital » ou plus simplement encore « Vie » chez d'autres. Tel est le **vitalisme** : une **métaphysique du vivant**, qui cherche à en expliquer les manifestations par le recours à une entité particulière, cachée et inexplicable, la Vie (alors avec une majuscule).

L'entrée de la biologie dans les sciences positives a d'abord exigé la déconstruction de cette représentation « romantique » du vivant. Il a fallu chasser la « Vie » du vivant, et considérer celui-ci comme un pur **mécanisme** aux lois sans originalité ni mystère. Tel fut notamment l'effort de Descartes au XVIIe siècle : passer d'une métaphysique du vivant à une **physique** du vivant, c'est-à-dire réintégrer les organismes vivants dans l'économie générale de la nature, dont la science physique permet de connaître les lois. C'est dans ce projet que s'inscrit chez Descartes la curieuse théorie des animaux-machines, selon laquelle les comportements des animaux s'expliquent de la même façon que le mouvement d'une machine automate. Descartes cherche en somme à énoncer la condition d'accès de la connaissance du vivant à la science positive. *La vie n'existe pas*, tel est le titre d'un livre du biologiste contemporain Ernest Kahane. Il faut évidemment comprendre : « le principe vital n'existe pas », la « Vie » n'est pas une entité mystérieuse, impénétrable, métaphysique. Si la biologie veut être une science, il faut qu'elle prenne comme modèle le type d'explication fourni par la physique et donc qu'elle cherche à **réduire la spécificité du vivant**. C'est la raison pour laquelle, comme y invite le titre même de ce chapitre, il vaut mieux parler du « vivant » que de la « vie ».

La biologie contemporaine a-t-elle abandonné le modèle de la machine ?

Mais le mécanisme cartésien semble aboutir à une impasse inverse de celle du vitalisme. Car les organismes vivants ne se laissent pas facilement intégrer au mécanisme universel. Kant le remarquait contre Descartes : deux montres côte à côte n'en donneront jamais une troisième, et si l'une d'elles tombe en panne, elle ne développera jamais un comportement adaptatif lui permettant de fonctionner malgré tout. L'idée d'une pure physique du vivant semble donc aussi difficile à soutenir que l'idée d'une métaphysique du vivant, mais pour des raisons opposées : le vitalisme empêche une connaissance positive du vivant, mais le mécanisme pur empêche d'en comprendre les propriétés remarquables et singulières.

La biologie a dû se constituer entre ces deux écueils : elle récuse le vitalisme comme non scientifique mais elle revendique aussi sa spécificité par rapport à la physique. Aussi scientifique soit-elle, la biologie doit rendre compte des caractères originaux des êtres vivants. Plus personne ne songe aujourd'hui à expliquer le vivant en le comparant à un automate. Mais le développement de la génétique et de son concept central de **programmation** ne montre-t-il pas que la biologie n'a pas renoncé au modèle de la machine et l'a simplement déplacé vers la machine **cybernétique**[1] de l'informaticien contemporain ? En ce sens, la biologie actuelle réalise bien le projet de Descartes : c'est en se réduisant à l'intelligibilité parfaite et facile d'une machine qu'elle a pu se constituer comme science positive.

1. Machine capable d'agir en fonction des informations reçues.

3 | Biologie et éthique

Les biologistes apprentis sorciers ?

Textes 11 et 12
Vacquin, Dagognet,
p. 334-335.

Le développement actuel des sciences biologiques pose également un problème d'un tout autre ordre : un problème moral et politique. Les manipulations génétiques, les OGM[1], bref, toutes les pratiques permises par l'essor de la biotechnologie conduisent à s'interroger sur les pouvoirs non maîtrisés, et donc angoissants, que cet essor peut libérer.

Descartes formulait le projet général d'une science qui pourrait rendre les hommes « comme maîtres et possesseurs de la nature[2] ». Mais ce qui était promesse au XVIIe siècle n'est-il pas devenu menace aujourd'hui ? Le généticien contemporain est-il une figure moderne de l'apprenti sorcier ? Il ne faut pourtant pas se laisser dominer par l'inquiétude que de tels problèmes ne manquent pas de faire naître. En premier lieu, ce n'est pas un problème nouveau. La question de l'expérimentation sur les êtres vivants a été contemporaine de la prétention de la biologie à se constituer comme science. De ce point de vue, la théorie cartésienne des animaux-machines, en désacralisant la vie, a permis les progrès de la biologie expérimentale moderne, même si ces progrès exigent évidemment d'être accompagnés d'une réflexion éthique sur leurs limites. Mais il ne faudrait pas que cette vigilance éthique, légitime en elle-même, conduise à une « technophobie » alimentée par le mythe de la restauration ou de la préservation d'une nature originaire et pure.

Une responsabilité d'un nouveau type ?

En second lieu, ce problème moral ne se pose pas spécifiquement à la biologie, mais à toute la science contemporaine. Il vaut pour le physicien atomiste comme pour le généticien. C'est le problème général de la **responsabilité** éthique et civique de la recherche scientifique. Il convient cependant de noter que le développement, voire l'explosion des possibilités scientifiques de transformer la nature pose la question de cette responsabilité en des termes nouveaux. Il s'agit en effet, comme le philosophe allemand Hans Jonas l'a souligné[3], d'une responsabilité envers les générations à venir, c'est-à-dire non plus relative à des actes déjà accomplis, mais à **des actes futurs possibles**. L'idée que nous pouvons être **actuellement** responsables d'actes non encore accomplis[4] rompt avec le modèle classique de la responsabilité (le modèle de l'assurance : nous ne sommes responsables que d'actes effectifs, notre responsabilité est *a posteriori*) et elle n'est pas sans soulever des difficultés. Mais elle permet d'interroger la relation morale que les chercheurs entretiennent avec leurs travaux : les généticiens actuels peuvent-ils se débarrasser de la question de savoir à quoi pourra servir la connaissance qu'ils contribuent à développer ?

1. Organismes génétiquement modifiés. 2. Voir, dans « Science et société », le texte 2, p. 376. 3. *Le Principe responsabilité* (1979), Flammarion, coll. « Champs », 1998. 4. Voir, dans les Repères, « En acte / En puissance ».

Le vivant
Textes

› 1 | Le problème de la connaissance du vivant

texte 1 Spinoza.
L'illusion finaliste

À quelles conditions la science de la nature est-elle possible ? À condition de renoncer aux explications finalistes, répond Spinoza. La croyance selon laquelle la nature agit en vue de fins est irrationnelle. Elle renverse l'ordre réel des choses et entretient l'obscurantisme.

Maintenant, pour montrer que la nature n'a pas de fin qui lui soit prescrite, et que toutes les causes finales ne sont que des fictions humaines, il n'est pas besoin de beaucoup. [...] J'ajouterai pourtant ceci, encore : que cette doctrine relative à la fin[1] renverse totalement la nature. Car, ce qui, en vérité, est cause, elle le considère comme un effet, et *vice versa*. [...] Et il ne faut pas négliger ici que les Sectateurs[2] de cette doctrine, qui ont voulu faire montre de leur esprit en assignant les fins des choses, ont, pour prouver cette doctrine qui est la leur, introduit une nouvelle manière d'argumenter : la réduction non à l'impossible, mais à l'ignorance [...]. Car si par [exemple] une pierre est tombée d'un toit sur la tête de quelqu'un, et l'a tué, c'est de cette manière qu'ils démontreront que la pierre est tombée pour tuer l'homme. [...] Tu répondras peut-être que c'est arrivé parce que le vent a soufflé, et que l'homme passait par là. Mais ils insisteront, pourquoi le vent a-t-il soufflé à ce moment-là ? pourquoi l'homme passait-il par là à ce même moment ? Si de nouveau tu réponds que le vent s'est levé à ce moment-là parce que la mer, la veille, par un temps encore calme, avait commencé à s'agiter ; et que l'homme avait été invité par un ami ; de nouveau ils insisteront, car poser des questions est sans fin, et pourquoi la mer s'était-elle agitée ? pourquoi l'homme avait-il été invité pour ce moment-là ? et c'est ainsi de proche en proche qu'ils ne cesseront de demander les causes des causes, jusqu'à ce que tu te réfugies dans la volonté de Dieu, c'est-à-dire dans l'asile[3] de l'ignorance. [...] Et de là vient que qui recherche les vraies causes des miracles, et s'emploie à comprendre les choses naturelles comme un savant, au lieu de les admirer comme un sot, est pris un peu partout pour un hérétique et un impie[4], et proclamé tel par ceux que le vulgaire adore comme des interprètes de la nature et des Dieux. Car ils savent bien [que,] une fois supprimée l'ignorance, la stupeur, c'est-à-dire le seul moyen qu'ils ont pour argumenter et maintenir leur autorité, est supprimée.

Baruch Spinoza, *Éthique* (1677, publication posthume), livre I, Appendice, trad. B. Pautrat, Éd. du Seuil, coll. « Points essais », 1999, p. 83-87.

1. Le finalisme est la doctrine qui consiste à expliquer les phénomènes naturels par leurs buts ou leurs fonctions (l'œil est fait pour voir, le melon a des tranches pour être mangé en famille, etc.).
2. Adeptes d'une secte.
3. Le refuge.
4. Spinoza parle en connaissance de cause. Ses conceptions l'ont conduit à être exclu de la communauté juive et à être dénoncé (à tort) comme athée par toutes les Églises.

› **Repères**
Voir **Cause / Fin**.

texte 2 Bernard. Les « faits de finalité » des êtres vivants

Les êtres vivants sont-ils organisés en vue d'une fin ? Les organismes semblent agencés de telle sorte qu'ils obéissent à des fins (l'œil est « fait pour » voir, etc.). Cela réintroduit-il dans la science elle-même, contrairement à ce qu'affirmait Spinoza (voir le texte précédent), la légitimité du finalisme ? Ou bien cela fait-il de la connaissance du vivant une connaissance irréductible aux autres sciences de la nature ?

Quand nous voyons, dans les phénomènes naturels, l'enchaînement qui existe de telle façon que les choses semblent faites dans des buts de prévision, comme l'œil, l'estomac, etc., qui se forment en vue d'aliments, de lumières futurs, etc., nous ne pouvons nous empêcher de supposer que ces choses sont faites intentionnellement, dans un but déterminé. Parce qu'en effet, quand nous faisons nous-mêmes les choses de cette manière, nous disons que nous les faisons avec intention et nous ne pourrions admettre que c'est le hasard qui a tout fait. Eh bien ! il paraîtrait que si, quand nous faisons les choses de manière à ce qu'elles concordent pour un but déterminé, nous disons qu'il y a une intelligence intentionnelle de notre part ; nous devons reconnaître dans l'ensemble des phénomènes naturels et leurs rapports déterminés pour des buts déterminés une grande intelligence intentionnelle[1].

Claude BERNARD, « Le cahier rouge » (1850-1860), *Cahiers de notes*, Gallimard, 1965, p. 58-59.

1. Claude Bernard parle ici au conditionnel (« il paraîtrait », l. 8). Il ne dit pas qu'il y a une intelligence intentionnelle dans la nature, mais qu'il semble que nous puissions en admettre une.

› Repères
Voir **Cause / Fin.**

texte 3 Grassé. L'évolution, un processus orienté

L'évolution obéit-elle à un projet ? C'est ce que soutient dans ce texte le biologiste et paléontologiste Pierre-Paul Grassé. En ce sens, le finalisme n'est pas pour lui une représentation pré- ou antiscientifique de la vie, mais au contraire une supposition nécessaire à la science de l'évolution des êtres vivants.

Si les orientations n'existaient pas, si l'évolution n'était qu'un chaos de formes, la paléontologie ne serait pas une science, mais l'art de classer les fossiles, à la façon du philatéliste procédant au rangement thématique de ses timbres-poste. Si les lignées n'étaient pas orientées, les paléontologistes n'auraient pas la possibilité de dire qu'un descendant manque dans la génération de tel ou tel animal. Et découvrant un squelette, ils ne pourraient lui assigner la place qui lui revient dans la systématique et dans l'arbre généalogique du groupe auquel on l'attribue. La thèse de l'évolution chaotique verse dans l'absurde. [...]

En fait, d'où vient la vie ? Selon nous, d'une mise en ordre de structures qui isolées ou laissées dans le chaos ne seraient rien. Il ne saurait y avoir une trace d'anarchie dans les phénomènes vitaux, puisque lorsqu'un déséquilibre, même de faible amplitude, se produit, la mort survient.

Pierre-Paul GRASSÉ, dans Émile NOËL (dir.), *Le Darwinisme aujourd'hui*, Éd. du Seuil, coll. « Points sciences », 1979, p. 138-141.

› Repères
Voir **Cause / Fin, Contingent / Nécessaire / Possible.**

texte 4 Bernard. Le déterminisme complexe des êtres vivants

Le vivant est-il un objet de science comme un autre ? C'est ce qu'affirme le physiologiste Claude Bernard. La biologie relève de la même méthode que les sciences physiques, et elle repose sur le même postulat du déterminisme naturel. La finalité apparente des êtres vivants (voir le texte 2, p. 327) tient en fait à la très haute complexité de leur organisation.

Il est très vrai, comme nous l'avons dit, que la vie n'introduit absolument aucune différence dans la méthode scientifique expérimentale qui doit être appliquée à l'étude des phénomènes physiologiques[1] et que, sous ce rapport, les sciences physiologiques et les sciences physico-chimiques reposent exactement sur les mêmes principes d'investigation. Mais cependant il faut reconnaître que le déterminisme dans les phénomènes de la vie est non seulement un déterminisme très complexe, mais que c'est en même temps un déterminisme qui est harmoniquement hiérarchisé. De telle sorte que les phénomènes physiologiques complexes sont constitués par une série de phénomènes plus simples qui se déterminent les uns les autres en s'associant ou se combinant pour un but final commun. Or l'objet essentiel pour le physiologiste est de déterminer les conditions élémentaires des phénomènes physiologiques et de saisir leur subordination[2] naturelle, afin d'en comprendre et d'en suivre ensuite les diverses combinaisons dans le mécanisme si varié des organismes des animaux. [...] Ainsi les organes musculaires et nerveux entretiennent l'activité des organes qui préparent le sang ; mais le sang à son tour nourrit les organes qui le produisent. Il y a là une solidarité organique ou sociale qui entretient une sorte de mouvement perpétuel jusqu'à ce que le dérangement ou la cessation d'action d'un élément vital nécessaire ait rompu l'équilibre ou amené un trouble ou un arrêt dans le jeu de la machine animale. Le problème du médecin expérimentateur consiste donc à trouver le *déterminisme simple* d'un dérangement organique, c'est-à-dire à saisir le phénomène initial qui amène tous les autres à sa suite par un *déterminisme complexe*, mais aussi nécessaire dans sa condition que l'a été le déterminisme initial.

Claude BERNARD, *Introduction à l'étude de la médecine expérimentale* (1865), Flammarion, coll. « GF », 1966, p. 135-136.

1. L'étude des phénomènes biologiques.
2. Leur dépendance.

› Repères
Voir **Cause / Fin.**

texte 5 Monod. Le vitalisme est un asile de l'ignorance

La science échoue-t-elle à connaître le vivant ? Le biochimiste français Jacques Monod se livre ici à une critique du vitalisme. Certes, il faut reconnaître dans les êtres vivants une adaptation fonctionnelle de leurs organes (voir le texte 3 de Grassé, p. 327 et le texte 10 de Kant, p. 333). Mais c'est le progrès même de la science positive qui rendra compte de cette originalité, laquelle ne justifie aucunement le vitalisme.

Il est parfaitement vrai que le développement embryonnaire est l'un des phénomènes les plus miraculeux d'apparence de toute la biologie. Il est vrai aussi que ces phénomènes, admirablement décrits par les embryologistes, échappent encore, pour une large part (pour des raisons techniques) à l'analyse génétique et biochimique qui seule, de toute évidence, pourrait permettre d'en rendre compte. L'attitude des vitalistes qui considèrent que les lois physiques sont ou s'avéreront, en tout cas, insuffisantes à expliquer l'embryogenèse[1] ne se justifie donc pas par des connaissances précises, par des observations finies, mais seulement par notre actuelle ignorance.

[...] Le vitalisme a besoin, pour survivre, que subsistent en biologie, sinon de véritables paradoxes, au moins des « mystères ». Les développements de ces vingt dernières années en biologie moléculaire ont singulièrement rétréci le domaine des mystères, ne laissant plus guère, grand ouvert aux spéculations vitalistes, que le champ de la subjectivité : celui de la conscience elle-même. On ne court pas grand risque à prévoir que, dans ce domaine pour l'instant encore « réservé », ces spéculations s'avéreront aussi stériles que dans tous ceux où elles se sont exercées jusqu'à présent.

1. Le développement de l'embryon.

Jacques MONOD, *Le Hasard et la Nécessité. Essai sur la philosophie naturelle de la biologie moderne*, chap. II, Éd. du Seuil, coll. « Points essais », 1970, p. 46-47.

2 La connaissance du vivant entre physique et métaphysique

texte 6

Bonnet.
Le miracle de la vie

La vie est-elle une exception aux lois de la nature ? Le médecin français Charles Bonnet est, au XVIIIe siècle, un bon exemple de la conception vitaliste. Pour en prouver la vérité, il se livre à des expériences spectaculaires de mutilations sur certains animaux. Il constate ainsi que la salamandre est capable de s'autorégénérer et n'hésite pas à parler de « résurrection ». Le vivant semble animé d'une force créatrice, comme s'il était l'inventeur de lui-même.

Si l'on coupe les quatre jambes de la salamandre, elle en repoussera quatre nouvelles, qui seront si parfaitement semblables à celles qu'on aura retranchées qu'on y comptera, comme dans celles-ci, quatre-vingt-dix-neuf os... Dans les plus jeunes [des salamandres] tout s'opère avec une célérité si merveilleuse que la régénération parfaite des quatre jambes n'est que l'affaire de peu de jours. Ce n'est donc rien ou presque rien pour une jeune salamandre que de perdre les quatre jambes et encore la queue. On peut même les lui recouper plusieurs fois consécutives sans qu'elle cesse de les reproduire en entier... La force reproductive a une si grande énergie dans cet animal qu'elle ne paraît point diminuer sensiblement après plusieurs reproductions, puisque la dernière s'opère aussi promptement que les précédentes. Une autre preuve bien remarquable de cette grande force de reproduction, c'est qu'elle se déploie avec autant d'énergie dans les salamandres qu'on prive de toute nourriture que dans celles qu'on a soin de nourrir.

Charles BONNET, *La Palingénésie philosophique ou Idées sur l'état passé et sur l'état futur des êtres vivants* (1779), dans François DAGOGNET, *Le Vivant*, Bordas, coll. « Philosophie présente », 1988, p. 42.

texte 7

Bichat.
La vie est ce qui résiste à la mort

Les manifestations du vivant s'expliquent-elles par l'action d'un « principe vital » ? En se fondant sur des observations semblables à celles que fait Charles Bonnet dans le texte précédent, Xavier Bichat, médecin et physiologiste français du début du XIXe siècle, donne une définition vitaliste de la vie.

On cherche dans des considérations abstraites la définition de la vie ; on la trouvera, je crois, dans cet aperçu général : *la vie est l'ensemble des fonctions qui résistent à la mort*.

Tel est, en effet, le mode d'existence des corps vivants, que tout ce qui les entoure tend à les détruire. Les corps inorganiques[1] agissent sans cesse sur eux ; eux-mêmes exercent les uns sur les autres une action continuelle ; bientôt ils succomberaient s'ils n'avaient en eux un principe permanent de réaction. Ce principe est celui de la vie ; inconnu dans sa nature, il ne peut être apprécié que par ses phénomènes[2] : or, le plus général de ces phénomènes est cette alternative habituelle d'action de la part des corps extérieurs, et de réaction de la part du corps vivant, alternative dont les proportions varient suivant l'âge.

Xavier BICHAT, *Recherches physiologiques sur la vie et la mort* (1800), Marabout Université, 1973, p. 11.

1. Non vivants.
2. Ses manifestations.

texte 8

Descartes.
Les animaux-machines

Peut-on comparer un organisme à une machine ? À l'opposé du vitalisme, Descartes soutient qu'il n'y a rien de mystérieux dans la nature en général, et dans la nature vivante en particulier. C'est pourquoi la machine peut être un modèle d'intelligibilité pour la compréhension des êtres vivants. Puisque nous sommes capables de construire des automates à l'image de la vie, pourquoi ne pas penser que la vie est à l'image des automates ?

Il est certain que la ressemblance qui est entre la plupart des actions des bêtes et les nôtres, nous a donné, dès le commencement de notre vie, tant d'occasions de juger qu'elles agissent par un principe intérieur semblable à celui qui est en nous, c'est-à-dire par le moyen d'une âme qui a des sentiments et des passions comme les nôtres, que nous sommes tous naturellement préoccupés de cette opinion. Et, quelques raisons qu'on puisse avoir pour la nier, on ne saurait quasi dire ouvertement ce qui en est, qu'on ne s'exposât à la risée des enfants et des esprits faibles. Mais pour ceux qui veulent connaître la vérité, ils doivent surtout se défier des opinions dont ils ont été ainsi prévenus dès leur enfance. Et pour savoir ce que l'on doit croire de celle-ci, on doit, ce me semble, considérer quel jugement en ferait un homme, qui aurait été nourri toute sa vie en quelque lieu où il n'aurait jamais vu aucuns autres animaux que des hommes, et où, s'étant fort adonné à l'étude des mécaniques, il aurait fabriqué ou aidé à fabriquer plusieurs automates, dont les uns auraient la figure d'un homme, les autres d'un cheval, les autres d'un chien, les autres d'un oiseau, etc., et qui marchaient, qui mangeaient et qui respiraient, bref qui imitaient, autant qu'il était possible, toutes les autres actions des animaux dont ils avaient la ressemblance, sans omettre même les signes dont nous usons pour témoigner nos passions, comme de crier lorsqu'on les frappait, de fuir lorsqu'on faisait quelque grand bruit autour d'eux, etc., en sorte que souvent il se serait trouvé empêché à discerner, entre des vrais hommes, ceux qui n'en avaient que la figure ; et à qui l'expérience aurait appris qu'il n'y a, pour les reconnaître, que les deux moyens que j'ai expliqués en la page 57 de ma *Méthode*[1] : dont l'un est que jamais, si ce n'est par hasard, ces automates ne répondent, ni de paroles, ni même par signes, à propos de ce dont on les interroge ; et l'autre que, bien que souvent les mouvements qu'ils font, soient plus réguliers et plus certains que ceux des hommes les plus sages, ils manquent néanmoins en plusieurs choses, qu'ils devraient faire pour nous imiter, plus que ne feraient les plus insensés. Il faut, dis-je, considérer quel jugement cet homme ferait des animaux qui sont parmi nous, lorsqu'il les verrait ; principalement s'il était imbu de la connaissance de Dieu, ou du moins qu'il eût remarqué de combien toute l'industrie dont usent les hommes en leurs ouvrages, est inférieure à celle que la nature fait paraître en la composition des plantes ; et en ce qu'elle les remplit d'une infinité de petits conduits imperceptibles à la vue, par lesquels elle fait monter peu à peu certaines liqueurs, qui, étant parvenues au haut de leurs branches, s'y mêlent, s'y agencent, et s'y dessèchent en telle façon, qu'elles y forment des feuilles, des fleurs et des fruits ; en sorte qu'il crût fermement que, si Dieu ou la nature avait formé quelques automates qui imitassent nos actions, ils les imiteraient plus parfaitement, et seraient sans comparaison plus industrieusement faits[2], qu'aucun de ceux qui peuvent être inventés par les hommes[3]. Or il n'y a point de doute que cet homme, voyant les animaux qui sont parmi nous, et remarquant en leurs actions les deux mêmes choses qui les rendent différentes des nôtres[4], qu'il aurait accoutumé de remarquer dans ses automates, ne jugerait pas qu'il y eût en eux aucun vrai sentiment, ni aucune vraie passion, comme en nous, mais seulement que ce seraient des automates, qui, étant composés par la nature, seraient incomparablement plus accomplis qu'aucun de ceux qu'il aurait faits lui-même auparavant.

René DESCARTES, Lettre à ***, mars 1638, dans *Œuvres et Lettres*, Gallimard, coll. « Bibliothèque de la Pléiade », 1953, p. 1004-1005.

1. Le langage et le caractère réfléchi et délibéré des actions humaines sont les deux critères mentionnés, repris dans ce texte. Voir, dans « Le langage », le texte 3 de Descartes, p. 142.
2. Faits avec plus d'habileté.
3. L'argument de Descartes est ici que, puisque nous pouvons construire des automates qui ressemblent à des êtres vivants, Dieu ou la nature pourrait en produire de plus parfaits encore, de telle sorte qu'il est parfaitement concevable de prendre les animaux pour des automates extraordinairement perfectionnés, créés par un Dieu ingénieur.
4. Voir note 1.

Repères
Voir **Ressemblance / Analogie**.

Questions

1. Quel argument Descartes oppose-t-il à ceux qui pensent que les animaux ont une âme ?
2. Quels sont les deux critères que Descartes avance pour distinguer l'homme de l'animal ? Précisez à l'aide de ces deux critères le sens que Descartes donne au mot « âme ».
3. Quelles sont les différences entre la position de Descartes et celle de La Mettrie (voir le texte suivant) ?

texte 9 La Mettrie. L'homme-machine

Y a-t-il une différence de nature entre les êtres vivants et les objets physiques ? Non, répond le médecin et philosophe La Mettrie, qui reprend la théorie cartésienne des animaux-machines, mais en la radicalisant. L'homme aussi est une machine, et il l'est tout entier, âme et corps. Contrairement à ce que disait Descartes lui-même (voir le texte précédent), il n'y a entre l'animal et l'homme aucune autre différence que la perfection du mécanisme.

Qu'on m'accorde seulement que la matière organisée[1] est douée d'un principe moteur, qui seul la différencie de celle qui ne l'est pas [...] et que tout dépend dans les animaux de la diversité de cette organisation, comme je l'ai assez prouvé ; c'en est assez pour deviner l'énigme des substances et celle de l'homme. On voit qu'il n'y en a qu'une dans l'Univers et que l'homme est la plus parfaite. Il est au singe, aux animaux les plus spirituels, ce que la pendule planétaire de Huyghens[2] est à une montre de Julien le Roi[3]. S'il a fallu plus d'instruments, plus de rouages, plus de ressorts pour marquer les mouvements des planètes que pour marquer les heures ou les répéter ; s'il a fallu plus d'art à Vaucanson[4] pour faire son *flûteur* que pour son *canard*, il eût dû en employer encore davantage pour faire un *parleur* : machine qui ne peut plus être regardée comme impossible, surtout entre les mains d'un nouveau Prométhée[5]. Il était donc de même nécessaire que la Nature employât plus d'art et d'appareil pour faire et entretenir une machine, qui pendant un siècle entier pût marquer tous les battements du cœur et de l'esprit ; car si on n'en voit pas au pouls les heures, c'est du moins le baromètre de la chaleur et de la vivacité, par laquelle on peut juger de la nature de l'âme. Je ne me trompe point, le corps humain est une horloge, mais immense, et construite avec tant d'artifice et d'habileté, que si la roue qui sert à marquer les secondes vient à s'arrêter, celle des minutes tourne et va toujours son train ; comme la roue des quarts continue de se mouvoir, et ainsi des autres, quand les premières, rouillées ou dérangées par quelque cause que ce soit, ont interrompu leur marche[6]. [...] Phénomènes qui ne surprennent point les médecins éclairés[7]. Ils savent à quoi s'en tenir sur la nature de l'homme, et pour le dire en passant, de deux médecins, le meilleur, celui qui mérite le plus de confiance, c'est toujours, à mon avis, celui qui est le plus versé dans la physique ou la mécanique du corps humain, et qui, laissant l'âme et toutes les inquiétudes que cette chimère donne aux sots et aux ignorants, n'est occupé sérieusement que du pur naturalisme. [...]

Je crois que Descartes serait un homme respectable à tous égards, si, né dans un siècle qu'il n'eût pas dû éclairer, il eût connu le prix de l'expérience et de l'observation et le danger de s'en écarter. [...]

Il est vrai que ce célèbre Philosophe s'est beaucoup trompé, et personne n'en disconvient. Mais enfin il a connu la nature animale ; il a le premier parfaitement démontré que les animaux étaient de pures machines. Or, après une découverte de cette importance et qui suppose autant de sagacité, le moyen, sans ingratitude, de ne pas faire grâce à toutes ses erreurs !

1. C'est-à-dire les organismes vivants.
2. Christiaan Huygens, savant hollandais (1629-1695).
3. Horloger (1686-1759).
4. L'ingénieur mécanicien français Jacques de Vaucanson (1709-1782) fut célèbre pour la construction de ses automates, dont un joueur de flûte et deux canards. Il a aussi conçu le projet de construire un automate à l'intérieur duquel s'opérerait le mécanisme de la circulation sanguine.
5. Voir, dans « Le travail et la technique », le texte 5 de Platon, p. 200.
6. Dans une machine aussi perfectionnée, on peut concevoir une relative indépendance des mécanismes.
7. La Mettrie fait ici référence aux *iatromécaniciens* (littéralement, les médecins-mécaniciens) qui prétendaient appliquer la mécanique à l'étude des corps. Le plus célèbre d'entre eux fut le médecin et chimiste hollandais Boerhaave (1668-1738).

8. Pour Descartes, le corps humain est, comme tout organisme, une machine. Mais l'homme a aussi une âme purement spirituelle par laquelle il se distingue de tous les autres animaux. Voir aussi, dans « La matière et l'esprit », la présentation, p. 342, et le texte 4 de Descartes, p. 348.

9. L'analogie entre l'organisme et l'automate.

Elles sont à mes yeux toutes réparées par ce grand aveu. Car enfin, quoi qu'il chante sur la distinction des deux substances[8], il est visible que ce n'est qu'un tour d'adresse, une ruse de style, pour faire avaler aux théologiens un poison caché à l'ombre d'une analogie qui frappe tout le monde[9], et qu'eux seuls ne voient pas. Car c'est elle, c'est cette forte analogie qui force tous les savants et les vrais juges d'avouer que ces êtres fiers et vains, plus distingués par leur orgueil que par le nom d'hommes, quelque envie qu'ils aient de s'élever, ne sont au fond que des animaux et des machines perpendiculairement rampantes.

Julien Offray de La Mettrie, *L'Homme machine* (1747), éd. Bossard, 1921, p. 129-133.

texte 10 Kant. Les limites du mécanisme

Peut-on comparer un organisme à une machine ? À la question à laquelle Descartes et La Mettrie répondaient positivement (voir les textes 8 et 9, p. 331-332), Kant répond par la négative. Aussi perfectionnée soit-elle, une machine ne se reproduit pas, elle n'est pas capable non plus de réparer d'elle-même les dommages qu'elle subit. Démentant le strict déterminisme de Spinoza (voir le texte 1, p. 326), l'étude des organismes vivants autorise ainsi la réintroduction de l'idée de finalité dans la science de la nature.

Dans une montre, une partie est l'instrument du mouvement des autres, mais un rouage n'est pas la cause efficiente[1] de la production d'un autre rouage : une partie existe certes pour l'autre, mais elle n'existe pas par elle. [...] Ce pourquoi [...] un rouage d'une montre ne produit pas l'autre rouage, et encore moins une montre d'autres montres, de manière telle qu'elle utiliserait à cette fin d'autres matières (elle les organiserait) ; ce pourquoi elle ne remplace pas non plus, d'elle-même, les parties qui en ont été retirées, ni ne corrige leur absence, dans la première mise en forme de la montre, par l'intervention des autres, ni ne se répare elle-même quand elle est déréglée : toutes opérations que nous pouvons attendre au contraire de la nature organisée. Un être organisé n'est donc pas simplement une machine, étant donné que la machine a exclusivement la force *motrice* ; mais il possède en soi une force *formatrice* qu'il communique aux matières qui n'en disposent pas (il les organise) : c'est donc une force formatrice qui se propage et qui ne peut être expliquée uniquement par le pouvoir moteur (par le mécanisme).

Emmanuel Kant, *Critique de la faculté de juger* (1790), § 65, trad. A. Renaut, Flammarion, coll. « GF », 2000, p. 366.

1. L'agent producteur.

> Repères
Voir **Cause / Fin, Formel / Matériel.**

Questions

1. Montrez en quoi ce texte est une critique de la conception « mécaniste » développée par les textes de Descartes et de La Mettrie.
2. Explicitez la différence que fait Kant entre « force *motrice* » et « force *formatrice* » (l. 12-13). Pourquoi cette dernière est-elle supposée par la notion d'organisme ?
3. Pourquoi Kant trouve-t-il dans la notion d'organisme une raison de réintroduire l'idée de finalité dans la nature ?

3 | Biologie et éthique

texte 11 Vacquin. Inquiétante génétique ?

Y a-t-il des limites au projet de maîtriser la nature ? Ce texte pose le problème de la démesure qui semble au cœur des recherches génétiques actuelles. La référence très insistante à l'eugénisme nazi[1] conduit la psychanalyste Monette Vacquin à voir, dans l'idéal d'une maîtrise totale par l'homme de son environnement biologique et même des conditions de son existence biologique, un idéal « totalitaire »[2].

La fonction originaire de la science génétique était d'être un outil pour la compréhension de l'évolution. Voici qu'elle est à la source de mutations imprévues.

1988 : on travaille à la fabrication de bovins – les culards – dans le but d'accroître démesurément les parties arrière de leurs corps, précieuses pièces de boucherie. Mais alourdies par cet arrière-train monstrueux, les pauvres bêtes ne pourront ni se déplacer, ni se reproduire seules. Déjà, des vaches donnent du lait maternisé. Des souris fabriquent de l'hémoglobine humaine. Obtenus par manipulations génétiques, ces nouveaux caractères seront héréditaires. Recouvertes par un discours fonctionnel et utilitariste, de telles manipulations masquent mal, cependant, l'irruption des fantasmes de dédifférenciation[3] dans la réalité, l'abolition des différences de catégories dans la vie psychique.

Ces travaux préliminaires, ou d'autres, demeureront-ils des préludes avant les roulements de timbales de la grande symphonie génétique ? La condition humaine est bien une maladie héréditaire. La modification du patrimoine génétique serait l'expression la plus achevée, et irréversible, du refus de l'héritage, un « bras d'honneur » illusoire adressé à la castration[4]. L'homme silencieux identifié à sa cellule demanderait à l'ADN et le secret de son origine et l'énigme de son destin. [...]

Sans cesse, je me demande comment il se peut qu'à travers le monde occidental une génération de médecins et de chercheurs, nés pour la plupart pendant la guerre et dans l'immédiat après-guerre, militants antifascistes pour un grand nombre, soient en train de donner au monde, comme malgré eux et au rebours de leurs idéaux les plus précieux, les moyens de l'eugénisme au-delà des rêves les plus fous du IIIe Reich. L'exigence de « qualité » de plus en plus raffinée du produit-enfant et la question fondamentale de la biologisation croissante de la paternité évoquent par exemple les souvenirs des *Lebensborn* qui hantent la mémoire collective.

Les *Lebensborn* ? Des camps expérimentaux où les nazis prétendaient fabriquer une race enfin pure. Dans ces haras humains, on croisait de fortes femmes blondes avec des aryens aux yeux bleus. Des enfants naquirent et grandirent, avant que de se perdre, dans l'après-guerre, enfants de rien ni de personne puisqu'ils étaient des enfants expérimentaux. Une question lancinante se pose à moi : pourquoi est-ce à notre génération que « ça » arrive ? Comment en est-on venu là ?

1. C'est-à-dire l'idée d'une sélection des naissances selon des critères conformes à la prétendue « pureté » de la race aryenne.
2. Voir, dans « L'État », le texte 9 d'Arendt, p. 436.
3. Annulation des différences naturelles.
4. C'est-à-dire à l'impuissance sexuelle ou à la stérilité.

Pourquoi la stérilité, pour laquelle la société avait inventé des recours, est-elle devenue, si brutalement, un scandale ? La fécondation in vitro s'est dissociée en quelques années de ce pour quoi elle avait été inventée (le contournement des stérilités tubaires[5]). Le concept d'infertilité se prêtant à toutes les inflations, le champ des indications ne cesse de s'accroître et, succès médiatique aidant, rencontre une faveur insoupçonnée sous la forme de demandes où s'exprime le fantasme de donner la vie sans rapport sexuel.

Monette VACQUIN, *Frankenstein ou les Délires de la raison*, Éd. François Bourin, 1989, p. 197-199.

5. Stérilités féminines liées aux trompes.

texte 12 Dagognet. Le mythe de la nature : éloge de la biotechnologie

Existe-t-il une nature pure de tout artifice humain ? Le philosophe français François Dagognet reprend ici (et à l'encontre du texte précédent) l'inspiration de Descartes appelant de ses vœux une science et une technique pouvant rendre les hommes « comme maîtres et possesseurs de la nature[1] ». Il dénonce comme conservatrice et mythologique l'idée d'une nature originaire à préserver et voit dans le développement de la technobiologie une possibilité heureuse de continuer à transformer le monde dans un sens utile à l'homme.

Le mot « artifice » est un mot malheureux parce qu'il est connoté de manière négative. Mais l'artificiel, c'est l'art. L'homme se reconnaît en son pouvoir démiurgique[2] de tout changer, de tout renouveler, de tout reconstruire. Ceux qui veulent limiter cette prouesse me semblent livrer une bataille perdue d'avance. Il n'y a rien de naturel vraiment. Ce qui nous paraît naturel est bien souvent artificiel. La nature, dans ses formes les plus typiques pour nous, porte l'empreinte de l'homme. La campagne telle que nous la voyons aujourd'hui est le fruit de longues transformations : les champs, les forêts, les sentiers ont été modelés par l'homme. Considérez les fruits et les légumes : ils ne sont pas naturels ; l'agronomie les a sélectionnés, les a croisés pour les améliorer. La révolution verte, en intervenant sur la nature a été très profitable à l'homme et lui a permis d'échapper à bien des servitudes. L'agronome américain Norman Ernest Borlaug, prix Nobel de la paix en 1970, a ainsi pu dénaturer le blé pour le rendre plus résistant à la sécheresse et à des conditions climatiques très difficiles. Grâce à ce blé, des pays quasi désertiques ont pu cultiver le blé et échapper aux disettes. Bénissons donc les artifices. La nature n'a jamais existé sauf comme idéologie pour certains afin de condamner les changements. Que peut-il y avoir de naturel ? L'homme a tout façonné, tout modelé, repris à son compte, assumé, transformé.

Il est certain que l'environnement doit être protégé. Ce serait ridicule de dire le contraire. Mais à partir de là, il faut limiter ce droit au respect des lieux. Certains tombent dans une philosophie de la nature excessive. [...] Je regrette vraiment cette technophobie[3] ambiante.

François DAGOGNET, « Penser le vivant », propos recueillis par Catherine HALPERN, *Sciences humaines*, n° 142, octobre 2003, p. 51.

1. Voir, dans « Science et société », le texte 2 de Descartes, p. 376.
2. Du substantif « démiurge », tiré du grec *dêmiourgos*, « artisan, spécialiste ». Au sens courant, un démiurge est quelqu'un dont la capacité créatrice est considérable. Dans le *Timée* de Platon, le démiurge est le dieu artisan qui a fabriqué le monde à partir des Idées.
3. C'est-à-dire la peur des progrès technologiques.

Pour se préparer au baccalauréat
Dissertations : p. 554.
Explications de texte : p. 555.

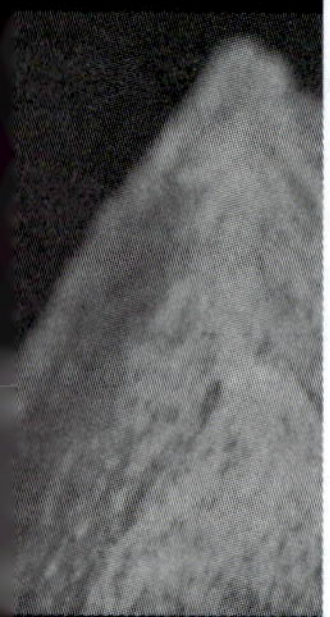

La matière et l'esprit

Ouverture 338

Wilde. Méditation sur un visage 338

Présentation 340

Textes 345

1 Le recours à la notion d'esprit 345

1 **Aristote.** La matière : un principe insuffisant 345
2 **Platon.** Critique du matérialisme d'Anaxagore 346
3 **Lucrèce.** Matérialité de l'âme et de l'esprit 347

2 L'âme et le corps 348

4 **Descartes.** Nature et distinction de l'âme et du corps 348
5 **Descartes.** L'union de l'âme et du corps 349
6 **Spinoza.** « L'Esprit et le Corps, c'est une seule et même chose... » 350
7 **Diderot.** La matière est sensible 351

3 Du mode d'existence de la matière et de l'esprit 352

8 **Berkeley.** L'immatérialisme 352
9 **Kant.** La matière : un concept métaphysique nécessaire à la science de la nature 353
10 **Ryle.** L'esprit n'est pas un « fantôme dans la machine » 354
11 **Russell.** Le physique et le mental 354

Juan Manuel Castro Prieto (né en 1958), *Burguillo*, 1992.

ouverture

Oscar Wilde

Méditation sur un visage

En littérature, les portraits ont une grande importance lorsqu'il s'agit de dessiner les caractères des personnages. Ce code littéraire n'est possible que parce que, tirant les enseignements de l'expérience quotidienne, le lecteur est familier des relations entre l'âme et le corps. Ici, Oscar Wilde saisit l'occasion d'un portrait pour méditer sur les relations entre la matière et l'esprit.

[...] lorsqu'on observe la vie dans son étrange creuset de souffrance et de plaisir, impossible de protéger son visage derrière un masque de verre, ou d'empêcher que des exhalaisons sulfureuses ne perturbent le cerveau et que des idées monstrueuses ou des rêves informes n'excitent l'imagination. Il existe des poisons si subtils qu'on est obligé, pour en connaître les propriétés, de se laisser contaminer par eux. Il existe des maladies si étranges qu'il faut les attraper pour en comprendre la nature. Et cependant, quelle récompense prodigieuse n'en tire-t-on pas ! Comme le monde entier vous devient merveilleux ! Noter la logique curieusement rigoureuse de la passion, et l'émotion qui colore la vie intellectuelle, observer en quel point ils se rencontrent, et en quel point ils se séparent, en quel point ils sont à l'unisson et en quel point ils sont en désaccord – quel enchantement ! Tout cela avait un coût, certes, mais quelle importance ? On ne paie jamais trop cher une sensation. [...]

Pour l'essentiel, c'était lui qui avait créé ce jeune homme. Il l'avait rendu précoce. Ce n'était pas rien. Les gens ordinaires attendent que la vie leur dévoile ses secrets, mais au petit nombre des élus, les mystères de la vie sont révélés avant que le voile ne soit soulevé. C'est parfois l'effet de l'art, et surtout de l'art littéraire, qui traite sans médiation des passions et de l'intellect. Mais il arrive qu'une personnalité complexe prenne la place et joue le rôle de l'art, qu'elle soit en vérité, à sa façon, une véritable œuvre d'art, car la Vie a ses chefs-d'œuvre raffinés, tout comme la poésie, ou la sculpture, ou la peinture.

Oui, le jeune homme était précoce. On était encore au printemps qu'il rentrait déjà sa moisson. L'élan, la passion de la jeunesse étaient en lui, mais il devenait lucide. C'était un ravissement de l'observer. Avec son beau visage, et sa belle âme, il suscitait l'émerveillement. Comment tout cela finirait-il, comment tout cela était-il destiné à finir, voilà qui n'avait pas d'importance. Il ressemblait à ces silhouettes gracieuses aperçues dans une fête ou sur une scène, dont les joies nous paraissent très lointaines, mais dont les souffrances excitent notre sens de la beauté et dont les blessures sont comme des roses rouges.

L'âme et le corps, le corps et l'âme – quel mystère en eux ! Il y a de l'animalité dans l'âme, et le corps a ses moments de spiritualité. Les sens sont capables de raffiner, et l'intellect est capable de dégrader. Qui peut dire où s'arrête l'élan charnel, où commence l'élan psychique ? Quelle superficialité dans les définitions arbitraires des psychologues ordinaires ! Et pourtant, quelle difficulté à trancher entre les affirmations des diverses écoles ! L'âme est-elle un fantôme habitant la demeure du péché ? Ou le corps est-il vraiment situé à l'intérieur de l'âme, comme le pensait Giordano Bruno[1] ? Mystère que la séparation de l'esprit d'avec la matière, mais mystère aussi que l'union de l'esprit et de la matière.

1. Philosophe italien (1548-1600), qui fut condamné à mort par l'Inquisition et brûlé comme hérétique pour avoir affirmé l'infinité de l'univers.

Il commença à se demander s'il nous serait jamais possible de faire de la psychologie une science assez absolue pour que chaque petite source de vie nous soit révélée. En attendant, nous nous trompons toujours sur nous-mêmes, et comprenons rarement autrui. L'expérience n'a pas de valeur éthique. C'est simplement le nom que les hommes donnent à leurs erreurs. Les moralistes, pour l'essentiel, l'ont considérée comme une forme de mise en garde, ils ont revendiqué pour elle une certaine efficacité éthique dans la formation du caractère, ils ont vanté en elle quelque chose qui nous enseigne le chemin à suivre et nous indique la route à éviter. Mais il n'y a dans l'expérience nulle force motivante. Pas plus que la conscience elle-même elle n'est la cause active de quoi que ce soit. Tout ce qu'elle démontre en réalité, c'est que notre avenir sera identique à notre passé, et que le péché commis une fois avec répugnance sera commis maintes fois dans l'allégresse.

Oscar WILDE, *Le Portrait de Dorian Gray* (1891), trad. J. Gattégno, Gallimard, coll. « Folio classique », 2003, p. 134-135.

François-Marie Banier (né en 1947), *Pierre Clementi*, septembre 1975, Paris.

La matière et l'esprit
Présentation

Notre expérience de la réalité nous donne le sentiment d'être partagés entre deux mondes à la fois très différents et pourtant liés de façon énigmatique : le monde de la matière et celui de l'esprit. Dès l'origine, les traditions religieuse et philosophique occidentales se sont divisées sur le point de savoir si ce **dualisme**[1] était justifié : les unes tendant à lui opposer une réduction du réel au spirituel (**idéalisme** ou **spiritualisme**) les autres au matériel (**matérialisme**). Pour les premières, la réduction de la réalité à la simple matière résulte d'un aveuglement et nous laisse devant un abîme de perplexité, quand elle n'est pas accusée de condamner l'homme à une vie purement animale, privée de toute spiritualité. Pour les secondes, le recours à la notion d'esprit est inutile et proche de la superstition.

Aujourd'hui, les apports des sciences[2], loin de résoudre la question, la ravivent en faisant paradoxalement peser le doute tant sur la réalité de la matière que sur celle de l'esprit, sans disqualifier de façon décisive l'une ou l'autre de ces catégories de pensée. Quels sens et quelles valeurs faut-il alors accorder à ces deux notions ? Quel usage convient-il d'en faire ?

1 | Le recours à la notion d'esprit

La recherche du premier principe

Textes 1 à 3
Aristote, Platon, Lucrèce, p. 345-348.

Les historiens ont coutume de considérer que la philosophie prend naissance avec l'effort de pensée des philosophes présocratiques, qui consista à remplacer les interprétations mythologiques de la réalité par de premières tentatives d'explications « naturelles[3] » : c'est à partir d'**éléments** premiers, le plus souvent présentés comme matériels (l'eau, l'air, la terre, le feu, selon des combinaisons variables suivant les auteurs) que l'ensemble du *cosmos* se serait formé, d'après des lois que les humains deviendraient peu à peu capables de comprendre. Cette idée d'un ordre (*kosmos*, en grec) régissant la nature est une avancée essentielle vers l'explication scientifique de la réalité.

Très tôt, cependant, une question s'est posée : comment rendre compte de l'existence d'un tel ordre ? La « **nature** », principe explicatif de cet ordre, est-elle matière ou esprit ? L'idée d'un agencement matériel **mécanique** suffit-elle à expliquer la régularité des phénomènes naturels, ou bien faut-il faire intervenir un ou plusieurs principes immatériels (divinité transcendante[4], principe spirituel universel, raison

1. Voir, dans « La conscience », les textes 1 de Descartes, p. 25, et 8 de Hegel, p. 32 et, dans « L'inconscient », la présentation, p. 40-41. 2. Voir « Philosophie et neurosciences », p. 120. 3. Sous forme de cosmogonies (théories de la formation du monde). Voir le Parcours philosophique, p. 566. 4. Voir, dans les Repères, « Transcendant / Immanent ».

directrice, « âme du monde ») sans lesquels cet ordre resterait inexplicable ? La réduction de la nature à la matière permet d'affirmer la persistance d'une seule et même réalité sous la diversité et les changements dont nous sommes les témoins. Nous éclaire-t-elle cependant sur la grande variabilité des formes que peut prendre cette matière, sur les facteurs qui ont agi sur elle pour lui donner ces formes, sur les raisons (voire les buts) motivant ces transformations ?

Prenant modèle sur les comportements humains – qui s'expliquent de façon bien plus satisfaisante lorsqu'on examine les intentions qui les animent que si l'on se limite à la description des matériaux sur lesquels ils agissent –, les premières métaphysiques en vinrent ainsi à poser l'existence d'un esprit, ou d'une intelligence, présidant à l'ordre de l'univers. De même que la nature du lit ne s'explique pas seulement par celle du bois, mais impose de se demander quelle **forme** l'artisan a voulu donner à ce bois brut, quelles actions il a exercées sur lui pour lui donner une telle forme et pour atteindre telle fin, de même l'univers serait ordonné par une sorte d'intelligence sans laquelle son organisation demeurerait incompréhensible[1] : le recours à une réalité spirituelle distincte du monde matériel s'explique ainsi par la volonté de comprendre l'ordre de ce monde, considéré comme irréductible à un simple jeu de causes et d'effets physiques. Cette forme d'explication par analogie est cependant sujette à critique en ce qu'elle est **anthropomorphique** : est-il légitime de se représenter le mouvement du monde naturel sur le modèle des comportements humains ?

L'esprit est une réalité matérielle

Aussi, dès l'Antiquité, le recours à une telle intelligence ordonnatrice du monde a été dénoncé comme une sorte de superstition. L'école épicurienne, par exemple, affirme que ne peuvent être clairement conçus que des atomes[2] et du vide. Des atomes, parce que notre expérience de la réalité nous met en présence de corps composés qui peuvent dépérir, mais dont notre raison se refuse à admettre que leur réalité puisse se transformer en un pur néant (selon une évidence logique, l'être ne peut totalement disparaître). Du vide parce que, sans lui, le mouvement et les assemblages d'atomes seraient inexplicables. Toute la réalité est donc matérielle : elle est le fruit de la rencontre et de la composition d'éléments premiers, les atomes, dont les mouvements **depuis l'éternité** ont donné naissance, sous l'effet du **hasard** et de la répétition, aux divers corps que nous pouvons observer.

L'épicurisme ne nie pas pour autant l'existence d'une âme et d'un esprit, en particulier chez les animaux (dont les hommes). Simplement, cette âme et cet esprit sont des corps, des composés d'atomes plus subtils que les autres et, de ce fait, plus sensibles à l'action des autres corps qui viennent agir sur eux. De même que la vision n'est que l'**empreinte matérielle** d'un corps extérieur venant s'inscrire à l'intérieur du corps percevant[3], de même les pensées et les sentiments sont des composés d'atomes qui se forment sous l'effet de corps extérieurs ou de mouvements internes. Le matérialisme radical des épicuriens ne nie pas la réalité de l'esprit, mais celui-ci est une organisation physique parmi d'autres. Il n'y a pas à proprement parler de dualité du corps et de l'esprit. Les épicuriens sont donc monistes : il n'existe pour eux qu'une seule réalité et elle est matérielle.

1. Voir, dans les Repères, « Cause / Fin », « Formel / Matériel ». 2. Du grec *atomos*, « indivisible » (le sens a évidemment changé avec la physique moderne). 3. Voir, dans « La perception », le texte 4 d'Épicure, p. 64.

2 L'âme et le corps

Les deux substances

Textes 4 à 7
Descartes, Spinoza, Diderot, p. 348-352.

C'est pourtant le dualisme, lié à la question de l'immortalité de l'âme, hérité de la philosophie grecque et prolongé par le judéo-christianisme, qui a très longtemps structuré notre culture et qui – même lorsque nous admettons que, comme le disait Spinoza, « l'Esprit et le Corps, c'est une seule et même chose » – continue de façonner notre rapport au monde. La pensée cartésienne, par exemple, repose sur la distinction fondamentale entre l'âme et le corps, distinction résultant de la démarche méthodique du doute métaphysique[1], dont l'issue montre que l'existence de notre esprit pourrait avec certitude être établie, même si nous n'avions pas de corps.

Cela ne signifie nullement, selon Descartes, que nous devons définitivement douter de l'existence de ce corps, mais que l'âme et le corps sont deux réalités distinctes, ou « **substances** », dont la coexistence en un même être – l'homme – s'éprouve dans l'expérience du sentiment ou des passions, mais reste alors à expliquer. Cette union posera en réalité au philosophe de grandes difficultés, non parce qu'il doutera de sa réalité, mais parce que la nature de ce **composé d'âme et de corps** et les modalités d'action de l'un sur l'autre ne pourront pas être l'objet d'une explication vraiment convaincante, aussi certaine que celles que propose la science de la nature physique. L'une des correspondantes de Descartes, la princesse Élisabeth de Bohême, relevant cette difficulté de la philosophie cartésienne, le conduit à s'en expliquer et à interroger les diverses façons que nous avons d'appréhender notre âme (par l'esprit seul), les corps (par l'esprit aidé de l'imagination) et l'union de notre âme et de notre corps (par l'expérience de la vie quotidienne et par ce que Descartes nomme les sentiments). Mais c'est une façon de reconnaître que les relations de l'âme et du corps ne sont pas aussi transparentes que les phénomènes de la nature physique. L'union de l'âme et du corps se révèle donc à la fois certaine et pour une part incompréhensible : ce qui n'empêche pas Descartes de l'expliquer autant qu'il est possible de le faire.

Deux attributs d'une seule et même réalité

La séparation du corps et de l'esprit est pourtant remise en cause par un héritier de la philosophie cartésienne, Spinoza, qui nie qu'on ait ici affaire à deux réalités différentes. Selon Spinoza, en effet, il n'existe de toute éternité qu'une seule réalité, qu'il appelle Dieu ou la Nature, et que nous n'appréhendons que de façon partielle, parce que nous ne sommes pas capables de la ressaisir dans la totalité de ses aspects. L'esprit et le corps ne sont alors pas deux réalités différentes, mais deux façons différentes pour cette réalité de s'exprimer, donc deux façons différentes, pour nous, d'appréhender cette seule et même réalité. Ainsi, pour chacun d'entre nous, notre âme (ou esprit) et notre corps ne renvoient pas à deux mondes différents coexistant en nous, mais à deux façons différentes de vivre dans une seule et même réalité.

1. Voir, dans « La conscience », le texte 1 de Descartes, p. 25, et, dans « La vérité », le texte 2, p. 365.

Dans la tradition philosophique, cependant, l'âme ne désigne pas seulement l'esprit, mais également le principe expliquant la vie, par opposition à la matière inerte ou aux mouvements simplement mécaniques[1]. Mais ce « **principe vital** » n'est pas forcément une réalité indépendante de la matière, à laquelle il ne se réduit pourtant pas. Professant l'hypothèse d'un « matérialisme enchanté », Diderot propose de supposer dans toute matière l'existence d'une sensibilité en germe, susceptible de se transformer ensuite en sensations, plaisirs et peines, émotions et pensées[2]. La matière, la sensibilité, le vivant, l'esprit ne renvoient donc pas, là non plus, à des réalités distinctes mais à différents degrés de développement d'une seule et même nature.

3 | Du mode d'existence de la matière et de l'esprit

L'existence de la matière : une supposition sans fondement ?

Textes 8 à 11
Berkeley, Kant, Ryle, Russell, p. 352-355.

L'avancée des sciences de la nature durant les deux derniers siècles nous conduit nécessairement à interroger la pertinence des deux notions : est-il encore légitime de parler d'esprit et, si oui, en quel sens ? La notion de matière a-t-elle encore un sens au moment où la physique contemporaine ne semble plus parler que d'**énergie** se déployant dans un « **espace-temps** » ? Ces questions appellent des réponses nuancées : les notions de matière et d'esprit ne sont certes plus l'objet d'aucune évidence inattaquable, mais le sens commun ne semble pas disposé à penser sans elles..., non sans quelques raisons.

De façon très radicale, l'**immatérialisme** de Berkeley réduit l'ensemble de la réalité à l'espace de nos représentations : selon sa thèse célèbre, « être, c'est être perçu[3] ». La matière n'est alors qu'une notion confuse, qui prétend renvoyer à une existence extérieure à nous, alors que nous n'avons aucune raison valable de supposer la persistance de quoi que ce soit lorsque nous ne le percevons pas. C'est donc d'une certaine manière, selon Berkeley, la notion de matière elle-même qui est l'objet d'une croyance abusive : il n'y a aucune autre existence certaine que celle qui se trouve dans notre esprit et dans celui de Dieu. Nous pouvons bien garder le mot « matière » pour désigner certaines de nos pensées, par exemple celles des objets que nous qualifions de « sensibles », mais cela ne nous autorise nullement à croire en l'existence d'objets matériels hors de notre esprit, causes de nos pensées – ce qui serait, pour Berkeley, ouvrir la voie à un matérialisme fort dangereux, car il serait lui-même une porte grande ouverte à l'athéisme, Dieu n'étant plus la source première de nos pensées[4].

De façon moins radicale, Kant ne nie pas la pertinence de la notion de matière : elle est même, selon lui, absolument nécessaire dans les sciences mathématiques de la nature, par exemple pour comprendre le mouvement des corps. Simplement,

1. Voir, dans « Le vivant », la présentation, p. 322-324, et les textes 8 de Descartes et 10 de Kant, p. 330 et 333.
2. Comparer avec le texte 7 de Condillac dans « Théorie et expérience », p. 281. 3. Voir également, dans « La perception », la présentation, p. 59-60, et le texte 7 de Berkeley, p. 66. Le verbe « percevoir » doit ici être pris au sens large : il désigne tout ce que notre esprit perçoit. 4. Voir, dans les Repères, « Croire / Savoir ».

cette notion est une notion **métaphysique** : elle ne vient pas d'une expérience de la matière, mais relève des notions *a priori* que notre entendement se trouve contraint de poser pour penser de façon rigoureuse la réalité.

L'existence de l'esprit : une confusion linguistique ?

Mais c'est évidemment la pertinence des notions d'esprit et d'âme qui est la plus remise en question par la pensée contemporaine. Dans un ouvrage devenu célèbre, *La Notion d'esprit*, le philosophe anglais Gilbert Ryle[1] accuse ces notions d'être le fruit d'erreurs de raisonnement, souvent issues d'une réticence d'**origine théologique** à considérer les phénomènes mentaux comme de même nature que les phénomènes physiques. D'où le recours à ce que Ryle appelle un « **fantôme dans la machine** ». Cette erreur de raisonnement (qu'il qualifie d'« **erreur de catégorie** ») procède exactement comme si, après avoir visité les différents collèges qui composent l'université d'Oxford, ainsi que la bibliothèque, les bâtiments administratifs, etc., un touriste demandait à voir l'université elle-même : il ne sait pas que ce qu'il appelle « université » désigne l'ensemble organisé des éléments qu'il vient de visiter. Cette erreur est une erreur de catégorie linguistique ou logique : elle met sur le même plan les mots qui désignent les éléments et celui qui désigne l'ensemble organisé de ces éléments. De la même manière, ceux qui ont recours à un « esprit » distinct du corps ou de la matière ne voient pas que l'esprit n'est rien d'autre que l'ensemble agencé des éléments matériels qu'ils ont sous les yeux. Le mot « esprit » peut donc bien être utilisé pour qualifier un comportement ou une réalité que nous observons, mais il ne désigne aucune autre réalité que celle-là même qui se présente à nous.

Dans une perspective un peu comparable, Bertrand Russell admet avec Ryle que des mots comme « matière » et « esprit », « physique » et « mental » désignent une même réalité. Mais il se refuse à n'en faire, comme Ryle, qu'une simple question de catégories logiques ou linguistiques : il appelle « physiques » toutes les réalités. Parmi celles-ci, les unes sont simplement physiques, parce que, n'y ayant pas un accès direct, nous sommes obligés de les inférer (c'est-à-dire de conclure à leur existence) par une opération de l'esprit s'appliquant à ce que nous observons, tandis que d'autres, auxquelles nous avons intérieurement accès, peuvent être qualifiées de mentales. Les premières relèvent, lorsqu'on veut les comprendre avec rigueur, des raisonnements et théories complexes de la **physique** ; les secondes relèvent de la **psychologie**.

Les notions de matière et d'esprit demeurent donc utiles pour appréhender la réalité – ou, plus exactement, pour désigner différentes façons d'appréhender cette réalité. En revanche, l'examen attentif de ce que recouvrent ces termes nous invite à rester très prudents, dès lors qu'il s'agit de faire correspondre à chacun d'eux une réalité spécifique.

1. L'un des chefs de file (1900-1976) de l'école philosophique d'Oxford.

La matière et l'esprit
Textes

› 1 | Le recours à la notion d'esprit

texte 1 Aristote. La matière : un principe insuffisant

La matière suffit-elle à expliquer la nature des choses ? Évoquant les quatre causes[1] par lesquelles, selon lui, on peut expliquer la réalité, Aristote montre, d'une part, pourquoi certains de ses prédécesseurs ont voulu limiter cette explication à la matière et, d'autre part, pourquoi cette explication purement matérielle serait insuffisante.

[...] la science que nous avons à acquérir est celle des causes premières (puisque nous disons que nous connaissons chaque chose, seulement quand nous pensons connaître sa première cause). Or les causes se disent en quatre sens. En un sens, par cause nous entendons la substance formelle ou quiddité[2] (en effet, la raison d'être d'une chose se ramène en définitive à la notion de cette chose, et la raison d'être première est cause et principe) ; en un autre sens encore, la cause est la matière ou le substrat ; en un troisième sens, c'est le principe d'où part le mouvement[3] ; en un quatrième enfin, qui est l'opposé du troisième, la cause, c'est la cause finale[4] ou le bien (car le bien est la fin de toute génération et de tout mouvement). [...]

La plupart des premiers philosophes ne considéraient comme principes de toutes choses que les seuls principes de nature matérielle. Ce dont tous les êtres sont constitués, le point initial de leur génération et le terme final de leur corruption[5], alors que la substance[6] persiste sous la diversité de ses déterminations : tel est, pour eux, l'élément, tel est le principe[7] des êtres. Ils croient pouvoir en tirer cette conséquence qu'il n'y a ni génération, ni destruction, étant donné que cette nature première subsiste toujours : de même que nous ne disons pas non plus que Socrate est engendré au sens absolu quand il devient beau ou musicien, ni qu'il périt quand il abandonne ces manières d'être, parce que le substrat demeure, à savoir Socrate lui-même. C'est de cette façon que les philosophes dont nous parlons assurent qu'aucune des autres choses ne naît ni ne se corrompt, car il doit y avoir une réalité quelconque, soit une, soit multiple, d'où tout le reste est engendré, mais qui est elle-même conservée. [...]

Tous ces philosophes donnent donc à penser, semble-t-il, qu'il n'y a qu'une seule cause[8], celle qui est dite de nature matérielle. Mais à ce point de leur marche, la réalité elle-même leur traça la voie, et les obligea à une recherche plus approfondie. Qu'on suppose tant qu'on voudra, en effet, que

1. Voir, dans les Repères, « Cause / Fin », ainsi que les notes 3, 4 et 6 ci-dessous.
2. L'essence de la chose : ce qu'il y a d'essentiel en elle et par quoi on peut la définir. Selon Aristote, c'est la forme qui, s'appliquant à la matière, va décider de son mode d'être.
3. Ce qu'Aristote appelle « cause motrice » : ce qui provoque les mouvements et les transformations de la chose.
4. Le but (la fin) en vue de quoi la chose, naturelle ou artificielle, existe.
5. Ce sont trois désignations différentes de la matière : le matériau dans lequel une chose naît (lors de sa *génération*), ce qui subsiste quand elle change et enfin ce en quoi elle se décompose lorsqu'elle périt (lors de sa *corruption*).
6. Le substrat, le support ; ce qui subsiste sous les divers changements d'une chose.
7. Certains présocratiques concevaient l'origine du monde comme un ou plusieurs *principes* matériels ou éléments primordiaux (tels l'eau pour Thalès, l'air pour Anaximène, le feu pour Pythagore, etc.). Voir le Parcours philosophique, p. 566.
8. Tandis qu'Aristote, lui, distingue quatre causes.

toute génération et toute corruption procèdent d'un unique principe ou de plusieurs, pourquoi cela arrive-t-il, et quelle en est la cause ? Ce n'est assurément pas le substrat qui est lui-même l'auteur de ses propres changements. Par exemple, ce n'est ni le bois, ni l'airain qui est cause du changement de l'un et de l'autre ; ce n'est pas le bois qui fait le lit, ni l'airain, la statue, mais il y a quelque autre chose qui est cause du changement. Et rechercher cette autre chose, c'est rechercher l'autre principe, ou, comme nous dirions, ce dont vient le commencement du mouvement. [...]

Aussi quand un homme vint dire qu'il y a dans la Nature, comme chez les animaux, une Intelligence, cause de l'ordre et de l'arrangement universel, il apparut comme seul en son bon sens en face des divagations de ses prédécesseurs. Nous savons, à n'en pouvoir douter, qu'ANAXAGORE[9] adopta ces vues, mais on dit qu'il eut pour devancier HERMOTIME de Clazomène[10]. Quoi qu'il en soit, ceux qui professaient cette doctrine, en même temps qu'ils posèrent la cause du bien comme principe des êtres, en firent aussi cette sorte de principe qui donne le mouvement aux êtres.

ARISTOTE (IVe siècle av. J.-C.), *Métaphysique*, t. I, livre A, 3, 983b-984b, trad. J. Tricot, Vrin, coll. « Bibliothèque des textes philosophiques », 1991, p. 21, 27-28, 33, 35-36.

9. Voir note 1 du texte suivant de Platon.

10. Personnage probablement légendaire, qui passait pour avoir été une réincarnation de Pythagore.

Repères
Voir **Cause / Fin, Essentiel / Accidentel, Formel / Matériel, Origine / Fondement.**

Questions

1. Analysez la notion de matière telle qu'elle est conçue par les « premiers philosophes », selon Aristote.
2. Quelles sont les raisons invoquées par Aristote pour la trouver insuffisante ?
3. Comparez ce qui est annoncé, dans ce texte, de la position d'Anaxagore avec ce que lui reproche le texte suivant de Platon.

texte 2

Platon.
Critique du matérialisme d'Anaxagore

Peut-on comprendre la réalité comme un simple agencement mécanique d'éléments matériels ? Platon, par la bouche de Socrate, dénonce ici le caractère réducteur d'une telle conception.

Un jour, pourtant, j'entendis faire la lecture d'un livre dont l'auteur, disait-on, était Anaxagore[1]. On y affirmait que c'est l'intelligence[2] qui est cause ordonnatrice et universelle. Cette cause-là, elle me plut beaucoup. Il me semblait que c'était une bonne chose, en un sens, que ce soit l'intelligence qui soit cause de tout ; et je pensais : s'il en est ainsi, si c'est l'intelligence qui met en ordre, elle doit ordonner toutes choses et disposer chacune de la meilleure manière possible. Celui donc qui voudrait découvrir comment chaque chose vient à exister, périt, ou est devrait aussi découvrir quelle est la meilleure manière pour cette chose d'être, ou de subir ou de produire quelque action que ce soit. En m'appuyant sur ce raisonnement, j'estimais que le seul objet d'examen qui convienne à un homme, c'était – qu'il s'agisse de lui-même ou de tout le reste – le meilleur et le mieux. Et qu'il en aurait, du même coup, le savoir du pire, car c'est une même science qui s'attache aux deux. Voilà à quoi je réfléchissais et, tout content, je croyais avoir découvert en Anaxagore un maître capable de m'enseigner la cause de

1. Philosophe grec présocratique (500-428 av. J.-C.). Voir le texte précédent d'Aristote. Dans l'*Apologie de Socrate* (26d-e) de Platon, Socrate reproche à ses accusateurs de confondre ses propos avec les thèses matérialistes d'Anaxagore.

2. *Noûs*, en grec, désigne l'intelligence, l'esprit. C'est, selon Anaxagore, le principe du *cosmos*, l'ordre du monde.

tout ce qui est, une cause en accord avec mon intelligence à moi ! Il allait d'abord m'expliquer si la Terre est plate ou ronde ; puis, après me l'avoir expliqué, il ne manquerait pas de m'en exposer tout au long la cause et la nécessité, en me disant ce qui était le meilleur, et pourquoi il est meilleur pour elle d'être telle qu'elle est. Et s'il m'affirmait qu'elle est au centre du monde, il m'exposerait aussi en détail combien il est meilleur pour elle d'être au centre. Et pour peu qu'il m'apportât ces révélations, j'étais tout prêt à ne plus désirer désormais d'autre espèce de cause. [...] Aussi, c'est tout plein de zèle que je pris son livre, et je le lus aussi rapidement que j'en étais capable, afin d'acquérir au plus vite la science du meilleur et du pire. Cette magnifique espérance, il m'a fallu la quitter, ami, et je suis tombé de mon haut ! Car, en lisant plus avant, je vois un homme qui de son intelligence ne fait aucun usage ! Il ne lui attribue pas la moindre responsabilité quant à l'arrangement des choses, mais ce sont les actions des airs, des éthers[3], des eaux, qu'il invoque comme causes, avec celles d'autres réalités aussi variées que déconcertantes ! Bref, voici à quoi il me faisait penser : c'était tout à fait comme si un homme disait d'abord que tout ce que fait Socrate, il le fait grâce à son intelligence ; et qu'ensuite, se mettant à énumérer les causes de chacune de mes actions, il affirmait en premier que je suis, maintenant, assis là, parce que mon corps est constitué d'os et de muscles ; que les os sont solides, qu'ils sont par nature séparés et articulés les uns aux autres ; que les muscles, eux, peuvent se tendre et se détendre et qu'avec les chairs et la peau (qui maintient tout cela ensemble) ils enveloppent les os ; que donc, du fait que les os jouent dans leurs jointures, c'est le relâchement ou la contraction des muscles qui, en somme, font que je suis capable à cet instant de fléchir mes membres ; et que telle est la cause en vertu de laquelle, m'étant plié de la sorte, je me trouve assis où je suis.

PLATON (vers 420-340 av. J.-C.), *Phédon*, 97b-98d, trad. M. Dixsaut, Flammarion, coll. « GF », 1991, p. 274-276.

3. Des matières à l'état gazeux.

› Repères
Voir **Cause / Fin, Essentiel / Accidentel, Formel / Matériel.**

texte 3

Lucrèce. Matérialité de l'âme et de l'esprit

En quoi consiste notre esprit ? Tout en admettant sa fonction directrice et, dans une certaine mesure, son autonomie par rapport aux autres corps, le matérialisme épicurien affirme – puisque toute chose est, selon lui, composée d'atomes et de vide – le caractère strictement matériel de l'âme et de l'esprit, dont les atomes sont plus subtils que ceux des autres corps.

Maintenant, je dis que l'esprit et l'âme[1] se tiennent étroitement unis, et ne forment ensemble qu'une seule substance ; mais ce qui est la tête et ce qui domine pour ainsi dire dans tout le corps, c'est ce conseil que nous appelons l'esprit et la pensée. Et celui-ci a son siège fixé au milieu de la poitrine. C'est là en effet que tressautent l'effroi et la peur ; c'est cette région que la joie fait palpiter doucement : c'est donc là que résident l'esprit et la pensée. L'autre partie de l'ensemble, l'âme, disséminée par

1. *Animus* : l'« esprit », que cet extrait distingue de l'« âme » *(anima)*.

tout le corps, obéit et se meut à la volonté et sous l'impulsion de l'esprit. L'esprit est capable à lui seul de raisonner par lui-même et pour lui-même, et de se réjouir pour lui-même, alors qu'aucune impression ne vient affecter l'âme et le corps au même moment[2]. Et de même que la tête, ou l'œil, sous l'attaque de la douleur, peut souffrir en nous, sans que nous ayons mal également dans tout le corps, de même il arrive que l'esprit soit seul à souffrir ou à être animé par la joie, tandis que le reste de l'âme, épars dans le corps et les membres, n'est ému d'aucune impression nouvelle. Mais lorsqu'une crainte plus violente vient bouleverser l'esprit, nous voyons l'âme entière s'émouvoir de concert dans nos membres ; et sous l'effet de cette sensation les suées et la pâleur se répandre sur tout le corps, la langue bégayer, la voix s'éteindre, la vue s'obscurcir, les oreilles tinter, les membres défaillir ; enfin à cette terreur de l'esprit nous voyons souvent des hommes succomber : à quoi chacun pourra facilement reconnaître que l'âme est en étroite union avec l'esprit, et qu'une fois violemment heurtée par l'esprit, elle frappe à son tour le corps et le met en branle.

Ce même raisonnement nous enseigne que la substance de l'esprit et de l'âme est matérielle. Car si nous la voyons porter nos membres en avant, arracher notre corps au sommeil, nous faire changer de visage, diriger et gouverner le corps humain tout entier ; comme aucune de ces actions ne peut évidemment se produire sans contact, ni le contact sans matière, ne devons-nous pas reconnaître la nature matérielle de l'esprit et de l'âme ?

De plus, il est également vrai que l'esprit pâtit[3] avec le corps, qu'il partage les sensations du corps, comme il t'est facile de le voir. Si, sans détruire tout à fait la vie, la pointe barbelée d'un trait pénètre en nous et déchire les os et les nerfs, il en résulte néanmoins une défaillance, un affaissement à terre plein de douceur, puis une fois à terre une confusion qui naît dans l'esprit, et, par moments, une velléité imprécise de nous relever. Donc, c'est de matière qu'il faut que soit formée la substance de l'esprit, puisque des traits et des coups matériels sont capables de la faire souffrir.

LUCRÈCE (Ier siècle av. J.-C.), *De la nature*, t. I, livre III, v. 137-177, trad. A. Ernout, Les Belles Lettres, coll. « Universités de France », p. 91-92.

2. Il y a donc une relative indépendance des mouvements de l'esprit par rapport à ceux des autres corps, dans lesquels il est logé.

3. Du verbe *pâtir*, « subir ».

Repères
Voir **Formel / Matériel, Idéal / Réel.**

2 | L'âme et le corps

texte 4

Descartes.
Nature et distinction de l'âme et du corps

Pourquoi l'âme et le corps sont-ils deux réalités distinctes ? Descartes s'appuie ici sur le fait que, grâce à l'examen attentif de leurs attributs – eux-mêmes rigoureusement distincts (la pensée pour l'âme, l'étendue pour le corps) –, on peut soutenir que l'on a affaire à deux substances distinctes : la substance corporelle et la substance qui pense.

1. Une *substance* est ce qui n'a besoin que de soi-même pour être conçu, pour exister.
2. Voir le texte précédent ainsi que, dans « La perception », le texte 6 de Descartes, p. 65.
3. Par ailleurs.
4. La *distinction* désigne chez Descartes la possibilité de distinguer clairement deux choses l'une de l'autre. Voir, dans « La démonstration », la méthode de division de Descartes dans le texte 2, p. 296, ligne 12.

> **Repères** Voir **Essentiel / Accidentel.**

[…] l'étendue en longueur, largeur et profondeur, constitue la nature de la substance[1] corporelle[2] ; et la pensée constitue la nature de la substance qui pense. Car tout ce que d'ailleurs[3] on peut attribuer au corps présuppose de l'étendue, et n'est qu'une dépendance de ce qui est étendu ; de même, toutes les propriétés que nous trouvons en la chose qui pense ne sont que des façons différentes de penser. Ainsi nous ne saurions concevoir, par exemple, de figure, si ce n'est en une chose étendue, ni de mouvement qu'en un espace qui est étendu ; ainsi l'imagination, le sentiment et la volonté dépendent tellement d'une chose qui pense que nous ne les pouvons concevoir sans elle. […]

Nous pouvons donc avoir deux notions ou idées claires et distinctes[4], l'une d'une substance créée qui pense, et l'autre d'une substance étendue, pourvu que nous séparions soigneusement tous les attributs de la pensée d'avec les attributs de l'étendue.

René DESCARTES, *Les Principes de la philosophie* (1647), dans *Œuvres et Lettres*, Ire partie, articles 53 et 54, Gallimard, coll. « Bibliothèque de la Pléiade », 1953, p. 595.

texte 5 Descartes. L'union de l'âme et du corps

Si le corps et l'âme sont distincts, comment expliquer leur coexistence chez l'homme et les actions qu'ils peuvent exercer l'un sur l'autre ? C'est sur cette difficulté difficilement surmontable de la philosophie cartésienne que la princesse Élisabeth de Bohême a invité le philosophe à s'expliquer.

[…] je remarque une grande différence entre ces trois sortes de notions, en ce que l'âme ne se conçoit que par l'entendement pur ; le corps, c'est-à-dire l'extension, les figures et les mouvements se peuvent aussi connaître par l'entendement seul[1], mais beaucoup mieux par l'entendement aidé de l'imagination[2] ; et enfin, les choses qui appartiennent à l'union de l'âme et du corps ne se connaissent qu'obscurément par l'entendement seul, ni même par l'entendement aidé de l'imagination ; mais elles se connaissent très clairement par les sens[3]. D'où vient que ceux qui ne philosophent jamais, et qui ne se servent que de leurs sens, ne doutent point que l'âme ne meuve le corps, et que le corps n'agisse sur l'âme ; mais ils considèrent l'un et l'autre comme une seule chose, c'est-à-dire ils conçoivent leur union ; car concevoir l'union qui est entre deux choses, c'est les concevoir comme une seule. Et les pensées métaphysiques, qui exercent l'entendement pur, servent à nous rendre la notion de l'âme familière ; et l'étude des mathématiques, qui exercent principalement l'imagination en la considération des figures et des mouvements, nous accoutume à former des notions du corps bien distinctes ; et enfin, c'est en usant seulement de la vie et des conversations ordinaires, et en s'abstenant de méditer et d'étudier aux choses qui exercent l'imagination, qu'on apprend à concevoir l'union de l'âme et du corps.

René DESCARTES, Lettre à Élisabeth, 28 juin 1643, dans *Correspondance avec Élisabeth et Autres Lettres*, Flammarion, coll. « GF », 1989, p. 73-74.

1. C'est l'objet de la physique.
2. Il s'agit des corps réduits à leur nature géométrique (figure, étendue, mouvements). L'imagination aide donc l'entendement du physicien en lui permettant de raisonner sur des figures.
3. Selon Descartes, les sens et les sentiments nous informent sur les choses utiles à la vie, en particulier utiles ou nuisibles à notre corps (voir la sixième des *Méditations métaphysiques*).

texte 6 Spinoza. « L'Esprit et le Corps, c'est une seule et même chose… »

Est-il légitime de considérer que le corps est mû par l'esprit ? Spinoza soutient que non, d'une part en refusant le dualisme qui envisage l'âme et le corps comme deux réalités distinctes, d'autre part en mettant en évidence les potentialités autonomes du corps.

Le Corps ne peut déterminer l'Esprit à penser, ni l'Esprit déterminer le Corps au mouvement, ni au repos, ni à quelque chose d'autre (si ça existe).

DÉMONSTRATION

Toutes les manières de penser ont pour cause Dieu, en tant qu'il est chose pensante, et non en tant qu'il s'explique par un autre attribut (*par la Prop.* 6 *p.* 2[1]) ; ce qui donc détermine l'Esprit à penser, c'est une manière de penser, non de l'Étendue, c'est-à-dire (*par la Défin.* 1 *p.* 2), ce n'est pas le Corps : Ce qui était le premier point. Ensuite, le mouvement et le repos du Corps doit naître d'un autre corps, qui a lui aussi été déterminé au mouvement ou au repos par un autre, et, absolument parlant, tout ce qui naît dans un corps a dû naître de Dieu, en tant qu'on le considère affecté d'une certaine manière de l'Étendue, et non d'une certaine manière de penser (*par la même Prop.* 6 *p.* 2), c'est-à-dire ne peut pas naître de l'Esprit, lequel (*par la Prop.* 11 *p.* 2) est une manière de penser : Ce qui était le second point. Donc le Corps ne peut déterminer l'Esprit, etc. CQFD[2].

SCOLIE

Cela se comprend plus clairement par ce qu'on a dit dans le Scolie de la Proposition 7 p. 2, à savoir que, l'Esprit et le Corps, c'est une seule et même chose, qui se conçoit sous l'attribut tantôt de la Pensée, tantôt de l'Étendue[3]. D'où vient que l'ordre ou enchaînement des choses est un, qu'on conçoive la nature sous l'un ou l'autre de ces attributs, par conséquent que l'ordre des actions et passions de notre Corps va par nature de pair avec l'ordre des actions et passions de notre Esprit […]. Or, encore que les choses soient telles qu'il ne reste pas de raison de douter, j'ai pourtant peine à croire que, à moins de prouver la chose par l'expérience, je puisse induire les hommes à examiner cela d'une âme égale[4], tant ils sont fermement persuadés que c'est sous le seul commandement de l'Esprit que le Corps, tantôt se meut, tantôt est en repos, et fait un très grand nombre de choses qui dépendent de la seule volonté de l'Esprit et de l'art de penser. Et, de fait, ce que peut le Corps, personne jusqu'à présent ne l'a déterminé, c'est-à-dire l'expérience n'a appris à personne jusqu'à présent ce que le Corps peut faire par les seules lois de la nature en tant qu'on la considère seulement comme corporelle, et ce qu'il ne peut faire à moins d'être déterminé par l'Esprit. Car personne jusqu'à présent n'a connu la structure du Corps si précisément qu'il en pût expliquer toutes les fonctions, pour ne rien dire ici du fait que, chez les Bêtes, on observe plus d'une chose qui dépasse de loin la sagacité humaine, et que les somnambules, dans leurs rêves, font un très grand nombre de choses qu'ils n'oseraient faire dans la veille ; ce qui montre assez que le Corps lui-même, par les seules lois de sa nature, peut bien des choses qui font l'admiration de son Esprit. Ensuite,

1. Dans l'*Éthique*, les démonstrations, épousant le modèle des mathématiques, s'appuient sur des *propositions* précédemment démontrées : ici, la proposition 6 de la partie II, qui établissait que chaque *attribut* de Dieu (que Spinoza considère comme équivalent à la Nature) – par exemple, l'esprit et le corps – exprime Dieu selon ses modalités spécifiques (les pensées pour l'esprit, le mouvement et le repos pour l'étendue), qui ne peuvent être confondues avec celles d'un autre attribut. Voir la scolie qui suit et la note 3.
2. Abréviation utilisée par les mathématiciens en fin de démonstration : « Ce Qu'il Fallait Démontrer ».
3. Pour Spinoza, un *attribut* est ce par quoi on peut penser l'essence d'une substance. Il n'y a en réalité qu'une seule substance infinie, Dieu, qui possède une infinité d'attributs. L'étendue et la pensée sont deux de ces attributs, les deux seuls qui soient accessibles à l'esprit humain.
4. Équitablement, en considérant les choses comme elles sont.

personne ne sait de quelle façon, ou par quels moyens, l'Esprit meut le corps, ni combien de degrés de mouvement il peut attribuer au Corps, et à quelle vitesse il peut le mouvoir. D'où suit que, quand les hommes disent que telle ou telle action du Corps naît de l'Esprit, qui a un empire sur le Corps, ils ne savent ce qu'ils disent, et ils ne font qu'avouer, en termes spécieux, qu'ils ignorent sans l'admirer la vraie cause de cette action.

Baruch SPINOZA, *Éthique* (1677, publication posthume), IIIe partie, proposition II, démonstration et scolie, trad. B. Pautrat, Éd. du Seuil, coll. « Points », 1999, p. 207-209.

Questions

1. Comment Spinoza résout-il le problème des relations entre l'esprit et le corps ?
2. Quels arguments adresse-t-il à son lecteur pour le convaincre du fait que le corps n'a pas besoin de l'esprit pour agir ?
3. Comparez les relations entre l'âme et le corps dans ce texte et chez Descartes (textes 4 et 5, p. 348-349).

texte 7

Diderot. La matière est sensible

Comment expliquer que la vie et l'esprit naissent d'un amas de matière ? Diderot, professant un « matérialisme enchanté[1] », évoque les étapes progressives qui transforment un œuf en poussin et ne voit qu'une explication à ce processus : toute matière est douée de sensibilité.

Voyez-vous cet œuf ? c'est avec cela qu'on renverse toutes les écoles de théologie et tous les temples de la terre. Qu'est-ce que cet œuf ? une masse insensible avant que le germe y soit introduit ; et après que le germe y est introduit, qu'est-ce encore ? une masse insensible, car ce germe n'est lui-même qu'un fluide inerte et grossier. Comment cette masse passera-t-elle à une autre organisation, à la sensibilité, à la vie ? par la chaleur. Qu'y produira la chaleur ? le mouvement. Quels seront les effets successifs du mouvement ? Au lieu de me répondre, asseyez-vous, et suivons-les de l'œil de moment en moment. D'abord c'est un point qui oscille, un filet qui s'étend et qui se colore ; de la chair qui se forme ; un bec, des bouts d'ailes, des yeux, des pattes qui paraissent ; une matière jaunâtre qui se dévide et produit des intestins ; c'est un animal. Cet animal se meut, s'agite, crie ; j'entends ses cris à travers la coque ; il se couvre de duvet ; il voit. La pesanteur de sa tête, qui oscille, porte sans cesse son bec contre la paroi intérieure de sa prison ; la voilà brisée ; il en sort, il marche, il vole, il s'irrite, il fuit, il approche, il se plaint, il souffre, il aime, il désire, il jouit ; il a toutes vos affections ; toutes vos actions, il les fait. Prétendrez-vous, avec Descartes, que c'est une pure machine imitative[2] ? Mais les petits enfants se moqueront de vous, et les philosophes vous répliqueront que si c'est là une machine, vous en êtes une autre. Si vous avouez qu'entre l'animal et vous il n'y a de différence que dans l'organisation, vous montrerez du sens et de la raison, vous serez de bonne foi ; mais on en conclura contre vous qu'avec une matière inerte, disposée d'une certaine manière, imprégnée d'une autre matière inerte, de la chaleur et du mouvement, on obtient de la

1. C'est le titre du livre d'Élisabeth de Fontenay : *Diderot ou le Matérialisme enchanté*, Grasset (rééd. 2001).
2. Voir, dans « Le vivant », le texte 8 de Descartes, p. 330.

sensibilité, de la vie, de la mémoire, de la conscience, des passions, de la pensée. Il ne vous reste qu'un de ces deux partis à prendre ; c'est d'imaginer dans la masse inerte de l'œuf un élément caché qui en attendait le développement pour manifester sa présence, ou de supposer que cet élément imperceptible s'y est insinué à travers la coque dans un instant déterminé du développement. Mais qu'est-ce que cet élément ? Occupait-il de l'espace, ou n'en occupait-il point ? Comment est-il venu, ou s'est-il échappé, sans se mouvoir ? Où était-il ? Que faisait-il là ou ailleurs ? A-t-il été créé à l'instant du besoin ? Existait-il ? Attendait-il un domicile ? Était-il homogène ou hétérogène à ce domicile[3] ? Homogène, il était matériel ; hétérogène, on ne conçoit ni son inertie avant le développement, ni son énergie dans l'animal développé. Écoutez-vous, et vous aurez pitié de vous-même ; vous sentirez que, pour ne pas admettre une supposition simple qui explique tout, la sensibilité, propriété générale de la matière, ou produit de l'organisation, vous renoncez au sens commun, et vous précipitez dans un abîme de mystères, de contradictions et d'absurdités.

Denis DIDEROT, *Entretien entre d'Alembert et Diderot*, dans *Œuvres philosophiques*, Classiques Garnier, 1964, p 274-277.

3. Est-il de même nature que la matière à laquelle il donne vie, ou d'une autre nature ?

3 | Du mode d'existence de la matière et de l'esprit

texte 8 Berkeley. L'immatérialisme

La matière est-elle autre chose qu'une perception de l'esprit ? L'immatérialisme de Berkeley le conduit à affirmer qu'elle n'existe nulle part ailleurs que dans l'intelligence qui la perçoit, grâce à l'action de Dieu. Être n'est rien d'autre qu'être perçu[1].

Philonous[2]. – J'y consens de tout cœur : gardez le mot de *matière* et appliquez-le aux objets du sens, si cela peut vous faire plaisir, à condition de ne pas leur attribuer une subsistance distincte du fait qu'ils sont perçus. Je ne me querellerai jamais avec vous pour une expression. Les termes de *matière*, de *substance matérielle* ont été introduits par les philosophes et, tels qu'ils les emploient, ils impliquent une sorte d'indépendance, une subsistance distincte du fait d'être perçu par un esprit ; mais les gens ordinaires ne les emploient jamais, ou, si d'aventure ils le font, c'est pour signifier les objets immédiats du sens. On a donc tout lieu de penser que, tant qu'on conserve les noms de toutes les choses particulières à côté des termes *sensible*, *substance*, *corps*, *matériau* et ainsi de suite, on ne devrait jamais dans le langage ordinaire éprouver le besoin du mot de *matière*. Et pour ce qui est des discussions philosophiques, le mieux semble de l'abandonner tout à fait : car rien peut-être n'a favorisé et renforcé la dépravation de l'esprit qui l'incline à l'*athéisme* plus que l'usage de ce terme général et confus.

1. Voir, dans « La perception », le texte 7, p. 66 (passage qui précède immédiatement celui-ci).
2. Les noms des personnages renvoient à leurs positions dans le dialogue : *Philonous*, en grec, signifie « l'ami de l'esprit », tandis que le nom *Hylas* vient du grec *hylè*, « la matière ».

Hylas. – Oui mais, Philonous, puisque je consens à abandonner la notion d'une substance non pensante extérieure à l'esprit, je pense que vous ne devez pas me refuser le droit d'employer à mon gré le mot de *matière*, et de l'associer à une collection de qualités sensibles qui existent seulement dans l'esprit. J'avoue franchement qu'il n'y a de substance, au sens strict, que de l'*esprit*. Mais je suis habitué depuis si longtemps au terme de *matière* que je ne vois pas le moyen de m'en défaire. Dire qu'il n'y a pas de *matière* dans le monde continue à me faire un choc. Dire au contraire qu'il n'y a pas de *matière* si l'on entend par ce terme une substance non pensante qui existerait en dehors de l'esprit, mais que, si par *matière* on entend une chose sensible dont l'existence consiste à être perçue, alors il y a de la *matière* : ce distinguo donne à la formule une tout autre allure. Et les gens se rallieront à vos conceptions sans grande difficulté quand on les leur proposera de cette manière.

› Repères
Voir **Formel / Matériel.**

George BERKELEY, *Trois dialogues entre Hylas et Philonous* (1713), éd. G. Brykman, trad. J.-M. Beyssade, dans *Œuvres*, t. II, PUF, 2e éd. 1999, p. 147.

texte 9

Kant. La matière : un concept métaphysique nécessaire à la science de la nature

Qu'est-ce exactement que la matière ? Dans ce texte introductif à une étude de la matière et du mouvement, Kant explique que la matière n'est pas une réalité directement observable, mais un concept de l'esprit nécessaire pour comprendre nos expériences de la nature[1].

[...] afin de rendre possible l'application des mathématiques à la théorie des corps qui peut ainsi seulement devenir science de la nature, il faut présenter d'abord les principes de la *construction* des concepts qui se rapportent d'une manière générale à la possibilité de la matière[2] ; il faudra, par conséquent, prendre pour fondement une analyse complète du concept de matière en général ; c'est là une tâche qui incombe à la philosophie pure qui n'utilise, à cette fin, aucune expérience particulière, mais uniquement ce qu'elle trouve dans le concept pris isolément[3] [...].

Tous les philosophes de la nature[4] qui, dans leurs travaux ont voulu procéder mathématiquement, se sont toujours servi (quoique inconsciemment) de principes métaphysiques[5] et ont dû s'en servir, tout en protestant solennellement contre toute prétention de la métaphysique, sur leur science. [...] Toute véritable métaphysique est tirée de l'essence même de la faculté de penser et n'est nullement inventée de toutes pièces sous prétexte de n'être pas empruntée à l'expérience ; mais elle contient les pures actions de la pensée, par suite les concepts et les principes *a priori* qui unissent légitimement la diversité des *représentations empiriques* et de la sorte, cette diversité peut devenir CONNAISSANCE *empirique*, en d'autres termes, expérience. Ainsi ces physiciens mathématiciens ne pouvaient pas du tout se passer des principes métaphysiques, ni parmi ceux-ci des principes qui rendent le concept de leur objet propre, la matière, susceptible d'application *a priori* à l'expérience extérieure, ainsi les concepts du mouvement, de l'espace plein, de l'inertie, etc.

Emmanuel KANT, *Premiers principes métaphysiques de la science de la nature* (1786), trad. J. Gibelin, Vrin, 1971, p. 13-14.

1. Les physiciens aujourd'hui ne sont plus tous aussi convaincus de la nécessité de ce concept de matière (voir, par exemple, l'introduction de Bernard d'Espagnat au livre collectif *Qu'est-ce que la matière ?*, Le Livre de Poche, 2000).
2. La *matière* mathématisable des sciences de la nature n'est donc pas une donnée de l'expérience, mais une construction de l'esprit du savant.
3. Kant veut donc dire que le concept de matière est ici *a priori* : antérieur à toute expérience (il n'en est donc pas dérivé).
4. C'est-à-dire les physiciens.
5. Ici, la *métaphysique* désigne la discipline qui étudie les conditions de possibilité de la science.

› Repères
Voir **Formel / Matériel.**

texte 10 Ryle. L'esprit n'est pas un « fantôme dans la machine »

Dire que nous agissons avec intelligence signifie-t-il que nous menons une double vie, l'une matérielle, l'autre spirituelle ? Dénonçant le dualisme, Ryle[1] conteste la pertinence de la conception de l'esprit comme une réalité distincte de la matière.

[...] lorsqu'un individu, par exemple, raisonne à haute voix, fait un nœud, feinte avec son fleuret ou sculpte, les actions dont nous sommes témoins sont celles-là mêmes qu'il accomplit intelligemment. Il en est ainsi, même si les concepts qu'utiliseraient un physicien ou un physiologiste pour les décrire ne correspondraient pas entièrement à ceux par lesquels ses élèves ou ses professeurs pourraient qualifier sa logique, son style ou sa technique. Son corps et son esprit sont actifs mais il n'est pas, au même moment, actif à deux « endroits » différents ou avec deux « machines[2] » différentes. Cette seule activité admet, requiert même, plus d'un genre de description explicative. De même qu'il n'y a pas de différence aérodynamique ou physiologique entre la description d'un oiseau comme « volant vers le sud » et d'un autre comme « migrant », bien qu'une grande différence biologique existe entre ces deux descriptions, il n'y a pas nécessairement de différence physique ou physiologique entre une description d'un individu qui parle à tort et à travers et d'un autre qui sait ce qu'il dit, bien que les différences rhétoriques et logiques entre les deux cas soient considérables.

Interprété à la manière de certains théoriciens, l'énoncé « l'esprit est sa propre localisation[3] » est faux car, même métaphoriquement, l'esprit n'est pas une localisation. En revanche, l'échiquier, l'estrade, le bureau de l'homme de science, le fauteuil du juge, le siège du camionneur, le studio, le terrain de football sont des localisations de l'esprit ; c'est là, en effet, que les êtres humains travaillent ou se divertissent plus ou moins intelligemment. L'« esprit » n'est ni le nom d'une autre personne, travaillant ou se divertissant derrière un paravent opaque et impénétrable, ni celui d'un autre endroit où le travail est accompli et les jeux sont joués, ni, enfin, celui d'un autre outil ou instrument utilisé pour le travail ou le jeu.

Gilbert RYLE, *La Notion d'esprit* (1949), trad. S. Stern-Gillet, Payot, 1978, p. 49-50.

1. Gilbert Ryle (1900-1976) : philosophe anglais de l'école d'Oxford, qui fit de l'étude du langage ordinaire la principale tâche de la philosophie.
2. Ryle emploie dans le même ouvrage l'expression ironique « fantôme dans la machine » pour dénoncer l'idée selon laquelle l'esprit, ou l'âme, serait une réalité ayant son propre mode d'être, non physique, et son propre lieu d'existence.
3. Expression par laquelle, selon Ryle, on voudrait dire qu'il existe un autre lieu, un lieu mental, « dans ma tête », que l'espace physique dans lequel se meuvent les corps et s'accomplissent les actions.

texte 11 Russell. Le physique et le mental

La distinction entre le mental et le physique a-t-elle encore un sens ? Oui, répondent Ryle (voir le texte précédent) et Russell, à condition de ne pas la considérer comme un argument en faveur du dualisme. L'un et l'autre désignent une même réalité.

J'en viens maintenant à la thèse principale du professeur Ryle. Elle peut, me semble-t-il, être exposée comme suit : l'adjectif « mental » ne peut s'appliquer à n'importe quelle espèce de « substance[1] », mais seulement à certaines organisations et dispositions représentées par des structures qui sont composées d'éléments qu'il est dépourvu de sens de qualifier de « mentaux ». Il donne un grand nombre d'exemples de la sorte d'adjectif ou

1. En anglais *stuff*, qui peut aussi se traduire par « matière, étoffe ».

de nom qu'il a en vue. Le cricket, fait-il remarquer, n'est pas une « chose » que l'on trouve côte à côte avec des championnats et des joueurs particuliers, mais quelque chose d'un ordre logiquement supérieur[2]. La Constitution britannique fournit un autre exemple. La Chambre des Communes, ainsi qu'il le remarque, est un des constituants dont la Constitution britannique est composée, mais quand vous avez visité les deux Chambres du Parlement, les Law Courts, Downing Street[3] et le palais de Buckingham[4], il ne vous reste aucun endroit à voir qui soit la Constitution britannique. Il affirme que le mot « mental » n'est applicable qu'aux objets qui possèdent la sorte de statut logique appartenant au cricket et à la Constitution britannique. Les exemples qu'il donne le plus volontiers d'adjectifs « mentaux » sont des mots comme « intelligent », « paresseux », « gai », qui désignent des dispositions. [...]

Je suppose que le professeur Ryle serait d'accord pour dire que le but principal de son livre est de donner une nouvelle définition du mot « mental ». Il s'agit, naturellement, d'une question linguistique, et, dans la mesure où elle est purement linguistique[5], il convient de donner toute son importance à l'usage ordinaire pour arriver à une définition. Mais les façons dont il convient d'employer les mots changent avec nos connaissances. À une certaine époque, il ne convenait pas de parler de la terre comme d'une planète ; c'est devenu le cas depuis l'adoption du système de Copernic. Si, comme Descartes l'affirmait, il y a deux sortes de substances radicalement différentes, l'une approximativement coextensive à tout ce que le sens commun considère comme des corps, et l'autre approximativement coextensive à tout ce que le sens commun regarde comme des esprits, alors il convient de distinguer l'esprit de la matière comme Descartes l'a fait[6], même s'il faut de ce fait ne plus employer ces mots de la même façon qu'avant Descartes. Mais si, comme le professeur Ryle l'affirme, et comme je le pense, il n'y a pas de dualisme fondamental, alors nous sommes obligés, si nous voulons continuer à distinguer l'esprit de la matière, de chercher une autre base à notre distinction. Le professeur Ryle la trouve dans la syntaxe : les adjectifs mentaux sont d'un type supérieur[7] à ceux que l'on peut encore appeler physiques. [...] Pour ma part, je crois que la distinction entre le mental et le physique ne tient pas aux caractères intrinsèques qu'ils posséderaient l'un et l'autre, mais à la façon dont nous apprenons à les connaître. Je dirai un événement « mental » si l'on peut s'en apercevoir ou, pour parler comme le professeur Ryle, l'observer[8]. Je considérerai tous les événements comme physiques, mais je regarderai comme *seulement* physiques ceux que l'on ne peut connaître que par inférence[9]. Il peut sembler que mon désaccord avec le professeur Ryle est seulement linguistique ; ce n'est que superficiellement vrai. C'est en raison de nos divergences quant à la constitution du monde que nous sommes amenés à avoir des vues différentes en ce qui concerne la définition la plus commode des mots « mental » et « physique ».

Bertrand RUSSELL, *Histoire de mes idées philosophiques* (1959), trad. G. Auclair, Gallimard, coll. « Tel », 2001, p. 307-308 et 317-318.

2. Selon Ryle, c'est donc commettre une « erreur de catégorie » que de mettre sur le même plan le cricket et le match ou le stade. Le cricket est une façon supérieure de décrire l'ensemble « match + joueurs + arbitre + règles + ... ». Il en est de même pour les qualifications mentales qui désignent en réalité toujours des comportements physiques (voir le texte précédent).
3. Siège du Premier ministre.
4. Palais des souverains d'Angleterre.
5. Cette remarque est pour une grande part ironique : Russell reproche aux philosophes du « langage ordinaire » – courant auquel appartient Ryle – de s'en tenir au langage et de tout ignorer de la science contemporaine.
6. Voir le texte 4, p. 348.
7. Allusion à la théorie logique des « types », dont Russell est l'un des inventeurs : on ne peut, dans un raisonnement, considérer comme de même niveau des catégories telles que « le livre » et des catégories telles que « les bibliothèques » (voir note 2).
8. En nous-mêmes.
9. Non pas directement, mais par déduction, analogie ou induction.

Pour se préparer au baccalauréat
Dissertations : p. 552.
Explications de texte : p. 555.

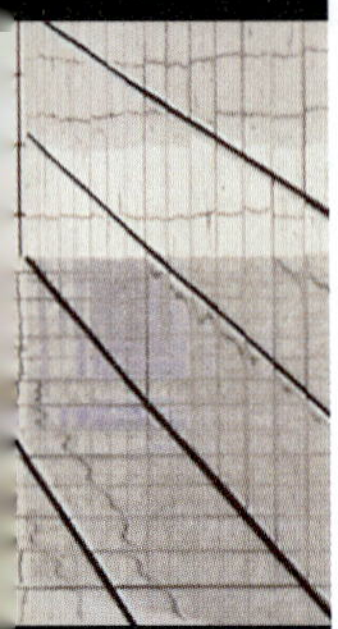

La vérité

Ouverture

Hugo. Un mensonge plus noble que la vérité 358

Présentation 360

Textes 364

1 La recherche de la vérité en question

1 **Platon.** La méthode socratique ... 364
2 **Descartes.** Le doute, méthode de vérité ... 365
3 **Sextus Empiricus.** Nos représentations subjectives n'ont pas de valeur objective ... 366
4 **Russell.** Pour un scepticisme modéré ... 367

2 Le problème de la définition et des critères de la vérité

5 **Austin.** Une critique de la vérité-correspondance ... 368
6 **Arnaud et Nicole.** La lumière de l'évidence est suffisante ... 369
7 **Hume.** Il existe deux sortes de vérités ... 369

3 La vérité comme valeur

8 **Descartes.** Ne pas nous tromper dépend de nous ... 370
9 **Freud.** L'illusion est autre chose que l'erreur ... 371
10 **Kant.** Le devoir de vérité ... 372
11 **Nietzsche.** La volonté de vérité en question ... 373

Jean-Pierre Raynaud (né en 1939), *Intérieur blanc chez l'artiste.*

ouverture

Victor Hugo

Un mensonge plus noble que la vérité

Cette histoire est celle d'un mensonge présenté par Hugo comme une bonne action. Mais la grandeur du mensonge de sœur Simplice tient à ce qu'il sacrifie une exigence de vérité jusque-là sans défaut. C'est parce que la vérité est une valeur que certains mensonges peuvent valoir mieux qu'elle.

Jean Valjean venait d'écrire quelques lignes sur un papier qu'il tendit à la religieuse en disant : – Ma sœur, vous remettrez ceci à monsieur le curé.

Le papier était déplié. Elle y jeta les yeux.

– Vous pouvez lire, dit-il.

Elle lut : – « Je prie monsieur le curé de veiller sur tout ce que je laisse ici. Il voudra bien payer là-dessus les frais de mon procès et l'enterrement de la femme qui est morte aujourd'hui. Le reste sera aux pauvres. »

La sœur voulut parler, mais elle put à peine balbutier quelques sons inarticulés. Elle parvint cependant à dire :

– Est-ce que monsieur le maire ne désire pas revoir une dernière fois cette pauvre malheureuse ?

– Non, dit-il, on est à ma poursuite, on n'aurait qu'à m'arrêter dans sa chambre, cela la troublerait.

Il achevait à peine qu'un grand bruit se fit dans l'escalier. Ils entendirent un tumulte de pas qui montaient, et la vieille portière qui disait de sa voix la plus haute et la plus perçante :

– Mon bon monsieur, je vous jure le bon Dieu qu'il n'est entré personne ici de toute la journée ni de toute la soirée, que même je n'ai pas quitté ma porte !

Un homme répondit :

– Cependant il y a de la lumière dans cette chambre.

Ils reconnurent la voix de Javert.

La chambre était disposée de façon que la porte en s'ouvrant masquait l'angle du mur à droite. Jean Valjean souffla la bougie et se mit dans cet angle.

La sœur Simplice tomba à genoux près de la table.

La porte s'ouvrit. Javert entra.

On entendait le chuchotement de plusieurs hommes et les protestations de la portière dans le corridor. La religieuse ne leva pas les yeux. Elle priait.

La chandelle était sur la cheminée et ne donnait que peu de clarté.

Javert aperçut la sœur et s'arrêta interdit.

On se rappelle que le fond même de Javert, son élément, son milieu respirable, c'était la vénération de toute autorité. Il était tout d'une pièce et n'admettait ni objection, ni restriction. Pour lui, bien entendu, l'autorité ecclésiastique était la première de toutes. Il était religieux, superficiel et correct sur ce point comme sur tous. À ses yeux un prêtre était un esprit qui ne se trompe pas, une religieuse était une créature qui ne pèche pas. C'étaient des âmes murées à ce monde avec une seule porte qui ne s'ouvrait jamais que pour laisser sortir la vérité.

En apercevant la sœur, son premier mouvement fut de se retirer.

Cependant il y avait aussi un autre devoir qui le tenait, et qui le poussait impérieusement en sens inverse. Son second mouvement fut de rester, et de hasarder au moins une question.

C'était cette sœur Simplice qui n'avait menti de sa vie. Javert le savait, et la vénérait particulièrement à cause de cela.

– Ma sœur, dit-il, êtes-vous seule dans cette chambre ?

Il y eut un moment affreux pendant lequel la pauvre portière se sentit défaillir. La sœur leva les yeux et répondit :

– Oui.

– Ainsi, reprit Javert, excusez-moi si j'insiste, c'est mon devoir, vous n'avez pas vu ce soir une personne, un homme. Il s'est évadé, nous le cherchons, – ce nommé Jean Valjean, vous ne l'avez pas vu ?

La sœur répondit : – Non.

Elle mentit. Elle mentit deux fois de suite, coup sur coup, sans hésiter, rapidement, comme on se dévoue.

– Pardon, dit Javert, et il se retira en saluant profondément.

Ô sainte fille ! vous n'êtes plus de ce monde depuis beaucoup d'années ; vous avez rejoint dans la lumière vos sœurs les vierges et vos frères les anges ; que ce mensonge vous soit compté dans le paradis !

Victor HUGO, *Les Misérables* (1862), partie I, livre VIII, chap. V, Gallimard, coll. « Bibliothèque de la Pléiade », 1951, p. 335-337.

Vitrail de Pierre Soulages (né en 1919), abbaye Sainte-Foy, Conques, 1987-1994.

Présentation

I | La recherche de la vérité en question

Vérité et opinion

Textes 1 à 4
Platon, Descartes, Sextus Empiricus, Russell, p. 364-367.

De la recherche de la vérité : ce titre de l'œuvre majeure de Malebranche (XVIIe siècle) définit depuis l'Antiquité grecque le projet originaire de la philosophie. Or, cette recherche se heurte à une première difficulté : avant de pouvoir espérer atteindre la vérité, il faut d'abord vouloir la chercher. Cette volonté ne va pas de soi pour une raison que Platon a bien mise en évidence : l'esprit croit trop facilement être dans la vérité. Pourquoi rechercher ce qu'on s'imagine déjà posséder ? Lorsque Platon décrit Socrate interrogeant ses concitoyens sur la justice, l'amitié, la vertu, etc., les réponses ne manquent pas. Tout le monde croit savoir et prétend donner la bonne définition. C'est cette assurance non critique que Platon nomme **opinion**. L'opinion est un obstacle à la recherche de la vérité parce qu'elle s'appuie sur la force de l'autorité, de la tradition, de la majorité ou du « bon sens ». Elle relève souvent du **vraisemblable**, c'est-à-dire du « semblable au vrai ». Mais que vaut précisément cette ressemblance ?

La recherche de la vérité doit donc commencer par une phase critique, une mise en question des opinions : doit-on les recevoir pour ce qu'elles prétendent être, à savoir des vérités[1] ?

L'objection du scepticisme

Mais encore faut-il espérer atteindre la vérité. C'est ce que conteste le scepticisme, école fondée au IIIe siècle av. J.-C. en Grèce par Pyrrhon d'Élis. Le scepticisme prétend en effet, non pas nier que la vérité puisse être atteinte, mais suspendre définitivement le jugement sur cette question. À l'encontre de ce qu'affirment Platon ou Descartes, les sceptiques ne pensent pas que la critique des opinions soit susceptible de déboucher sur une certitude inébranlable ou sur une recherche positive de la vérité. Au fond, il n'existe pour eux que des opinions, toujours variables et fragiles.

Une des origines de la pensée sceptique se trouve chez le sophiste Protagoras (Ve siècle av. J.-C.) qui affirmait que « l'homme est la mesure de toute chose ». Autrement dit, tout est relatif[2] : à chacun sa vérité. Platon avait déjà critiqué l'impossibilité logique de ce **relativisme** intégral : on ne peut l'affirmer comme une vérité sans se contredire. On peut cependant concevoir, avec Hume au XVIIIe siècle ou Russell

1. Voir, dans les Repères, « Croire / Savoir ». 2. Voir, dans les Repères, « Absolu / Relatif ».

au XXe siècle, un scepticisme plus modéré. Il n'empêcherait ni de juger ni de croire; il montrerait seulement la faiblesse de notre raison dans son effort pour parvenir à une vérité. Ainsi, si le scepticisme ne peut sans contradiction vouloir être vrai, il peut cependant être philosophiquement utile dans son combat contre le dogmatisme.

2 | Le problème de la définition et des critères de la vérité

Vérité-correspondance et vérité-cohérence

Textes 5 à 7
Austin, Arnaud et Nicole, Hume,
p. 368-370.

Comment définir la vérité ? La réponse la plus traditionnelle à cette question est : la vérité consiste dans la **correspondance** entre une idée, un jugement ou un énoncé et ce que cette idée, ce jugement ou cet énoncé représentent. « Socrate est athénien » est une proposition vraie si, en réalité, Socrate est athénien. Mais cette définition, malgré son apparente simplicité, pose certains problèmes. Elle suppose notamment que les données de l'expérience (les faits), auxquelles nos théories ou nos propositions doivent correspondre, soient disponibles indépendamment de ces théories ou de notre langage. Or, il n'existe pas de faits « purs » : nous interprétons toujours le monde à travers notre langage ou nos catégories mentales. Il ne s'agirait pas alors de faire correspondre nos énoncés au réel mais de pouvoir en parler avec **cohérence**, c'est-à-dire sans contradiction.

Mais la théorie de la vérité-cohérence est elle aussi difficile à soutenir. La non-contradiction du discours est une condition nécessaire de la vérité, mais n'en est pas une condition suffisante. Nos pensées peuvent être cohérentes entre elles et en contradiction avec les faits. Il faut alors sans doute revenir à une conception de la vérité-correspondance, mais en refusant tout engagement métaphysique sur la nature de la réalité à laquelle nos jugements ou nos propositions doivent correspondre. En d'autres termes, dire que la vérité consiste dans l'accord de nos représentations et du réel ne signifie pas que nous puissions parvenir à nous représenter le réel tel qu'il est en lui-même, à en saisir l'essence ; cela signifie seulement que nos discours ne peuvent être vrais que s'ils ne sont pas contredits par les faits.

L'évidence, critère de la vérité ?

Il ne suffit pas de définir la vérité ; encore faut-il savoir la reconnaître. À quoi reconnaît-on que l'on est dans le vrai ? La plupart des philosophes du XVIIe siècle ont suivi Descartes pour répondre : à l'**évidence** des idées vraies. Cela signifie que la vérité se reconnaît d'elle-même, en s'imposant immédiatement à l'esprit.

Il existe pourtant des vérités non évidentes. Doit-on penser qu'elles nous resteront à jamais cachées ? Non, répond Descartes : il suffit de connaître par évidence les vérités premières, les premiers principes. Le reste peut être connu avec certitude par **démonstration** à partir de ces vérités premières[1]. Pour Descartes, l'**intuition**[2] – c'est-à-dire la saisie immédiate des évidences – et la **déduction** sont les deux seuls

1. Voir, dans « La démonstration », le texte 4 de Pascal, p. 297. 2. Voir, dans les Repères, « Intuitif / Discursif ».

chemins sûrs qui conduisent à la vérité[1]. L'ordre du vrai a alors un modèle : l'ordre géométrique tel qu'Euclide, au IIIe siècle av. J.-C., l'avait formalisé dans ses *Éléments de géométrie*.

Vérités de raison, vérités de fait

Mais l'approche cartésienne de la vérité n'est-elle pas trop intellectualiste, trop marquée par le modèle mathématique ? Elle suppose que toutes les vérités sont de pures vérités de raison, perceptibles immédiatement (par intuition) ou accessibles par le seul raisonnement (par déduction). Or, il faut distinguer deux types de vérités : les **vérités de raison** et les **vérités de fait**. Les premières relèvent de la logique et des mathématiques. Soit le raisonnement 2 + 2 = 4, 1 + 3 = 4, donc 2 + 2 = 1 + 3. Pour comprendre qu'il est vrai, il suffit de reconnaître la vérité de chacun de ses éléments (2 + 2 = 4 et 1 + 3 = 4) et de savoir en tirer la conséquence nécessaire. En d'autres termes, il n'y a pas besoin de confronter ce raisonnement à autre chose que lui-même pour reconnaître sa vérité. Mais les raisonnements ou les discours qui portent sur des faits ne sont pas de cette sorte. Pour savoir s'ils sont vrais, il faut les confronter aux faits sur lesquels ils portent ou dont ils parlent. Dans le cas des vérités de fait, la vérité exige une procédure de **vérification**.

Leibniz exprimait cette distinction entre vérités de fait et vérités de raison en disant que les premières sont des **vérités nécessaires** : elles résultent d'une démonstration de type logique qui rend la conclusion nécessaire ; alors que les secondes sont des **vérités contingentes**[2] : elles sont vraies mais auraient pu ne pas l'être, et c'est justement parce qu'elles auraient pu ne pas l'être qu'elles demandent à être vérifiées[3]. Les premières sont vraies pour tous les mondes possibles, les secondes vraies pour le monde tel qu'il est. On peut concevoir un monde avec des lois physiques différentes ; mais on ne peut pas concevoir de monde dans lequel, si A implique B et B implique C, A n'impliquerait pas C.

3 | La vérité comme valeur

Le choix de la vérité

Textes 8 à 11
Descartes, Freud, Kant, Nietzsche,
p. 370-373.

La vérité soulève aussi des problèmes de philosophie morale et politique. La vérité est une **valeur**, elle suppose un choix : nous pouvons lui préférer le mensonge, l'illusion ou l'erreur, parce que nous pouvons aimer d'autres choses plus que la vérité (le pouvoir, le plaisir, l'action...). « Il faut aimer la vérité » est une proposition d'ordre éthique, qu'il est d'ailleurs possible de discuter : jusqu'où faut-il vouloir la vérité ? Faut-il sacrifier à cette exigence les autres valeurs ? Le fanatisme n'est-il pas un **amour fou de la vérité** ? On a souvent tendance à déclarer vrai ce qu'on aime plutôt qu'à aimer la vérité ; la première vertu d'un amour raisonnable de la vérité est précisément, contre le fanatisme, de nous permettre de reconnaître nos erreurs.

1. Voir, dans les Repères, « Médiat / Immédiat ». 2. Voir, dans les Repères, « Contingent / Nécessaire / Possible ».
3. Leibniz, *Nouveaux essais sur l'entendement humain* (1765, éd. posthume), Préface.

Les trois contraires de la vérité

La vérité a trois contraires. Le premier d'entre eux est l'**erreur**. C'est celui qui est le plus neutre du point de vue moral : tout le monde peut se tromper. « L'erreur est humaine », dit le proverbe... Il suffit alors de rendre les conditions de la vérité effectives pour la rectifier, ou de suivre la bonne méthode pour l'éviter. Pourtant, on peut persévérer dans l'erreur. Il y a donc plus en elle qu'un manquement aux règles du jugement vrai ; elle peut signifier la mauvaise foi, la fermeture d'esprit, la suffisance... bref, elle engage notre responsabilité.

Le deuxième contraire de la vérité est l'**illusion**, différente de l'erreur. En effet, il ne suffit pas de connaître la vérité ou d'en énoncer les règles pour dissiper l'illusion[1]. Celle-ci met en jeu le **désir** : elle consiste proprement à prendre ses désirs pour la réalité. C'est pourquoi il ne suffit pas toujours d'une preuve pour détruire un préjugé. Car il arrive souvent que nous refusions une vérité triste pour une illusion heureuse ou secourable.

Le troisième contraire de la vérité la situe sur un plan explicitement moral : c'est le **mensonge**. La vérité est-elle toujours moralement exigible[2] ? Ou bien a-t-on raison de penser qu'elle n'est pas toujours bonne à dire ? Peut-être même n'est-elle pas toujours bonne à chercher : vouloir la vérité à tout prix, n'est-ce pas une volonté effrayante ou suspecte ? Ces questions radicales – que Nietzsche osa poser – ont au moins le mérite d'interroger le caractère proprement moral de l'exigence de vérité.

1. Voir, dans « La perception », le texte 5 de Spinoza, p. 64. 2. Voir l'ouverture de ce chapitre, p. 358-359.

I | La recherche de la vérité en question

texte 1

Platon.
La méthode socratique

Pourquoi est-il difficile de chercher la vérité ? Parce qu'on est spontanément convaincu qu'on la possède. En se prétendant lui-même ignorant, Socrate ne délivre pas de vérité ; il interroge et, grâce à son ironie, démonte les opinions toutes faites de ses interlocuteurs. Il incite ainsi chacun à une recherche authentique de la vérité.

Vous connaissez probablement Chéréphon ; c'était pour moi un ami d'enfance et, pour vous, un ami du peuple qui partagea votre exil et en revint avec vous. Et vous savez quel homme était Chéréphon, quelle passion il mettait dans toutes ses entreprises. Or, un jour qu'il était allé à Delphes, il osa consulter l'oracle en ces termes (ne protestez pas, messieurs, de ce que je vais dire), il demanda donc s'il y avait quelqu'un de plus savant que moi. La Pythie lui répondit que personne n'était plus savant. Sur tout cela, son frère que voici pourra vous apporter son témoignage, puisque Chéréphon est mort.

Considérez maintenant pour quelle raison je vous en parle. C'est que je dois vous expliquer d'où vient la calomnie dont je suis victime. Quand j'appris cet oracle, je me dis en moi-même : « Que peut bien vouloir dire le dieu et que laisse-t-il entendre ? Car je sais bien, au fond de moi, que je ne suis savant ni peu ni beaucoup. Que veut-il donc signifier en prétendant que je suis le plus savant ? Car enfin il ne peut assurément pas mentir : ce serait contraire à l'ordre des choses. » Longtemps je demeurai perplexe devant cette énigme ; et puis, non sans peine, j'entrepris de tirer la chose au clair de la façon suivante. J'allai trouver un des hommes qui passaient pour savants, convaincu que là mieux qu'ailleurs je pourrais prendre en faute la prophétie et déclarer tout net à l'oracle : « Cet homme est plus savant que moi, et toi tu as prétendu que c'était moi. » J'examinai donc mon homme à fond (je n'ai pas besoin de donner son nom ; c'était un de nos hommes politiques) et voici, Athéniens, l'impression que j'ai eue en l'observant et en discutant avec lui. Il me sembla que cet homme paraissait savant aux autres, fort nombreux, et surtout à lui-même, mais qu'il ne l'était pas. Et alors j'essayai de lui montrer qu'il se croyait savant, mais qu'il ne l'était pas. Résultat : je m'attirai sa haine et celle de beaucoup de personnes présentes. Aussi, en m'en retournant chez moi, me faisais-je ces réflexions : « Après tout, je suis plus savant que cet homme-là ; nous risquons bien l'un et l'autre de ne rien savoir qui vaille ; mais lui croit savoir quelque chose alors qu'il ne le sait pas, tandis que moi, comme je n'ai pas ce savoir, je ne crois pas non plus l'avoir. J'ai bien l'impression, de ce fait, d'être un tout petit peu plus savant que lui, dans la mesure où je ne crois pas savoir ce que je ne sais pas. » Ensuite de quoi, j'allai en voir un autre, parmi ceux qui passaient pour plus savants que le premier, et il me fit la même impression. Là encore, je m'attirai la haine de cet homme et de beaucoup d'autres.

Après cela, je continuai d'aller les voir les uns après les autres, sachant bien (non sans m'en émouvoir ni m'en inquiéter) que je me rendais insupportable ; cependant je me sentais obligé de faire le plus grand cas de la parole du dieu. Il me fallait donc aller, pour percer le sens de l'oracle, vers tous ceux qui paraissaient savoir quelque chose. Et, nom d'un chien, Athéniens (il me faut bien vous dire la vérité), voici, ma parole, ce que je ressentis à peu près. Dans cette enquête inspirée par le dieu, les plus renommés me parurent, ou peu s'en faut, les plus dépourvus de savoir, et d'autres, qui passaient pour plus médiocres, me parurent davantage dotés de bon sens. [...]

Voilà pourquoi, aujourd'hui encore, je poursuis ici et là mes investigations dans l'esprit du dieu, en quête de quelqu'un qui, parmi les citoyens et les étrangers, me paraîtrait savant. Et quand il me semble qu'il ne l'est pas, pour servir la cause du dieu, je mets en évidence son ignorance[1].

PLATON (vers 420-340 av. J.-C.), *Apologie de Socrate*, Ier discours, 20e-24b, trad. Cl. Chrétien, Hatier, coll. « Les classiques de la philosophie », 1999, p. 10-14.

1. Dans les premiers dialogues de Platon, appelés « socratiques » parce qu'ils mettent en scène la méthode d'interrogation de Socrate, aucune solution n'est apportée en fin de dialogue à la question posée au début. Le dialogue se termine sur la prise de conscience par chaque interlocuteur de ne savoir rien de ce qu'il croyait savoir et sur une invitation à continuer la recherche. Voir, dans les Repères, « Croire / Savoir ».

texte 2

Descartes. Le doute, méthode de vérité

Peut-on douter de tout ? Oui, répond Descartes, mais à condition de faire de ce doute systématique et universel un instrument propre à examiner la valeur de nos opinions et d'en espérer la mise en évidence d'une vérité qui lui résiste : vérité indubitable, donc certaine. Contrairement au doute sceptique, le doute cartésien n'est pas une fin en soi ; c'est au contraire une méthode de vérité.

Il y a déjà quelque temps que je me suis aperçu que, dès mes premières années, j'avais reçu quantité de fausses opinions pour véritables, et que ce que j'ai depuis fondé sur des principes si mal assurés ne pouvait être que fort douteux et incertain ; de façon qu'il me fallait entreprendre sérieusement une fois en ma vie de me défaire de toutes les opinions que j'avais reçues jusques alors en ma créance[1], et commencer tout de nouveau dès les fondements, si je voulais établir quelque chose de ferme et de constant dans les sciences. Mais cette entreprise me semblant être fort grande, j'ai attendu que j'eusse atteint un âge qui fût si mûr, que je n'en pusse espérer d'autre après lui, auquel je fusse plus propre à l'exécuter ; ce qui m'a fait différer si longtemps, que désormais je croirais commettre une faute, si j'employais encore à délibérer le temps qu'il me reste pour agir.

1. Ma croyance.

Maintenant donc que mon esprit est libre de tous soins[2], et que je me suis procuré un repos assuré dans une paisible solitude, je m'appliquerai sérieusement et avec liberté à détruire généralement toutes mes anciennes opinions. Or il ne sera pas nécessaire, pour arriver à ce dessein, de prouver qu'elles sont toutes fausses, de quoi peut-être je ne viendrais jamais à bout ; mais, d'autant que la raison me persuade déjà que je ne dois pas moins soigneusement m'empêcher de donner créance[3] aux choses qui ne sont pas entièrement certaines et indubitables, qu'à celles qui nous paraissent manifestement être fausses, le moindre sujet de douter que j'y trouverai, suffira pour me les faire toutes rejeter.

René DESCARTES, *Méditations métaphysiques* (1641), Ire méditation, Hatier, coll. « Les classiques de la philosophie », 1999, p. 21-22.

2. De tous soucis.
3. De croire.

Repères
Voir **Croire / Savoir, Persuader / Convaincre, En théorie / En pratique.**

Questions

1. En quoi le doute chez Descartes est-il différent du doute spontané qu'on peut éprouver devant une opinion douteuse ?
2. Quel est le but du doute cartésien ? En quoi est-il un moyen pour parvenir à ce but ?
3. Quelle place Descartes accorde-t-il au vraisemblable ? Pourquoi dit-il qu'il faut le considérer comme le faux ?

texte 3 Sextus Empiricus. Nos représentations subjectives n'ont pas de valeur objective

La vérité est-elle relative à chacun ? S'inspirant de Protagoras[1], le philosophe sceptique Sextus Empiricus soutient cette thèse. Nos représentations, en effet, sont par définition subjectives et nous ignorons si elles sont conformes à la nature objective des choses. Le scepticisme est un pur *phénoménisme* : nous connaissons les choses telles qu'elles nous apparaissent, mais nous devons suspendre notre jugement sur ce qu'elles sont.

Si les mêmes réalités donnent lieu à des représentations dissemblables selon la diversité des animaux[2], nous serons en mesure de dire quelle vision de l'objet est la nôtre, mais nous devrons suspendre notre jugement sur ce qu'il est effectivement par nature. Nous ne sommes pas en effet en mesure d'établir une juste discrimination[3] entre les représentations qui sont nôtres et celles qui sont propres aux autres animaux, car nous sommes nous-mêmes partie du procès et pour cette raison nous devrions recourir à meilleur juge que nous-mêmes. Et du reste, sans démonstration, nous ne sommes pas en mesure de préférer nos représentations à celles qui sont propres aux animaux dépourvus de raison. Mais pas davantage en recourant à la démonstration : car [...] de deux choses l'une : ou bien cette démonstration dont nous parlons apparaît avec évidence, ou bien elle n'apparaît pas. Si justement elle n'apparaît pas, nous ne lui accorderons aucun crédit ; mais si elle nous est représentée comme évidente, comme la question porte sur les représentations propres aux animaux, cette démonstration ne peut se prévaloir que de l'évidence qui nous est propre, à nous qui ne sommes que des animaux, et la question se posera alors de savoir si sa conformité à l'apparence représentée garantit sa vérité. [...] Ainsi donc nous n'aurons pas de démonstration nous permettant de trancher le débat en faveur de

1. Le sophiste Protagoras (ve siècle av. J.-C.) qui affirmait que « l'homme est la mesure de toute chose ». Voir la présentation, p. 360.
2. L'argumentation de Sextus Empiricus ne porte pas dans ce texte sur la diversité des représentations selon les individus, mais sur la diversité des représentations selon les espèces animales.
3. Un juste choix.

nos propres représentations face à celles qui sont propres aux animaux dits privés de raison. Si donc il est impossible de porter un jugement sur la différence des représentations qu'entraîne la diversité des animaux, il est nécessaire de suspendre le jugement à l'égard des objets extérieurs.

SEXTUS EMPIRICUS (IIe siècle-IIIe siècle apr. J.-C.), *Esquisses pyrrhoniennes*, livre I, § 59-61, dans *Les Sceptiques grecs*, trad. J.-P. Dumont, PUF, 1996, p. 55-56.

Repères
Voir **Absolu / Relatif, Croire / Savoir, Objectif / Subjectif.**

texte 4

Russell.
Pour un scepticisme modéré

La recherche de la vérité doit-elle se satisfaire du probable ? C'est ce qu'affirme ici le philosophe britannique Bertrand Russell. Celui-ci, à la suite de Hume (voir, dans « Théorie et expérience », le texte 2, p. 275), prône un « scepticisme mitigé[1] » qui cherche à hiérarchiser nos croyances en fonction de leur degré de probabilité, et non à suspendre définitivement le jugement sur toutes choses.

On raconte une anecdote sur Pyrrhon, le fondateur du pyrrhonisme (lequel est l'ancien nom du scepticisme). Il affirmait que nous ne savons jamais assez pour être sûrs qu'une manière d'agir est plus sage qu'une autre : dans sa jeunesse, un après-midi qu'il faisait sa promenade quotidienne, il aperçut son maître de philosophie, auquel il avait emprunté ses principes, la tête plongée dans un fossé et impuissant à se dégager. Après l'avoir contemplé quelque temps, il continua sa promenade, considérant qu'il n'y avait pas une raison suffisante de penser qu'il ferait une bonne action en retirant le vieillard du fossé. D'autres, moins sceptiques, le sauvèrent et reprochèrent à Pyrrhon sa cruauté. Mais son maître, fidèle à ses principes, le loua pour sa logique. Or, je ne défends pas un scepticisme aussi héroïque. Je suis prêt à admettre les croyances ordinaires du sens commun, en pratique, sinon en théorie. Je suis prêt à reconnaître tout résultat scientifique bien établi, non comme absolument vrai, mais comme suffisamment probable pour fournir la base d'une action rationnelle. Quand on prédit une éclipse de lune pour une certaine date, je pense que cela vaut la peine d'aller voir et de se convaincre si elle se produit. Pyrrhon n'aurait pas pensé ainsi. Pour cette raison, je me crois justifié si j'affirme que je défends une position moyenne.

Il y a des sujets sur lesquels s'accordent ceux qui les ont étudiés : par exemple, les dates des éclipses. Il y en a d'autres sur lesquels les spécialistes ne sont pas d'accord. Même quand ils sont tous d'accord, ils peuvent bien se tromper. L'opinion d'Einstein sur l'importance de la déviation subie par la lumière sous l'influence de la gravitation aurait été rejetée par tous les spécialistes il y a vingt ans, et pourtant c'est elle qui s'est trouvée vraie. Néanmoins, l'opinion des spécialistes, quand elle est unanime, doit être considérée par les non-spécialistes comme plus probablement vraie que l'opinion opposée. Le scepticisme dont je suis partisan se ramène à ceci seulement : 1° : que lorsque les spécialistes sont d'accord, l'avis opposé ne peut être considéré comme certain ; 2° : que lorsqu'ils ne sont pas d'accord, aucun avis ne peut être considéré comme certain par le non-spécialiste ; et 3° : que lorsqu'ils estiment tous qu'il n'y a aucune raison suffisante pour un avis certain, l'homme ordinaire ferait bien de suspendre son jugement.

Bertrand RUSSELL, *Essais sceptiques*, trad. A. Bernard, Éd. Rieder, 1933, p. 8-9.

1. Hume, *Enquête sur l'entendement humain*, section XII.

Repères
Voir **Croire / Savoir, En théorie / En pratique.**

2 Le problème de la définition et des critères de la vérité

texte 5 Austin. Une critique de la vérité-correspondance

Notre langage peut-il être conforme à la réalité ? Le philosophe britannique Austin veut montrer ici que définir la vérité comme l'accord de nos assertions avec les faits n'est pas si simple. Beaucoup de nos énoncés ne satisfont pas à cette définition, qui néglige la complexité du langage humain.

[...] n'est-ce pas que ces questions du bon, du juste, de l'équitable, du mérite sont tout à fait distinctes de la question du vrai et du faux ? Celle-ci, n'est-ce pas qu'elle est une affaire très simple, du noir et du blanc : ou l'énoncé correspond aux faits ou il n'y correspond pas, et voilà tout.

Quant à moi, je ne le crois pas. Même s'il existe une classe bien définie d'assertions[1], à laquelle nous pouvons nous borner, cette classe sera toujours assez large. Dans cette classe, on trouvera les assertions suivantes :

La France est hexagonale.
Lord Raglan a gagné la bataille de l'Alma.
Oxford est à 100 km de Londres.

Il est bien vrai que, pour chacune de ces assertions, on peut poser la question, « vraie ou fausse ». Mais ce n'est que dans les cas assez favorables que nous devons attendre une réponse Oui ou Non, une fois pour toutes. En posant la question, on comprend que l'énoncé doit être confronté de façon ou d'autre avec les faits. Bien sûr. Confrontons donc « la France est hexagonale » avec la France. Que dire ? Est-ce vrai ou non ? Question, on le voit, simpliste. Eh bien, si vous voulez jusqu'à un certain point, on peut voir ce que vous voulez dire, oui peut-être dans tel but ou à tel propos, pour les généraux cela pourrait aller, mais pas pour les géographes. Et ainsi de suite. C'est une assertion-ébauche [...], mais on ne peut pas dire qu'elle soit fausse tout court. Et l'Alma, bataille du simple soldat si jamais il en fut : c'est vrai que Lord Raglan avait le commandement de l'armée alliée, et que cette armée a gagné dans une certaine mesure une espèce confuse de victoire ; oui, cela serait justifié, mérité même, pour les écoliers tout au moins, quoique vraiment un peu exagéré. Et Oxford, oui c'est vrai que cette ville est à 100 km de Londres, si vous ne voulez qu'un certain degré de précision.

Sous le titre du « vrai » ce que nous avons en effet n'est point une simple qualité ni une relation, ni *une* chose quelconque, mais plutôt toute une dimension de critique. On peut se faire une idée, peut-être pas très claire, de cette critique : ce qui est clair, c'est qu'il y a un tas de choses à considérer et à peser dans cette seule dimension, – les faits, oui, mais aussi la situation de celui qui a parlé, le but dans lequel il parlait, son auditoire, questions de précision, etc.

John Langshaw AUSTIN, « Performatif-Constatif », dans *La Philosophie analytique. Cahiers de Royaumont. Philosophie*, n° IV, (1958), Éd. de Minuit, 1962, p. 280-281.

1. D'affirmations.

Repères
Voir
Objectif / Subjectif.

texte 6

Arnaud et Nicole.
La lumière de l'évidence est suffisante

À quoi reconnaît-on la vérité ? À la suite de Descartes, la plupart des philosophes du XVIIe siècle répondront : à son évidence. La vérité est à elle-même sa propre marque. C'est cette position que soutient le texte qui suit, écrit dans la deuxième moitié du XVIIe siècle.

Comme il ne faut point d'autres marques pour distinguer la lumière des ténèbres, que la lumière même qui se fait assez sentir, ainsi il n'en faut point d'autres pour reconnaître la vérité, que la clarté même qui l'environne, et qui se soumet l'esprit et le persuade malgré qu'il en ait[1] : de sorte que toutes les raisons de ces Philosophes ne sont pas plus capables d'empêcher l'âme de se rendre à la vérité, lorsqu'elle en est fortement pénétrée, qu'elles sont capables d'empêcher les yeux de voir, lorsqu'étant ouverts ils sont frappés par la lumière du soleil.

Mais parce que l'esprit se laisse quelquefois abuser par de fausses lueurs, lorsqu'il n'y apporte pas l'attention nécessaire, et qu'il y a bien des choses que l'on ne connaît que par un long et difficile examen, il est certain qu'il serait utile d'avoir des règles pour s'y conduire, de telle sorte que la recherche de la vérité en fût et plus facile et plus sûre ; et ces règles sans doute ne sont pas impossibles. Car puisque les hommes se trompent quelquefois dans leurs jugements, et que quelquefois aussi ils ne s'y trompent pas, qu'ils raisonnent tantôt bien et tantôt mal, et qu'après avoir mal raisonné ils sont capables de reconnaître leur faute, ils peuvent remarquer, en faisant des réflexions sur leurs pensées, quelle méthode ils ont suivie lorsqu'ils ont bien raisonné, et quelle a été la cause de leur erreur lorsqu'ils se sont trompés, et se former ainsi des règles sur ces réflexions pour éviter à l'avenir d'être surpris.

Antoine ARNAUD et Pierre NICOLE, *La Logique ou l'Art de penser* (1662), Flammarion, coll. « Science de l'homme », 1970, p. 40.

1. Malgré ses hésitations, ses réticences.

› Repères
Voir **Croire / Savoir, Intuitif / Discursif, Persuader / Convaincre.**

texte 7

Hume.
Il existe deux sortes de vérités

Y a-t-il des vérités incertaines ? Ce texte de Hume peut se lire comme une réponse à Descartes, qui refuse tout intermédiaire entre le certain et le faux (voir texte 2, p. 365). Pour Hume, il existe aussi des vérités de fait, qui n'ont ni les mêmes critères de validité ni le même degré de certitude que les vérités certaines, de type mathématique.

Tous les objets sur lesquels s'exerce la raison humaine ou qui sollicitent nos recherches se répartissent naturellement en deux genres : les *relations d'idées* et les *choses de fait*. Au premier genre appartiennent les propositions de la géométrie, de l'algèbre et de l'arithmétique, et, en un mot, toutes les affirmations qui sont intuitivement ou démonstrativement[1] certaines. Cette proposition : *le carré de l'hypoténuse est égal à la somme des carrés des deux autres côtés*, exprime une relation entre ces éléments géométriques. Cette autre : *trois fois cinq égalent la moitié de trente*, exprime une relation entre ces nombres. On peut découvrir les propositions de ce genre par la simple activité de la pensée et sans tenir compte de ce qui peut exister dans l'univers[2]. N'y eût-il jamais eu dans la nature de cercle ou de triangle, les

1. Voir, dans « La démonstration », la présentation, p. 290-293, et le texte 2 de Descartes, p. 293.
2. Pour Hume, contrairement à Descartes, les vérités intuitives ou démontrées ne sont donc pas les seules à devoir être considérées. Elles ne concernent que les vérités de type mathématique, et non les vérités de fait.

propositions démontrées par Euclide n'en garderaient pas moins pour toujours leur certitude et leur évidence.

Les choses de fait, qui constituent la seconde classe d'objets sur lesquels s'exerce la raison humaine, ne donnent point lieu au même genre de certitude ; et quelque évidente que soit pour nous leur vérité, cette évidence n'est pas de même nature que la précédente. Le contraire d'une chose de fait ne laisse point d'être possible, puisqu'il ne peut impliquer contradiction, et qu'il est conçu par l'esprit avec la même facilité et la même distinction que s'il était aussi conforme qu'il se pût à la réalité.

David HUME, *Enquête sur l'entendement humain* (1748), IVe section, Ire partie, trad. G. Tanesse et M. David revue par D. Deleule, Le Livre de Poche, coll. « Classiques de la philosophie », 1999, p. 82-83.

› **Repères**
Voir
Intuitif / Discursif, Médiat / Immédiat.

› 3 La vérité comme valeur

texte 8

Descartes.
Ne pas nous tromper dépend de nous

Sommes-nous responsables de nos erreurs ? Oui, répond Descartes, car nous sommes responsables de nos jugements. Il suffirait de ne pas affirmer une idée qui n'est ni évidente ni déduite avec certitude d'évidences premières (voir le texte précédent) pour éviter l'erreur. Rien ni personne ne m'oblige à juger hâtivement.

En suite de quoi, me regardant de plus près, et considérant quelles sont mes erreurs (lesquelles seules témoignent en moi qu'il y a de l'imperfection), je trouve qu'elles dépendent du concours de deux causes, à savoir, de la puissance de connaître qui est en moi, et de la puissance d'élire[1], ou bien[2] de mon libre arbitre : c'est-à-dire de mon entendement, et ensemble[3] de ma volonté. Car par l'entendement seul je n'assure ni ne nie aucune chose, mais je conçois seulement les idées des choses, que je puis assurer ou nier[4]. Or, en le considérant ainsi précisément, on peut dire qu'il ne se trouve jamais en lui aucune erreur, pourvu qu'on prenne le mot erreur en sa propre signification. [...] Je ne puis pas aussi[5] me plaindre que Dieu ne m'a donné un libre arbitre, ou une volonté assez ample et parfaite, puisqu'en effet je l'expérimente si vague et si étendue, qu'elle n'est renfermée dans aucunes bornes[6]. Et ce qui me semble bien remarquable en cet endroit est que, de toutes les autres choses qui sont en moi, il n'y en a aucune si parfaite et si étendue que je ne reconnaisse bien qu'elle pourrait être encore plus grande et plus parfaite. Car, par exemple, si je considère la faculté de concevoir qui est en moi, je trouve qu'elle est d'une fort petite étendue, et grandement limitée[7], et tout ensemble je me représente l'idée d'une autre faculté beaucoup plus ample, et même infinie ; et de cela seul que je puis me représenter son idée, je connais sans difficulté qu'elle appartient à la nature de Dieu. En même façon, si j'examine la mémoire ou l'imagination, ou quelque autre puissance[8], je n'en trouve aucune qui ne soit en moi très petite et bornée, et qui en Dieu ne soit immense et infinie. Il n'y a que la seule volonté, que j'ex-

1. De choisir.
2. En d'autres termes.
3. À la fois.
4. Tout le raisonnement de Descartes repose sur la distinction entre l'entendement, qui conçoit les idées, et la volonté, qui affirme ou nie leur vérité.
5. Non plus.
6. La volonté, ou puissance de juger (d'affirmer ou de nier), est infinie.
7. L'entendement ou puissance de concevoir, est, au contraire de la volonté, fini.
8. Faculté.

périmente en moi être si grande, que je ne conçois point l'idée d'aucune autre plus ample et plus étendue : en sorte que c'est elle principalement qui me fait connaître que je porte l'image et la ressemblance de Dieu. Car, encore qu'elle soit incomparablement plus grande dans Dieu que dans moi, soit à raison de la connaissance et de la puissance qui, s'y trouvant jointes, la rendent plus ferme et plus efficace, soit à raison de l'objet, d'autant qu'elle se porte et s'étend infiniment à plus de choses ; elle ne me semble pas toutefois plus grande, si je la considère formellement et précisément en elle-même. Car elle consiste seulement en ce que nous pouvons faire une chose ou ne la faire pas (c'est-à-dire affirmer ou nier, poursuivre ou fuir), ou plutôt seulement en ce que, pour affirmer ou nier, poursuivre ou fuir les choses que l'entendement nous propose, nous agissons en telle sorte que nous ne sentons point qu'aucune force extérieure nous y contraigne. [...[9]]

De tout ceci je reconnais que ni la puissance de vouloir, laquelle j'ai reçue de Dieu, n'est point d'elle-même la cause de mes erreurs, car elle est très ample et très parfaite en son espèce ; ni aussi la puissance d'entendre ou de concevoir : car ne concevant rien que par le moyen de cette puissance que Dieu m'a donnée pour concevoir, sans doute que tout ce que je conçois, je le conçois comme il faut, et il n'est pas possible qu'en cela je me trompe. D'où est-ce donc que naissent mes erreurs ? C'est à savoir, de cela seul que, la volonté étant beaucoup plus ample et plus étendue que l'entendement, je ne la contiens pas dans les mêmes limites, mais que je l'étends aussi aux choses que je n'entends pas[10].

René DESCARTES, *Méditations métaphysiques* (1641), IVe méditation, Hatier, coll. « Les classiques de la philosophie », 1999, p. 71-74.

9. Voir, dans « La liberté », le texte 4 de Descartes, p. 462, qui correspond à ce passage du texte de Descartes. Voir aussi, dans « Le devoir », le texte 4 de Descartes, p. 482.

10. L'erreur vient donc de ce que je ne contiens pas ma volonté dans les limites de mon entendement. Si je n'affirmais comme vrai que ce que je conçois clairement, je ne me tromperais jamais.

> Repères
Voir **Croire / Savoir**.

texte 9 — **Freud.** L'illusion est autre chose que l'erreur

Que vaut une preuve contre un préjugé ? Psychologiquement, elle ne vaut pas grand-chose, si le préjugé est l'expression de nos désirs. Ainsi se définit l'illusion, qui, contrairement à l'erreur, ne se laisse pas facilement rectifier et se moque des démentis du réel.

Une illusion n'est pas la même chose qu'une erreur, une illusion n'est pas non plus nécessairement une erreur. L'opinion d'Aristote, d'après laquelle la vermine serait engendrée par l'ordure – opinion qui est encore celle du peuple ignorant –, était une erreur ; de même l'opinion qu'avait une génération antérieure de médecins, et d'après laquelle le tabès[1] aurait été la conséquence d'excès sexuels. Il serait impropre d'appeler ces erreurs des illusions, alors que c'était une illusion de la part de Christophe Colomb, quand il croyait avoir trouvé une nouvelle route maritime des Indes. La part de désir que comportait cette erreur est manifeste. On peut qualifier d'illusion l'assertion de certains nationalistes, assertion d'après laquelle les races indogermaniques[2] seraient les seules races humaines susceptibles de culture, ou bien encore la croyance d'après laquelle l'enfant serait un être dénué de sexualité, croyance détruite pour la première fois par la psychanalyse. Ce qui caractérise l'illusion, c'est d'être dérivée de désirs humains ; elle se rapproche par là de

1. Maladie due à des lésions de la moelle épinière.

2. Les races aryennes.

l'idée délirante en psychiatrie, mais se sépare aussi de celle-ci même si l'on ne tient pas compte de la structure compliquée de l'idée délirante.

L'idée délirante est essentiellement – nous soulignons ce caractère – en contradiction avec la réalité ; l'illusion n'est pas nécessairement fausse, c'est-à-dire irréalisable ou en contradiction avec la réalité. Une jeune fille de condition modeste peut par exemple se créer l'illusion qu'un prince va venir la chercher pour l'épouser. Or ceci est possible ; quelques cas de ce genre se sont réellement présentés. [...] Ainsi nous appelons illusion une croyance quand, dans la motivation de celle-ci, la réalisation d'un désir est prévalente[3], et nous ne tenons pas compte, ce faisant, des rapports de cette croyance à la réalité, tout comme l'illusion elle-même renonce à être confirmée par le réel.

Sigmund FREUD, *L'Avenir d'une illusion* (1927), trad. M. Bonaparte, A. Balseinte, J.-G. Delarbre, D. Hartmann, PUF, coll. « Quadrige », 2002, p. 44-45.

3. Dominante.

› Repères
Voir **Croire / Savoir, Idéal / Réel, Objectif / Subjectif.**

texte 10

Kant. Le devoir de vérité

La vérité est-elle toujours moralement exigible ? Il peut exister des vérités désespérantes ou nuisibles. Elles posent un problème moral : n'y a-t-il pas des circonstances qui légitiment le droit de mentir ? Kant répond par la négative à cette question.

Dans « Des réactions politiques » de B. Constant[1] parues dans le recueil *La France en l'an 1797* (tome VI, n° 1), on lit le propos suivant (p. 123) : « Le principe moral que dire la vérité est un devoir, s'il était pris de manière absolue et isolée, rendrait toute société impossible. Nous en avons la preuve dans les conséquences directes qu'a tirées de ce premier principe un philosophe allemand qui va jusqu'à prétendre qu'envers des assassins qui vous demanderaient si votre ami qu'ils poursuivent n'est pas réfugié dans votre maison, le mensonge serait un crime. »

Le philosophe français réfute ce principe de la manière suivante (p. 124) : « Dire la vérité est un devoir. Qu'est-ce qu'un devoir ? L'idée de devoir est inséparable de celle de droits : un devoir est ce qui, dans un être, correspond aux droits d'un autre. Là où il n'y a pas de droit, il n'y a pas de devoirs. Dire la vérité n'est donc un devoir qu'envers ceux qui ont droit à la vérité. Or nul homme n'a droit à la vérité qui nuit à autrui. » [...]

On remarquera tout d'abord que l'expression « avoir droit à la vérité » est dépourvue de sens. On doit plutôt dire : l'homme a droit à sa propre *véracité (veracitas)*, c'est-à-dire à la vérité subjective dans sa personne. Car avoir un droit objectif à la vérité signifierait que la vérité ou la fausseté d'une proposition dépend de la volonté de chacun, comme c'est le cas à propos du mien et du tien ; ce qui aboutirait à une logique pour le moins étrange. [...]

Être véridique dans les propos qu'on ne peut éluder, c'est là le devoir formel de l'homme envers chaque homme, quelle que soit la gravité du préjudice qui peut en résulter pour soi-même ou pour autrui. Et même si, en falsifiant mon propos, je ne cause pas de tort à celui qui m'y contraint injustement, il reste qu'une telle falsification, qu'on peut nommer également pour cette raison un mensonge (même si ce n'est pas au sens des

1. Benjamin Constant, philosophe français (1767-1830).

juristes), constitue, au regard de l'élément le plus essentiel du devoir *en général*, un tort : car je fais en sorte, autant qu'il est en mon pouvoir, que des propos (des déclarations) en général ne trouvent aucun crédit et, par suite, que tous les droits fondés sur des contrats deviennent caducs et perdent toute leur force ; ce qui est un tort causé à l'humanité en général.

Repères Voir **En théorie / En pratique, En fait / En droit, Idéal / Réel.**

Emmanuel KANT, *D'un prétendu droit de mentir par humanité* (1797), trad. Fr. Proust, Flammarion, coll. « GF », 1994, p. 97-99.

Questions

1. Quel est l'argument de Benjamin Constant pour établir que la vérité n'est pas toujours un devoir ? En quoi le texte de la page 358 illustre-t-il cette position ?
2. Quelle différence Kant fait-il entre vérité et véracité ?
3. Quel argument Kant oppose-t-il à Constant ? Pourquoi écrit-il que le mensonge est une injustice commise à l'égard non d'un autre homme mais de l'humanité en général ?

texte 11

Nietzsche.
La volonté de vérité en question

Jusqu'où faut-il aimer la vérité ? « On se fait une idole de la vérité même[1] », disait Pascal. C'est cette idolâtrie de la vérité – la vérité à tout prix – que Nietzsche entreprend ici de suspecter.

La discipline de l'esprit scientifique ne commencerait-elle pas par le fait de ne plus s'autoriser de convictions ?... C'est vraisemblablement le cas : il reste seulement à se demander s'il ne faut pas, *pour que cette discipline puisse commencer*, qu'existe déjà une conviction, et une conviction si impérative et inconditionnée qu'elle sacrifie à son profit toutes les autres convictions ? On voit que la science aussi repose sur une croyance, qu'il n'y a absolument pas de science « sans présupposés ». Il ne faut pas seulement avoir déjà au préalable répondu oui à la question de savoir si la *vérité* est nécessaire, mais encore y avoir répondu oui à un degré tel que s'y exprime le principe, la croyance, la conviction qu'« il n'y a *rien* de *plus* nécessaire que la vérité, et que par rapport à elle, tout le reste n'a qu'une valeur de second ordre ». – Cette volonté inconditionnée de vérité : qu'est-elle ? Est-ce la volonté de *ne pas être trompé* ? Est-ce la volonté de *ne pas tromper* ? La volonté de vérité pourrait en effet s'interpréter aussi de cette dernière manière : à supposer que, sous la généralisation « je ne veux pas tromper », on comprenne également le cas particulier « je ne veux pas *me* tromper ». Mais pourquoi ne pas tromper ? Pourquoi ne pas être trompé ? [...] Qu'on prenne en effet la peine de se demander de manière radicale : « pourquoi ne veux-tu pas tromper ? », notamment s'il devait y avoir apparence – et il y a apparence ! – que la vie vise à l'apparence, je veux dire à l'erreur, la tromperie, la dissimulation, l'aveuglement, l'aveuglement de soi [...]. Il se pourrait qu'un tel projet soit [...] un principe de destruction hostile à la vie... « Volonté de vérité » – cela pourrait être une secrète volonté de mort.

Friedrich NIETZSCHE, *Le Gai Savoir* (1882-1887), § 344, trad. P. Wolting, Flammarion, coll. « GF », 2000, p. 285-287.

1. *Pensées*, éd. Brunschvicg 582, éd. Lafuma 926.

Repères Voir **Croire / Savoir.**

Pour se préparer au baccalauréat
Dissertations : p. 548, 552, 556, 558, 562.
Explications de texte : p. 543, 553, 557, 561.

dossier documentaire

Science et société

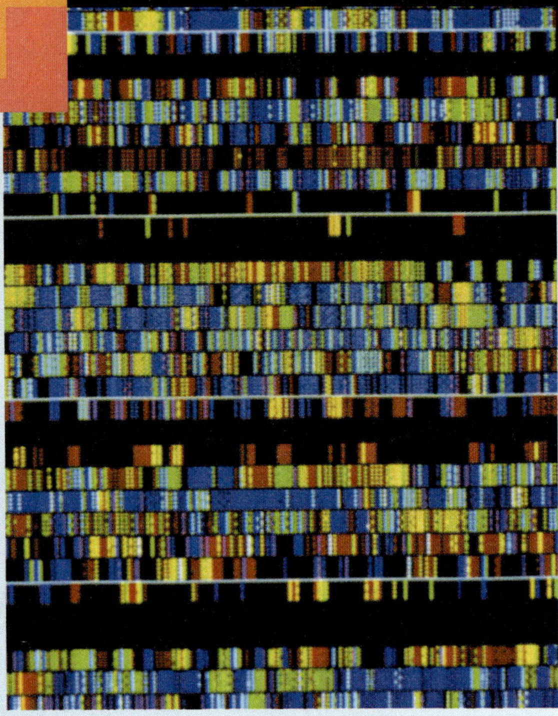

La science moderne est née au XVIIe siècle, lorsque la physique est devenue mathématique. Un monde mathématisable est aussi un monde maîtrisable. La science passe alors pour devenir l'instrument d'un progrès général de la civilisation. Ce thème culmine au XIXe siècle, gagné par le scientisme, cette croyance qui fait de la science la clé non seulement des progrès matériels de la société, mais aussi des progrès spirituels et moraux de l'humanité.

Le XXe siècle fut celui du désenchantement. Désormais, la science inquiète. Le nucléaire ou les manipulations génétiques sont les exemples les plus marquants de cette inquiétude nouvelle. À l'exaltation du progrès scientifique propre au XIXe siècle a fait place la suspicion ; à la figure de Prométhée, Titan dérobant le feu aux dieux pour le donner aux hommes, symbole et promesse d'un pouvoir indéfini sur la nature, succède celle du docteur Frankenstein, savant exalté fabricateur d'un homme artificiel et monstrueux qui échappe au contrôle de son créateur. La maîtrise de la nature, si elle est sans bornes, ne risque-t-elle pas de se retourner contre l'homme ? Dans le même temps, le travail scientifique perd de son prestige. L'image idéalisée du savant, intègre travailleur de la preuve, est remise en question. Des travaux récents de philosophie, d'histoire et de sociologie des sciences, conduisent à contester l'idée positiviste d'une objectivité scientifique pure. La science apparaît alors comme une activité sociale comparable aux autres, soumise à des impératifs de productivité et de rentabilité, avec ses luttes pour le pouvoir, ses intérêts corporatistes...

Mais s'il est bon de dénoncer le mythe scientiste, il faut également, à l'inverse, se méfier d'un discours hostile au progrès. Il est tout aussi erroné de croire la science mauvaise en elle-même qu'il était naïf de la croire intrinsèquement bonne. Simplement, aucun citoyen n'est dispensé d'une réflexion éthique et politique sur le sens des travaux scientifiques.

Séquence d'ADN humain, Sanger Centre, Cambridge, Grande-Bretagne.

document 1.

La révolution scientifique moderne : une mathématisation du réel

Contre l'idée généralement reçue selon laquelle la science moderne est née de la construction des théories à partir de la seule observation des faits, le philosophe et historien des sciences Alexandre Koyré montre qu'elle naît, avec Galilée, d'une rationalisation mathématique du monde.

••• On le voit : la manière dont Galilée conçoit une méthode scientifique correcte implique une prédominance de la raison sur la simple expérience, la substitution de modèles idéaux (mathématiques) à une réalité empiriquement connue, la primauté de la théorie sur les faits. C'est seulement ainsi [...] qu'une véritable méthode *expérimentale* a pu être élaborée ; une méthode dans laquelle la théorie mathématique détermine la structure même de la recherche expérimentale, ou, pour reprendre les termes de Galilée, une méthode qui utilise le langage mathématique (géométrique) pour formuler ses questions à la nature et pour interpréter les réponses de celle-ci[1] ; qui, substituant l'Univers rationnel de la précision au monde de l'à-peu-près connu empiriquement, adopte la mensuration comme principe expérimental fondamental et le plus important. C'est cette méthode qui, fondée sur la mathématisation de la nature, a été conçue et développée – sinon par Galilée lui-même, [...] du moins par ses disciples et ses successeurs.

Alexandre Koyré, *Études d'histoire de la pensée scientifique* (1966), Gallimard, 1973, p. 83.

1. Voir, dans « Théorie et expérience », le texte 8 de Kant, p. 282.

Astronomes de l'observatoire de Galata, fondé en 1557 par le sultan Soliman, école turque, XVIe siècle, miniature, bibliothèque de l'Université, Istanbul.

document **2.**

La science, promesse de maîtrise du monde

Une nature « mathématisée » devient un pur objet promis à la fois à une connaissance parfaitement intelligible et à une maîtrise intégrale. Les progrès de la connaissance scientifique entraînent une domination croissante de l'homme sur la nature.

Mais, sitôt que j'ai eu acquis quelques notions générales touchant la physique, et que, commençant à les éprouver en diverses difficultés particulières, j'ai remarqué jusques où elles peuvent conduire, et combien elles diffèrent des principes dont on s'est servi jusqu'à présent, j'ai cru que je ne pouvais les tenir cachées, sans pécher grandement contre la loi qui nous oblige à procurer, autant qu'il est en nous, le bien général de tous les hommes. Car elles m'ont fait voir qu'il est possible de parvenir à des connaissances qui soient fort utiles à la vie, et qu'au lieu de cette philosophie spéculative[1], qu'on enseigne dans les écoles, on en peut trouver une pratique, par laquelle connaissant la force et les actions du feu, de l'eau, de l'air, des astres, des cieux et de tous les autres corps qui nous environnent, aussi distinctement que nous connaissons les divers métiers de nos artisans, nous les pourrions employer de la même façon à tous les usages auxquels ils sont propres, et ainsi nous rendre comme maîtres et possesseurs de la nature.

René DESCARTES, *Discours de la méthode* (1637), VIe partie, Hatier, coll. « Les classiques de la philosophie », 1999, p. 65-66.

1. C'est-à-dire une philosophie préoccupée seulement de connaître pour connaître, sans souci d'agir

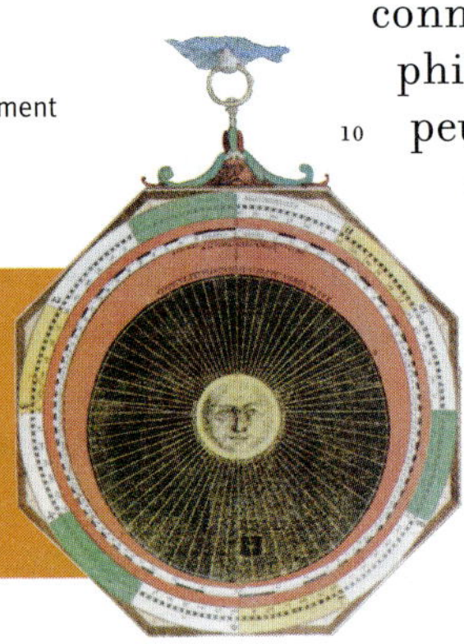

Volvelle servant à déterminer la position de Saturne dans le Zodiaque, 1540, gravure, bibliothèque de l'Observatoire, Paris.

document **3.**

La science, moteur du progrès humain et social

La profession de foi optimiste dans les pouvoirs de la science a profondément marqué la conscience moderne pour culminer, au XIXe siècle, par un hymne au progrès aux accents parfois... religieux. Le texte qui suit, de Marcellin Berthelot[1], est un bon exemple de l'état des croyances scientistes à la fin du XIXe siècle

Ce qui distingue le XIXe siècle, Messieurs, et ce qui le caractérise déjà devant l'histoire, c'est qu'il a inauguré l'influence prépondérante de la science sur la direction des choses humaines, abandonnées jusque-là au hasard des instincts des peuples et des caprices de leurs prétendus pasteurs[2]. […] Quelles que soient les critiques que l'on est encore en droit d'adresser aux organisations actuelles des nations civilisées, il est certain que c'est à la science et à la liberté que sont dues les transformations qui ont tant diminué et qui continuent à amoindrir incessamment le mal physique et le mal moral parmi les hommes, les souffrances sociales et les servitudes traditionnelles.

Marcellin BERTHELOT, « La direction des sociétés humaines par la science », discours prononcé le 16 mai 1897, publié dans *Science et Éducation*, Société française d'imprimerie et d'édition, p. 2.

1. Chimiste français (1827-1907). Représentant typique du scientisme, il fut lui-même l'objet, à la fin de sa vie, d'un véritable culte de la part des pouvoirs publics.
2. Il faut comprendre : les prêtres. Dans ce texte, Berthelot fait succéder à un âge où l'humanité est guidée par la religion, un âge où elle est guidée par la science (voir, dans « L'histoire », le texte 9 de Comte, p. 247).

document 4.

Science et démocratie : l'alliance rompue

Le scientisme associait développement de la science et développement de la liberté et de la démocratie (voir le texte précédent). Or cette association ne va pas de soi. Pour le physicien contemporain Jean-Marc Lévy-Leblond, la démocratisation de la vie scientifique reste encore à construire.

••• Le grand projet des Lumières, ce beau rêve dont nous commençons à peine à nous éveiller, nous laissait croire à une alliance naturelle et constitutive entre science et démocratie. Sur les façades de nos monuments, derrière les trois mots de notre généreuse devise, *Liberté – Égalité – Fraternité*, nous en lisions un autre en filigrane : *Vérité*, qui, d'emblée, garantissait les fondements de ces valeurs, et, bientôt, un autre, *Efficacité*, qui nous assurait de les pouvoir réaliser. [...]

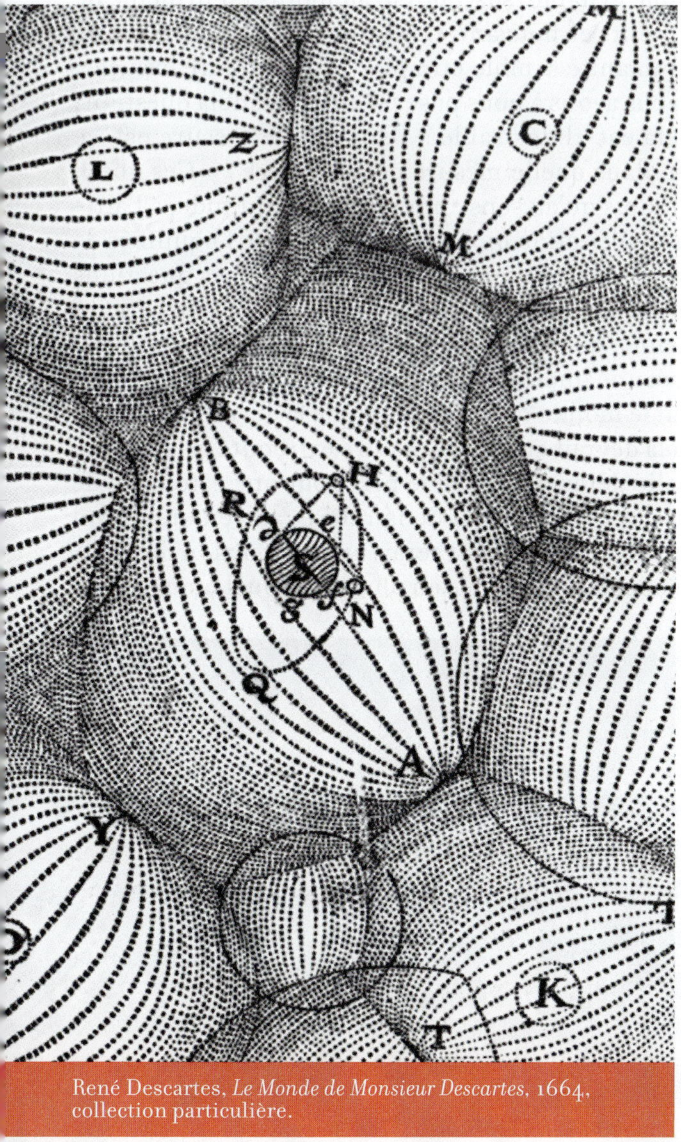

René Descartes, *Le Monde de Monsieur Descartes*, 1664, collection particulière.

Le comble du paradoxe est atteint dès lors que cette prétendue essence démocratique de la science la protège contre la soumission aux règles démocratiques générales. Une preuve, parmi tant d'autres, en est fournie par l'hégémonie à peu près totale dont jouissent les médecins et les biologistes au sein des divers comités d'éthique biomédicale, à commencer par le Comité national d'éthique où quelques politiques, philosophes ou « représentants des grands courants de pensée » ne font guère le poids par rapport aux spécialistes. Les procès des dirigeants du Centre national de la transfusion sanguine et l'ensemble du débat juridique autour de l'affaire du sang contaminé ont également illustré [...] le découplage dont jouissait cette institution par rapport à la sphère politique : les ministres « n'étaient pas au courant », « faisaient confiance aux experts », etc. Un tel statut d'extraterritorialité démocratique est sans exemple : même l'armée, de nos jours, est assujettie à un contrôle politique autrement plus serré.

Jean-Marc Lévy-Leblond, *La Pierre de touche. La science à l'épreuve*, Gallimard, coll. « Folio », 1996, p. 38-39 et 43.

document 5.

La science inquiétante

Apportant au scientisme du XIXe siècle un cruel démenti, le XXe siècle a connu des catastrophes humaines inouïes. Les progrès mêmes de la science ne sont plus promesses d'un monde meilleur. Avec la maîtrise de la nature, et surtout de la nature vivante, l'homme contemporain croit pouvoir échapper à la finitude de la condition humaine sans envisager les conséquences futures de recherches dont il est légitime de se demander si les résultats sont désirables. C'est à cette interrogation éthique et critique que convie ici le philosophe allemand Hans Jonas.

••• Aujourd'hui en revanche, certains progrès de la biologie cellulaire nous font miroiter la perspective pratique de pouvoir contrecarrer les processus biochimiques du vieillissement et de prolonger la durée de la vie humaine, peut-être même de l'étendre pour une durée indéterminée. La mort n'apparaît plus comme une nécessité faisant partie de la nature du vivant, mais comme un défaut organique évitable, susceptible au moins en principe de faire l'objet d'un traitement, et pouvant être longuement différé. Une nostalgie éternelle de l'humanité semble être plus proche d'être exaucée. Et pour la première fois nous avons à nous poser sérieusement la question : « Dans quelle mesure cela est-il désirable ? Dans quelle mesure est-ce désirable pour l'individu, dans quelle mesure pour l'espèce ? » Ces questions touchent à rien de moins qu'au sens entier de notre finitude, à l'attitude face à la mort, et à la signification biologique générale de l'équilibre de la mort et de la procréation. Mais antérieurement même à ces questions ultimes se posent les questions plus pratiques de savoir qui doit bénéficier de la bénédiction apparente : des personnes particulièrement valables et méritoires, ayant un rôle et une importance socials éminents ? Ceux qui ont les moyens de payer ? Tout le monde ? Il semblerait que la dernière réponse soit la seule juste. Mais cela devrait être payé à l'autre extrémité, à la source. Car il est clair qu'à l'échelle démographique le prix pour une extension de l'âge est un ralentissement proportionnel de la relève, autrement dit un apport moindre de vie nouvelle. Le résultat serait une proportion décroissante de jeunes dans une population de plus en plus âgée. Quel bien ou quel

Le Génome, exposition du Musée d'histoire naturelle de New York, 2001.

mal cela représenterait-il pour l'état général de l'homme ? L'espèce y gagnerait-elle ou y perdrait-elle ? Et dans quelle mesure aurait-on *droit* ou tort de barrer la place des jeunes en occupant les postes ? [...]

Allons jusqu'au bout : en éliminant la mort, nous devons également éliminer la procréation car cette dernière est la réponse de la vie à la première et ainsi nous aurions un monde composé de vieux mais sans jeunes et un monde d'individus déjà connus, sans la surprise de ceux qui n'ont encore jamais existé.

Hans JONAS, *Le Principe responsabilité* (1979), trad. J. Greisch, Flammarion, coll. « Champs », 1998, p. 52-53.

document 6.

La sociologie désacralise la science et les savants

Les auteurs de ce texte proposent d'étudier l'activité d'un laboratoire scientifique comme un ethnologue étudie une tribu indigène. Il s'agit de comprendre la science comme une activité sociale, et de ne pas se contenter de reproduire ce que les scientifiques disent d'elle et de leur travail. Cette véritable ethnologie des sciences nous entraîne alors bien loin de la mythologie scientiste qui entoure si souvent le travail scientifique (et dont témoigne l'usage du mot « savant[1] »), loin aussi d'une attitude purement respectueuse devant l'« expert », seul habilité à parler de ce qu'il fait.

Qui parle des sciences en les connaissant en détail et de première main ? Les savants eux-mêmes. Les professeurs, les journalistes, le grand public, parlent aussi des sciences, mais de loin ou par le truchement incontournable des savants. « Pour parler des sciences, il faut être spécialiste », dit-on afin de bloquer par avance toute enquête directe sur le terrain. Cet état de choses choquerait énormément en politique ou en économie. Imagine-t-on un politologue disant : « Seuls les hommes politiques sont habilités à parler de politique », ou un économiste : « C'est aux chefs d'entreprise et à eux seuls de dire ce qu'ils veulent et ce qu'ils sont », ou un journaliste : « Je suis la courroie de transmission des hommes politiques expliquant au public ce qu'il faut penser » ? La déontologie du chercheur ou du journaliste exige qu'il ait enquêté à peu près librement, qu'il ait douté de ses informateurs, et qu'il se soit familiarisé en toute indépendance avec les choses dont ils parlent. Dès qu'on arrive aux sciences, pourtant, la déontologie s'inverse, les règles morales deviennent folles comme la boussole près du pôle magnétique. Le journaliste scientifique s'enorgueillit de dérouler le tapis rouge de la vulgarisation sous les pas du savant, le sociologue devient muet de respect, l'économiste se tait humblement et se contente de parler de gros sous. [...] Les savants font eux-mêmes leurs sciences, leurs discours sur la science, leur éthique de la science, leurs politiques de la science, et, quand ils sont de gauche, leurs critiques ou leurs autocritiques de la science. Les autres écoutent. L'idéal à la fois politique et épistémologique[2], c'est qu'il n'y ait pas un mot du métalangage[3] des sciences qui ne soit emprunté aux savants eux-mêmes.

1. Le mot est volontairement réactualisé par les auteurs, alors qu'il n'est plus guère usité – on parle beaucoup plus aujourd'hui des « scientifiques », des « chercheurs ».
2. Relatif à la philosophie des sciences.
3. Un *métalangage* est un langage sur le langage. Ce que veut dire l'auteur ici, c'est qu'il faudrait rendre compte de l'activité scientifique en utilisant un autre langage que le langage des scientifiques.

Notre enquête a pour but d'ouvrir une voie différente : s'approcher des sciences, *contourner* le discours des savants, devenir *familier* de la production des faits, puis s'en retourner chez soi et rendre compte de ce que font les chercheurs dans un métalangage *qui ne doive rien* au langage qu'il s'agit d'analyser. Bref, il s'agit de faire ce que font tous les ethnographes et d'appliquer aux sciences la déontologie habituelle aux sciences humaines : se rendre familier d'un terrain tout en demeurant indépendant et à distance.

Bruno LATOUR et Steve WOOLGAR, *La Vie de laboratoire. La production des faits scientifiques* (1979), trad. M. Biezunski, La Découverte, 1988, p. 22-23.

document 7.

La peur du progrès scientifique est irrationnelle

La critique du progrès scientifique comprend sa part d'irrationalité. La mise en avant du principe de précaution en est un bon exemple : ce qui fait peur, ici, ce ne sont pas les risques avérés d'une science ou d'une technologie nouvelles, mais précisément l'ignorance où nous sommes de ces risques. Le philosophe Michel Onfray dénonce, dans ce texte, cette éthique de la peur qui a pour effet de retarder tout ce que la science peut apporter au bien-être de l'homme.

Comme dans toutes les périodes de changement, voire de bouleversements majeurs, les angoisses guident le monde et imbibent les commentaires. Elles saturent les avis, les jugements et renvoient plus à l'épidermique qu'au rationnel. Les peurs dues au transgénisme ressemblent à s'y méprendre à celles qui accompagnent la naissance de l'électricité ou du chemin de fer, voire de l'énergie nucléaire – qui, rappelons-le, n'a jamais causé aucun mort : Hiroshima et Nagasaki, puis Tchernobyl procèdent du délire militaire américain, puis de l'impéritie[1] industrielle et bureaucratique soviétique, en aucun cas du nucléaire civil en tant que tel. Le délire généré par les potentialités transgéniques rappelle les grandes peurs consubstantielles aux changements de civilisation. En aucun cas ces réactions névrotiques à notre âge d'angoisse ne remettent en cause intrinsèquement la puissance de la technique et le génie prométhéen du moment.

La médecine transgénique – laissons de côté l'agriculture pour laquelle je défendrais les mêmes thèses… – n'est en soi, en tant que telle, par elle-même, coupable ni responsable de rien. Elle appelle un ensemble de techniques et suppose le travail à partir d'un principe : la possibilité de modifier humainement le codage des gènes afin d'induire la transmission d'un message destiné à produire des effets dans un complexe cellulaire, une fonction biologique ou un organisme. Ni bonne ni mauvaise, elle obéit au régime de la technique en temps normal : ses fins, et rien d'autre, décident du jugement moral possible, condamnation ou éloge. Le pragmatisme seul peut remplacer efficacement l'idéalisme transcendantal qui détermine la pensée dans les mentalités communes.

Intervenir sur le génome humain pour envisager la prévention d'une maladie

1. L'incompétence.

ou son traitement ne peut déclencher l'opprobre[2] ! Certes les obscurantistes partent du principe – sophiste à souhait ! – qu'on peut ne pas constater effectivement les dégâts aujourd'hui, mais qu'au nom de demain qui sûrement révélera le pire, on doit s'interdire tout progrès sur l'instant. Que l'invisibilité vaut preuve de nocivité. Que l'immatériel pèse plus que le contestable. Que la peur gouverne mieux que la raison. De manière irrationnelle, ils nient la mesure, le comptage, la preuve, le fait, le chiffre, le nombre comme occasions de valider ou non une thèse. Le principe de précaution pose le pire comme certain et contraint à réfléchir en regard d'un postulat gratuit présenté comme une vérité démontrée.

2. La condamnation.

Michel Onfray, *Féeries anatomiques. Généalogie du corps faustien*, Grasset, 2003, p. 162-164.

Pour aller plus loin

David Bloor, *Sociologie de la logique*, Pandore, 1982.

Raymond Boudon et **Maurice Clavelin**, *Le relativisme est-il résistible ? Regards sur la sociologie des sciences*, PUF, 1994.

Claude Chrétien, *La Science à l'œuvre*, Hatier, 1991.

Paul Feyerabend, *Contre la méthode*, Éd. du Seuil, 1979.

Hans Jonas, *Le Principe responsabilité*, Flammarion, coll. « Champs », 1998.

Alexandre Koyré, *Études galiléennes*, Hermann, 1980.

Thomas Kuhn, *La Structure des révolutions scientifiques*, Flammarion, coll. « Champs », 1983.

Bruno Latour, *Petites leçons de sociologie des sciences*, Éd. du Seuil, coll. « Points Sciences », 1996.

Jean-Marc Lévy-Leblond, *La Pierre de touche. La science à l'épreuve*, Gallimard, coll. « Folio », 1996.

Lucien Sève, *Pour une critique de la raison bioéthique*, Odile Jacob, 1994.

partie 4

La politique

Jean-Pierre Attal (né en 1963), *Labyrinthe*, détail, 2002.

La politique

- La société
- La justice et le droit
- L'État

La vie en société impose des règles communes.

La question se pose alors toujours de distinguer, parmi ces règles, celles qui sont à la fois nécessaires et justes et celles qui sont inacceptables. Le regroupement d'un plus ou moins grand nombre d'individus ne suffit pas, en effet, à constituer une société. À cet égard, l'idée de « société animale » est très discutable : non qu'il faille mettre en question l'existence d'animaux grégaires (qui vivent en groupes). Ce qui n'est pas recevable, c'est l'idée que les sociétés animales soient des sociétés politiques ; on ne peut non plus suivre la sociobiologie qui, prenant modèle sur les sociétés animales, prétend réduire le politique au biologique. Le mot « société » ne prend tout son sens qu'à partir du moment où un tel regroupement n'est pas seulement dû à l'instinct, au hasard, à l'assujettissement par la force, à une quelconque nécessité, mais où l'on peut parler à son propos d'**association**. Une société existe, en effet, à partir du moment où un groupe plus ou moins élargi se constitue en vue d'un intérêt commun et se soumet, à cette fin, avec plus ou moins de bonne volonté, à un certain nombre de conventions partagées. C'est pourquoi les philosophes du droit naturel ont souvent, à ce propos, utilisé le modèle théorique du **contrat** pour rendre compte de l'origine de la logique sociale. Ce modèle rencontre cependant des limites, dans la mesure où la passation d'un contrat devrait en toute rigueur être volontaire et personnelle (chacun peut librement accepter ou refuser d'y souscrire), tandis qu'aucun d'entre nous ne peut se soustraire à la logique sociale dans laquelle il s'est d'emblée trouvé inscrit – même si cela ne signifie pas que nous n'avons pas le pouvoir de chercher à faire évoluer cette logique sociale.

Qu'il s'agisse de travailler en commun, de pratiquer, dans un domaine ou un autre, un certain nombre d'échanges, de partager telle ou telle dimension de l'existence (les loisirs par exemple), on peut affirmer qu'il n'y a pas de véritable société sans une forme ou une autre de **réciprocité** – au moins revendiquée, sinon établie de fait.

La forme que l'on pense devoir donner à cette réciprocité est déterminée par une conception de la **justice**. Cette référence à la justice n'est cependant pas univoque. Elle renvoie à des **normes fondamentales** censées régir les relations entre les individus ou entre les groupes. C'est du reste en fonction de ces normes qu'on décidera si ces relations sont justes ou non – et on devine que l'un des enjeux de la réflexion philosophique sur la justice sera de mettre en évidence ces normes et de s'interroger sur leurs fondements. Mais le mot « justice » désigne également la **légalité**, c'est-à-dire la stricte conformité aux lois définies par le **droit**. La réflexion philosophique interroge alors non seulement les mécanismes qui produisent du droit et donnent naissance à des lois, mais également la conformité d'un système juridique aux normes fondamentales de justice précédemment évoquées.

Ces deux acceptions de la notion de justice peuvent se rencontrer en un troisième sens du mot : la justice est aussi une **institution** chargée d'assurer le respect des lois au sein d'une société. Celles-ci ne s'appliquent pas mécaniquement, mais exigent, par souci d'**équité**, un **jugement** en fonction des circonstances.

Enfin, la vie sociale impose des institutions politiques régulatrices, qui constituent le système de l'**État**, dont la fonction est de fixer les règles générales susceptibles de gérer les intérêts conflictuels qui traversent la société civile, de mettre en œuvre les moyens du respect de ces règles, de définir les grandes orientations générales de la vie en commun.

Ces différents niveaux de la vie sociale ne sont évidemment pas indépendants les uns des autres : qu'il s'agisse des échanges sociaux, des règles de droit ou des principes de l'exercice du pouvoir politique, il est possible d'affirmer que ce qui les anime, au moins depuis l'époque moderne et avec plus ou moins de réussite, c'est l'exigence commune de justice et d'équité.

La société

Ouverture

Declerck. Ambiguïtés de la notion d'exclusion 388

Présentation

390

Textes

394

1 Les échanges sont l'état de société même

1 **Lévi-Strauss.** L'échange est le lien social fondamental 394
2 **Lévi-Strauss.** L'interdit de l'inceste institue le lien social 395
3 **Mauss.** Dons et contre-dons 395

2 La sociabilité est-elle naturelle ?

4 **Platon.** Une genèse de la société 396
5 **Rousseau.** La sociabilité de l'homme est un effet de la société 397
6 **Schopenhauer.** L'insociable sociabilité 398

3 Les contradictions de la société dépassées dans l'État ?

7 **Clastres.** La société primitive contre l'apparition de l'État 399
8 **Locke.** L'état de nature : un premier état social habité par des contradictions 400
9 **Hegel.** La société civile et la spirale des besoins antagonistes 401

Alain Buu, *Inauguration des Galeries Lafayette de Berlin*, 1996.

ouverture **Patrick Declerck**

Ambiguïtés de la notion d'exclusion

Peut-on être extérieur à la société à laquelle pourtant on appartient ? Que signifie ce terme « exclusion » si employé et si banalisé aujourd'hui, son sens est-il si clair qu'il nous dispense d'y réfléchir ? Patrick Declerck[1] nous fait prendre conscience de la complexité des situations auxquelles il renvoie.

Qu'il s'agisse du chômage, de la toxicomanie, de l'homosexualité, de la délinquance ou de la clochardisation, à tort ou à raison, les représentations qui s'y rattachent n'échappent pas aux enjeux de la faute et de la culpabilité, ne serait-ce que sous leurs formes négatives et défensives. Que les sujets acceptent, nient, refoulent ou rationalisent ces enjeux, le fait est qu'il leur est impossible d'échapper à l'obligation de se définir d'une manière ou d'une autre, par rapport à eux. Ainsi les médias véhiculent, *ad nauseam*[2], le discours des uns et des autres : chômeurs qui se défendent d'être fainéants, toxicomanes qui ne sont que des malades (et non, en sus, éventuellement délinquants et pervers), homosexuels qui sont « comme tout le monde », délinquants qui ne sont que les victimes de la société, clochards qui n'en peuvent mais[3]... [...]

Concept sociologiquement douteux que l'exclusion, car enfin qu'est-ce que la marge ou l'envers de la société, sinon encore la société ? L'exclusion, en désignant à la fois l'état et la cause, assigne du même coup aux personnes dites « exclues » un statut passif de victimes innocentes qui s'accompagne nécessairement d'une négation de la transgression et d'une absolution[4] de la culpabilité.

Ainsi le terme d'exclusion, par son seul emploi discursif[5], organise les représentations en réalisant une opération à dimensions multiples :

1. Il crée, en la nommant, une identité sociale générale et englobante qui regroupe des catégories de personnes très différentes entre elles. Les exclus peuvent être, indifféremment, pauvres, émigrés, chômeurs, toxicomanes, personnes âgées, homosexuels, délinquants, clochards, malades mentaux, handicapés physiques...
2. Il assigne une cause (ou un type de cause) univoque à l'ensemble de ces situations pourtant diverses. Il est intéressant de remarquer que les tentatives de définir, précisément, les modes opératoires, les mécanismes de cet ordre causal sont rares. Comment l'exclusion agit-elle pour se produire elle-même ? Généralement nous ne le savons pas et la forme même de la question laisse apparaître la gênante circularité logique qui la sous-tend :

1. Patrick Declerck est philosophe, anthropologue et psychanalyste. Il a passé quinze ans (de 1982 à 1997) à s'intéresser aux clochards de Paris. Il a créé en 1986, avec l'aide de l'association Médecins du monde, la première consultation d'écoute consacrée spécifiquement à cette population. Son livre *Les Naufragés* comprend deux parties. La première – « Routes » – tente de raconter un monde, celui des clochards. La seconde – « Cartes » – s'essaie à le penser à l'aide des concepts de l'ethnologie, de la psychiatrie et de la psychanalyse.
2. Jusqu'à la nausée.
3. Qui n'y peuvent rien.
4. Effacement et rémission de la faute.
5. Dans le discours.

l'exclusion sociale, étant à la fois cause, effet et mécanisme de production d'elle-même, porte en elle une triple tautologie[6] structurelle. Elle ne renvoie qu'à elle-même. Elle est *causa sui*[7]. [...]

3. Il véhicule le déni[8] de toute transgression liée à ces états divers, puisque des sujets « exclus » – par définition – ne sauraient l'être volontairement.

4. En cela, il assigne aux personnes concernées un statut passif de victimes innocentes.

5. Par là même, la culpabilité est idéologiquement niée. Les victimes en sont, par définition, théoriquement absoutes.

6. Cela contribue à rendre l'ambivalence du vécu plus refoulée encore. De même, se trouvent niés les bénéfices secondaires[9] ou/et aménagements de ces états douloureux, qui en deviennent du même coup impensables. [...]

7. Si la souffrance est alors envisagée comme étant intimement liée à la mise à l'écart de la société, le bonheur, lui, se trouve du même coup implicitement lié à l'inclusion et au fonctionnement social normal. Le discours de l'exclusion véhicule ainsi implicitement une théorie normalisante de la félicité sociale, qui légitimise insidieusement l'ordre établi.

8. Les enjeux de la faute et de la culpabilité sont transférés (et par là même dissous) sur la société en général, c'est-à-dire sur vous et moi, sur tout le monde et personne. La culpabilité, coupée de ses origines, devient ainsi flottante. [...]

L'échec de cette tentative de banalisation et de déculpabilisation de la déviance est signifié entre autres par les difficultés engendrées par le statut de « victimes ». Cette identité de victime, si elle absout de toute faute, porte avec elle la question de la passivité, de la faiblesse et de l'humiliation. Et c'est alors toute la problématique de la « dignité » qui, insidieusement, se substitue à celle de la culpabilité. Car si, à nos yeux comme aux leurs, les exclus ne sont plus coupables de rien, ils se trouvent, en revanche, marqués du sceau de l'indignité potentielle et latente. Indignité dont tout le monde alors se met à parler, tout en affirmant haut et fort qu'elle ne vient surtout pas à l'esprit. Dénis encore, dénis toujours...

Patrick Declerck, *Les Naufragés*,
Plon, coll. « Terre humaine poche »,
2001, p. 290-293.

6. Du grec *tautos*, « le même », et *logos*, « dicours ». Au sens logique, une tautologie est une proposition complexe qui est toujours formellement vraie, quelles que soient les valeurs de vérité des propositions simples. Sa vérité formelle est indépendante de tout contenu empirique, et en ce sens, elle est circulaire. Voir, dans les Repères, « Formel / Matériel ».

7. En latin, « cause de soi ».

8. Mode de défense consistant en un refus par le sujet de reconnaître la réalité d'une perception traumatisante.

9. Ce terme est emprunté au vocabulaire de la psychanalyse ; il désigne le fait que la maladie n'est pas seulement un mal et un état négatifs, car, *secondairement*, le malade se sert de sa maladie et en tire un profit.

Olivier Coulange (né en 1962), série *Les Exclus*, 1991-1992, Paris.

Présentation

I | Les échanges sont l'état de société même

Textes 1 à 3
Lévi-Strauss, Mauss, p. 394-396.

L'anthropologue Claude Lévi-Strauss affirme que toute société repose sur des échanges dont les enjeux sont à chaque fois multiples : on n'échange pas que des choses ni seulement des services. Les **échanges** ne sont pas rendus nécessaires par l'état de société, ils **sont l'état de société** lui-même. L'économie, la parenté, le langage forment ainsi trois niveaux de **communication** et d'échange : ils constituent trois systèmes analogues.

L'interdit de l'inceste institue le lien social

L'**interdit de l'inceste**, c'est-à-dire la prohibition du mariage entre proches parents, est souvent défini négativement, alors qu'en réalité il institue une obligation d'« **échanger les femmes**[1] » entre familles biologiques qui s'allient ainsi les unes aux autres. La société fait apparaître le lien social de l'alliance, c'est-à-dire d'autres liens que ceux, naturels, de la consanguinité et de la filiation. En ce sens, la famille ne saurait exister s'il n'y avait d'abord une société. Car la prohibition de l'inceste n'a pas de fondement naturel. Elle permet le passage de la condition animale à la condition humaine et de la nature à la culture. Elle est, d'une part, un fait universel qui caractérise toutes les sociétés humaines, d'autre part, un fait culturel car objet de règles très variables d'une société à une autre.

Les échanges économiques font la société

Très tôt dans l'histoire de la pensée occidentale, bien avant que n'émerge une science économique proprement dite, une réflexion sur la réalité des échanges économiques apparaît, notamment chez Platon et Aristote. Dans *La République*[2], Platon décrit la genèse de la cité à partir de la multiplication des besoins et du principe de spécialisation des tâches : les hommes sont contraints de s'associer, parce qu'aucun individu ne possède la capacité de se suffire à lui-même. Ce n'est donc pas la concurrence qui prévaut initialement entre les hommes, mais la coopération ou la complémentarité. La société est d'abord une communauté des besoins et c'est ce qui rend à la fois nécessaire et possible[3] l'échange.

1. Les ethnologues décrivent les phénomènes sociaux de façon objective, sans jugement de valeur, raison pour laquelle ils peuvent être amenés à décrire les règles matrimoniales, lorsqu'elles se présentent objectivement sous cette forme, comme un « échange des femmes ». 2. Livre II, 369b. 3. Voir, dans les Repères, « Contingent / Nécessaire / Possible ».

L'échange de dons et de contre-dons : un « fait social total »

L'anthropologue français Marcel Mauss a renouvelé la compréhension des formes et des raisons de l'échange en l'étudiant dans la société archaïque. Dans les sociétés dites primitives, les échanges ne sont jamais purement économiques. Ils apparaissent comme des « faits sociaux totaux[1] » réunissant tous les aspects de la vie collective. De plus, ce ne sont pas les individus qui échangent mais des collectivités, de tribu à tribu. Enfin, l'échange de dons et de contre-dons unit trois obligations : obligation de donner par laquelle un chef affirme son rang et sa fortune, ainsi que celle de son clan aux yeux des autres chefs et des autres clans ; obligation de recevoir, car le refus du don apparaîtrait comme un acte d'hostilité ; obligation de rendre, et surtout de rendre plus que ce que l'on a reçu. Chefs et clans rivalisent ainsi grâce à ces échanges de prestations et de contre-prestations. Comme le remarque Mauss, « c'est le principe de la rivalité et de l'antagonisme qui domine toutes ces pratiques[2] ».

Le don n'est donc pas simplement un échange de biens matériels mais renvoie à de nombreuses dimensions (psychologiques, religieuses, juridiques, politiques) de la vie sociale : c'est en ce sens que Mauss parle de « fait social total[3] ».

Échange, lien social et société entre les nations

Dans le même esprit, on trouvait déjà, chez Montesquieu, la thèse du « **doux commerce**[4] » : la circulation des marchandises entre les nations les oblige à pacifier leurs relations et à modérer leurs passions tout en poursuivant leurs intérêts. À ces effets positifs du commerce et des échanges, Montesquieu oppose cependant les conséquences négatives qui peuvent en résulter dans la mentalité des individus. Quand l'esprit du commerce règne de façon trop exclusive, plus rien ne se fait ni ne se donne que pour de l'argent. Cette mercantilisation, ou réduction des échanges au marché, expose alors l'échange à perdre une partie de sa valeur sociale.

2 | La sociabilité est-elle naturelle ?

La famille, la société et l'État

Textes 4 à 6
Platon, Rousseau, Schopenhauer,
p. 396-399.

La réflexion sur la société a toujours été liée à une analyse des formes de sociétés antérieures à l'État : la famille, le village, voire la tribu. C'est ainsi qu'Aristote[5] distingue ce qui résulte d'un ordre social de ce qui résulte de l'ordre politique proprement dit. Entre le social et le politique, il n'y a cependant aucune contradiction, mais plutôt un progrès naturel dont la cité est la fin, au double sens du mot : le « terme » et la « finalité[6] ».

L'individu est presque toujours pensé comme le produit d'une société qui le précède et dans laquelle il s'insère ; ce n'est pas ce que pense Rousseau, dont la conception de l'état de nature s'éloigne de tous les autres auteurs. Le pur état de nature, qui n'est

1. Marcel Mauss, « Essai sur le don. Forme et raison de l'échange dans les sociétés archaïques » (1923-1924), dans *Sociologie et Anthropologie*, PUF, 1950, p. 274. 2. *Ibid.*, p. 153. 3. *Ibid.*, p. XXIV (Introduction de Cl. Lévi-Strauss). 4. Montesquieu, *De l'esprit des lois* (1748), IVe partie, livre XX, chap. II. 5. Voir « L'État », p. 429. 6. Voir, dans les Repères, « Cause / Fin ».

qu'une hypothèse, est un état où les individus vivent isolés et en autarcie. Chacun se suffit à lui-même et n'éprouve donc nul besoin de ses semblables. La nature elle-même pourvoit à l'ensemble des besoins de l'homme naturel, qui sont aisément satisfaits car fort limités. Rousseau s'accorde sur ce point avec Hobbes[1] : l'homme n'est pas un animal social ; leur différend porte sur ce qu'est l'état de nature : état paisible pour Rousseau, puisque c'est un état sans relations ; état de guerre pour Hobbes, parce que la logique du développement des passions y engendre la violence de chacun contre tous sans que l'on puisse dire que l'homme soit naturellement mauvais[2].

La genèse de la sociabilité

Si l'homme n'est pas naturellement sociable, du moins est-il fait pour le devenir. Il y a une genèse sociale de la sociabilité. Elle dépend de ce que Rousseau appelle la « perfectibilité » humaine et ne se développe que sous la pression des circonstances et de causes extérieures. C'est cette histoire hypothétique de l'humanité que Rousseau retrace dans la IIe partie du *Discours sur l'origine et les fondements de l'inégalité parmi les hommes*[3]. Sous l'effet de bouleversements naturels, les hommes sortent de leur état de nature initial, les modifications du milieu naturel présentant des difficultés qu'il leur faudra apprendre à vaincre. Ainsi se forment peu à peu des « sociétés naissantes » qui constituent ce que Rousseau appelle « l'âge d'or de l'humanité[4] », car les effets positifs de la perfectibilité se font sentir sans que les conséquences négatives apparaissent déjà.

La conception de Platon dans *La République* est d'emblée très différente puisque, à l'opposé du présupposé individualiste de Rousseau, l'individu est incapable de s'auto-suffire. C'est la raison pour laquelle les hommes veulent vivre en société. Mais leur inclination à la vie sociale est contradictoire : s'ils voient tout l'intérêt qu'ils ont à vivre ensemble, ils espèrent secrètement échapper aux obligations mutuelles que cette vie en commun entraîne, d'où ce qualificatif par Kant d'« insociable sociabilité[5] ».

3 | Les contradictions de la société dépassées dans l'État ?

La société primitive repose sur le refus du pouvoir

Textes 7 à 9
Clastres, Locke, Hegel, p. 399-401.

Pourquoi la société n'a-t-elle pas suffi comme mode d'organisation des relations humaines ? Comment expliquer la nécessité d'instituer un **pouvoir séparé** de la société : l'État ?

L'anthropologue Pierre Clastres a consacré ses analyses à des formes de sociétés primitives, particulièrement aux sociétés amérindiennes : ce sont pour lui des « sociétés contre l'État », et non des sociétés sans État. Elles refusent la séparation du pouvoir et de la société, ainsi que l'institution d'une puissance capable de contraindre. D'où ce paradoxe de sociétés où le chef est sans pouvoir de coercition

1. Voir, dans « L'État », le texte 3 de Hobbes, p. 431. 2. Voir, dans « Autrui », le texte 1 de Hobbes, p. 78, et dans « La justice et le droit », p. 409. 3. Voir, dans les Repères, « Origine / Fondement ». 4. Rousseau, *Discours sur l'origine et les fondements de l'inégalité parmi les hommes* (1755), IIe partie. 5. Voir, dans « Autrui », le texte 3 de Kant, p. 80.

sur les autres membres du groupe : le chef agit surtout par sa parole, il est une instance modératrice et doit se montrer généreux de ses biens[1]. Ces sociétés sont donc organisées, sans être organisées politiquement.

Dons oratoires, générosité, polygynie[2] sont attachés à la personne du chef. On constate qu'ils concernent les mêmes éléments que ceux qui définissent la société comme telle et qui sanctionnent le passage de la nature à la culture : l'échange des biens, l'échange des femmes et l'échange de parole.

Ce refus d'une séparation du pouvoir est solidaire d'une économie de subsistance qui repose sur le refus du travail aliéné : ce sont des « sociétés de refus du travail », selon le mot de Jacques Lizot à propos des Indiens Yanomami. Ce sont les premières sociétés du loisir. L'intérêt de ces analyses ethnologiques est de nous confronter à des faits incontestables et à des modes d'existence concrets plutôt qu'à des considérations hypothétiques.

L'État rendu nécessaire par les contradictions de la société…

La société primitive précède l'État et en refuse l'apparition. Chez Locke, la société naturelle précède, elle aussi, l'apparition de l'État mais, cette fois-ci, ce sont les contradictions du développement économique et social de la société, dans l'état de nature, qui donnent naissance à un pouvoir commun, un état civil dont la fonction est de **garantir les droits naturels** de chaque individu. On voit donc que, si Locke est bien un représentant du courant de pensée libéral[3], il n'est pas un pur et simple adepte du « laisser-faire ». Comme tous les théoriciens du pacte social, il attribue des droits fondamentaux aux individus, que l'État ne pourra leur contester mais dont il devra assurer la mise en œuvre[4].

… ou bien la société civile, produit de l'État moderne ?

Aux XVIIe et XVIIIe siècles, le terme « société civile » est un synonyme de l'état civil et désigne le corps politique institué. C'est ainsi que l'emploie Rousseau[5]. Au XIXe siècle, une distinction apparaît entre la société civile et l'État. Ces deux déterminations coexistent à l'époque moderne mais, historiquement, l'apparition du concept de société civile est le produit de l'État. Qu'est-ce que la société civile ? C'est le lieu où se déploient les exigences du libéralisme économique, conformément à la logique de l'intérêt individuel. Hegel est l'un des premiers à intégrer, dans ses analyses de la « société civile bourgeoise », les réflexions d'économistes britanniques comme Adam Smith et David Ricardo[6]. Cette distinction entre la société civile et l'État est fondamentale chez lui, qui veut montrer, à partir des contradictions de la société civile, que l'État seul est à même de dépasser ces contradictions en préservant l'unité du corps social. C'est aussi une façon de souligner l'insuffisance d'une conception purement libérale.

1. Pierre Clastres, *La Société contre l'État*, chap. II, « La philosophie de la chefferie indienne », Éd. de Minuit, 1974, p. 27.
2. Par ce terme, Clastres désigne une forme de mariage polygame, « le mariage plural », qui caractérise presque toujours les chefs ou un nombre restreint de membres de la société. 3. S'entend en deux sens différents. Au sens économique, le *libéralisme* repose sur le « laisser-faire » et la revendication de l'autonomie de la sphère économique ; au sens politique, sur l'idée que l'individu, parce qu'il est homme, est naturellement titulaire de droits. 4. Voir, dans les Repères, « En fait / En droit ». 5. Voir Rousseau, *Du contrat social* (1762), livre III, chap. XV : « Tout ce qui n'est point dans la nature a ses inconvénients, et la société civile plus que tout le reste. » 6. Adam Smith (1723-1790), voir aussi, dans « Le travail et la technique », le texte 7, p. 202. David Riccardo (1772-1823).

La société
Textes

›1 | Les échanges sont l'état de société même

texte  1

Lévi-Strauss. L'échange est le lien social fondamental

Comment penser les échanges dans leur diversité ? Une société est faite d'individus et de groupes communiquant entre eux. Claude Lévi-Strauss distingue d'abord trois niveaux de communication relevant de la culture puis un quatrième type relevant de la biologie et de la nature.

Dans toute société, la communication s'opère au moins à trois niveaux : communication des femmes[1] ; communication des biens et des services ; communication des messages. Par conséquent, l'étude du système de parenté, celle du système économique et celle du système linguistique offrent certaines analogies. Toutes trois relèvent de la même méthode ; elles diffèrent seulement par le niveau stratégique où chacune choisit de se situer au sein d'un univers commun. On pourrait même ajouter que les règles de parenté et de mariage définissent un quatrième type de communication : celui des gènes entre les phénotypes[2]. La culture ne consiste donc pas exclusivement en formes de communication qui lui appartiennent en propre (comme le langage), mais aussi – et peut-être surtout – en *règles* applicables à toutes sortes de « jeux de communication », que ceux-ci se déroulent sur le plan de la nature ou sur celui de la culture.

L'analogie qui vient d'être affirmée entre sociologie de la parenté, science économique et linguistique, laisse subsister une différence entre les trois modes de communication correspondants : ils ne sont pas à la même échelle. [...] Quand on passe du mariage au langage, on va d'une communication à rythme lent à une autre, à rythme très rapide. Différence facilement explicable : dans le mariage, objet et sujet de communication sont presque de même nature (femmes et hommes, respectivement) ; tandis que, dans le langage, celui qui parle ne se confond jamais avec ses mots. Nous sommes donc en présence d'une double opposition *personne* et *symbole* ; *valeur* et *signe*. On comprend mieux, ainsi, la position intermédiaire des échanges économiques par rapport aux deux autres formes : les biens et les services ne sont pas des personnes (comme les femmes) ; mais, à la différence des phonèmes[3], ce sont encore des valeurs. Et pourtant, bien qu'ils ne soient intégralement ni des symboles, ni des signes, on a besoin de symboles et de signes pour les échanger dès que le système économique atteint un certain degré de complexité.

Claude Lévi-Strauss, *Anthropologie structurale*, Plon, 1958 et 1974, Pocket, p. 326-327.

1. Voir la note 4, p. 405.
2. Informations génétiques véhiculées par les gènes.
3. Unités de la chaîne parlée qui servent à produire des distinctions sémantiques. Par exemple, dans les mots « père » et « mère », l'opposition des deux phonèmes *p* et *m* produit deux significations distinctes.

› Repères
Voir **Ressemblance / Analogie**.

texte 2

Lévi-Strauss. L'interdit de l'inceste institue le lien social

Comment nature et culture s'articulent-elles dans la famille ? Si la famille est bien une société, celle-ci est antérieure à la famille, car la règle de la prohibition de l'inceste, dont on n'a pu trouver aucun fondement naturel, s'impose à toutes les sociétés humaines.

Rien ne serait donc plus faux que de réduire la famille à son fondement naturel. Ni l'instinct de procréation, ni l'instinct maternel, ni les liens affectifs entre mari et femme, et entre père et enfants, ni la combinaison de tous ces facteurs ne l'expliquent. Si importants qu'ils soient, ces éléments ne pourraient à eux seuls donner naissance à une famille, et cela pour une raison très simple : dans toutes les sociétés humaines, la création d'une nouvelle famille a pour condition absolue l'existence préalable de deux autres familles, prêtes à fournir qui un homme, qui une femme, du mariage desquels naîtra une troisième famille, et ainsi de suite indéfiniment. En d'autres termes, ce qui différencie l'homme de l'animal, c'est que, dans l'humanité, une famille ne saurait exister s'il n'y avait d'abord une société : pluralité de familles qui reconnaissent l'existence de liens autres que la consanguinité[1], et que le procès[2] naturel de la filiation[3] ne peut suivre son cours qu'intégré au procès social de l'alliance.

Comment les hommes en sont-ils venus à reconnaître cette dépendance sociale de l'ordre naturel, nous l'ignorerons probablement toujours. Rien ne permet de supposer que l'humanité, quand elle émergea de la condition animale, n'était pas dotée au départ d'une forme d'organisation sociale qui, dans ses lignes fondamentales, ne différait guère de celles qu'elle a connues plus tard. En vérité, on aurait du mal à concevoir ce que put être une organisation sociale élémentaire sans lui donner pour assise la prohibition de l'inceste. Car celle-ci opère seule une refonte des conditions biologiques de l'accouplement et de la procréation. Elle ne permet aux familles de se perpétuer qu'enserrées dans un réseau artificiel d'interdits et d'obligations. C'est là seulement qu'on peut situer le passage de la nature à la culture, de la condition animale à la condition humaine, et c'est par là seulement qu'on peut saisir leur articulation.

Claude Lévi-Strauss, *Le Regard éloigné*, Plon, 1983, p. 83.

1. Lien qui unit, dans la famille considérée biologiquement, les enfants issus du même père.
2. Processus.
3. Lien de parenté unissant l'enfant à son père ou à sa mère.

› Repères
Voir **Obligation / Contrainte, Origine / Fondement.**

texte 3

Mauss. Dons et contre-dons

Comment sont structurés les échanges dans les sociétés primitives ? L'anthropologue Marcel Mauss montre que dons et contre-dons sont inséparables. Ce ne sont pas les individus qui échangent, mais les clans et les chefs qui rivalisent et doivent satisfaire à la triple obligation de donner, de recevoir et de rendre.

Dans les économies et dans les droits qui ont précédé les nôtres, on ne constate pour ainsi dire jamais de simples échanges de biens, de richesses et de produits au cours d'un marché passé entre les individus. D'abord, ce ne sont pas des individus, ce sont des collectivités qui s'obligent[1] mutuellement,

1. Se créent des obligations les uns envers les autres.

échangent et contractent ; les personnes présentes au contrat sont des personnes morales : clans, tribus, familles, qui s'affrontent et s'opposent soit en groupes se faisant face sur le terrain même, soit par l'intermédiaire de leurs chefs, soit de ces deux façons à la fois. De plus, ce qu'ils échangent, ce n'est pas exclusivement des biens et des richesses, des meubles et des immeubles, des choses utiles économiquement. Ce sont avant tout des politesses, des festins, des rites, des services militaires, des femmes, des enfants, des danses, des fêtes, des foires dont le marché n'est qu'un des moments et où la circulation des richesses n'est qu'un des termes d'un contrat beaucoup plus général et beaucoup plus permanent. Enfin, ces prestations et contre-prestations s'engagent sous une forme plutôt volontaire, par des présents, des cadeaux, bien qu'elles soient au fond rigoureusement obligatoires, à peine de[2] guerre privée ou publique. Nous avons proposé d'appeler tout ceci le *système des prestations totales*.

Marcel MAUSS, « Essai sur le don. Forme et raison de l'échange dans les sociétés archaïques » (1923-1924), dans *Sociologie et Anthropologie* (1950), PUF, 2001, p. 150-151.

2. Sous peine de.

› Repères
Voir **Obligation / Contrainte.**

Questions

1. Montrez en quoi l'analyse par Mauss du don dans la société primitive contredit l'idée selon laquelle le troc serait la forme primitive de l'échange.
2. Expliquez comment les notions de don et de « prestations totales » (l. 18) impliquent que l'économie n'est pas un champ autonome dans les sociétés primitives.

› 2 | La sociabilité est-elle naturelle ?

texte 4

Platon.
Une genèse de la société

Peut-on expliquer l'apparition de la société sans se référer aux mythes ? Un discours rationnel peut-il rendre compte de l'origine de la société ? C'est en voulant définir l'essence de la justice dans la cité tout entière que Socrate retrace la naissance de la société à partir des besoins et de l'interdépendance qu'ils suscitent entre les hommes.

[SOCRATE.] – Or, selon moi, repris-je, la cité se forme parce que chacun d'entre nous se trouve dans la situation de ne pas se suffire à lui-même, mais au contraire de manquer de beaucoup de choses. Y a-t-il, d'après toi, une autre cause à la fondation d'une cité ?

[ADIMANTE.] – Aucune, dit-il.

– Dès lors, un homme recourt à un autre pour un besoin particulier, puis à un autre en fonction de tel autre besoin, et parce qu'ils manquent d'une multitude de choses, les hommes se rassemblent nombreux au sein d'une même fondation, s'associant pour s'entraider. C'est bien à cette société que nous avons donné le nom de cité, n'est-ce pas ?

– Exactement.

– Mais quand un homme procède à un échange avec un autre, qu'il donne ou qu'il reçoive, c'est toujours à la pensée que cela est mieux pour lui ?

– Tout à fait.

– Eh bien, allons, dis-je, construisons en paroles notre cité, en commençant par ses débuts et ce sont nos besoins, semble-t-il, qui en constitueront le fondement.

– Assurément. [...]

– La cité réduite aux nécessités les plus élémentaires serait donc formée de quatre ou cinq hommes[1].

– Il semble bien.

– Mais alors ? Faut-il que chacun d'eux offre le service de son propre travail, le mettant en commun à la disposition de tous les autres, par exemple que le laboureur procure à lui seul les vivres pour quatre et multiplie par quatre le temps et l'effort pour fournir le blé et le partager avec les autres, ou encore, sans se soucier d'eux, qu'il produise pour ses seuls besoins seulement le quart de ce blé, en un quart de temps, et qu'il consacre les trois quarts restants, l'un à la préparation d'une maison, l'autre au vêtement, l'autre à des chaussures, et qu'au lieu de chercher à mettre en commun les choses qu'il possède, il exerce sa propre activité par lui-même et pour lui seul ?

Et Adimante répondit :

– Sans doute, Socrate, serait-il plus facile de faire ce que tu as dit d'abord.

– Par Zeus, dis-je, rien d'étonnant à cela ! De fait, moi aussi, pendant que tu parles, je réfléchis au fait que chacun de nous, au point de départ, ne s'est pas développé naturellement de manière tout à fait semblable, mais que la nature nous a différenciés, chacun s'adonnant à une activité différente. N'est-ce pas ton avis ?

PLATON (vers 420-340 av. J.-C.), *La République*, livre II, 369b-370b, trad. G. Leroux, Flammarion, coll. « GF », 2002, p. 137-139.

1. Dans le passage qui précède, Socrate a défini les besoins de subsistance, de logement et de vêtements qui donnent naissance à des métiers spécifiques, ceux du laboureur, du maçon, du tisserand et du cordonnier.

Repères
Voir **Identité / Égalité / Différence, Origine / Fondement.**

texte 5 Rousseau. La sociabilité de l'homme est un effet de la société

Comment l'homme du pur état de nature – isolé, autarcique et sans lien durable avec ses semblables – a-t-il pu devenir sociable ? Rousseau décrit ici l'« histoire hypothétique[1] » qui retrace la genèse de la sociabilité. Il compare la condition de l'homme dans le pur état de nature à celle de l'homme naturel dans l'état de société. La « société naissante » n'est pas encore la société politique.

Le premier sentiment de l'homme fut celui de son existence, son premier soin celui de sa conservation[2]. Les productions de la terre lui fournissaient tous les secours nécessaires, l'instinct le porta à en faire usage. La faim, d'autres appétits lui faisant éprouver tour à tour diverses manières d'exister, il y en eut une qui l'invita à perpétuer son espèce ; et ce penchant aveugle, dépourvu de tout sentiment du cœur, ne produisait qu'un acte purement animal. Le besoin satisfait, les deux sexes ne se reconnaissaient plus, et l'enfant même n'était plus rien à sa mère sitôt qu'il pouvait se passer d'elle.

Telle fut la condition de l'homme naissant ; telle fut la vie d'un animal borné d'abord aux pures sensations, et profitant à peine des dons que lui offrait la nature, loin de songer à rien lui arracher ; mais il se présenta bientôt des difficultés, il fallut apprendre à les vaincre [...].

1. L'expression est de Rousseau, dans la Préface du même ouvrage, p. 22

2. C'est ce principe que Rousseau appelle « amour de soi ». Il exprime l'intérêt légitime que se porte tout être sensible « qui désire persévérer dans son être » ; il ne doit pas être confondu avec l'égoïsme.

À mesure que le genre humain s'étendit, les peines se multiplièrent avec les hommes. La différence des terrains, des climats, des saisons, put les forcer à en mettre dans leurs manières de vivre. [...]

Mais il faut remarquer que la société commencée et les relations déjà établies entre les hommes exigeaient en eux des qualités différentes de celles qu'ils tenaient de leur constitution primitive ; que la moralité commençant à s'introduire dans les actions humaines, et chacun avant les lois étant seul juge et vengeur des offenses qu'il avait reçues, la bonté convenable au pur état de nature n'était plus celle qui convenait à la société naissante ; qu'il fallait que les punitions devinssent plus sévères à mesure que les occasions d'offenser devenaient plus fréquentes, et que c'était à la terreur des vengeances de tenir lieu du frein des lois. Ainsi quoique les hommes fussent devenus moins endurants, et que la pitié[3] naturelle eût déjà souffert quelque altération, cette période du développement des facultés humaines, tenant un juste milieu entre l'indolence de l'état primitif et la pétulante activité de notre amour-propre[4], dut être l'époque la plus heureuse et la plus durable. Plus on y réfléchit, plus on trouve que cet état était le moins sujet aux révolutions, le meilleur à l'homme, et qu'il n'en a dû sortir que par quelque funeste hasard qui pour l'utilité commune eût dû ne jamais arriver.

Jean-Jacques ROUSSEAU, *Discours sur l'origine et les fondements de l'inégalité parmi les hommes* (1755), Hatier, coll. « Les classiques de la philosophie », 1999, p. 58-59 et 64-65.

3. La *pitié* est, avec l'amour de soi, un des deux principes antérieurs à la raison qui régissent le comportement de l'homme naturel. Elle désigne la répugnance à voir ou à faire souffrir un autre être sensible, qu'il s'agisse d'un animal ou d'un autre homme. Voir aussi, dans « Autrui », le texte 2 de Rousseau, p. 79.

4. Attachement exclusif à sa propre personne, qui est, pour Rousseau, une perversion de l'amour de soi et qui consiste à juger de sa propre valeur à partir de l'opinion des autres.

Repères
Voir **En acte / En puissance, Genre / Espèce / Individu.**

texte 6

Schopenhauer.
L'insociable sociabilité[1]

Les hommes souhaitent-ils vivre en société ou préfèrent-ils la solitude ? En montrant, grâce à une image éloquente, qu'ils veulent les deux à la fois, Schopenhauer interroge les modalités que doivent alors emprunter leurs relations.

Par une froide journée d'hiver, un troupeau de porcs-épics s'était mis en groupe serré pour se garantir mutuellement contre la gelée par leur propre chaleur. Mais tout aussitôt, ils ressentirent les atteintes de leurs piquants, ce qui les fit s'éloigner les uns des autres. Quand le besoin de se réchauffer les eut rapprochés de nouveau, le même inconvénient se renouvela, de façon qu'ils étaient ballottés deçà et delà entre les deux souffrances, jusqu'à ce qu'ils eussent fini par trouver une distance moyenne qui leur rendît la situation supportable. Ainsi le besoin de société, né du vide et de la monotonie de leur propre intérieur, pousse les hommes les uns vers les autres ; mais leurs nombreuses qualités repoussantes et leurs insupportables défauts les dispersent de nouveau. La distance moyenne qu'ils finissent par découvrir et à laquelle la vie en commun devient possible, c'est la politesse et les bonnes manières.

Arthur SCHOPENHAUER, *Parerga et Paralipomena* (1850), § 396.

1. Sur cette expression, voir, dans « Autrui », le texte 3 de Kant, p. 80.

3 | Les contradictions de la société dépassées dans l'État ?

texte 7 Clastres. La société primitive contre l'apparition de l'État

Peut-on affirmer que toute vie sociale bien organisée suppose l'établissement d'un État ? L'anthropologue Pierre Clastres montre que, si nous avons tendance à répondre par l'affirmative, c'est sans doute sous l'effet d'un préjugé ethnocentrique[1]. La société précède l'État, et la société primitive résiste à son apparition. Elle s'oppose à l'institution d'un pouvoir séparé de la société.

Les sociétés primitives sont des sociétés sans État : ce jugement de fait, en lui-même exact, dissimule en vérité une opinion, un jugement de valeur qui grève dès lors la possibilité de constituer une anthropologie politique comme science rigoureuse. Ce qui en fait est énoncé, c'est que les sociétés primitives sont *privées* de quelque chose – l'État – qui leur est, comme à toute autre société – la nôtre par exemple, – nécessaire. Ces sociétés sont donc incomplètes. Elles ne sont pas tout à fait de vraies sociétés – elles ne sont pas *policées*[2] –, elles subsistent dans l'expérience peut-être douloureuse d'un *manque* – manque de l'État – qu'elles tenteraient, toujours en vain, de combler. Plus ou moins confusément, c'est bien cela que disent les chroniques des voyageurs et les travaux des chercheurs : on ne peut pas penser la société sans l'État, l'État est le destin de toute société. On décèle en cette démarche un ancrage ethnocentriste d'autant plus solide qu'il est le plus souvent inconscient. La référence immédiate, spontanée, c'est, sinon le mieux connu, en tout cas le plus familier. Chacun de nous porte en effet en soi, intériorisée comme la foi du croyant, cette certitude que la société est pour l'État. Comment dès lors concevoir l'existence même des sociétés primitives, sinon comme des sortes de laissés-pour-compte de l'histoire universelle, des survivances anachroniques d'un stade lointain partout ailleurs depuis longtemps dépassé ? On reconnaît ici l'autre visage de l'ethnocentrisme, la conviction complémentaire que l'histoire est à sens unique, que toute société est condamnée à s'engager en cette histoire et à en parcourir les étapes qui, de la sauvagerie, conduisent à la civilisation. « Tous les peuples policés ont été sauvages », écrit Raynal[3]. Mais le constat d'une évolution évidente ne fonde nullement une doctrine qui, nouant arbitrairement l'état de civilisation à la civilisation de l'État, désigne ce dernier comme terme nécessaire assigné à toute société.

Pierre CLASTRES, *La Société contre l'État*, Éd. de Minuit, 1974, p. 161-162.

1. L'*ethnocentrisme* est l'attitude consistant à prendre le fonctionnement de sa propre société comme critère de compréhension et de jugement des autres sociétés.
2. Civilisées.
3. L'abbé Guillaume Raynal (1713-1796), philosophe français ayant écrit sur les Indes.

Questions

1. En quoi les deux expressions « société sans État », qu'il récuse, et « société contre l'État », qui donne son titre au livre, ont-elles un sens différent pour l'auteur ?
2. Selon quelle logique la société primitive peut-elle être définie comme une « société contre l'État » alors que, chronologiquement, l'État n'existe pas encore ?
3. Expliquez comment la critique de l'ethnocentrisme conduit l'auteur à la critique d'une conception de l'histoire et du progrès.

texte 8 Locke. L'état de nature : un premier état social habité par des contradictions

Pourquoi l'homme éprouve-t-il le besoin de sortir de l'état de nature, qui est pourtant déjà un état de société ? Locke refuse d'identifier, comme Hobbes, l'état de nature à un état de « guerre de tous contre tous » (voir, dans « Autrui », le texte 1, p. 78). Il fait au contraire l'hypothèse d'une sociabilité naturelle de l'homme. C'est pourtant l'émergence de contradictions au sein de ces premières sociétés qui va conduire à l'institution des sociétés politiques.

Si l'homme, dans l'état de nature, est aussi libre qu'on l'a dit ; s'il est le maître absolu de sa personne et de ses possessions, s'il est l'égal des plus grands, et s'il n'est assujetti à personne, pourquoi renoncerait-il à sa liberté ? Pourquoi abandonnerait-il cet empire pour se soumettre de lui-même à la domination et au contrôle d'un autre pouvoir ? [...]

Ainsi, la *fin essentielle* que poursuivent les hommes qui s'unissent pour former une république, et qui se soumettent à un gouvernement, c'est la *préservation de leur propriété*[1]. Or, bien des choses manquent dans l'état de nature pour atteindre cette fin.

En premier lieu, il manque une *loi établie*, stable et reconnue, reçue et avouée par le consentement commun pour la norme du droit et du tort, et pour la mesure commune permettant de trancher tous les différends surgissant entre eux. Certes, la loi de nature est claire et intelligible pour toutes les créatures rationnelles ; mais parce que les hommes sont égarés par leurs propres intérêts, et aussi parce qu'ils ignorent cette loi faute de l'étudier, ils ne sont pas portés à la reconnaître comme une loi qui les oblige lorsqu'il s'agit de leur propre cause.

En second lieu, dans l'état de nature, il manque *un juge reconnu et impartial*, qui ait autorité pour trancher les différends en accord avec la loi établie. Car chacun, dans cet état, est à la fois le juge et l'agent d'exécution de la loi de nature ; or les hommes étant partiaux envers eux-mêmes, la passion et l'esprit de revanche risquent fort de les entraîner trop loin, et avec une chaleur excessive, lorsqu'il s'agit de leur propre cause ; d'un autre côté, la négligence et l'indifférence les portent à être trop insouciants lorsqu'il s'agit de celle des autres.

En troisième lieu, ce qui manque souvent dans l'état de nature, c'est le *pouvoir* d'appuyer et de soutenir une sentence lorsqu'elle est juste, et de lui *donner l'exécution* qui lui est due. Ceux qui ont injustement commis une offense manquent en effet rarement, lorsqu'ils en sont capables, de faire prévaloir leur injustice en recourant à la force : en de nombreuses occasions, cette résistance en rend le châtiment dangereux, et fréquemment mortel, pour ceux qui veulent l'entreprendre.

Ainsi, malgré tous les privilèges de l'état de nature, les hommes se trouvent pourtant dans une condition fâcheuse aussi longtemps qu'ils y demeurent, et ils sont rapidement conduits à entrer en société.

John Locke, *Le Second Traité du gouvernement civil* (1690), chap. IX, trad. J.-F. Spitz et Chr. Lazzeri, PUF, coll. « Épiméthée », 1994, p. 90-91.

1. Locke prend ce terme au sens large. Il recouvre pour lui la vie, la liberté et la possession des biens grâce au travail. (« Chaque homme est propriétaire de sa propre personne », chap. V, § 27.)

> **Repères**
Voir **Cause / Fin**, **Légal / Légitime**.

texte 9

Hegel. La société civile et la spirale des besoins antagonistes

Comment l'État moderne a-t-il donné naissance à la société civile ? Pour Hegel, la société civile n'est pas antérieure à l'État, elle est ce « système atomistique » où des individus indépendants ne font que poursuivre leurs intérêts particuliers.

§ 182 et 183

La personne concrète, qui, en tant que particulière, est à elle-même son propre but, est, comme ensemble de besoins et comme mélange de nécessité naturelle et de volonté arbitraire, l'un des deux principes de la société civile. Mais, comme la personne particulière se trouve essentiellement en rapport avec une autre particularité, si bien que chacune ne peut s'affirmer et se satisfaire que par le moyen de l'autre, donc étant en même temps médiatisée par la forme de l'universalité, celle-ci constitue le second principe de la société civile.

Ce but égoïste, ainsi conditionné dans sa réalisation par l'universalité, fonde un système de dépendance réciproque tel que la subsistance, le bien-être de l'individu et son existence juridique sont si étroitement liés à la subsistance, au bien-être et au droit de tous, que les premiers se fondent sur les seconds, qu'ils ne deviennent effectifs[1] et assurés que dans cette liaison. On peut tout d'abord considérer ce système comme l'État extérieur – comme l'État du besoin et de l'entendement[2].

§ 182, addition

La société civile est la différence qui vient se placer entre la famille et l'État, même si sa formation est postérieure à celle de l'État, qui doit la précéder comme une réalité indépendante, pour qu'elle puisse subsister. Du reste, la création de la société civile appartient au monde moderne, qui seul a reconnu leur droit à toutes les déterminations de l'Idée[3]. Lorsqu'on se représente l'État comme une union de différentes personnes, union qui n'est qu'une simple association, on n'entend par là que la caractéristique de la société civile. Beaucoup de théoriciens modernes de l'État ne sont pas parvenus à formuler une autre conception de l'État[4]. Dans la société civile, chacun est son propre but et toutes les autres choses ne sont rien pour lui[5]. Mais nul ne peut atteindre l'ensemble de ses buts sans entrer en relation avec les autres ; ceux-ci ne sont donc que des moyens en vue de buts particuliers. Mais par cette relation avec d'autres, le but particulier se donne la forme de l'universel et l'individu ne parvient à la satisfaction qu'en procurant en même temps aux autres la satisfaction de leur bien-être. Puisque la particularité est conditionnée par l'universalité, le tout (la société civile tout entière) sera le terrain de la médiation, le terrain où toutes les singularités, toutes les dispositions, toutes les contingences de la naissance et de la fortune ont libre cours, où déferlent aussi les vagues de toutes les passions [...].

Friedrich HEGEL, *Principes de la philosophie du droit* (1820-1821), IIIe partie, IIe section, § 182-183 et addition au § 182, trad. R. Derathé, Vrin, 1975, p. 214-215.

1. Réels et réalisés.
2. Hegel distingue *entendement* et *raison*. L'État réalisé est l'expression de la raison et de sa capacité à dépasser les contradictions.
3. L'Idée désigne chez Hegel l'effectuation concrète du concept.
4. Hegel critique ici les théoriciens du contrat social, qui identifient société et État (voir « L'État », p. 433).
5. Ces formules de Hegel, qui caractérisent la société civile, servaient chez Rousseau à définir la condition de l'homme naturel dans le pur état de nature. Hegel développe les postulats individualistes qui servent de base à la société civile.

> Repères
Voir **Cause / Fin, Médiat / Immédiat, Universel / Général / Particulier / Singulier.**

Pour se préparer au baccalauréat
Dissertations : p. 560.
Explications de texte : p. 559.

La justice et le droit

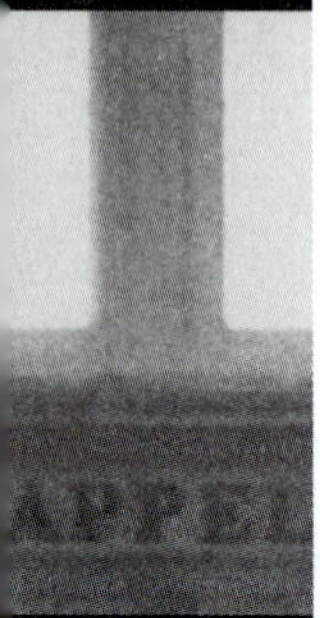

Ouverture

Kafka. La justice frappe à la porte 404

Présentation 406

Textes 411

1 Justice et légalité

1 **Sophocle.** Le conflit des lois 411
2 **Thomas d'Aquin.** Justice divine et justice terrestre 412
3 **Platon.** Le respect des décisions de justice 412
4 **Kant.** Il faut distinguer le droit et la morale 413

2 La recherche d'une norme du droit

5 **Pascal.** De la valeur des coutumes 414
6 **Rousseau.** Le droit du plus fort 415
7 **Hobbes.** L'idée de droit naturel 416
8 **Kelsen.** La norme du droit, c'est le droit 416
9 **Rawls.** La justice comme équité 417

3 L'exercice de la justice

10 **Hegel.** Le nécessaire recours à la légalité 418
11 **Rousseau.** Le recours à la volonté générale 419
12 **Aristote.** L'équité : une justice des situations singulières 420
13 **Aristote.** Égalité numérique ou égalité selon le mérite 421

Raymond Depardon (né en 1942),
Tribunal de grande instance, Bordeaux, 1994.

COUR D'APPEL

ouverture

Franz Kafka

La justice frappe à la porte

Dans l'un de ses romans les plus célèbres, Kafka dresse un tableau angoissant de la bureaucratie juridique et du sentiment d'absurdité qu'elle peut provoquer. Il anticipe de façon saisissante sur certaines pratiques totalitaires du XXe siècle, dont l'une des caractéristiques est de soumettre les individus à un usage abusif de la justice. Le personnage ne saura jamais vraiment de quoi il est accusé...

Quelqu'un avait dû calomnier Joseph K. car, sans rien avoir fait de mal, il fut arrêté un matin. La cuisinière de Mme Grubach, sa logeuse, qui lui apportait son déjeuner tous les jours vers huit heures, ne vint pas cette fois. Ce n'était encore jamais arrivé. K. attendit encore un petit moment, appuyé sur son oreiller, il surprit la vieille femme qui habitait en face en train de le contempler avec une curiosité tout à fait inhabituelle puis, tout à la fois affamé et un peu étonné, il sonna. On frappa aussitôt et un homme entra qu'il n'avait encore jamais vu dans cet appartement. Il était svelte et pourtant bâti en force, il portait un vêtement noir collant, qui, comme les vêtements de voyage, était muni de divers soufflets, poches, boucles, boutons et d'une ceinture, et qui, pour cette raison, sans qu'on sache très bien à quoi ce vêtement pouvait servir, paraissait particulièrement pratique.

– Qui êtes-vous ? demanda K., et il s'assit aussitôt à demi dans son lit. Mais l'homme négligea la question comme s'il fallait accepter sa présence et dit seulement :

– Vous avez sonné ?

– Qu'Anna m'apporte le petit déjeuner, fit K., et il essaya, d'abord en silence, avec attention et en réfléchissant, de savoir qui donc était cet homme. Mais celui-ci ne resta pas très longtemps exposé à son regard ; il se tourna vers la porte qu'il ouvrit un peu pour dire à quelqu'un qui devait se tenir juste derrière :

– Il veut qu'Anna lui apporte le petit déjeuner.

Il s'ensuivit un petit éclat de rire dans la pièce voisine et, à l'entendre, il n'était pas sûr que cela n'eût pas été le rire de plusieurs personnes à la fois. [...]

La pièce d'à côté, où K. entra avec plus de lenteur qu'il n'aurait voulu, avait au premier coup d'œil presque exactement le même aspect que la veille au soir. C'était la salle de séjour de Mme Grubach ; peut-être y avait-il aujourd'hui, dans cette pièce surchargée de meubles, de napperons, de porcelaine et de photographies, un peu plus de place que d'habitude, on ne s'en rendait pas compte tout de suite et d'autant moins que le changement principal consistait dans la présence d'un homme assis près de la fenêtre ouverte, un livre à la main et qui leva les yeux à cet instant.

– Vous auriez dû rester dans votre chambre. Franz ne vous l'a pas dit ?

– Mais qu'est-ce que vous voulez donc ? dit K. quittant des yeux cet homme dont il venait de faire la connaissance pour regarder, debout sur le pas de la porte, celui qu'on avait appelé Franz et revenir ensuite au premier.

Par la fenêtre ouverte on voyait de nouveau la vieille femme qui, avec une curiosité véritablement sénile, s'était approchée de la fenêtre d'en face pour pouvoir continuer à tout voir.

– Je veux que Mme Grubach..., dit K. faisant un mouvement comme s'il s'arrachait aux deux hommes qui pourtant se tenaient loin de lui, et il voulut continuer son chemin.

– Non, dit l'homme près de la fenêtre ; il jeta le livre sur un guéridon et se leva : – Vous n'avez pas le droit de vous en aller, vous êtes arrêté.

– On le dirait, en effet, dit K. ; et pourquoi donc ? demanda-t-il.

– Nous ne sommes pas chargés de vous le dire. Allez dans votre chambre et attendez. Il se trouve que la procédure est engagée et vous saurez tout en temps voulu. J'outrepasse la mission qui m'est impartie en vous parlant si amicalement. Mais j'espère bien que personne d'autre que Franz ne l'entend, lui aussi si aimable avec vous, à l'encontre de tous les règlements. Si vous continuez à avoir autant de chance que pour l'attribution de vos gardiens, vous pouvez avoir confiance.

Franz KAFKA, *Le Procès* (1925), trad. G.-A. Goldschmidt, Presses-Pocket, 1983, p. 31-33.

René Burri (né en 1933), *Officier de l'armée allemande*, Allemagne de l'Ouest, 1959.

La justice et le droit
Présentation

Définir les termes

Le mot « droit » a plusieurs sens mais renvoie toujours à un **système de règles** appliqué à l'ensemble d'une société, que celle-ci rassemble des individus, des collectivités ou des États. Le droit se distingue à la fois des **mœurs** (les habitudes collectives) et de la **morale**, qui, en dernier ressort, renvoie chacun à sa propre conscience[1]. La diversité de sens du mot vient de la nature de ces règles, de leur champ d'application et de ce qu'elles autorisent ou prescrivent. On distinguera ainsi : le droit qui régit les relations entre les membres d'une collectivité (le **droit civil**, qui garantit à toutes les personnes le respect de certaines règles entre elles – dans les échanges économiques, les relations matrimoniales, la réparation des dommages causés à autrui, etc.) ; le droit qui garantit à chacun l'exercice de sa citoyenneté (les **droits civiques**) ; le droit qui règle le fonctionnement des administrations d'État et leurs relations avec les personnes privées (le **droit administratif**) ; le droit qui impose le respect des lois (le **droit pénal**), etc. Tous ces droits supposent à leur tour un système de règles plus fondamentales[2] (le **droit constitutionnel**), qui disent à quelles conditions on a affaire à du droit, et non à des règles arbitraires, et désignent ceux qui sont habilités à dire le droit. Enfin, l'exercice du droit renvoie à des institutions : pouvoir **législatif** (qui décide des lois), pouvoir **exécutif** (qui garantit leur application), pouvoir **judiciaire** (qui applique les lois aux faits particuliers lors d'un « jugement[3] »). L'ensemble de ces lois et de ces droits définit ce qu'on appelle des **droits subjectifs** (ce à quoi chaque sujet a droit) et forme le **droit positif** (le système des lois telles qu'elles existent dans une culture donnée à un moment donné). Enfin, depuis la Renaissance, s'élabore peu à peu un système de règles juridiques régissant les relations entre les États, le **droit des gens**, aujourd'hui appelé **droit international**.

Le mot « justice », de son côté, est ambigu : il peut désigner le simple respect des lois et leur application – la justice relève alors des institutions judiciaires et de la **légalité.** Mais il peut également renvoyer à la morale, à ce qui est **juste en soi** et relève alors de la **légitimité**[4] : lorsqu'on affirme, par exemple, qu'une loi est injuste, on présuppose une justice plus juste que ce que dit le droit, à laquelle il devrait se soumettre. C'est sur ce plan que se situe la revendication de **droits de l'homme**, valables pour l'ensemble de la planète.

L'essentiel des problèmes liés à la relation entre la justice et le droit se pose autour de ces ambiguïtés.

1. Voir « Le devoir », p. 477. 2. Voir, dans les Repères, « Origine / Fondement ». 3. Voir « La liberté », p. 457-458.
4. Voir, dans les Repères, « Légal / Légitime ».

I | Justice et légalité

Les conflits de devoirs

Textes 1 à 4
Sophocle, Thomas d'Aquin, Platon, Kant, p. 411-414.

La **légalité** est facilement définie : est légal ce qui est conforme aux lois ainsi que ce qu'elles n'interdisent pas. Les difficultés naissent lorsque, dans des situations précises, le simple respect des lois ne garantit pas la justice. Cette contradiction possible entre le devoir intime d'une personne particulière et les prescriptions de la loi au nom d'un intérêt supérieur (généralement celui de la cité) s'illustre dès l'Antiquité dans les **tragédies**. Tel est le cas d'Antigone : déchirée entre deux devoirs (enterrer son frère défunt ou respecter l'édit du roi Créon qui, pour des raisons politiques, interdit son inhumation), Antigone décide de violer la loi de la cité pour respecter les liens du sang, qui l'attachent à son frère par une loi qu'elle considère comme divine. Ce faisant, Antigone sait qu'elle s'expose à être condamnée à mort et s'y résigne. Cette issue tragique est présentée comme le moyen, évidemment peu satisfaisant, de résoudre la contradiction entre l'exigence de la justice et celle du droit.

Une justice divine, plus juste que le droit

Ce n'est pourtant pas la seule issue possible : dire que la loi revendiquée par Antigone est divine, cela revient à dire qu'elle est supérieure à celle qu'édictent les hommes. Ainsi, Thomas d'Aquin distingue entre une **justice des hommes** et une **justice de Dieu**. La première, définissant par exemple les règles de propriété, interdit et punit le vol. Le plus souvent, elle n'oblige pas à la charité. Mais, selon Thomas d'Aquin, Dieu n'a pas créé l'humanité pour exposer des personnes à la famine : dans une telle situation, la loi humaine doit s'effacer devant la loi divine. Non seulement cela crée un **devoir de charité** mais, selon Thomas d'Aquin, cela fait que ce qui, en d'autres circonstances, serait un vol n'en est plus un. S'esquisse ici un **droit fondamental** qui offre à tout homme un certain nombre de garanties minimales présentées comme supérieures au **droit positif**. Si ces droits minimaux ne sont pas garantis, de quel droit imposer le respect des lois à ceux qui, quoi qu'ils fassent, en seront forcément victimes ?

De quel droit contester le droit ?

La question se pose alors de savoir de quel droit un individu peut ainsi placer sa conception de la justice **au-dessus des lois**. Chez Thomas d'Aquin, la référence à Dieu sert de justification à la transgression de la loi humaine. Mais cela ne garantit évidemment pas contre les abus : qui peut ainsi s'arroger le droit de lire avec certitude dans les intentions divines et d'en faire le fondement[1] de la justice ? Contre une telle conception, il est possible d'affirmer que le respect des lois, même lorsque l'on se juge injustement traité, est toujours un devoir. Ainsi, Socrate, abusivement condamné par un tribunal, se sent autorisé à se défendre par tous les **moyens légaux** devant les juges qui le condamnent. Mais, une fois la sentence prononcée, il

1. Voir, dans les Repères, « Origine / Fondement ».

ne se sent plus le droit d'échapper à celle-ci : le **respect des décisions** prises au nom de la loi est selon lui supérieur au jugement d'un individu particulier[1] – sinon, chacun aurait le droit de transgresser la loi dans toutes les occasions où il le jugerait personnellement légitime. Autant décider qu'il n'y a plus de lois... On ne peut à la fois tirer bénéfice de l'existence des lois et se donner le droit de les contester dès lors que c'est à nous qu'elles s'appliquent.

La loi est-elle toujours juste ?

La position socratique mérite cependant d'être précisée : une distinction doit être faite entre le respect de lois qu'on juge légitimes – même si les juges qui condamnent en leur nom commettent des erreurs ou des injustices – et de celles qu'on juge scélérates. L'histoire fournit ainsi de nombreux exemples où le respect de la loi positive devient injuste, voire criminel, et où la justice consiste au contraire à lutter contre des **lois iniques**[2]. C'est la raison pour laquelle, s'il est vrai qu'il faut ériger un système qui impose le respect des lois à ceux qui ne veulent pas plier devant elles (c'est le droit pénal, qui nous contraint à agir conformément à la justice, même lorsqu'on n'est pas personnellement disposé à la respecter), il faut également **moraliser le droit**, c'est-à-dire mettre en évidence les normes qui permettent de vérifier si le droit est juste.

2 | La recherche d'une norme du droit

La coutume, la force ou la raison ?

Textes 5 à 9
Pascal, Rousseau, Hobbes, Kelsen, Rawls, p. 414-418.

La question se pose alors de savoir où trouver ces normes. Si, comme Pascal, on professe un pessimisme radical quant aux capacités humaines d'instaurer la justice, on soutiendra que le meilleur moyen d'éviter les révoltes et les conflits sur la nature de la justice, c'est de présenter au peuple les **coutumes**, qui se sont réellement imposées avec le temps, comme les meilleures lois. Ces lois ne tirent leur légitimité d'aucune raison supérieure : tout ce qui leur est demandé est d'assurer **l'ordre et la stabilité du pouvoir**. C'est là une position inspirée par la religion, relativisant la condition humaine au regard du salut véritable qui ne pourrait venir que de la foi et de la grâce divine[3]. On reconnaîtra cependant que fonder la justice humaine sur les coutumes revient en réalité à aligner le **droit** sur le **fait** ; l'éventualité qu'une coutume soit injuste devient alors problématique[4].

Une autre limitation du droit au fait a consisté à revendiquer un « droit du plus fort ». Mais un tel « droit » n'assure aucune stabilité à la justice : comme le montre magistralement Rousseau, il suffit alors de s'employer à devenir le plus fort pour avoir le droit de désobéir à celui qui revendiquait jusqu'ici le pouvoir au motif qu'il était lui-même le plus fort : la force ne fonde donc aucun droit ; celui-ci ne peut venir que de conventions, dont il faut alors mettre au jour les principes[5].

1. Voir, dans les Repères, « Universel / Général / Particulier / Singulier ». 2. Voir, dans « Le devoir », la présentation, p. 478, et le texte 9 de Hannah Arendt, p. 486. 3. Voir, dans les Repères, « Absolu / Relatif », « Idéal / Réel ». 4. Voir, dans les Repères, « En fait / En droit », « Origine / Fondement ». 5. Voir, dans les Repères, « Obligation / Contrainte ».

Un fondement naturel du droit ?

Ces conventions se justifient par leur nécessité. C'est ce qu'ont soutenu, chacun à sa manière, les différents théoriciens du **droit naturel** : si l'on imagine les hommes vivant dans un hypothétique « état de nature », sans aucune loi commune, il devient possible d'affirmer que le droit de chacun, c'est sa force. Mais chacun, parce qu'il viserait à assurer son existence dans les meilleures conditions possibles, serait alors rapidement conduit à tout faire pour instaurer des lois et un pouvoir garantissant leur respect. On peut, comme Hobbes, considérer que l'état de nature serait un état de « guerre de tous contre tous » et que les hommes sont essentiellement associés pour assurer la sécurité de leur vie ; ou, comme Locke, que l'homme, naturellement sociable, vise à assurer plus efficacement la sécurité de ses possessions naturelles (celles de sa personne et du fruit de son travail) ; ou, comme Rousseau, que ce sont des changements dans l'environnement naturel qui imposent à l'homme un passage à la société, qui doit lui garantir une liberté civile supérieure à sa liberté naturelle[1]. Ce passage est en tout cas toujours présenté comme une nécessité, et son succès suppose des lois et l'exercice d'un pouvoir souverain[2]. Ce que les jurisconsultes appellent alors « droit naturel » est un droit fondé par les raisons conduisant les hommes à s'associer. Toute loi et tout exercice du pouvoir dont on peut montrer qu'ils sont contraires à ces raisons seront alors dénoncés comme injustes.

Le droit peut-il être à lui-même sa propre norme ?

Dans le contexte de soupçon que la modernité a développé à l'égard de tout absolu, le **positivisme juridique** a cependant voulu contester une telle façon de fonder le droit. Pour Kelsen, la validité du droit vient de ce qu'il est un système cohérent de règles hiérarchisées et respectées, dont le fondement est une Constitution énonçant les modalités d'institution du droit. Kelsen refuse ainsi de soumettre le droit à une norme de justice qui le transcende : il s'appuie sur la diversité des systèmes juridiques pour mettre en doute la pertinence d'une telle norme extérieure au droit[3]. Le droit, par sa cohérence, par la validité de son organisation interne et par son autorité de fait, serait donc à lui-même sa propre norme. Une telle façon de fonder le droit rencontre cependant des limites : confronté au nazisme, Kelsen dut reconnaître que celui-ci avait sa cohérence et qu'il exerçait une réelle autorité... On n'en conclura évidemment pas qu'il le trouvait légitime.

C'est pourquoi la référence à une norme du droit peut vraiment paraître indispensable. Ainsi, Rawls, développant une théorie de l'équité, réexamine les conditions de légitimité du droit : il affirme que la justice est ce sur quoi les hommes se mettraient d'accord si, mis dans une **position originelle** (substitut de l'état de nature), ils avaient à établir les lois sans connaître la situation qu'ils occuperont dans la société, les talents qu'ils pourront mettre en œuvre, la supériorité qu'ils pourront éventuellement faire valoir sur autrui, etc. Devant un tel « voile d'ignorance », on ne doute pas que les règles qu'ils chercheraient à établir seraient *a priori* équitables.

---

1. Voir, dans « Autrui », les textes 1 et 2 de Hobbes et de Rousseau, p. 78-79, dans « La société », la présentation, p. 392 et le texte 8 de Locke, p. 400 et, dans « L'État », la présentation, p. 427, et le texte 4 de Rousseau, p. 432. 2. Ce pouvoir prendra des formes très diverses selon les auteurs, de l'absolutisme de Hobbes à la démocratie préconisée par Rousseau. 3. Voir, dans les Repères, « Absolu / Relatif », « Transcendant / Immanent ».

3 | L'exercice de la justice

Universalité de la loi, particularité des situations

Textes 10 à 13
Hegel, Rousseau, Aristote, p. 418-421.

Le juste exercice du droit conduit à mettre en relation des normes avec une réalité jamais totalement disposée à s'y soumettre – raison pour laquelle l'exercice des institutions judiciaires impose la gestion d'un équilibre.

Le cas de la vengeance illustre la nécessité du recours à la loi : se venger, c'est opposer sa position particulière à la particularité de celui qui nous a offensé. C'est donc refuser de s'en remettre à la loi de tous, pour imposer « sa propre loi ». C'est nier le droit et la justice : si je décide de ce que mérite celui qui m'a cambriolé, il ne sera pas **jugé équitablement** – c'est pourquoi, par exemple, on condamne ceux qui équipent de pièges leurs propriétés, se faisant juges à la place des juges. Et pourtant, celui qui agit ainsi a la conviction d'être « dans son droit »... tout autant que celui qui voudra à son tour se venger de lui...

La jurisprudence et l'équité

Le recours à la loi exige donc un point de vue supérieur à celui de l'individu pour juger des situations particulières. C'est pourquoi l'exercice de la justice passe toujours par un jugement : le juge est celui qui, face à un cas particulier, applique une loi générale, qui ne visait personne nommément lorsqu'elle a été instituée. Loin de l'appliquer **à la lettre**, il veille au respect de l'**esprit** dans lequel elle a été établie, afin de corriger les effets injustes d'une application aveugle de la loi : *summum jus, summa injuria*[1].

Une telle recherche d'équilibre et d'équité peut conduire à considérer que la justice n'est pas nécessairement l'**égalité parfaite** : si l'équité consiste parfois à donner à chacun la même chose, elle revient aussi à distribuer des **droits proportionnels** aux mérites ou aux besoins de chacun. Peuvent être également considérés comme justes un droit égal à des moyens d'existence minimaux pour tous et une inégalité dans la répartition de la propriété privée, proportionnelle aux efforts de chacun, tant qu'elle ne menace pas l'intérêt général. De même, une **justice sociale** s'impose, prenant en compte les besoins spécifiques de certains (par exemple les personnes handicapées) auxquels la société assure des garanties d'existence dignes[2].

Le régime politique juste

Enfin, la question de la justice entraîne celle de savoir quel régime politique garantit que l'exercice du pouvoir sera juste. Ce régime doit être républicain, c'est-à-dire que le pouvoir s'y exerce en vue de l'intérêt général. Cela n'entraîne pas que tous aient également accès au pouvoir (à la façon dont la démocratie athénienne tirait au sort les magistrats parmi les citoyens) mais que tous soient consultés. Un régime républicain n'est donc pas forcément démocratique (une monarchie peut se fixer pour objectif de travailler à l'intérêt général), mais la démocratie est la moins mauvaise garantie d'un exercice du pouvoir conforme aux exigences de la justice.

1. « Comble de justice, comble d'injustice », adage latin de droit cité par Cicéron (*Des devoirs*, livre I, chap. x, § 33).
2. Voir, dans les Repères, « Identité / Égalité / Différence », « Universel / Général / Particulier / Singulier ».

La justice et le droit
Textes

1 | Justice et légalité

texte 1

Sophocle. Le conflit des lois

Peut-on s'affranchir des lois de la cité ? Dans la tragédie de Sophocle, Antigone répond à cette question par un acte de courage : en donnant une sépulture à son frère Polynice, elle défie son oncle, le roi Créon, au nom d'une loi supérieure. La confrontation entre la justice des hommes et l'impératif d'une coutume enracinée dans une prescription divine montre les limites et la fragilité des institutions humaines.

CRÉON (*à Antigone*)

Et toi, maintenant réponds en peu de mots. Connaissais-tu l'interdiction[1] que j'avais fait proclamer ?

ANTIGONE

Comment ne l'aurais-je pas connue ? Elle était publique.

CRÉON

Et tu as osé passer outre à mon ordonnance ?

ANTIGONE

Oui, car ce n'est pas Zeus qui l'a promulguée, et la Justice qui siège auprès des dieux de sous terre n'en a point tracé de telles parmi les hommes. Je ne croyais pas, certes, que tes édits eussent tant de pouvoir qu'ils permissent à un mortel de violer les lois divines : lois non écrites, celles-là, mais intangibles[2]. Ce n'est pas d'aujourd'hui ni d'hier, c'est depuis l'origine qu'elles sont en vigueur, et personne ne les a vues naître. Leur désobéir, n'était-ce point, par un lâche respect pour l'autorité d'un homme, encourir la rigueur des dieux ? Je savais bien que je mourrais ; c'était inévitable – et même sans ton édit ! Si je péris avant le temps, je regarde la mort comme un bienfait. Quand on vit au milieu des maux, comment n'aurait-on pas avantage à mourir ? Non, le sort qui m'attend n'a rien qui me tourmente. Si j'avais dû laisser sans sépulture un corps que ma mère a mis au monde, je ne m'en serais jamais consolée ; maintenant, je ne me tourmente plus de rien. Si tu estimes que je me conduis comme une folle, peut-être n'as-tu rien à m'envier sur l'article de la folie !

LE CORYPHÉE[3]

Comme on retrouve dans la fille le caractère intraitable du père[4] ! Elle ne sait pas fléchir devant l'adversité.

SOPHOCLE, *Antigone* (442 av. J.-C.), trad. R. Pignarre, Flammarion, coll. « GF », 1999, p. 60-61.

1. Antigone a contrevenu à l'ordre interdisant d'enterrer son frère, considéré comme un traître. Elle doit maintenant en répondre.
2. Ce à quoi on ne peut pas « toucher » (du latin *tangere*, « toucher »), « porter atteinte », donc sacré.
3. Chef du chœur. Dans le théâtre antique, le chœur est un ensemble d'acteurs qui chantent ou déclament un fragment lyrique commentant l'action.
4. Le père d'Antigone est Œdipe. Il montre face au destin une obstination tenace, décrite dans une autre tragédie de Sophocle, *Œdipe roi*. Voir également le texte d'ouverture de « La liberté », p. 452.

Repères
Voir **Absolu / Relatif, Légal / Légitime.**

texte 2

Thomas d'Aquin.
Justice divine et justice terrestre

Peut-il être juste de voler ? Il semble aller de soi de condamner le vol. Pourtant, Thomas d'Aquin envisage ici des cas où le vol paraît être une dernière extrémité légitime. La notion de propriété a-t-elle alors encore un sens ?

Est-il permis de voler en cas de nécessité ?

[...] Réponse : Ce qui est de droit humain ne saurait déroger au droit naturel ou au droit divin. Or, selon l'ordre naturel établi par la providence[1] divine, les êtres inférieurs sont destinés à subvenir aux nécessités de l'homme. C'est pourquoi leur division et leur appropriation, œuvre du droit humain, n'empêchent pas de s'en servir pour subvenir aux nécessités de l'homme. Voilà pourquoi les biens que certains possèdent en surabondance sont dus, de droit naturel, à l'alimentation des pauvres ; ce qui fait dire à S. Ambroise[2], et ses paroles sont reproduites dans les *Décrets* : « C'est le pain des affamés que tu détiens ; c'est le vêtement de ceux qui sont nus que tu renfermes ; ton argent, c'est le rachat et la délivrance des miséreux, et tu l'enfouis dans la terre. »

Toutefois, comme il y a beaucoup de miséreux et qu'une fortune privée ne peut venir au secours de tous, c'est à l'initiative de chacun qu'est laissé le soin de disposer de ses biens de manière à venir au secours des pauvres. Si cependant la nécessité est tellement urgente et évidente que manifestement il faille secourir ce besoin pressant avec les biens que l'on rencontre – par exemple, lorsqu'un péril menace une personne et qu'on ne peut autrement la sauver –, alors quelqu'un peut licitement[3] subvenir à sa propre nécessité avec le bien d'autrui, repris ouvertement ou en secret. Il n'y a là ni vol ni rapine[4] à proprement parler.

THOMAS D'AQUIN, *Somme théologique* (1266-1272), t. III, IIa, IIae, question 66, article 7, trad. A.-M. Roguet, Éd. du Cerf, 1985, p. 442-443.

1. En latin *pro videre* : « voir à l'avance, prévoir », d'où « pourvoir ». La *providence* exprime l'idée que la création est gouvernée par la sage volonté de Dieu.
2. Saint Ambroise de Milan (340-397) est Père et docteur de l'Église, c'est-à-dire un des fondateurs de la théologie chrétienne.
3. En ayant le droit de le faire.
4. Action de ravir par violence.

Repères
Voir **Absolu / Relatif, En fait / En droit.**

texte 3

Platon.
Le respect des décisions de justice

Peut-on refuser d'obéir aux lois dès lors qu'on les juge injustes ? Socrate, injustement condamné à mort par un tribunal, doit-il accepter la proposition d'évasion de son ami Criton ? Sauver sa vie ne suffit pas à motiver un tel acte : il faut savoir si cela est juste. Et si chacun avait le droit de décider quand il a le droit de désobéir aux lois, il n'y aurait plus de justice possible...

SOCRATE[1]. – « Allons, Socrate, fais-nous confiance à nous, les Lois qui t'avons élevé, ne mets ni tes enfants, ni ta vie, ni quoi que ce soit d'autre au-dessus de la justice, afin de pouvoir, à ton arrivée dans l'Hadès[2], alléguer tout cela pour ta défense devant ceux qui là-bas gouvernent. En ce monde-ci en effet, une conduite de ce genre ne se révélera être ni plus avantageuse, ni plus juste, ni plus pieuse, pas plus pour toi que pour aucun de tes amis, et, une fois que tu seras arrivé là-bas, cela ne te réussira pas mieux. Mais en l'état actuel des choses si tu t'en vas, tu t'en iras condamné injustement, non pas par nous, les Lois, mais par les hommes, tandis que, si tu t'évades

1. Le texte qui suit appartient à un genre littéraire appelé *prosopopée* : c'est une entité abstraite (ici, les Lois) qui prend la parole.
2. À la fois le dieu grec des morts et le lieu où ils se retrouvent.

en répondant de façon aussi répréhensible à l'injustice par l'injustice et au mal par le mal, en transgressant les engagements et les contrats que tu avais toi-même pris envers nous, et en faisant du tort à ceux à qui tu dois le moins en faire, à toi-même, à tes amis, à ta cité et à nous, tu susciteras contre toi notre courroux durant cette vie, et là-bas, les lois en vigueur dans l'Hadès et qui sont nos sœurs ne te feront pas bon accueil, en apprenant que, pour ta part, tu as entrepris de nous détruire nous aussi. Non, ne te laisse pas convaincre par Criton de faire ce qu'il propose, laisse-toi plutôt convaincre par nous. »

Voilà, sache-le bien, mon cher ami Criton, ce que moi je crois entendre, à l'instar des Corybantes[3] qui croient entendre des flûtes ; et, en moi, le son de ces paroles bourdonne et m'empêche d'en entendre d'autres. Sache-le bien toutefois, pour autant que j'en puisse juger, tout ce que tu pourras alléguer là-contre sera peine perdue. Pourtant, si tu t'imagines pouvoir prendre l'avantage, parle.

CRITON. – Non, Socrate, je n'ai rien à dire.

SOCRATE. – Qu'il en soit ainsi, Criton, et faisons comme je dis, puisque c'est de ce côté-là que nous conduit le dieu[4].

PLATON (vers 420-340 av. J.-C.), *Criton*, 54b-e, trad. L. Brisson, Flammarion, coll. « GF », 1997.

3. Prêtres de la déesse de la fertilité Cybèle, réputés pour leurs visions. Socrate fait ici allusion au fait qu'ils entendent des voix.

4. Socrate a coutume d'évoquer un dieu intime qui le retient de faire ce qui est mauvais.

› Repères
Voir **Absolu / Relatif, Idéal / Réel, Légal / Légitime.**

Questions

1. En distinguant le fait d'être condamné par les Lois et celui d'être condamné par les hommes, étudiez les relations, dans ce texte, entre la justice et le droit.
2. Que veulent dire les Lois lorsqu'elles prétendent que Socrate a passé des engagements avec elles et que, s'il ne les respecte pas, il répond à l'injustice par l'injustice ?
3. Selon vous, est-il plus juste que Socrate, injustement condamné par un tribunal, se soumette au verdict ou bien qu'il s'évade en prenant argument du fait qu'il juge injuste cette condamnation ? Confrontez les arguments en faveur de chacune des deux positions.

texte 4

Kant.
Il faut distinguer le droit et la morale

Quels sont les mobiles de l'action juste ? Agir par devoir est le mobile de l'action juste moralement parlant. Mais aucun homme n'est jamais totalement ni définitivement moral. Il faut donc un autre mobile à l'action juste. C'est ce qui explique la nécessité du droit et de la politique (ici moralement fondés).

La législation qui fait d'une action un devoir et érige en même temps ce devoir en mobile est *éthique*[1]. Celle, en revanche, qui n'intègre pas le mobile[2] dans la loi et par conséquent admet aussi un autre mobile que l'idée du devoir elle-même est *juridique*. À propos de cette dernière, on aperçoit aisément que ces mobiles qui diffèrent de l'idée du devoir doivent nécessairement être empruntés aux principes pathologiques[3] de détermination de l'arbitre[4] que sont les penchants et les aversions, et parmi eux plus spécialement aux aversions, parce que ce doit être une législation contraignante et non pas un appât qui séduise.

1. Le mot est ici synonyme de « morale ».
2. La raison personnelle.
3. Le mot (du grec *pathos*, « affection ») ne renvoie chez Kant à aucune anomalie ; il désigne l'action des penchants sensibles.
4. Du pouvoir de choisir.

On appelle la simple concordance ou non-concordance d'une action avec la loi, abstraction faite du mobile de celle-ci, la *légalité* (conformité à la loi), tandis que celle où l'idée du devoir issu de la loi est en même temps le mobile de l'action correspond à la *moralité* (éthique) de celle-ci.

Les devoirs pratiqués d'après la législation juridique ne peuvent être que des devoirs extérieurs[5], parce que cette législation ne réclame pas que l'idée de ce devoir, qui est intérieure, soit par elle-même principe de détermination de l'arbitre du sujet agissant, et, dans la mesure où elle requiert cependant un mobile approprié aux lois, elle ne peut rattacher à la loi qu'un mobile extérieur. La législation éthique, au contraire, érige certes aussi des actions intérieures en devoirs, mais sans exclure pour autant les actions extérieures : elle porte en fait sur tout ce qui est devoir en général. Mais, précisément parce que la législation éthique intègre dans sa loi le mobile intérieur de l'action (l'idée du devoir), laquelle détermination ne doit absolument pas exercer d'influence sur la législation extérieure, la législation éthique ne peut être extérieure (pas même celle d'une volonté divine), quand bien même, *en tant que devoirs*, elle admet certes pour mobiles dans sa législation les devoirs qui reposent sur une autre législation, en l'occurrence une législation extérieure.

D'où l'on peut voir que tous les devoirs, simplement parce qu'ils sont des devoirs, appartiennent à l'éthique ; mais leur *législation* n'est pas toujours pour autant contenue dans l'éthique : au contraire, pour beaucoup d'entre eux, lui est-elle étrangère.

Emmanuel KANT, *Métaphysique des mœurs*, t. I, *Fondation. Introduction* (1785), trad. A. Renaut, Flammarion, coll. « GF », 1994, p. 169-170.

5. Qui soient extérieurement conformes à la loi, même si ce n'est pas la conscience intime qui conduit à faire son devoir.

› Repères
Voir **En fait / En droit, Légal / Légitime.**

›2 La recherche d'une norme du droit

texte 5

Pascal.
De la valeur des coutumes

Sur quoi fonder la justice humaine ? Pascal interpelle ici les hommes sur le fait qu'ils sont incapables d'instituer les principes d'une justice. Autant, dans ces conditions, s'en remettre aux coutumes, qui ont au moins le mérite d'être déjà instituées.

Sur quoi fondera(-t-)il[1] l'économie du monde[2] qu'il veut gouverner ? Sera-ce sur le caprice de chaque particulier ? Quelle confusion ! Sera-ce sur la justice ? il l'ignore. Certainement s'il la connaissait il n'aurait pas établi cette maxime, la plus générale de toutes celles qui sont parmi les hommes, que chacun suive les mœurs de son pays. L'éclat de la véritable équité aurait assujetti tous les peuples. Et les législateurs n'auraient pas pris pour modèle, au lieu de cette justice constante, les fantaisies et les caprices des Perses et Allemands. On la verrait plantée par tous les États du monde, et dans tous les temps, au lieu qu'on ne voit rien de juste ou d'injuste qui ne change de qualité en changeant de climat, trois degrés d'élévation du pôle renversent toute la jurisprudence, un méridien décide de la vérité. En peu d'années de

1. Désigne les hommes en général mais aussi des contradicteurs supposés, qui affirment l'existence d'un principe de justice. Vanité selon Pascal : il n'y a de justice que divine.
2. Étymologiquement, l'*économie* (du grec *nomos*, « règle, usage, loi », et *oïkos*, « maison ») est l'art d'administrer sa « maison ». Le mot, appliqué au monde, désigne ici le lieu des affaires communes.

possession, les lois fondamentales changent, le droit a ses époques, l'entrée de Saturne au Lion nous marque l'origine d'un tel crime. Plaisante justice qu'une rivière borne. Vérité au-deçà des Pyrénées, erreur au-delà.

Ils confessent que la justice n'est pas dans ces coutumes, mais qu'elle réside dans les lois naturelles communes en tout pays. Certainement ils le soutiendraient opiniâtrement si la témérité du hasard qui a semé les lois humaines en avait rencontré au moins une qui fût universelle. Mais la plaisanterie est telle que le caprice des hommes s'est si bien diversifié qu'il n'y en a point. [...]

De cette confusion arrive que l'un dit que l'essence de la justice est l'autorité du législateur, l'autre la commodité du souverain, l'autre la coutume présente, et c'est plus sûr. Rien suivant la seule raison n'est juste de soi, tout branle avec le temps. La coutume (est) toute l'équité, par cette seule raison qu'elle est reçue. C'est le fondement mystique[3] de son autorité. Qui la ramènera à son principe l'anéantit. Rien n'est si fautif que ces lois qui redressent les fautes. Qui leur obéit parce qu'elles sont justes obéit à la justice qu'il imagine, mais non pas à l'essence de la loi. Elle est toute ramassée en soi. Elle est loi et rien davantage. Qui voudra en examiner le motif le trouvera si faible et si léger, que, s'il n'est accoutumé à contempler les prodiges[4] de l'imagination humaine, il admirera qu'un siècle lui ait tant acquis de pompe et de révérence. L'art de fronder[5], bouleverser les États, est d'ébranler les coutumes établies en sondant jusque dans leur source pour marquer leur défaut d'autorité et de justice. Il faut, dit-on, recourir aux lois fondamentales et primitives de l'État qu'une coutume injuste a abolies. C'est un jeu sûr pour tout perdre ; rien ne sera juste à cette balance. Cependant le peuple prête aisément l'oreille à ces discours, ils secouent le joug dès qu'ils le reconnaissent, et les grands en profitent à sa ruine, et à celle de ces curieux examinateurs des coutumes reçues. C'est pourquoi le plus sage des législateurs disait que, pour le bien des hommes, il faut souvent les piper[6] [...]. Il ne faut pas qu'il sente la vérité de l'usurpation, elle a été introduite autrefois sans raison, elle est devenue raisonnable. Il faut la faire regarder comme authentique, éternelle et en cacher le commencement, si on ne veut qu'elle ne prenne bientôt fin.

Blaise PASCAL, *Pensées* (1670), éd. Brunschvicg 294, éd. Lafuma 60, Éd. du Seuil, coll. « L'intégrale », 1963, p. 507-508.

3. Caché ; que l'on doit accepter, sans le soumettre au jugement de la raison.
4. Les miracles surnaturels. Ironie de Pascal sur la capacité des hommes à s'illusionner eux-mêmes.
5. Allusion à la Fronde (1648-1652), sédition qui a troublé la Régence pendant la minorité de Louis XIV.
6. Les tromper.

› Repères
Voir **Absolu / Relatif, En fait / En droit, En théorie / En pratique, Idéal / Réel, Légal / Légitime.**

texte 6 Rousseau. Le droit du plus fort

Peut-on fonder le droit sur la force ? Rousseau prend ici l'expression commune « le droit du plus fort » à la lettre et en souligne les contradictions.

Le plus fort n'est jamais assez fort pour être toujours le maître, s'il ne transforme sa force en droit et l'obéissance en devoir. De là le droit du plus fort ; droit pris ironiquement en apparence, et réellement établi en principe[1] : mais ne nous expliquera-t-on jamais ce mot ? La force est une puissance physique ; je ne vois point quelle moralité peut résulter de ses effets. Céder à la force est un acte de nécessité, non de volonté ; c'est tout au plus un acte de prudence. En quel sens pourra-ce être un devoir ?

1. Le droit du plus fort est apparemment ironique : on doit comprendre le contraire de ce qu'il affirme (la suite le montre). Mais il peut s'imposer dans les faits (voir la fable de La Fontaine, « Le loup et l'agneau »).

Supposons un moment ce prétendu droit. Je dis qu'il n'en résulte qu'un galimatias[2] inexplicable. Car sitôt que c'est la force qui fait le droit, l'effet change avec la cause ; toute force qui surmonte la première succède à son droit. Sitôt qu'on peut désobéir impunément on le peut légitimement, et puisque le plus fort a toujours raison, il ne s'agit que de faire en sorte qu'on soit le plus fort. Or qu'est-ce qu'un droit qui périt quand la force cesse ? S'il faut obéir par la force, on n'a pas besoin d'obéir par devoir, et si l'on n'est plus forcé d'obéir, on n'y est plus obligé. On voit donc que ce mot de droit n'ajoute rien à la force ; il ne signifie ici rien du tout.

Jean-Jacques ROUSSEAU, *Du contrat social* (1762), livre I, chap. III, Hatier, coll. « Les classiques de la philosophie », 1999, p. 13.

2. Suite de mots sans signification.

Repères
Voir **En fait / En droit, Obligation / Contrainte.**

texte 7

Hobbes. L'idée de droit naturel

Peut-il y avoir une science du droit comme il y a une science de la nature ? Hobbes, un des philosophes du droit naturel, pense pouvoir fonder la politique sur une science de la nature humaine.

La raison et la passion, les principaux ingrédients de la nature humaine, ont fait éclore deux espèces de sciences, l'une mathématique et l'autre dogmatique[1]. La première ne donne aucun lieu aux contestations, consistant uniquement dans la comparaison de la figure et du mouvement, objets sur lesquels la vérité et l'intérêt des hommes ne se trouvent point en opposition. Dans la seconde au contraire, tout est sujet à dispute, parce qu'elle s'occupe à comparer les hommes, et qu'elle examine leurs droits et leurs avantages, objets sur lesquels, toutes les fois que la raison sera contraire à l'homme, l'homme sera contraire à la raison. De là vient que ceux qui ont écrit sur la justice et la politique en général se contredisent souvent eux-mêmes, et sont contredits par les autres. L'unique moyen de ramener cette doctrine aux règles infaillibles de la raison, c'est de commencer par établir des principes que la passion ne puisse attaquer, d'élever par degrés sur ces fondements solides et de rendre inébranlables des vérités puisées dans les lois de nature, qui jusqu'ici ont été bâties en l'air.

Thomas HOBBES, *De la nature humaine* (1650), « Épître dédicatoire », trad. baron d'Holbach (1772), rééd. E. Naert, Vrin, 1971.

1. *Mathématique* doit être ici pris en un sens très large et désigne tout ce qui s'appuie sur une démonstration incontestable. Par opposition, les vérités que l'on place au-delà de toute critique sont *dogmatiques*, donc non fondées, ce qui les expose aux affrontements et aux disputes.

texte 8

Kelsen. La norme du droit, c'est le droit

Le droit peut-il se passer de l'idée de justice ? L'idée d'un droit naturel visait à trouver un fondement rationnel à l'ordre juridique. Le positivisme juridique[1] de Kelsen considère que la norme du droit ne peut venir que du droit, et non d'un ordre qui l'excède.

Si, du point de vue de la connaissance scientifique, on se refuse à admettre l'existence d'un être transcendant par-delà toute expérience humaine possible, c'est-à-dire l'existence d'un absolu en général et de valeurs absolues en particulier, du point de vue d'une théorie scientifique du droit, la

1. Les termes *positif, positivisme* ne contiennent ici aucun jugement de valeur. En philosophie, *positif* signifie souvent

« ce qui existe » (par opposition à un idéal). Le *droit positif* est donc le système des lois, telles qu'elles sont édictées, qu'elles soient justes ou non.

2. Cette norme ne tire sa valeur que d'elle-même ; elle est la source du droit. C'est le cas, par exemple, de la Constitution dans un État de droit.

validité du droit positif ne peut dépendre de son rapport avec la justice. Car une telle dépendance ne peut exister que si la justice est une valeur absolue, si on suppose la validité d'une norme de justice qui exclut la validité de toute norme qui ne lui est pas conforme. Si on concède qu'il peut exister une pluralité de normes de justice différentes et éventuellement contradictoires, en ce sens qu'on peut présupposer l'une ou l'autre de ces normes de justice comme valable, et si par conséquent la valeur de justice n'est que relative, tout ordre juridique positif va fatalement entrer en contradiction avec l'une ou l'autre de ces normes de justice et il ne pourrait y avoir d'ordre juridique positif qui, vu qu'il contredirait l'une quelconque de ces normes de justice, ne devrait être considéré comme non valable. Mais d'autre part, tout ordre juridique positif peut être conforme à l'une quelconque des nombreuses normes de justice qui ne constituent que des valeurs relatives, sans que cette conformité soit considérée comme fondement de sa validité. [...]

Car pour une théorie positiviste du droit, le fondement de validité d'un ordre juridique positif ne réside pas dans l'une des nombreuses normes de justice, vu qu'elle ne peut accorder à aucune d'elles l'avantage sur les autres ; il réside au contraire dans une norme fondamentale[2] hypothétique, c'est-à-dire supposée dans la pensée juridique, selon laquelle on doit se comporter et traiter les hommes conformément à une Constitution primitive qui a une certaine efficacité, sans s'inquiéter de savoir si l'ordre juridique édifié conformément à cette Constitution est ou non conforme à une norme de justice quelconque. Dans la mesure où on met en question la validité du droit positif, aucune autre norme n'entre en ligne de compte que la norme fondamentale, et en particulier aucune norme de justice.

Hans Kelsen, « Justice et droit naturel », dans *Annales de philosophie politique*, vol. 6, PUF, 1959, p. 66-67.

› Repères
Voir **Absolu / Relatif, En fait / En droit, En théorie / En pratique, Origine / Fondement, Légal / Légitime.**

texte 9 — Rawls. La justice comme équité

Peut-on concevoir une norme de justice acceptable par tous ? Rawls retrouve les théories du contrat social en substituant à l'état de nature une situation hypothétique où les participants s'entendent sur les principes qui les lieront dans la société, tout en garantissant l'équité des lois à venir.

Dans la théorie de la justice comme équité, la position originelle d'égalité correspond à l'état de nature dans la théorie traditionnelle du contrat social. Cette position originelle n'est pas conçue, bien sûr, comme étant une situation historique réelle, encore moins une forme primitive de la culture. Il faut la comprendre comme étant une situation purement hypothétique[1], définie de manière à conduire à une certaine conception de la justice. Parmi les traits essentiels de cette situation, il y a le fait que personne ne connaît sa place dans la société, sa position de classe ou son statut social, pas plus que personne ne connaît le sort qui lui est réservé dans la répartition des capacités et des dons naturels, par exemple l'intelligence, la force, etc. J'irai même jusqu'à poser que les partenaires ignorent leurs propres conceptions

1. Il s'agit donc d'une fiction philosophique, d'une construction rationnelle.

du bien ou leurs tendances psychologiques particulières[2]. Les principes de la justice sont choisis derrière un voile d'ignorance. Ceci garantit que personne n'est avantagé ou désavantagé dans le choix des principes par le hasard naturel ou par la contingence des circonstances sociales. Comme tous ont une situation comparable et qu'aucun ne peut formuler des principes favorisant sa condition particulière, les principes de la justice sont le résultat d'un accord ou d'une négociation équitables *(fair)*. Car, étant donné les circonstances de la position originelle, c'est-à-dire la symétrie des relations entre les partenaires, cette situation initiale est équitable à l'égard des sujets moraux, c'est-à-dire d'êtres rationnels ayant leurs propres systèmes de fins[3] et capables, selon moi, d'un sens de la justice. La position originelle est, pourrait-on dire, le *statu quo*[4] initial adéquat et c'est pourquoi les accords fondamentaux auxquels on parvient dans cette situation initiale sont équitables. Tout ceci nous explique la justesse de l'expression « justice comme équité » : elle transmet l'idée que les principes de la justice sont issus d'un accord conclu dans une situation initiale elle-même équitable.

John RAWLS, *Théorie de la justice* (1971), trad. C. Audard, Éd. du Seuil, coll. « Points essais », 1997, p. 38-39.

2. C'est-à-dire que les individus considérés sont pris strictement comme des êtres rationnels, sans égard pour d'autres aspects de la réalité humaine.
3. Ensembles de valeurs qui donnent sens à nos choix et à nos actes.
4. Du latin *in statu quo ante* : « dans l'état où les choses étaient auparavant ». Une situation qui n'évolue pas.

Repères
Voir **En théorie / En pratique, Contingent / Nécessaire / Possible.**

Questions

1. Décrivez la « position originelle » (l. 1) dont parle le texte.
2. Que cherche à établir l'auteur en envisageant cette situation « hypothétique » (l. 5) ?
3. En vous appuyant sur le texte, définissez les notions de justice et d'équité.

3 | L'exercice de la justice

texte 10

Hegel. Le nécessaire recours à la légalité

Se venger, est-ce « se faire justice » ? On n'a pas le droit de se faire justice soi-même. Pour que la réparation ne soit pas arbitraire, il faut la médiation du juge. Celui-ci sanctionne par la loi qui vaut universellement, c'est-à-dire indépendamment des cas particuliers.

Mais il ne faut pas que l'acte de réparation soit exercé par l'individu lésé ou par ceux qui dépendent de lui, car, chez eux, la restauration du droit en son caractère universel se trouve liée au caractère fortuit de la passion. La réparation ne peut être l'œuvre que d'un tiers, à cet effet commis[1], qui ne fasse valoir et n'effectue que de l'universel. Dans cette mesure, elle est *punition*. [...]

La *vengeance* se distingue de la *punition* en ce que l'une est une réparation obtenue par un acte de la partie lésée, tandis que l'autre est l'œuvre d'un juge. C'est pourquoi il faut que la réparation soit effectuée à titre de punition, car dans la vengeance, la passion joue un rôle et le droit se trouve ainsi troublé. De plus, la vengeance n'a pas la forme du droit, mais celle de l'arbitraire, car la partie lésée agit toujours par sentiment ou selon un mobile subjectif[2].

1. Désigné.
2. La volonté naturelle est déterminée par des mobiles *subjectifs* : le besoin, le désir, la passion, l'intérêt particulier, l'opinion.

3. Sans possibilité de se racheter.

> Repères
Voir **En fait / En droit, Légal / Légitime.**

Aussi bien le droit qui prend la forme de la vengeance constitue à son tour une nouvelle offense, n'est senti que comme conduite individuelle et provoque, inexpiablement[3], à l'infini, de nouvelles vengeances.

Friedrich HEGEL, *Propédeutique philosophique* (cours donnés par Hegel de 1808 à 1811, édités à titre posthume en 1838), Ier cours, § 21, trad. M. de Gandillac, Denoël-Gonthier, 1971, p. 45.

texte 11

Rousseau.
Le recours à la volonté générale

Pourquoi la loi doit-elle être générale ? La sortie de l'état de nature, selon Rousseau, suppose un acte contractuel de tous avec tous. Le corps politique ainsi institué doit posséder aussi une âme. Cette âme, c'est la volonté générale, dont la loi est la manifestation, et qui permet un rapport harmonieux au sein du corps politique.

À considérer humainement les choses, faute de sanction naturelle les lois de la justice sont vaines parmi les hommes ; elles ne font que le bien du méchant et le mal du juste, quand celui-ci les observe avec tout le monde sans que personne les observe avec lui. Il faut donc des conventions et des lois pour unir les droits aux devoirs et ramener la justice à son objet. Dans l'état de nature, où tout est commun, je ne dois rien à ceux à qui je n'ai rien promis, je ne reconnais pour être à autrui que ce qui m'est inutile. Il n'en est pas ainsi dans l'état civil où tous les droits sont fixés par la loi.

Mais qu'est-ce donc enfin qu'une loi ?

[...] quand tout le peuple statue sur tout le peuple il ne considère que lui-même, et s'il se forme alors un rapport, c'est de l'objet entier sous un point de vue à l'objet entier sous un autre point de vue, sans aucune division du tout. Alors la matière sur laquelle on statue est générale comme la volonté qui statue. C'est cet acte que j'appelle une loi.

Quand je dis que l'objet des lois est toujours général, j'entends que la loi considère les sujets en corps et les actions comme abstraites, jamais un homme comme individu ni une action particulière. Ainsi la loi peut bien statuer qu'il y aura des privilèges, mais elle n'en peut donner nommément à personne ; la loi peut faire plusieurs classes de citoyens, assigner même les qualités qui donneront droit à ces classes, mais elle ne peut nommer tels et tels pour y être admis ; elle peut établir un gouvernement royal et une succession héréditaire, mais elle ne peut élire un roi ni nommer une famille royale ; en un mot toute fonction qui se rapporte à un objet individuel n'appartient point à la puissance législative.

Sur cette idée on voit à l'instant qu'il ne faut plus demander à qui il appartient de faire des lois, puisqu'elles sont des actes de la volonté générale[1] ; ni si le Prince est au-dessus des lois, puisqu'il est membre de l'État ; ni si la loi peut être injuste, puisque nul n'est injuste envers lui-même ; ni comment on est libre et soumis aux lois, puisqu'elles ne sont que des registres de nos volontés.

Jean-Jacques ROUSSEAU, *Du contrat social* (1762), livre II, chap. VI, Hatier, coll. « Les classiques de la philosophie », 1999, p. 44-46.

1. Rousseau distingue la *volonté générale*, qui vise l'intérêt général, de la volonté de tous (voir *Du contrat social*, livre III, chap. III).

> Repères
Voir **Légal / Légitime, Absolu / Relatif, Universel / Général / Particuler / Singulier.**

texte 12 Aristote. L'équité : une justice des situations singulières

Faut-il appliquer les lois à la lettre ? Aristote relève que leur inévitable généralité produit une insuffisance. La loi ne peut s'appliquer à tous les cas : la diversité des situations est un défi lancé au législateur. C'est pourquoi la justice en appelle au sens de l'équité du juge.

[...] l'équitable, tout en étant supérieur à une certaine justice, est lui-même juste, et ce n'est pas comme appartenant à un genre[1] différent qu'il est supérieur au juste. Il y a donc bien identité du juste et de l'équitable, et tous deux sont bons, bien que l'équitable soit le meilleur des deux. Ce qui fait la difficulté, c'est que l'équitable, tout en étant juste, n'est pas le juste selon la loi, mais un correctif de la justice légale. La raison en est que la loi est toujours quelque chose de général, et qu'il y a des cas d'espèce pour lesquels il n'est pas possible de poser un énoncé général qui s'y applique avec rectitude. Dans les matières, donc, où on doit nécessairement se borner à des généralités et où il est impossible de le faire correctement, la loi ne prend en considération que les cas les plus fréquents, sans ignorer d'ailleurs les erreurs que cela peut entraîner. La loi n'en est pas moins sans reproche, car la faute n'est pas à la loi, ni au législateur, mais tient à la nature des choses, puisque par leur essence même la matière des choses de l'ordre pratique[2] revêt ce caractère d'irrégularité. Quand, par suite, la loi pose une règle générale, et que là-dessus survient un cas en dehors de la règle générale, on est alors en droit, là où le législateur a omis de prévoir le cas et a péché par excès de simplification, de corriger l'omission et de se faire l'interprète de ce qu'eût dit le législateur lui-même s'il avait été présent à ce moment, et de ce qu'il aurait porté dans sa loi s'il avait connu le cas en question. De là vient que l'équitable est juste, et qu'il est supérieur à une certaine espèce de juste, non pas supérieur au juste absolu, mais seulement au juste où peut se rencontrer l'erreur due au caractère absolu de la règle. Telle est la nature de l'équitable : c'est d'être un correctif de la loi, là où la loi a manqué de statuer à cause de sa généralité. En fait, la raison pour laquelle tout n'est pas défini par la loi, c'est qu'il y a des cas d'espèce pour lesquels il est impossible de poser une loi, de telle sorte qu'un décret est indispensable. De ce qui est, en effet, indéterminé la règle aussi est indéterminée, à la façon de la règle de plomb utilisée dans les constructions de Lesbos[3] : de même que la règle épouse les contours de la pierre et n'est pas rigide, ainsi le décret est adapté aux faits.

ARISTOTE (IVe siècle av. J.-C.), *Éthique à Nicomaque*, livre V, chap. XIV, trad. J. Tricot, Vrin, coll. « Bibliothèque des textes philosophiques », 1990, p. 266-268.

1. La question du *genre* concerne, chez Aristote, le problème de la définition, donc de l'essence d'une chose.
2. Les actions concrètes, qui sont toujours singulières, par opposition à la loi, qui est générale.
3. Île grecque de la mer Égée.

> **Repères** Voir **En théorie / En pratique.**

texte 13 Aristote. Égalité numérique ou égalité selon le mérite

À qui faut-il confier l'exercice du pouvoir politique pour qu'il soit juste ? Aristote décrit ici deux conceptions de la justice : une égalité stricte (à chacun la même chose) et une égalité proportionnelle (à chacun selon son mérite). L'une incite à un régime populaire, l'autre à un régime oligarchique[1]. Cela conduira l'auteur à préconiser un « régime mixte », où le peuple est consulté, mais pour déléguer une partie du pouvoir aux plus compétents.

Mais l'égalité peut avoir deux formes, l'égalité numérique et l'égalité selon le mérite. Par égalité numérique j'entends le fait d'être identique et égal par la quantité ou la grandeur, par égalité selon le mérite le fait de l'être proportionnellement[2]. Exemple : c'est par une quantité numériquement égale que trois dépasse deux et que deux dépasse un, alors que c'est proportionnellement que quatre est à deux ce que deux est à un, car deux pour quatre et un pour deux sont des parties égales, à savoir leur moitié. Or si les gens sont d'accord sur le fait que l'absolument juste c'est le juste selon le mérite, les divergences surgissent, comme on l'a dit plus haut, du fait que les uns, s'ils sont égaux sur un point déterminé, pensent être totalement égaux, les autres s'ils sont inégaux sous quelque rapport se croient dignes d'être inégaux en tout. C'est pour cela qu'il se forme surtout deux types de Constitution : des régimes populaires et des oligarchies. Car être bien né et vertueux est le fait de peu de gens, alors que les autres dispositions sont fréquentes. De gens bien nés qui soient en même temps hommes de bien, en effet, nulle part on n'en peut trouver cent, alors que partout les riches pullulent. Quant à organiser une Constitution absolument et exclusivement sur l'une de ces formes d'égalité, c'est une mauvaise chose. Et c'est ce que manifestent les faits : aucune des Constitutions qui en procède n'est stable. Et la cause de cela, c'est qu'il est impossible qu'en partant d'une erreur première et concernant le principe même d'une Constitution on n'aboutisse pas finalement à quelque mal. C'est pourquoi il faut avoir recours sur certains points à l'égalité numérique, sur certains autres à l'égalité selon le mérite.

Pourtant la démocratie est plus stable et moins exposée aux séditions[3] que l'oligarchie. Dans les oligarchies, en effet, il advient deux sortes de séditions : celles provoquées par les querelles des oligarques entre eux, et celles provoquées par leurs querelles avec le peuple, alors que dans les démocraties il n'y a que celles qui visent les partisans d'une oligarchie, alors qu'aucune dissension digne de ce nom ne surgit au sein du peuple pour le dresser contre lui-même. De plus, la Constitution qui s'appuie sur les classes moyennes est plus proche du régime populaire que du gouvernement du petit nombre, et c'est elle la plus stable des Constitutions.

ARISTOTE (IVe siècle av. J.-C.), *Les Politiques*, livre V, chap. I, 1301b-1302a, trad. P. Pellegrin, Flammarion, coll. « GF », 1993, p. 344-345.

1. Régime où le pouvoir est exercé par un petit nombre. Du grec *oligos*, « petit, peu nombreux ».
2. L'analyse d'Aristote s'appuie sur les mathématiques. Il peut y avoir *égalité arithmétique* (stricte égalité) comme dans la démocratie athénienne, où les charges politiques sont réparties par un tirage au sort parmi les citoyens, ou bien *égalité géométrique* (du type $a/b = c/d$), c'est-à-dire selon un principe de répartition *proportionnelle* (par exemple : ce qui est accordé à a et à b est proportionnel à leurs mérites respectifs, c et d).
3. Révoltes contre le pouvoir.

> Repères

Voir **En fait / En droit, Légal / Légitime, Identité / Égalité / Différence.**

Pour se préparer au baccalauréat

Dissertations : p. 564.
Explications de texte : p. 547.

L'État

Ouverture

Lamartine et Tocqueville. Le suffrage universel 424

Présentation

Présentation 426

Textes

Textes 429

1 L'État : nature ou convention ?

1 **Aristote.** L'homme est un animal politique 429
2 **Rousseau.** La société politique n'est pas une grande famille 430
3 **Hobbes.** Un pacte social qui est un pacte de soumission 431
4 **Rousseau.** Le contrat social est un pacte d'association 432

2 Les limites de l'État

5 **Hegel.** Critique de l'idée de contrat social 433
6 **Engels.** L'État, instrument de la classe dominante 434
7 **Clastres.** La société contre l'État 434
8 **Tocqueville.** Les dangers de la démocratie 435
9 **Arendt.** La propagande, instrument du totalitarisme 436
10 **Kant.** Le dépassement de l'État : vers un État cosmopolitique 437

Andreas Gursky (né en 1955), *Bundestag*, 1989.

ouverture

Lamartine et Tocqueville

Le suffrage universel

Comment fut accueillie la première élection au suffrage universel, institué le 2 mars 1848 ? Deux témoins majeurs de cette époque, Alphonse de Lamartine et Alexis de Tocqueville, attentifs aux évolutions de leur siècle, nous ont laissé une description de sa première mise en œuvre. Pour établir ce suffrage universel, il avait fallu critiquer le suffrage censitaire[1] jusque-là en vigueur, et montrer qu'il était nécessaire de revenir au principe de la souveraineté nationale afin que la population exerce réellement ses droits politiques.

Extrait 1

Enfin, l'aube du salut se leva sur la France avec le jour des élections générales. Ce fut le jour de Pâques, époque de solennité pieuse, choisi par le gouvernement provisoire pour que les travaux du peuple ne lui donnassent ni distraction, ni prétexte de se soustraire à l'accomplissement de son devoir de peuple, et pour que la pensée religieuse qui plane sur l'esprit humain dans ces jours consacrés à la commémoration d'un grand culte, pénétrât dans la pensée publique et donnât à la liberté la sainteté d'une religion.

C'était le plus hardi problème qu'on eût jamais posé devant une nation organisée dans les temps nouveaux ; cette épreuve le résolut au salut et à la gloire de la nation.

Au lever du soleil, les populations recueillies et émues de patriotisme se formèrent en colonnes à la sortie des temples, sous la conduite des maires, des curés, des instituteurs, des juges de paix, des citoyens influents, s'acheminèrent par villages et hameaux aux chefs-lieux d'arrondissement, et déposèrent dans les urnes, sans autre impulsion que celle de leur conscience, sans violences, presque sans brigues[2], les noms des hommes dont la probité, les lumières, la vertu, le talent, et surtout la modération, leur inspiraient le plus de confiance pour le salut commun et pour l'avenir de la République.

Il en fut de même dans les villes. On voyait les citoyens riches et pauvres, soldats ou ouvriers, propriétaires ou prolétaires, sortir un à un du seuil de leurs maisons, le recueillement et la sérénité sur leurs visages, porter leurs suffrages écrits au scrutin, s'arrêter quelquefois pour le modifier sous une inspiration nouvelle, ou sous un repentir soudain de leur conscience, le déposer dans l'urne, et revenir avec la satisfaction peinte sur les traits comme d'une pieuse cérémonie.

Alphonse DE LAMARTINE, *Histoire de la révolution de 1848*, Éd. Gesztesi, p. 272.

1. Le suffrage des électeurs censitaires, c'est-à-dire de ceux qui paient le cens. Le cens représente une certaine quantité d'imposition nécessaire pour être électeur ou éligible. C'est un suffrage restreint par des conditions de fortune et donc qui ne concerne que certains citoyens, par opposition au suffrage universel.
2. Sans manœuvre secrète ni intrigue pour orienter les individus en vue de ses propres intérêts.

Extrait 2 Nous devions aller voter ensemble au bourg de Saint-Pierre, éloigné d'une lieue de notre village. Le matin de l'élection, tous les électeurs (c'est-à-dire toute la population mâle au-dessus de vingt ans) se réunirent devant l'église. Tous ces hommes se mirent à la file deux par deux, suivant l'ordre alphabétique ; je voulus marcher au rang que m'assignait mon nom, car je savais que dans les pays et les temps démocratiques, il faut se faire mettre à la tête du peuple et ne pas s'y mettre soi-même. Au bout de la longue file venaient sur des chevaux de bât ou dans des charrettes, des infirmes ou des malades qui avaient voulu nous suivre ; nous ne laissions derrière nous que les enfants et les femmes ; nous étions en tout cent soixante-dix. Arrivés au haut de la colline qui domine Tocqueville, on s'arrêta un moment ; je sus qu'on désirait que je parlasse. Je grimpai donc sur le revers d'un fossé, on fit cercle autour de moi et je dis quelques mots que la circonstance m'inspira. Je rappelai à ces braves gens la gravité et l'importance de l'acte qu'ils allaient faire ; je leur recommandai de ne point se laisser accoster ni détourner par ceux qui, à notre arrivée au bourg, pourraient chercher à les tromper ; mais de marcher sans se désunir et de rester ensemble, chacun à son rang, jusqu'à ce qu'on eût voté. « Que personne, dis-je, n'entre dans une maison pour prendre de la nourriture ou pour se sécher (il pleuvait ce jour-là) avant d'avoir accompli son devoir. » Ils crièrent qu'ainsi ils feraient, et ainsi ils firent. Tous les votes furent donnés en même temps, et j'ai lieu de penser qu'ils le furent presque tous au même candidat.

Alexis DE TOCQUEVILLE, *Souvenirs* (1893), Gallimard, 1942, p. 100-101.

Frédéric Sorrieu (1807-1861), *Le Suffrage universel*, 1850, lithographie, musée Carnavalet, Paris.

Présentation

1 | L'État : nature ou convention ?

Textes 1 à 4
Aristote, Rousseau, Hobbes, Rousseau,
p. 429-433.

La philosophie grecque a inauguré la réflexion politique et en a fixé le cadre initial : l'opposition du *nomos*, « la loi », et de la *phusis*, « la nature ». Si les sophistes faisaient le plus souvent l'apologie de la loi et de la coutume, Platon et Aristote ont eu tendance à valoriser la nature comme fondement de l'autorité politique. La philosophie moderne, à partir du XVIIe siècle, renouvellera ce débat en opposant la **nature** et la **convention**. Cette notion de convention renvoie à l'irruption de l'idée de liberté comme condition et comme fin de la société politique, et cela à partir de prémisses individualistes que ni Platon ni Aristote n'auraient acceptées.

La famille et l'État : la critique de la conception patriarcale du pouvoir

Pour un anthropologue comme Lévi-Strauss[1], « rien ne serait plus faux que de réduire la famille à son fondement naturel[2] ». Son institution est culturelle. Pourtant, dès l'Antiquité, par exemple chez Aristote, la réflexion sur l'État a toujours été liée à une analyse des formes de sociétés que sont la famille ou le village, voire la tribu. La thèse fondamentale d'Aristote dans *Les Politiques* est que « l'homme est **par nature** un animal politique », mais aussi qu'il y a une **genèse naturelle** de la société politique. Car, quand on l'analyse, **la Cité ne se décompose pas en individus** : elle se décompose en communautés dont chacune est naturelle, de telle sorte que la Cité l'est aussi. L'individualisme est récusé par Aristote autant que par Platon, même si ce dernier reconnaît davantage de valeur à l'individu. Si Aristote veut inscrire la Cité dans l'ordre naturel, il différencie en même temps ces communautés en montrant qu'elles ne sont pas identifiables : l'autorité paternelle n'est pas l'autorité despotique[3], et ni l'une ni l'autre ne sont l'autorité politique.

À la suite d'Aristote, Rousseau distinguera le gouvernement domestique du gouvernement civil, l'autorité du père de l'autorité politique et, dans tous les cas, exclura qu'ils soient despotiques. « Le père doit donc commander dans la famille[4] », mais il n'y commande pas comme un roi, et un roi à son tour ne commande pas dans son royaume comme un père car il n'est pas le père de ses sujets. Le **modèle patriarcal** du pouvoir politique se trouve alors refusé. Il reste à en trouver le fondement.

1. Voir « La société », p. 390, et les textes 1 et 2 de Lévi-Strauss, p. 394. 2. *Le Regard éloigné*, Plon, 1983, p. 83. 3. Chez Aristote, l'autorité despotique est l'autorité du maître sur l'esclave. Voir, dans « Esclavage et dignité humaine », le texte 1 d'Aristote, p. 505. 4. *Discours sur l'économie politique* (1755), Vrin, 2002, p. 42.

Le pacte social et l'institution de l'État

À l'idée aristotélicienne d'une **sociabilité naturelle** des hommes, Rousseau oppose leur caractère **asocial** dans l'état de nature et la possibilité, inconcevable pour Aristote, d'une autarcie naturelle de l'individu.

Les théoriciens du contrat sont tous opposés à la thèse aristotélicienne de l'État fondé en **nature**. Ils le fondent sur une **convention**. Mais ils ne s'entendent pas sur la nature même de cette convention[1]. Il y a en effet bien de la différence entre le pacte de soumission fondant un pouvoir absolu chez Hobbes[2] et le pacte d'association proposé par Rousseau[3], qui jette les bases d'une conception démocratique de la souveraineté qui, pour l'essentiel, reste la nôtre. Le pacte social est conçu comme un **échange** – soit égal, soit inégal – par ces différents auteurs. Selon Hobbes, par exemple, chacun échange avec chacun, mais au profit d'un tiers, le souverain, qui ne s'engage à rien, ou presque. En aliénant leur liberté naturelle, les hommes obtiendraient en échange la sécurité de leur personne et de leurs biens. Mais peut-on se sentir en sécurité face à un souverain dont la puissance est sans limite réelle ?

Selon Rousseau, la liberté est inaliénable : on ne peut ni la donner ni la vendre. Dans l'acte d'association, chacun, en s'unissant à tous, n'obéit pourtant qu'à lui-même et reste aussi libre qu'auparavant : car, en se donnant à tous, chacun ne se donne à personne ; chacun n'échange jamais qu'avec soi-même, ce qui constitue un paradoxal et singulier échange. Chacun y renonce, en réalité, à sa liberté et à ses droits naturels, pour acquérir une liberté politique et des droits civils. Le pacte social, « d'un animal stupide et borné [...] fait un être intelligent et un homme[4] ».

2 | Les limites de l'État

Les critiques du pacte social et les critiques de l'État

Textes 5 à 10
Hegel, Engels, Clastres, Tocqueville, Arendt, Kant,
p. 433-437.

Les critiques des théories du contrat viennent d'horizons très divers. La critique hégélienne est originale ; elle vise surtout Rousseau dont elle réfute l'individualisme. En faisant de l'existence des individus le **fondement** même du pacte social, les théories du contrat laissent à penser que l'individu aurait le choix de conclure ou de ne pas conclure le pacte, comme si l'institution de l'État dépendait de la bonne volonté des individus. Mais, selon Hegel – en cela proche d'Aristote –, l'autosuffisance de l'individu n'est qu'une illusion individualiste : l'individu n'acquiert sa réalité effective qu'en tant que membre de l'État, auquel il ne préexiste pas.

Hegel introduit[5] une distinction capitale entre la société civile et l'État. La société civile est le lieu même où se confrontent les intérêts individuels. Mais ces conflits menacent de rompre l'unité du corps social. L'État a pour fonction de préserver cette unité par la considération de l'universel[6]. La société civile relève donc d'une forme de libéralisme économique qui, d'après Hegel, rencontre des limites et suppose son dépassement dans la sphère politique. Mais, quand le libéralisme économique s'assujettit cette sphère, il a tendance à concevoir l'État comme un simple instrument au

1. Voir « La justice et le droit », p. 409. 2. *Léviathan*, chap. XVII et *Le Citoyen*, chap. V et VI. 3. *Du contrat social*, livre I, chap. VI et VII. 4. *Du contrat social*, livre I, chap. VIII. 5. *Principes de la philosophie du droit*, IIIe partie, « La société civile », § 182-256, et « L'État », § 257-360. 6. Voir, dans les Repères, « Universel / Général / Particulier / Singulier ».

service de la société civile, c'est-à-dire des intérêts individuels. Or l'État a une fonction supérieure, dans la mesure où il s'efforce de subordonner les conflits économiques à des règles supérieures, en particulier éthiques.

Si le libéralisme tend à faire de l'État un moyen au service de la société civile et cherche à en limiter la puissance, la tradition marxiste en fera un obstacle à supprimer au profit d'une société civile sans classes sociales. Dans les deux cas, c'est la **limitation réciproque** et l'équilibre entre la société civile et l'État qui sont remis en cause.

Démocratie et totalitarisme

En visitant l'Amérique au début du XIXe siècle, Tocqueville découvre un nouveau type de démocratie et la préfiguration de l'avenir des sociétés modernes : un individualisme exacerbé, une passion de l'égalité qui conduit à l'égalitarisme, une recherche du nivellement des conditions. Loin d'y voir l'assurance d'un pouvoir enfin républicain, il y perçoit le risque d'une généralisation du système démocratique tendant à une forme de despotisme paternaliste, dérive possible de l'État-providence : des hommes traités en mineurs par un pouvoir qui vise à leur procurer le bonheur[1] de telle sorte que les libertés extérieures soient en apparence respectées, et qu'en fait les hommes soient dépourvus de toute réelle liberté intérieure. Cette servitude douce et paisible serait une nouvelle forme de despotisme.

L'expérience historique si douloureuse du XXe siècle peut-elle être conçue comme une expression de ce despotisme ? Hannah Arendt soutient que le totalitarisme est irréductible au despotisme : le fascisme, le nazisme ou le stalinisme sont sans précédent parce que le rôle de l'idéologie et de la propagande y est sans équivalent.

Le dépassement de l'État : vers la paix universelle

L'institution de l'état civil met un terme à l'état de nature qui existe entre les individus et instaure la paix civile à l'intérieur de l'État. Cet **état de droit** ne suppose pas pour autant la suppression absolue de la violence, mais sa neutralisation. Cependant, l'institution des États fait naître un **nouvel état de nature** entre ces États eux-mêmes. Apparaît ainsi la guerre, comme relation politique entre les États : la paix est toujours l'exception et la politique se déploie dans l'horizon de la guerre toujours possible.

Peut-on concevoir une sortie définitive de l'état de nature qui oppose les États ? Cela revient à penser radicalement l'idée de la paix, et non son concept empirique : une paix éternelle et universelle, et non plus un état provisoire instauré par des pactes fragiles. Kant montre le caractère raisonnable de ce projet. Prenant en partie modèle sur la façon dont l'état civil a pu se constituer, il en fait un idéal[2] de la raison pratique qui guidera l'action des hommes dans l'histoire. Car si cette idée de la paix universelle et éternelle peut être conçue sans contradiction, l'essentiel reste encore de la réaliser grâce à l'action. La réflexion de Kant entrevoit la possibilité d'une « société des nations », qui ne serait pas un État au-dessus de tous les États, mais une fédération fondée sur des principes communs de relations entre les États souverains.

Hegel[3] récusera ce projet kantien : il n'y a pas de sortie possible et définitive de l'état de nature qui existe entre les États ; et la guerre, qui les met à l'épreuve, semble inévitable. Il est vrai que l'histoire ne lui a jusqu'ici opposé aucun démenti dans les faits.

1. Voir, dans « Le bonheur », la présentation, p. 495, et le texte 9 de Kant, p. 502. 2. Voir, dans les Repères, « Idéal / Réel ».
3. *Principes de la philosophie du droit*, § 321-329.

L'État
Textes

I | L'État : nature ou convention ?

texte 1

Aristote.
L'homme est un animal politique

Peut-on penser les individus humains indépendamment de la société dans laquelle on les trouve ? En examinant la genèse possible de la société, de la communauté la plus simple jusqu'à la cité, Aristote montre en quel sens celle-ci est logiquement antérieure aux individus qui la composent.

Et la communauté achevée formée de plusieurs villages est une cité dès lors qu'elle a atteint le niveau de l'autarcie[1] pour ainsi dire complète ; s'étant donc constituée pour permettre de vivre, elle permet, une fois qu'elle existe, de mener une vie heureuse. Voilà pourquoi toute cité est naturelle : c'est parce que les communautés antérieures dont elle procède le sont aussi. Car elle est leur fin[2], et la nature est fin : ce que chaque chose, en effet, est une fois que sa genèse est complètement achevée, c'est cela que nous disons être la nature de cette chose [...].

Il est manifeste, à partir de cela, que la cité fait partie des choses naturelles, et que l'homme est par nature un animal politique[3], et que celui qui est hors cité, naturellement bien sûr et non par le hasard des circonstances, est soit un être dégradé soit un être surhumain, et il est comme celui qui est injurié en ces termes par Homère : « sans lignage, sans loi et sans foyer ».

Car un tel homme est du même coup naturellement passionné de guerre, étant comme un pion isolé au jeu de trictrac[4]. C'est pourquoi il est évident que l'homme est un animal politique plus que n'importe quelle abeille et que n'importe quel animal grégaire[5]. Car, comme nous le disons, la nature ne fait rien en vain ; or seul parmi les animaux l'homme a un langage. Certes la voix est le signe du douloureux et de l'agréable, aussi la rencontre-t-on chez les animaux ; leur nature, en effet, est parvenue jusqu'au point d'éprouver la sensation du douloureux et de l'agréable et de se les signifier mutuellement. Mais le langage existe en vue de manifester l'avantageux et le nuisible, et par suite aussi le juste et l'injuste. Il n'y a en effet qu'une chose qui soit propre aux hommes par rapport aux autres animaux : le fait que seuls ils aient la perception du bien, du mal, du juste, de l'injuste et des autres notions de ce genre. Or avoir de telles notions en commun, c'est ce qui fait une famille et une cité.

De plus une cité est par nature antérieure à une famille et à chacun de nous. Le tout, en effet, est nécessairement antérieur à la partie, car le corps

1. Capacité à vivre sans s'appuyer sur l'extérieur, autosuffisance.
2. Leur but, leur finalité.
3. Du grec *politikos*, « qui vit en cité » (de *polis*, « cité »).
4. Jeu de l'Antiquité grecque, qui, à la façon des dames, se jouait avec des pions.
5. Qui vit en groupe ou en troupeau.

une fois détruit, il n'y a plus ni pied ni main [...]. S'il est vrai, en effet, que chacun pris séparément n'est pas autosuffisant, il sera dans la même situation que les autres parties vis-à-vis du tout, alors que celui qui n'est pas capable d'appartenir à une communauté ou qui n'en a pas besoin parce qu'il se suffit à lui-même n'est en rien une partie d'une cité, si bien que c'est soit une bête soit un dieu.

› **Repères**
Voir
Origine / Fondement.

ARISTOTE (IVe siècle av. J.-C.), *Les Politiques*, livre I, chap. II, 1252a-1253a, trad. P. Pellegrin, Flammarion, coll. « GF », 2e éd., 1993, p. 87, 89, 90-92.

texte 2

Rousseau. La société politique n'est pas une grande famille

Peut-on penser la société sur le modèle de la communauté familiale ? En montrant que la famille est, jusqu'à un certain point, une communauté naturelle – ce que ne saurait être la société –, Rousseau récuse toute tentation d'appliquer le modèle patriarcal à la constitution de la société et à l'exercice du pouvoir politique.

Quand il y aurait entre l'État et la famille autant de rapport que plusieurs auteurs[1] le prétendent, il ne s'ensuivrait pas pour cela que les règles de conduite propres à l'une de ces deux sociétés fussent convenables à l'autre : elles diffèrent trop en grandeur pour pouvoir être administrées de la même manière, et il y aura toujours une extrême différence entre le gouvernement domestique[2], où le père peut tout voir par lui-même, et le gouvernement civil, où le chef ne voit presque rien que par les yeux d'autrui. Pour que les choses devinssent égales à cet égard, il faudrait que les talents, la force, et toutes les facultés du père, augmentassent en raison de la grandeur de la famille, et que l'âme d'un puissant monarque fût à celle d'un homme ordinaire, comme l'étendue de son empire est à l'héritage d'un particulier.

Mais comment le gouvernement de l'État pourrait-il être semblable à celui de la famille dont le fondement est si différent ? Le père étant physiquement plus fort que ses enfants, aussi longtemps que son secours leur est nécessaire, le pouvoir paternel passe avec raison pour être établi par la nature. Dans la grande famille[3] dont tous les membres sont naturellement égaux[4], l'autorité politique purement arbitraire quant à son institution ne peut être fondée que sur des conventions, ni le magistrat[5] commander aux autres qu'en vertu des lois. Les devoirs du père lui sont dictés par des sentiments naturels, et d'un ton qui lui permet rarement de désobéir. Les chefs n'ont point de semblable règle, et ne sont réellement tenus envers le peuple qu'à ce qu'ils lui ont promis de faire, et dont il est en droit d'exiger l'exécution. Une autre différence plus importante encore, c'est que les enfants n'ayant rien que ce qu'ils reçoivent du père, il est évident que tous les droits de propriété lui appartiennent, ou émanent de lui ; c'est tout le contraire dans la grande famille, où l'administration générale n'est établie que pour assurer la propriété particulière qui lui est antérieure. Le principal objet des travaux de toute la maison est de conserver et d'accroître le patrimoine du père, afin qu'il puisse un jour le partager entre ses enfants sans les appauvrir ; au lieu que la richesse du fisc n'est qu'un moyen, souvent fort mal entendu, pour maintenir les particuliers dans la paix et dans l'abondance. En un mot, la petite famille est destinée à

1. Par exemple : Robert Filmer, *Patriarcha ou le Pouvoir naturel des rois* (1680) ; Bossuet, *Politique tirée des propres paroles de l'Écriture sainte* (1709).
2. L'administration de la famille.
3. C'est-à-dire la société.
4. Selon Rousseau, comme il l'expose dans son *Discours sur l'origine et les fondements de l'inégalité parmi les hommes* (1755), les inégalités naturelles ne sont jamais suffisantes, tant qu'elles ne sont pas amplifiées par les mécanismes sociaux, pour créer des relations de subordination entre les hommes.
5. Dépositaire de l'autorité publique.

6. Se dissoudre.

› Repères
Voir **Ressemblance / Analogie.**

s'éteindre, et à se résoudre[6] un jour en plusieurs autres familles semblables ; mais la grande étant faite pour durer toujours dans le même état, il faut que la première s'augmente pour se multiplier [...].

Jean-Jacques ROUSSEAU, *Discours sur l'économie politique* (1755), Vrin, 2002, p. 41-42.

texte 3

Hobbes. Un pacte social qui est un pacte de soumission

Pourquoi les hommes, qui tiennent tant à leur liberté, se sont-ils imposé l'État et ses lois contraignantes ? Précisément, montre ici Hobbes, parce que le maintien de chacun dans sa liberté naturelle menacerait leur sécurité, à laquelle ils tiennent encore bien davantage.

La cause finale[1], fin ou but des humains (lesquels aiment naturellement la liberté et avoir de l'autorité sur les autres), en s'imposant à eux-mêmes cette restriction (par laquelle on les voit vivre dans des États), est la prévoyance de ce qui assure leur propre préservation et plus de satisfaction dans la vie ; autrement dit de sortir de ce misérable état de guerre[2] qui est, comme on l'a montré, une conséquence nécessaire des passions naturelles qui animent les humains quand il n'y a pas de puissance visible pour les maintenir en respect et pour qu'ils se tiennent à l'exécution de leurs engagements contractuels par peur du châtiment, comme à l'observation de ces lois de nature[3] telles qu'elles sont établies aux chapitres 14 et 15. [...]

Le seul moyen d'établir pareille puissance commune, capable de défendre les humains contre les invasions des étrangers et les préjudices commis aux uns par les autres et, ainsi, les protéger de telle sorte que, par leur industrie propre et les fruits de la terre, ils puissent se suffire à eux-mêmes et vivre satisfaits, est de rassembler toute leur puissance et toute leur force sur un homme ou sur une assemblée d'hommes qui peut, à la majorité des voix, ramener toutes leurs volontés à une seule volonté ; ce qui revient à dire : désigner un homme, ou une assemblée d'hommes, pour porter leur personne ; et chacun fait sienne et reconnaît être lui-même l'auteur de toute action accomplie ou causée par celui qui porte leur personne, et relevant de ces choses qui concernent la paix commune et la sécurité ; par là même, tous et chacun d'eux soumettent leurs volontés à sa volonté, et leurs jugements à son jugement. C'est plus que le consentement ou la concorde ; il s'agit d'une unité réelle de tous en une seule et même personne, faite par convention de chacun avec chacun, de telle manière que c'est comme si chaque individu devait dire à tout individu : *j'autorise cet homme ou cette assemblée d'hommes, et je lui abandonne mon droit de me gouverner moi-même, à cette condition que tu lui abandonnes ton droit et autorises toutes ses actions de la même manière.* Cela fait, la multitude, ainsi unie en une personne une, est appelée un État, en latin CIVITAS. Telle est la génération[4] de ce grand LÉVIATHAN[5], ou plutôt (pour parler avec plus de déférence) de ce *dieu mortel*, auquel nous devons, sous le *dieu immortel*, notre paix et notre défense.

Thomas HOBBES, *Léviathan* (1651), livre II, chap. XVII, trad. G. Mairet, Gallimard, coll. « Folio essais », 2000, p. 281-282 et 287-288.

1. Celle en vue de laquelle les choses sont faites. Hobbes interroge ici le but recherché par les hommes en s'associant, alors que cela les conduit à renoncer à leur « liberté naturelle ».
2. Voir, dans « Autrui », le texte 1 de Hobbes, p. 78.
3. Ici, lois qui résultent de la nécessité d'assurer son existence dans les meilleures conditions possibles.
4. L'engendrement, la genèse.
5. Monstre marin mentionné dans la Bible (Psaumes, 74, 14 ; 104, 26 ; Job, 40, 25-26 ; et Esaïe, 27, 1). Il désigne symboliquement, chez Hobbes, le pouvoir absolu de l'État.

› Repères
Voir **Légal / Légitime, Cause / Fin.**

texte 4

Rousseau. Le contrat social est un pacte d'association

Comment aliéner totalement sa liberté et rester aussi libre, sinon plus, qu'auparavant ? C'est à Hobbes que Rousseau emprunte cette idée d'une « aliénation totale[1] » comme fondement du pacte social mais, cette fois-ci, il s'agit d'aliéner tous ses droits naturels « à toute la communauté » pour obtenir en échange des droits politiques.

Je suppose les hommes parvenus à ce point où les obstacles qui nuisent à leur conservation dans l'état de nature l'emportent par leur résistance sur les forces que chaque individu peut employer pour se maintenir dans cet état. Alors cet état primitif ne peut plus subsister, et le genre humain périrait s'il ne changeait sa manière d'être.

Or comme les hommes ne peuvent engendrer de nouvelles forces, mais seulement unir et diriger celles qui existent, ils n'ont plus d'autre moyen pour se conserver que de former par agrégation une somme de forces qui puisse l'emporter sur la résistance, de les mettre en jeu par un seul mobile et de les faire agir de concert.

Cette somme de forces ne peut naître que du concours de plusieurs : mais la force et la liberté de chaque homme étant les premiers instruments de sa conservation, comment les engagera-t-il sans se nuire, et sans négliger les soins qu'il se doit ? Cette difficulté ramenée à mon sujet peut s'énoncer en ces termes :

« Trouver une forme d'association qui défende et protège de toute la force commune la personne et les biens de chaque associé, et par laquelle chacun s'unissant à tous n'obéisse pourtant qu'à lui-même et reste aussi libre qu'auparavant. » Tel est le problème fondamental dont le contrat social donne la solution.

Les clauses de ce contrat sont tellement déterminées par la nature de l'acte que la moindre modification les rendrait vaines et de nul effet ; en sorte que, bien qu'elles n'aient peut-être jamais été formellement énoncées, elles sont partout les mêmes, partout tacitement admises et reconnues ; jusqu'à ce que, le pacte social étant violé, chacun rentre alors dans ses premiers droits et reprenne sa liberté naturelle, en perdant la liberté conventionnelle pour laquelle il y renonça.

Ces clauses bien entendues se réduisent toutes à une seule, savoir l'aliénation[2] totale de chaque associé avec tous ses droits à toute la communauté. Car, premièrement, chacun se donnant tout entier, la condition est égale pour tous, et la condition étant égale pour tous, nul n'a intérêt de la rendre onéreuse aux autres.

De plus, l'aliénation se faisant sans réserve, l'union est aussi parfaite qu'elle peut l'être et nul associé n'a plus rien à réclamer : car s'il restait quelques droits aux particuliers, comme il n'y aurait aucun supérieur commun qui pût prononcer entre eux et le public, chacun étant en quelque point son propre juge prétendrait bientôt l'être en tous, l'état de nature subsisterait et l'association deviendrait nécessairement tyrannique ou vaine.

Enfin, chacun se donnant à tous ne se donne à personne, et comme il n'y a pas un associé sur lequel on n'acquière le même droit qu'on lui cède sur

1. Voir le texte précédent de Hobbes.
2. Au chapitre IV, Rousseau avait défini le terme *aliéner* comme le fait de donner ou de vendre ; il qualifie l'échange d'un point de vue juridique. En reprenant cette expression, il se rapproche le plus possible de la position de Hobbes, et il s'en démarque, puisque l'*aliénation* ne se fait plus au profit d'un autre homme.

3. La *volonté générale* n'est pas la somme des volontés particulières. D'essence rationnelle, elle vise l'intérêt général, qui est son objet ; la loi est son expression. Voir, dans « La justice et le droit », le texte 11 de Rousseau, p. 419

soi, on gagne l'équivalent de tout ce qu'on perd, et plus de force pour conserver ce qu'on a.

Si donc on écarte du pacte social ce qui n'est pas de son essence, on trouvera qu'il se réduit aux termes suivants : *Chacun de nous met en commun sa personne et toute sa puissance sous la suprême direction de la volonté générale*[3] ; *et nous recevons en corps chaque membre comme partie indivisible du tout.*

Jean-Jacques ROUSSEAU, *Du contrat social* (1762), livre I, chap. VI, Hatier, coll. « Les classiques de la philosophie », 1999, p. 20-22.

2 Les limites de l'État

texte 5 Hegel.
Critique de l'idée de contrat social

En quel sens les individus adhèrent-ils librement à l'État ? Hegel montre qu'ils doivent déjà être membres de l'État pour développer et réaliser pleinement leur volonté libre. La constitution de l'État ne peut donc pas être pensée avec rigueur si on la considère comme l'effet d'une convention entre des volontés qui en réalité le présupposent.

Si l'État est confondu avec la société civile et si sa destination est située dans la sécurité et la protection de la propriété et de la liberté personnelle, *l'intérêt des individus-singuliers comme tels* est alors la fin dernière en vue de laquelle ils sont réunis, et il s'ensuit également que c'est quelque chose qui relève du bon plaisir que d'être membre de l'État. – Or celui-ci a un tout autre rapport avec l'individu : attendu qu'il est esprit objectif[1], l'individu n'a lui-même d'objectivité, de vérité et d'éthicité que s'il en est membre. La *réunion* en tant que telle est elle-même le contenu et la fin véritables, et la destination des individus est de mener une vie universelle ; leur satisfaction particulière ultérieure, leur activité, leur mode de comportement ont pour point de départ et résultat cet élément-substantiel doté d'une validité universelle. [...] En ce qui regarde l'investigation de ce concept, *Rousseau* a eu le mérite d'avoir établi comme principe de l'État un principe qui, non seulement quant à sa forme (comme par exemple l'impulsion de socialité, l'autorité divine), mais aussi quant à son contenu, *est de la pensée*, en l'occurrence l'*acte-de-penser* même, à savoir la *volonté*[2]. Seulement, comme il a saisi la volonté dans la seule forme déterminée de la volonté *singulière* (comme le fit aussi Fichte par après) et la volonté générale non pas comme ce que la volonté a de rationnel en soi et pour soi, mais seulement comme l'*élément-commun* qui surgit de cette volonté singulière *en tant que consciente*, la réunion des individus-singuliers dans l'État devient un *contrat*, lequel a de ce fait pour assise leur arbitre, leur opinion et leur consentement exprès et relevant du bon plaisir[3] [...].

Friedrich HEGEL, *Principes de la philosophie du droit* (1820-1821), IIIe partie, IIIe section, § 257, et Remarque du § 258, trad J.-Fr. Kervégan, PUF, coll. « Quadrige », 2003, p. 313-315.

1. L'État est esprit objectif en ce qu'il concrétise dans des institutions et dans la vie publique l'esprit d'un peuple.
2. Voir le texte précédent.
3. Le modèle du contrat suppose la libre décision de volontés conscientes singulières, tandis que, pour Hegel, l'État est au contraire la condition de la volonté universelle qui l'anime.

texte 6

Engels. L'État, instrument de la classe dominante

La fonction de l'État est-elle la recherche de l'intérêt général ? Le marxisme soutient qu'en réalité il est un instrument de domination de la classe prolétarienne par la bourgeoisie et non l'expression de l'intérêt général. Comme Marx, Engels remet ici en cause la vision hégélienne de l'État (voir le texte précédent).

L'État n'est donc pas un pouvoir imposé du dehors à la société ; il n'est pas davantage « la réalité de l'idée morale », « l'image et la réalité de la raison », comme le prétend Hegel[1]. Il est bien plutôt un produit de la société à un stade déterminé de son développement ; il est l'aveu que cette société s'empêtre dans une insoluble contradiction avec elle-même, s'étant scindée en oppositions inconciliables qu'elle est impuissante à conjurer. Mais pour que les antagonistes, les classes aux intérêts économiques opposés, ne se consument pas, elles et la société, en une lutte stérile, le besoin s'impose d'un pouvoir qui, placé en apparence au-dessus de la société, doit estomper le conflit, le maintenir dans les limites de l'« ordre » ; et ce pouvoir, né de la société, mais qui se place au-dessus d'elle et lui devient de plus en plus étranger, c'est l'État. [...]

Comme l'État est né du besoin de refréner des oppositions de classes, mais comme il est né, en même temps, au milieu du conflit de ces classes, il est, dans la règle, l'État de la classe la plus puissante, de celle qui domine au point de vue économique et qui, grâce à lui, devient aussi classe politiquement dominante et acquiert ainsi de nouveaux moyens pour mater et exploiter la classe opprimée. C'est ainsi que l'État antique était *avant tout* l'État des propriétaires d'esclaves pour mater les esclaves, comme l'État féodal fut l'organe de la noblesse pour mater les paysans serfs et corvéables, et comme l'État représentatif moderne est l'instrument de l'exploitation du travail salarié par le capital.

Friedrich Engels, *L'Origine de la famille, de la propriété privée et de l'État* (1884), trad. J. Stern, Cl. Mainfroy, Éditions sociales, 1983, p. 281 et 283-284.

1. Pour Hegel, l'État est l'accomplissement réel des volontés rationnelles qui le composent et l'aboutissement d'un long processus historique de rationalisation de la vie publique. Pour Marx et Engels, l'État est un instrument politique destiné à déguiser et contenir l'opposition d'intérêts entre le prolétariat et la bourgeoisie.

› Repères
Voir **Légal / Légitime**.

texte 7

Clastres. La société contre l'État

Peut-on affirmer que toute vie sociale bien organisée suppose l'établissement d'un État ? L'anthropologue Pierre Clastres montre que la division entre société et État n'existe pas dans les sociétés dites primitives. En opposition à Marx[1], il soutient que l'aliénation économique est précédée de l'aliénation politique.

Quand, dans la société primitive, l'économique se laisse repérer comme champ autonome et défini, quand l'activité de production devient travail aliéné, comptabilisé et imposé par ceux qui vont jouir des fruits de ce travail, c'est que la société n'est plus primitive, c'est qu'elle est devenue une société divisée en dominants et dominés, en maîtres et en sujets, c'est qu'elle a cessé d'exorciser[2] ce qui est destiné à la tuer : le pouvoir et le respect du pouvoir. La division majeure de la société, celle qui fonde toutes les autres, y compris sans doute la division du travail, c'est la nouvelle

1. Voir le texte précédent.
2. C'est-à-dire de chasser et de conjurer, comme on chasse un démon.

disposition verticale entre la base et le sommet, c'est la grande coupure politique entre détenteurs de la force, qu'elle soit guerrière ou religieuse, et assujettis à cette force. La relation politique de pouvoir précède et fonde la relation économique d'exploitation. Avant d'être économique, l'aliénation est politique, le pouvoir est avant le travail, l'économique est une dérive du politique, l'émergence de l'État détermine l'apparition des classes.

Pierre CLASTRES, *La Société contre l'État*, Éd. de Minuit, 1974, p. 169.

> Repères
Voir
Origine / Fondement.

Questions

1. Que veut dire l'auteur quand il écrit que « l'économique se laisse repérer comme champ autonome et défini » (l. 1-2) ? Expliquez pourquoi ce n'est pas le cas tant que la société reste primitive.
2. À quels critères reconnaît-on qu'une société est devenue une société politique ?
3. Expliquez en quoi l'auteur s'oppose à la conception marxiste de l'aliénation économique et politique (voir le texte précédent).

texte 8

Tocqueville.
Les dangers de la démocratie

La démocratie nous préserve-t-elle nécessairement de toute forme totalitaire de l'État ? L'histoire nous a plusieurs fois démontré le contraire. Dans l'analyse du régime démocratique qu'il propose, Tocqueville souligne les effets pervers de l'individualisme qui, paradoxalement, détourne, en régime démocratique, de l'intérêt pour le bien commun.

Je veux imaginer sous quels traits nouveaux le despotisme pourrait se produire dans le monde : je vois une foule innombrable d'hommes semblables et égaux qui tournent sans repos sur eux-mêmes pour se procurer de petits et vulgaires plaisirs dont ils emplissent leur âme. Chacun d'eux, retiré à l'écart, est comme étranger à la destinée de tous les autres : ses enfants et ses amis particuliers forment pour lui toute l'espèce humaine ; quant au demeurant de ses concitoyens, il est à côté d'eux, mais il ne les voit pas ; il les touche et ne les sent point ; il n'existe qu'en lui-même et pour lui seul, et, s'il lui reste encore une famille, on peut dire du moins qu'il n'a plus de patrie.

Au-dessus de ceux-là s'élève un pouvoir immense et tutélaire[1], qui se charge seul d'assurer leur jouissance et de veiller sur leur sort. Il est absolu, détaillé, régulier, prévoyant et doux. Il ressemblerait à la puissance paternelle si, comme elle, il avait pour objet de préparer les hommes à l'âge viril[2] ; mais il ne cherche, au contraire, qu'à les fixer irrévocablement dans l'enfance ; il aime que les citoyens se réjouissent, pourvu qu'ils ne songent qu'à se réjouir. Il travaille volontiers à leur bonheur ; mais il veut en être l'unique agent et le seul arbitre ; il pourvoit à leur sécurité, prévoit et assure leurs besoins, facilite leurs plaisirs, conduit leurs principales affaires, dirige leur industrie, règle leurs successions, divise leurs héritages, que ne peut-il leur ôter entièrement le trouble de penser et la peine de vivre[3] ?

C'est ainsi que tous les jours il rend moins utile et plus rare l'emploi du libre arbitre[4] ; qu'il renferme l'action de la volonté dans un plus petit espace, et dérobe peu à peu à chaque citoyen jusqu'à l'usage de lui-même. L'égalité a préparé les hommes à toutes ces choses ; elle les a disposés à les souffrir[5] et souvent même à les regarder comme un bienfait.

1. Qui tient sous sa protection et qui exerce une tutelle.
2. La majorité.
3. Sur tous ces points, voir également, dans « Le bonheur », le texte 9 de Kant, p. 502.
4. La faculté de choisir. Voir « La liberté », p. 454-457.
5. Ici, les accepter sans désir de protestation.

Après avoir pris ainsi tour à tour dans ses puissantes mains chaque individu, et l'avoir pétri à sa guise, le souverain étend ses bras sur la société tout entière ; il en couvre la surface d'un réseau de petites règles compliquées, minutieuses et uniformes, à travers lesquelles les esprits les plus originaux et les âmes les plus vigoureuses ne sauraient se faire jour pour dépasser la foule ; il ne brise pas les volontés mais il les amollit, les plie et les dirige ; il force rarement d'agir, mais il s'oppose sans cesse à ce qu'on agisse ; il ne détruit point, il empêche de naître ; il ne tyrannise point, il gêne, il comprime, il énerve[6], il éteint, il hébète, et il réduit enfin chaque nation à n'être plus qu'un troupeau d'animaux timides et industrieux, dont le gouvernement est le berger.

6. Il prive de nerf, de toute énergie ; il affaiblit.

Charles Alexis Clérel de Tocqueville, *De la démocratie en Amérique* (1840), Flammarion, coll. « GF », t. II, 1981, p. 385-386.

texte 9 Arendt. La propagande, instrument du totalitarisme

Par quelles techniques les régimes totalitaires se mettent-ils en place ? Hannah Arendt, philosophe américaine d'origine juive et allemande ayant fui le nazisme d'abord en France, puis aux États-Unis, s'efforce ici de montrer que l'usage des techniques de communication dans la propagande[1] est au moins aussi nécessaire à la diffusion des doctrines totalitaires que la violence.

Seules la populace et l'élite peuvent être attirées par l'élan même du totalitarisme ; il faut gagner les masses par la propagande. Dans les conditions d'un régime constitutionnel et de liberté d'opinion, les mouvements totalitaires qui luttent pour le pouvoir ne peuvent utiliser la terreur que dans une mesure relative, et ils partagent avec les autres partis la nécessité de gagner des adhérents et d'apparaître crédibles à un public qui n'est pas encore coupé de toutes les autres sources d'information.

On a reconnu de bonne heure et souvent affirmé que, dans les pays totalitaires, propagande et terreur sont les deux faces d'une même médaille. Mais ce n'est vrai qu'en partie. Partout où le totalitarisme détient le contrôle absolu, il remplace la propagande par l'endoctrinement et utilise la violence moins pour effrayer les gens (ce qu'il fait seulement au début, lorsque subsiste une opposition politique) que pour réaliser constamment ses doctrines idéologiques et ses mensonges pratiques. Le totalitarisme ne se contentera pas d'affirmer contre l'évidence que le chômage n'existe pas ; sa propagande lui fera supprimer les indemnités de chômage. [...]

La propagande totalitaire perfectionne les techniques de la propagande de masse, mais elle ne les invente pas et ne crée pas leurs thèmes. Ceux-ci ont été préparés par les cinquante années qui virent l'essor de l'impérialisme et la désintégration de l'État-nation, une fois la populace entrée sur la scène politique européenne. Tels auparavant les meneurs de foules, les porte-parole des mouvements totalitaires avaient un flair infaillible pour tous les sujets que la propagande habituelle des partis ou l'opinion publique négligeaient ou craignaient d'aborder. Tout ce qui était caché, tout ce qui était passé sous silence devenait hautement significatif, indépen-

1. Voir « L'opinion publique et les médias », p. 438, et le texte 6, p. 444.

damment de son importance intrinsèque. La populace croyait réellement que la vérité était tout ce que la société respectable avait hypocritement passé sous silence, ou couvert par la corruption.

Hannah ARENDT, *Les Origines du totalitarisme*, chap. XI (1958), trad. H. Frappat, © Éd. du Seuil, Gallimard, coll. « Quarto », p. 657 et 669.

texte 10 Kant. Le dépassement de l'État : vers un État cosmopolitique

Comment sortir de la situation d'injustice où ne règne entre les États que la loi du plus fort ? Les États sont les uns par rapport aux autres dans une liberté sans lois, c'est-à-dire dans un état de nature. À défaut de pouvoir instituer un État civil de tous les États, Kant propose de constituer une fédération de républiques, et d'instaurer une paix perpétuelle fondée sur le droit.

En tant qu'États les peuples peuvent être considérés comme des individus qui, dans l'état de nature (c'est-à-dire dans leur indépendance à l'égard de lois extérieures), se portent déjà préjudice par le simple fait de leur voisinage. Chacun d'entre eux, en vue de sa sécurité, peut et doit donc exiger de l'autre d'entrer avec lui dans une constitution semblable à la constitution civile[1], à l'intérieur de laquelle chacun peut voir ses droits garantis. Il s'agirait alors d'une *fédération de peuples* qui n'aurait pas pour autant à être un État fédératif[2]. Or, cela renfermerait une contradiction. En effet, tout État contient le rapport d'un *supérieur* (législateur) à un *inférieur* (qui obéit, à savoir le peuple), alors que de nombreux peuples regroupés au sein d'un État n'en formeraient qu'un seul. Cela contredit la présupposition, étant donné que nous devons ici considérer les droits mutuels des peuples qui forment autant d'États distincts, sans avoir à fusionner pour ne former qu'un seul État.

Nous considérons avec un profond mépris l'attachement des sauvages à leur liberté sans lois, eux qui préfèrent se quereller sans cesse, plutôt que de se soumettre à une contrainte légale qu'ils devraient instaurer eux-mêmes, et préfèrent donc la liberté folle à la liberté raisonnable ; nous y voyons de la brutalité, de la grossièreté et une dégradation bestiale de l'humanité[3]. On s'imaginerait dès lors que des peuples policés (constitués chacun en un État) s'empresseraient de sortir le plus vite possible d'une situation aussi abjecte. Mais au lieu de cela[4] chaque État place justement sa majesté (car l'expression de majesté du peuple ne rime à rien) dans le fait de n'être soumis à aucune espèce de contrainte juridique extérieure, et la gloire de son souverain consiste en ceci que des milliers sont à ses ordres, afin de se sacrifier pour une cause qui ne les concerne en rien.

Emmanuel KANT, *Vers la paix perpétuelle* (1795), trad. É. Blondel, J. Greisch, O. Hansen-Løve, Th. Leydenbach, Hatier, coll. « Les classiques de la philosophie », 2001, p. 25-26.

1. Celle que les individus ont passée entre eux dans chaque nation pour pouvoir vivre en paix et en sécurité. Kant propose ici un processus comparable entre les nations.
2. C'est-à-dire que les peuples peuvent se fédérer (s'associer) sans appartenir pour autant à un seul et même État, à « un État civil de tous les États ».
3. Kant présuppose que les « sauvages » vivent sans organisation sociale, donc en conflit permanent. Il s'expose ici à la critique de l'ethnocentrisme (voir texte 13 de Clastres, p. 420).
4. Sur le modèle précédent des comportements sauvages, Kant décrit ici la dynamique de la guerre, dont le droit international, donnant naissance à une « société des nations », aurait pour mission de réduire les risques.

› Repères
Voir **Idéal / Réel**.

Pour se préparer au baccalauréat
Dissertations : p. 560.
Explications de texte : p. 557, 561.

dossier documentaire

L'opinion publique et les médias

La philosophie grecque est née d'une réaction contre le poids abusif de l'opinion. En exigeant de comprendre avant d'adhérer, elle a promu des méthodes de réflexion méthodique. Dans le domaine politique en particulier, la question du rôle de l'opinion publique s'est très tôt posée, précisément dans un espace démocratique qui est, de fait, étroitement dépendant de la qualité de l'opinion des citoyens. Très vite, certains se sont employés à manipuler l'opinion des assemblées. La démocratie s'est alors trouvée menacée par l'art de séduire les peuples, souvent dans le dessein conscient de les « tyranniser en douceur ».

Le problème ne s'est pas estompé avec les siècles, bien au contraire... La liberté d'information est plus que jamais essentielle au régime républicain, qui suppose une opinion publique capable de décider en vue de l'intérêt commun et de contrôler le pouvoir. D'où le rôle extrêmement important des médias, aujourd'hui baptisés « quatrième pouvoir ».

Les documents qui suivent proposent d'alimenter la réflexion sur la contribution de ce quatrième pouvoir au fonctionnement de la démocratie, mais aussi sur les conditions de sa légitimité : les membres des assemblées ou des gouvernements sont soumis à des élections qui les exposent à la menace de ne pas être réélus ; les magistrats sont recrutés selon des critères de compétence et révoqués en cas de faute ; les jurys populaires sont tirés au sort pour une courte durée et encadrés par des professionnels de la justice. Mais qu'est-ce qui contrôle les modes d'accès à l'exercice du pouvoir médiatique ? Qu'est-ce qui garantit, en dehors des « lois du marché », que ce pouvoir n'est pas confisqué par une minorité dont les priorités ne sont pas forcément républicaines ? Ces questions ont aujourd'hui plus que jamais une dimension proprement politique.

René Burri (né en 1933), *Shanghai, Peace Hotel*, 1989.

Médias

Abréviation de *mass media*, expression anglaise issue du français « masse » et du latin *medium*, pour désigner les moyens d'information de masse.

document 1.

Le pouvoir de séduire les foules

Platon dénonce ici le pouvoir immense des orateurs qui, bien avant l'ère des sondages d'opinion, pratiquent sans souci de vérité un art de séduire les esprits à l'aide de beaux discours – au point que ce pouvoir semble capable de se subordonner tous les autres pouvoirs[1].

La défense de la démocratie suppose que le peuple soit capable de lucidité collective. Dans le sillage des critiques de l'aveuglement populaire, Aristote admet que les élites sont plus lucides. Mais il accorde aussi une valeur au jugement irremplaçable du peuple, qui adopte un point de vue plus collectif.

••• SOCRATE. – Ainsi donc, quand l'orateur, qui ignore ce qu'est le bien et le mal, trouve une cité dans la même ignorance et qu'il entreprend de la persuader, non pas en faisant l'éloge de l'« ombre d'un âne », qu'il prendrait pour un cheval, mais en faisant l'éloge du mal comme s'il s'agissait du bien ; quand, après s'être enquis des opinions du grand nombre, il lui aura persuadé de faire le mal au lieu du bien, quelle sorte de fruit, penses-tu, l'art oratoire doit-il, dans ces conditions, récolter étant donné ce qu'il a semé ?

PHÈDRE. – Un fruit assez mauvais, sans doute.

PLATON (vers 420-340 av. J.-C.), *Phèdre*, 260c-d, trad. L. Brisson, Flammarion, coll. « GF », 1989, p. 142.

1. Voir, dans « Le langage », le texte 13 de Platon, p. 150.

Ivan Messac (né en 1948), *Le Printemps en octobre*, 1975 (224 x 148 cm).

••• Au livre III de la *Politique*, [Aristote] pose très franchement le problème de l'aveuglement populaire et des objections que l'on peut en tirer à l'égard de la démocratie : il entend les discuter. Il écrit : « Attribuer la souveraineté à la masse, plutôt qu'aux meilleurs, qui sont en petit nombre, pourrait paraître comporter certaines difficultés, mais qui peuvent, en termes de vérité, être résolues. »

Ces difficultés sont examinées tour à tour : la solution consiste toujours à découvrir dans la masse, en tant qu'être collectif, des mérites qui dépassent ceux-là mêmes de l'élite. Le principe est posé fermement dès le début : « La masse, en effet, quoique formée d'individus qui, pris isolément, sont sans grand mérite, peut, une fois réunie, se montrer supérieure à ceux qui en ont – cela non pas de façon individuelle, mais en tant que collectivité : tout comme les repas où l'on se cotise sont supérieurs à ceux dont un seul homme fait les frais. Car, comme ils sont nombreux, chacun a sa part de vertu et de sagesse, et leur réunion fait de la masse comme un être unique, ayant de multiples pieds, de multiples mains, de nombreuses sensations, et également riche en formes de caractère et d'intelligence ». [...]

Une telle démarche est exactement l'opposé de celle qui prêtait à la foule un aveuglement propre, né de l'entraînement collectif et capable d'obnubiler la lucidité des individus : dans un cas, le fait d'être à plusieurs est une garantie de supériorité, dans l'autre une cause de folie.

Jacqueline DE ROMILLY, *Problèmes de la démocratie grecque*, Hermann, 1975, p. 68-69.

document 2.

Rapport contre la liberté de la presse

Les abus de la presse sont toujours possibles et réveillent alors la tentation de l'encadrer, afin de préserver l'exercice du pouvoir lorsque celui-ci est légitime et risque d'être entravé par des manipulations de l'opinion. Inversement, la liberté de la presse est un contre-pouvoir efficace contre les abus des régimes despotiques. Le texte qui suit, adressé à Charles X par son gouvernement, débouchera sur l'ordonnance du 25 juillet 1830, qui subordonnera l'existence de la presse à la volonté royale par le jeu des autorisations de publications : ce sera en fait le rétablissement d'une véritable censure.

Sire,

Vos ministres seraient peu dignes de la confiance dont Votre Majesté les honore, s'ils tardaient plus longtemps à placer sous vos yeux un aperçu de notre situation intérieure, et à signaler à votre haute sagesse les dangers de la presse périodique. [...]

Félix Vallotton (1865-1925). Une du *Cri de Paris* du 23 janvier 1898, quelques jours après la parution du *J'accuse* de Zola dans *L'Aurore*, collection Raymond Bachollet, Paris.

À toutes les époques, en effet, la presse périodique n'a été, et il est dans sa nature de n'être qu'un instrument de désordre et de sédition. [...]

La presse a jeté ainsi le désordre dans les intelligences les plus droites, ébranlé les convictions les plus fermes, et produit, au milieu de la société, une confusion de principes qui se prête aux tentatives les plus funestes. C'est par l'anarchie dans les doctrines qu'elle prélude à l'anarchie dans l'État.

Il est digne de remarque, Sire, que la presse périodique n'a pas même rempli sa plus essentielle condition, celle de la publicité[1]. [...] Dans l'état des choses, les faits, quand ils ne sont pas entièrement supposés, ne parviennent à la connaissance de plusieurs millions de lecteurs que tronqués, défigurés, mutilés de la manière

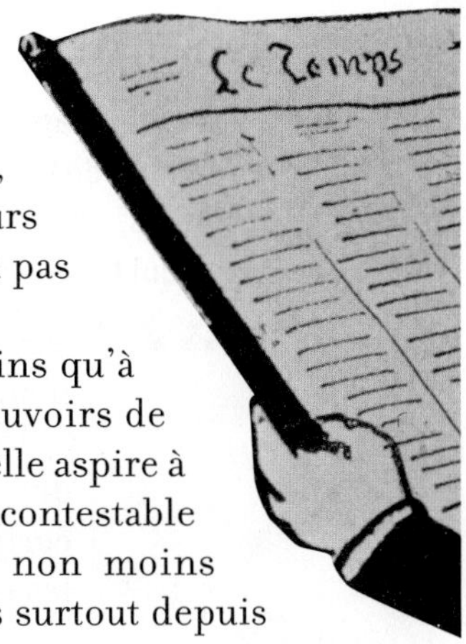

la plus odieuse. Un épais nuage, élevé par les journaux, dérobe la vérité et intercepte en quelque sorte la lumière entre le gouvernement et les peuples. Les rois vos prédécesseurs, Sire, ont toujours aimé à se communiquer à leurs sujets ; c'est une satisfaction dont la presse n'a pas voulu que Votre Majesté pût jouir. [...]

Ce n'est pas tout. La presse ne tend pas moins qu'à subjuguer[2] la souveraineté et à envahir les pouvoirs de l'État. Organe prétendu de l'opinion publique, elle aspire à diriger les débats des deux Chambres, et il est incontestable qu'elle y apporte le poids d'une influence non moins fâcheuse que décisive. Cette domination a pris surtout depuis deux ou trois ans dans la Chambre des députés un caractère manifeste d'oppression et de tyrannie. On a vu, dans cet intervalle de temps, les journaux poursuivre de leurs insultes et de leurs outrages les membres dont le vote leur paraissait incertain ou suspect. Trop souvent, Sire, la liberté des délibérations dans cette Chambre a succombé sous les coups redoublés de la presse. [...]

Nulle force, il faut l'avouer, n'est capable de résister à un dissolvant aussi énergique que la presse. À toutes les époques où elle s'est dégagée de ses entraves, elle a fait irruption, invasion dans l'État. On ne peut qu'être singulièrement frappé de la similitude de ses effets depuis 15 ans, malgré la diversité des circonstances et malgré le changement des hommes qui ont occupé la scène politique. Sa destinée est, en un mot, de recommencer la Révolution, dont elle proclame hautement les principes. Placée et replacée à plusieurs intervalles sous le joug de la censure, elle n'a autant de fois ressaisi la liberté que pour reprendre son ouvrage interrompu. Afin de continuer avec plus de succès, elle a trouvé un actif auxiliaire dans la presse départementale qui, mettant aux prises les jalousies et les haines locales, semant l'effroi dans l'âme des hommes timides, harcelant l'autorité par d'interminables tracasseries, a exercé une influence presque décisive sur les élections.

Ces derniers effets, Sire, sont passagers ; mais des effets plus durables se font remarquer dans les mœurs et dans le caractère de la nation. Une polémique ardente, mensongère et passionnée, école de scandale et de licence, y produit des changements graves et des altérations profondes ; elle donne une fausse direction aux esprits, les remplit de préventions et de préjugés, les détourne des études sérieuses, nuit ainsi au progrès des arts et des sciences, excite parmi nous une fermentation toujours croissante, entretient, jusque dans le sein des familles, de funestes dissensions et pourrait par degrés nous ramener à la barbarie.

Contre tant de maux enfantés par la presse périodique, la loi et la justice sont également réduites à confesser leur impuissance.

Cité par René Rémond, *La Vie politique en France*, Armand Colin, 1965, p. 350-353.

1. Au sens propre : action de rendre quelque chose public.
2. À soumettre le pouvoir à son joug.

document 3. La liberté d'opinion et de publication

Les deux articles qui suivent instituent le principe des libertés d'opinion et de publication comme des droits fondamentaux de l'humanité. Ces droits, qui sont des garanties démocratiques, ne seront instaurés définitivement en France que par la loi du 29 juillet 1881 sur tout ce qui touche à la publicité (publications, impressions, tracts, affichages, etc.).

Article **10.** – Nul ne doit être inquiété pour ses opinions, même religieuses, pourvu que leur manifestation ne trouble pas l'ordre public établi par la loi.

Article **11.** – La libre communication des pensées et des opinions est un des droits les plus précieux de l'homme ; tout citoyen peut donc parler, écrire, imprimer librement, sauf à répondre de l'abus de cette liberté dans les cas déterminés par la loi.

Déclaration des droits de l'homme et du citoyen, 26 août 1789.

document 4. Le pouvoir des journalistes

Spécialisé dans l'histoire du journalisme, l'auteur de cet extrait décrit les ambiguïtés de la profession aux yeux du public.

Depuis longtemps cible de préjugés, le journalisme n'est pas une profession comme les autres, en raison du caractère universel de son objet et des implications morales de son exercice. Pourtant, sa définition reste bien floue. Que disent, en substance, les dictionnaires contemporains ? Le journaliste, c'est celui qui écrit dans les journaux, et le journalisme est le métier qui en découle. Curieux truisme[1], qui s'explique néanmoins par l'ouverture d'une profession où l'on n'exige, à son entrée, ni diplôme, ni compétence particulière, ni même le moindre apprentissage. En revanche, le médecin ou l'avocat, soumis à des obligations morales connues de tous, ont en commun d'avoir obtenu un titre et d'appartenir à un corps, fondements de leur légitimité et leur identité professionnelle. Le caractère ouvert du journalisme est, paradoxalement, à la fois obstacle et source d'unité. Obstacle, parce qu'il y règne traditionnellement un individualisme, renforcé par la référence mythique à la profession libérale, qui, par exemple, pousse le journaliste à refuser les contraintes morales au nom de la liberté d'expression. Source, car l'ouverture de la profession a pour effet d'entretenir des débats sur le socle commun, de nourrir des interrogations sur l'évolution des pratiques, de dégager des règles librement acceptées et, partant, de construire de manière originale le sentiment d'appartenir au groupe.

Christian Delporte, *Les Journalistes en France, 1880-1950*, Éd. du Seuil, 1999, p. 10.

1. Formule inutile, car elle dit une chose évidente, mais n'éclaire rien.

Trois dessins au pochoir, Mai 1968.

document 5.

Construction de la réalité médiatique et formation de l'opinion

La liberté de publier à grande échelle, la concentration des médias dans les mêmes mains, l'existence d'agences de presse qui deviennent la source d'information privilégiée de tous les médias – autant de facteurs qui visent à uniformiser l'information et de raisons de s'interroger sur ce qu'est un événement médiatique, sur le sentiment de réalité qu'il produit et sur ses effets sur l'opinion.

Les journalistes connaissent ces luttes pour la hiérarchisation des informations auxquelles donne lieu la fabrication quotidienne des journaux : ils savent que ce qui est mis en première page ou ce qui fait la couverture des hebdomadaires sera plus public que l'article intérieur. Le simple lecteur, du fait de l'homologie qui tend à s'établir entre la structuration des événements qu'offre chaque quotidien et les attentes des différents lectorats, éprouve par contre un sentiment d'évidence et de cela-va-de-soi à l'égard des événements présentés et hiérarchisés par son quotidien : chaque lecteur voit les événements, mais peut-être moins le travail spécifique que le champ journalistique fait pour les produire. À la façon des lunettes, les journaux constituent le non-vu à partir duquel le monde est vu. Mais les journalistes eux-mêmes n'échappent pas à cette sorte d'effet de réalité qu'ils produisent pourtant lorsque, par-delà les clivages apparents qui les opposent (information / opinion[1], gauche / droite, etc.), ils s'accordent sur les faits qui constituent des événements méritant la première page. On pourrait presque dire que le sentiment d'objectivité d'un événement, c'est-à-dire le fait qu'il semble exister en lui-même et n'est pas une « invention » de journaliste, tend à s'accroître, à l'intérieur du champ journalistique lui-même, à mesure que s'accroît le nombre de quotidiens qui en font un événement. [...] obtenir [...] la première page *de l'ensemble de la presse parisienne* ne peut que renforcer, même parmi les journalistes, le sentiment que ces événements existent bien en soi et ne sont pas seulement fabriqués de toutes pièces par les journalistes.

Patrick CHAMPAGNE, *Faire l'opinion*,
Éd. de Minuit, 1990, p. 244-245.

1. Opposition entre presse d'information et presse d'opinion.

document 6.

Politique et communication de masse

Les médias n'ont pas seulement un pouvoir sur l'opinion publique, mais aussi sur les responsables politiques qui, quelles que soient leurs convictions, doivent s'efforcer de se conformer à leurs normes, afin de produire d'eux une image capable de persuader les électeurs.

Une vision naïve de l'action des médias serait de considérer qu'ils donnent directement accès au réel, alors qu'ils ne transmettent qu'un message régi par des codes. La transmission elle-même peut rendre opaque la signification. Si le médium[1] n'est pas le message, il lui fait néanmoins subir toute une série d'inflexions[2].

En réalité, il n'y a pas d'existence politique sans existence médiatique.

Dans les démocraties modernes, l'homme politique, pour gouverner, doit rassembler sur son nom – ou sur celui de son parti – une majorité de suffrages. Pour y parvenir, il doit se faire connaître et faire connaître ses idées. Les moyens traditionnels existent toujours (présence sur le terrain, réunions publiques, action militante...), mais combien ces moyens paraissent artisanaux en regard des médias de masse.

Ces derniers sont devenus l'espace naturel de la politique – en particulier la télévision, de loin la première source d'informations dans tous les pays développés et jugée la plus crédible.

Thomas Cheng, *Un militant pro-Taïwan se jette sur un cordon de police lors de l'évacuation d'une enclave nationaliste ordonnée par les autorités de Hong Kong, 30 juillet 1996.*

Mais il faut savoir que sur le petit écran, la politique constitue un programme au même titre qu'un autre sujet. S'il lui arrive de jouir d'un prestige particulier, ce n'est jamais d'un régime de faveur ; elle doit donc obéir à la règle sans appel du système des parts de marché. Une telle situation impose de s'en tenir à certaines formes, dont le respect peut en venir à déformer la nature du débat public et le contenu des messages, et cela, sans que l'on puisse y voir d'intention malveillante.

Cette domination du médiatique sur le politique ne doit cependant pas être comprise comme la capacité accordée aux médias d'imposer leurs choix aux citoyens. Les exemples sont nombreux, dans le monde, de défaite d'un candidat « médiatique » ou de victoire d'un candidat malhabile, peu familier des caméras. Les médias sont certes un point de passage obligé et même un lieu d'influence, mais, fort heureusement, sans pouvoir absolu.

Des figures imposées en découlent.

La première conséquence – sans doute la plus lourde d'effets – est la personnalisation de toute la vie publique. C'est une tendance naturelle due à la télévision. Fondée sur l'image et porteuse d'affectivité, elle conduit à identifier les idées à des individus et les individus à des traits de caractère. Le

1. Singulier de *médias*.
2. De transformations discrètes.

risque de réduction du débat public à un jeu de marionnettes parodiques n'est que le cas extrême de cette logique.

Le développement d'une idée présentée à partir d'un sujet précis demande du temps (télévision, radio) ou de l'espace (journal). Pour qu'une idée soit médiatisée, elle doit, peu ou prou, faire partie d'un contingent d'idées reçues, en s'intégrant aux argumentaires préexistants, sans trop de difficultés ni de remises en cause. Voilà comment – sans même évoquer la prédominance de telle ou telle école – se perpétue la « pensée unique ».

Une seconde conséquence est l'appauvrissement du débat public trop souvent remplacé par des querelles de personnes. Il s'ensuit le sentiment d'un insupportable carriérisme. En soi, rien de nouveau [...].

Le souci constant du paraître modifie l'action politique. Pour être élu et surtout réélu, il faut établir puis maintenir son image. Le sondage, expression de l'opinion publique à un instant t quant à une question x, devient alors une boussole, dont l'aiguille indique à l'homme habile les sommets – ou les gouffres – de sa cote de popularité. Il arrive même que le scandale, briseur d'images par excellence, soit l'arme favorite de la politique moderne.

Sans aller jusqu'à la confusion de l'image et de la légitimité, l'homme politique est toujours entraîné, par les sondages, dans une véritable spirale qui lui fait délaisser les vues à moyen et long terme au profit de l'instantané. En changeant de temporalité, l'homme public abandonne la perspective du temps long du politique pour épouser celle du temps court des médias. Il faut souligner les ravages qu'entraîne une telle attitude dans les sociétés complexes des temps actuels : cet homme public peut, en effet, être conduit à abandonner l'idée selon laquelle son action doit avoir pour seul objectif le service de l'intérêt général et non la satisfaction d'intérêts catégoriels influents.

Mais que l'on se rassure, le courage politique reste une vertu plus courante qu'on ne le croit ; il lui arrive même de rencontrer le succès !

Par ailleurs, il ne faut pas perdre de vue que le récepteur – c'est-à-dire le destinataire – d'un message médiatique – tout à la fois citoyen, individu et consommateur – n'est pas inactif dans le processus de communication ; il a toujours son mot à dire et nul ne peut lui contester la liberté d'exercer son sens critique.

En réalité, les médias exercent surtout leur influence par « l'effet agenda » – c'est-à-dire par la sélection des événements qui constituent l'actualité – et par l'insertion de ces événements dans des cadres d'interprétation de plus en plus uniformisés.

C'est ainsi que l'influence médiatique contribue à la crise de l'organisation démocratique traditionnelle, en passant trop souvent de la forme ancienne du débat public à une caricature.

Jean CLUZEL, « La formation de l'opinion publique à l'heure d'Internet », Académie des sciences morales et politiques, 13 novembre 2000.

Pour aller plus loin

Frédéric BARBIER et **Catherine BERTHO LAVENIR**, *Histoire des médias de Diderot à Internet*, Armand Colin, 2003.

Jean-Noël JEANNENEY, *Une histoire des médias : des origines à nos jours*, Éd. du Seuil, 1996.

Dominique REYNIÉ, *Le Triomphe de l'opinion publique*, Odile Jacob, 1998.

Joëlle ZASK, *L'Opinion publique et son double* (2 vol.), L'Harmattan, 1999.

partie 5

La morale

Pierre-Marie Brisson (né en 1955), *Sortie des artistes I*, collage de papier, peinture acrylique, encre, lavis sur papier chiffon (100 x 100 cm), 2001.

La morale

- La liberté
- Le devoir
- Le bonheur

La sagesse, l'action...

L'obligation d'articuler ces deux exigences entraîne pour l'homme un rapport au monde et des responsabilités spécifiques. La conscience n'est en effet pas seulement la médiation qui rend possible la connaissance de la réalité extérieure au sujet : elle ouvre également sur des enjeux pratiques, c'est-à-dire sur la question de savoir ce que nous devons faire et comment nous devons le faire. C'est parce que nous pouvons agir consciemment que se posent à nous, dans le domaine de l'action, des problèmes dont la solution n'est pas donnée d'avance et que naît ainsi une exigence de **sagesse**. Cela ne serait pas possible et n'aurait aucun sens pour un être qui ne jouirait d'aucune capacité d'analyser ses conditions d'existence et, surtout, de prendre en conséquence un certain nombre de **décisions** réfléchies. Cette capacité, même si elle rencontre inévitablement des limites, est ce qui donne sens à la notion de **liberté**. La liberté, c'est d'abord le fait de pouvoir prendre des décisions relatives à la conduite de notre vie.

L'amour de la sagesse *(philo-sophia)* n'est donc pas seulement quête de savoir : il est aussi recherche d'un **art de vivre**. Contrairement à ce dont elle est souvent accusée, la philosophie n'a pas seulement pour vocation d'être contemplative, elle se demande comment chacun doit gérer son existence, et elle le fait par référence à des **valeurs** morales. Vivre humainement ne peut donc se réduire à obéir passivement à ses instincts, à la façon des animaux, ou à plier sans recul critique ni résistance devant le poids du réel.

La question, alors, de savoir au nom de quoi nous agissons, ce que nous devons absolument nous imposer de faire et ce à quoi nous devons impérativement résister, devient l'une des préoccupations centrales de celui qui désire vivre dignement. Cette question est proprement le cœur de ce qui mérite vraiment le nom de « morale ».

Parallèlement – et cela ne renvoie pas nécessairement à des exigences indépendantes de celles du **devoir**, ni forcément contradictoires avec elles –, les hommes désirent vivre le plus heureusement possible. La question du **bonheur** vient alors s'articuler, parfois de façon difficile à démêler, avec celle du devoir. Certaines philosophies, comme le stoïcisme ou l'épicurisme, se sont efforcées de conjuguer les deux en se définissant comme un art d'être heureux, sans prétendre naïvement que cette conjugaison était facile à réaliser. Le bonheur non plus n'est en effet jamais donné d'emblée, et notre premier travail consiste peut-être à chercher à en identifier, si cela est possible, la vraie nature. La sagesse se fait ainsi quête du **souverain bien** (de ce qui mérite d'être poursuivi *au-dessus* de toute autre chose).

Liberté, devoir, bonheur : trois notions qui nous enseignent que l'existence humaine n'est jamais décidée d'avance, même si elle s'inscrit toujours dans un contexte singulier, dans une **condition**, qui la détermine en partie.

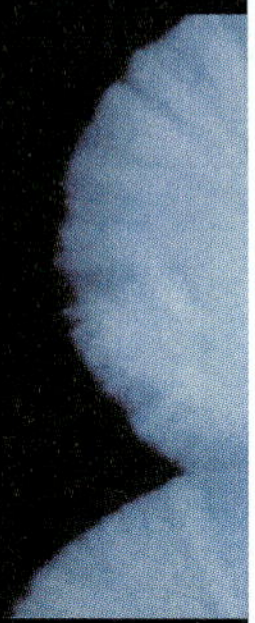

La liberté

Ouverture

Sophocle. La force du destin 452

Présentation

454

Textes

459

1 La servitude et les illusions de la liberté

1 **La Boétie.** La coutume est-elle l'ennemie de la liberté ? 459
2 **Hume.** La force de l'opinion fonde le pouvoir du gouvernement 460
3 **Platon.** Confusion de la liberté et de la tyrannie 460
4 **Descartes.** La liberté n'est pas l'indifférence 462
5 **Spinoza.** L'ignorance des causes qui nous déterminent 463
6 **Cicéron.** Les méfaits de la croyance au destin 463

2 La liberté, une conquête de l'esprit ?

7 **Kant.** Nécessité et liberté 465
8 **Sartre.** L'homme n'est que ce qu'il se fait 466
9 **Kant.** Autonomie et liberté morale 467
10 **Alain.** La pensée libre résiste à l'opinion dominante 467

3 Vivre et agir librement

11 **Arendt.** La liberté est toujours politique 469
12 **Rousseau.** De la liberté naturelle à la liberté civile 470
13 **Hegel.** C'est l'État qui institue les libertés 470
14 **Tocqueville.** Égalité et liberté 471

Alexander Nemenov, *La troupe du Bolchoï répète une nouvelle version du « Lac des Cygnes » de Tchaïkovski*, 2001, Moscou.

ouverture

Sophocle

La force du destin

La célèbre histoire d'Œdipe, dont un oracle avait prévu dès avant sa naissance qu'il tuerait son père et épouserait sa mère, est une illustration radicale de la notion de destin : l'existence entière d'Œdipe, consacrée à lutter contre les prédictions de l'oracle, travaillera en réalité à les accomplir. Lutter contre le destin, c'est ainsi se soumettre à lui malgré soi... Œdipe répond ici à son oncle Créon, roi de Thèbes, qui vient de lui reprocher ses crimes.

Tel était le bon plaisir des dieux
irrités depuis longtemps sans doute contre ma race.
Tu ne pourrais trouver en moi
aucune flétrissure qui m'ait valu
de pécher ainsi contre les miens et contre moi.
Apprends-moi donc, quand une voix divine
est venue dire à mon père qu'il mourrait par son fils,
comment tu pourrais avec justice m'en blâmer,
moi qui n'étais alors ni engendré par mon père,
ni conçu par ma mère, ni enfanté.
Si, par ce malheur éclatant qui fut le mien,
j'en vins aux mains avec mon père et le tuai
sans connaître mon crime ni ma victime,
comment me fais-tu grief d'un acte involontaire ?
Et ma mère qui fut ta sœur, malheureux,
tu n'as pas honte de me contraindre à dire maintenant
ce que furent ses noces. Je ne le tairai pas
puisque tu en es venu à ces propos infâmes.
Elle était ma mère, ma mère, malheur à moi !
Elle ne le savait pas, je ne le savais pas,
et ma mère m'enfanta des enfants pour sa honte.
Mais je sais que tu nous diffames volontairement,
elle et moi, alors que moi ce n'est pas de mon gré
que je l'épousai ni que j'en parle.
Jamais on ne me fera un crime de ce mariage
ni de ce meurtre d'un père
que tu me reproches sans cesse aigrement.
Réponds seulement à la question que je vais te poser.
Toi qui es juste, que quelqu'un vienne ici

pour te tuer, chercherais-tu si cet assassin
est ton père ou le punirais-tu sur l'heure ?
Je crois que tu aimes la vie et que tu punirais
le coupable sans te demander si tu en as le droit.
Tel est le malheur qui m'est arrivé.
Les dieux m'y ont conduit. Si l'âme de mon père
vivait, il ne me démentirait pas, je pense.

SOPHOCLE, *Œdipe à Colone* (401 av. J.-C.), trad. J. Grosjean,
dans *Tragiques grecs, Eschyle, Sophocle*,
Gallimard, coll. « Bibliothèque de la Pléiade », 1967, p. 935-936.

Herb Ritts (1952-2002), *k. d. Lang*,
1989, Hollywood.

Présentation

I | La servitude et les illusions de la liberté

Servitude de l'homme

Textes 1 à 6
La Boétie, Hume, Platon, Descartes, Spinoza, Cicéron, p. 459-464.

« L'homme est né libre, et partout il est dans les fers[1]. » Cette référence de Rousseau à l'idée d'une liberté naturelle peu à peu annihilée invite le lecteur à résister, individuellement et collectivement, à une multitude de formes d'**oppression**. Pourquoi l'homme dominé supporte-t-il les pouvoirs qui s'exercent sur lui, en particulier quand ils sont illégitimes ? À part quand il y est brutalement contraint, il semble que c'est trop souvent parce qu'il y consent. Pourquoi les plus opprimés – qui sont généralement plus nombreux que leurs oppresseurs – ne secouent-ils pas le joug qui s'exerce sur eux ? Il faut non seulement lutter pour conquérir la liberté, mais aussi pour la sauvegarder, faute de quoi elle disparaît, car la domination est trop souvent consentie à leur insu par ceux-là mêmes qui la subissent en croyant y échapper. Ce **consentement** est obtenu grâce à la manipulation des opinions – parfois à l'aide de techniques extrêmement efficaces[2] – et par l'exploitation d'un certain nombre d'illusions et de préjugés.

Inversement, les esprits fragiles peuvent se trouver facilement embarqués dans des combats liberticides, au nom même de la liberté. « Liberté, Liberté chérie, / Combats avec tes défenseurs ! » Ces deux vers de *La Marseillaise*, l'hymne national français, pourraient nous donner à penser que la cause de la liberté est simple et justifie toutes les batailles. On sait pourtant que ceux qui se déclarent « combattants de la liberté » se révèlent trop souvent être ses pires ennemis, sous la forme du **fanatisme**. C'est que la liberté est par excellence source de nombreuses chimères. Avant de s'engager dans une réflexion sur ses conditions d'exercice, il est nécessaire d'examiner les fausses idées que nous sommes bien souvent tentés d'en avoir.

Des faux-semblants à dénoncer

La première illusion, fréquente, consiste à confondre la **licence**, c'est-à-dire l'absence totale de contraintes, et la liberté : « être libre, c'est faire ce que je veux » – ce qui, pris à la lettre, pourrait être acceptable, si une telle expression renvoyait bien à la volonté et non au caprice. Mais, le plus souvent, les **passions**, comme leur étymo-

1. Rousseau, *Du contrat social* (1762), livre I, chap. I. 2. Voir « L'opinion publique et les médias », p. 438, et le texte 6, p. 444-445.

logie l'indique[1], nous aliènent bien davantage qu'elles ne nous libèrent. Par exemple, nous imaginons volontiers que nous ne sommes libres qu'à condition de n'avoir aucune raison de faire ce que nous faisons ou de penser ce que nous pensons : si je suis contraint d'admettre que 2 + 2 = 4 ou qu'une action est meilleure qu'une autre, alors je ne suis pas libre, puisque je n'ai pas le choix. En réalité, je peux doublement affirmer qu'en l'occurrence je suis libre. D'abord, parce qu'il m'est tout à fait possible de croire des absurdités : mon consentement n'est donc pas contraint ; ensuite, parce que, si j'adhère à telle chose parce que je la trouve vraie ou bonne, j'y adhère librement : c'est moi qui leur reconnais ces qualités.

L'**ignorance** n'est donc guère favorable à l'exercice de la liberté, mais elle en donne très souvent l'illusion. Nous pouvons avoir l'illusion d'agir très librement au moment même où nous sommes le jouet de ce qui nous détermine de l'extérieur, mais dont nous n'avons pas conscience – qu'il s'agisse de pulsions naturelles ou de l'action de ceux qui nous entourent. Le sentiment de liberté n'est donc pas forcément, loin s'en faut, une garantie de liberté...

Enfin, inversement, il existe une autre illusion faisant obstacle à la liberté : celle qui consiste à s'imaginer que toute liberté est impossible. Le **fatalisme** radical, en affirmant que tout est déjà décidé d'avance, est peut-être un des pires ennemis de la liberté – et ceux qui veulent nous asservir ont tout intérêt à nous y convertir. Pourtant, chacun d'entre nous expérimente régulièrement qu'il agit et que cela produit des effets, qu'il prend des décisions que nul ne lui impose, qu'il transforme certains éléments de son existence, qu'il construit avec plus ou moins de bonheur son avenir, etc. Les nécessités qui s'imposent à nous ne semblent donc pas être des obstacles radicaux à l'exercice de toute liberté.

2 | La liberté, une conquête de l'esprit ?

Nature et liberté

Textes 7 à 10
Kant, Sartre, Kant, Alain,
p. 465-468.

Une fois l'illusion du fatalisme écartée, le **déterminisme** dans la nature semble se présenter *a priori* comme le premier obstacle réel à l'exercice de la liberté. La nature physique nous impose en effet ses lois. Mais l'homme surmonte ce déterminisme par la connaissance de ces lois, qui lui permet de commander à la nature en lui obéissant[2]. C'est du reste la maîtrise des lois de la nature qui donne à l'humanité ses pouvoirs techniques.

Une question plus fondamentale se pose alors : si, comme le postule[3] la science, la nature est un système de **relations de causes à effets nécessaires**, comment la liberté est-elle seulement pensable ? Si, comme l'affirmait le physicien Laplace[4], l'état présent de l'univers est entièrement déterminé par son état antérieur et permet de prédire rigoureusement son état futur, comment imaginer que puisse

1. *Passion* est de la même famille que *pâtir*, « supporter, souffrir ». Le terme est très équivoque : il désigne initialement tout ce qui affecte l'âme passivement – tout ce qu'elle subit –, parce qu'elle n'en est pas la cause (sensations, émotions, sentiments), puis il désigne un dynamisme affectif puissant qui oriente l'âme et incite l'individu à l'action.
2. Bacon, *Novum Organum* (1620), IIe partie, § 1 à 3, PUF, 1982, p. 101. Voir également « Le travail et la technique », p. 186-207. 3. Un *postulat* est, étymologiquement, une demande et désigne un principe que l'on admet sans démonstration, alors même que l'on sait qu'il peut être contesté, à la différence d'un *axiome*. Par exemple, le postulat des parallèles dans la géométrie d'Euclide. 4. *Essai philosophique sur les probabilités* (1812).

exister une cause produisant librement ses effets, c'est-à-dire sans que son action puisse s'expliquer par des causes antérieures ? Kant propose de répondre à cette question en distinguant entre l'ordre des phénomènes naturels tel qu'il est établi par la pensée scientifique et l'ordre des choses en soi, dont nous n'avons pas de connaissance directe. Il devient alors possible au moins de postuler qu'existe en soi une volonté libre, **spontanée**, c'est-à-dire capable de produire ses effets sans être nécessairement liée à la nécessité naturelle. Nous ne la connaissons pas intellectuellement, mais nous l'expérimentons comme un fait : nous éprouvons, par exemple, que nous disposons d'un pouvoir de résister à nos penchants sensibles naturels.

L'idée de **nature humaine** a pu également être invoquée pour remettre en cause la possibilité d'agir librement : si l'homme est lui-même un être naturel, et une partie de la nature, comment affirmer qu'il est libre ? Mais reconnaître que l'homme a une nature (il est soumis à une nécessité biologique, génétique, physiologique, etc.) n'entraîne pas nécessairement qu'il ne puisse jouir d'aucune liberté. On peut affirmer au contraire que ce qui fait de nous des êtres libres, c'est la capacité qu'ont notre conscience, notre imagination et notre volonté de se projeter dans l'avenir et de réaliser ces projets. L'homme hérite bien en un sens d'une nature (la sienne et celle qui l'entoure), mais la **culture**, au sens propre et au sens figuré, lui permet, dans une certaine mesure, de transformer cette nature en un univers proprement humain. C'est cela qui s'appelle liberté. La liberté n'est donc pas la toute-puissance, mais l'inscription de l'humain dans un univers qui lui impose de prendre en considération la situation dans laquelle il se trouve. Comme l'a fortement souligné Sartre, la liberté **s'engage** toujours dans une **situation** donnée, qu'elle n'a pas initialement choisie mais à laquelle elle donne sens.

La liberté de l'esprit

La liberté est donc **autonomie**, mais celle-ci ne doit pas être confondue avec l'**indépendance**. Étymologiquement, l'autonomie[1] est la faculté de réguler soi-même son action en se référant à des lois dont on reconnaît la pertinence. La première condition de l'autonomie, c'est donc la capacité à se gouverner soi-même. Les stoïciens[2] nous ouvrent un chemin vers la liberté quand ils insistent sur le fait que les seules choses qui dépendent totalement de nous sont nos représentations. C'est en effet dans l'ordre intérieur de la **conscience** que se jouent à la fois notre maîtrise de nous-mêmes et notre bonheur. L'exercice de la volonté porte d'abord sur la **maîtrise de nos désirs et de nos aversions** et, comme le dira Descartes, vise à changer nos désirs plutôt que l'ordre du monde[3]. La liberté est donc d'abord un pouvoir de se mettre en accord avec ce qui arrivera inéluctablement.

Mais si le stoïcisme affirme l'**autonomie de l'esprit**, c'est pour dire qu'il doit se résigner activement à la nécessité. Or l'autonomie peut également être positive : elle prend alors la forme de décisions et d'actions ayant un effet incontestable sur le réel. Cette liberté de l'esprit suppose une éducation réellement libératrice, une

1. Du grec *nomos*, « loi », et *auto*, « moi-même ». L'*autonomie* est la capacité à établir soi-même la loi sans qu'elle nous soit imposée de l'extérieur. L'*hétéronomie* désigne le fait que le sujet ne se donne pas la loi, mais qu'il la reçoit de l'extérieur. Par exemple, lorsque Moïse reçoit de Dieu le Décalogue. 2. Voir Anthony Long et David Sedley, *Les Philosophes hellénistiques*, Flammarion, coll. « GF », t. II, *Les Stoïciens*, 2001, qui constitue un excellent recueil de textes annotés, commentés et classés par thèmes, sur les stoïciens. 3. Descartes, *Discours de la méthode* (1637), IIIe partie (3e maxime).

instruction effectivement formatrice du jugement et une vigilance de tous les instants. La vie en collectivité, en particulier, nous invite en permanence à un accord des esprits qui n'est salutaire pour la liberté que s'il n'exclut pas le jugement propre : à nouveau, la soumission au sens commun, à l'opinion publique, aux évidences collectives jamais interrogées, apparaît comme une grave menace pour la liberté.

3 | Vivre et agir librement

Autrui, condition de ma liberté

Textes 11 à 14
Arendt, Rousseau, Hegel, Tocqueville,
p. 469-471.

Cela ne signifie pas pour autant que la liberté soit forcément solitaire. Si l'autonomie du jugement individuel est une garantie nécessaire pour la liberté, paradoxalement, cette autonomie est d'abord l'effet d'une association entre les hommes. En effet, la liberté est originairement politique[1], c'est-à-dire civile, et une vie politique digne de ce nom suppose la liberté. Cette liberté originaire n'est pas la liberté d'examen ou de jugement personnel mais, d'abord, celle qui règle les **modalités de la vie en commun**. « L'obéissance à la loi qu'on s'est prescrite est liberté », écrit Rousseau : il s'agit ici de la loi qui articule mon existence avec celle des autres. La formule selon laquelle « la liberté des uns s'arrête où commence celle des autres » doit de ce point de vue être refusée : autrui n'est pas une limite à ma liberté ; il en est la condition. Quel serait en réalité mon pouvoir d'action réel (donc ma liberté) si je vivais seul, privé de tout ce que l'association des hommes entre eux a produit en quelques millénaires d'humanité[2] ? La vie sociale, y compris chez un auteur comme Rousseau, qu'on ne peut soupçonner de choisir obstinément la société contre la nature, est la condition même de la liberté.

Le difficile équilibre entre liberté et pouvoir

À l'inverse, toute vie sociale n'est pas libératrice. En particulier, même si on peut admettre que l'exercice du pouvoir politique a pour mission de coordonner les **libertés individuelles**, d'éviter leurs conflits et de favoriser leur épanouissement, on sait bien que l'histoire nous offre trop souvent le spectacle d'États plus dominateurs que libérateurs. Le pouvoir politique peut en effet toujours être confisqué par une minorité privilégiée qui, sous une apparente légitimité, en fait en réalité l'instrument de sa domination sur le peuple. Il arrive même que ce soit au nom de la liberté, comme une certaine conception du **libéralisme** tend à l'imposer, que cette domination se mette en place. La liberté devient alors, selon l'image consacrée la « liberté du renard dans le poulailler ». Du reste, le pouvoir libéral est dans ce cas toujours susceptible de revenir sur ses libéralités, dès lors que son exercice ou que les intérêts qu'il défend sont menacés par un réel exercice de la liberté.

C'est la raison pour laquelle l'exercice du pouvoir est souvent l'objet d'une méfiance *a priori*. Sans aller jusqu'aux théories **anarchistes**, qui préconisent une disparition totale du pouvoir d'État, il semble légitime de vouloir le soumettre à un

1. Du grec *polis*, « cité, État ». 2. Voir, dans « Autrui », le texte 4 de Tournier, p. 81.

encadrement rigoureux. Le principe de la **séparation** et de l'équilibre **des trois pouvoirs** a pu ainsi être présenté comme une garantie pour les libertés publiques : le pouvoir législatif rédige les lois et les vote, le pouvoir exécutif les met en œuvre, le pouvoir judiciaire punit ceux qui les transgressent. Quand le gouvernement supervise ce qui se fait dans les tribunaux ou rédige lui-même les lois qu'il aura ensuite la charge de mettre en application, le risque est en effet presque fatal qu'une telle concentration des pouvoirs aboutisse à une forme de despotisme. Celui-ci peut sans doute être plus facilement évité lorsque, par l'effet d'une rigoureuse séparation, le pouvoir limite le pouvoir, garantissant ainsi l'**égalité des citoyens** devant la loi et, par là, la **liberté** de tous.

La liberté à l'épreuve de ses contradictions

Mais l'égalité et la liberté ne sont en effet compatibles qu'à certaines conditions. Il existe une **passion de l'égalité** qui revient en réalité à rendre impossible tout exercice de la liberté : toute initiative individuelle est alors considérée comme une violation de la liberté d'autrui en ce qu'elle risque de déboucher sur des inégalités, voire des privilèges. La différence est vécue comme une menace ; l'uniformité tend à devenir la règle[1] ; et la liberté s'évanouit en silence. Inversement, il existe une **passion de la liberté** qui tourne le dos aux libertés, précisément en ce que la liberté des uns conduit alors à l'impossibilité pour les autres de jouir réellement de leurs droits. Le droit de propriété peut illustrer un tel dilemme : interdire la propriété, c'est rendre tous les individus tributaires d'une autorité supérieure dans l'organisation de leur vie matérielle. Inversement, ne limiter aucunement la propriété privée, c'est exposer la collectivité à ce que quelques-uns s'accaparent des biens dont la jouissance doit être partagée équitablement, parce qu'elle est vitale. La notion de **service public** devrait ainsi être pensée dans ces termes.

La liberté a donc beau avoir pour condition d'existence la vie publique, il n'en reste pas moins qu'elle ne garde son nom de liberté que dans la mesure où la vie publique elle-même garantit l'**autonomie intellectuelle et matérielle** des individus. Inversement, sans la vigilance de chacun, la liberté tend naturellement à ne demeurer ou à ne devenir qu'un mot vide de réalité et source d'illusions.

1. Voir, dans les Repères, « Identité / Égalité / Différence ».

La liberté
Textes

1 | La servitude et les illusions de la liberté

texte 1 La Boétie. La coutume est-elle l'ennemie de la liberté ?

L'homme éprouve-t-il naturellement un goût pour la liberté ? La Boétie montre ici que l'habitude et les coutumes l'ont conduit à se résigner à la servitude. Cependant, quelques individus exceptionnels pourraient faire renaître le goût de la liberté naturelle, dès lors qu'ils useraient du droit de s'exprimer auprès des autres.

On ne regrette jamais ce qu'on n'a jamais eu. Le chagrin ne vient qu'après le plaisir et toujours, à la connaissance du malheur, se joint le souvenir de quelque joie passée. La nature de l'homme est d'être libre et de vouloir l'être, mais il prend facilement un autre pli lorsque l'éducation le lui donne.

Disons donc que, si toutes choses deviennent naturelles à l'homme lorsqu'il s'y habitue, seul reste dans sa nature[1] celui qui ne désire que les choses simples et non altérées. Ainsi la première raison de la servitude volontaire, c'est l'habitude. Voilà ce qui arrive aux plus braves chevaux qui d'abord mordent leur frein, et après s'en jouent, qui, regimbant[2] naguère sous la selle, se présentent maintenant d'eux-mêmes sous le harnais et, tout fiers, se rengorgent sous l'armure.

Ils disent qu'ils ont toujours été sujets, que leurs pères ont vécu ainsi. Ils pensent qu'ils sont tenus d'endurer le mal, s'en persuadent par des exemples et consolident eux-mêmes, par la durée, la possession de ceux qui les tyrannisent.

Mais en vérité les années ne donnent jamais le droit de mal faire. Elles accroissent l'injure[3]. Il s'en trouve toujours certains, mieux nés que les autres, qui sentent le poids du joug et ne peuvent se retenir de le secouer, qui ne s'apprivoisent jamais à la sujétion. Ceux-là, ayant l'entendement net et l'esprit clairvoyant, ne se contentent pas, comme les ignorants, de voir ce qui est à leurs pieds sans regarder ni derrière ni devant. Ils se remémorent les choses passées pour juger le présent et prévoir l'avenir. Ce sont eux qui, ayant d'eux-mêmes la tête bien faite, l'ont encore affinée par l'étude et le savoir. Ceux-là, quand la liberté serait entièrement perdue et bannie de ce monde, l'imaginent et la sentent en leur esprit, et la savourent. Et la servitude les dégoûte, pour si bien qu'on l'accoutre[4].

Étienne DE LA BOÉTIE, *Discours de la servitude volontaire* (1576), trad. S. Auffret, Mille et une Nuits, 1995, p. 26-27.

1. Reste conforme à sa vraie nature originaire, par opposition à la fausse nature instaurée par l'habitude et l'éducation.
2. Résistant.
3. Du latin *injuria*, « ce qui est contraire au droit et à la justice ».
4. Aussi bien qu'on l'affuble, qu'on la déguise.

texte 2 Hume. La force de l'opinion fonde le pouvoir du gouvernement

Comment expliquer que le peuple, qui possède plus de puissance que ceux qui le gouvernent, puisse se laisser dominer ? Hume analyse ici le rôle fondamental que joue l'opinion des gouvernés dans l'exercice du pouvoir, y compris et peut-être surtout lorsque cet exercice menace la liberté des sujets.

Rien ne paraît plus surprenant à ceux qui observent les affaires humaines d'un œil philosophique que la facilité avec laquelle le grand nombre est gouverné par le petit, et la soumission tacite avec laquelle les hommes sacrifient leurs propres sentiments et leurs propres passions à celles de leurs chefs. Si l'on cherche comment de tels prodiges s'accomplissent, on trouve que, puisque la *force* est toujours du côté des gouvernés, les gouvernants ne peuvent s'appuyer sur rien d'autre que l'opinion. C'est donc sur l'opinion seule que se fonde le gouvernement. Une telle maxime s'applique tant aux gouvernements les plus despotiques et les plus militaires qu'aux gouvernements les plus libres et les plus populaires. Le sultan égyptien ou l'empereur romain peut certes traiter ses inoffensifs sujets comme des bêtes féroces, contre leurs sentiments et leurs inclinations : l'un doit néanmoins avoir mené ses *mameluks*[1], l'autre sa *garde prétorienne*[2], comme des hommes, c'est-à-dire par leur opinion.

L'opinion est de deux sortes : l'opinion relative à l'*intérêt*, et l'opinion relative au *droit*. Par opinion relative à l'intérêt, je désigne surtout le sentiment de l'avantage général que procure tout gouvernement, joint à la conviction que le gouvernement particulier qui est établi est aussi avantageux que tout autre pouvant être aisément mis en place. Lorsqu'elle prévaut chez la plupart des sujets d'un État, ou chez ceux qui y détiennent la force, cette opinion confère une grande sûreté au gouvernement.

David Hume, « Des principes premiers du gouvernement » (1741), dans *Essais moraux, politiques et littéraires, et autres essais*, trad. G. Robel, PUF, 2001, p. 146-147.

1. Soldats esclaves des milices égyptiennes et gardes du corps du sultan.
2. Garde personnelle des empereurs romains.

texte 3 Platon. Confusion de la liberté et de la tyrannie

Suffit-il de disposer de grands pouvoirs pour être libre ? Le sens commun confond la liberté et la toute-puissance dont le tyran est un exemple. Mais l'existence du tyran, qui fait tout ce qui lui plaît, est soumise aux passions et à la démesure, qui sont le contraire de la liberté.

Socrate. – Ne viens-tu pas de me dire que les orateurs pouvaient faire périr qui ils voulaient, comme les tyrans, et déposséder et chasser de la cité qui bon leur semble ?

Polos. – Je l'ai dit.

Socrate. – Eh bien, je dis qu'il y a là deux questions ; et je répondrai à l'une et à l'autre. J'affirme en effet, Polos, que pour moi la puissance des orateurs et des tyrans dans les cités est très restreinte, comme je le disais à l'instant ; ils ne font en effet, pour ainsi dire, rien de ce qu'ils veulent[1] ; cependant, ils font ce qui leur paraît le meilleur.

1. Il faut donner ici au verbe « vouloir » son sens strict : « user de sa volonté », et non imposer ses caprices.

POLOS. – Et ça, ce n'est pas être très puissant ?

SOCRATE. – Non, comme l'admet Polos.

POLOS. – Moi, je ne l'admets pas ! Je l'affirme au contraire.

SOCRATE. – Par Zeus, non, puisque tu admets que la toute-puissance est un bien pour celui qui la possède.

POLOS. – Oui, je l'affirme.

SOCRATE. – Penses-tu donc que ce soit un bien de faire ce qui semble le meilleur, mais sans discernement ? Tu appelles cela être très puissant ?

POLOS. – Non.

SOCRATE. – Tu vas donc me démontrer que les orateurs ont du discernement et me contredire en disant que la rhétorique est un art et non une flatterie ? Mais si tu me laisses sans me contredire, eh bien, les orateurs qui font dans les cités ce qui leur plaît, comme les tyrans, ne possèdent là aucun bien ; or la puissance, tu l'as dit toi-même, est un bien ; mais faire ce qui nous plaît sans discernement, tu reconnais, toi aussi, que c'est un mal, non ?

POLOS. – Si.

SOCRATE. – Comment donc les orateurs et les tyrans seraient-ils très puissants dans les cités, si Socrate n'est pas réfuté par Polos qui soutient qu'ils font ce qu'ils veulent ?

POLOS. – Cet homme...

SOCRATE. – ... J'affirme qu'ils ne font pas ce qu'ils veulent. Allez, réfute-moi.

POLOS. – Tu ne reconnaissais pas toi-même à l'instant qu'ils font ce qui leur paraît le meilleur ?

SOCRATE. – Je le reconnais encore maintenant.

POLOS. – Et ils ne font pas ce qu'ils veulent ?

SOCRATE. – Non.

POLOS. – Quand ils font ce qui leur plaît ?

SOCRATE. – Oui.

POLOS. – Tu dis des choses lamentables et extravagantes, Socrate.

SOCRATE. – Ne m'accuse pas, Polos, mon gosse[2], pour m'adresser à toi à ta manière. Mais si tu es en mesure de m'interroger, démontre que je mens, sinon, à toi de me répondre.

POLOS. – Mais je veux bien répondre, afin de savoir aussi ce que tu veux dire.

SOCRATE. – D'après toi, les hommes veulent-ils chaque fois ce qu'ils font, ou bien ce pour quoi ils font ce qu'ils font ? Par exemple, ceux qui absorbent une drogue venant d'un médecin, d'après toi, veulent-ils ce qu'ils font, absorber cette drogue non sans douleur, ou bien ce pour quoi ils l'absorbent : être en bonne santé ?

POLOS. – Il est évident que c'est pour être en bonne santé. [...]

SOCRATE. – N'en va-t-il pas ainsi pour tout ? Si on fait une chose dans un certain but, on ne veut pas ce qu'on fait mais le but dans lequel on le fait.

POLOS. – Oui.

PLATON, *Gorgias* (vers 390 av. J.-C.), 466d-467d, trad. B. Piettre, Hatier, coll. « Les classiques de la philosophie », 2000, p. 47-50.

2. Socrate joue sur les sonorités (il y a une allitération dans le texte grec : *ô lôste Pôle*), à la manière de Polos dans ses écrits (« pour m'adresser à toi à ta manière », ajoute Socrate). Nous avons essayé de le rendre par une allitération en français. *(Note du traducteur.)*

texte 4

Descartes.
La liberté n'est pas l'indifférence

Sommes-nous libres lorsque nous effectuons des choix sans pouvoir les justifier ? Cette situation, dans laquelle rien ne nous détermine à choisir ceci plutôt que cela, nous donne souvent l'illusion d'une totale liberté, que Descartes dénonce ici sous le nom de « liberté d'indifférence ».

Il n'y a que la seule volonté, que j'expérimente en moi être si grande, que je ne conçois point l'idée d'aucune autre plus ample et plus étendue : en sorte que c'est elle principalement qui me fait connaître que je porte l'image et la ressemblance de Dieu. Car, encore qu'elle soit incomparablement plus grande dans Dieu, que dans moi, soit à raison de la connaissance et de la puissance, qui s'y trouvant jointes la rendent plus ferme et plus efficace, soit à raison de l'objet, d'autant qu'elle se porte et s'étend infiniment à plus de choses ; elle ne me semble pas toutefois plus grande, si je la considère formellement[1] et précisément en elle-même. Car elle consiste seulement en ce que nous pouvons faire une chose, ou ne la faire pas (c'est-à-dire affirmer ou nier, poursuivre ou fuir), ou plutôt seulement en ce que, pour affirmer ou nier, poursuivre ou fuir les choses que l'entendement nous propose, nous agissons en telle sorte que nous ne sentons point qu'aucune force extérieure nous y contraigne. Car, afin que je sois libre, il n'est pas nécessaire que je sois indifférent à choisir l'un ou l'autre des deux contraires ; mais plutôt, d'autant plus que je penche vers l'un, soit que je connaisse évidemment que le bien et le vrai s'y rencontrent, soit que Dieu dispose ainsi l'intérieur de ma pensée, d'autant plus librement j'en fais choix et je l'embrasse. Et certes la grâce divine et la connaissance naturelle, bien loin de diminuer ma liberté, l'augmentent plutôt, et la fortifient. De façon que cette indifférence que je sens, lorsque je ne suis point emporté vers un côté plutôt que vers un autre par le poids d'aucune raison, est le plus bas degré de la liberté, et fait plutôt paraître un défaut dans la connaissance, qu'une perfection dans la volonté, car si je connaissais toujours clairement ce qui est vrai et ce qui est bon, je ne serais jamais en peine de délibérer quel jugement et quel choix je devrais faire ; et ainsi je serais entièrement libre, sans jamais être indifférent.

1. Effectivement.

René DESCARTES, *Méditations métaphysiques* (1641), IVe méditation, Hatier, coll. « Les classiques de la philosophie », 1999, p. 72-73.

Questions

1. Expliquez et illustrez la conception de la volonté exprimée dans le texte : que veut dire Descartes lorsqu'il affirme que, par elle, nous portons « l'image et la ressemblance de Dieu » (l. 4) ?
2. Pourquoi Descartes précise-t-il que la liberté d'indifférence n'est que « le plus bas degré de la liberté » (l. 22-23) ? En quoi consiste-t-elle ?
3. Qu'est-ce qu'être entièrement libre, d'après Descartes ?

texte 5

Spinoza. L'ignorance des causes qui nous déterminent

Suffit-il de se sentir libre pour l'être vraiment ? Spinoza montre que ce sentiment de liberté est trop souvent lié à l'irréflexion et à l'ignorance dans laquelle nous sommes des vraies causes qui nous poussent à agir de telle ou telle façon. Nous nous croyons alors parfois libres au moment même où nous subissons les pires aliénations.

[...] l'expérience enseigne plus que suffisamment qu'il n'est rien que les hommes aient moins en leur pouvoir que leur langue, et rien qu'ils puissent moins maîtriser que leurs appétits[1], d'où vint qu'ils croient, pour la plupart, que nous ne faisons librement que ce à quoi nous aspirons légèrement, parce que l'appétit pour ces choses peut aisément être réduit par le souvenir d'autre chose que nous nous rappelons fréquemment, et que nous ne faisons pas du tout librement ce à quoi nous aspirons avec un grand affect[2] et que le souvenir d'autre chose ne peut apaiser. Mais à vrai dire, si d'expérience ils ne savaient que nous faisons plus d'une chose dont nous nous repentons ensuite, et que, souvent, quand nous sommes en proie à des affects contraires, nous voyons le meilleur et nous faisons le pire, rien n'empêcherait qu'ils croient que nous faisons tout librement. Ainsi croit le bébé aspirer librement au lait, et l'enfant en colère vouloir la vengeance, et le peureux la fuite. L'homme ivre, ensuite, croit que c'est par un libre décret de l'Esprit qu'il dit ce que, redevenu sobre, il voudrait avoir tu : ainsi le délirant, la bavarde, l'enfant, et bien d'autres de cette farine[3], croient que c'est par un libre décret de l'Esprit qu'ils parlent, alors pourtant qu'ils ne peuvent contenir l'impulsion qu'ils ont à parler ; si bien que l'expérience elle-même montre, non moins clairement que la raison, que les hommes se croient libres pour la seule raison qu'ils sont conscients de leurs actions, et ignorants des causes par quoi elles sont déterminées ; et, en outre, que les décrets de l'Esprit ne sont rien d'autre que les appétits eux-mêmes, et pour cette raison varient en fonction de l'état du Corps. Car chacun règle toute chose à partir de son propre affect, et, en outre, ceux qui sont en proie à des affects contraires ne savent pas ce qu'ils veulent ; et, quant à ceux qui n'en ont point, il suffit de très peu pour les pousser ici ou là.

Baruch SPINOZA, *Éthique* (1677, publication posthume), IIIe partie, scolie de la proposition 2, trad. B. Pautrat, Éd. du Seuil, coll. « Points essais », 1999, p. 211.

1. Au sens large : ce vers quoi les hommes tendent par une impulsion ou tendance intérieure (du latin *appetitus*, « penchant naturel, instinct » ; *appetere*, « chercher à atteindre »).
2. Désir intérieur dû à une cause extérieure à nous, qui le plus souvent échappe à notre conscience.
3. Et bien d'autres de la même espèce.

texte 6

Cicéron. Les méfaits de la croyance au destin

Quelle raison avons-nous de croire au destin ? Cicéron, rapportant les témoignages de philosophes qui l'ont précédé, rapproche cette croyance de ce que les philosophes appellent « argument paresseux ». Si tout est déjà décidé, il est vain de se démener pour décider de son sort.

[...] les philosophes appellent *raisonnement paresseux* un raisonnement qui nous conduirait à vivre dans l'inaction complète. Voici comme on pose la question : « Si c'est votre destin de guérir de cette maladie, que vous fassiez ou non venir le médecin, vous en guérirez. Pareillement, si c'est votre destin de ne pas guérir de cette maladie, que vous fassiez ou non venir le médecin, vous n'en guérirez pas. Et l'un des deux est votre destin. Donc il ne sert à rien de faire venir le médecin. » On a raison de traiter de paresse et d'inertie cette manière de poser la question, car, avec le même raisonnement on retrancherait toute action de la vie. On peut même en changer l'expression, et, sans nommer le destin, lui conserver un sens identique, par exemple : « Si cette proposition[1] "vous guérirez de cette maladie" a été vraie de toute éternité, que vous fassiez ou non venir le médecin, vous en guérirez. Pareillement si cette proposition "vous guérirez de cette maladie" a été fausse de toute éternité, que vous fassiez ou non venir le médecin, vous n'en guérirez pas », et ainsi de suite.

À ce raisonnement, Chrysippe[2] objecte ceci : il y a dans la réalité des faits simples et d'autres solidaires. On énonce un fait simple en disant : « Socrate mourra tel jour. » Qu'il fasse ou non quelque chose, le jour de sa mort est déterminé. Mais si c'est la destinée que « Œdipe naîtra de Laius[3] », on ne pourra pas dire : « que Laius ait été ou non avec une femme », car c'est une chose solidaire et « *confatale* ». C'est le terme dont il se sert, parce que le destin est à la fois que Laius fasse lit commun avec son épouse, et que d'elle il engendre Œdipe. Ainsi cette proposition étant émise : « Milon luttera à Olympie », si l'on rétorquait : « Donc, qu'il ait ou non un adversaire, il luttera », on serait dans l'erreur, car « il luttera » est une chose solidaire, puisque sans adversaire il n'y a pas de lutte. Tous les raisonnements captieux[4] de ce genre se réfutent donc de la sorte. « Que vous fassiez ou non venir le médecin, vous guérirez » est un raisonnement captieux, car il est aussi fatal de faire venir le médecin que de guérir. C'est, comme je l'ai dit, ce que Chrysippe appelle « confatal ».

Carnéade[5] rejetait d'un bloc toute cette argumentation, où il voyait un raisonnement par trop superficiel. Aussi pressait-il Chrysippe d'une autre manière, sans avoir recours à de mauvaises raisons. Son raisonnement était celui-ci : « Si tout arrive par des causes antérieures, tous les événements s'entrelacent et sont tramés ensemble dans un enchaînement naturel ; s'il en est ainsi, la nécessité fait tout ; si cela est vrai, rien n'est en notre pouvoir. Or, il y a quelque chose en notre pouvoir. Mais si tout arrive par le destin, tout arrive par des causes antérieures ; donc tout ce qui arrive n'est pas le fait du destin. »

CICÉRON (Ier siècle av. J.-C.), *Traité du destin*, trad. A. Yon, Les Belles Lettres, 1933, p. 15-16.

1. Le raisonnement qui suit est purement logique. Il s'agit de décider de la vérité ou de la fausseté d'un énoncé portant sur l'avenir : s'il est destiné à devenir vrai un jour, il l'est de toute éternité.
2. Philosophe grec (281-205 av. J.-C.). L'un des chefs de file du stoïcisme ancien. Les stoïciens croyaient au destin et aux oracles. Voir Épictète, *Entretiens*, I, 1, 10-17.
3. Voir le texte d'ouverture, p. 452-453.
4. Qui convainquent l'esprit par leur apparence logique, mais qui disent en réalité des choses fausses.
5. Philosophe grec (215-129 av. J.-C.). L'un des fondateurs de la Nouvelle Académie, école philosophique à tendance sceptique.

› Repères
Voir **Contingent / Nécessaire / Possible.**

Questions

1. Le « raisonnement paresseux » repose sur le principe métaphysique du destin. Quel intérêt peut-il y avoir à le formuler de façon purement logique ?
2. Si on suppose que les futurs sont contingents, quelles conséquences cela a-t-il sur la conception qu'on peut se faire du destin et de la liberté ?
3. D'après Carnéade, qu'est-ce qui est en notre pouvoir ?

2 | La liberté, une conquête de l'esprit ?

texte 7

Kant.
Nécessité et liberté

Si la réalité est soumise au règne du déterminisme universel, comment la liberté est-elle possible ? La nature, telle que l'étudie la science, est en effet un ensemble de phénomènes et une suite ininterrompue de causes et d'effets nécessaires. Comment penser dans ces conditions la liberté, qui suppose une cause spontanée, c'est-à-dire non déterminée par l'extérieur ?

On ne peut penser, à propos de ce qui arrive, que deux sortes de causalité, soit selon la *nature*, soit par *liberté*. La première consiste dans la liaison d'un état, dans le monde sensible, avec un état précédent auquel il succède suivant une règle. Or, dans la mesure où la *causalité* des phénomènes repose sur des conditions temporelles, et que l'état précédent, s'il avait existé de tout temps, n'aurait pas produit un effet qui surgit pour la première fois dans le temps, la causalité de la cause de ce qui arrive ou commence d'être *a elle aussi commencé d'être* et elle requiert elle-même, conformément au principe de l'entendement, à son tour une cause.

Au contraire, j'entends par liberté, au sens cosmologique[1] du terme, le pouvoir d'inaugurer *par soi-même* un état – une liberté dont la causalité n'est donc pas à son tour soumise, selon la loi de la nature, à une autre cause qui la déterminerait suivant le temps. La liberté est en ce sens une pure Idée transcendantale[2] qui, premièrement, ne contient rien qui soit emprunté à l'expérience, et dont, deuxièmement, l'objet ne peut pas non plus être donné d'une façon déterminée dans aucune expérience, parce que c'est une loi universelle, même pour la possibilité d'une quelconque expérience, que tout ce qui arrive, par conséquent aussi la causalité de la cause qui elle-même est intervenue ou a commencé d'être, doive posséder à son tour une cause ; ce par quoi alors le champ tout entier de l'expérience, aussi loin qu'il peut s'étendre, est transformé en un ensemble simplement naturel. Mais dans la mesure où, sur ce mode, on ne peut obtenir dans la relation causale aucune totalité absolue des conditions, la raison se forge l'Idée d'une spontanéité capable de commencer par elle-même d'agir sans qu'une autre cause ait dû intervenir préalablement pour la déterminer à son tour à l'action suivant la loi de l'enchaînement causal.

Il est particulièrement remarquable que ce soit sur cette Idée *transcendantale* de la liberté que se fonde le concept pratique[3] de celle-ci, et que ce soit cette idée qui constitue, dans cette liberté, le moment véritable où se nouent les difficultés qui ont entouré depuis toujours la question de sa possibilité. La *liberté entendue au sens pratique* est l'indépendance de l'arbitre[4] vis-à-vis de la *contrainte* exercée par les penchants de la sensibilité.

Emmanuel KANT, *Critique de la raison pure* (1781),
IIe division, chap. II, 9e section,
trad. A. Renaut, Flammarion, coll. « GF », 2001, p. 495-496.

1. Du point de vue de son inscription dans l'ordre du monde.
2. Toute la suite du paragraphe explique en fait en quoi la liberté est une Idée transcendantale. L'Idée est produite par la raison en tant que concept nécessaire, auquel aucun objet empirique ne correspond. Si la liberté est inconnaissable, elle est néanmoins pensable sans contradiction et donc possible.
3. C'est-à-dire le concept moral. Du grec *prattein*, « agir ».
4. Le pouvoir de décider.

Repères
Voir
Obligation / Contrainte, Transcendant / Immanent.

texte 8

Sartre. L'homme n'est que ce qu'il se fait

Si l'homme a une nature, comment peut-on soutenir qu'il est libre ? L'idée de nature humaine suppose que notre essence est prédéterminée et que notre existence ne doit que se conformer à cette essence. En inversant la relation entre essence et existence, Sartre montre que ce qu'il y a de véritablement humain en nous n'est pas la nature dont nous héritons, mais ce que nous en faisons. C'est en ce sens que l'homme se produit lui-même.

Le coupe-papier est à la fois un objet qui se produit d'une certaine manière et qui, d'autre part, a une utilité définie, et on ne peut pas supposer un homme qui produirait un coupe-papier sans savoir à quoi l'objet va servir. Nous dirons donc que, pour le coupe-papier, l'essence – c'est-à-dire l'ensemble des recettes et des qualités qui permettent de le produire et de le définir – précède l'existence ; et ainsi la présence, en face de moi, de tel coupe-papier ou de tel livre est déterminée[1]. Nous avons donc là une vision technique du monde, dans laquelle on peut dire que la production précède l'existence.

Lorsque nous concevons un Dieu créateur, ce Dieu est assimilé la plupart du temps à un artisan supérieur ; et quelle que soit la doctrine que nous considérions, qu'il s'agisse d'une doctrine comme celle de Descartes ou de la doctrine de Leibniz, nous admettons toujours que la volonté suit plus ou moins l'entendement, ou, tout au moins, l'accompagne, et que Dieu, lorsqu'il crée, sait précisément ce qu'il crée. Ainsi, le concept d'homme, dans l'esprit de Dieu, est assimilable au concept de coupe-papier dans l'esprit de l'industriel ; et Dieu produit l'homme suivant des techniques et une conception, exactement comme l'artisan fabrique un coupe-papier suivant une définition et une technique.

Ainsi l'homme individuel réalise un certain concept qui est dans l'entendement divin. Au XVIIIe siècle, dans l'athéisme des philosophes, la notion de Dieu est supprimée, mais non pas pour autant l'idée que l'essence précède l'existence. Cette idée, nous la retrouvons un peu partout : nous la retrouvons chez Diderot, chez Voltaire, et même chez Kant. L'homme est possesseur d'une nature humaine ; cette nature humaine, qui est le concept humain, se retrouve chez tous les hommes, ce qui signifie que chaque homme est un exemple particulier d'un concept universel, l'homme ; chez Kant, il résulte de cette universalité que l'homme des bois, l'homme de la nature, comme le bourgeois sont astreints à la même définition et possèdent les mêmes qualités de base[2]. Ainsi, là encore, l'essence d'homme précède cette existence historique que nous rencontrons dans la nature.

L'existentialisme athée, que je représente, est plus cohérent. Il déclare que si Dieu n'existe pas, il y a au moins un être chez qui l'existence précède l'essence, un être qui existe avant de pouvoir être défini par aucun concept et que cet être c'est l'homme ou, comme dit Heidegger, la réalité humaine[3]. Qu'est-ce que signifie ici que l'existence précède l'essence ? Cela signifie que l'homme existe d'abord, se rencontre, surgit dans le monde, et qu'il se définit après. L'homme, tel que le conçoit l'existentialiste, s'il n'est pas définissable,

1. Est la conséquence des causes qui l'ont produite et lui ont donné ses déterminations, c'est-à-dire ses propriétés.
2. L'idée de « nature humaine » suppose que, par-delà les circonstances et les transformations historiques, les hommes se définissent par des traits universels, invariables et communs.
3. Heidegger emploie dans *Être et Temps* le terme *Dasein*, « être-là », que Sartre traduit par « réalité humaine ». Heidegger critiquera cette traduction dans *Lettre sur l'humanisme*.

c'est qu'il n'est d'abord rien. Il ne sera qu'ensuite, et il sera tel qu'il se sera fait. Ainsi, il n'y a pas de nature humaine, puisqu'il n'y a pas de Dieu pour la concevoir. L'homme est non seulement tel qu'il se conçoit, mais tel qu'il se veut, et comme il se conçoit après l'existence, comme il se veut après cet élan vers l'existence, l'homme n'est rien d'autre que ce qu'il se fait.

Jean-Paul SARTRE, *L'existentialisme est un humanisme* (1946), Gallimard, coll. « Folio essais », 1996, p. 27-30.

texte 9 Kant. Autonomie et liberté morale

Qu'est-ce qu'une volonté libre ? Kant montre ici que c'est une volonté autonome, c'est-à-dire qui n'est pas déterminée par des objets extérieurs à elle-même. Une volonté libre est donc un pouvoir de décider soi-même de ce qui mérite d'être voulu. Pour cela elle doit déterminer ce qui peut prendre la forme d'une loi d'action valable pour tous, c'est-à-dire une loi morale.

L'*autonomie* de la volonté est l'unique principe de toutes les lois morales et des devoirs conformes à ces lois ; toute hétéronomie[1] de l'arbitre[2], au contraire, non seulement ne fonde pas d'obligation du tout, mais est bien plutôt opposée au principe de l'obligation et à la moralité de la volonté. Car c'est précisément l'indépendance de l'arbitre à l'égard de toute matière de la loi (c'est-à-dire à l'égard d'un objet désiré) et néanmoins, en même temps, sa détermination par la simple forme législatrice universelle qu'il faut qu'une maxime[3] soit capable de prendre, qui constituent l'unique principe de la moralité[4]. Mais *cette indépendance* est la liberté au sens *négatif*, alors que cette *législation propre* de la raison pure et, comme telle, pratique, est la liberté, comprise au sens *positif*. Donc la loi morale n'exprime pas autre chose que *l'autonomie* de la raison pratique pure, c'est-à-dire de la liberté, et cette autonomie est elle-même la condition formelle de toutes les maximes, sous laquelle seules celles-ci peuvent s'accorder avec la loi pratique suprême.

Emmanuel KANT, *Critique de la raison pratique* (1788), Ire partie, livre I, chap. I, § 8, théorème IV, trad. J.-P. Fussler, Flammarion, coll. « GF », 2003, p. 130.

1. La loi qui m'est imposée de l'extérieur (par opposition à *autonomie* : la loi que j'énonce moi-même).
2. Le pouvoir de décider.
3. Règle d'action personnelle.
4. La loi morale est celle qui est capable de prendre une forme universelle, c'est-à-dire valable pour tous. Une telle loi ne peut être que le produit de la faculté de raisonner, non de la matière de nos désirs, qui est toujours personnelle et changeante (voir « Le devoir », p. 472-487).

› Repères Voir **Obligation / Contrainte.**

texte 10 Alain. La pensée libre résiste à l'opinion dominante

À quelles conditions une pensée est-elle libre ? Alain montre ici que, si l'union fait la force, elle ne garantit pas pour autant la liberté de l'esprit. Celle-ci est toujours le fruit d'un effort personnel pour penser par soi-même, ce qui n'implique pas de refuser de prendre en considération la pensée d'autrui, mais de refuser de s'y soumettre aveuglément.

Il n'y a de pensée que dans un homme libre ; dans un homme qui n'a rien promis, qui se retire, qui se fait solitaire, qui ne s'occupe point de plaire ni de déplaire. L'exécutant n'est point libre ; le chef n'est point libre. Cette folle entreprise de l'union les occupe tous deux. Laisser ce qui divise, choisir ce qui rassemble, ce n'est point penser. Ou plutôt c'est penser à s'unir et à rester unis ; c'est ne rien penser d'autre. La loi de la puissance est une loi de fer. Toute délibération de puissance est sur la puissance, non sur ce qu'on en fera. Ce qu'on en fera ? Cela est ajourné, parce que cela diviserait. La puissance, sur le seul pressentiment d'une pensée, frémit toute et se sent défaite. Les pensées des autres, quelles qu'elles soient, voilà les ennemis du chef ; mais ses propres pensées ne lui sont pas moins ennemies. Dès qu'il pense, il se divise ; il se fait juge de lui-même. Penser, même tout seul, c'est donner audience, et c'est même donner force, aux pensées de n'importe qui. Lèse-majesté. Toute vie politique va à devenir une vie militaire, si on la laisse aller.

Petit parti ou grand parti, petit journal ou grand journal, ligue ou nation, église ou association, tous ces êtres collectifs perdent l'esprit pour chercher l'union. Un corps fait d'une multitude d'hommes n'a jamais qu'une toute petite tête, assez occupée d'être la tête. Un orateur quelquefois s'offre aux contradicteurs ; mais c'est qu'alors il croit qu'il triomphera. L'idée qu'il pourrait être battu, et, encore mieux, content d'être battu, ne lui viendra jamais.

Socrate allait et venait, écoutait, interrogeait, cherchant toujours la pensée de l'autre ; ne visant point à l'affaiblir, mais au contraire à lui donner toute la force possible. Dont[1] l'autre souvent s'irritait ; car notre pensée, mise au clair, n'est pas toujours ce que nous voudrions ; il s'en faut bien. Seul avec soi et libre de tout ; seul avec l'autre, et tous deux libres de tout. Il n'y a point de lueur pour l'esprit hors de ce chemin-là ; il n'y a point d'éducation réelle hors de ce chemin-là. L'homme parle ici à son semblable, qu'il veut son égal. La moindre preuve de géomètre rétablit ce royaume invisible des esprits. La moindre expérience aussi ; car si l'on ne discute librement, il n'y a plus aucun genre de preuve. Et il ne s'agit pas de savoir beaucoup.

C'est pourtant ainsi qu'on instruit ; il n'y a point d'autre moyen. Ceux qui auront la curiosité de lire Platon, ce qui est suivre Socrate en ses tours et détours, seront étonnés d'abord de ces grands chemins qui ne mènent à rien. Mais aussi il n'est pas dit qu'un esprit libre sera assuré de beaucoup de choses ; encore moins qu'il s'accordera aisément avec beaucoup d'hommes. Un joueur de ballon en un sens ne gagne rien non plus ; mais quand il perdrait la partie, il a gagné de bonnes jambes et de bons bras. Ainsi Socrate gagnait de se sentir fort contre les discours de belle apparence. En ce petit pays de Grèce, en ce temps heureux, on vit paraître un commencement de liberté. Nous vivons encore sur cette monnaie précieuse. En notre pâte d'hommes épaisse, dogmatique, il reste heureusement un peu de ce levain. Ainsi la formation impériale, qui toujours renaît en toute nation comme en tout parti, et fût-ce entre deux hommes, ne réussit jamais tout à fait. Il reste une petite lueur d'incrédulité. Ô vigiles de la flamme, n'allez pas vous endormir !

1. Ce dont.

Émile Chartier, dit Alain, *Propos sur l'éducation* (1932), n° LXXXIV, PUF, coll. « Quadrige », 2004, p. 212-214.

3 | Vivre et agir librement

texte 11

Arendt.
La liberté est toujours politique

La liberté a-t-elle toujours été une valeur individuelle ? Hannah Arendt montre qu'au contraire elle a d'emblée dû, et doit toujours, sa réalité au fait qu'elle était publique. La notion de liberté intérieure est postérieure à celle de liberté politique. Le citoyen précède l'homme.

Pour la question de la politique, le problème de la liberté est crucial, et aucune théorie politique ne peut prétendre demeurer indifférente au fait que ce problème a conduit au cœur « du bois obscur où la philosophie s'est égarée[1] ». C'est la thèse des considérations suivantes que la raison de cette obscurité est que le phénomène de la liberté n'apparaît pas du tout dans le domaine de la pensée, que ni la liberté ni son contraire ne sont expérimentés dans le dialogue entre moi et moi-même au cours duquel surgissent les grandes questions philosophiques et métaphysiques, et que la tradition philosophique, dont nous considérerons plus tard l'origine à ce point de vue, a faussé, au lieu de la clarifier, l'idée même de la liberté telle qu'elle est donnée dans l'expérience humaine en la transposant de son champ originel, le domaine de la politique et des affaires humaines en général, à un domaine intérieur, la volonté, où elle serait ouverte à l'introspection. Comme première et préliminaire justification de cette approche, on peut remarquer qu'historiquement le problème de la liberté a été la dernière des grandes questions métaphysiques traditionnelles – comme l'être, le néant, l'âme, la nature, le temps, l'éternité, etc. – à devenir thème de la recherche philosophique. Il n'y a pas de préoccupation concernant la liberté dans toute l'histoire de la grande philosophie depuis les présocratiques jusqu'à Plotin, le dernier philosophe antique. Et quand la liberté fit sa première apparition dans notre tradition philosophique, ce fut l'expérience de la conversion religieuse – de saint Paul d'abord, de saint Augustin ensuite – qui la suscita.

Le champ où la liberté a toujours été connue, non comme un problème certes, mais comme un fait de la vie quotidienne, est le domaine politique. Et même aujourd'hui, que nous le sachions ou non, la question de la politique, et le fait que l'homme possède le don de l'action, doit toujours être présente à notre esprit quand nous parlons du problème de la liberté ; car l'action et la politique, parmi toutes les capacités et possibilités de la vie humaine, sont les seules choses dont nous ne pourrions même pas avoir l'idée sans présumer au moins que la liberté existe, et nous ne pouvons toucher à une seule question politique sans mettre le doigt sur une question où la liberté humaine est en jeu.

Hannah Arendt, *La Crise de la culture* (1968),
trad. P. Lévy, Gallimard, coll. « Folio essais », 1989.

1. L'auteur cite ici le physicien allemand Max Planck.

texte 12 Rousseau. De la liberté naturelle à la liberté civile

Le fait de vivre en société est-il un obstacle à la liberté ? Contrairement à l'image qu'on donne souvent d'elle, la pensée rousseauiste montre que seule la vie en société rend possible une vie vraiment libre, mais à certaines conditions. Si ces dernières ne sont pas remplies, la vie sociale devient une servitude.

Ce passage de l'état de nature à l'état civil[1] produit dans l'homme un changement très remarquable, en substituant dans sa conduite la justice à l'instinct, et donnant à ses actions la moralité qui leur manquait auparavant. C'est alors seulement que la voix du devoir succédant à l'impulsion physique et le droit à l'appétit, l'homme, qui jusque-là n'avait regardé que lui-même, se voit forcé d'agir sur d'autres principes, et de consulter sa raison avant d'écouter ses penchants. Quoiqu'il se prive dans cet état de plusieurs avantages qu'il tient de la nature, il en regagne de si grands, ses facultés s'exercent et se développent, ses idées s'étendent, ses sentiments s'ennoblissent, son âme tout entière s'élève à tel point que si les abus de cette nouvelle condition ne le dégradaient souvent au-dessous de celle dont il est sorti, il devrait bénir sans cesse l'instant heureux qui l'en arracha pour jamais, et qui, d'un animal stupide et borné, fit un être intelligent et un homme.

Réduisons toute cette balance[2] à des termes faciles à comparer. Ce que l'homme perd par le contrat social, c'est sa liberté naturelle et un droit illimité à tout ce qui le tente et qu'il peut atteindre[3] ; ce qu'il gagne, c'est la liberté civile et la propriété[4] de tout ce qu'il possède. Pour ne pas se tromper dans ces compensations, il faut bien distinguer la liberté naturelle qui n'a pour bornes que les forces de l'individu, de la liberté civile qui est limitée par la volonté générale[5], et la possession qui n'est que l'effet de la force ou le droit du premier occupant, de la propriété qui ne peut être fondée que sur un titre positif.

Jean-Jacques ROUSSEAU, *Du contrat social* (1762), livre I, chap. VIII, Hatier, coll. « Les classiques de la philosophie », 1999, p. 26-27.

1. Allusion à la théorie du contrat social, selon lequel l'homme vivant dans un hypothétique état de nature renoncerait à ses droits naturels pour laisser place à des droits civils, décidés par la volonté générale.
2. Cette comparaison. Le mot renvoie à l'idée de bilan comptable.
3. Dans l'état de nature, puisqu'il n'y a aucune convention sociale ni aucune loi, mon droit, c'est ma force. Mais comme c'est vrai pour tous, ma liberté réelle est incertaine et limitée.
4. La *propriété* se distingue de la simple possession en ce qu'elle est garantie (et parfois limitée) par un droit civil.
5. La *volonté générale* est un concept politique théorique : c'est la volonté de ce qui est conforme à l'intérêt commun.

Repères Voir **Obligation / Contrainte**.

texte 13 Hegel. C'est l'État qui institue les libertés

L'État est-il une garantie ou un frein pour l'exercice des libertés individuelles ? Dans le texte suivant, Hegel affirme que l'État seul permet d'adopter un point de vue universel qui concilie les aspirations des individus. C'est là sa mission. Inversement, les individus, qui sont en droit d'attendre de l'État la garantie de leurs libertés, doivent gouverner leur volonté individuelle en fonction de l'intérêt de tous.

L'État est l'effectivité[1] de la liberté concrète ; or la *liberté concrète* consiste en ce que la singularité de la personne et ses intérêts particuliers ont leur *développement* complet et la *reconnaissance de leur droit* pour soi[2] (dans le système de la famille et de la société civile), tout comme[3], d'une part, ils *passent* d'eux-mêmes à l'intérêt de l'universel, [et] d'autre part, avec [leur] savoir et [leur] vouloir, reconnaissent celui-ci, en l'occurrence comme leur propre *esprit substantiel*[4], et sont *actifs* à son service, en tant qu'il est leur *fin*

1. La réalisation effective, par opposition à la fois à la simple réalité naturelle et immédiate *(Realität)* et à la seule intention sans garantie de réalisation.
2. Subjectif et individuel.
3. De même que.
4. Esprit qui a pris forme dans une réalité effective.

ultime [;] de la sorte, ni l'universel ne vaut et n'est achevé sans l'intérêt, le savoir et le vouloir particuliers, ni les individus ne vivent simplement pour ce dernier, en tant que personnes privées, sans vouloir en même temps en et pour l'universel et avoir une activité efficiente consciente de cette fin.

Friedrich HEGEL, *Principes de la philosophie du droit* (1820-1821), IIIe partie, IIIe section, § 260, trad. J.-Fr. Kervégan, PUF, coll. « Quadrige », 2003, p. 344.

texte 14

Tocqueville. Égalité et liberté

L'égalité et la liberté sont-elles compatibles ? Tocqueville montre que l'égalité peut menacer la liberté de deux façons : en favorisant l'esprit d'indépendance excessif qui conduit à l'anarchie ; en favorisant le conformisme qui conduit peu à peu à l'uniformisation et à la concentration des pouvoirs. C'est ce qui l'incite ici à encourager un certain goût pour l'esprit d'indépendance.

L'égalité, qui rend les hommes indépendants les uns des autres, leur fait contracter l'habitude et le goût de ne suivre, dans leurs actions particulières, que leur volonté. Cette entière indépendance, dont ils jouissent continuellement vis-à-vis de leurs égaux et dans l'usage de la vie privée, les dispose à considérer d'un œil mécontent toute autorité, et leur suggère bientôt l'idée et l'amour de la liberté politique. Les hommes qui vivent dans ce temps marchent donc sur une pente naturelle qui les dirige vers les institutions libres. Prenez l'un d'eux au hasard : remontez, s'il se peut, à ses instincts primitifs : vous découvrirez que, parmi les différents gouvernements, celui qu'il conçoit d'abord et qu'il prise le plus, c'est le gouvernement dont il a élu le chef et dont il contrôle les actes.

De tous les effets politiques que produit l'égalité des conditions, c'est cet amour de l'indépendance qui frappe le premier les regards et dont les esprits timides s'effrayent davantage, et l'on ne peut dire qu'ils aient absolument tort de le faire, car l'anarchie a des traits plus effrayants dans les pays démocratiques qu'ailleurs. Comme les citoyens n'ont aucune action les uns sur les autres, à l'instant où le pouvoir national qui les contient tous à leur place vient à manquer, il semble que le désordre doit être aussitôt à son comble, et que, chaque citoyen s'écartant de son côté, le corps social va tout à coup se trouver réduit en poussière.

Je suis convaincu toutefois que l'anarchie n'est pas le mal principal que les siècles démocratiques doivent craindre, mais le moindre.

L'égalité produit, en effet, deux tendances : l'une mène directement les hommes à l'indépendance et peut les pousser tout à coup jusqu'à l'anarchie, l'autre les conduit par un chemin plus long, plus secret, mais plus sûr, vers la servitude.

Les peuples voient aisément la première et y résistent ; ils se laissent entraîner par l'autre sans la voir ; il importe particulièrement de la montrer.

Alexis DE TOCQUEVILLE, *De la démocratie en Amérique* (1832-1840), t. II, Flammarion, coll. « GF », 1981, p. 353-354.

Pour se préparer au baccalauréat
Dissertations : p. 536, 539.
Explications de texte : p. 535, 539, 547, 557, 561.

Le devoir

Ouverture

Poe. L'attrait du mal — 474

Présentation — 476

Textes — 480

1 Un difficile apprentissage

1 **Bergson.** Le souvenir du fruit défendu — 480
2 **Kant.** La discipline — 481
3 **Brentano.** Les fausses justifications de la loi morale — 481

2 Le devoir et la volonté

4 **Descartes.** La générosité : du bon usage de la volonté — 482
5 **Kant.** Tous nos devoirs moraux dérivent d'une loi fondamentale — 483
6 **Kant.** Agir par devoir et agir conformément au devoir — 484
7 **Sénèque.** C'est l'intention qui compte — 484

3 La morale à l'œuvre

8 **Nietzsche.** La morale du ressentiment — 485
9 **Arendt.** La dangereuse conception du devoir du fanatique — 486
10 **Kant.** Morale et religion — 487

Ikko Narahara (né en 1931),
série *Quand le temps s'est effacé*, 1972, Arizona.

ouverture

Edgar Allan Poe
L'attrait du mal

Edgar Poe, dans une nouvelle racontant comment un homme qui a commis un crime parfait éprouve la tentation irrésistible de donner les indices qui le feront découvrir, propose une méditation sur la perversité. Celle-ci ne consiste pas tant à faire le mal qu'à être extrêmement attiré par ce dont nous savons que c'est interdit.

Nous avons devant nous une tâche qu'il nous faut accomplir rapidement. Nous savons que tarder, c'est notre ruine. La plus importante crise de notre vie réclame avec la voix impérative d'une trompette l'action et l'énergie immédiates. Nous brûlons, nous sommes consumés de l'impatience de nous mettre à l'ouvrage ; l'avant-goût d'un glorieux résultat met toute notre âme en feu. Il faut, il faut que cette besogne soit attaquée aujourd'hui, – et cependant nous la renvoyons à demain ; – et pourquoi ? Il n'y a pas d'explication, si ce n'est que nous sentons que cela est *pervers* ; – servons-nous du mot sans comprendre le principe. Demain arrive, et en même temps une plus impatiente anxiété de faire notre devoir ; mais avec ce surcroît d'anxiété arrive aussi un désir ardent, anonyme, de différer encore, – désir positivement terrible, parce que sa nature est impénétrable. Plus le temps fuit, plus le désir gagne de force. Il n'y a plus qu'une heure pour l'action, cette heure est à nous. Nous tremblons par la violence du conflit qui s'agite en nous, – de la bataille entre le positif et l'indéfini, entre la substance et l'ombre. Mais si la lutte en est venue à ce point, c'est l'ombre qui l'emporte, – nous nous débattons en vain. L'horloge sonne, et c'est le glas de notre bonheur. C'est en même temps pour l'ombre qui nous a si longtemps terrorisés le chant réveille-matin, la diane[1] du coq victorieuse des fantômes. Elle s'envole, – elle disparaît, – nous sommes libres. La vieille énergie revient. Nous travaillerons *maintenant*. Hélas ! il est *trop tard*.

Nous sommes sur le bord d'un précipice. Nous regardons dans l'abîme, – nous éprouvons du malaise et du vertige. Notre premier mouvement est de reculer loin du danger. Inexplicablement nous restons. Peu à peu notre malaise, notre vertige, notre horreur, se confondent dans un sentiment nuageux et indéfinissable. Graduellement, insensiblement, ce nuage prend une forme, comme la vapeur de la bouteille d'où s'élevait le génie des *Mille et une Nuits*. Mais de *notre* nuage, sur le bord du précipice, s'élève, de plus en plus palpable, une forme mille fois plus terrible qu'aucun génie, qu'aucun démon des fables ; et cependant ce n'est qu'une pensée, mais une pensée

1. Batterie de tambour pour réveiller les soldats le matin.

effroyable, une qui glace la moelle même de nos os, et les pénètre des féroces délices de son horreur. C'est simplement cette idée : Quelles seraient nos sensations durant le parcours d'une chute faite d'une telle hauteur ? Et cette chute, – cet anéantissement foudroyant, – par la simple raison qu'ils impliquent la plus affreuse, la plus odieuse de toutes les plus affreuses et de toutes les plus odieuses images de mort et de souffrance qui se soient jamais présentées à notre imagination, – par cette simple raison, nous les désirons alors plus ardemment. Et parce que notre jugement nous éloigne violemment du bord, *à cause de cela même*, nous nous en rapprochons plus impétueusement. Il n'est pas dans la nature de passion plus diaboliquement impatiente que celle d'un homme qui, frissonnant sur l'arête d'un précipice, rêve de s'y jeter. Se permettre, essayer de *penser* un instant seulement, c'est être inévitablement perdu ; car la réflexion nous commande de nous en abstenir, et c'est *à cause de cela* même, dis-je, que *nous ne le pouvons pas*. S'il n'y a pas là un bras ami pour nous arrêter, ou si nous sommes incapables d'un soudain effort pour nous rejeter loin de l'abîme, nous nous élançons, nous sommes anéantis.

Examinons ces actions et d'autres analogues, nous trouverons qu'elles résultent uniquement de l'esprit de *perversité*. Nous les perpétrons simplement à cause que nous sentons que *nous ne le devrions pas*. En deçà ou au-delà, il n'y a pas de principe intelligible ; et nous pourrions, en vérité, considérer cette perversité comme une instigation directe de l'Archidémon[2], s'il n'était pas reconnu que parfois elle sert à l'accomplissement du bien.

2. Démon d'un ordre supérieur.

Edgar Allan Poe, « Le démon de la perversité », dans *Nouvelles histoires extraordinaires*, trad. Ch. Baudelaire, Gallimard, coll. « Folio », 1951, p. 52-54.

Gladys, *Le Funambule Philippe Petit*, 1984, Paris.

Présentation

Que dois-je faire ? Tout homme se pose cette question, l'une des trois principales préoccupations de la philosophie, selon Kant. À quoi bon, en effet, se demander ce que nous pouvons savoir ou ce que nous pouvons espérer[1], si nos propres **actions** ne sont pas les premiers objets de nos attentions ? Or, l'idée même que nous avons des **devoirs** présuppose que nous disposions d'un certain degré de **liberté**[2] : quel sens y aurait-il à parler de devoir si nous ne pouvions devenir autre chose que ce que nous sommes ? La perfection absolue d'un être entraîne qu'il ne saurait être autre que ce qu'il est (tel le Dieu parfait des théologies). La condition strictement déterminée d'un être entièrement naturel (tels le minéral, le végétal ou l'animal) ne laisse aucune place à la notion de devoir. La condition humaine, elle, se caractérise par une capacité à décider elle-même de ce qu'elle doit être. Le verbe « devoir », dans la langue française est très ambigu : que les réalités naturelles « doivent » respecter les lois de la nature signifie qu'elles sont soumises à une **nécessité** : elles n'ont pas le choix ; dire, au contraire, qu'on doit respecter autrui signifie qu'on a le **pouvoir** de ne pas le faire, mais qu'on n'en a pas le **droit**. La question se pose alors de savoir comment nous devenons conscients de nos devoirs : quels sont-ils et comment se hisser à la hauteur de leurs exigences ?

I | Un difficile apprentissage

Apprendre à obéir

Textes 1 à 3
Bergson, Kant, Brentano,
p. 480-482.

Comment admettons-nous qu'il existe des **obligations** auxquelles nous devons nous soumettre ? Le premier sentiment de nos devoirs vient de l'obéissance à laquelle nous nous soumettons, dès l'enfance, à l'égard des adultes. Comme le dit en effet Descartes, « nous avons été enfants avant que d'être hommes[3] », et il nous a fallu avec plus ou moins de bonheur admettre que les règles directrices de nos existences étaient d'abord entre les mains d'êtres mieux placés que nous pour décider, à notre place, de notre bien. L'enfance est l'âge de l'apprentissage de l'obéissance, parce qu'on ne peut exiger des enfants qu'ils soient d'emblée capables de décider de ce qui est bien.

Il nous a donc d'abord fallu travailler nous-même à transformer cet être imparfait que nous étions au départ, afin de le rapprocher d'un **idéal**. Cela signifie qu'il nous faut toujours nous employer à développer nos vertus et à combattre nos vices. En

1. Ce sont, selon Kant, les deux autres questions de la philosophie (*cf. Logique*, Vrin, 1969, p. 25 ; *Critique de la raison pure*, Flammarion, coll. « GF », p. 658 ; et la Lettre à Staüdlin du 4 mai 1793). Ces trois questions renvoient, selon le philosophe, à une seule : qu'est-ce que l'homme ? 2. Voir, dans « La liberté », les textes 6 de Cicéron, 7 de Kant et 8 de Sartre, p. 463-466. 3. *Principes de la philosophie*, Ire partie, article 1.

tout homme, en effet, se trouvent des obstacles à sa moralité et des qualités qu'il peut leur opposer. L'effort moral de chacun consistera à s'autocontraindre, en réprimant ses tendances aux vices, selon des valeurs qu'il reconnaît[1].

La dangereuse soumission à une autorité extérieure

L'expérience du devoir est d'abord celle d'une soumission à une autorité reconnue. Les enfants, encore inaptes à **s'autodiscipliner**, apprennent de leurs aînés qu'on est sanctionné lorsqu'on ne se soumet pas à une autorité supérieure, qui valorise au contraire les comportements conformes à un certain nombre de valeurs. Mais obéir n'est pas en soi une vertu. Si elle ne visait que cela, l'éducation morale des enfants les préparerait au contraire à la soumission aveugle, y compris à toutes les tyrannies. C'est pourquoi l'éducation des enfants, qui doit être contraignante – car ils ne disposent pas des moyens de soumettre leurs penchants sensibles et égoïstes au gouvernement de leur propre raison –, doit en même temps être tout entière orientée vers la formation de leur **autonomie** : les hommes libres qu'ils deviendront sauront par eux-mêmes reconnaître les valeurs et les règles auxquelles se soumettre[2]. C'est dire que l'apprentissage de l'obéissance, durant l'enfance, n'est une véritable éducation que s'il conduit à terme à n'obéir qu'à soi-même, tout en donnant à cette obéissance la forme d'une soumission consciente et volontaire à des principes communs[3]. Le devoir n'est alors pas une inféodation aveugle et parfois criminelle à une autorité tyrannique ; il devient la capacité de gouverner sa conduite selon des **valeurs** consciemment **partagées**[4].

2 | Le devoir et la volonté

Apprendre à vouloir

Textes 4 à 7
Descartes, Kant, Sénèque,
p. 482-485.

Le vrai devoir suppose donc à la fois que ce que je fais soit l'effet de mes volontés et que celles-ci soient justifiables, donc raisonnables. Ce qui a de la valeur en moi, ce ne sont pas mes qualités naturelles ou héritées, acquises sans mérite, mais cette culture de ma **volonté**[5] qui me rend responsable de ce que je fais – en m'exposant à l'opprobre lorsque j'échoue et aux louanges lorsque je fais mon devoir.

Impératifs hypothétiques et impératif catégorique

Ce que nous devons faire est, d'abord à nos propres yeux, ce qu'il faut faire pour obtenir ce que nous souhaitons : si tu veux du pain, va au moulin[6]. Mais la loi morale est plus exigeante du fait qu'elle est une **loi**. Ce qu'elle prescrit n'est pas issu d'une expérience, car nous ne cesserions alors de changer de devoirs... C'est pourquoi, à côté des impératifs reconnus parce que porteurs de profits utiles (appelés « impératifs hypothétiques » par Kant), les impératifs « catégoriques », comme leur nom l'indique, sont **inconditionnés** et **absolus**[7] : le devoir moral définit ce que nous devons

1. Voir, dans les Repères, « Idéal / Réel ». 2. Voir Freud, *Nouvelles conférences sur la psychanalyse* (1932), Gallimard, coll. « Idées », 1975, p. 196. 3. Voir, dans les Repères, « Obligation / Contrainte ». 4. Voir, dans « La liberté », le texte 9 de Kant, p. 467. 5. Voir « Le désir », p. 92-93. 6. Exemple de Kant. 7. Voir, dans les Repères, « Absolu / Relatif ».

faire coûte que coûte et détermine des actions dont la valeur réside absolument en elles-mêmes, nullement dans les aléas de la fortune personnelle d'un individu isolé. Cette loi est forcément **rationnelle**, comme l'est toute loi, parce que les penchants sensibles, toujours changeants, ne sauraient inspirer des règles d'action valables en tout temps, en tout lieu et pour tous les hommes[1]. Le devoir est l'intégration dans les règles de ma conduite, sous l'effet de la raison, de l'existence de tous les autres hommes, de la nécessité de préserver leur dignité et de respecter leurs droits. Ce que je dois absolument faire est donc décidé à partir de valeurs dont je sais que tout homme doit à son tour reconnaître la légitimité.

La morale est un idéal

Cependant, toutes ces fins morales, quelle que soit l'intensité avec laquelle on les poursuit, ne sont pas immédiatement réalisées : en réalité la majorité des hommes, même s'ils reconnaissent et acceptent en pensée leurs devoirs, ne les accomplissent pas, du moins pas intégralement. Car ils peuvent se tromper sur le véritable fondement de leurs devoirs et considérer que celui-ci se détermine hors de leur sphère de décision, par exemple sous l'effet d'une autorité supérieure, dotée de moyens dissuasifs de coercition ou d'oppression. Mais, comme l'écrit Rousseau, « s'il faut obéir par la force, on n'a pas besoin d'obéir par devoir, et si l'on n'est plus forcé d'obéir on n'y est plus obligé[2] ». Il devient même légitime, et parfois obligatoire, de désobéir à un pouvoir illégitime. Le système de coercition qui s'exerce *de fait* sur moi ne fonde donc *a priori* aucun devoir et peut parfois entraîner un **devoir de désobéir**[3].

Inversement, reconnaître qu'une multitude de facteurs (qu'il s'agisse de pouvoirs dictatoriaux qui m'ordonnent des actions inqualifiables ou de mes propres penchants naturels égoïstes) sont susceptibles de contrebalancer mon aspiration au bien, c'est accepter que l'intention sincère d'obéir à la loi morale, accompagnée de tentatives pour mettre en œuvre cette loi, ne garantit contre aucune faiblesse. Même, selon Kant, aucun acte apparemment moral n'est à l'abri d'un calcul secrètement égoïste qui en ruine la valeur morale. Notre devoir est alors de **résistance à soi-même**, mais dans un combat qui ne sera jamais définitivement gagné. Une nouvelle fois, on le constate, la notion de devoir s'enracine dans le fait que les comportements humains ne sont jamais décidés pour toujours. Montrer que, de fait, les hommes n'accomplissent jamais tous leurs devoirs n'est en aucun cas une objection contre le devoir.

3 | La morale à l'œuvre

Le risque de choisir le mal

Textes 8 à 10
Nietzsche, Arendt, Kant, p. 485-487.

Le mal, en effet, est possible et il est même réaliste de reconnaître que c'est souvent lui que les hommes choisissent. « Nul n'est méchant volontairement », ne cessait d'affirmer Socrate : la **faute**, selon lui, est d'abord une erreur de jugement. Si l'on savait avec certitude ce qu'il faut faire, à moins d'être insensé, on le ferait. Cette position logi-

1. Voir, dans « Le bonheur », la présentation, p. 492, et le texte 1 de Kant, p. 496. 2. *Du contrat social*, livre I, chap. III. Voir, dans « La justice et le droit », le texte 6 de Rousseau, p. 416. 3. Voir, dans les Repères, « En fait / En droit », « Obligation / Contrainte », ainsi que « La justice et le droit », p. 408.

quement soutenable se heurte pourtant à l'épreuve de la réalité : nombreux sont les coupables qui ont sciemment choisi de commettre leurs méfaits. C'est que, en choisissant le mal, nous nourrissons – au prix d'un grave contresens – une confusion entre la transgression de la loi et la liberté[1], alors que nous sommes en fait aux antipodes de la liberté. Notre seule vraie liberté naît, en effet, de l'usage que nous sommes capables de faire de notre volonté, qui exige de nous, en retour, un bon usage.

Le ressentiment

Ce bon usage de la volonté s'oppose à la **paresse morale**. La morale ne saurait se confondre avec ce que Nietzsche dénonce à juste titre chez ceux qui éprouvent du ressentiment ou de la jalousie face aux qualités d'autrui : il ne suffit évidemment pas de renoncer à mettre en œuvre son talent et ses forces, ni encore moins d'empêcher autrui de profiter des siens, pour fonder une morale[2]. La moralité définit des règles universelles de vie humaine ; elle ne vise pas à neutraliser les talents d'autrui par des règles stérilisantes pour se faire croire à soi-même qu'il est notre égal ou pour se soustraire à son propre devoir de progrès. Elle ne vise évidemment pas non plus à écraser autrui...

Le fanatisme

Mais la volonté en elle-même, si affirmée soit-elle, n'est pas à elle seule garantie de moralité : le fanatique, par exemple, est parfaitement déterminé ; il est convaincu de défendre la cause de la morale, quitte à l'imposer par la **violence** ; mais il lui manque le recours authentique à la raison, seule autorité interne susceptible de fonder de vrais devoirs. C'est le sens de l'adage : « L'enfer est pavé de bonnes intentions. » La volonté morale n'est pas obscurantiste : c'est une **volonté éclairée**.

La nécessité des pouvoirs de contraintes

Les règles établies par la moralité, cependant, sont vaines si elles ne s'accompagnent pas de systèmes de contraintes. La contrainte seule, on l'a vu, ne fonde aucun devoir légitime. Mais la faiblesse des hommes justifie qu'on joue sur la crainte ou l'espérance pour les contraindre à respecter des devoirs fondés par ailleurs. La **religion** a pu ainsi longtemps jouer le rôle de supplétif de la morale[3] : la crainte d'un législateur suprême, d'un jugement dernier, d'une punition des fautes dans un au-delà, a pu obtenir des hommes un comportement sinon **par devoir**, du moins extérieurement **conforme au devoir**. Le droit (en particulier pénal), la politique et les pouvoirs de police[4] peuvent également être jugés nécessaires pour les mêmes raisons[5].

Le devoir est choix libre et autonome du bien. Les difficultés que nous rencontrons à exécuter ses injonctions sont donc triples : comprendre quelles règles sont bonnes et pourquoi elles le sont ; résister aux faux devoirs qui s'imposent à nous par contrainte ou par séduction ; puis, le devoir étant reconnu dans son principe, lutter contre les penchants intimes qui nous éloignent de lui en pratique.

1. Voir « La liberté », p. 454. 2. Voir, dans « Le désir », le texte 9 de Nietzsche, p. 101. 3. Voir « La religion », p. 216.
4. Voir, dans « La justice et le droit », le texte 4 de Kant, p. 413. 5. Voir, dans les Repères, « Obligation / Contrainte ».

I | Un difficile apprentissage

texte 1 Bergson.
Le souvenir du fruit défendu

Comment expliquer que nous acceptions d'obéir à autrui ? Bergson montre que nous en avons d'abord pris l'habitude dans l'enfance, à une époque où des êtres supérieurs à nous, les adultes, décidaient à notre place du bien et du mal. Nous leur obéissions par amour, mais aussi parce qu'ils étaient à nos yeux investis d'une autorité qui les dépassait.

Le souvenir du fruit défendu[1] est ce qu'il y a de plus ancien dans la mémoire de chacun de nous, comme dans celle de l'humanité. Nous nous en apercevrions si ce souvenir n'était recouvert par d'autres, auxquels nous préférons nous reporter. Que n'eût pas été notre enfance si l'on nous avait laissé faire ! Nous aurions volé de plaisirs en plaisirs. Mais voici qu'un obstacle surgissait, ni visible ni tangible : une interdiction. Pourquoi obéissions-nous ? La question ne se posait guère ; nous avions pris l'habitude d'écouter nos parents et nos maîtres. Toutefois nous sentions bien que c'était parce qu'ils étaient nos parents, parce qu'ils étaient nos maîtres. Donc, à nos yeux, leur autorité leur venait moins d'eux-mêmes que de leur situation par rapport à nous. Ils occupaient une certaine place : c'est de là que partait, avec une force de pénétration qu'il n'aurait pas eue s'il avait été lancé d'ailleurs, le commandement. En d'autres termes, parents et maîtres semblaient agir par délégation. Nous ne nous en rendions pas nettement compte, mais derrière nos parents et nos maîtres nous devinions quelque chose d'énorme ou plutôt d'indéfini, qui pesait sur nous de toute sa masse par leur intermédiaire. Nous dirions plus tard que c'est la société.

Henri BERGSON, *Les Deux Sources de la morale et de la religion* (1932), PUF, coll. « Quadrige », 2003.

1. Voir les textes d'ouverture de « La religion », p. 210-211.

› Repères
Voir **Obligation / Contrainte, Origine / Fondement.**

Questions

1. Explicitez l'analogie, évoquée par le texte, entre le dogme du péché originel et la situation de l'enfant.
2. Quelles raisons peuvent justifier l'obéissance d'un enfant à ses parents ou à ses maîtres ?
3. L'apprentissage de l'obéissance tel qu'il est ici décrit vous semble-t-il un bon fondement pour une éducation proprement morale ?

texte 2

Kant.
La discipline

Comment faut-il éduquer un enfant pour qu'il devienne autonome ? Kant montre ici la difficulté de la tâche, dans la mesure où il faut à la fois le détacher de ses penchants naturels, donc l'habituer à obéir, et le rendre capable de juger et de décider par lui-même, faute de quoi l'éducation ne serait qu'un conditionnement.

Un des plus grands problèmes de l'éducation est le suivant : comment unir la soumission sous une contrainte légale avec la faculté de se servir de sa liberté ? Car la contrainte est nécessaire ! Mais comment puis-je cultiver la liberté sous la contrainte ? Je dois habituer mon élève à tolérer une contrainte pesant sur sa liberté, et en même temps je dois le conduire lui-même à faire un bon usage de sa liberté. Sans cela tout n'est que pur mécanisme et l'homme privé d'éducation ne sait pas se servir de sa liberté. Il doit de bonne heure sentir l'inévitable résistance de la société, afin d'apprendre qu'il est difficile de se suffire à soi-même, qu'il est difficile de se priver et d'acquérir, pour être indépendant.

On doit ici observer les règles suivantes : 1) Il faut laisser l'enfant libre en toutes choses depuis la première enfance (exception faite des choses en lesquelles il peut se nuire à lui-même, par exemple lorsqu'il veut saisir un couteau tranchant), mais à la condition qu'il ne s'oppose pas à la liberté d'autrui ; par exemple lorsqu'il crie, ou lorsqu'il est d'une gaieté par trop bruyante et ainsi incommode les autres ; 2) On doit lui montrer qu'il ne saurait parvenir à ses fins si ce n'est en laissant les autres atteindre les leurs, par exemple qu'on ne fera rien qui lui plaise s'il ne fait pas ce que l'on veut, qu'il doit s'instruire, etc. ; 3) On doit lui prouver qu'on exerce sur lui une contrainte qui le conduit à l'usage de sa propre liberté, qu'on le cultive afin qu'un jour il puisse être libre, c'est-à-dire ne point dépendre des attentions d'autrui.

> **Repères** Voir Obligation / Contrainte.

Emmanuel KANT, *Réflexions sur l'éducation* (1776-1787), trad. A. Philonenko, Vrin, coll. « Bibliothèque des textes philosophiques », 2000, p. 118-119.

texte 3

Brentano.
Les fausses justifications de la loi morale

Qu'est-ce qui fonde un devoir proprement moral ? Franz Brentano[1] montre que ce n'est pas la simple obéissance à un supérieur. Le fondement de la morale (ce qu'il appelle la « sanction de la loi ») doit se trouver en moi.

Nombre de philosophes parlent d'une éducation que l'homme, qui appartient certes aux êtres vivants qui ont coutume de vivre en société, recevrait de ceux qu'il fréquente. Sans cesse et constamment, une exigence, un commandement lui est adressé : tu dois ! Il est dans la nature des choses que certaines actions soient, très souvent et en général, exigées de lui. Il se forme alors, en effet, une association entre tel type d'action et l'idée d'obligation. Il se peut qu'il se représente la puissance qui ordonne comme étant la société où il vit, ou, de manière plus floue, comme quelque chose de supérieur à sa propre

1. Philosophe et psychologue allemand (1838-1917).

personne, à la personne humaine en tant qu'individu, donc quelque chose qui, en quelque manière, serait surhumain. Cette obligation, qui, pour lui, va de pair avec ses actions, serait alors la sanction de la conscience morale.

La sanction naturelle[2] résiderait donc alors dans la conviction, qui se développerait naturellement, qu'il existe un commandement dicté par une volonté plus puissante.

Mais il est manifeste que, au sein d'une telle conviction qu'il existe un commandement issu d'un être plus puissant, rien n'est encore donné qui mériterait le nom de sanction. Pareille conviction est aussi partagée par celui qui est conscient d'être sous la coupe d'un tyran ou entre les mains d'une bande de brigands. Qu'il obéisse ou qu'il résiste, les ordres donnés ne sont pas ce qu'une sanction comparable à celle de la conscience morale conférerait à l'action exigée. Même lorsqu'il obéit, c'est par crainte et non parce qu'il considère que l'ordre est légitime[3]. [...]

Cependant il existe aussi des commandements qui ont un sens fondamentalement différent : des commandements, au sens où l'on parle des nécessités logiques auxquelles obéissent nos jugements et nos déductions. Il n'est alors question ni de la volonté de la logique (qui manifestement en est dépourvue) ni de celle des logiciens (auxquels ne nous lie aucune allégeance[4]). Les nécessités logiques sont des règles, naturellement valables, auxquelles se soumet le jugement, c'est-à-dire qu'il est nécessaire de les observer, car le jugement conforme à ces règles est sûr, tandis que celui qui s'en écarte est exposé à l'erreur ; il s'agit donc d'un avantage naturel que possède la démarche réflexive réglée par rapport à celle qui procéderait en dépit de toute règle.

Or, dans le domaine moral, c'est également d'un tel privilège naturel qu'il doit s'agir, ainsi que d'une règle qui s'y fonderait, et non pas du commandement issu d'une volonté étrangère. C'est précisément le point sur lequel Kant, mais aussi la majeure partie des grands penseurs avant lui, a vigoureusement insisté ; or, malgré tout, ce problème n'est toujours pas bien compris ou correctement pris en compte par la plupart – et, malheureusement aussi par les tenants de l'école empirique[5] dont je fais moi-même partie.

Franz BRENTANO, *L'Origine de la connaissance morale* (1889), trad. M. de Launay et J.-C. Gens, Gallimard, 2003, p. 42-44.

2. Chez Brentano, l'expression *sanction de la loi* a un sens technique et désigne la façon dont la loi est légitimée. Ici, dire que la loi morale serait *naturellement sanctionnée*, c'est affirmer que tout esprit éclairé serait conduit à la juger légitime.

3. Voir, dans « La justice et le droit », le texte 6 de Rousseau, p. 415.

4. Aucune obligation d'obéissance.

5. L'*empirisme* considère que les règles sont des leçons de l'expérience. Ce qui expose la morale à la relativité des situations et qui contraint l'individu à se soumettre à ce qui l'entoure. Pour Brentano, on ne peut plus alors parler de morale ; c'est pourquoi il prend de la distance sur ce point avec son propre courant de pensée.

› Repères
Voir **En fait / En droit, Légal / Légitime, Obligation / Contrainte.**

› 2 | Le devoir et la volonté

texte 4 Descartes. La générosité : du bon usage de la volonté

Qu'est-ce qui dépend véritablement de nous et fonde ainsi nos vrais mérites ? Descartes montre ici que ce n'est ni la richesse, ni la beauté, ni la chance, ni même l'intelligence, mais le bon usage que nous faisons de notre volonté.

Pour quelle cause on peut s'estimer.

Et parce que l'une des principales parties de la sagesse est de savoir en quelle façon et pour quelle cause chacun se doit estimer ou mépriser, je tâcherai ici d'en dire mon opinion. Je ne remarque en nous qu'une seule chose qui nous puisse donner juste raison de nous estimer, à savoir l'usage de notre libre arbitre[1], et l'empire[2] que nous avons sur nos volontés. Car il n'y a que les seules actions qui dépendent de ce libre arbitre, pour lesquelles nous puissions avec raison être loués ou blâmés, et il nous rend en quelque façon semblables à Dieu, en nous faisant maîtres de nous-mêmes, pourvu que nous ne perdions point par lâcheté les droits qu'il nous donne.

En quoi consiste la générosité.

Ainsi je crois que la vraie[3] générosité, qui fait qu'un homme s'estime au plus haut point qu'il se peut légitimement estimer, consiste seulement, partie en ce qu'il connaît qu'il n'y a rien qui véritablement lui appartienne, que cette libre disposition de ses volontés, ni pourquoi il doive être loué ou blâmé sinon pour ce qu'il en use bien ou mal ; et partie en ce qu'il sent en soi-même une ferme et constante résolution d'en bien user, c'est-à-dire de ne manquer jamais de volonté pour entreprendre et exécuter toutes les choses qu'il jugera[4] être les meilleures. Ce qui est suivre parfaitement la vertu.

René DESCARTES, *Les Passions de l'âme* (1649), articles 152-153, Gallimard, coll. « Tel », 1988, p. 245-246.

1. La faculté de prendre des décisions librement.
2. La maîtrise.
3. Par opposition au sens habituel du mot au XVIIe siècle pour qui la générosité renvoie à *generosus*, « de bonne race, de bonne naissance ».
4. Si l'infinité de notre volonté nous rapproche de Dieu, son usage est borné par les limites de notre faculté de juger. Voir, dans « La liberté », le texte 4 de Descartes, p. 462, et dans « La vérité », le texte 8 de Descartes, p. 370.

texte 5 Kant. Tous nos devoirs moraux dérivent d'une loi fondamentale

Tout ce qui prend la forme d'un impératif est-il un devoir moral ? Selon Kant, il y a des devoirs relatifs, qui ne valent que comme simples moyens d'atteindre un but extérieur à ce que l'on s'impose ; et il y a des devoirs absolus, proprement moraux, dont le principe prend la forme d'une loi universelle et qui définissent des actions dont la valeur réside en elles-mêmes, non dans un but extérieur.

[...] tous les impératifs commandent soit *hypothétiquement*, soit *catégoriquement*. Les premiers représentent la nécessité pratique d'une action possible, en tant qu'elle constitue un moyen de parvenir à quelque chose d'autre que l'on veut (ou en tout cas dont il est possible qu'on le veuille). Quant à l'impératif catégorique, il serait celui qui représenterait une action considérée pour elle-même, sans relation à une autre fin, comme objectivement nécessaire. [...]

Quand je conçois un impératif *hypothétique* en général, je ne sais pas à l'avance ce qu'il contiendra, jusqu'à ce que la condition[1] me soit donnée. Mais si je conçois un impératif *catégorique*, je sais immédiatement ce qu'il contient. Car, dans la mesure où l'impératif ne contient en dehors de la loi que la nécessité qui s'impose à la maxime[2] d'être conforme à cette loi, mais que la loi ne contient aucune condition qui vienne la limiter[3], il ne reste rien d'autre que l'universalité d'une loi en général, à laquelle la maxime de l'action doit être conforme, et c'est uniquement cette conformité que l'impératif fait apparaître véritablement comme nécessaire.

Il n'y a donc qu'un unique impératif catégorique, et c'est celui-ci : *Agis seulement d'après la maxime grâce à laquelle tu peux vouloir en même temps qu'elle devienne une loi universelle.*

1. La *condition* à laquelle il faut se soumettre pour obtenir ce que je désire par ailleurs.
2. La *maxime* est le principe subjectif de l'action [...] ; la *loi* est le principe objectif, qui vaut pour tout être raisonnable, et elle constitue le principe d'après lequel il *doit agir*, c'est-à-dire un impératif. *(Note de Kant.)*
3. C'est-à-dire que la loi ne dit plus : « Si tu veux *b*, tu l'auras à condition de faire *a* » ; elle dit : « Il faut inconditionnellement faire *a*. »

> **Repères**
> Voir **Absolu / Relatif, Formel / Matériel, Objectif / Subjectif, Obligation / Contrainte, Contingent / Nécessaire / Possible, Universel / Général / Particulier / Singulier.**

Si dès lors tous les impératifs du devoir peuvent être dérivés de cet unique impératif comme de leur principe, nous pourrons, tout en laissant en suspens la question de savoir si ce qu'on appelle le devoir n'est pas somme toute un concept vide, du moins indiquer pourtant ce que nous entendons par là et ce que ce concept veut dire.

Emmanuel KANT, *Métaphysique des mœurs*, t. I, *Fondation. Introduction* (1785), trad. A. Renaut, Flammarion, coll. « GF », 1994, p. 88 et 97.

texte 6 — Kant. Agir par devoir et agir conformément au devoir

Suffit-il de faire ce qui est notre devoir pour que notre action soit morale ? Non, répond Kant, car ce qui fait la moralité d'une action, c'est qu'elle soit accomplie par pur souci de respecter la loi morale. Si l'on agit par crainte (d'une punition), par espérance (d'un gain), voire par « bon sentiment », alors on agit conformément au devoir, mais pas par devoir.

Être bienfaisant quand on le peut est un devoir, et il y a en outre bien des âmes qui sont si disposées à la sympathie que, même sans autre motif relevant de la vanité ou de l'intérêt, elles trouvent une satisfaction intérieure à répandre la joie autour d'elles et qu'elles peuvent se réjouir du contentement d'autrui, dans la mesure où il est leur œuvre. Mais je soutiens que, dans un tel cas, une action de ce genre, si conforme au devoir, si digne d'affection soit-elle, n'a pourtant aucune véritable valeur morale, mais qu'elle va de pair avec d'autres inclinations, par exemple avec le penchant pour les honneurs, lequel, si par bonheur il porte sur ce qui est en fait en accord avec l'intérêt commun et en conformité avec le devoir, par conséquent sur ce qui est honorable, mérite des louanges et des encouragements, mais non point de l'estime ; car à la maxime[1] fait défaut la teneur morale, telle qu'elle consiste en ce que de telles actions soient accomplies, non par inclination, mais *par devoir*.

Emmanuel KANT, *Métaphysique des mœurs*, t. I, *Fondation. Introduction* (1785), trad. A. Renaut, Flammarion, coll. « GF », 1994, p. 66.

1. La *maxime* est la règle personnelle qui motive mon action. La loi est universelle. Voir aussi la note 2 du texte précédent.

> **Repères**
> Voir **Contingent / Nécessaire / Possible, En fait / En droit.**

texte 7 — Sénèque. C'est l'intention qui compte

De ce qu'il est rare qu'un homme soit réellement et intégralement vertueux, faut-il conclure que le devoir est une exigence utopique ? Répondant à une critique régulièrement adressée aux stoïciens, Sénèque montre ici que non : le devoir est un idéal, certes, mais qui, même lorsqu'il n'est pas totalement accompli, a néanmoins des effets sur la réalité et sur la conduite des hommes.

Celui qui a pris les résolutions suivantes : « Moi, je ferai la même figure devant la mort, que j'en entende parler ou que je la voie. Moi, je me soumettrai à toutes les tâches, si rudes soient-elles, l'âme étayant le corps. Moi, je mépriserai tout autant les richesses présentes ou absentes, sans être plus triste si elles sont chez les autres, ni plus fier si elles m'environnent de leur éclat. Moi, je ne m'apercevrai pas de la Fortune, qu'elle s'approche ou se retire. Moi, je regarderai toutes les terres comme miennes, les miennes comme celles de tous. Moi, je vivrai avec la pensée que je suis né pour d'autres et j'en remercierai la nature. Comment, en effet, aurait-elle pu mieux sauvegarder mes intérêts ? Elle a donné moi seul à tous, tous à moi seul[1]. Tout ce que j'aurai, je n'en ferai ni économie sordide, ni gaspillage. Rien ne me paraîtra mieux en ma possession que ce que j'aurai donné à bon escient[2]. Je n'évaluerai les bienfaits ni au nombre, ni au poids, mais uniquement d'après l'estime que j'aurai pour le bénéficiaire. Jamais ce ne sera trop à mes yeux, si l'obligé le mérite. Je ne ferai rien pour l'opinion, tout pour ma conscience[3]. Je croirai que tout le monde me regarde alors que je serai seul témoin de mes actes. Je n'aurai d'autre but en mangeant et en buvant que d'apaiser mes besoins naturels, non de me remplir le ventre et de le vider. Agréable à mes amis, doux et indulgent envers mes ennemis, je me laisserai fléchir avant d'être prié et j'irai au-devant des requêtes honorables. Je saurai que ma patrie est l'univers et que les dieux y président[4], qu'ils se tiennent au-dessus et autour de moi comme censeurs de mes faits et dits. Et lorsque la nature redemandera mon souffle ou que ma raison le rejettera hors de moi[5], je pourrai, en m'en allant, me rendre ce témoignage que j'ai aimé une conscience honnête, des goûts honnêtes, que je n'ai attenté à la liberté de personne, encore moins à la mienne »… celui qui concevra, adoptera, essaiera de suivre ces résolutions et marchera vers les dieux, ah ! celui-là, même s'il ne réussit pas,

a succombé du moins à de nobles efforts.

SÉNÈQUE (vers 4 av. J.-C. - 65 apr. J.-C.), *La Vie heureuse* (vers 58 apr. J.-C.), XX, 1-6, trad. A. Bourgery, Les Belles Lettres, coll. « Classiques en poche », 2002, p. 24-25.

1. Contrairement aux épicuriens, les stoïciens accordent une grande importance à la solidarité dans la cité et à la vie publique. Esclave ou empereur, chacun doit savoir qu'il n'est pas seulement utile à lui-même.
2. En sachant bien pourquoi je le fais.
3. Voir, dans « Le désir », le texte 7 d'Épictète, p. 100, et, dans « Le bonheur », le texte 5 d'Épictète, p. 499.
4. Les stoïciens considèrent que les hommes sont citoyens du monde, celui-ci étant gouverné par une raison divine et providentielle.
5. Allusion au suicide.

› Repères
Voir **Idéal / Réel**.

› 3 | La morale à l'œuvre

texte 8

Nietzsche.
La morale du ressentiment

Tous les renoncements exigés au nom de la morale sont-ils justifiés ? Nietzsche dénonce ici les attitudes qui, au nom de la morale, exigent des sacrifices[1] dont l'effet n'est pas d'élever l'humanité, mais de l'empêcher d'user de ses forces les plus vives.

Les agneaux gardent rancune aux grands rapaces, rien de surprenant : mais ce n'est point là une raison pour en vouloir aux grands rapaces d'attraper les petits agneaux. Mais si ces agneaux se disent entre eux : « Ces rapaces sont méchants ; et celui qui est aussi peu rapace que possible, qui en est plutôt le contraire, un agneau, celui-là ne serait-il pas bon ? », alors il n'y a rien à redire à cette construction d'un idéal, même si les rapaces doivent voir cela d'un œil un peu moqueur et se dire peut-être : « *nous*, nous ne leur gardons nullement rancune[2], à ces bons agneaux, et même nous les aimons : rien n'est moins goûteux qu'un tendre agneau. » Exiger de la force qu'elle ne se manifeste *pas* comme force, qu'elle ne soit *pas* volonté de domination, volonté de terrasser, volonté de maîtrise, soif d'ennemis, de résistances et de triomphes, c'est tout aussi absurde que d'exiger de la faiblesse qu'elle se manifeste comme force.

Friedrich NIETZSCHE, *La Généalogie de la morale* (1887), Ier traité, § 13, trad. É. Blondel, O. Hansen-Løve, Th. Leydenbach, P. Pénisson, Flammarion, coll. « GF », 1996, p. 56.

1. Voir aussi, dans « Le désir », le texte 9 de Nietzsche, p. 101.
2. Cette ironie des rapaces illustre la thèse du texte : la conception du bien et du mal chez les agneaux est une « morale du ressentiment », parce qu'elle est inspirée par la rancune face à la force des rapaces et vise seulement à renverser les valeurs de force et de faiblesse.

texte 9 Arendt. La dangereuse conception du devoir du fanatique

La conviction intime de faire ce que l'on doit est-elle une justification de la violence faite à autrui ? Analysant l'attitude du nazi Eichmann lors de son procès à Jérusalem, Hannah Arendt s'efforce de dénoncer la bonne conscience des fanatiques, d'autant plus dangereuse qu'ils sont convaincus d'être les défenseurs d'une cause absolument morale.

Pendant l'interrogatoire de police, on s'aperçut pour la première fois qu'Eichmann soupçonnait vaguement que l'enjeu de toute cette affaire dépassait largement la question du soldat exécutant des ordres clairement criminels dans leur nature et leur intention, lorsque, avec une insistance marquée, il déclara soudain qu'il avait vécu toute sa vie selon les préceptes moraux de Kant, et particulièrement selon la définition kantienne du devoir. À première vue, c'était faire outrage à Kant et c'était aussi incompréhensible, dans la mesure où la philosophie de Kant est étroitement liée à la faculté humaine de jugement qui exclut l'obéissance aveugle. L'officier de police n'insista pas, mais le juge Raveh, intrigué ou indigné qu'Eichmann ait osé invoquer le nom de Kant en liaison avec ses crimes, décida d'interroger l'accusé. C'est alors qu'à la stupéfaction générale, Eichmann produisit une définition approximative, mais correcte, de l'impératif catégorique : « Je voulais dire, à propos de Kant, que le principe de ma volonté doit toujours être tel qu'il puisse devenir le principe des lois générales. » (Ce qui n'est pas le cas pour le vol, ou le meurtre, par exemple, car il est inconcevable que le voleur, ou le meurtrier, puisse avoir envie de vivre sous un système de lois qui donnerait aux autres le droit de le voler ou de l'assassiner.) Interrogé plus longuement, il ajouta qu'il avait lu la *Critique de la raison pratique* de Kant. Il se mit ensuite à expliquer qu'à partir du moment où il avait été chargé de mettre en œuvre la Solution finale, il avait cessé de vivre selon les principes de Kant ; qu'il le savait, et qu'il s'était consolé en pensant qu'il n'était plus « maître de ses actes », qu'il ne pouvait « rien changer ». Ce que, au tribunal, il ne parvint pas à discerner est le fait qu'à cette « époque de crimes légalisés par l'État[1] », comme il disait maintenant lui-même, il n'avait pas simplement écarté la formule kantienne comme n'étant plus applicable, il l'avait déformée pour lui faire dire maintenant : Agis comme si le principe de tes actes était le même que celui du législateur ou des lois du pays, ou, selon la formulation de « l'impératif catégorique dans le IIIe Reich » donnée par Hans Frank et qu'Eichmann connaissait peut-être : « Agis de telle manière que le Führer, s'il avait connaissance de ton action, l'approuverait » (*Die Technik des Staates*, 1942, p. 15-16). Certes Kant n'a jamais rien voulu dire de tel ; pour lui au contraire, tout homme est législateur dès qu'il commence à agir ; en utilisant sa « raison pratique », l'homme découvre les principes qui peuvent et doivent être les principes de la loi. Mais il est vrai que la déformation inconsciente d'Eichmann correspond à ce qu'il nommait lui-même une adaptation de Kant « à l'usage domestique du petit homme ».

Hannah ARENDT, *Eichmann à Jérusalem* (1963), Gallimard, coll. « Quarto », 2002, p. 1149-1150.

1. Voir « La justice et le droit », p. 409.

texte 10

Kant. Morale et religion

On considère généralement que la religion est une des origines de la morale. Sans nier qu'elle puisse consolider les dispositions morales, Kant soutient que c'est plutôt parce que je constate en moi l'existence de dispositions morales que je suis fondé à croire en l'existence d'un Dieu et d'une vie future. Ce n'est pas la religion qui fonde la morale, mais l'inverse.

Assurément personne ne peut-il se vanter de *savoir* qu'il y a un Dieu et une vie future ; car, si quelqu'un le sait, il est justement l'homme que je cherche depuis longtemps. Tout savoir (s'il concerne un objet de la simple raison) peut être communiqué, et je pourrais donc moi aussi espérer voir mon savoir élargi dans des proportions tellement étonnantes par ce qu'il pourrait m'apprendre. En fait, non : la conviction n'est pas une certitude logique, mais *morale*, et comme elle repose sur des fondements subjectifs (la disposition morale), je ne dois pas même dire : *il est* moralement certain qu'il y a un Dieu, etc., mais : *je suis* moralement certain, etc. Autrement dit : la croyance en un Dieu et en un autre monde est à ce point liée à ma disposition morale que, tout aussi peu suis-je exposé à perdre cette disposition, tout aussi peu ai-je à craindre de pouvoir jamais me voir ravir cette croyance.

Le seul point délicat qui intervient à cet égard, c'est que cette croyance rationnelle se fonde sur la présupposition de dispositions morales. Si nous écartons cette présupposition et envisageons un homme qui serait totalement indifférent relativement aux lois morales, la question que la raison soulève devient simplement un problème pour la spéculation [...][1]. Reste que, dans ces questions, il n'y a pas d'homme qui soit détaché de tout intérêt. Car, bien qu'il puisse être coupé de l'intérêt moral par le manque de bonnes dispositions, il reste pourtant, même dans ce cas, assez de ressources pour faire en sorte qu'il *craigne* un être divin et un avenir. Car tout ce qui est requis pour cela, c'est qu'il ne puisse en tout cas mettre nullement en avant la *certitude* qu'il ne se trouve aucun Dieu ni aucune vie future, laquelle certitude exigerait, puisque ces deux points ne devraient être prouvés que par la simple raison, par conséquent de manière apodictique[2], qu'il pût démontrer l'impossibilité de l'un et de l'autre – ce qu'assurément nul homme raisonnable ne peut entreprendre. Ce serait une croyance négative qui ne produirait certes ni de la moralité ni de bonnes dispositions, mais en tout cas quelque chose qui leur serait analogue, c'est-à-dire qui pourrait retenir puissamment les mauvaises dispositions de faire irruption.

Emmanuel KANT, *Critique de la raison pure*, IIe partie, chap. II, 3e section, trad. A. Renaut, coll. « GF », p. 672-673.

1. L'esprit humain prend (comme je crois cela inévitable pour tout être raisonnable) un intérêt naturel à la moralité, bien que ce ne soit point un intérêt sans partage ni pratiquement prépondérant. Renforcez et développez cet intérêt, et vous trouverez la raison très docile et même plus éclairée pour réunir même à l'intérêt pratique l'intérêt spéculatif. En revanche, si vous ne vous souciez pas de rendre auparavant, au moins à mi-chemin, les hommes bons, vous ne ferez jamais non plus des hommes sincèrement croyants. *(Note de Kant.)*
2. Démontrés de façon incontestable.

Repères
Voir **Croire / Savoir, Objectif / Subjectif.**

Pour se préparer au baccalauréat
Dissertations : p. 564.
Explications de texte : p. 535, 537, 539, 549, 563.

Le bonheur

Ouverture

Rousseau. Le bonheur d'exister **490**

Présentation

492

Textes

496

1 Définir le bonheur

1 **Kant.** Le bonheur, un idéal de l'imagination 496
2 **Schopenhauer.** Le malheur irréductible : de la souffrance à l'ennui 497
3 **Mill.** Le bonheur digne de l'homme 498

2 La sagesse ou l'art d'être heureux

4 **Épicure.** Le bonheur est le plaisir bien compris 498
5 **Épictète.** Le bonheur réside dans la volonté libre 499
6 **Descartes.** Les illusions ne rendent pas heureux 500
7 **Rousseau.** L'esclavage du pouvoir 501

3 Être heureux : un devoir et un droit ?

8 **Alain.** Le bonheur des uns fait le bonheur des autres 502
9 **Kant.** Contre le paternalisme 502
10 **Bourdieu.** Grande misère et petites misères... 503

Joan Mitchell (1925-1992), *Begonia*, 1982, huile sur toile (279,4 x 200 cm), Castellani Art Museum, Niagara.

ouverture

Jean-Jacques Rousseau
Le bonheur d'exister

Lorsque, vers l'âge de six mois, reconnaissant son image dans un miroir, le petit enfant prend conscience de lui-même, il en éprouve une grande joie et la manifeste vivement : il « jubile ». Puis l'habitude et les préoccupations nous détournent de penser que, simplement, nous sommes là. Rousseau, « seul sur la terre[1] », rejeté de tous, décrit ici le bonheur parfait et atemporel du sentiment d'exister.

Quel était donc ce bonheur et en quoi consistait sa jouissance ? Je le donnerais à deviner à tous les hommes de ce siècle sur[2] la description de la vie que j'y[3] menais. Le précieux *far niente*[4] fut la première et la principale de ces jouissances que je voulus savourer dans toute sa douceur, et tout ce que je fis durant mon séjour ne fut en effet que l'occupation délicieuse et nécessaire d'un homme qui s'est dévoué à l'oisiveté.

[...] Ne voulant plus d'œuvre de travail il m'en fallait une d'amusement qui me plût et qui ne me donnât de peine que celle qu'aime à prendre un paresseux. J'entrepris de faire la *Flora petrinsularis*[5] et de décrire toutes les plantes de l'île sans en omettre une seule, avec un détail suffisant pour m'occuper le reste de mes jours. On dit qu'un Allemand a fait un livre sur un zeste de citron, j'en aurais fait un sur chaque gramen des prés, sur chaque mousse des bois, sur chaque lichen qui tapisse les rochers ; enfin je ne voulais pas laisser un poil d'herbe, pas un atome végétal qui ne fût amplement décrit. [...]

Quand le soir approchait je descendais des cimes de l'île et j'allais volontiers m'asseoir au bord du lac sur la grève dans quelque asile[6] caché ; là le bruit des vagues et l'agitation de l'eau fixant mes sens et chassant de mon âme toute autre agitation la plongeaient dans une rêverie délicieuse où la nuit me surprenait souvent sans que je m'en fusse aperçu. Le flux et

1. Ces mots introduisent la Ire promenade. À la suite de la condamnation d'*Émile ou De l'éducation* (1762) et du décret de l'arrestation de son auteur par le parlement de Paris, Rousseau s'enfuit en Suisse, dans un petit village. Mal accueilli par les habitants, il se réfugie finalement, après plusieurs années d'errance, dans l'île de Saint-Pierre.
2. À partir de.
3. Il s'agit de l'île de Saint-Pierre, où Rousseau séjourna en 1765.
4. Littéralement, en italien : « ne rien faire ». Le *farniente* est l'oisiveté positive, par opposition à la fainéantise.
5. La flore de l'île de Saint-Pierre.
6. Un refuge, un coin tranquille.

7. Une assise, une base.
8. Forteresse, prison d'État, située à Paris et rasée en 1790.

reflux de cette eau, son bruit continu mais renflé par intervalles frappant sans relâche mon oreille et mes yeux, suppléaient aux mouvements internes que la rêverie éteignait en moi et suffisaient pour me faire sentir avec plaisir mon existence sans prendre la peine de penser.

[...] s'il était un état où l'âme trouve une assiette[7] assez solide pour s'y reposer tout entière et rassembler là tout son être, sans avoir besoin de rappeler le passé ni d'enjamber sur l'avenir ; où le temps ne soit rien pour elle, où le présent dure toujours sans néanmoins marquer sa durée et sans aucune trace de succession, sans aucun autre sentiment de privation ni de jouissance, de plaisir ni de peine, de désir ni de crainte que celui seul de notre existence, et que ce sentiment seul puisse la remplir tout entière ; tant que cet état dure celui qui s'y trouve peut s'appeler heureux, non d'un bonheur imparfait, pauvre et relatif, tel que celui qu'on trouve dans les plaisirs de la vie, mais d'un bonheur suffisant, parfait et plein, qui ne laisse dans l'âme aucun vide qu'elle sente le besoin de remplir. Tel est l'état où je me suis trouvé souvent à l'île de Saint-Pierre dans mes rêveries solitaires, soit couché dans mon bateau que je laissais dériver au gré de l'eau, soit assis sur les rives du lac agité, soit ailleurs au bord d'une belle rivière ou d'un ruisseau murmurant sur le gravier.

De quoi jouit-on dans une pareille situation ? De rien d'extérieur à soi, de rien sinon de soi-même et de sa propre existence, tant que cet état dure on se suffit à soi-même comme Dieu. Le sentiment de l'existence dépouillé de toute autre affection est par lui-même un sentiment précieux de contentement et de paix, qui suffirait seul pour rendre cette existence chère et douce à qui saurait écarter de soi toutes les impressions sensuelles et terrestres qui viennent sans cesse nous en distraire et en troubler ici-bas la douceur. [...]

Cette espèce de rêverie peut se goûter partout où l'on peut être tranquille, et j'ai souvent pensé qu'à la Bastille[8], et même dans un cachot où nul objet n'eût frappé ma vue, j'aurais encore pu rêver agréablement.

Jean-Jacques ROUSSEAU, *Les Rêveries du promeneur solitaire* (1782), V^e^ promenade, Le Livre de Poche, 1965, p. 91-99.

Winona Ryder, dans *Edward aux mains d'argent*, de Tim Burton, 1990.

Le bonheur
Présentation

I | Définir le bonheur

Une aspiration universelle

Textes 1 à 3
Kant, Schopenhauer, Mill, p. 496-498.

Le bonheur semble être **le bien suprême** auquel aspire l'ensemble des hommes. «[Nous] le cherchons toujours pour lui-même, et jamais pour une autre raison [...] c'est ce qui par soi seul rend la vie souhaitable et complète[1].» Selon l'étymologie (bon heur signifie «bon augure») et des expressions courantes telles que «par bonheur» ou «au petit bonheur la chance», le bonheur semble dépendre de la **fatalité** ou du **hasard**, de la volonté des dieux ou des circonstances extérieures changeantes et imprévisibles, ce qu'on appelle aussi la «fortune». Pour autant, les hommes ne se résignent pas à subir passivement les événements. De nombreux philosophes ont donc cherché à définir ce qui constitue ce bien suprême afin de découvrir les moyens d'y accéder. L'accord est pratiquement unanime sur la définition formelle du bonheur comme un état durable de **complète satisfaction**, d'harmonie avec soi-même et avec le monde. Les divergences surgissent lorsqu'il s'agit de déterminer son contenu, sa source principale et les moyens d'y parvenir.

Un contenu variable et incertain

Pour savoir quels objets peuvent procurer un sentiment de satisfaction, il faut en **faire l'expérience**. Mais la sensibilité diffère d'un homme à un autre et celle d'un individu varie au cours de son existence; d'où l'incapacité de la raison humaine à établir des règles de vie universelles conduisant de façon sûre au bonheur. Il est un idéal de l'imagination et même, pour certains, un rêve absolument irréalisable. Selon Schopenhauer, la souffrance est pour tous l'essence de la vie, qui oscille de la souffrance à l'ennui et «toute biographie est une pathographie[2]»! En effet, le désir est **manque**, donc souffrance. La satisfaction obtenue, souvent au prix de durs combats, ne produit qu'un plaisir éphémère que l'habitude transforme rapidement en **ennui**, autre forme de souffrance, jusqu'à ce qu'un nouveau manque naisse des cendres du précédent, la **mort** seule mettant un terme à ce cycle absurde.

Malgré tout, de nombreux philosophes ont tenté de distinguer de **vrais** et de **faux biens**, des biens essentiels et des biens secondaires pour, d'une façon générale,

1. Aristote, *Éthique de Nicomaque*, livre I, chap. VII, § 5 et 7, trad. J. Voilquin, Flammarion, coll. «GF», 1965, p. 28.
2. *Pathographie* est un néologisme créé par Schopenhauer à partir du grec *pathos*, «affection», d'où le sens ici de «souffrance». Extrait de *Le Monde comme volonté et comme représentation* (1819), livre IV, trad. A. Burdeau revue par R. Roos, PUF, 1998, p. 397.

assurer le plus grand bonheur possible. Car, si tous les hommes sont différents, ils ont aussi de nombreux points communs. Dans tous les cas, le bonheur est inséparable de la **conscience**, de l'attention à soi et au **présent** vécu, de l'exercice des facultés humaines supérieures, intellectuelles et morales. C'est pourquoi il ne peut être attribué à des êtres dépourvus de conscience et de raison, ni *a fortiori* recherché par l'homme dans l'inconscience, l'insouciance et l'irréflexion. Lorsque le chat repu ronronne sous les caresses au coin du feu, c'est par une projection anthropomorphique que nous l'imaginons heureux. C'est pourquoi aussi, des circonstances favorables ne produisent pas mécaniquement le bonheur. Certains ont, dit-on, « tout pour être heureux », mais ne le sont pas. Quelles sont alors les conditions fondamentales du bonheur ?

2 | La sagesse ou l'art d'être heureux

Les sagesses antiques : plaisir ou vertu ?

Textes 4 à 7
Épicure, Épictète, Descartes, Rousseau,
p. 498-501.

Dans l'Antiquité, deux grandes écoles **eudémonistes** (faisant du bonheur le bien suprême, le but final de la vie), l'**épicurisme** et le **stoïcisme**, s'affrontent au plan théorique alors qu'elles tendent souvent à se rejoindre au plan pratique. Dans des circonstances politiques troublées, l'homme cherche une assise stable en lui-même pour atteindre la sérénité intérieure, l'**ataraxie** (l'absence de trouble), indispensable au bonheur. Impuissant à changer le monde naturel et humain et même à prévoir son évolution ou ses bouleversements, l'homme cherche à se rendre au maximum indépendant des événements extérieurs. Mais, alors que le « noyau dur » du bonheur est pour les épicuriens le plaisir, c'est, pour les stoïciens, la vertu.

Pour autant, Épicure ne prône nullement la débauche, mais un **hédonisme** (théorie qui fait du plaisir le but de la vie) sobre et modéré, la jouissance calme et sereine des **plaisirs simples** de la vie, procurés par la satisfaction des désirs naturels et nécessaires. Les vertus telles que l'honnêteté, la justice n'ont pas une valeur en elles-mêmes ; elles ne sont pas recommandées au nom d'une excellence ou d'une dignité humaines, mais parce que sans elles le plaisir stable est compromis.

Dans le sillage du stoïcisme, Épictète pense que, pour être heureux, il faut user de la liberté que nous avons de contrôler nos pensées, nos désirs pour nous détacher de ce qui ne dépend pas de nous, nous y rendre indifférents[1] et ne désirer que le bien qui dépend de nous. L'expérience fondatrice du bonheur est donc celle de la vertu, c'est-à-dire de la maîtrise de soi par la tension de la **volonté libre**.

Modernité des anciens : la dénonciation des biens illusoires

L'épicurisme et le stoïcisme ont profondément et durablement influencé la réflexion des philosophes postérieurs sur le bonheur, qui ont souvent tenté d'en faire une synthèse harmonieuse. Descartes, par exemple, dans sa correspondance avec la princesse Élisabeth de Bohême, tempère le stoïcisme, qu'il juge excessif et cruel par l'insensibilité qu'il préconise ; il réhabilite l'épicurisme, souvent décrié

1. Voir, dans « L'existence et le temps », la présentation, p. 109, et le texte 10 de Malebranche, p. 118.

comme immoral. Cependant, l'attrait du plaisir, parfois trompeur, peut engendrer le malheur; le jeu de l'imagination doit donc être contrôlé. Si l'anticipation de la réalisation des désirs par le fantasme qui le met en scène est déjà en soi source de plaisir et stimule souvent les efforts pour obtenir une satisfaction dans la réalité, l'imagination peut aussi embellir excessivement l'objet de nos désirs et causer finalement de grandes déceptions. Mais le pouvoir de l'imagination est tel qu'elle peut également compenser les frustrations par des rêveries éveillées, souvent très narcissiques. Pourquoi alors ne pas s'en remettre à l'imagination pour assurer le bonheur et même exciter son jeu par diverses substances agissant chimiquement sur le cerveau et transportant l'homme dans des « paradis artificiels » plus conformes à ses désirs que la dure réalité ? Mais les **illusions**, aussi agréables soient-elles, ne produisent toujours qu'un bonheur superficiel et illusoire, quand elles ne sont pas destructrices, et la **réalité**, aussi dure soit-elle, peut seule procurer des satisfactions profondes et authentiques.

Aussi, les critiques adressées par les anciens à la course effrénée au **pouvoir**, aux **honneurs** et à la **richesse** peuvent encore instruire l'homme moderne dans sa quête du bonheur, le libérer de l'emprise croissante de la préoccupation des biens matériels et de l'opinion des autres. Si l'homme (certains hommes tout au moins) peut aujourd'hui posséder davantage de biens matériels qu'autrefois, il doit toujours prendre garde à ne pas inverser la relation et à ne pas se laisser posséder par eux. La confusion aliénante entre d'une part l'**être réel** dans son individualité et d'autre part l'**avoir** et le **paraître**, suscitée par le pouvoir quasi magique de l'argent, pervers et fascinant, a été, dans cet esprit, analysée et dénoncée par Marx. En effet, l'argent, par ce qu'il permet d'acheter, annule les effets de l'impuissance personnelle et, inversement, le manque d'argent empêche le développement des potentialités. Il a le « pouvoir de convertir la *représentation en réalité* et la *réalité en simple représentation*, [...] [il] est donc la perversion générale des *individualités*[1] », perversion qui ne produit qu'un ersatz de bonheur ou un malheur réel. La critique du pouvoir et des honneurs, maintes fois reprise, avait été auparavant magistralement développée par Rousseau. Ainsi, le bonheur dépend de notre propre puissance.

La joie de l'action volontaire et créatrice

Si le bonheur évoque une sérénité calme, le tort serait de croire qu'elle se confond avec la passivité et que, excluant l'agitation désordonnée et frénétique, elle est incompatible avec l'action, les efforts et la peine qui y sont liés. Le bonheur ne se goûte pas comme une sucrerie qu'on laisse fondre dans la bouche, « **faire** et non subir, tel est le fond de l'agréable[2] », en sorte qu'Alain déclare que seul le travail, librement choisi s'entend, est agréable, voire « délicieux[3] » ! La facilité ennuie, alors que la **création**, le développement de ses capacités pour vaincre les difficultés suscitées par les projets, procurent de la **joie**. L'alpiniste qui atteint un sommet est plus heureux que le touriste qui y a été transporté en téléphérique.

Le bonheur serait donc accessible. Cependant, constitue-t-il une fin digne de l'homme ?

1. Karl Marx, *Manuscrits de 1844*, trad. E. Bottigelli, Éditions sociales, 1969, p. 122-123. 2. *Propos*, 15 septembre 1924, t. I, Gallimard, coll. « Bibliothèque de la Pléiade », 1956, p. 635. 3. Voir, dans « Le travail et la technique », le texte d'ouverture, p. 188.

3 | Être heureux : un devoir et un droit ?

Bonheur individuel et bonheur commun

Textes 9 à 11
Alain, Kant, Bourdieu,
p. 502-503.

D'un point de vue moral, au nom soit d'une vertu sacrificielle, soit de la recherche d'un bonheur commun, la quête du bonheur individuel est condamnée pour son **égoïsme**. Or, la vertu et l'altruisme n'exigent nullement la haine de soi. Kant précise bien que, si l'accomplissement de son devoir exige parfois certains **sacrifices**, « favoriser le bonheur d'autrui en sacrifiant le sien propre (ses vrais besoins) serait une maxime contradictoire en soi si on l'érigeait en loi universelle[1] ». La morale de Kant n'enseigne pas comment atteindre le bonheur, mais comment s'en rendre digne par l'accomplissement de son **devoir**[2]. Toutefois, la vertu exige des moyens pour se réaliser concrètement dans le monde : la **prospérité** à laquelle l'homme aspire pour son bonheur peut donc favoriser l'accomplissement de son devoir. Le souci de son bonheur est même indirectement un devoir car la frustration, « ne pas être content de son état, se trouver accablé d'une foule de soucis, et cela au milieu de besoins instatisfaits, pourrait facilement devenir une *grande tentation de transgresser ses devoirs*[3] ». Enfin, bien que les envieux soient malheureux du bonheur des autres, son éclat est peut-être le meilleur stimulant d'une vie bonne et heureuse.

L'homme aurait donc sans doute bien du mal à être heureux de façon solitaire, c'est pourquoi l'**amitié** a toujours été reconnue comme un bien fondamental.

Bonheur et politique

La quête du bonheur ne peut plus alors être exclusivement une affaire privée. L'article 1 de la Constitution française de 1793 proclame : « Le but de la société est le bonheur commun. » La déclaration d'Indépendance américaine en 1776 faisait déjà figurer parmi les droits inaliénables « la recherche du bonheur ».

Ce passage de la **morale** à la **politique**, de la sphère **privée** à la sphère **publique**, ne va cependant pas sans risque. En effet, l'homme doit rester libre de définir et de réaliser lui-même son bonheur (ou d'y renoncer). Le paternalisme de l'État, aussi éclairé soit-il, n'est qu'un despotisme d'autant plus dangereux qu'il est masqué par sa douceur et sa bienveillance.

Que le bonheur relève toujours de la sphère privée et de la liberté individuelle ne doit pourtant pas à l'inverse déresponsabiliser les hommes politiques qui « se mêlent de gouverner les autres ». Par leurs décisions, ils vont en effet déterminer largement les possibilités individuelles de bonheur. Les malheurs les plus secrets et les plus intimes (par exemple, la solitude des personnes âgées) ont ainsi souvent une origine sociale. Le sociologue Pierre Bourdieu a recueilli et analysé les témoignages de « toutes les **petites misères** et les violences douces de l'existence quotidienne[4] », espérant que les politiques sauront s'en instruire. Il semble en effet légitime, lorsque la menace de la **grande misère** est relativement écartée, que l'homme fasse valoir d'autres exigences, étende son moi sans pour autant le perdre et aspire à la réalisation effective de sa liberté dans le monde, source de bonheur réel.

1. *Métaphysique des mœurs*, t. II, *Doctrine de la vertu* (1797), Introduction, § 8, trad. A. Renaut, Flammarion, coll. « GF », 1994, p. 236. 2. Voir « Le devoir », p. 477-478. 3. *Métaphysique des mœurs*, t. I, *Fondation* (1785), Ire section, trad. A. Renaut, Flammarion, coll. « GF », 1994, p. 67. 4. *La Misère du monde*, Post-scriptum, Éd. du Seuil, 1993, p. 943.

Le bonheur
Textes

› I | Définir le bonheur

texte  1

Kant. Le bonheur, un idéal de l'imagination

Tout homme veut être heureux, mais sait-il bien ce qu'il veut ? La raison pratique, qui s'exerce dans le domaine de la conduite de la vie, peut commander rigoureusement et clairement ce qu'il faut faire pour agir soit moralement[1], soit efficacement lorsque la fin est clairement déterminée. Mais en matière de bonheur, elle ne peut que recommander des moyens toujours incertains.

[...] le malheur est que le concept du bonheur soit un concept tellement indéterminé[2] que, même si tout homme désire d'être heureux, nul ne peut jamais dire pourtant avec précision et en restant cohérent avec soi-même ce que vraiment il souhaite et veut. La cause en est que tous les éléments qui appartiennent au concept du bonheur sont globalement empiriques, c'est-à-dire doivent nécessairement être empruntés à l'expérience, et que pourtant se trouve requis pour l'idée du bonheur un tout absolu, un maximum de bien-être dans mon état actuel et dans tout état qui pourrait être le mien à l'avenir. Or, il est impossible que l'être fini, quand bien même il serait l'esprit le plus pénétrant et en même temps le plus puissant de tous, se fasse un concept déterminé de ce qu'ici il veut véritablement. S'il veut la richesse, combien de soucis, quelle envie et que d'embûches ne risque-t-il pas d'attirer ainsi sur sa tête ! S'il veut beaucoup de connaissances et de discernement, peut-être cela ne pourra-t-il que se transformer en un regard d'autant plus aiguisé pour lui montrer d'une façon seulement d'autant plus effrayante les maux qui jusqu'ici restent encore dissimulés à ses yeux et qui ne sauraient pourtant être évités, à moins que cela ne fasse que charger d'encore plus de besoins ses désirs, qu'il a déjà bien assez de difficulté à satisfaire. S'il veut une longue vie, qui va lui soutenir que ce ne serait pas là une longue misère ? S'il veut du moins la santé, combien de fois les ennuis physiques l'ont-ils préservé d'excès où l'aurait fait tomber une pleine santé, etc. ? Bref, il est incapable de déterminer selon un principe[3] avec une complète certitude ce qui le rendrait vraiment heureux, – car pour cela l'omniscience[4] serait indispensable. [...] Il en résulte [...] que le problème de déterminer de manière sûre et universelle quelle action favoriserait le bonheur d'un être raisonnable est totalement insoluble : de ce point de vue,

1. Voir « Le devoir », p. 472-487.
2. Vague, flou ; qui ne peut être défini de façon claire, précise, rigoureuse, cohérente.
3. Une règle ou norme d'action rationnellement fondée.
4. La connaissance de tout.

> **Repères**
> Voir **Principe / Conséquence, Universel / Général / Particulier / Singulier.**

nul impératif n'est donc possible qui soit susceptible de commander, au sens strict du terme, de faire ce qui rend heureux, parce que le bonheur est un idéal, non pas de la raison, mais de l'imagination.

Emmanuel KANT, *Métaphysique des mœurs*, t. I, *Fondation* (1785), IIe section, trad. A. Renaut, Flammarion, coll. « GF », 1994, p. 93-94.

texte 2

Schopenhauer. Le malheur irréductible : de la souffrance à l'ennui

Peut-on éviter de vivre l'existence comme un malheur absurde ? Le pessimisme, loin de la sagesse stoïcienne, ne voit pas que « toute chose a deux anses[1] », mais accentue l'anse de la vie insupportable. Schopenhauer met ici en évidence la contradiction de l'homme qui s'épuise à conserver une vie dont il ne sait que faire.

Pour la plupart, la vie n'est qu'un combat perpétuel pour l'existence même, avec la certitude d'être enfin[2] vaincus. Et ce qui leur fait endurer cette lutte avec ses angoisses, ce n'est pas tant l'amour de la vie, que la peur de la mort, qui pourtant est là, dans l'ombre, prête à paraître à tout instant. [...]

Et de même, il faut bien le remarquer, d'une part, la souffrance et les tourments arrivent facilement à un degré où la mort nous devient désirable et nous attire sans résistance ; et pourtant qu'est-ce que la vie, sinon la fuite devant cette même mort ? Et d'autre part, le besoin et la souffrance ne nous accordent pas plus tôt un répit, que l'ennui arrive ; il faut, à tout prix, quelque distraction. Ce qui fait l'occupation de tout être vivant, ce qui le tient en mouvement, c'est le désir de vivre. Eh bien, cette existence, une fois assurée, nous ne savons qu'en faire, ni à quoi l'employer ! Alors intervient le second ressort qui nous met en mouvement, le désir de nous délivrer du fardeau de l'existence, de le rendre insensible, « de tuer le temps », ce qui veut dire de fuir l'ennui. Aussi voyons-nous la plupart des gens à l'abri du besoin et des soucis, une fois débarrassés de tous les autres fardeaux, finir par être à charge à eux-mêmes, se dire, à chaque heure qui passe : autant de gagné ! à chaque heure, c'est-à-dire à chaque réduction de cette vie qu'ils tenaient tant à prolonger ; car à cette œuvre ils ont jusque-là consacré toutes leurs forces. L'ennui, au reste, n'est pas un mal qu'on puisse négliger ; à la longue il met sur les figures une véritable expression de désespérance. [...] On le traite comme une calamité publique ; contre lui, les gouvernements prennent des mesures, créent des institutions officielles ; car c'est avec son extrême opposé, la famine, le mal le plus capable de porter les hommes aux déchaînements extrêmes : *panem et circenses*[3] ! voilà ce qu'il faut au peuple.

Arthur SCHOPENHAUER, *Le Monde comme volonté et comme représentation* (1819), livre IV, § 57, trad. A. Burdeau, PUF, coll. « Quadrige », 2003, p. 395-396.

1. Voir le dernier paragraphe du texte 5 d'Épictète, p. 500.
2. À la fin, finalement.
3. « Du pain et des jeux (du cirque). » Formule attribuée par Juvénal aux Romains de la décadence.

Questions

1. Relevez les deux caractères paradoxaux de la vie humaine qui en font, selon Schopenhauer, l'absurdité.
2. L'inactivité débouche-t-elle toujours sur l'ennui ? Comparez le point de vue de Schopenhauer avec celui de Rousseau dans le texte d'ouverture, p. 490-491.
3. Cherchez des arguments opposables à Schopenhauer pour affirmer la valeur de la vie.

texte 3 Mill. Le bonheur digne de l'homme

Si c'est la condition du bonheur, faut-il souhaiter devenir imbécile ? Mill défend ici l'idée qu'il vaut mieux un bonheur imparfait, mais plus conforme aux facultés supérieures de l'homme et à sa dignité.

Peu de créatures humaines accepteraient d'être changées en animaux inférieurs sur la promesse de la plus large ration de plaisirs de bêtes ; aucun être humain intelligent ne consentirait à être un imbécile, aucun homme instruit à être un ignorant, aucun homme ayant du cœur et une conscience à être égoïste et vil, même s'ils avaient la conviction que l'imbécile, l'ignorant ou le gredin sont, avec leurs lots respectifs, plus complètement satisfaits qu'eux-mêmes avec le leur. Ils ne voudraient pas échanger ce qu'ils possèdent de plus qu'eux contre la satisfaction la plus complète de tous les désirs qui leur sont communs. S'ils s'imaginent qu'ils le voudraient, c'est seulement dans des cas d'infortune si extrême que, pour y échapper, ils échangeraient leur sort pour presque n'importe quel autre, si indésirable qu'il fût à leurs propres yeux. Un être pourvu de facultés supérieures[1] demande plus pour être heureux, est probablement exposé à souffrir de façon plus aiguë, et offre certainement à la souffrance plus de points vulnérables qu'un être de type inférieur ; mais, en dépit de ces risques, il ne peut jamais souhaiter réellement tomber à un niveau d'existence qu'il sent inférieur. [...]

Il vaut mieux être un homme insatisfait qu'un porc satisfait ; il vaut mieux être Socrate insatisfait qu'un imbécile satisfait. Et si l'imbécile ou le porc sont d'un avis différent, c'est qu'ils ne connaissent qu'un côté de la question : le leur. L'autre partie, pour faire la comparaison, connaît les deux côtés.

John Stuart Mill, *L'Utilitarisme* (1861), trad. G. Tanesse, Flammarion, coll. « GF », 1968, p. 52-54.

1. Ces facultés sont, par exemple, la raison, la conscience morale, l'imagination créatrice.

2 La sagesse ou l'art d'être heureux

texte 4 Épicure. Le bonheur est le plaisir bien compris

Pour être heureux, l'homme doit-il suivre son penchant naturel au plaisir ? Oui, répond Épicure, à condition que la raison intervienne pour orienter ses choix, prôner les vertus et limiter les désirs – ceci afin d'assurer certainement et durablement la plus grande félicité du corps et de l'âme.

[...] nous disons que le plaisir est le principe[1] et la fin[2] de la vie bienheureuse. Car c'est lui que nous avons reconnu comme le bien premier et connaturel[3], c'est en lui que nous trouvons le principe de tout choix et de tout refus, et c'est à lui que nous aboutissons en jugeant tout bien d'après l'affection[4] comme critère. Et parce que c'est là le bien premier et conna-

1. Règle et commencement.
2. But et aboutissement.
3. Inné. Éprouvé et recherché dès la naissance.
4. Sensation accompagnée du sentiment de plaisir ou de peine.

turel, pour cette raison aussi nous ne choisissons pas tout plaisir, mais il y a des cas où nous passons par-dessus de nombreux plaisirs, lorsqu'il en découle pour nous un désagrément plus grand ; et nous regardons beaucoup de douleurs comme valant mieux que des plaisirs quand, pour nous, un plaisir plus grand suit, pour avoir souffert longtemps. [...]

Quand donc nous disons que le plaisir est la fin, nous ne parlons pas des plaisirs des gens dissolus et de ceux qui résident dans la jouissance, comme le croient certains qui ignorent la doctrine, ou ne lui donnent pas leur accord ou l'interprètent mal, mais du fait, pour le corps, de ne pas souffrir, pour l'âme, de n'être pas troublée. Car ni les beuveries et les festins continuels, ni la jouissance des garçons[5] et des femmes, ni celle des poissons et de tous les autres mets que porte une table somptueuse, n'engendrent la vie heureuse, mais le raisonnement sobre cherchant les causes de tout choix et de tout refus, et chassant les opinions[6] par lesquelles le trouble le plus grand s'empare des âmes.

ÉPICURE (341-270 av. J.-C.), *Lettre à Ménécée*, dans *Lettres et Maximes*, trad. M. Conche, PUF, 1999, p. 221-225.

5. L'homosexualité masculine était admise dans la Grèce antique sous des formes très codifiées : dans le cadre d'une relation pédagogique entre un homme d'âge mûr et un jeune homme, qui devait quant à lui adopter une attitude réservée.

6. Les idées erronées sur les dieux, la mort, la douleur... qui engendrent la crainte de l'avenir et les désirs insatiables, source de malheur (voir la *Lettre à Ménécée* dans son ensemble).

texte 5 — Épictète. Le bonheur réside dans la volonté libre

Peut-on être heureux sans être libre ? Non, répondra le plus grand nombre, entendant par là qu'être libre, c'est réaliser tous ses désirs[1]... Épictète propose une tout autre définition : être libre, c'est maîtriser ses désirs et se rendre par la force de sa volonté indépendant des choses externes. Là sont à la fois la vertu et la clef du bonheur.

Il y a des choses qui dépendent de nous et d'autres qui ne dépendent pas de nous. Ce qui dépend de nous, ce sont les pensées, la tendance[2], le désir, le refus, bref tout ce sur quoi nous pouvons avoir une action. Ce qui ne dépend pas de nous, c'est la santé, la richesse, l'opinion des autres, les honneurs, bref tout ce qui ne vient pas de notre action.

Ce qui dépend de nous est, par sa nature même, soumis à notre libre volonté ; nul ne peut nous empêcher de le faire ni nous entraver dans notre action. Ce qui ne dépend pas de nous est sans force propre, esclave d'autrui ; une volonté étrangère peut nous en priver. [...]

En conséquence, dès qu'une chose te semble douloureuse, songe à objecter aussitôt : « C'est une idée que je me fais, ce n'est pas du tout en réalité ce que cela paraît être. » Ensuite étudie cette chose, juge-la à la lumière des principes que tu t'es donnés, et de celui-ci surtout qui est le premier : est-ce que cela fait partie des choses qui dépendent de nous ou non ? Et si cela fait partie des choses qui ne dépendent pas de nous, qu'il te soit facile de dire : « Cela ne me touche pas. » [...]

Ce qui trouble les hommes, ce ne sont pas les événements, mais l'idée qu'ils se font des événements. Ainsi la mort n'est pas une chose effrayante, sinon Socrate[3] lui-même l'aurait jugée telle ; mais l'idée que la mort est une chose effrayante, voilà ce qui est effrayant. Lorsque donc nous éprouvons une gêne, un trouble, une tristesse, n'en cherchons jamais la cause ailleurs qu'en nous-mêmes, je veux dire dans les idées que nous nous faisons de ces choses. [...]

1. Voir, dans « La liberté », la présentation, p. 454, et les textes 3 de Platon, p. 460, et 4 de Descartes, p. 462.

2. Mouvement spontané orienté vers un but.

3. Selon Socrate, l'homme n'a pas une connaissance certaine de la mort, mais il peut émettre deux hypothèses. Soit la mort est comme un long sommeil sans rêve, ce qui est un bien. Soit elle est la survie dans l'Hadès, séjour des morts, qui ne peut pour l'homme vertueux qu'être aussi un bien. Elle n'est donc pas à craindre (voir Platon, *Apologie de Socrate*, 40c-41c). Socrate l'a acceptée sereinement.

Quand un corbeau pousse un croassement de mauvais augure[4], ne te laisse pas emporter par une idée fausse, mais aussitôt fais en toi-même la distinction nécessaire et dis-toi : « Pour moi, il n'y a aucun mauvais présage là-dedans, mais cela concerne mon pauvre corps, mes misérables richesses, ma réputation négligeable, ou mes enfants ou ma femme. Pour moi, tout est de bon présage si je le veux, car, quoi qu'il arrive, il dépend de moi d'en tirer profit. » [...]

Toute chose a deux anses, l'une qui permet de la porter, l'autre qui ne le permet pas. Si ton frère a des torts, ne le prends pas du côté où il a des torts (c'est en effet l'anse par laquelle ce n'est pas supportable), mais prends-le plutôt du côté où c'est ton frère, où il a été élevé avec toi, et tu prendras alors la chose du côté où elle est supportable.

ÉPICTÈTE (vers 50-130), *Manuel*, I, 1, 2, 5, V, XVIII, XLIII, Hatier, coll. « Les classiques de la philosophie », trad. Cl. Chrétien, 2000, p. 6-7, 9, 15, 32.

4. Épictète croit à la divination, mais il la juge inutile puisque le bonheur et le malheur ne dépendent pas des événements extérieurs.

› Repères
Voir
Obligation / Contrainte.

texte 6 Descartes. Les illusions ne rendent pas heureux

Si la réalité nous déçoit, faut-il alors chercher le bonheur dans l'imaginaire ? Certains choisissent cette voie mais, s'ils sont aussi honnêtes que Descartes, ils reconnaîtront avec lui que les « paradis artificiels » sont encore plus décevants que la réalité.

MADAME,

Je me suis quelquefois proposé un doute : savoir, s'il est mieux d'être gai et content, en imaginant les biens qu'on possède être plus grands et plus estimables qu'ils ne sont, et ignorant ou ne s'arrêtant pas à considérer ceux qui manquent, que d'avoir plus de considération et de savoir, pour connaître la juste valeur des uns et des autres, et qu'on devienne plus triste. Si je pensais que le souverain bien fût la joie, je ne douterais point qu'on ne dût tâcher de se rendre joyeux, à quelque prix que ce pût être, et j'approuverais la brutalité[1] de ceux qui noient leurs déplaisirs dans le vin, ou les étourdissent avec du pétun[2]. Mais je distingue entre le souverain bien, qui consiste en l'exercice de la vertu, ou, ce qui est le même, en la possession de tous les biens dont l'acquisition dépend de notre libre arbitre[3], et la satisfaction d'esprit qui suit de cette acquisition. C'est pourquoi, voyant que c'est une plus grande perfection de connaître la vérité, encore même qu'elle soit[4] à notre désavantage, que l'ignorer, j'avoue qu'il vaut mieux être moins gai et avoir plus de connaissance. Aussi n'est-ce pas toujours, lorsqu'on a le plus de gaieté, qu'on a l'esprit plus satisfait ; au contraire, les grandes joies sont ordinairement mornes et sérieuses, et il n'y a que les médiocres et passagères, qui soient accompagnées du ris[5]. Ainsi je n'approuve point qu'on tâche à se tromper, en se repaissant[6] de fausses imaginations ; car tout le plaisir qui en revient ne peut toucher que la superficie d'âme, laquelle sent cependant une amertume intérieure, en s'apercevant qu'ils sont faux.

René DESCARTES, Lettre à Élisabeth, 6 octobre 1645, dans *Œuvres et Lettres*, Gallimard, coll. « Bibliothèque de la Pléiade », 1953, p. 1209.

1. La grossièreté, le manque de raffinement.
2. Du tabac.
3. Pouvoir d'autodétermination, de choix de la volonté.
4. Bien qu'elle soit.
5. Du rire.
6. En se rassasiant, se délectant.

Questions

1. Expliquez pourquoi, selon Descartes, « c'est une plus grande perfection de connaître la vérité [...] que l'ignorer » (l. 13-15).
2. Quelle différence Descartes établit-il entre la gaieté et la joie ? Illustrez votre réponse par des exemples.
3. Montrez comment Descartes aboutit à une conclusion qui remet en cause l'alternative dont il est parti, qui se révèle être un faux problème.

texte 7

Rousseau. L'esclavage du pouvoir

Pour être heureux, faut-il être puissant ? Rousseau soutient ici que oui. Mais la puissance réelle consiste à savoir proportionner ses désirs à ses forces et capacités individuelles, et non pas à chercher à dominer les autres pour qu'ils nous servent. Car la liberté, qui est la condition du bonheur, est alors perdue, ainsi que le bonheur...

En quoi donc consiste la sagesse humaine ou la route du vrai bonheur ? [...] c'est à diminuer l'excès des désirs sur les facultés, et à mettre en égalité parfaite la puissance et la volonté. C'est alors seulement que, toutes les forces étant en action, l'âme cependant restera paisible, et que l'homme se trouvera bien ordonné. [...]

Ô homme ! resserre ton existence au-dedans de toi, et tu ne seras plus misérable. [...] Ta liberté, ton pouvoir ne s'étendent qu'aussi loin que tes forces naturelles, et pas au-delà ; tout le reste n'est qu'esclavage, illusion, prestige[1]. La domination même est servile, quand elle tient à l'opinion ; car tu dépends des préjugés de ceux que tu gouvernes par les préjugés. Pour les conduire comme il te plaît, il faut te conduire comme il leur plaît. Ils n'ont qu'à changer de manière de penser, il faudra bien par force que tu changes de manière d'agir. Ceux qui t'approchent n'ont qu'à savoir gouverner les opinions du peuple que tu crois gouverner, ou des favoris qui te gouvernent ou celles de ta famille, ou les tiennes propres : ces vizirs, ces courtisans, ces prêtres, ces soldats, ces valets, ces caillettes[2], et jusqu'à des enfants, quand tu serais un Thémistocle[3] en génie, vont te mener, comme un enfant toi-même au milieu de tes légions. Tu as beau faire, jamais ton autorité réelle n'ira plus loin que tes facultés réelles. Sitôt qu'il faut voir par les yeux des autres, il faut vouloir par leurs volontés. Mes peuples sont mes sujets, dis-tu fièrement. Soit. Mais toi, qu'es-tu ? le sujet de tes ministres. Et tes ministres à leur tour, que sont-ils ? les sujets de leurs commis, de leurs maîtresses, les valets de leurs valets. Prenez tout, usurpez tout, et puis versez l'argent à pleines mains ; dressez des batteries de canon ; élevez des gibets[4], des roues[5] ; donnez des lois, des édits ; multipliez les espions, les soldats, les bourreaux, les prisons, les chaînes : pauvres petits hommes, de quoi[6] vous sert tout cela ? vous n'en serez ni mieux servis, ni moins volés, ni moins trompés, ni plus absolus. Vous direz toujours : nous voulons[7], et vous ferez toujours ce que voudront les autres.

Jean-Jacques ROUSSEAU, *Émile ou De l'éducation* (1762), livre II, Flammarion, coll. « GF », 1996, p. 94 et 98-99.

1. Artifice séducteur.
2. Personnes frivoles et bavardes.
3. Homme d'État athénien (env. 528-env. 462 av. J.-C.), issu d'une famille de commerçants et protagoniste de la victoire de Salamine (480 av. J.-C.).
4. Potences de pendaison.
5. Instruments de supplice.
6. À quoi.
7. Allusion au roi qui ne disait pas « je » mais « nous » (pluriel de majesté).

3 | Être heureux : un devoir et un droit ?

texte 8 Alain. Le bonheur des uns fait le bonheur des autres

La recherche du bonheur personnel n'est-elle pas profondément égoïste ? Notre devoir moral ne serait-il pas d'y renoncer pour assurer celui des autres ? Contrairement à l'adage populaire (« le malheur des uns fait le bonheur des autres »), Alain soutient que c'est un devoir envers les autres que d'être heureux.

Ce que l'on n'a point assez dit, c'est que c'est un devoir aussi envers les autres que d'être heureux. On dit bien qu'il n'y a d'aimé que celui qui est heureux ; mais on oublie que cette récompense est juste et méritée ; car le malheur, l'ennui et le désespoir sont dans l'air que nous respirons tous ; aussi nous devons reconnaissance et couronne d'athlète à ceux qui digèrent les miasmes[1], et purifient en quelque sorte la commune vie par leur énergique exemple. Aussi n'y a-t-il rien de plus profond dans l'amour que le serment d'être heureux. Quoi de plus difficile à surmonter que l'ennui, la tristesse ou le malheur de ceux que l'on aime ? Tout homme et toute femme devraient penser continuellement à ceci que le bonheur, j'entends celui que l'on conquiert pour soi, est l'offrande la plus belle et la plus généreuse.

J'irais même jusqu'à proposer quelque couronne civique pour récompenser les hommes qui auraient pris le parti d'être heureux. Car, selon mon opinion, tous ces cadavres, et toutes ces ruines[2], et ces folles dépenses, et ces offensives de précaution[3], sont l'œuvre d'hommes qui n'ont jamais su être heureux et qui ne peuvent supporter ceux qui essaient de l'être.

Émile CHARTIER, dit ALAIN, *Propos*, 16 mars 1923, t. I, Gallimard, coll. « Bibliothèque de la Pléiade », 1956, p. 473.

1. Émanations malodorantes et malsaines provenant de substances en décomposition.
2. Allusion à la guerre de 1914-1918 à laquelle Alain a participé.
3. *Si vis pacem, para bellum* (« Si tu veux la paix, prépare la guerre ») : c'est ainsi que les gouvernements justifient les dépenses militaires.

texte 9 Kant. Contre le paternalisme

L'État a-t-il pour fonction d'assurer le bonheur du peuple ? La forme de despotisme qui consiste à mépriser le peuple n'est, selon Kant, pas la pire : plus dangereux encore est l'État « bienveillant » qui prétend se faire l'artisan du bonheur de ceux qu'il gouverne, comme si les hommes étaient des enfants irresponsables.

La liberté en tant qu'homme dont on peut formuler le principe pour la constitution d'une communauté de la manière suivante : personne ne peut me contraindre à être heureux à sa manière (c'est-à-dire à la manière dont il conçoit le bien-être des autres hommes) ; par contre, chacun peut chercher son bonheur de la manière qui lui paraît bonne, à condition de ne pas porter préjudice à la liberté qu'a autrui de poursuivre une fin semblable (c'est-à-dire de ne pas porter préjudice au droit d'autrui), liberté qui peut coexister avec la liberté de chacun grâce à une possible loi universelle[1]. Un gouvernement qui serait fondé sur le principe de la bienveillance envers le peuple, comme celui d'un *père* envers ses enfants, c'est-à-dire un *gouvernement paternaliste (imperium paternale)*, où les sujets sont forcés de se

1. C'est le principe général du droit, voir « La justice et le droit », p. 408-410.

conduire d'une manière simplement passive, à la manière d'enfants mineurs, incapables de distinguer ce qui leur est vraiment utile ou nuisible et qui doivent attendre simplement du jugement du chef d'État la manière dont ils *doivent* être heureux et simplement de sa bonté qu'également il le veuille, est le plus grand *despotisme* qu'on puisse concevoir (c'est-à-dire une Constitution qui supprime toute liberté pour les sujets[2] qui ainsi ne possèdent aucun droit).

2. Au sens politique, l'homme membre d'une société est *sujet* en tant qu'il doit obéissance aux lois. Il est citoyen en tant qu'il participe à leur élaboration et dispose de droits.

Emmanuel KANT, *Théorie et Pratique* (1793), IIe partie, § 5, trad. J.-M. Muglioni, Hatier, coll. « Profil philosophie », 1990, p. 65.

Questions

1. Pourquoi l'homme doit-il rester libre de chercher son bonheur comme il l'entend ? (Référez-vous également au texte 1 de Kant, p. 496.)
2. Quelle limite Kant pose-t-il cependant à cette quête individuelle et pourquoi ?
3. Cette thèse implique-t-elle que l'État doive se désintéresser du bonheur du peuple ?

texte 10

Bourdieu.
Grande misère et petites misères...

Faut-il « s'estimer heureux » parce qu'on ne meurt pas de faim et de froid ? Faut-il se résigner à subir, par exemple, des injustices qui ne mettent pas la vie en péril ? Certes, savoir apprécier ce que l'on a contribue au bonheur, mais les petites misères ne doivent pas, selon le sociologue Pierre Bourdieu, être mesurées uniquement à l'aune de la grande.

La pièce de Patrick Süskind[1], *La Contrebasse*, fournit une image particulièrement réussie de l'expérience douloureuse que peuvent avoir du monde social tous ceux qui, comme le contrebassiste au sein de l'orchestre, occupent une position inférieure et obscure à l'intérieur d'un univers prestigieux et privilégié, expérience d'autant plus douloureuse sans doute que cet univers, auquel ils participent juste assez pour éprouver leur abaissement relatif, est situé plus haut dans l'espace global. Cette *misère de position*, relative au point de vue de celui qui l'éprouve en s'enfermant dans les limites du microcosme[2], est vouée à paraître « toute relative », comme on dit, c'est-à-dire tout à fait irréelle, si, prenant le point de vue du macrocosme[3], on la compare à la grande misère de condition ; référence quotidiennement utilisée à des fins de condamnation (« tu n'as pas à te plaindre ») ou de consolation (« il y a bien pire, tu sais »). Mais, constituer la grande misère en mesure exclusive de toutes les misères, c'est s'interdire d'*apercevoir* et de comprendre toute une part des souffrances caractéristiques d'un ordre social qui a sans doute fait reculer la grande misère (moins toutefois qu'on ne le dit souvent) mais qui, en se différenciant, a aussi multiplié les espaces sociaux (champs[4] et sous-champs spécialisés), qui ont offert les conditions favorables à un développement sans précédent de toutes les formes de la petite misère.

1. Écrivain allemand contemporain, qui a notamment publié le roman *Le Parfum* (1985).
2. Sphère limitée dans laquelle évolue l'individu (famille, milieu professionnel, association...).
3. Sphère globale du « cosmos social » dans son ensemble, voire du monde.
4. *Champ* désigne ici un microcosme social régi par ses codes propres et parcouru de tensions. C'est Bourdieu qui a introduit ce mot dans le vocabulaire sociologique.

Pierre BOURDIEU, *La Misère du monde*, Éd. du Seuil, 1993, p. 11.

Pour se préparer au baccalauréat

Dissertations : p. 562.
Explications de texte : p. 537, 539, 563.

dossier documentaire

Esclavage et dignité humaine

Les relations entre travail et liberté ne peuvent être examinées hors de leur contexte historique. Si, pour les Grecs, la liberté est synonyme de « loisir », tandis que le travail apparaît par essence méprisable, c'est qu'ils disposaient d'une main-d'œuvre servile. Chez Hegel, au contraire, le travail rend libre : l'humanité accède, grâce à lui, à un mode d'existence culturel en créant son propre monde, un monde humain. Position que le marxisme ne contestera pas dans son principe, mais sur laquelle il s'appuiera pour dénoncer les conditions réelles de travail dans l'organisation industrielle du capitalisme naissant et élaborer la notion de « travail aliéné ». Chacun se prononce non sur le caractère libre du travail « en soi », mais sur les relations que les hommes instaurent entre eux à partir de leurs activités économiques.

L'esclavage, forme radicale de l'exploitation d'humains par d'autres humains, n'est pas en lui-même un thème directement philosophique. Il est cependant instructif de l'interroger, parce qu'il est la figure ultime de la domination et questionne à ce titre les principes mêmes de l'organisation matérielle de la vie en commun et le souci de dignité humaine.

Les esclavagistes (et, d'une façon plus générale, quiconque exploite d'autres hommes) se donnent bonne conscience en prenant appui sur une certaine conception de l'humanité, dont ils excluent ceux qu'ils asservissent. La lutte contre l'esclavage s'est faite, au contraire, au nom de valeurs humanistes et universalistes.

Les diverses formes de l'esclavage – qui nous paraît définitivement inadmissible, bien qu'il y ait aujourd'hui, vraisemblablement, 200 millions d'humains en situation d'esclavage, y compris en Europe – montrent que, lorsque les philosophes réfléchissent sur les relations entre travail, liberté et dignité humaine, leur réflexion se rapporte en fait à des réalités parfois bien cruelles...

Carlos Julião, *Lavage des pierres précieuses par des esclaves noirs surveillés par le feitor avec le fouet*, 1775, gravure aquarellée, Bibliothèque nationale, Rio de Janeiro.

document 1.

L'esclavage est-il contre nature ?

Les deux textes qui suivent s'interrogent sur la possibilité de légitimer l'esclavage. Selon Aristote[1], l'esclavage ne pouvant se justifier par la brutalité, il ne peut l'être que par la nature. On n'oubliera pas que la quasi-totalité des esclaves grecs le sont pour dette, ou à la suite de guerres[2]...

Rousseau, dans un passage célèbre du *Contrat social*, dénonce la tentation de confondre les effets abrutissants de l'esclavage avec ses causes (voir l'illustration qu'en donne plus loin le document 4 de Schœlcher). Rousseau en profite, par analogie, pour dénoncer tout pouvoir exploitant le peuple.

1. Voir, dans « Le travail et la technique », le texte 9 d'Aristote, p. 204-205.
2. Le *droit de conquête* rendait esclaves les prisonniers de guerre.

Ce que sont la nature et la fonction de l'esclavage, c'est donc clair [...]. Car celui qui par nature ne s'appartient pas mais qui est l'homme d'un autre, celui-là est esclave par nature ; et est l'homme d'un autre, celui qui, tout en étant un homme, est un bien acquis et un bien acquis c'est un instrument en vue de l'action et séparé de celui qui s'en sert.

Des hommes correspondent à ce concept

À la suite de ces analyses il faut examiner : s'il existe ou non quelqu'un qui soit ainsi par nature, s'il est meilleur et juste pour quelqu'un d'être esclave, ou si cela ne l'est pas, tout esclavage étant contre nature. Or le problème n'est pas difficile, la raison le montre aussi bien que les faits l'enseignent. Car commander et être commandé font partie non seulement des choses indispensables, mais aussi des choses avantageuses. Et c'est dès leur naissance qu'une distinction a été opérée chez certains, les uns devant être commandés, les autres commander. [...]

Riche citoyen suivi d'un esclave, Ve siècle av. J.-C., détail d'une amphore, Musée national, Copenhague.

Le même rapport se retrouve entre l'homme et les animaux. D'une part, ceux qui sont apprivoisés ont une meilleure nature que ceux qui sont sauvages, d'autre part, il est meilleur pour tous d'être commandés par l'homme, car c'est ainsi qu'ils trouvent leur sauvegarde. De plus le mâle est par nature à la femelle ce que le plus fort est au plus faible, c'est-à-dire ce que le commandant est au commandé. Il en est nécessairement de même chez tous les hommes. Ceux qui sont aussi éloignés des autres hommes qu'un corps l'est d'une âme et une bête sauvage d'un homme (et sont ainsi faits ceux dont l'activité consiste à se servir de leur corps, et dont c'est le meilleur parti que l'on puisse tirer), ceux-là sont par nature esclaves, et il est meilleur pour eux d'être soumis à cette autorité magistrale[3], si cela est vrai pour ce dont nous avons parlé plus haut. Est, en effet, esclave par nature celui qui, en puissance, appartient à un autre (et c'est pourquoi il appartient de fait à un autre) et qui n'a la raison en partage que dans la mesure où il l'a perçoit chez les autres mais ne la possède pas lui-même.

3. Celle qu'exerce un maître (du latin *magister*, « maître », correspondant au grec *despotès*).

ARISTOTE (IVe siècle av. J.-C.), *Les Politiques*, livre I, chap. IV et V, trad. P. Pellegrin, Flammarion, coll. « GF », 1993, p. 98-102.

Comme un pâtre est d'une nature supérieure à celle de son troupeau, les pasteurs d'hommes, qui sont leurs chefs, sont aussi d'une nature supérieure à celle de leurs peuples. Ainsi raisonnait, au rapport de Philon[1], l'empereur Caligula[2] ; concluant assez bien de cette analogie que les rois étaient des dieux, ou que les peuples étaient des bêtes.

Le raisonnement de ce Caligula revient à celui d'Hobbes et de Grotius[3]. Aristote, avant eux tous, avait dit aussi que les hommes ne sont point naturellement égaux, mais que les uns naissent pour l'esclavage et les autres pour la domination.

Aristote avait raison, mais il prenait l'effet pour la cause. Tout homme né dans l'esclavage naît pour l'esclavage, rien n'est plus certain. Les esclaves perdent tout dans leurs fers, jusqu'au désir d'en sortir[4] ; ils aiment leur servitude comme les compagnons d'Ulysse aimaient leur abrutissement. S'il y a donc des esclaves par nature, c'est parce qu'il y a eu des esclaves contre nature. La force a fait les premiers esclaves, leur lâcheté les a perpétués.

Jean-Jacques ROUSSEAU, *Du contrat social* (1762), livre I, chap. II, Hatier, coll. « Les classiques de la philosophie », 1999, p. 11-12.

1. Le philosophe Philon d'Alexandrie (entre 20 et 13 av. J.-C.–50 apr. J.-C.).
2. Empereur romain (12 apr. J.-C.–41), réputé pour sa cruauté.
3. Thomas Hobbes (1588-1679) et Hugo Grotius (1583-1645) sont des philosophes du droit naturel. Rousseau accuse leurs théories de justifier abusivement le despotisme.
4. Voir le texte 4 de Schœlcher, p. 508, ainsi que, dans « La liberté », le texte 1 de La Boétie, p. 459.

document 2.

De l'esclavage des nègres

Dans le texte ironique qui suit, Montesquieu fait l'inventaire des justifications hypocrites, mais courantes, de l'esclavage. Sa position sur cette question est cependant ambiguë, dans la mesure où d'autres chapitres de *L'Esprit des lois* donnent des conseils en vue d'un « esclavage doux », susceptibles de le rendre plus acceptable par ceux qui en sont victimes.

Si j'avais à soutenir le droit que nous avons eu de rendre les nègres esclaves, voici ce que je dirais :

Les peuples d'Europe ayant exterminé ceux de l'Amérique, ils ont dû mettre en esclavage ceux de l'Afrique, pour s'en servir à défricher tant de terres.

Le sucre serait trop cher, si l'on ne faisait travailler la plante qui le produit par des esclaves[1].

Ceux dont il s'agit sont noirs depuis les pieds jusqu'à la tête ; et ils ont le nez si écrasé, qu'il est presque impossible de les plaindre.

On ne peut se mettre dans l'esprit que Dieu, qui est un être très sage, ait mis une âme, surtout une âme bonne, dans un corps tout noir.

Il est si naturel de penser que c'est la couleur qui constitue l'essence de l'humanité, que les peuples d'Asie qui sont des eunuques, privent toujours les noirs du rapport qu'ils ont avec nous d'une façon plus marquée.

On peut juger de la couleur de la peau par celle des cheveux, qui, chez les Égyptiens, les meilleurs philosophes du monde, étaient d'une si grande conséquence, qu'ils faisaient mourir tous les hommes roux qui leur tombaient entre les mains.

Une preuve que les nègres n'ont pas le sens commun, c'est qu'ils font plus de cas d'un collier de verre, que de l'or, qui, chez des nations policées, est d'une si grande conséquence.

Il est impossible que nous supposions que ces gens-là soient des hommes ; parce que, si nous les supposions des hommes, on commencerait à croire que nous ne sommes pas nous-mêmes chrétiens.

1. Voir la réponse donnée par Schœlcher à cet argument dans le texte 5, p. 509.

De petits esprits exagèrent trop l'injustice que l'on fait aux Africains. Car, si elle était telle qu'ils le disent, ne serait-il pas venu dans la tête des princes d'Europe, qui font entre eux tant de conventions inutiles, d'en faire une générale en faveur de la miséricorde et de la pitié ?

Charles SECONDAT, baron DE LA BRÈDE et DE MONTESQUIEU, *De l'esprit des lois*, livre XV, chap. V, Flammarion, coll. « GF », 1979, t. I, p. 393.

Philippe Vignon (1638-1701), *Portrait de Françoise-Marie de Bourbon et Louise-Françoise de Bourbon*, huile sur toile, château de Versailles.

document 3.

Extraits du Code noir

Instauré en 1685 par Louis XIV, le Code noir décrivait avec une précision froide et minutieuse la condition de l'esclave dans le moindre détail. Les articles qui suivent assimilent l'esclave aux biens meubles de la famille et règlent son régime de propriété et de transmission.

Article 44. – Déclarons les esclaves être meubles[1], et comme tels entrer en la communauté, n'avoir point de suite par hypothèque, se partager également entre les cohéritiers sans préciput[2] ni droit d'aînesse, ni être sujets au douaire coutumier[3], au retrait féodal[4] et lignager[5], aux droits féodaux et seigneuriaux, aux formalités des décrets, ni aux retranchements, des quatre quints, en cas de disposition à cause de mort ou testamentaire.

Article 46. – Dans les saisies des esclaves seront observées les formalités prescrites par nos Ordonnances et les coutumes pour les saisies des choses mobiliaires. Voulons que les deniers en provenant soient distribués par ordre des saisies, ou, en cas de déconfiture[6], au sol la livre, après que les dettes privilégiées auront été payées, et généralement que la condition des esclaves soit réglée en toutes affaires, comme celle des autres choses mobiliaires, aux exceptions suivantes.

Le Code noir, L'Esprit frappeur, 1998, p. 30-31.

1. Un bien *meuble* est un bien qu'on peut déplacer.
2. Droit pour un héritier de se réserver une part de l'héritage avant partage.
3. Droit de l'épouse sur les biens de son époux décédé.
4. Droit d'un suzerain sur l'héritage de son vassal.
5. Droit que peut exercer sur un héritage l'ensemble du lignage (les héritiers communs).
6. De faillite.

document 4.

L'inversion des causes et des effets

La condition de dominés n'est pas sans conséquences sur les qualités intellectuelles et morales de ceux qui la subissent. Victor Schœlcher[1] dénonce ici le « raisonnement » de ceux qui en font un argument pour justifier leur domination. Émancipés sur le plan juridique, les esclaves sont donc également destinés à s'émanciper intellectuellement.

Détruire l'absurde préjugé de couleur qu'ont tous les colons[2] et un petit nombre d'Européens contre les noirs et les sang-mêlé est impossible tant que l'esclavage subsistera, autrement dit, les moyens nécessaires pour arriver à l'extirpation de ce préjugé sont incompatibles avec l'existence de l'esclavage.

Le préjugé contre la couleur des noirs se lie intimement au fait de la domination et de l'oppression physiques que l'homme blanc exerce sur le noir. Un préjugé analogue est inhérent à toute supériorité d'un homme sur un autre. Parmi les Européens, il existe quelque chose de cela entre nous et nos serviteurs à gages, comme autrefois entre les catholiques et les juifs, comme aujourd'hui entre les seigneurs russes ou polonais et leurs serfs ; mais le préjugé contre les noirs tient surtout à l'incapacité cérébrale qu'on leur a toujours prêtée ; or, cette incapacité est devenue une certitude pour ceux qui l'admettent uniquement, parce que les uns se sont contentés de regarder les nègres dans l'esclavage, et que les autres ont cru les maîtres sur parole. Nous ne contestons pas que l'état moral des esclaves dans les colonies ne puisse justifier cette opinion fatale à toute leur race ; nous les avons approchés, nous les connaissons, et nous savons jusqu'à quel point de dégradation ils sont descendus ; mais c'est ici qu'il faut bien distinguer l'effet de la cause.

Les noirs ne sont pas stupides parce qu'ils sont *noirs*, mais parce qu'ils sont *esclaves*. L'infériorité intellectuelle des hommes en servitude n'est pas chose nouvelle ; les comédies antiques sont pleines de traits contre l'imbécillité des esclaves. [...]

1. Victor Schœlcher (1804-1893) : militant français contre l'esclavage.
2. Les continentaux exilés dans les colonies, qui tirent profit de l'esclavage.

Sebastião Salgado (né en 1944), *Cuba, coupeurs de canne à sucre*, entre 1987 et 1992.

Nous voulons donc établir que la prétendue pauvreté intellectuelle des nègres est une erreur créée, entretenue, perpétuée par l'esclavage ; conséquemment ce n'est point leur couleur, mais la servitude qu'il faut haïr.

Victor SCHŒLCHER, *Esclavage et Colonisation* (1840), PUF, 1978, p. 70-72.

document 5.

L'argument moral contre le calcul économique

Un supposé « réalisme » économique ou politique souligne ce que coûterait la disparition de la misère à ceux qui en tirent bénéfice, voire à la collectivité. La volonté d'abolir l'esclavage s'est longtemps heurtée à cet argument, que Schœlcher refuse ici par principe.

L'esclavage a permis de donner le sucre à bon marché, lorsque celui qui le cultivait n'avait pour compensation d'un travail excessif qu'une mauvaise nourriture et un mauvais gîte, ce ne peut être un motif pour que la liberté s'y conforme. Si la culture libre de la canne doit la rendre plus coûteuse, il nous paraît tout simple que le consommateur s'y résigne ; si les denrées coloniales doivent augmenter de valeur, il nous paraît honorable qu'il se soumette à l'augmentation sans regret, comme à une loi d'équité. Si le sucre manufacturé par des hommes affranchis doit être plus cher que le sucre manufacturé par des hommes esclaves, eh bien ! il faut payer le sucre plus cher ; car il est contraire à la justice que pour payer 1 livre de sucre 2 sous, 10 sous ou 100 sous meilleur marché, on réduise l'homme qui la confectionne à l'état d'animal. Autrement il n'y aurait pas de raison pour que, retournant à la barbarie antique, on ne fît crever les yeux à cet homme comme faisaient les Romains à leurs mouleurs de farine, et qu'on ne le mutilât si cela devenait une condition d'économie ou de perfectionnement dans son ouvrage.

La grande affaire est de mettre un terme au travail forcé ; s'inquiéter de ce que coûtera le travail libre ne doit venir qu'après.

Victor SCHŒLCHER, *Esclavage et Colonisation* (1840), PUF, 1978, p. 92.

Sebastião Salgado (né en 1944), *Kazakhstan, URSS, filature de laine*, entre 1987 et 1992.

Claude Louis Desrais (1746-1816), *Moi, libre*, gravure aquarellée, Bibliothèque nationale, Paris.

document 6.

Décret du 27 avril 1848

Aboli une première fois en 1794 par la Révolution, l'esclavage est rétabli en 1802 par Bonaparte. Le principe de son abolition définitive est ensuite admis après la Restauration, mais, par souci de « réalisme », les Assemblées remettent toujours à plus tard les décisions d'application. Ce n'est qu'après la révolution de 1848 que le gouvernement de la IIe République nomme, le 4 mars, Victor Schœlcher[1], parce qu'il est fervent militant en faveur de l'abolition, sous-secrétaire d'État à la Marine et président d'une commission pour l'abolition de l'esclavage. Afin de ne pas laisser la résistance des colons s'organiser, le décret d'abolition est promulgué dès le 17 avril. Cependant, contrairement à ce qu'une imagerie courante tend à représenter, l'abolition ne fut pas simplement l'effet de la générosité républicaine : les esclaves eux-mêmes avaient déjà organisé la rébellion sans laquelle ils n'auraient sans doute pas obtenu leur libération effective.

RÉPUBLIQUE FRANÇAISE
Liberté, Égalité, Fraternité
Au nom du Peuple français
Le Gouvernement provisoire,

Considérant que l'esclavage est un attentat contre la dignité humaine,

Qu'en détruisant le libre arbitre de l'homme, il supprime le principe naturel du droit et du devoir,

Qu'il est une violation flagrante du dogme républicain : Liberté, Égalité, Fraternité,

Considérant que si des mesures effectives ne suivaient pas de très près la proclamation déjà faite du principe de l'abolition, il en pourrait résulter dans les colonies les plus déplorables désordres,

Décrète :

Art. 1.

L'esclavage sera entièrement aboli dans toutes les colonies et possessions françaises, deux mois après la promulgation du présent décret dans chacune d'elles. À partir de la promulgation du présent décret dans les colonies, tout châtiment corporel, toute vente de personnes non libres seront absolument interdits.

Art. 2.

Le système d'engagement à temps établi[2] au Sénégal est supprimé.

Art. 3.

Les gouverneurs ou commissaires généraux de la République sont chargés d'appliquer l'ensemble des mesures propres à assurer la liberté à la Martinique, à la Guadeloupe et dépendances, à l'Isle de la Réunion, à la Guyane, au Sénégal et autres établissements français de la côte occidentale d'Afrique, à l'Isle Mayotte et dépendances et en Algérie.

Art. 4.

Sont amnistiés les anciens esclaves condamnés à des peines afflictives[3] ou correctionnelles pour des faits qui, imputés à des hommes libres, n'auraient point entraîné ce châtiment. Sont rappelés les individus déportés par mesure administrative.

1. Voir les deux textes précédents.
2. Engagement (plus ou moins) volontaire d'hommes libres pour travailler durant une durée déterminée avec des esclaves.
3. Châtiments qui atteignent le corps tels que : la mort, les travaux forcés, la déportation, la détention...

Art. **5.**

L'Assemblée nationale réglera la quotité de l'indemnité qui devra être accordée aux colons.

Art. **6.**

Les colonies purifiées de la servitude et les possessions de l'Inde seront représentées à l'Assemblée nationale.

Art. **7.**

Le principe que le sol de la France affranchit l'esclave qui le touche est appliqué aux colonies et possessions de la République.

Art. **8.**

À l'avenir, même en pays étranger, il est interdit à tout Français de posséder, d'acheter ou de vendre des esclaves, et de participer, soit directement, soit indirectement, à tout trafic ou exploitation de ce genre. Toute infraction à ces dispositions entraînera la perte de la qualité de citoyen français.

Néanmoins les Français qui se trouveront atteints par ces prohibitions, au moment de la promulgation du présent décret, auront un délai de trois ans pour s'y conformer. Ceux qui deviendront possesseurs d'esclaves en pays étrangers, par héritage, don ou mariage, devront, sous la même peine, les affranchir ou les aliéner[4] dans le même délai, à partir du jour où leur possession aura commencé.

Art. **9.**

Le ministre de la Marine et des Colonies, et le ministre de la Guerre sont chargés, chacun en ce qui le concerne, de l'exécution du présent décret.

Fait à Paris, en conseil de Gouvernement, le 27 avril 1848.
Les membres du Gouvernement provisoire.

4. Ne plus en être eux-mêmes propriétaires (donc, vraisemblablement, les vendre à des non-Français).

Quatorze Mariannes d'aujourd'hui, exposition, 7 décembre 2003, Paris.

Pour aller plus loin

Yves Benot, *La Modernité de l'esclavage. Essai sur la servitude au cœur du capitalisme*, La Découverte, coll. « Textes à l'appui », 2003.

Christian Delacampagne, *Une histoire de l'esclavage. De l'Antiquité à nos jours*, Le Livre de Poche, 2002.

Louis Sala-Molins, *Le Code noir ou le Calvaire de Canaan*, PUF, coll. « Quadrige », 2002.

Repères

Absolu | Relatif

Usages courants, exemples

« Dans l'absolu, ce trajet dure deux heures. » La langue courante sous-entend alors : « Si tout se passe normalement », et sans tenir compte de circonstances particulières. L'expression « c'est très relatif » réduit, en revanche, la portée d'une affirmation : sa portée et sa validité dépendent de la situation ou des dispositions de la personne qui l'énonce. En ce sens, on déclare souvent très *relatifs* les jugements esthétiques.

Définitions et usages philosophiques

Absolu vient du latin *absolutus* (« parfait, achevé », du verbe *absolvere*, « absoudre ») et renvoie à l'idée de détachement, de libération et de **perfection**. (Absoudre une personne d'une faute signifie lui pardonner, donc la libérer de cette faute.) L'absolu est donc indépendant, ne comprend aucune limitation. Le sens politique du mot est éclairant : le pouvoir absolu est celui d'un État qui ne tolère aucun contre-pouvoir. L'**absolutisme**, représenté par Hobbes notamment, est la doctrine qui justifie cette conception. Au contraire, Montesquieu, en défendant la séparation des pouvoirs (exécutif, législatif et judiciaire), propose un système où la liberté est garantie par les **relations** de compensation entre les trois pouvoirs.

Ce qui est *relatif* se caractérise par une relation, c'est-à-dire un lien entre des éléments distincts. On peut employer *absolu* seul, mais, par définition, il faut préciser *relatif à quoi* (ou *à qui*). Pour autant, ce qui est relatif n'est pas nécessairement d'une moindre valeur que l'absolu, mais peut être à la fois **déterminé** et enrichi par cette relation à un autre élément.

L'opposition entre *absolu* et *relatif* éclaire par exemple la question de la conscience. Descartes conçoit le « Je pense » comme un absolu : la pensée est considérée à l'état pur, sans tenir compte de ses contenus précis, des sentiments ou de l'identité personnelle du sujet pensant. Mais présenter la conscience comme inséparable de « l'être conscient » (Marx) ou comme une « intention » (Husserl), c'est renoncer à cette conception. La conscience est alors relative à un individu précis, situé dans un **contexte** précis ; ou bien elle est elle-même une relation à ce qu'elle ressent ou perçoit.

Toute la philosophie est traversée par la discussion sur la possibilité ou non de reconnaître un *absolu* central (la conscience, l'esprit ou Dieu pour la métaphysique classique) auquel tout le reste serait relatif.

Abstrait | Concret

Usages courants, exemples

Dans la langue courante, on qualifie volontiers d'*abstrait* (et souvent de façon péjorative) un propos vague, général, peu compréhensible et surtout très éloigné de la réalité. Sont au contraire considérés comme *concrets* des propos, des gestes, dont le lien avec la réalité est immédiatement perceptible. Une théorie économique complexe sur les nouvelles formes de pauvreté produites par les transformations du marché de l'emploi est facilement jugée abstraite par les non-spécialistes ; donner de l'argent à un pauvre est un geste concret.

Cette opposition un peu rapide ne rend exactement compte ni du sens de chacun de ces termes ni de la relation entre les deux notions, mais elle met en évidence un point commun entre l'usage ordinaire et celui retenu par le dictionnaire : c'est autour du **rapport à la réalité** que se jouent les définitions et l'opposition de l'abstrait et du concret.

Définitions

Étymologiquement, *concret* vient d'un mot latin qui renvoie à l'idée de solidité matérielle (*concretus*, « qui s'est solidifié »). L'action d'*abstraire* consiste à tirer, enlever quelque chose d'autre chose (du latin *abstrahere*).

Le bon usage (conforme à l'étymologie) de ces deux termes n'est pas spécifique à la philosophie. Le concret est ce qui existe réellement, matériellement. L'abstrait est ce qui existe dans la pensée, notamment ce que la pensée tire de la réalité, c'est-à-dire du concret : les qualités des choses (la couleur, la grandeur), les propriétés des personnes ou des situations (la liberté, la justice).

Usages philosophiques

Les textes philosophiques évoquent moins souvent le concret que l'abstrait. Ce n'est pas surprenant. La philosophie vise en effet la « transformation » de la réalité par la connaissance plus souvent que par l'action directe : elle traite des idées des choses plus que des choses elles-mêmes. Or les **idées** constituent la forme à la fois la plus courante et la plus évidente de l'abstraction. Indissociables des mots qui les font exister en même temps qu'ils en sont le véhicule, les idées, par nature abstraites, permettent à l'esprit de **se représenter le concret** (la réalité), de l'organiser, de le connaître. La blancheur n'est abstraite que parce qu'elle est le caractère commun à toutes les choses blanches ; l'idée de liberté réunit toutes les propriétés communes à toutes les situations concrètes dans lesquelles des individus sont libres.

› Analyse | Synthèse

Usages courants, exemples

Une *analyse* chimique consiste à **identifier** les différents composants d'une substance et à établir leurs proportions respectives. On appelle d'autre part produit de *synthèse*, ou synthétique, un matériau artificiel, obtenu en combinant des éléments initialement séparés. Les deux opérations peuvent d'ailleurs se succéder : c'est en décomposant le charbon ou le pétrole qu'on obtient les éléments qui seront ensuite synthétisés pour fabriquer certains tissus. *Analyser* une situation, un texte, etc., c'est l'interpréter en dégageant ses éléments jugés les plus importants pour les mettre en évidence. À l'inverse, une *note de synthèse* rassemble les points convergents d'une documentation.

Définitions et usages philosophiques

Ces exemples montrent que l'*analyse* est la **réduction** d'une totalité à ses éléments constitutifs, tandis que, à l'inverse, la *synthèse* procède en partant d'éléments initialement séparés pour construire une **totalité**. L'étymologie grecque le confirme : *analuein* signifie « séparer en déliant ou en dissolvant », *suntithenai*, « composer, arranger (un bouquet ou une affaire) ».

La démarche scientifique recourt beaucoup à l'*analyse* : en chimie, en mathématiques, le mot renvoie à des méthodes spécifiques. Lorsque Freud met au point, vers 1895, sa méthode thérapeutique qui repose sur l'hypothèse de l'existence de l'inconscient, il forge le mot allemand *Psychoanalyse* (« analyse psychique »), qui devient, dès les premières traductions, *psychanalyse*, pour souligner l'analogie avec la chimie : on aide le patient à **décomposer** ses symptômes et manifestations psychiques pour les ramener à leurs causes véritables, et Freud présente même la guérison comme une « psychosynthèse », c'est-à-dire la **reconstruction** de l'esprit pacifié.

On peut appliquer au travail intellectuel en général ce mot de l'historien Fustel de Coulanges : « Pour un jour de synthèse, il faut des années d'analyse. » Les philosophes, par leur constante élaboration des concepts qu'ils appliquent à la réalité, ne cessent de pratiquer l'analyse et la synthèse, souvent sans même le signaler. Certains cependant misent surtout sur l'analyse – tel Descartes qui prône la division de toute difficulté en autant de parcelles que nécessaire (deuxième règle de la méthode) –, d'autres surtout sur la synthèse, comme Hegel qui privilégie le point de vue de la totalité, dans l'univers comme dans l'histoire (« Le vrai, c'est le tout »).

› Cause | Fin

Usages courants, exemples

Quand un réparateur cherche la cause d'une panne, il remonte le cours d'un processus pour trouver le moment où la défaillance s'est produite. Lorsque les pouvoirs publics accordent à la lutte contre l'illettrisme le titre de « grande cause nationale de l'année », ils déclarent solennellement que combattre ce fléau sera la mobilisation prioritaire. Une *cause* est donc soit un élément qui produit un **effet**, soit un **but** à défendre, souvent important et collectif.

Quand on déclare que, pour un sportif, remporter la victoire n'est pas une **fin en soi**, que battre l'adversaire est secondaire, on veut dire que la véritable finalité de la compétition est le plaisir (rivaliser n'est alors qu'un moyen).

Définitions

Le mot *fin* désigne donc, d'une part, la cessation d'une action, d'un phénomène, leur aboutissement effectif, d'autre part, la **finalité**, c'est-à-dire le projet, l'intention. La réflexion philosophique se réfère le plus souvent au deuxième sens.

Employer le mot *cause*, c'est envisager une **relation de nécessité** entre des faits. Qu'on en soit sûr ou que cela reste une hypothèse, on déclare qu'un certain élément est indispensable dans cette relation :

sans lui, rien ne se produirait, ou bien le processus serait différent. Cet élément sans lequel le reste n'est pas concevable ou ne pourrait pas s'expliquer est une *cause*. L'autre élément est l'*effet*.

Usages philosophiques

Aristote, prenant l'exemple d'une statue, a distingué **quatre causes** : matérielle (le marbre), formelle (le personnage représenté), efficiente (le sculpteur et son travail), finale (le but de l'artiste, comme la beauté ou la gloire). On ne retient généralement plus aujourd'hui que les deux dernières causes. Pour expliquer les phénomènes naturels, on envisage une causalité « efficiente », sans faire intervenir une intention (les finalités, au sens de motivations, n'existent que chez les humains). Le **finalisme**, qui consistait à voir des causes finales à l'œuvre dans la nature, n'est plus une position facilement tenable : on n'accepte plus d'expliquer par exemple la forme d'un organisme par une « intention naturelle ». On s'en tient plus rigoureusement aux notions de fonction et d'adaptation.

Dans les actions humaines, un problème moral se pose : pour excuser la violence ou la contrainte, on déclare parfois que « la fin justifie les moyens ». Mais quelles sont les fins effectivement justifiées ?

› Contingent | Nécessaire | Possible

Usages courants, exemples

Les *contingences* de la vie sont les circonstances **imprévues** auxquelles nous sommes soumis. Un *contingent* est une quantité fixée réglementairement : par exemple, le nombre d'hommes soumis à la conscription (militaire) chaque année dans certains pays ou le groupe d'une certaine nationalité au sein d'une armée d'alliés (« le contingent britannique »). « Faites le *nécessaire* » signifie : « Agissez pour que tel but soit atteint. » « Ne prenez que le *nécessaire* » signifie : « N'emportez avec vous que l'indispensable. » Mais on dit aussi que la collision de deux trains circulant en sens inverse sur la même voie est *nécessaire*, c'est-à-dire **inévitable**. Enfin, « Un oubli est toujours *possible* » invite à la vérification (car on ne peut pas exclure une inattention), tandis que « Des progrès sont *possibles* » affirme une **capacité**, un potentiel.

Définitions

Le latin *contingere* signifie « toucher, atteindre », et « arriver par hasard », d'où « échoir en partage ». *Contingent* signifie « qui peut arriver ou non ». « Ce qui ne peut pas reculer » serait l'origine de *nécessaire*, par négation du verbe latin *cedere* (« s'en aller »). *Pouvoir* (du latin *posse*, qui a aussi donné *possible*) a le double sens d'éventualité ou de capacité : ce qui se peut et ce que nous pouvons.

Usages philosophiques

Ces trois termes renvoient à deux dimensions différentes : le déroulement des faits dans le temps et l'intervention humaine, qui prévoit, explique et agit. Le problème sous-jacent à cette association de termes est celui de la liberté.

On pourrait ranger les trois notions dans l'ordre suivant : contingent, possible, nécessaire. On pourrait même les inclure dans une série plus complète : impossible, contingent, possible, probable, nécessaire. Lorsque nous considérons le futur, soit nous excluons une certaine **éventualité** (que demain le soleil ne se lève pas), nous l'admettons sans la juger très vraisemblable (qu'il neige au printemps), soit nous nous y préparons, même si elle reste à prouver (l'imminence d'une phase dans une maladie), soit nous en sommes certains (que l'eau bout à 100 °C). D'autre part, en considérant le passé, nous expliquons ce qui s'est produit en repérant et pondérant des causes. Les événements historiques ne peuvent jamais être parfaitement **prédits**, mais ils peuvent toujours être **expliqués** après coup.

Être fataliste, c'est juger que les événements ne pouvaient pas se produire autrement. C'est une exagération de l'idée de nécessité dans laquelle ne tombe pas le déterminisme scientifique. Pour reprendre un exemple d'Alain, le combattant est enclin au fatalisme, alors que le physicien peut expliquer comment un peu moins de poudre dans l'obus cause une autre trajectoire, donc un autre « **destin** ».

Le problème de la limite ou des **relations entre nécessité et contingence** se pose de façon très particulière dans le domaine des sciences humaines. La formule brutale de Durkheim selon laquelle « la société réclame chaque année son contingent de suicidés » illustre la position délicate du sociologue par rapport à son objet d'étude : on peut sans doute réduire le nombre des suicides, mais on ne pourra malheureusement pas faire disparaître les facteurs sociaux qui frappent chaque année une certaine proportion de personnes.

› Croire | Savoir

Usages courants, exemples

Le verbe *croire* indique souvent que notre **certitude** reste **approximative** ou provisoire : « Je crois qu'il va pleuvoir » traduit une probabilité ; « Je crois que Paris est la capitale de la France », dit un étranger qui n'en est pas certain. *Croire* est alors le premier degré du savoir. Mais il arrive que *croire* et *savoir* s'opposent résolument. « C'est ce que tu crois » équivaut à : « Mais tu te trompes. » L'opposition est plus radicale encore entre la croyance et la **connaissance rigoureuse et vérifiable**, entre le croyant et le savant. L'un croit au miracle, l'autre vérifie le fait, et, le cas échéant, cherche son explication naturelle.

Définitions

Credere, en latin, associe le fait de croire à une relation d'adhésion et de confiance. « Faire crédit » s'en rapproche. Dans un sens abstrait, le crédit dont bénéficie une personne, ou même une théorie, est la confiance qu'on lui accorde.

En revanche, *sapere* (sentir par le sens du goût, d'où « avoir de l'intelligence ») renvoie plutôt au jugement. Le savoir implique donc une plus grande indépendance de l'esprit, qui ne s'en remet pas directement à ce qu'on lui dit (« Je vous crois ») mais cherche à s'assurer par lui-même de la vérité.

Usages philosophiques

Les théories de la connaissance philosophique distinguent toutes *croire* et *savoir*, en les présentant comme des **degrés successifs** qu'il faut tâcher de gravir, ou bien comme des domaines ou des attitudes inconciliables.

Platon, par exemple, soutient que l'homme ordinaire reste prisonnier des impressions sensibles, donc ne peut pas sortir de ce qu'il croit, tandis que le philosophe atteint avec effort le monde intelligible, où le savoir remplace la croyance, puisque la certitude devient possible. Pour Bachelard, l'esprit scientifique est celui qui refuse de croire ; toute véritable connaissance est conquise contre ce que l'on croit communément. Le problème des relations entre *croire* et *savoir* est évidemment au cœur de la réflexion philosophique sur les **religions** : on peut distinguer la simple croyance et la foi, qui serait beaucoup plus forte, traduisant un engagement profond de l'individu. La différence existe dans la langue courante : *croire que* (les esprits des défunts restent présents) implique une adhésion moins forte que *croire à* (la résurrection des morts pour les chrétiens).

Croire met toujours en œuvre la **subjectivité**. Or, même si l'on veut se montrer le plus rigoureux possible, on ne peut éliminer complètement cette dimension de la pensée et de l'action, car les **valeurs** ne se prouvent pas, mais se justifient, s'argumentent : chercher la justice, par exemple, implique qu'on y *croie*, pour *savoir* ensuite **distinguer** le juste et l'injuste.

› En acte | En puissance

Usages courants, exemples

Un automobiliste en état d'ivresse est un meurtrier *en puissance* : par chance, il ne provoquera peut-être pas d'accident mortel, ou pas d'accident du tout, mais la **probabilité** est pour ainsi dire fortement inscrite en lui ou dans sa situation. La *puissance* dont il s'agit ici n'est pas le pouvoir, politique notamment, mais la potentialité, c'est-à-dire le devenir possible d'un être. On ne rencontre guère l'expression *en acte* dans la langue courante, qui emploie dans ce sens les termes « réel », « vrai » ou « **effectif** ». On ne parlera pas de « meurtrier en acte » mais, à la rigueur, de « meurtrier effectif ».

Définitions et usages philosophiques

Aristote a conçu ces deux notions pour rendre compte du **devenir** sous toutes ses formes. L'actualisation est le mouvement de passage de la puissance à l'acte. Le mot n'a donc pas en philosophie le sens courant de « mise à jour » (comme dans « actualiser un fichier »). C'est une révélation de ce qui était possible, « contenu » dans l'être, autrement dit **virtuel**, au sens de « potentiel », et non dans le sens devenu courant d'« imaginaire » ou de « simulé ». L'actualisation peut être active (comme lorsque la chenille, par une nécessité interne, se transforme en papillon) ou bien passive (comme lorsque le bois est sculpté en statue). Le vivant s'actualise de lui-même, alors que, dans la technique, l'homme projette un choix qu'il réalise, à condition que le matériau s'y prête.

On peut dire que l'éducation consiste à favoriser la révélation de ce qu'il y a de mieux en puissance chez l'enfant : la réflexion pédagogique de Rousseau illustre sa thèse de la **perfectibilité** comme caractéristique humaine. Le débat sur les parts respectives de l'**inné** et de l'**acquis** est une application du couple *en puissance / en acte*.

Considérant l'histoire, Bergson a souligné comment on croit découvrir « en puissance » dans le passé des **signes annonciateurs** de ce qui paraît s'être actualisé dans le présent.

Enfin, la biologie contemporaine enrichit encore la réflexion sur l'acte et la puissance : certaines cellules sont « totipotentes », c'est-à-dire capables, chez l'embryon, de devenir le germe de n'importe quel organe futur. Dans le même sens, la conception d'une forte spécialisation des zones du cerveau est contredite par la découverte de la plasticité cérébrale : en cas de lésion, la région endommagée est relayée par une autre, et la capacité renaît.

En fait | En droit

Usages courants, exemples

Le passant qui ramasse dans la rue un objet perdu peut en pratique s'en servir tant qu'il le garde. Il en est détenteur *de fait*. Il n'en est cependant pas propriétaire. Il doit rechercher la personne qui, *en droit*, peut prouver de quelle façon elle l'a initialement acquis – en l'achetant ou en en héritant par exemple. Il ne faut donc pas confondre la simple possession et la véritable propriété. Le droit persiste, en dépit du fait. Ainsi, recevant même en toute innocence un cadeau qui a en fait été volé, on se retrouvera, au regard de la loi, traité de receleur, c'est-à-dire complice du voleur.

Définitions

La distinction entre le fait et le droit appartient à l'**univers social**. Elle n'a aucun sens dans la **nature** et apparaît en même temps que le droit.

Dans bien des cas, l'opposition entre le fait et le droit est évidente : si un délit ou un crime ont été commis, l'illégalité est flagrante.

En revanche, la **confrontation du droit et du fait** est féconde en cas d'hésitation : ce qui a été fait n'est peut-être pas légal ou prévu par la loi, mais est-ce pour autant illégitime ? Une pratique peut être illégale et pourtant effectuée avec l'assentiment d'individus ou de groupes qui ne sont nullement criminels. Ce qui restait de fait deviendra peut-être ensuite de droit. Par exemple, en 1974, la loi française a admis sous certaines conditions l'interruption volontaire de grossesse, jusqu'alors interdite mais pratiquée de fait.

Usages philosophiques

Pour les philosophes, la question se pose ainsi : comme le fait précède le droit, ce dernier n'est-il que la **codification** du premier ? Ou bien, au contraire, le droit est-il une construction opposée au fait injuste et destinée à le rendre impossible ou à le punir ? Si le fait précède le droit, c'est bien souvent la force qui fait le droit. Ce dernier n'est alors que la confirmation officielle de la **pratique dominante** (c'est l'une des explications que Rousseau propose des débuts de la vie en société : le premier qui eut l'idée de se décréter propriétaire du terrain qu'il occupait obligea les autres à enclore leur propre parcelle pour essayer de la défendre contre les plus forts). Dans la perspective inverse, défendue justement par Rousseau pour empêcher la généralisation du « **droit du plus fort** », le droit doit précisément reposer sur un autre principe, car les rapports de force ne créent qu'une contrainte, pas une obligation.

En théorie | En pratique

Usages courants, exemples

On conseille souvent au débutant dans un métier de laisser de côté ce qu'on lui a enseigné et de se plonger dans la *pratique*. Cela sous-entend que la *théorie* ne compte pas vraiment, que s'y tenir serait naïf.

Mais le couple *en théorie/en pratique* renvoie aussi à l'opposition entre l'idéal et le réel, ou entre une règle officielle considérée comme formelle et la conduite effective des hommes, ou encore entre ce à quoi on s'attend et ce qui se produit réellement. En théorie, les hommes sont tous frères ; en pratique, ils se haïssent ; en théorie, les riches paient davantage d'impôts que les pauvres ; en pratique, ils savent contourner la loi.

Définitions

Le grec *theôria* signifie « **contemplation** », c'est-à-dire le regard désintéressé sur une idée ou un objet : l'esprit se projette librement, sans se préoccuper d'efficacité, en visant la vérité par une sorte d'adhésion nécessitant un effort d'oubli de ce qui est sensible ou matériel. Les théories sont des constructions interprétatives (en philosophie) ou explicatives (dans les sciences). On dénigre la théorie comme nébuleuse et chimérique, au nom de la pratique, liée pour sa part au verbe grec *prattein*, « agir ». Les deux sont pourtant interdépendantes : une théorie est la manière de formuler les principes qui expliquent une certaine pratique, tandis que la pratique est la mise en **action** de ces **principes** ou règles.

Usages philosophiques

Kant a montré que le fossé entre la théorie d'une certaine activité et l'efficacité pratique n'est nullement infranchissable. On ne l'annulera pas en se débarrassant de toute théorie mais, au contraire, en mettant au point une théorie supplémentaire qui viendra faire le lien entre la **théorie générale** et l'**action concrète**. Par exemple, un jeune médecin ne doit pas oublier ses années d'études, mais observer attentivement ses patients pour formuler des règles plus ou moins personnelles qui lui permettront de bien appliquer celles qu'il a apprises. Toute mise en pratique efficace conduit donc plus ou moins consciemment à une théorisation.

Il en va de même en **morale** : si l'on trouve une règle morale difficile à appliquer, il est tentant de la déclarer purement théorique. Ne faut-il pas alors chercher l'impératif intermédiaire entre la généralité de la théorie et la particularité de la pratique, qui permettra de **juger** comment l'appliquer dans tel ou tel cas précis ?

Essentiel | Accidentel

Usages courants, exemples

Lors d'un naufrage, l'*essentiel* est que les passagers et les marins soient sains et saufs, même si le navire et la cargaison ont sombré. On donne le conseil de « ne pas perdre de vue l'*essentiel* », c'est-à-dire, par exemple lors d'un apprentissage, de donner la priorité aux éléments les plus **importants** et de savoir ne pas s'attarder à ce qui est **secondaire**. D'autre part, une mort *accidentelle* n'est ni naturelle (comme celle qui résulte du très grand âge) ni causée par une agression humaine délibérée : elle est due à un accident, c'est-à-dire à une cause imprévisible ou imprévue ou bien à un hasard malheureux. Dans le vocabulaire quotidien, il n'y a guère de raison de mettre en relation *essentiel* et *accidentel*.

Définitions et usages philosophiques

En philosophie, les deux termes sont liés depuis Aristote. Est *essentiel* ce qui appartient à l'**essence** d'une chose, c'est-à-dire à son **identité** profonde, à sa nature ; c'est donc ce qu'il faut retenir pour la définir de façon à la fois générale et précise. Est, en revanche, *accidentelle* une caractéristique secondaire, superficielle, qu'on aurait tort de retenir dans la définition.

Aristote illustre ainsi cette distinction : on a raison de définir l'homme comme un être vivant doué de raison, mais non comme étant roux ou s'appelant Callias (un nom grec répandu). Ces deux **particularités** permettent certes de reconnaître un certain individu en le décrivant, mais elles sont sans intérêt et trompeuses si on s'intéresse à l'humanité, autrement dit à l'essence commune à tous les hommes.

L'accident tel qu'il vient d'être défini n'est pas toujours strictement accidentel au sens moderne du mot. La couleur des cheveux, par exemple, n'est pas due à un pur hasard mais à l'hérédité. Il ne faut donc pas confondre, en philosophie, *accidentel* et *aléatoire*.

Plus largement, le débat philosophique fondamental consiste à s'interroger sur le statut exact des essences. Faut-il les considérer comme des **Idées** platoniciennes, purement intelligibles mais réelles ? S'agit-il de **conventions** entre les utilisateurs du langage, comme le pensent les nominalistes ? On peut exercer sa réflexion en formulant les concepts le plus rigoureusement possible : au sujet de la liberté, par exemple, qu'est-ce qui est essentiel, qu'est-ce qui n'est qu'accidentel (secondaire) ?

Expliquer | Comprendre

Usages courants, exemples

Dans la vie courante, *expliquer* et *comprendre* ne sont pas considérés comme des **opérations** opposées mais plutôt **complémentaires**, qui mettent en relation au moins deux personnes distinctes. Le professeur explique, et les élèves comprennent. *Expliquer* signifie d'abord « rendre compréhensible, mettre à la portée de l'intelligence d'autrui ». Expliquer revient à détailler un raisonnement ou un processus, souvent aussi à en montrer les causes : si un thème est difficile à comprendre, on donnera à l'esprit le temps d'y réfléchir en le développant. *Comprendre* désigne en parallèle une progression personnelle qui débouche sur une saisie : « J'ai compris ! »

Comprendre, c'est aussi parfois une façon d'admettre une conduite, ou une position, qui ne serait pas la sienne : « Je comprends que vous ayez réagi de cette manière. » En revanche, on peut expliquer un crime sans le comprendre du tout. Ses causes, l'enchaînement des faits peuvent être reconstitués, mais on se refuse absolument à partager les raisons du criminel. En opposant le cœur et la raison, Pascal traduit cette nuance entre deux positions de l'esprit.

Définitions

Explicare, en latin, c'est « déplier, dérouler », donc exposer en le mettant à plat un objet souple, un parchemin par exemple. On révèle donc un contenu resté caché jusqu'alors. Dans *comprendre*, *prendre* souligne le rôle très actif de l'intelligence.

Usages philosophiques

Généralement, les philosophes approfondissent les sens intellectuels d'*expliquer* et de *comprendre* en étudiant leur complémentarité ou en approfondissant leurs spécificités. On insiste alors sur le caractère de **développement analytique**, argumenté, progressif, du premier et, à l'inverse, de **saisie globale, synthétique**, immédiate – en tout cas dans son aboutissement – du deuxième. Dans l'allégorie de la Caverne, l'ancien prisonnier comprend « d'un seul coup » la véritable nature du monde, parce qu'elle lui a été expliquée et révélée peu à peu.

Mais une nouvelle distinction apparaît, à la fin du XIXe siècle, avec le philosophe allemand Dilthey : *expliquer* et *comprendre* sont cette fois deux méthodes opposées. Les sciences de la nature sont *explicatives* : elles éclairent les phénomènes en établissant des **chaînes causales**, en les déterminant par des lois. Les sciences de l'homme sont *compréhensives* : elles formulent globalement le **sens** des faits ou représentations humains. Cette opposition n'est pourtant pas absolue : on ne peut guère affirmer que le physicien « ne fait qu'*expliquer* » et le sociologue « que *comprendre* ». En sociologie, le débat est ouvert entre partisans de la compréhension (s'inspirant de Weber) et partisans de l'explication (qui suivent Durkheim).

Formel | Matériel

Usages courants, exemples

Dans le langage courant, *formel* signifie soit « explicite, catégorique », soit « superficiel ». « Cette justification est très formelle » indique que je ne la prends pas au sérieux, tandis qu'une interdiction formelle ne laisse aucun doute : il ne faut pas l'enfreindre, elle est absolue. *Matériel* s'oppose à « intellectuel, symbolique » ou à « humain ». Une récompense matérielle n'est pas une simple manifestation de satisfaction. Dans l'explication d'un accident, on distinguera l'erreur humaine et la défaillance matérielle.

Définitions et usages philosophiques

Le latin *forma* désigne initialement un « moule », celui du potier par exemple. *Materia* désigne d'abord le « bois de construction », puis tout « matériau ». Le couple de la matière et de la forme vient s'articuler à l'opposition de la matière et de l'esprit, qui figure au programme.

La matière et la forme se complètent et se donnent mutuellement sens et réalité. On ne peut employer telle quelle ni même concevoir la matière sans forme. Inversement, une forme sans matière reste virtuelle, possible mais non réelle. La matière et la forme sont des aspects caractéristiques des **objets artificiels** ; par conséquent, ces deux concepts interviennent dans la réflexion sur la **technique** et l'**art**. Mais le couple ne serait pas complet à lui seul. Dans le cas de l'objet technique, c'est la fonction, l'usage prévu, qui relie le matériau disponible et la forme choisie : un peigne ou une cuillère doivent s'adapter à la morphologie humaine et être assez résistants. Dans le cas de l'œuvre d'art, c'est la beauté (ou, plus largement, l'intention esthétique) qui joue le même rôle d'unification du formel et du matériel.

On applique aussi cette distinction à l'idée de **vérité**. La vérité formelle, appelée aussi validité, est celle de la construction logique. La vérité matérielle est la correspondance du discours à ce qu'il désigne, autrement dit l'exactitude. Un raisonnement peut être formellement correct, mais matériellement douteux ou invérifiable : c'est l'objection classique à tout raisonnement portant sur des êtres surnaturels.

Kant a opposé l'**expérience** et les **concepts** : « Toute connaissance commence avec l'expérience, ce qui ne veut pas dire qu'elle en découle tout entière », car les informations de nos sens fournissent bien une matière (un objet), mais elles restent confuses et informes si l'entendement ne vient pas les organiser (leur « donner forme ») grâce aux concepts.

Genre | Espèce | Individu

Usages courants, exemples

Ces trois concepts emboîtés appartiennent d'abord au vocabulaire de la **classification**, particulièrement à celle des êtres vivants. Ils sont rarement employés ensemble dans la vie quotidienne. *Genre* a le sens très global de « catégorie », voire de « style » : « genre de vie », « mauvais genre », « genres littéraires » (le roman, la poésie...). *Espèce* signale parfois paradoxalement la difficulté à **identifier** quelque chose ou quelqu'un précisément : « une espèce de chien » suggère que l'animal visé ne ressemble pas à l'idée qu'on se fait d'un chien typique. Utilisé surtout pour les êtres humains, *individu* peut être péjoratif et plus administratif que « personne » (« un individu suspect »).

Définitions et usages philosophiques

L'*individu* est littéralement indivisible, autonome et unitaire : le diviser est l'amputer ou le tuer. Mais chaque individu est un exemplaire d'une *espèce*, reconnaissable en lui à une série de traits essentiels, communs à tous les membres de l'espèce, par opposition aux traits accidentels, purement individuels. Le critère classique de l'appartenance de deux individus à la même espèce est l'interfécondabilité et la viabilité de la progéniture. Les naturalistes ont ajouté le *genre*, ensemble de plusieurs espèces apparentées. Plusieurs genres constituent eux-mêmes une *famille* (par exemple, la famille des équidés comprend le genre *equus*, qui lui-même compte, outre des espèces fossiles, le cheval, le zèbre, l'âne, l'onagre).

La logique d'Aristote, destinée à fournir des cadres de pensée rigoureux, pratique la **définition** « par genre prochain et espèce différente » : tout élément peut être ainsi classé au bon niveau. On peut, par exemple, définir le triangle équilatéral par l'égalité de ses côtés, qui serait la différence spécifique au sein du genre « triangle ».

L'humanité fournit un bon exemple d'application de ces concepts. Aucun être vivant n'est aussi individualisé que l'homme, dont la personnalité atteint un degré d'unicité absent chez les autres animaux. Biologiquement, l'humanité est l'espèce *homo sapiens*, seule survivante actuelle du genre *homo*. On parle de genre humain pour souligner la **communauté** morale de tous les êtres humains (le mot « race » a été supprimé du vocabulaire scientifique).

Mais on lit aussi depuis peu le mot « genre » appliqué aux hommes d'une part et aux femmes de l'autre. Cet usage s'inspire du sens grammatical du mot : l'accord d'un mot en genre masculin ou féminin. Les sociologues l'ont introduit pour distinguer clairement les notions de sexe (c'est-à-dire l'**appartenance** biologique, naturelle) et de genre (l'ensemble des habitudes et des rôles qui ont en fait une origine sociale, donc culturelle).

› Idéal | Réel

Usages courants, exemples

Une société idéale serait une société parfaitement juste. Si tel jour le temps est idéal pour une promenade en mer, il est tout à fait adapté à cette activité. *Idéal* signifie donc « **parfait** », dans l'absolu ou dans un contexte précis. Est *réel*, en revanche, ce à quoi on est effectivement confronté, dans sa complexité et son **imperfection** : les hommes réels sont les hommes tels qu'ils sont, et non tels qu'on voudrait qu'ils soient.

Définitions et usages philosophiques

Idea signifie en grec « forme visible, aspect », d'où « espèce, catégorie » et « idée », tandis que le mot latin *res* désigne « la chose, le bien, la possession concrète ». *Idéal* et *réel* se comprennent donc bien l'un par opposition à l'autre. Mais c'est la nature même de cette opposition qui pose problème et oblige à être très précis.

Une idée n'est pas nécessairement un idéal. L'idée est le **concept abstrait** et n'existe que dans la pensée : les idées de « rouge » ou de « fruit », par exemple, servent à classer des objets réels. Quand l'idée est « idéale » (et non seulement « idéelle », dit-on parfois), elle sert de **norme**, de référence ultime pour évaluer ces objets. Comme l'idéal ne peut pas être rencontré dans la réalité, le **réalisme** le croit inutile. Pourtant, son intérêt est de fournir de quoi juger, donc d'améliorer ensuite la réalité. Par exemple, la guerre est hélas ! bien réelle. La paix mondiale est-elle donc une pure utopie ou bien, au contraire, une référence indispensable pour organiser des institutions internationales et des programmes de désarmement ?

La notion de réalité est elle aussi très problématique. Un sentiment est réel, une idée paradoxalement aussi, si l'on considère que l'un comme l'autre font agir les hommes, donc ont des effets. Le **spiritualiste** (ou l'**idéaliste**) attribue à l'esprit le plus de réalité ; mais le matérialiste s'oppose diamétralement à lui en déclarant la matière réelle ou du moins « plus réelle » que les idées. Les différentes philosophies sont donc amenées à distinguer des niveaux de réalité en fonction de ce qu'elles considèrent comme le plus déterminant. Ce sont ainsi différentes idées de la réalité qui sont formulées.

› Identité | Égalité | Différence

Usages courants, exemples

Une carte d'*identité* rassemble une part des renseignements qui **distinguent** officiellement une personne d'une autre. Rester d'humeur *égale*, c'est rester toujours constant. Le signe *égal* entre « 3 + 2 » et « 5 » ne signifie pas que les deux formules sont identiques, car elles sont bien différentes, mais qu'on peut les substituer l'une à l'autre en termes de quantité. On parle de *droit à la différence* pour revendiquer une tolérance au sein de la société : cela revient à affirmer qu'une minorité particulière doit pouvoir manifester ce qui fait son identité propre.

Définitions

Identité vient du latin *idem*, « le même ». *Aequalis*, qui donne « égal » en français, signifie en latin « du même niveau ». *Différence* correspond au premier sens du verbe *différer*, c'est-à-dire littéralement « porter dans deux directions opposées », donc « distinguer (différencier) » ou « se distinguer ».

Usages philosophiques

Voltaire a proposé de remplacer *identité* par « mêmeté ». L'identité, le fait d'être le même, réunit plusieurs dimensions qui sont liées : la **permanence** à travers le temps (de la naissance à la mort pour un être vivant), qui d'ailleurs n'exclut pas le **changement** ; l'**unicité** absolue de l'individu (les vrais jumeaux sont bien deux, ils ne ressentent pas exactement la même chose au même moment, ils sont distincts l'un de l'autre) ; enfin, la combinaison des appartenances choisies ou non qui nous caractérise (l'humanité, le sexe, la nationalité, le métier, les goûts...).

Au sens strict, l'égalité et l'inégalité se réfèrent à une quantité ou un degré que l'on peut mesurer : des températures, des tailles, égales ou non. Philosophiquement, c'est l'égalité en valeur et en dignité qui importe et pose problème, moralement et politiquement. Rousseau distingue **inégalités naturelles** (regrettables, mais qui ne sont à proprement parler ni justes ni injustes) **et sociales** (qu'il faut expliquer, combattre, réduire, voire éliminer). Une maladie héréditaire crée une inégalité naturelle. Mais la pauvreté crée une inégalité dans l'accès aux soins, que la Sécurité sociale est destinée à compenser.

L'**équité** est, en matière de justice, la recherche d'une proportionnalité correcte entre le fait commis, le mérite, ou la situation personnelle de la personne concernée, et la décision prise par le juge. Au principe de l'égalité devant la loi, on vient donc ajouter une prise en considération des différences entre les individus ou entre les situations.

Intuitif | Discursif

Usages courants, exemples

Ce couple de notions n'est pas utilisé dans la langue courante. *Intuitif* signifie cependant « lié à l'intuition ». « Untel est très intuitif » signifie qu'on apprécie sa tendance à comprendre, deviner ou pressentir, ce qui passe inaperçu à la plupart des autres, spécialement dans les relations entre les êtres humains. L'intuition est une qualité assimilée à la finesse, à une sensibilité très développée, qu'on considère à tort ou à raison comme innée. On dira donc indifféremment : « J'ai suivi mon intuition » ou « J'ai suivi mon instinct », en confondant deux notions en réalité très différentes. Le stéréotype de l'« intuition féminine » révèle bien l'ambiguïté d'une qualité à la fois louée et en même temps dénigrée, puisqu'elle s'opposerait à l'intelligence rationnelle prétendument plus masculine.

Définitions

En latin, *intuitio* désigne d'abord une image réfléchie dans un miroir, ce qui évoque l'idée d'une image directement accessible. *Discursif*, de son côté, est un mot savant apparenté à « discours » ou « discourir », qui renvoie à l'usage public et médité du langage, mais aussi, à l'origine, à l'action de courir ou parcourir, c'est-à-dire à un déplacement dans l'espace.

Usages philosophiques

L'intuition et le discours sont en philosophie deux formes de l'accès à la **vérité**, opposées (l'intuitif est **immédiat**, le discursif met en œuvre des **médiations**), mais relatives l'une à l'autre. Toute connaissance peut en effet être exprimée ou acquise par une pensée discursive (c'est-à-dire qui formule explicitement ses étapes), comme le **raisonnement** ou la **démonstration**. On est cependant obligé de faire une place à l'intuition à côté du discours – soit comme l'origine de ce discours, soit comme son issue –, ou même de reconnaître une inévitable coexistence de ces deux types d'accès au vrai.

Comme le remarque d'abord Pascal, on ne peut pas tout définir. Certaines notions précèdent inévitablement le raisonnement et seront ensuite intégrées à ce raisonnement : par exemple, l'espace, dont Kant soutient plus tard qu'il est une forme ***a priori*** de notre perception. D'autre part, au moment où nous comprenons une démonstration, nous recevons sa signification comme une intuition, à laquelle le discours nous a préparés. Enfin, certains savoirs resteraient ou ne pourraient qu'être intuitifs : c'est le cas de ce que nous savons sans savoir comment nous le savons (ce que Platon appelle « opinion droite » dans *Ménon*) ; ou de la saisie de la durée selon Bergson, qui oppose l'intuition à l'intelligence, qu'il juge toujours réductrice.

Légal | Légitime

Usages courants, exemples

Un tribunal peut accorder à l'accusé le bénéfice de la **légitime défense**, et donc l'acquitter, bien qu'il ait commis une violence, voire causé la mort d'une autre personne. Mais les conditions de cette exception sont très restrictives : il faut que, indiscutablement, les coups portés à l'agresseur aient été la seule manière de protéger sa propre personne ou d'en protéger une autre. L'usage de l'adjectif *légitime* est ici très précis : aucune violence n'est *légale*. Le tribunal ne l'autorise donc absolument pas, mais reconnaît qu'elle était à ce moment-là inévitable.

Définitions

C'est le latin *lex*, « loi », qui est à la racine des deux mots. Mais une distinction existe, parce qu'on peut se référer à deux lois différentes, situées à des niveaux distincts, parfois peu compatibles, voire contradictoires, comme le montre l'exemple précédent.

Est *légal* un acte **conforme aux lois** en vigueur dans un certain État, à un moment donné de son histoire, puisque le droit évolue, en fonction des besoins de la société, mais aussi de l'histoire politique. Ce qui n'est pas légal, donc illégal, est interdit, et donnera normalement lieu à des poursuites.

Est *légitime*, de façon inévitablement plus large et donc sujette à discussion, ce qui obéit à une **loi morale** ou à un **principe de justice**, présents dans la conscience individuelle ou collective.

Usages philosophiques

Dans un monde parfait, légalité et légitimité devraient être identiques. Tel n'est pas le cas. Ainsi, la condamnation à mort de Socrate à Athènes, en 399 avant J.-C., nous semble généralement très injuste, donc illégitime. Pourtant, le procès a obéi aux règles du droit athénien de cette époque : sa légalité est donc indiscutable. Du reste, tout en réfutant les accusations portées contre lui, Socrate se soumit sans équivoque au jugement rendu : s'évader aurait été pour lui illégal, mais aussi illégitime. Au contraire, les résistants contre l'oppression font, eux, le choix d'entrer dans l'illégalité au nom de la légitimité.

Certains théoriciens du droit, les positivistes juridiques, pensent pouvoir régler le problème de l'écart entre les deux dimensions en affirmant que le **droit positif**, c'est-à-dire effectif, est le seul à prendre en compte. Mais on peut estimer au contraire que les sociétés doivent conserver le repère de la légitimité – qui n'est pas fixée une fois pour toutes : ce serait même un facteur de progrès vers une plus juste **application des lois**.

› Médiat | Immédiat

Usages courants, exemples

Médiat n'appartient pas à la langue courante, à la différence des mots *médiation* et *médiateur* : deux pays en guerre peuvent recourir à la médiation d'un troisième resté neutre dans leur conflit, un médiateur remplit une fonction occasionnelle ou permanente de négociation et de recherche d'un accord entre des parties en conflit (comme le médiateur chargé de traiter les litiges entre l'administration et les citoyens). *Immédiat* est, en revanche, un mot très courant : une réaction immédiate est instantanée.

Définitions

Le mot latin *medium* comprend déjà les deux sens du mot « moyen », son équivalent le plus courant en français : l'un désigne un lieu, le **milieu** entre deux extrêmes, l'autre suppose un processus intentionnel, qui implique le recours à des objets ou des actes nécessaires à sa réalisation, les **moyens**. C'est le second sens qui nous intéresse ici. Sur le plan temporel, *immédiat* signifie « instantané », et *médiat* « différé, à moyen ou long terme ». Sur le plan de l'action ou de la pensée, *immédiat* signifie « direct », et *médiat* « indirect ». C'est donc la présence ou l'absence de quelque chose d'**intermédiaire** qui fait la différence entre les deux.

Usages philosophiques

En philosophie de la connaissance, *immédiat* peut être pris dans deux sens opposés. Une connaissance immédiate peut être approximative parce qu'elle repose sur la perception et les idées reçues. *Immédiat* signifie alors irréfléchi, et la véritable connaissance devra donc être abstraite, rationnelle, critique (Bachelard). Mais on peut aussi appeler *immédiate* une autre connaissance, intuitive et **directe**, celle de la durée selon Bergson par exemple. Il y aurait un « mauvais » et un « bon » immédiat : superficiel dans le premier cas, direct et libre dans le deuxième.

Enfin, toutes les activités culturelles (humaines et non naturelles) sont plus ou moins des **activités de médiation** : le langage, la technique, l'art... puisqu'elles passent par des intermédiaires – les mots, les instruments – qui ne sont pas neutres, mais ont leurs effets propres.

› Objectif | Subjectif

Usages courants, exemples

Dans la langue courante, *objectif* est le plus souvent employé soit dans le sens d'« **impartial** », soit dans le sens de « factuel ». À l'opposé, sont réputés *subjectifs* les propos, les sentiments qui traduisent une **opinion** personnelle ou une perception discutable de la **réalité**. « Cette table est rouge et carrée » est un jugement objectif, tandis que l'affirmation « Cette table est laide » est subjective. « Napoléon a gagné la bataille d'Austerlitz » est le rappel objectif d'un fait historique. L'analyse des causes d'une guerre peut varier d'un historien à l'autre : on aura tendance à qualifier de subjective et non conforme à la réalité celle qu'on ne partage pas.

Définitions et usages philosophiques

Au sens strict des termes, est *objectif* ce qui appartient à un objet, *subjectif* ce qui appartient à un sujet. On se trouve donc dans un cas de figure où les définitions sont peu éclairantes.

Lorsqu'on rencontre ces termes dans un texte philosophique, leur sens est déterminé par le contexte théorique ou doctrinal dans lequel ils sont employés.

Chez Descartes, la réalité objective d'une idée, c'est son pouvoir de représenter autre chose qu'elle-même. Sa réalité formelle, c'est le fait qu'elle existe dans l'esprit.

Selon Kant, l'expérience sensible n'est possible que parce que l'esprit humain met en forme la matière de cette expérience, en lui appliquant les « cadres » de l'espace et du temps, qui sont à la fois des conditions subjectives et objectives de l'expérience. L'espace et le temps sont en effet des formes *a priori* (antérieures à l'expérience) que le sujet applique à la matière, mais leur universalité garantit qu'il s'agit de formes objectives.

De même, les raisonnements scientifiques mettent en œuvre des procédures à la fois subjectives (c'est le sujet qui raisonne) et objectives (tout sujet rigoureux est contraint de raisonner de la même façon). L'objectivité n'est donc plus ici l'opposé de la subjectivité ; elle n'est pas la copie de la réalité, mais le résultat d'une saisie que tous peuvent partager. On sait du reste aujourd'hui que l'objectivité de la connaissance scientifique ne peut être définie comme la simple conformité de la théorie à la réalité. « Rien ne va de soi. Rien n'est donné. Tout est **construit** », écrit Bachelard au début de *La Formation de l'esprit scientifique*, signifiant par là qu'il n'existe pas à proprement parler de faits objectifs préexistant complètement à l'observation et à l'expérimentation, mais que c'est la connaissance elle-même qui transforme progressivement la réalité brute en faits distincts, identifiés et expliqués.

Obligation | Contrainte

Usages courants, exemples

Dans le langage courant, on ne distingue guère l'*obligation* et la *contrainte*. On oppose en général implicitement et assez vaguement ce que l'on fait **volontairement** et ce que l'on fait par obéissance à un **impératif extérieur**. « Je suis obligé de faire ce travail » passera pour l'équivalent de « J'y suis contraint » ou « J'y suis forcé ». Distinguer *obligation* et *contrainte* permet cependant de ne pas confondre toutes les limitations de la liberté individuelle et de distinguer celles que nous **subissons** (par exemple, la menace d'une arme) et celles qui nous **engagent** (par exemple, une dette à rembourser). Un vocabulaire plus précis introduit d'autres nuances. Déclarer *obligeante* une personne est une manière de la remercier d'avoir rendu un service : on est *son obligé*, ce qui signifie qu'on reconnaît lui devoir désormais un service en retour.

Définitions et usages philosophiques

L'*obligation* est un **impératif moral ou juridique**, comme le devoir, le respect des lois ou celui des engagements que l'on a pris. Elle implique donc des rapports avec autrui, dans un cadre fixé par des règles. Le concept d'état de nature, dans la philosophie politique classique, représente ce que serait l'humanité si elle n'obéissait à aucune obligation. L'homme subirait alors des *contraintes* très fortes : des nécessités naturelles liées au corps, ou, en un sens plus précis, des **rapports de force et de violence**. Une contrainte pure, objective, n'est ni légale ni morale. C'est sur cette distinction que repose la condamnation du droit du plus fort par Rousseau dans *Du contrat social* : « S'il faut obéir par la force, on n'a pas besoin d'obéir par devoir, et si l'on n'est plus forcé d'obéir, on n'y est plus obligé. »

La différence peut cependant être **subjective**. Ainsi, c'est la société qui a adopté une loi obligeant les parents à mettre leurs enfants à l'école, en estimant bénéfique pour chacun de recevoir une instruction, quitte à l'y contraindre. On accepte cette obligation sans réticence si l'on y voit des avantages actuels ou futurs. Sinon, elle paraîtra une contrainte pénible. Même en l'absence d'un engagement véritablement personnel, l'idée d'un échange (d'un équilibre) entre les limitations de la liberté et ce qu'on peut espérer en retour est décisive : pour me sentir *obligé* et non simplement *contraint*, je dois voir un sens à l'impératif qui pèse sur moi.

Origine | Fondement

Usages courants, exemples

On fait de la généalogie pour remonter la série des générations et retrouver ses *origines* : le lieu et l'époque où apparaît le **premier** ancêtre, du moins celui qu'on parvient encore à identifier. Un livre sur les origines de la Première Guerre mondiale ne raconte pas seulement l'attentat de Sarajevo et les premières opérations militaires, mais établit la liste des conditions et événements sans lesquels le conflit n'est pas compréhensible. Dans la langue courante, le mot *fondement* est plutôt employé négativement : une allégation « sans fondement » est dénuée de preuves. Or, pour montrer, par exemple, qu'une rumeur est sans fondement, la nier simplement n'est pas efficace. Le mieux est de remonter à son origine. Les deux notions sont bien liées.

Définitions

En latin, *origo* signifie « source » et se rattache au verbe *oriri*, « se lever », en parlant d'un astre dans le ciel. L'*origine* est en ce sens le surgissement, l'apparition d'un élément jusqu'alors caché ou inexistant, dont on ne se borne pas, en général, à constater l'apparition, mais dont on cherche l'**explication**. *Fundamentum* désigne de son côté une assise solide, telles celles d'un édifice. Ce qui est *fondamental* soutient une institution ou une construction intellectuelle : fondements de l'État ou fondements des mathématiques.

Usages philosophiques

La recherche des origines est historique, celle des fondements est plus spécifiquement philosophique. La démarche de Rousseau dans le *Discours sur l'origine et les fondements de l'inégalité parmi les hommes* est caractéristique : l'inégalité est un fait, mais ce fait est-il fondé, repose-t-il sur des **raisons** qui rendent l'inégalité acceptable, voire tout à fait souhaitable ? Parce qu'il en doute, Rousseau se propose explicitement de reconstituer le fil des événements qui y ont abouti. C'est aussi l'entreprise de Nietzsche dans *La Généalogie de la morale* : la morale, présentée comme allant de soi, a une **histoire** qui révèle sa véritable fonction.

En distinguant les origines et les fondements, ces philosophes nous apprennent à repérer les imbrications de trois éléments différents mais le plus souvent confondus : les premiers stades d'une réalité, ses **causes** vraiment décisives, enfin ses **justifications**.

Persuader | Convaincre

Usages courants, exemples

On dit que l'escroc *persuade* ses victimes de lui confier leurs économies, tandis que le médecin *convainc* le patient de se soumettre au traitement qu'il préconise. L'usage de deux verbes différents sous-entend la différence entre la tromperie, exploitant la naïveté et le désir de gain, et la compétence honnête et désintéressée. L'objectif paraît le même : amener autrui à une position ou à une action qu'il n'aurait pas choisie spontanément. Mais l'opposition réside dans la valeur morale du **but** et la qualité des **moyens** employés : le manipuler ou lui rendre service, jouer sur ses sentiments ou faire appel à sa raison.

Définitions

Dans le verbe latin *persuadere*, à *suadere* (« conseiller ») s'ajoute le préfixe à valeur intensive *per-*, qui souligne l'insistance des paroles employées. *Convincere* a d'abord désigné l'argumentation juridique qui prouve victorieusement. L'étymologie confirme ce que suggèrent les emplois usuels : il s'agit d'une **opposition de valeur morale**. Ce dont on persuade autrui serait faux et communiqué par des moyens malhonnêtes. Ce dont on convainc serait vrai, et les arguments sincères et rationnels.

Usages philosophiques

Ce clivage remonte à la philosophie grecque et à son contexte historique. La cité démocratique est très sensible au pouvoir du langage. Socrate et Platon critiquent et condamnent la rhétorique, et les philosophes construisent leur identité en s'opposant vigoureusement aux sophistes. Pour Socrate et Platon, l'usage des mots comme moyen de pouvoir (la **rhétorique**) n'est pas comparable à celui qu'on en fait pour chercher la vérité (la **science** et la **philosophie**). Aristote nuance ensuite cette opposition radicale en soulignant que la vie concrète est pleine de situations où atteindre la certitude absolue est impossible. Il réhabilite donc l'argumentation, même rhétorique, lorsqu'elle est honnête.

En fait, c'est au verbe *démontrer* que s'opposerait vraiment le couple *persuader/convaincre*. La **démonstration** fournit le modèle d'une rationalité indiscutable parce qu'elle ne joue jamais sur les sentiments et ne cache ou ne sous-entend rien. On pourra donc, en se référant à cet idéal scientifique, réfléchir au cas par cas aux critères qui nous conduisent à juger une argumentation comme seulement persuasive ou bien pleinement convaincante.

Principe | Conséquence

Usages courants, exemples

« En *principe*, je ne devrais pas vous laisser entrer » sous-entend : « Mais je le ferai à titre exceptionnel ». Un homme « de principes » est connu pour son respect des règles, voire sa rigidité. « Être sans principes », c'est manquer de moralité, se conduire de façon purement opportuniste. « Être *conséquent* », c'est suivre des principes ou se montrer constant une fois qu'une décision a été prise : les conséquences d'une guerre sont les effets inéluctables, surtout non voulus, de cette guerre.

Définitions

Principe dérive du latin *princeps*, qui signifie « le **premier** », spécialement dans le sens politique, c'est-à-dire le chef. On trouve le verbe latin *sequi*, « suivre », à l'origine du mot *conséquence* : un événement consécutif se produit après celui qui sert de point de départ. La consécution n'implique pas nécessairement la conséquence : B s'est produit après A, mais cela ne garantit pas que A soit la cause et B l'effet.

Usages philosophiques

Dans plusieurs domaines, les principes occupent la place éminente dans la hiérarchie des lois : chacun est une **règle** à laquelle les lois elles-mêmes doivent obéir (une « loi des lois »). Par exemple, notre droit est **fondé** sur le principe de non-rétroactivité, qui impose à toute loi une limite dans le temps : elle ne peut s'appliquer à des actes commis avant qu'elle n'ait été votée et promulguée. En logique, le principe de non-contradiction exclut qu'un même raisonnement entraîne deux conséquences incompatibles. Des principes comme ceux de la conservation de l'énergie ou de l'attraction universelle sont les **clefs de voûte** des théories scientifiques. Résultant de la généralisation des observations et des expériences, ces principes ne rencontrent pas d'exception : dans la nature règne le déterminisme (les mêmes **causes** produisent toujours les mêmes **effets**). En morale, l'**impératif catégorique** kantien formule un principe qui sert de critère : je dois agir en étant sûr que ce que je veux est une « loi universelle ».

Mais la liberté humaine fait que les principes peuvent être enfreints ou discutés. On assiste à des conflits entre principes : ainsi, pour Freud, l'éducation ou la civilisation sont la victoire progressive mais jamais absolue du principe de réalité sur le principe de plaisir. Ce sont deux « préférences » ultimes inconciliables. En politique, on peut rattacher l'opposition faite par Max Weber entre éthique de la conviction et éthique de la responsabilité à la différence entre principes et conséquences. La première s'attache à des principes qu'elle veut appliquer et manifester à tout prix, tandis que la seconde est attentive aux conséquences sur autrui des actes entrepris.

› Ressemblance | Analogie

Usages courants, exemples

Lorsque deux choses se ressemblent, une **identification** partielle ou totale des deux s'impose à notre esprit. On peut aussi utiliser le verbe *ressembler* pour signaler une interprétation : « Ce que vous me dites ressemble fort à une menace ! » *Analogie* est un terme plus technique et moins fréquent. Une analogie est une relation de **correspondance** terme à terme entre deux ou plusieurs éléments, mais qui ne s'impose pas d'emblée : elle nécessite une réflexion ou une analyse plus approfondie.

Par exemple, la ressemblance entre le dauphin et la plupart des poissons de mer (le milieu où il vit, sa forme générale) nous ferait imprudemment conclure qu'il en est un. Si l'on étudie son squelette, en revanche, on remarquera l'analogie entre les os de ses nageoires latérales et ceux d'une main humaine : il sera alors logique de le rapprocher des animaux terrestres.

Définitions

Dans *ressembler*, il y a *sembler*. Cette similitude qui s'impose peut être délibérément recherchée par le faussaire, qui imite, par exemple, la couleur de la pierre précieuse pour vendre un simple morceau de verre. Les ressemblances sont ambiguës : elles sont souvent trompeuses, mais sans elles, nous resterions dans l'incertitude, car maîtriser une situation inédite, c'est le plus souvent remarquer en quoi elle ressemble à du déjà connu. De même, les **classements** les plus élémentaires se font par ressemblances et différences.

En grec, *analogia* signifie « **proportion** mathématique ». Cette proportion est le résultat d'une réflexion qui « découvre » un couple (ou plus) de rapports internes aux réalités confrontées. Dans l'ossature des cétacés, ce qui intéresse le naturaliste, c'est que la nageoire du dauphin *est à* l'animal tout entier ce que la main *est à* l'être humain tout entier.

On voit que la ressemblance n'implique que deux termes, tandis que l'analogie en nécessite quatre. Le raisonnement par analogie consiste précisément à avancer dans la saisie d'une réalité encore mal connue grâce au repérage d'une **structure** profonde commune entre elle et une autre réalité déjà connue.

Usages philosophiques

Platon a souvent recours au raisonnement par analogie : par exemple, dans *La République*, on cherche à **définir** la justice. Comme il paraît difficile d'y parvenir sur le plan moral (la justice dans l'âme), parce que cet « objet » paraît difficile à discerner, on cherche d'abord à définir la justice sociale ou politique, en considérant la cité comme l'analogue de l'âme, avec cet avantage que l'échelle collective est beaucoup plus « lisible ». Platon justifie le procédé en proposant l'analogie avec une autre analogie plus évidente : un texte en petits caractères et le même au format d'une affiche. C'est le procédé du *paradigme*, c'est-à-dire du **modèle**.

› Transcendant | Immanent

Usages courants, exemples

Les deux qualificatifs appartiennent essentiellement au langage savant. Dans le langage courant, *immanent* est inusité et *transcendant* appartient au registre des superlatifs valorisants sans être alors bien distingué de *transcendantal*, qui se veut encore plus valorisant. Est dit *transcendant* ce qui est jugé exceptionnel, d'une **valeur supérieure** et/ou difficilement conceptualisable.

Définitions

Étymologiquement, est *transcendant* ce qui dépasse, surpasse, va **au-delà**. Est *immanent* ce qui réside **dans**, ce qui reste dans. *Transcendant* caractérise un mouvement d'extériorisation ou d'élévation ; *immanent*, une stabilité et une inclusion. À la localisation s'ajoute le plus souvent la caractérisation d'un ordre supérieur de réalité ou de valeur. Dans le monothéisme, Dieu est au-delà, donc transcendant au monde. Il est réalité ou valeur suprême. Dans le panthéisme (de *pan*, « tout » et *theos*, « Dieu ») en revanche, il fait un avec le monde **naturel**, il lui est immanent.

Usages philosophiques

Le sens philosophique de ces termes varie selon les auteurs. La référence la plus éclairante est la philosophie de Kant. Dans la terminologie kantienne, est transcendant un être qui n'appartient pas au monde naturel de l'**expérience possible**, et dont on sait donc *a priori* avec certitude qu'il est **inconnaissable** et non simplement, de fait, inconnu. Cependant, l'homme prétend parfois connaître cet inconnaissable, au moyen, par exemple, de la théologie rationnelle. Il fait alors un usage transcendant et illégitime des catégories de pensée. Il en fait un usage immanent et légitime lorsqu'il les applique aux objets d'une expérience possible, comme c'est le cas dans les sciences.

Il faut veiller à ne pas confondre *transcendant* et *transcendantal*. Ce dernier terme qualifie les structures *a priori* constitutives de l'esprit humain, qui rendent possible une connaissance des objets de l'expérience. Il renvoie donc à un en-deçà et non à un au-delà.

Pour la phénoménologie, la conscience ne se confond pas avec une substance immanente à la **subjectivité humaine**, elle vise toujours une **réalité extérieure** à elle-même : en ce sens, elle est transcendance. Pour l'existentialisme, l'homme transcende l'homme en ce sens qu'il n'est jamais figé dans un mode d'être (une *essence*) définitivement établi.

› Universel | Général | Particulier | Singulier

Usages courants, exemples

Ces quatre adjectifs, qu'on peut aussi utiliser comme des substantifs, constituent un emboîtement, de la notion la plus étendue à la plus étroite. Par exemple, le suffrage *universel* permet de voter à tous les citoyens d'un pays. La culture *générale* porte sur de nombreux domaines intellectuels mais n'est pas l'omniscience. Un cas *particulier* fait exception à la règle générale mais n'est cependant pas unique. Enfin, ce qui est *singulier* ne se présente qu'une seule fois et peut ainsi provoquer l'étonnement : par exemple, une anomalie génétique. De même, en grammaire, le singulier s'oppose au pluriel.

Définitions

Universel renvoie à « **univers** », c'est-à-dire à la totalité de ce qui peut être conçu, et qui ne compte donc aucune exception. *Général* caractérise le genre, c'est-à-dire la catégorie logique supérieure, regroupant des êtres fortement apparentés. *Particulier* renvoie à « partie » et, plus précisément, à « particule ». Enfin, le latin *singularis* signifie « seul ».

Usages philosophiques

En philosophie, ces degrés jouent un rôle en logique formelle. Une proposition peut être universelle (« Tous les hommes sont mortels ») ou particulière (« Certains hommes sont gauchers ») : ce sont alors deux **degrés** différents de généralité, qui devront être respectés pour que les raisonnements construits avec eux soient concluants. On doit aussi utiliser correctement ces notions pour effectuer des classements satisfaisants.

En morale et en philosophie politique, on distingue entre l'**intérêt particulier**, c'est-à-dire individuel, et l'**intérêt général**, celui de la société tout entière, auquel tous doivent normalement reconnaître la priorité. Pour Rousseau, la volonté générale est celle du peuple tout entier.

Enfin, de l'Antiquité au siècle des Lumières, l'idée de **nature humaine** a été conçue comme une essence universelle, c'est-à-dire une unité intérieure fondamentale, constitutive de l'humanité elle-même, antérieure et supérieure aux différences entre individus. Cette conception s'est progressivement révélée si problématique que les penseurs modernes opposent en général la **culture** et ses particularités à cette idée de nature humaine universelle, ou bien évoquent – comme Sartre dans *L'existentialisme est un humanisme* – une « universalité humaine de **condition** ». L'universalité réside alors non dans la nature, mais dans le cadre extérieur fixé par des limites auxquelles aucun homme n'échappe : naître et mourir, vivre dans le monde, y jouer un rôle social, rencontrer les autres...

Préparation au bac

La dissertation

Les deux premiers sujets de l'épreuve de philosophie des séries générales L, ES et S, sont des sujets de dissertation, généralement formulés sous forme de questions.

Le texte officiel du programme est accompagné de considérations relatives à l'« apprentissage de la réflexion philosophique ». On y trouve les précisions suivantes : « La dissertation est l'étude méthodique et progressive des diverses dimensions d'une question donnée. À partir d'une première définition de l'intérêt de cette question et de la formulation du ou des problèmes qui s'y trouvent impliqués, l'élève développe une analyse suivie et cohérente correspondant à ces problèmes, analyse nourrie d'exemples et mobilisant avec le discernement nécessaire les connaissances et les instruments conceptuels à sa disposition. »

• Objectifs et exigences de l'exercice

Identifier et comprendre le thème et les enjeux d'un sujet de dissertation

Les sujets proposés le jour du baccalauréat sont choisis de telle façon qu'ils posent une question, en général assez classique (c'est-à-dire à laquelle de nombreux philosophes se sont intéressés), engageant la réflexion sur une ou plusieurs notions du programme.

› Votre dissertation doit donc montrer qu'au-delà de la question posée, vous avez compris le(s) problème(s) soulevé(s) par le sujet : à quel(s) domaine(s) de la philosophie renvoie ce sujet (à quelles parties et/ou notions du programme il peut être rattaché) ; quels en sont les **enjeux**, c'est-à-dire quel sens et quel intérêt il y a à se poser ce type de problème et à chercher à le résoudre.

Vous répondrez à ces exigences en vous appropriant le problème posé par le sujet, en le discutant de façon méthodique, en vous appuyant sur les connaissances acquises au cours de l'année qui sont en rapport avec le sujet.

Identifier et analyser le problème philosophique posé par le sujet

La réponse à la question posée n'est pas unique. Le sujet pose un problème philosophique, qu'il ne faut pas réduire à la question formulée. Face à une **question**, on sait qu'il y a une réponse (qu'on la connaisse ou non). Un **problème**, en revanche, se discute, parce qu'il n'admet pas une réponse simple, encore moins simpliste : il appelle une **réflexion**. La discussion d'un problème prend le plus souvent la forme d'une confrontation d'arguments qui ont en principe chacun leur valeur, mais qui s'opposent. Cette contradiction n'est pas artificielle : elle tient à la réalité du problème posé.

› Il vous faudra donc identifier le problème de façon claire et être capable d'en montrer la nature et les enjeux en le discutant. La dissertation prend alors la forme d'une argumentation construite et justifiée.

Mobiliser les connaissances pour alimenter une réflexion argumentée

Le sujet renvoie toujours à une ou plusieurs questions rencontrées dans le cadre du programme. Pour le traiter, il faut donc s'appuyer sur les connaissances acquises tout au long de l'année, à travers l'étude des notions du programme et la lecture de textes et d'œuvres philosophiques.

Vous ne vous appuierez pas sur ces connaissances pour montrer au correcteur que vous les possédez, mais parce qu'elles vous permettent de traiter le sujet à un niveau de réflexion satisfaisant. Attention cependant à ne pas faire semblant de posséder des connaissances que vous ne maîtrisez pas.

› Vous sélectionnerez donc dans vos connaissances celles qui permettent d'éclairer et de discuter le problème posé par le sujet. Vous les utiliserez aussi bien pour nourrir le contenu de votre dissertation que pour montrer l'intérêt du sujet, confronter plusieurs réponses possibles aux questions formulées, proposer ainsi un cheminement de pensée qui conduira à construire une position personnelle.

• Comment s'y prendre ?

Il faut organiser au mieux votre travail, entre le moment où vous découvrez le sujet et celui où la dissertation doit être rédigée.

1. Lire très attentivement le sujet pour s'en approprier le **sens global**. Mettre en relation les termes du sujet afin de décider du sens qu'il faut leur donner et du problème central qu'ils contribuent à poser. *Éviter de donner à cette analyse du sujet la forme d'une simple juxtaposition de définitions.*
2. Formuler au brouillon les questions que le sujet invite à se poser.
3. Identifier la ou les notion(s) du programme auxquelles renvoie le sujet. *Il ne s'agira pas ensuite de réciter mécaniquement ce que l'on sait, mais de l'utiliser pour construire sa propre réflexion.*
4. Identifier les **enjeux** du sujet : quel intérêt y a-t-il à se poser ce type de question ? Qu'a-t-on en tête lorsqu'on se la pose ? Chercher des situations exemplaires dans lesquelles le problème se pose. *Une bonne dissertation manifeste entre autres la capacité de son auteur à s'engager personnellement.*
5. Trouver les **arguments** qui permettront de discuter le problème posé par le sujet. Leur formulation gagnera souvent à emprunter aux auteurs étudiés pendant l'année les positions qu'ils ont pu prendre sur le problème posé (envisager différentes hypothèses, faire dialoguer les points de vue). C'est dans cette perspective qu'il sera parfois utile de s'appuyer sur des présentations de doctrines et de proposer des citations. Soit une citation permet d'énoncer, grâce à une formule particulièrement bien choisie, la pensée qu'on veut exprimer, soit elle permet de relancer la discussion engagée dans le devoir (l'énoncé de la citation sera alors suivi d'un commentaire personnel explicatif). *La citation n'a pas pour rôle de « faire cultivé » ; une citation mal choisie ou mal comprise ne présente aucun intérêt.*
6. Trouver des **exemples**. Le rôle des exemples est à la fois pédagogique (ils permettent de mieux se faire comprendre) et théorique (ils prouvent qu'on parle de problèmes qui se posent vraiment). *Éviter toutefois de réduire l'argumentation à une suite d'exemples, qui ne prouve pas une affirmation. Un contre-exemple, en revanche, peut suffire pour réfuter une affirmation générale.*
7. Construire une **problématique**, c'est-à-dire choisir le fil conducteur qui guidera sa propre discussion du sujet : ordre dans lequel on va exposer les arguments, justification de cet ordre, enchaînement entre les différentes étapes de la dissertation Le plan doit être réellement **progressif** : il avance par étapes vers une conclusion justifiée. *Il n'y a pas de plan type, ou « préfabriqué ». Éviter les plans mécaniques et artificiels. Veiller à ce que tout ce qui est écrit soit bien en relation avec le sujet. Il faut guider le lecteur, qui doit voir avancer le raisonnement, sans avoir l'impression ni d'un piétinement ni de sauts sans raison d'une idée à une autre.*
8. Préparer une **introduction**. Son rôle est de présenter le problème central qu'on va discuter et d'annoncer le plan. *L'introduction* ***annonce****. Elle ne résout pas d'avance le problème. Elle ne peut donc être rédigée que quand on a une idée d'ensemble de la dissertation.*

9. Soigner la **conclusion**, qui doit proposer **une prise de position globale**, en montrant que celle-ci est la conséquence logique de l'ensemble de l'argumentation proposée dans la dissertation. Il arrive parfois (rarement) que la conclusion montre pourquoi on ne peut pas trancher le problème qui a été discuté, voire qu'elle montre que c'est en réalité un faux problème. *Mais une conclusion ne peut pas être évasive. Elle doit engager son auteur, même de façon nuancée ou dubitative Elle ne peut pas se réduire à résumer ce qui a déjà été écrit. Elle ne peut pas non plus consister systématiquement à terminer par un problème qu'on ne discutera jamais – encore moins si c'est précisément le problème qu'il fallait se poser dans la dissertation...*

L'explication de texte

Le troisième sujet de l'épreuve de philosophie des séries générales L, ES et S, est constitué par un texte précédé de la consigne « Expliquer le texte suivant » et suivi de la précision : « La connaissance de la doctrine de l'auteur n'est pas requise. Il faut et il suffit que l'explication rende compte, par la compréhension précise du texte, du problème dont il est question. »

Le texte officiel du programme est accompagné de considérations relatives à l'« apprentissage de la réflexion philosophique ». On y trouve les précisions suivantes : « L'explication s'attache à dégager les enjeux philosophiques et la démarche caractéristique d'un texte de longueur restreinte. En interrogeant de manière systématique la lettre de ce texte, elle précise le sens et la fonction conceptuelle des termes employés, met en évidence les éléments implicites du propos et décompose les moments de l'argumentation, sans jamais séparer l'analyse formelle d'un souci de compréhension de fond, portant sur le problème traité et sur l'intérêt philosophique de la position construite et assumée par l'auteur. »

Objectifs et exigences de l'exercice

« Expliquer », quand la consigne s'adresse à l'élève, signifie non pas « faire comprendre » (ce qui est le travail du professeur), mais montrer que l'on comprend.

Identifier et comprendre le thème et les enjeux d'un texte philosophique

Les textes proposés le jour du baccalauréat sont choisis de telle façon qu'ils exposent assez brièvement (une vingtaine de lignes en moyenne) la position d'un philosophe sur une **question** en général assez classique, c'est-à-dire à laquelle d'autres philosophes se sont intéressés, à d'autres moments, le cas échéant pour la traiter de façon très différente. La question et son examen dans ce texte-là doivent par principe être compréhensibles même lorsqu'on ignore tout des autres positions philosophiques de l'auteur du texte.

› Votre explication du texte doit donc montrer à la fois que vous avez compris de quoi il traite, dans quel(s) domaine(s) de la philosophie le texte s'inscrit (à quelles parties et/ou notions du programme il peut être rattaché) et quels en sont les enjeux, c'est-à-dire quel sens et quel intérêt il y a à se poser ce type de question et à chercher à y répondre.

Identifier et analyser la thèse présentée dans un texte philosophique

Le plus souvent, le texte expose une **thèse**, c'est-à-dire soit la position de l'auteur sur une question, soit la réponse de l'auteur à la position d'un autre ou à l'opinion commune sur la même question, par exemple pour la réfuter.

› Il vous faudra donc reconstituer cette thèse de façon claire et être capable d'en présenter à la fois le contenu et les raisons, c'est-à-dire de reconstituer aussi les **arguments** de l'auteur à l'appui de sa thèse.

Mobiliser les connaissances pour alimenter une réflexion argumentée

Le texte traitant toujours une ou plusieurs questions abordées par d'autres auteurs, donc inscrites dans la tradition philosophique, il renvoie à des connaissances acquises tout au long de l'année, à travers l'étude des notions du programme et la lecture d'autres textes.

› Vous sélectionnerez donc dans vos connaissances celles qui éclairent la lecture et la compréhension du texte. Ces connaissances doivent vous aider à montrer l'intérêt des questions soulevées par le texte et à confronter les réponses apportées par le texte avec celles d'autres auteurs. Le cas échéant, vous donnerez votre propre point de vue, en développant une position argumentée sur une question que suggère le texte.

Comment s'y prendre ?

Il faut organiser au mieux votre travail, entre le moment où vous découvrez le texte et celui où l'explication doit être rédigée.

1. Lire plusieurs fois le texte pour s'en approprier le sens global.
2. Identifier le **thème central** de la réflexion de l'auteur. *Ne pas confondre le thème central avec tel ou tel point abordé dans le texte qui en constitue simplement un élément. (Le thème est ce dont traite le texte ; la thèse est la position du philosophe sur le thème traité.)*
3. Formuler les **questions** auxquelles l'auteur répond sur ce thème et qu'il n'a pas lui-même toutes explicitement formulées avant d'y répondre. *C'est peut-être la principale difficulté de l'explication de texte. Un texte philosophique répond en quelque sorte à des questions ou à des objections possibles, que son auteur ne formule pas explicitement avant d'y répondre. On peut, par exemple, à partir de ce que l'on comprend, se demander quelles questions on aurait soi-même posées à l'auteur pour obtenir les réponses contenues dans le texte.*
4. Identifier les **enjeux** de la réflexion sur ce thème : quel **intérêt**, au-delà de ce texte-là, y a-t-il à se poser ce type de questions ? *Éviter ainsi de faire de l'explication de texte un écrit purement formel, sans engagement personnel.*
5. Reconstituer la **démarche** à l'œuvre dans le texte : principales étapes et **liens logiques** de la réflexion de l'auteur, transitions entre chaque étape. *Même un texte court est construit : il faut reconstituer la progression de la réflexion de l'auteur en s'efforçant de ne pas la paraphraser, en ne se contentant donc pas de la répéter en changeant quelques mots.*
6. Repérer les propositions et les **concepts essentiels** du texte : formulation par l'auteur des différents aspects de sa **thèse** et des **arguments** sur lesquels il s'appuie pour la soutenir. *Il ne s'agit évidemment pas de juxtaposer des définitions de termes mais de repérer les « expressions clés », de rapprocher des termes, de mettre en évidence à la fois les raisons de leur emploi dans ce texte-là et l'intérêt de leur rapprochement.*
7. Construire une **problématique**, c'est-à-dire choisir le **fil conducteur** qui guidera sa propre présentation du thème et des enjeux du texte : ordre dans lequel on va traiter les questions abordées par le texte, justification de cet ordre, enchaînement entre les différentes étapes de l'explication du texte. *Il faut interroger le texte, et non le « raconter » en se contentant d'en paraphraser successivement chaque phrase. Deux organisations sont possibles : soit explication puis approfondissement, soit traitement « planifié », au fil de l'explication, de questions ou points en relation avec le texte.*
8. Formuler, le cas échéant, des questions et/ou réflexions personnelles par lesquelles on prolongera l'explication du texte.
9. Préparer une introduction et une conclusion, **après** avoir mis au point la présentation de l'ensemble de l'explication et de ses éventuels prolongements. *Il est donc impossible de commencer par rédiger l'introduction ; et il est souhaitable de ne pas bâcler au dernier moment une conclusion qui se contenterait de répéter une idée déjà développée dans le corps de l'explication.*

Un exemple d'aide à la construction d'une dissertation

Préparation au bac

Dissertation

L'existence de lois est-elle un obstacle à la liberté ?

Éléments pour comprendre le sujet

- Qu'est-ce qu'une loi ? Quels sont les différents types de lois auxquelles les hommes ont affaire ?
- Puisqu'on peut avoir affaire à différents types de lois, le problème de la liberté se pose-t-il de la même façon dans chaque cas ?
- En quoi les lois pourraient-elles faire obstacle à la liberté ? Proposez des exemples pour chaque type de lois défini précédemment.
- Pourquoi y a-t-il des lois sociales ? Sont-elles toutes de même nature ?
- Comment les hommes se comportent-ils à l'égard de l'existence de lois de la nature ?

Les enjeux du sujet

1 Analysez la contradiction apparente entre l'existence de lois et la possibilité d'être libre.

2 Croire que respecter des lois est forcément contraire à la liberté, n'est-ce pas un préjugé ? Trouvez des exemples pour le montrer.

3 Cela ne signifie pas qu'il n'arrive jamais que les lois, ou du moins certaines d'entre elles, fassent obstacle à la liberté. Montrez-le par des exemples.

Pour construire une problématique

4 Proposez une conception de la liberté qui vous permettra ensuite de montrer pourquoi se pose la question formulée par le sujet (quitte à rectifier cette première définition par la suite).

5 Montrez en quel sens l'existence de lois naturelles peut sembler faire obstacle à la liberté.

6 Dans le prolongement des questions 4 et 5, montrez ce qui peut conduire à penser, à première vue, que le respect de lois sociales est contraire à la liberté.

7 Les lois de la nature, dès lors qu'on les connaît, sont-elles forcément un obstacle à la liberté d'action des hommes ?

8 S'il n'y avait pas de lois ni de conventions passées entre les hommes, serions-nous réellement libres ? Qui pourrait jouir de cette éventuelle liberté ?

9 Montrez que la nature limite néanmoins les initiatives humaines (reportez-vous par exemple à la pensée écologique).

10 Montrez que la légalité n'est pas nécessairement légitime, et qu'il y a donc des lois qui sont effectivement des atteintes à la liberté.

à lire

- « Théorie et expérience », 8 (Kant) et 11 (Duhem) ;
- « La société », 5 à 9 (Rousseau, Schopenhauer, Clastres, Locke, Hegel) ;
- « La liberté ».

Éléments pour comprendre le sujet

Cette partie concerne le travail préalable à l'élaboration de la dissertation.

On peut distinguer et définir deux types de lois : lois humaines (le droit, etc.) et lois de la nature.

Le sujet ne pose pas exactement le même type de problème selon qu'on pense aux lois sociales ou aux lois de la nature. La liberté face à la nature suppose une capacité à surmonter les obstacles qu'elle oppose à nos volontés ; la liberté sociale passe par des conventions entre les hommes.

Il s'agit donc de déterminer la nature des oppositions possibles entre loi et liberté. La loi de la pesanteur m'oblige à un certain nombre de précautions si je veux rester en vie : illustration du fait que la loi naturelle fait obstacle à la liberté. De même, le respect des lois m'empêche souvent de faire tout ce que je pourrais désirer : cela suffit à beaucoup pour penser que la liberté civile est illusoire.

Il faut distinguer les lois justes, qui favorisent une liberté commune, des lois abusives, oppressives, qui contraignent ceux à qui elles sont imposées sans viser un intérêt commun.

La nature est l'objet de sciences permettant de mettre au point des techniques pour la maîtriser : la connaissance des lois de la chute des corps, de la résistance des matériaux, etc., permet de concevoir le moteur à réaction et de construire des engins capables de voyager dans les airs.

Les enjeux du sujet

Cette partie a pour but de vous aider à préparer la problématique en donnant du sens à la dissertation.

1 Il s'agit ici de montrer pourquoi ce sujet est proposé : de quels obstacles s'agit-il ?

2 Le sujet a pour but de montrer qu'il peut y avoir une conception illusoire, égoïste, de la liberté à la base du sentiment que les lois sont toujours un obstacle à la liberté. Par exemple, on a tendance à confondre la liberté avec le fait de pouvoir faire « tout ce que l'on veut ».

3 Il s'agit cette fois de montrer qu'il arrive effectivement que certaines lois soient un obstacle à la liberté : dans le cas des lois naturelles, parce qu'elles limitent le pouvoir d'action des hommes ; dans le cas des lois sociales, parce qu'elles sont oppressives.

Pour construire une problématique

Cette partie a pour but de construire l'architecture globale pour arriver au plan de la dissertation.

4 Cela peut constituer le premier moment d'une première partie consacrée à exposer des arguments à l'appui de l'idée selon laquelle toute loi collective fait obstacle à la liberté (question 2).

5 Un deuxième moment de cette première partie permettrait ensuite de montrer que la nécessité naturelle peut dresser des obstacles aux entreprises humaines (la nature m'impose de me nourrir, me protéger du froid, etc.).

6 Il s'agira ici (et cela pourrait constituer la deuxième partie du devoir) de montrer que l'opposition entre liberté et loi sociale relève très souvent d'un préjugé dont on va mettre à jour les causes (le plus souvent, une fausse conception de la liberté individuelle).

7 On montrera ici que la liberté humaine passe aussi par la compréhension des lois naturelles (question 5) : on peut les utiliser pour atteindre ses buts.

8 On dénonce ici une partie de ce qu'on a soutenu dans le cadre de la question 6. On pourra dans cet esprit montrer que l'absence de lois serait le pire obstacle à la possibilité pour l'individu de vivre libre en collectivité.

9 et 10 Enfin, on termine le devoir (et ce serait une troisième partie) en montrant que les lois humaines ne vont pas nécessairement dans le sens de la liberté, et que les lois de la nature ne sont pas toujours maîtrisées. On s'interrogera sur les conditions de légitimité des lois.

à lire

Ces conseils de lectures, qui renvoient souvent à différents endroits du manuel, ont pour objectif de vous aider à enrichir votre propre réflexion.

Un exemple d'aide à la construction d'une explication de texte

Préparation au bac

Explication de texte

Posséder le Je dans sa représentation : ce pouvoir élève l'homme infiniment au-dessus de tous les autres êtres vivants sur la terre. Par là, il est une personne ; et grâce à l'unité de la conscience dans tous les changements qui peuvent lui survenir, il est une seule et même personne, c'est-à-dire un être entièrement différent, par le rang et la dignité, de choses comme le sont les animaux sans raison, dont on peut disposer à sa guise ; et ceci, même lorsqu'il ne peut pas encore dire le Je, car il l'a cependant dans sa pensée ; ainsi toutes les langues, lorsqu'elles parlent à la première personne, doivent penser ce Je, même si elles ne l'expriment pas par un mot particulier. Car cette faculté (de penser) est l'entendement. Il faut remarquer que l'enfant, qui sait déjà parler assez correctement, ne commence qu'assez tard (peut-être un an après) à dire *Je* ; avant, il parle de soi à la troisième personne (Charles veut manger, marcher, etc.) ; et il semble que pour lui une lumière vienne de se lever quand il commence à dire Je ; à partir de ce jour, il ne revient jamais à l'autre manière de parler. Auparavant il ne faisait que se sentir, maintenant il se pense.

Emmanuel Kant, *Anthropologie du point de vue pragmatique* (1798), trad. M. Foucault, Vrin, 1984, p. 17.

Voir également la présentation de ce texte dans le chapitre « La conscience », p. 31.

Comprendre la démarche

1 Résumez en une ou deux phrases le thème central du texte.

2 Que signifie « posséder le Je *dans sa représentation* » ?

3 Pourquoi le fil conducteur de l'ensemble du raisonnement de Kant est-il constitué par la référence à la faculté de parler, et plus particulièrement à celle de « dire *Je* » ?

4 Qu'ajoutent au raisonnement de Kant ses références aux « animaux sans raison » (l. 6), et à l'âge où les enfants ne font « que se sentir » (l. 17) ?

Identifier les enjeux philosophiques

5 La conscience de soi est le propre des êtres doués des facultés de penser et de parler. Explicitez à l'aide d'exemples ces liens étroits entre langage, pensée et conscience de soi.

6 En quoi le pouvoir de « dire *Je* » constitue-t-il un fondement essentiel de la dignité de la personne humaine et de sa supériorité sur les autres animaux ?

7 Est-il légitime d'opposer aussi radicalement que le fait Kant l'ordre de la sensibilité (en un sens large, qui englobe aussi bien les sensations que les sentiments) et celui de la conscience ?

à lire

- « La conscience » ;
- « L'inconscient », 8 à 10 (Alain, Sartre, Freud) ;
- « Le langage », 4 et 5 (Hegel, Merleau-Ponty).

Comprendre la démarche

Cette partie vous permet de vérifier que vous avez bien compris le texte : pour cela, après plusieurs lectures du passage étudié, vous développerez au brouillon les éléments de réponse que ce type de question appelle selon vous.

1 Kant développe ici une conception très classique de la conscience, comme pouvoir d'unification de notre expérience. Spécifiquement humain, ce pouvoir garantit non seulement l'unité mais la permanence de la personne elle-même, et se reconnaît à la capacité de dire « je ».

2 Les liens entre *représentation*, *conscience*, *raison*, *pensée* (termes qui jalonnent le premier paragraphe) doivent impérativement être explicités. Les quatre termes ne sont pas synonymes, mais désignent des facultés ou pouvoirs très proches, dont la possession conjointe constitue, pour la philosophie classique, l'essence même de l'homme. *Conscience*, *raison* et *pensée* sont les trois formes que prend chez l'homme l'aptitude à se *représenter* mentalement ce qui se trouve en dehors de l'esprit, et à organiser ces représentations en établissant des liens entre elles.

3 Autre approche classique de la conscience : Kant développe la thèse selon laquelle il ne saurait y avoir ni conscience sans pensée, ni pensée sans langage. Dire « je », c'est manifester à la fois que l'on a conscience de soi, et que la conscience de soi va de pair avec l'affirmation de soi comme sujet pensant.

4 On l'a vu en répondant à la première question : il s'agit pour Kant non seulement de définir la conscience, mais d'en mettre en évidence le caractère spécifiquement humain. Les animaux ne sont pas doués de raison (question 2), les très petits enfants pas encore tout à fait (ils ont le sentiment plus que la conscience d'exister).

Identifier les enjeux philosophiques

Cette partie a pour but de mettre en forme ce qui précède, en organisant l'explication du texte autour de questions qui en définiront la problématique et pourront servir de plan à la rédaction définitive.

5 Il s'agit là de la question centrale à laquelle ce texte permet de répondre.
Le pouvoir de prendre de la distance par rapport à soi-même, de se prendre comme objet de sa propre conscience, est la conscience de soi. Quant à la pensée, c'est la faculté de *se représenter* de façon consciente ce qui existe en dehors de soi, et d'organiser ces représentations de façon à donner un sens à la perception que nous avons du monde extérieur.
L'intérêt de ce texte est que Kant ne se contente pas de développer cette thèse assez classique, mais qu'il s'efforce de mettre en évidence ses liens avec une autre vérité essentielle : c'est le langage qui permet de stabiliser et d'organiser nos représentations. Les deux spécificités humaines, conscience et langage, sont étroitement liées.

6 Un des prolongements intéressants de l'explication du texte peut consister en une réflexion sur les liens entre conscience et *responsabilité*. C'est parce que nous sommes conscients de ce que nous sommes, de ce que nous pensons, de ce que nous faisons, que nous pouvons être tenus pour responsables de nos pensées et de nos actes.
Il s'agirait alors de prolonger l'explication du texte par une réflexion sur l'autre source de dignité de la personne humaine : l'accès à la conduite *morale*.

7 À la lumière de la psychanalyse, ou en s'appuyant sur des références littéraires, ou tout simplement sur des exemples de conduites humaines banales, on peut aussi prolonger la réflexion de Kant par une interrogation sur la fragilité des frontières entre conscience et inconscient, ou entre raisonnement et sentiment, par exemple en montrant que la passion est précisément un état, lui aussi spécifiquement humain, susceptible de « menacer » au moins temporairement le pouvoir de dire « je ».

à lire

Les conseils de lecture, comme pour la dissertation, ont pour objectif de vous inviter à l'enrichissement nécessaire de votre réflexion sur le texte.

Dissertation

Peut-on ne pas être soi-même ?

Éléments pour comprendre le sujet

- Le verbe « pouvoir » recouvre différentes significations : A-t-on le pouvoir de... ? Est-il possible que... ? Est-il concevable que... ? A-t-on le droit de... ? Est-il légitime que... ? etc.
  Quel(s) sens faut-il donner ici au verbe « pouvoir » pour que le sujet présente un enjeu pertinent ?
- On pourrait répondre qu'on est toujours soi-même : on est ce qu'on est... On n'est pas autre chose...
  Que dit-on de plus quand on dit que quelqu'un est « lui-même » ? En particulier : qu'est-ce qu'être « authentique » ? Analysez et illustrez cette notion d'authenticité.
- Inversement : en quel sens pourrait-on ne pas être soi-même ? Qu'est-ce qu'être « aliéné » ? Cherchez des exemples et montrez en quoi ils s'appliquent à des situations où l'on n'est pas soi-même.

Les enjeux du sujet

1 Dénoncer une situation d'aliénation, c'est supposer qu'on devrait être autre chose que ce qu'on est. Montrez-le par des exemples.

2 Montrez que, si la nature humaine était une *nature* (un système déterminé par des lois invariables), la question formulée par le sujet ne se poserait pas.

3 Expliquez en quoi la question présuppose que les hommes sont libres. Jusqu'à quel point un sujet humain peut-il être ce qu'il veut ?

4 La question proposée ne se poserait pas si l'homme était un être « brut », sans conscience. Définissez le rôle que joue la conscience dans l'appréhension et surtout la construction de soi.

Pour construire une problématique

5 Dénoncez l'illusion de celui qui croit qu'on peut être soi-même sans aucun effort : d'où vient une telle illusion ? Dans cette perspective, analysez le rôle de la volonté dans la construction de soi.

6 Disposons-nous toujours des moyens de lutter contre les obstacles qui nous empêchent d'être nous-mêmes ? Les stoïciens, par exemple, préconisent de se soumettre à « ce qui ne dépend pas de nous ». Montrez qu'on passe alors d'un effort du type « travaille à devenir ce que tu es » (comme dans la question 5) à un effort du type : « Accepte ce que tu ne peux pas ne pas être. »

7 Les autres – qui nous influencent, nous imposent des comportements – sont souvent présentés comme des obstacles à notre liberté. Est-il justifié de ne se représenter autrui que sous cet aspect négatif ? Serions-nous « nous-mêmes » hors de toute existence collective ?

8 Nos pulsions inconscientes font-elles obstacle à la maîtrise de soi ? Nous empêchent-elles d'être nous-mêmes ? On peut, par exemple, reprendre la division freudienne de la personnalité psychique en trois instances (le ça, le moi, le surmoi) : voyez si le rôle que chacune joue dans la construction de soi est un obstacle ou un facteur positif.

à lire

- « La conscience » ;
- « L'inconscient », 4 à 7 (Freud, Dolto, Lacan) ;
- « Autrui », 3 à 6 (Kant, Tournier, Hegel, Levinas).

Explication de texte

Les animaux, autant que l'on peut deviner, n'ont point de passions. Un animal mord ou s'enfuit selon l'occasion ; je ne dirai pas qu'il connaît la colère ou la peur, car rien ne laisse soupçonner qu'il veuille résister à l'une ou à l'autre, ni qu'il se sente vaincu par l'une ou par l'autre. Or c'est aussi pour la même raison que je suppose qu'il n'a point conscience. Remarquez que ce qui se fait par l'homme sans hésitation, sans doute de soi, sans blâme de soi, est aussi sans conscience. Conscience suppose arrêt, scrupule, division ou conflit entre soi et soi. Il arrive que, dans les terreurs paniques, l'homme est emporté comme une chose. Sans hésitation, sans délibération, sans égard d'aucune sorte. Il ne sait plus alors ce qu'il fait. Mais observez les actions habituelles tant qu'elles ne rencontrent point d'obstacles, nous ne savons pas non plus ce que nous faisons. Le réveil vient toujours avec le doute ; il ne s'en sépare point. De même celui qui suit la passion n'a point de passion. La colère, le désir, la peur, ne sont plus alors que des mouvements.

Émile CHARTIER, dit ALAIN, *Propos*, 5 avril 1924,
Gallimard, coll. « Bibliothèque de la Pléiade », t. II, 1970, p. 624.

Comprendre la démarche

1 L'auteur commence sa démonstration en affirmant que les animaux n'ont pas de passions. Est-ce bien ce que le texte veut principalement démontrer ?

2 L'argumentation d'ensemble du texte est construite sur une analogie entre l'animal et l'homme, et surtout, *en même temps*, sur une opposition fondamentale entre les deux. Restituez les termes de cette analogie en montrant ce qui, dans le texte, peut s'appliquer aussi bien aux hommes qu'aux animaux. Montrez ensuite les oppositions essentielles entre les deux. À partir de là, mettez en évidence la spécificité de l'homme.

3 Pour distinguer une passion d'un mouvement irréfléchi, Alain renvoie à des faits (à l'expérience de l'hésitation, du doute, du blâme de soi, du scrupule, de la délibération, etc.). Qu'ont en commun toutes ces expériences ? Soulignez ce qui les oppose, par exemple, à l'habitude, à l'emportement. Dans quel but Alain construit-il cette opposition ?

4 L'affirmation « celui qui suit la passion n'a pas de passion » est une contradiction manifeste. Quelle compréhension de ce qu'est une passion l'auteur cherche-t-il à provoquer chez son lecteur ?

Identifier les enjeux philosophiques

5 Analysez la notion de scrupule. À partir de votre analyse, montrez quel est le rôle de la conscience selon ce texte.

6 Expliquez, illustrez et commentez le fait que les hommes éprouvent de la « division » et du « conflit entre soi et soi » (l. 8).

7 On entend parfois dire qu'il faut suivre ses passions sans trop se poser de questions. Montrez que, selon ce texte, cette position n'est pas seulement inacceptable mais d'abord absurde, car ignorante de ce qu'est vraiment une passion. Qu'en pensez-vous vous-même ?

8 La passion est-elle un signe de liberté ou d'aliénation ? (Vous vous appuierez sur le texte, mais sans vous limiter nécessairement à ses arguments.)

9 Est-il possible, mais aussi est-il souhaitable de se libérer de toutes ses passions ? Pouvons-nous accepter de leur laisser libre cours à certaines conditions ? Si oui, quelles sont ces conditions ?

à lire

- « La conscience », 11 et 12 (Nietzsche, Freud) ;
- « L'inconscient », 8 à 10 (Alain, Sartre, Freud) ;
- « Le désir », 3 (Hegel).

Dissertation

Suis-je ce que mon passé a fait de moi ?

Éléments pour comprendre le sujet

- L'emploi du possessif « mon » renvoie à un passé qui me concerne personnellement. Jusqu'où s'étendent les limites de ce passé personnel ? Jusqu'à quel point incluent-elles ou excluent-elles un passé collectif (historique par exemple) ?
- Comment faut-il ici comprendre le verbe « être » ? A-t-il un sens ontologique ou grammatical (définit-il une identité profonde ou a-t-il simplement pour fonction de mettre en relation un sujet avec des attributs) ?
- Analysez les problèmes que posent les notions de sujet et surtout de personne : quelle est ma part d'initiative dans ce que je suis ? Par quels moyens peut-on dire ou définir ce que je suis ?
- Le passé composé renvoie généralement à une action définitivement achevée. Le présent, au contraire, renvoie à une action dont on considère qu'elle est en cours de réalisation. En quoi cette remarque (et le fait que l'énoncé est en partie au présent et en partie au passé composé) permet-elle de préciser cet énoncé ?

Les enjeux du sujet

1 Que mon passé ait « fait » de moi quelque chose, cela suppose des liens de cause à effet entre ces deux termes. Donnez des exemples, dans différents domaines, de relations de cause à effet qui instaurent un lien entre mon passé et ce que je suis aujourd'hui.

2 Faire de mon passé la cause de ce que je suis pourrait sous-entendre que je n'en suis pas responsable. Appuyez-vous sur vos exemples précédents (question 1) et mettez en évidence la part de responsabilité personnelle qu'ils engagent à propos de ce que je suis.

3 Si la cause de ce que je suis, c'est mon passé, cela m'assigne-t-il une identité, une personnalité, des qualités et des défauts, une situation... irréversibles ? Appuyez votre réponse sur des exemples.

Pour construire une problématique

4 L'existence humaine se déploie dans le temps. Cela nous impose d'assumer notre passé. Cela signifie-t-il que notre passé nous lie et que nous ne sommes pas libres ? Jusqu'à quel point et comment peut-on « se libérer de son passé » ? Analysez précisément cette dernière expression.

5 Si nous dépendons de notre passé, cela signifie-t-il que nous ne jouons nous-mêmes aucun rôle dans la détermination de ce que nous sommes ? Y a-t-il, dans notre passé, des choses qui nous échappent inévitablement parce qu'elles ne dépendent pas seulement de nous ?

6 « Ce que je suis » est une expression qui suppose que nous sommes définissables, identifiables (voir la question 3). Jusqu'à quel point est-il légitime de définir une personne à partir de ce qu'elle n'est plus ?

à lire

- « La conscience », 7 et 8 (Kant, Hegel) ;
- « L'inconscient », ouverture (Freud), 5 à 7 (Dolto, Freud, Lacan) ;
- « L'existence et le temps », 7 à 9 (Bergson, Arendt, Beauvoir) ;
- « L'histoire », 6 et 7 (Nietzsche, Kundera).

Explication de texte

Il n'y a rien que le désir, et le regret ou le repentir, qui nous puissent empêcher d'être contents : mais si nous faisons toujours tout ce que nous dicte notre raison, nous n'aurons jamais aucun sujet de nous repentir, encore que les événements nous fissent voir, par après, que nous nous sommes trompés, parce que ce n'est point par notre faute. Et ce qui fait que nous ne désirons point d'avoir, par exemple, plus de bras ou plus de langues que nous n'en avons, mais que nous désirons bien d'avoir plus de santé ou plus de richesses, c'est seulement que nous imaginons que ces choses ici pourraient être acquises par notre conduite, ou bien qu'elles sont dues à notre nature, et que ce n'est pas le même des autres : de laquelle opinion nous pourrons nous dépouiller, en considérant que, puisque nous avons toujours suivi le conseil de notre raison, nous n'avons rien omis de ce qui était en notre pouvoir, et que les maladies et les infortunes ne sont pas moins naturelles à l'homme, que les prospérités[1] et la santé.

René DESCARTES, *Lettre à la princesse Élisabeth*, 4 août 1645, dans *Œuvres et Lettres*, Gallimard, coll. « Bibliothèque de la Pléiade », 1953, p. 1194.

1. Les richesses.

Comprendre la démarche

1 Après avoir formulé la thèse centrale du texte, repérez les trois étapes du texte.

2 « Mais si nous faisons toujours tout ce que nous dicte notre raison, nous n'aurons jamais aucun sujet de nous repentir » (l. 3-4). Comment Descartes justifie-t-il cette affirmation ? Identifiez précisément les deux sources de mécontentements évoquées par l'auteur et la façon dont la raison est capable de les neutraliser.

3 La démonstration du texte s'appuie sur une distinction entre désirs raisonnables et désirs déraisonnables. Montrez que cette distinction repose elle-même sur deux autres distinctions :
– entre les choses qui sont « dues à notre nature » et celles qui ne lui sont pas dues ;
– entre ce qui pourrait être acquis par notre conduite et ce qui ne le peut pas.
Expliquez et illustrez ces deux distinctions en commentant les exemples du texte, mais aussi en en proposant vous-mêmes.

4 Le texte présente une méthode psychologique pour se débarrasser de nos regrets et de nos repentirs. Restituez les éléments de cette « recette ».

Identifier les enjeux philosophiques

5 Analysez les relations entre désir, regret et repentir. En particulier : en quoi le regret est-il une forme de désir ? Donnez des exemples. Est-ce un désir raisonnable ? Généralement, le repentir ajoute au regret la volonté de réparer un mal commis. Est-ce le cas dans le texte ? Que pourrait-on objecter à la position que cet extrait semble soutenir ?

6 Est-il légitime (est-il même possible ?) sous prétexte que regrets et repentirs sont des obstacles au bonheur, de ne vouloir éprouver ni les uns ni les autres ? En vous appuyant sur le texte, demandez-vous s'il existe des situations où nous avons le devoir de nous repentir et d'autres où c'est déraisonnable. Appuyez-vous sur la notion de responsabilité.

7 Pour être heureux, faut-il nous résigner à ce que nous sommes ? Montrez que le texte permet de proposer une réponse nuancée à cette question, qui engage une conception de la sagesse.

à lire

- « Le désir », 5, 7 et 8 (Épicure, Épictète, Descartes) ;
- « Le bonheur ».

Dissertation

Peut-on soutenir que le désir est l'essence de l'homme ?

Éléments pour comprendre le sujet

- Définissez le mot « désir », en particulier par rapport aux mots « besoin », « manque » et « volonté ». Cherchez des exemples qui illustrent de façon claire les différences entre ces notions voisines.
- Dire « *le* désir », ce n'est pas la même chose que parler d'« *un* désir » particulier. Expliquez la différence induite par le changement de déterminant dans les deux expressions.
- Que signifie l'expression « essence de l'homme » ? Cherchez un synonyme du mot « essence » qui convienne ici.
- Quels sont les sens usuels du verbe « soutenir » ? Lequel est ici le plus pertinent ? Distinguez « soutenir », « affirmer » et « démontrer ».

Les enjeux du sujet

1 Il y a plusieurs façons de répondre à la question : « Quelle est l'essence de l'homme ? » Cherchez-en quelques-unes, en précisant pour chacune pourquoi elles vous paraissent ou non pertinentes.

2 On peut désirer des choses très différentes, pour des raisons très différentes. Donnez un certain nombre d'exemples de désirs. Proposez des critères qui permettent de les regrouper dans différentes catégories.

3 À première vue, le rapprochement entre les termes « désir » et « essence » peut surprendre. Pourquoi ? Quelles sont les attitudes souvent associées au désir qui peuvent conduire en quelque sorte à s'en méfier ? Appuyez votre réponse sur des exemples précis.

4 Inversement, qu'est-ce qui justifie la valorisation du désir ? Appuyez-vous sur des exemples précis de fonctions positives du désir.

Pour construire une problématique

5 Supposer que *le* désir est l'essence de l'homme, ce n'est pas la même chose qu'affirmer que tous les hommes sont susceptibles d'éprouver *des désirs* (ce qui est une évidence). En vous appuyant sur votre réponse à la question 1, expliquez en quoi le fait de désirer « en général » (et non pas le fait d'éprouver tel ou tel désir dans telle ou telle circonstance) est fondamentalement humain.

6 Supposons que le désir ne soit pas l'essence de l'homme : quels arguments pourraient être invoqués à l'appui de cette thèse ?

7 Soutenir que le désir est l'essence de l'homme, cela revient-il à le placer au-dessus de la volonté ? Quelle que soit votre réponse, précisez les rapports entre désir et volonté.

à lire

- « La conscience », 3 et 7 (Bergson, Kant) ;
- « L'inconscient », 6 à 9 (Freud, Lacan, Alain, Sartre) ;
- « Le désir ».

Explication de texte

Mais il me semble que la différence qui est entre les plus grandes âmes et celles qui sont basses et vulgaires, consiste, principalement, en ce que les âmes vulgaires se laissent aller à leurs passions, et ne sont heureuses ou malheureuses, que selon que les choses qui leur surviennent sont agréables ou déplaisantes ; au lieu que les autres ont des raisonnements si forts et si puissants que, bien qu'elles aient aussi des passions, et même souvent de plus violentes que celles du commun, leur raison demeure néanmoins toujours la maîtresse, et fait que les afflictions même leur servent, et contribuent à la parfaite félicité dont elles jouissent dès cette vie. Car, d'une part, se considérant comme immortelles et capables de recevoir de très grands contentements, puis, d'autre part, considérant qu'elles sont jointes à des corps mortels et fragiles, qui sont sujets à beaucoup d'infirmités, et qui ne peuvent manquer de périr dans peu d'années, elles font bien tout ce qui est en leur pouvoir pour se rendre la fortune favorable en cette vie, mais néanmoins elles l'estiment si peu, au regard de l'éternité, qu'elles n'en considèrent quasi les événements que comme nous faisons ceux des comédies.

René DESCARTES, *Lettre à la princesse Élisabeth*, 18 mai 1645,
dans *Œuvres et Lettres*, Gallimard, coll. « Bibliothèque de la Pléiade », 1953, p. 1183.

Comprendre la démarche

1 Déterminez les deux grandes étapes de ce texte. Montrez la logique de leur progression.

2 Explicitez point par point l'opposition entre « grandes âmes » et âmes « basses et vulgaires » (l. 1-2), opposition qui structure l'ensemble du texte.

3 Descartes écrit à propos des grandes âmes : « bien qu'elles aient aussi des passions, et même souvent de plus violentes que celles du commun, leur raison demeure néanmoins toujours la maîtresse, et fait que les afflictions même [...] contribuent à la parfaite félicité dont elles jouissent » (l. 6-10). Pourquoi éprouvent-elles de plus grandes passions ? Pourquoi ces passions contribuent-elles néanmoins à leur bonheur, alors que ce n'est pas le cas pour les « âmes basses » ? Appuyez-vous sur le texte.

4 Selon Descartes, les « grandes âmes » méprisent-elles la vie ? Quels sont les arguments du texte qui vous permettent de répondre ?

Identifier les enjeux philosophiques

5 Comment, à partir de ce texte, pourrait-on définir le bonheur ? Comment l'atteint-on ? Partagez-vous cette conception du bonheur ? Justifiez votre réponse.

6 Les âmes qui « ne sont heureuses ou malheureuses que selon que les choses qui leur surviennent sont agréables ou déplaisantes » (l. 3-5) sont-elles libres ? Quelle est la conception de la liberté qui se dégage de ce texte ?

7 Le bonheur et la liberté sont-ils nécessairement conditionnés par la croyance en l'éternité de l'âme ? (Vous vous appuierez sur la position du texte, que vous expliciterez, pour construire votre propre raisonnement.)

à lire

- « Le désir », 3 (Schopenhauer) et 7 à 9 (Épictète, Descartes, Nietzsche) ;
- « La liberté », 4 à 8 (Descartes, Spinoza, Cicéron, Kant, Sartre) ;
- « Le bonheur ».

Dissertation

Prendre son temps, est-ce le perdre ?

Éléments pour comprendre le sujet

- Cherchez différentes significations de l'expression « prendre son temps ». Illustrez-les. Faites le même exercice avec l'expression « perdre son temps ».
- À partir de vos exemples précédents, identifiez les cas où les deux expressions sont manifestement synonymes. Identifiez ceux où elles s'opposent.
- « Prendre son temps », « perdre son temps » sont deux expressions qui supposent un temps de référence : si on « prend son temps », on pourrait donc aller plus vite. Si on le « perd », on aurait dû l'employer à autre chose. En vous appuyant sur des exemples, montrez si la temporalité est appréhendée ici comme un temps objectif ou un sentiment de durée.
- Quelle importance faut-il, dans le sujet, accorder au possessif « son » ? Jusqu'à quel point la relation au temps et l'appréciation de l'usage qu'on en fait sont-ils une affaire purement personnelle ? Montrez que notre notion du temps serait différente si nous ne nous référions pas à un temps collectif. (Pensez par exemple à la façon dont on mesure le temps et dont on l'organise socialement.)

Les enjeux du sujet

1 L'un des opposés de « perdre son temps » semble être : « gagner du temps ». Est-ce toujours le cas ? N'y a-t-il pas des situations où, en « gagnant du temps », on « perd son temps » ? Analysez la différence entre un temps purement quantitatif et un temps apprécié de façon qualitative.

2 Supposer que « prendre son temps » est synonyme de « perdre son temps », c'est donner à cette expression une connotation négative et lui faire désigner des comportements condamnables. Lesquels ? L'expression « prendre son temps » peut également renvoyer à des formes de sagesse. Lesquelles ?

3 Se prononcer sur le bon ou le mauvais usage du temps, c'est affirmer une certaine conception de l'existence. Montrez, par exemple, que ce que les existentialistes appellent précisément un « projet » suppose un engagement dans le temps et comment, dans ce cadre, on apprécie ce qui est temps perdu et ce qui est temps fécond.

Pour construire une problématique

4 Apprécier l'usage que chacun fait de son temps suppose des critères permettant d'évaluer les activités humaines et de les hiérarchiser. Est-il possible de distinguer des critères relatifs (par exemple personnels ou n'appartenant qu'à une communauté humaine donnée) et des critères universels (valant pour tous les hommes) ?

5 Existe-t-il un moment de l'existence (par exemple, la mort avant laquelle rien ne serait décidé ; ou bien l'enfance qui serait alors considérée comme décisive pour la suite) par référence auquel on peut décider si on perd (ou si on a perdu) son temps ?

6 Quelle que soit la problématique choisie, il faudra montrer que je ne peux pas vraiment me prononcer sur la valeur de ce que je fais en ne me référant qu'à moi-même. L'inscription de mes actions dans le temps se fait par référence à des valeurs qui sont partagées avec autrui. Qu'est ce qui dans l'usage que je fais de *mon* temps relève bien de mes choix et de ma responsabilité ? Qu'est-ce qui ne peut pas y être apprécié sans référence à l'existence d'autrui ?

à lire

- « L'existence et le temps » ;
- « Autrui », 4 à 6 (Tournier, Hegel, Levinas).

Explication de texte

L'attachement pour les choses inanimées ne se nomme pas amitié, puisqu'il n'y a pas attachement en retour, ni possibilité pour nous de leur désirer du bien (il serait ridicule sans doute de vouloir du bien au vin par exemple ; tout au plus souhaite-t-on sa conservation, de façon à l'avoir en notre possession) ; s'agit-il au contraire d'un ami, nous disons qu'il est de notre devoir de lui souhaiter ce qui est bon pour lui. Mais ceux qui veulent ainsi du bien à un autre, on les appelle bienveillants quand le même souhait ne se produit pas de la part de ce dernier, car ce n'est que si la bienveillance est réciproque qu'elle est amitié. Ne faut-il pas ajouter encore que cette bienveillance mutuelle ne doit pas demeurer inaperçue ? Beaucoup de gens ont de la bienveillance pour des personnes qu'ils n'ont jamais vues mais qu'ils jugent honnêtes ou utiles, et l'une de ces personnes peut éprouver ce même sentiment à l'égard de l'autre partie. Quoiqu'il y ait manifestement alors bienveillance mutuelle, comment pourrait-on les qualifier d'amis, alors que chacun d'eux n'a pas connaissance des sentiments personnels de l'autre ? Il faut donc qu'il y ait bienveillance mutuelle, chacun souhaitant le bien de l'autre ; que cette bienveillance ne reste pas ignorée des intéressés ; et qu'elle ait pour cause l'un des objets dont nous avons parlé[1].

ARISTOTE (IVe siècle av. J.-C.), *Éthique à Nicomaque*, livre VIII, chap. I, 1155b-1156a, trad. J. Tricot, Vrin, 1990, p. 387.

1. Aristote a précédemment écrit que le bien, l'agréable ou l'utile font naître l'amitié.

Comprendre la démarche

1 Formulez, en une phrase ou deux, le thème principal du texte.

2 Quels sont les trois critères successivement retenus par Aristote pour définir son objet d'étude ? Résumez le texte en une phrase, qui reprendra la liste des critères.

3 Qu'est-ce qu'être bienveillant ? Précisez dans quelles conditions la bienveillance se manifeste : en la définissant d'abord dans les termes du texte, puis en prenant des exemples.

4 Montrez quelle place tient le langage dans les critères retenus par Aristote.

à lire

- « Autrui », 2 (Rousseau) et 4 à 9 (Tournier, Hegel, Levinas, Hume, Lévi-Strauss, Merleau-Ponty) ;
- « Le travail et la technique », 9 (Aristote) ;
- « La société », 1, 2 et 5 (Lévi-Strauss, Rousseau).

Identifier les enjeux philosophiques

5 « Beaucoup de gens ont de la bienveillance pour des personnes qu'ils n'ont jamais vues » (l. 11-12). Commentez cette phrase : comment cette bienveillance peut-elle se manifester ? Quelle critique peut-on en faire ?

6 Aristote souligne qu'on ne peut avoir d'amitié pour une chose inanimée. Dans quelle mesure est-il possible d'aimer un animal ? Peut-on avoir de l'amitié pour lui ?

7 En se replaçant dans le contexte social de l'Antiquité et en suivant la thèse du philosophe, une amitié entre un maître et son esclave était-elle concevable ?

8 Appartenir à une société implique-t-il qu'on veuille du bien aux autres membres de cette société ? Précisez les différences entre amitié et lien social.

Dissertation

Dans quelle mesure la maîtrise du langage contribue-t-elle à nous donner du pouvoir sur le monde et sur nos semblables ?

Éléments pour comprendre le sujet

- Définissez le mot « langage ». Cherchez les caractéristiques propres au langage humain.
- L'expression « maîtrise du langage » ne doit pas être traitée comme si la question portait seulement sur la faculté de parler. Quelle différence y a-t-il entre savoir ou pouvoir parler et « maîtriser le langage » ?
- Quel pouvoir les hommes peuvent-ils exercer sur le monde et sur leurs semblables ? Cherchez des exemples précis à la fois des formes que peut prendre ce pouvoir et des situations dans lesquelles il peut s'exercer.
- Quelles sont les sources les plus courantes du pouvoir ? Une faculté d'ordre intellectuel peut-elle conférer un pouvoir ?

Les enjeux du sujet

1 Le mot « langage » désigne d'autres formes d'expression et de communication que la parole, mais on peut s'en tenir ici à son sens premier de faculté de parler. À quoi se reconnaît la maîtrise de cette faculté de parler ? Comment l'acquiert-on ?

2 Le fait que tous les hommes (sauf handicap particulier) apprennent très tôt à parler entraîne-t-il chez tous le même niveau de « maîtrise du langage » ? Appuyez-vous sur des exemples précis pour illustrer votre réponse.

3 Décrivez et analysez quelques exemples précis de situations dans lesquelles c'est la maîtrise du langage qui donne du pouvoir.

4 Comment définiriez-vous une « mauvaise » maîtrise du langage ? Quelles conséquences peut avoir le fait de « mal » maîtriser le langage ? Donnez des exemples précis.

Pour construire une problématique

5 Le langage et la pensée sont deux facultés à la fois spécifiquement humaines et interdépendantes. Pour répondre à la question posée par le sujet, il faut d'abord en traiter une autre : en quoi le fait de parler et de penser confère-t-il aux hommes un pouvoir sur le monde ?

6 Peut-on déduire du fait que la maîtrise du langage donne du pouvoir que le langage est comparable à l'action ? En quel sens ?

7 Jusqu'à quel point les relations entre les hommes sont-elles déterminées par la façon dont les uns et les autres maîtrisent le langage ? Les différences dans ce domaine peuvent-elles fonder des rapports de domination des uns sur les autres ? Si oui, quels problèmes cela pose-t-il ?

à lire

- « Le langage » ;
- « L'État », 1 à 6 (Aristote, Rousseau, Hobbes, Hegel, Engels).

Explication de texte

Toute idée générale est purement intellectuelle ; pour peu que l'imagination s'en mêle, l'idée devient aussitôt particulière. Essayez de vous tracer l'image d'un arbre en général, jamais vous n'en viendrez à bout, malgré vous il faudra le voir petit ou grand, rare ou touffu, clair ou foncé, et s'il dépendait de vous de n'y voir que ce qui se trouve en tout arbre, cette image ne ressemblerait plus à un arbre. Les êtres purement abstraits se voient de même, ou ne se conçoivent que par le discours. La définition seule du triangle vous en donne la véritable idée : sitôt que vous en figurez un dans votre esprit, c'est un tel triangle et non pas un autre, et vous ne pouvez éviter d'en rendre les lignes sensibles ou le plan coloré. Il faut donc énoncer des propositions, il faut donc parler pour avoir des idées générales ; car sitôt que l'imagination s'arrête, l'esprit ne marche plus qu'à l'aide du discours. Si donc les premiers inventeurs n'ont pu donner des noms qu'aux idées qu'ils avaient déjà, il s'ensuit que les premiers substantifs n'ont pu jamais être que des noms propres.

Jean-Jacques ROUSSEAU, *Discours sur l'origine et les fondements de l'inégalité parmi les hommes* (1755), Hatier, coll. « Les classiques de la philosophie », 1999, p. 44.

Comprendre la démarche

1 Résumez la thèse soutenue par Rousseau dans ce texte.

2 Repérez et caractérisez la nature des différents arguments utilisés (supposition, illustration par un exemple, déduction...).

3 Explicitez les rapports établis par Rousseau entre « idées générales », « idée particulière », « imagination », « esprit » et « discours ».

4 Expliquez la dernière phrase du texte.

5 « Il faut donc énoncer des propositions, il faut donc parler pour avoir des idées générales » (l. 11-12). En prolongeant votre réponse à la question 3, définissez la conception des rapports entre langage et pensée qui sous-tend ces affirmations. Cherchez d'autres exemples que ceux de Rousseau.

Identifier les enjeux philosophiques

6 Il existe au moins une autre conception des rapports entre langage et pensée que celle développée par Rousseau dans ce texte : laquelle ? Vous semble-t-elle plus ou moins convaincante que celle de Rousseau ? Pourquoi ?

7 Lorsque Rousseau évoque les « premiers inventeurs » (du langage), il ne peut qu'*imaginer* la situation des « premiers hommes ». Le recours à ce type d'argumentation affaiblit-il la portée de son raisonnement ? Peut-on s'y prendre autrement lorsqu'on cherche à expliquer l'origine du langage, ou, plus généralement, les origines de l'humanité ?

à lire

- « Le langage », 1 à 9 (Proust, Rousseau, Descartes, Hegel, Merleau-Ponty, Saussure, Benveniste, Wittgenstein).

Dissertation

Est-il légitime qu'une œuvre d'art fasse l'objet d'un échange marchand ?

Éléments pour comprendre le sujet

- Qu'est-ce qu'une œuvre d'art ? En quoi se différencie-t-elle des autres objets artificiels ?
- L'échange marchand se distingue d'autres formes d'échange ou de transmission. Quelles sont ses principales caractéristiques ?
- « Faire l'objet de » signifie « être soumis à ». En quoi cette soumission de l'œuvre d'art peut-elle poser problème ?
- Quel(s) adjectif(s) se rapproch(en)t le plus de « légitime » dans ce sujet : « naturel », « normal », « acceptable », « innocent », « permis », « légal » ?

Les enjeux du sujet

1 Analysez la contradiction apparente entre la nature de l'œuvre d'art et sa soumission à une opération commerciale.

2 On attribue un certain prix à une œuvre d'art. Mais cette valeur-là est-elle fixe ? La même œuvre ne peut-elle pas en outre être évaluée selon des critères très différents ? En prenant des exemples, établissez une liste des différentes valeurs envisageables pour une même œuvre.

3 Si, de fait, les œuvres d'art sont objets d'échanges marchands, pourquoi est-il difficile d'accepter qu'elles soient créées dans ce but ?

Pour construire une problématique

4 Quelles sont les attitudes habituelles des non-artistes à l'égard des œuvres d'art : qu'en attendent-ils le plus souvent ?

5 On considère que les œuvres d'art résultent d'une création. Qu'est-ce qui différencie une création et une production en général ? Précisez votre réponse en prenant des exemples.

6 On attend souvent des artistes qu'ils soient désintéressés, que leur création soit gratuite. Cette attente est-elle réaliste ? Si elle ne l'est pas, pourquoi est-elle très répandue et jusqu'à quel point pourrait-elle être légitime ?

7 Peut-on dire à quoi « sert » une œuvre d'art ? Précisez à l'aide d'exemples s'il est plus juste de parler de l'utilité, de la fonction ou de la signification d'une œuvre d'art.

8 Dans un échange marchand, acquiert-on une œuvre d'art pour les mêmes raisons que les autres biens ? Faut-il acquérir une œuvre pour l'apprécier ?

9 Dans quels échanges non marchands les œuvres d'art jouent-elles un rôle ? Qu'est-ce qui peut être échangé ou communiqué entre l'artiste et son public, ou entre des hommes très différents, grâce à une même œuvre ?

à lire

- « L'art » ;
- « Le travail et la technique », 3 et 4 (Simondon, Lestel), 7 et 8 (Smith, Durkheim).

Explication de texte

On a coutume, depuis le cubisme, de déclarer que le tableau ne doit pas *représenter* ou *imiter* le réel, mais qu'il doit constituer par lui-même un objet. Cette doctrine, en tant que programme esthétique, est parfaitement défendable et nous lui devons de nombreux chefs-d'œuvre. Encore faut-il bien l'entendre. Si l'on veut dire que le tableau, tout dépourvu de signification qu'il soit, se présente en lui-même comme un *objet réel*, on commet une grave erreur. Certes il ne renvoie plus à la Nature. L'objet réel ne fonctionne plus comme *analogon*[1] d'un bouquet de fleurs ou d'une clairière. Mais quand je le « contemple » je ne suis pas, pour autant, dans l'attitude réalisante. Ce tableau fonctionne encore comme *analogon*. Simplement ce qui se manifeste à travers lui c'est un ensemble irréel de *choses neuves*, d'objets que je n'ai jamais vus ni ne verrai jamais mais qui n'en sont pas moins des objets irréels, des objets qui n'existent point *dans le tableau*, ni nulle part dans le monde, mais qui se manifestent à travers la toile et qui se sont emparés d'elle par une espèce de possession. Et c'est l'ensemble de ces objets irréels que je qualifierai de *beau*.

Jean-Paul SARTRE, *L'Imaginaire* (1940), Gallimard, coll. « Idées », 1975, p. 365-366.

1. Mot grec utilisé ici par Sartre dans le sens d'« équivalent ».

Comprendre la démarche

1 Sartre réfléchit ici à la nature et au sens d'un certain type d'objet : lequel ?

2 Cherchez dans une encyclopédie ou une histoire de l'art des informations sur le cubisme et quelques reproductions de tableaux de ce courant. Quel adjectif qualifie exactement ces œuvres : « réalistes », « figuratives », « abstraites » ? En quoi ces œuvres fournissent-elles à Sartre une bonne occasion de poser le problème qui est le sien ici ?

3 Analysez la quatrième phrase du texte (l. 5-7) : comment faut-il comprendre ici le mot « signification » et pourquoi est-ce, d'après Sartre, une « grave erreur » de considérer le tableau cubiste comme un *« objet réel »* ?

4 Exposez le paradoxe de l'expression « objets irréels » (l. 13).

5 Pour Sartre, on ne peut plus prendre le tableau cubiste comme l'équivalent, l'*analogon*, de son motif. Pourtant, en le contemplant, le spectateur le fait encore fonctionner comme *analogon* : mais de quoi, cette fois ?

Identifier les enjeux philosophiques

6 On considère certaines œuvres d'art, en peinture ou en littérature, comme réalistes. On dit aussi que l'artiste réalise ses œuvres. La notion de réalité a-t-elle la même signification dans ces deux cas ?

7 Si, comme le propose Sartre, on rompt avec les conceptions classiques, que devient le rôle de l'artiste ? Dans cette perspective, comment comprenez-vous la référence à « une espèce de possession » (l. 15) ?

8 Qu'est-ce que l'« attitude réalisante » (l. 9-10) du spectateur ?

9 Expliquez ce qu'est cet ensemble de *« choses neuves »* (l. 11) que personne ne voit véritablement. Pourquoi le jugerons-nous « beau » (l. 16) ?

10 Confrontez la conception de la sensibilité esthétique défendue par Sartre avec celle d'autres philosophes.

à lire

- « L'art ».

Dissertation

Faut-il avoir peur des machines ?

Éléments pour comprendre le sujet

- Quelles sont les différentes sortes de machines existantes ? Que peut-on repérer de commun à toutes, et qui permettrait d'en donner une définition générale ?
- En quoi certaines machines peuvent-elles faire peur ? Pourquoi certaines seraient-elles plus dangereuses que d'autres ? À partir d'exemples, distinguez des dangers de nature et de gravité différentes.
- À qui les machines feraient-elles peur ? Tous les hommes sont-ils également sujets à les redouter ou soumis aux mêmes dangers ?
- Une phrase qui commence par « il faut » énonce une règle ou une nécessité. L'impératif sur lequel on s'interroge ici est-il moral ou pratique ?

Les enjeux du sujet

1 La peur est un sentiment involontaire. Analysez les degrés ou les sortes de peur, ainsi que leurs causes et manifestations respectives.

2 Les machines sont inventées et fabriquées pour rendre des services aux hommes. Ce qui est utile est plutôt rassurant. Quels exemples illustrent ce point ? Quels autres exemples le contrediraient ?

3 On peut distinguer entre machines dangereuses et machines inoffensives. Montrez qu'elles ne le sont pas uniquement par elles-mêmes.

Pour construire une problématique

4 Montrez que la question posée par le sujet n'aurait pas eu de sens à toutes les périodes de l'histoire : dans quelles conditions techniques et sociales apparaît-elle ?

5 Dans le monde d'aujourd'hui, tous les hommes ne sont pas confrontés aux mêmes machines ni de la même manière. Prenez des exemples pour distinguer les différentes situations possibles.

6 En tenant compte de vos réponses aux questions 4 et 5, montrez quels êtres humains risquent de trouver les machines effrayantes et quels sont ceux qui, au contraire, n'en auront pas peur.

7 Toutes les machines servent-elles à travailler ? À partir d'exemples, distinguez, d'une part, des formes de travail où les machines interviennent, d'autre part, des façons ou des raisons de les utiliser indépendamment du travail.

8 Le jugement négatif sur les machines est en général associé au travail. D'autres utilisations ne mériteraient-elles pas aussi qu'on s'en méfie ? Pourquoi ?

9 Les machines symbolisent la technique moderne. Les craintes qu'on éprouve à leur égard peuvent exprimer une peur plus générale. Analysez cette dernière en précisant ce que l'on craint de perdre avec le développement des techniques.

10 Proposez un principe ou une attitude qu'on pourrait recommander d'adopter face aux machines et aux usages qui en sont faits.

à lire

- « Le travail et la technique » ;
- « L'histoire », 10 (Marx).

Explication de texte

[...] le royaume de la liberté commence seulement là où l'on cesse de travailler par nécessité et opportunité imposée de l'extérieur ; il se situe donc, par nature, au-delà de la sphère de production matérielle proprement dite. De même que l'homme primitif doit lutter contre la nature pour pourvoir à ses besoins, se maintenir en vie et se reproduire, l'homme civilisé est forcé, lui aussi, de le faire et de le faire quels que soient la structure de la société et le mode de la production. Avec son développement s'étend également le domaine de la nécessité naturelle, parce que les besoins augmentent ; mais en même temps s'élargissent les forces productives pour les satisfaire. En ce domaine, la seule liberté possible est que l'homme social, les producteurs associés règlent rationnellement leurs échanges avec la nature, qu'ils la contrôlent ensemble au lieu d'être dominés par sa puissance aveugle et qu'ils accomplissent ces échanges en dépensant le minimum de force et dans les conditions les plus dignes, les plus conformes à leur nature humaine. Mais cette activité constituera toujours le royaume de la nécessité. C'est au-delà que commence le développement des forces humaines comme fin en soi, le véritable royaume de la liberté qui ne peut s'épanouir qu'en se fondant sur l'autre royaume, sur l'autre base, celle de la nécessité. La condition essentielle de cet épanouissement est la réduction de la journée de travail.

Karl Marx, *Le Capital* (1867), livre III, t. III, trad. C. Cohen-Solal et G. Badia, Éditions sociales, vol. VIII, 1974, p. 198-199.

Comprendre la démarche

1 Identifiez les termes du problème posé par Marx en repérant les mots clefs.

2 Définissez le travail tel que Marx le conçoit ici, en rassemblant les formules qu'il lui applique.

3 Quels sont les deux « royaumes » ou « domaines » opposés par Marx ?

4 Sur le plan historique, Marx confronte la situation de l'« homme primitif » et celle de l'« homme civilisé » : quel est le point commun, quelles sont les différences entre les deux ? Qu'est-ce qui est permanent, qu'est-ce qui change ?

à lire

- « Le travail et la technique » ;
- « La liberté », 11 à 14 (Arendt, Rousseau, Hegel, Tocqueville).

Identifier les enjeux philosophiques

5 Comment, selon Marx, le travail a-t-il évolué au cours de l'histoire ?

6 Marx fixe un but lointain : « l'homme social », « les producteurs associés ». Mais quel but immédiat revendique-t-il ? Définissez la nature et les limites de la liberté par rapport au travail dans les deux situations.

7 Peut-on envisager un jour de ne plus travailler « par nécessité et opportunité imposée de l'extérieur » (l. 2) ? S'agirait-il alors encore d'un travail au sens strict ?

8 Peut-on dire, comme Marx ici, qu'aucune liberté n'est concevable à l'intérieur du travail lui-même ? Établissez en quoi peut consister cette liberté, et quelles devraient être les caractéristiques du travail pour qu'elle soit possible.

Dissertation

Est-ce parce qu'ils sont ignorants que les hommes ont des croyances ?

Éléments pour comprendre le sujet

- En prenant quelques exemples, définissez l'ignorance et cherchez ses conséquences : quelles réflexions vous inspire la comparaison entre les effets de l'ignorance et ceux du savoir ?
- À partir d'exemples, définissez la croyance. Qu'est-ce qui la distingue du savoir ? A-t-on besoin de croire que 2 + 2 = 4 ou que la terre est ronde et mobile ?
- Toutes les croyances ne sont pas de même nature et sur le même plan. Trouvez des exemples illustrant la diversité des croyances et cherchez les critères les différenciant. (Attention à ne pas réduire les croyances aux croyances religieuses et celles-ci à des superstitions ridicules.)
- Quelle est l'origine de toutes ces croyances ? Peut-on toujours établir un lien de causalité entre ignorance et croyance ?

Les enjeux du sujet

1 La crédulité naïve est-elle la seule source des croyances ?

2 Les croyances ne sont jamais des connaissances objectives rationnellement fondées. Montrez qu'elles peuvent cependant être réfléchies et raisonnables.

3 Montrez qu'elles ont parfois un autre but que combler artificiellement l'ignorance et apaiser l'angoisse qui en découle.

4 S'il faut combattre certaines croyances pour accéder à la connaissance, à quelles conditions est-il cependant possible d'être à la fois « croyant » et « savant » sans qu'il y ait contradiction ?

Pour construire une problématique

5 En quoi le progrès des connaissances peut-il contribuer à éliminer les croyances irrationnelles ?

6 Le progrès du savoir objectif ne nécessite-t-il cependant pas lui-même quelques croyances, par exemple que la vérité vaut mieux que l'erreur ? Cherchez d'autres exemples de telles croyances.

7 Distinguez les croyances qui portent sur ce qui est de celles qui portent sur ce qui doit être, sur les valeurs. Précisez la différence entre « croire que » et « croire en ».

8 Montrez à partir d'exemples que les valeurs qui fixent les buts des actions, des idéaux, ne sont pas des objets préexistants à connaître, mais des finalités à choisir et vouloir.

9 Pourquoi aucune science ne peut-elle fonder ces croyances en des valeurs ?

10 Un être conscient, raisonnable et libre pourrait-il se passer de toute croyance ? Argumentez votre réponse.

à lire

- « La religion » ;
- « Théorie et expérience », 2 à 5 (Hume, Platon, Bachelard, Kant) ;
- « La démonstration », 4, 6 et 7 (Pascal, Hume, Russell) ;
- « L'interprétation », 1 et 4 (Freud, Galilée) ;
- « La vérité », 8 et 9 (Descartes, Freud).

Explication de texte

Ce fondement rationnel de l'interdit du meurtre, nous ne le communiquons pas, mais nous affirmons que c'est Dieu qui a édicté l'interdit. [...] En procédant ainsi, nous revêtons l'interdit culturel d'une solennité toute particulière, non sans risquer par là de faire dépendre son observance de la croyance en Dieu. Si nous revenons sur cette démarche, n'imputant plus notre volonté à Dieu et nous contentant de fonder socialement l'interdit culturel, nous avons certes renoncé à le transfigurer, mais nous avons du même coup évité de le mettre en danger. Mais nous gagnons aussi autre chose. Par une sorte de diffusion ou d'infection, ce caractère du sacré, de l'inviolable, de l'au-delà, pourrait-on dire, propre à quelques rares grands interdits, s'est étendu à tous les autres dispositifs, lois et décrets culturels. Mais ces derniers, bien souvent, portent mal l'auréole du sacré, non seulement parce qu'ils se dévaluent eux-mêmes mutuellement en prenant des décisions opposées en fonction du temps et du lieu, mais aussi parce qu'ils arborent par ailleurs tous les signes de la déficience humaine. [...] il y aurait un indubitable avantage à laisser Dieu tout à fait hors du jeu et à admettre honnêtement l'origine purement humaine de tous les dispositifs et prescriptions culturels. En même temps que le caractère sacré revendiqué par les commandements et lois, tomberaient aussi leur rigidité et leur immutabilité. Les hommes pourraient comprendre que ceux-ci sont créés non pas tant pour les dominer que bien plutôt pour servir leurs intérêts, ils établiraient avec eux un rapport plus amical, se fixeraient pour but, au lieu de les abolir, de seulement les améliorer.

Sigmund Freud, *L'Avenir d'une illusion* (1927),
trad. A. Balseinte, J.-G. Delarbre et D. Hartmann, PUF, coll. « Quadrige », 1996, p. 42.

Comprendre la démarche

1 Quelle est la thèse principale du texte et le fil directeur de l'argumentation de l'auteur ?

2 Quel est le seul avantage reconnu par Freud au fondement religieux des lois sociales ? Quels inconvénients le contrebalancent ?

3 Inversement, quels avantages Freud voit-il à reconnaître l'origine humaine des prescriptions morales et sociales ?

4 Trouvez des exemples de grands principes de vie universellement valables. Quelle en est la finalité ?

5 Trouvez aussi des exemples d'interdictions ou d'obligations moins fondamentales, variables selon les époques et les pays, et montrez-en les imperfections. À quelle finalité non avouée obéissent-elles souvent ?

Identifier les enjeux philosophiques

6 Une société sans lois est-elle possible ? Pour autant, l'utilité sociale est-elle le seul fondement rationnel des lois ? Distinguez les points de vue moral et politique.

7 Quels dangers, non évoqués dans le texte, peut-il y avoir à fonder la politique sur la religion ? Appuyez votre réponse sur des exemples historiques.

8 Pourquoi un régime démocratique ne peut-il fonder sa Constitution et ses lois sur la volonté divine, ni admettre une religion d'État ?

à lire

- « La religion » ;
- « La justice et le droit », 4 à 6 (Kant, Pascal, Rousseau) ;
- « Le devoir », 6 (Kant).

Dissertation

La mémoire suffit-elle à l'historien ?

Éléments pour comprendre le sujet

- En quoi consiste l'activité d'un historien ?
- Distinguez les différents sens du mot « histoire ».
- La mémoire est-elle une faculté unique et identique chez tous ? À quoi sert-elle ?
- Quel est le sens du mot « mémoire » lorsque l'historien s'intéresse à une période qu'il ne peut pas avoir vécue ? Quelle ambiguïté y a-t-il alors à utiliser ce mot ?
- On peut avoir vécu un événement jugé « historique » sur le moment même ou par la suite et se le remémorer. S'agit-il alors de ce que fait un historien ? Pourquoi ?

Les enjeux du sujet

1 Analysez le verbe « suffire », en prenant plusieurs exemples : ce qui suffit est-il utile, satisfaisant, nécessaire ?

2 Peut-on distinguer des degrés de réussite dans l'activité de l'historien ? Pourrait-on donc distinguer le bon historien du moins bon ?

3 L'historien a besoin dans sa tâche de recourir à certains moyens et procédés. Trouvez-en des exemples en les associant aux buts qui pourraient ou devraient être les siens.

Pour construire une problématique

4 Que signifierait une réponse positive à la question posée par le sujet ? En quoi consisterait alors concrètement le travail de l'historien ? À quoi se limiterait-il et de quoi risquerait-il d'être tributaire ?

5 Se souvient-on de tout ? Déterminez si les oublis se produisent comme une simple perte de mémoire ou autrement. Quels sont les procédés par lesquels on cherche à se souvenir ?

6 Distinguez « mémoire individuelle » et « mémoire collective ». De quelles façons l'une et l'autre se manifestent-elles ? Peut-on dire que la mémoire collective n'est que la somme des mémoires individuelles ?

7 Pourquoi pourrait-on dire que la mémoire collective est plus volontaire que la mémoire individuelle ? Analysez, par exemple, le rôle des monuments et des commémorations.

8 Établissez sous quelle forme les traces ou souvenirs du passé parviennent à l'historien. Comment les cherche-t-il et les traite-t-il ? Quelles sont ses méthodes pour élaborer une connaissance du passé ?

9 L'historien est lui-même un homme de son temps. Cette détermination limite-t-elle l'intérêt de son œuvre ? Doit-il nier cette appartenance ou l'assumer explicitement ?

à lire

- « L'inconscient », ouverture (Freud) ;
- « L'existence et le temps », 4 (Augustin) ;
- « L'histoire », 1 à 8 (Marrou, Ricœur, Braudel, Foucault, Machiavel, Nietzsche, Kundera, Veyne).

Explication de texte

La vraie philosophie de l'histoire revient à voir que sous tous ces changements infinis, et au milieu de tout ce chaos, on n'a jamais devant soi que le même être, identique et immuable, occupé aujourd'hui des mêmes intrigues qu'hier et que de tout temps : elle doit donc reconnaître le fond identique de tous ces faits anciens ou modernes, survenus en Orient comme en Occident ; elle doit découvrir partout la même humanité, en dépit de la diversité des circonstances, des costumes et des mœurs. Cet élément identique, et qui persiste à travers tous les changements, est fourni par les qualités premières du cœur et de l'esprit humains – beaucoup de mauvaises et peu de bonnes. La devise générale de l'histoire devrait être : *Eadem, sed aliter* [les mêmes choses, mais d'une autre manière]. Celui qui a lu Hérodote[1] a étudié assez l'histoire pour en faire la philosophie ; car il y trouve déjà tout ce qui constitue l'histoire postérieure du monde : agitations, actions, souffrances et destinée de la race humaine[2], telles qu'elles ressortent des qualités en question et du sort de toute vie sur terre.

Arthur SCHOPENHAUER, *Le Monde comme volonté et comme représentation* (1819), au livre III, chap. XXXVIII, trad. A. Burdeau revue par R. Roos, PUF, 1998, p. 1184.

1. Hérodote : historien grec antique (vers 484-vers 420 av. J.-C.), en général considéré comme le premier historien proprement dit.
2. Signifie ici le genre humain, l'humanité en général.

Comprendre la démarche

1 Formulez en quelques phrases la thèse principale de l'extrait.

2 Que signifie « on n'a jamais devant soi que le même être, identique et immuable » (l. 2-3) ?

3 Pourquoi Schopenhauer distingue-t-il deux niveaux dans l'histoire ?

4 Quel jugement porte-t-il sur l'humanité en général, ses occupations et ses qualités fondamentales ?

5 Quelle conséquence faut-il tirer de l'affirmation que la lecture d'Hérodote, qui a relaté des événements du ve siècle avant notre ère, suffit à comprendre toute l'histoire ultérieure ?

Identifier les enjeux philosophiques

6 On dit souvent que « l'histoire se répète ». Schopenhauer est-il exactement de cet avis ?

7 Si l'auteur affirme développer ici « la vraie philosophie de l'histoire » (l. 1), c'est qu'il rejette une ou plusieurs autres philosophies de l'histoire, qu'il juge fausses. D'après vous, de quelle(s) autre(s) conception(s) s'agit-il ?

8 Est-il légitime de nier aussi radicalement que Schopenhauer la présence d'un véritable changement dans le temps ?

9 Inversement, si l'on admet que les hommes changent effectivement dans le temps, l'humanité perd-elle toute unité ?

à lire

• « L'histoire », 9 à 13 (Comte, Marx, Bergson, Hegel, Kant).

Dissertation

Suffit-il de voir pour savoir ?

Éléments pour comprendre le sujet

- Analysez l'expression : « Suffit-il de... ? ». Comparez-la à : « Est-il utile de... ? » et à « Est-il nécessaire de... ? ». Montrez que, selon l'interprétation que vous choisirez, la dissertation ne pourra pas adopter le même type de démarche logique.
- Quel sens faut-il donner au verbe « voir » pour que le sujet pose un problème philosophique pertinent (afin d'éviter que la réponse à la question aille de soi) ? S'agit-il simplement de la vision, ou bien celle-ci est-elle évoquée pour représenter une faculté ou un type de situations plus généraux ?
- Quel sens rigoureux faut-il ici donner au verbe « savoir » ? Raisonnez par opposition, par exemple avec l'opinion, la croyance, l'impression que..., l'information.
- Qu'est-ce qui distingue fondamentalement « voir » et « savoir » ? Cette distinction conduit-elle à les considérer comme opposés ? complémentaires ? tantôt l'un tantôt l'autre ? Donnez des exemples.

Les enjeux du sujet

1 Il est absolument évident qu'il ne suffit pas de voir pour savoir. Pourquoi alors poser une telle question ? Quelles illusions cherche à dénoncer celui qui la pose ?

2 « Je ne crois que ce que je vois. » De quoi se méfie exactement celui qui affirme cela ? Montrez par des exemples que cette position se retrouve dans différents domaines (les sciences, le droit, la religion, la politique, l'histoire...). Cette position est-elle satisfaisante ? Suffit-il d'« avoir vu » pour pouvoir énoncer du savoir ? Un fait isolé est-il un élément de savoir ?

3 « L'opinion a en droit toujours tort », affirme Bachelard. Montrez que celui qui veut réduire le savoir au sensible s'expose à soutenir des opinions peu scientifiques. En quoi la sensibilité est-elle source d'erreurs et de préjugés ? Donnez des exemples.

4 Qu'est-ce qui peut rendre une théorie difficile à adopter ? Quels sont les différents obstacles que nous rencontrons pour la construire ? pour lui accorder notre confiance ? pour la faire partager par d'autres ?

Pour construire une problématique

5 Quels sont les rôles respectifs de l'expérience sensible, de l'observation, des faits établis, d'une part, et d'autre part du raisonnement logique et théorique, dans la construction d'un savoir (en sciences exactes, en sciences humaines, dans l'instruction d'un procès juridique, etc.) ? Montrez que ni la sensibilité seule ni le raisonnement pur, si rigoureux soit-il, ne peuvent déboucher sur du savoir fiable.

6 L'expérience est très souvent convaincante ; plus convaincante que la science et le savoir établi. Quelles sont les raisons de cette situation ? En quoi est-elle dangereuse ? Comment faut-il se positionner vis-à-vis de l'expérience pour qu'elle ne fasse pas obstacle au savoir, mais qu'elle lui serve au contraire de point d'appui ? Que faut-il de plus à une expérience que la simple observation pour qu'elle débouche sur un savoir ?

à lire

- « La perception », 1 à 6 (Platon, Sextus Empiricus, Épicure, Spinoza, Descartes) ;
- « Théorie et expérience ».

Explication de texte

Il n'y a rien de plus estimable que le bon sens et la justesse de l'esprit dans le discernement du vrai et du faux. Toutes les autres qualités d'esprit ont des usages bornés ; mais l'exactitude de la raison est généralement utile dans toutes les parties et dans tous les emplois de la vie. Ce n'est pas seulement dans les sciences qu'il est difficile de distinguer la vérité de l'erreur, mais aussi dans la plupart des sujets dont les hommes parlent, et des affaires qu'ils traitent. Il y a presque partout des routes différentes, les unes vraies, les autres fausses, et c'est à la raison d'en faire le choix. Ceux qui choisissent bien sont ceux qui ont l'esprit juste ; ceux qui prennent le mauvais parti sont ceux qui ont l'esprit faux [...].

Ainsi la principale application qu'on devrait avoir serait de former son jugement et de le rendre aussi exact qu'il le peut être, et c'est à quoi devrait tendre la plus grande partie de nos études. On se sert de la raison comme d'un instrument pour acquérir les sciences et on se devrait servir au contraire des sciences comme d'un instrument pour perfectionner sa raison ; la justesse de l'esprit étant infiniment plus considérable que toutes les connaissances spéculatives, auxquelles on peut arriver par le moyen des sciences les plus véritables et les plus solides : ce qui doit porter les personnes sages à ne s'y engager qu'autant qu'elles peuvent servir à cette fin, et à n'en faire que l'essai et non l'emploi des forces de leur esprit.

Antoine Arnauld et Pierre Nicole, *La Logique ou l'Art de penser (La Logique de Port-Royal)* (1662-1683), Flammarion, coll. « Science de l'homme », 1970, p. 35.

Comprendre la démarche

1 Résumez les principales étapes de l'argumentation des auteurs. Explicitez le raisonnement qui permet le passage du premier au second paragraphe.

2 Comment la raison est-elle définie dans le début du texte ?

3 Quelle est la fonction de l'argument utilisé dans la troisième phrase (« Ce n'est pas seulement dans les sciences [...] », l. 5) ?

4 Explicitez la thèse exposée au début de la deuxième phrase du second paragraphe : « On se sert de la raison [...] un instrument pour perfectionner sa raison » (l. 13-16).

5 Quelle est la place accordée à l'étude des sciences dans ce texte ?

Identifier les enjeux philosophiques

6 La « justesse de l'esprit » dont il est question vers la fin du texte (l. 16) suffit-elle à garantir le « discernement du vrai et du faux » dont il est question au début (l. 2) ? La recherche de la vérité peut-elle mettre en jeu d'autres démarches que celles auxquelles ce texte fait implicitement ou explicitement référence ? Lesquelles ?

7 La fin du texte (l. 17-20) engage « les personnes sages » à ne pas employer les « forces de leur esprit » à étudier les « sciences les plus véritables et les plus solides » (pour l'essentiel les sciences mathématiques et expérimentales) : ce conseil vous paraît-il discutable ? À quelle conception de la sagesse correspond-il ?

à lire

- « Théorie et expérience », 3, 5 et 8 (Platon, Kant) ;
- « La vérité ».

Dissertation

La science rend-elle la philosophie inutile ?

Éléments pour comprendre le sujet

- En quel sens précis doit être pris ici le mot « science » ? Interrogez-vous sur l'emploi de l'article défini qui le précède. Quand la philosophie apparaît-elle dans l'histoire de la culture ? Quand la science positive se développe-t-elle ?
- Interrogez-vous sur le mot « utilité » : quels sont les sens possibles, ici, de ce mot ? En quoi ou à quoi la philosophie peut-elle être « utile » ?

Les enjeux du sujet

1 Quel rapport historique entre science et philosophie suppose l'emploi du verbe « rendre » ? Reformulez le sujet en explicitant les conséquences de ce rapport historique sur la philosophie.

2 La question posée suggère que la science et la philosophie sont en situation de concurrence. En quoi peut consister cette concurrence ?

3 Trouvez des illustrations historiques de cette situation menaçante, ou du moins embarrassante, pour la philosophie. (Pensez par exemple à des systèmes ou des thèses philosophiques, qui ont été effectivement rendus caducs par des explications scientifiques.)

Pour construire une problématique

4 Si la philosophie était rendue inutile par la science, pourrait-elle néanmoins continuer d'exister comme forme de la pensée ? Pourquoi ?

5 Le sujet engage une réflexion sur les rapports entre la philosophie et la vérité. Existe-t-il des vérités spécifiquement philosophiques, non réductibles aux vérités de type scientifique (par exemple en morale, en métaphysique...), et que la science ne pourrait donc en aucune façon rendre inutiles ?

6 La philosophie a-t-elle d'autres finalités et fonctions que la recherche de la vérité ? Si oui, lesquelles ?

7 Le sujet peut alors être retourné : le développement même des sciences ne rend-il pas la philosophie *nécessaire* ? Si oui, expliquez en quoi.

8 Certains problèmes éthiques et politiques soulevés par la science moderne appellent une réflexion critique de la philosophie. Quels sont ces problèmes ?

à lire

- « Théorie et expérience », 9 à 12 (Bachelard, Comte, Duhem, Popper) ;
- « Le vivant » ;
- « La vérité ».

Explication de texte

D'abord, je dis que l'esprit, souvent nommé intelligence,
où siègent le conseil et le gouvernement de la vie,
est une partie de l'homme tout comme la main, le pied,
les yeux sont des parties de l'ensemble d'un vivant.
Au contraire, selon certains philosophes,
la sensibilité n'a pas de siège particulier,
mais il existe une disposition vitale du corps,
une harmonie, disent les Grecs, qui nous fait vivre
et sentir, bien que l'esprit nulle part ne réside ;
ainsi, l'on parle de la bonne santé du corps
sans qu'elle fasse partie du sujet bien portant.
Ne fixer aucun siège à la sensation de l'esprit,
voilà qui me paraît une très grande erreur :
car le corps externe, apparent, est souvent malade,
bien qu'en une partie cachée nous soyons réjouis ;
le contraire se produit à son tour quand un homme
malheureux en esprit a tout le corps allègre,
exactement comme un malade peut souffrir du pied
mais n'avoir cependant aucune douleur dans la tête.

LUCRÈCE (Ier siècle av. J.-C.), *De la nature*, livre III, vers 94-111, Flammarion, coll. « GF », trad. J. Kany-Turpin, 1998, p. 187.

Comprendre la démarche

1 Quelle différence voyez-vous entre la conception traditionnelle qui sépare l'esprit du corps et celle que défend ici Lucrèce ? Résumez en quelques phrases la thèse de Lucrèce.

2 Commentez l'expression « le conseil et le gouvernement de la vie » (l. 2) et ce qu'elle implique pour l'esprit.

3 Quel est l'argument de Lucrèce pour rejeter la définition de l'esprit comme une « harmonie » (l. 8) générale à l'intérieur de l'homme ?

4 Lucrèce rappelle que la santé ne peut pas être considérée comme une partie du corps. Comment peut-on donc la définir ? En quoi cette remarque sur la santé éclaire-t-elle la conception de l'esprit refusée par Lucrèce et celle qu'il soutient au contraire ?

à lire

- « La conscience », 1 à 4 (Descartes, Kant, Bergson, Husserl) ;
- « La matière et l'esprit ».

Identifier les enjeux philosophiques

5 Quels liens Lucrèce établit-il entre douleur et malheur, entre plaisir physique et joie ? Cette conception est-elle la seule possible ? Étudiez les relations entre les sensations et les sentiments, d'après Lucrèce, mais aussi en général.

6 Précisez à quel courant philosophique se rattache Lucrèce quand il présente l'esprit comme un organe comparable à la main ou aux yeux. Examinez la pertinence de cette assimilation en prenant des exemples concrets : peut-on notamment parler de blessure ou de mutilation en ce qui concerne l'esprit ?

7 Que signifierait, dans la perspective de ce texte, l'expression « perdre l'esprit » ? Que deviendrait alors le corps ?

8 À quelle conception de la conscience humaine la position de Lucrèce renvoie-t-elle ?

Dissertation

La diversité des opinions rend-elle vaine la recherche de la vérité ?

Éléments pour comprendre le sujet

- Qu'est-ce qu'une opinion ? En vous appuyant sur des exemples, distinguez précisément les « opinions », les « croyances », les « jugements de valeur » et les « connaissances ».
- Cherchez une définition de la vérité. Existe-t-il plusieurs sortes de vérités ? Si tel est le cas, précisez la nature et les causes de ces différences.
- Dans quels domaines cherche-t-on la vérité ? À quelles préoccupations renvoie « la recherche de la vérité » ?

Les enjeux du sujet

1 Peut-on avoir des opinions différentes, voire opposées, sur le même sujet ? Illustrez votre réponse par des exemples précis.

2 L'expression « à chacun sa vérité » est-elle fondée ? Quels problèmes soulève-t-elle ?

3 À l'appui d'une opinion, on invoque des arguments ou des justifications. L'établissement de la vérité suppose la référence à des preuves et à des critères. Peut-on mettre sur le même plan l'expression et la justification d'une opinion d'une part, la recherche et la démonstration d'une vérité d'autre part ?

4 Peut-on établir une hiérarchie entre opinion et connaissance vraie ? De quel ordre ? Fondée sur quels critères de distinction ?

Pour construire une problématique

5 La diversité des opinions est-elle la conséquence normale de la liberté de penser ? Toutes les opinions sont-elles également recevables au nom de cette liberté de penser ?

6 Il existe des domaines dans lesquels on peut seulement se forger des opinions parce que la question de la vérité ne s'y pose pas. Existe-t-il alors des critères (et si oui, lesquels ?) qui permettent d'accorder aux opinions une plus ou moins grande valeur ? Interrogez-vous notamment sur le statut des opinions « droites » ou « justes » (traductions en français d'une expression utilisée par Platon dans *Ménon*, 97d).

7 Dans quels domaines la recherche de la vérité passe-t-elle nécessairement par le rejet des opinions ? Même dans ces domaines, il arrive que les opinions soient plus fortes que la vérité, et empêchent sa recherche ou sa reconnaissance : pourquoi ? Donnez des exemples.

8 La recherche de la vérité est-elle du même ordre pour le philosophe et pour le scientifique ?

à lire

- « La vérité » ;
- « L'interprétation » ;
- « La justice et le droit », 5 (Pascal) ;
- « La liberté », 4 (Descartes).

Explication de texte

En général, tout pouvoir, de quelque nature qu'il soit, en quelques mains qu'il ait été remis, de quelque manière qu'il ait été conféré, est naturellement ennemi des lumières[1]. On le verra flatter quelquefois les talents, s'ils s'abaissent à devenir les instruments de ses projets ou de sa vanité : mais tout homme qui fera profession de chercher la vérité et de la dire, sera toujours odieux à celui qui exercera l'autorité. [...]

Si l'on peut citer quelques exceptions, c'est lorsque, par une de ces combinaisons extraordinaires qui se reproduisent tout au plus une fois dans vingt siècles, le pouvoir se trouve entre les mains d'un homme qui réunit un génie puissant à une vertu forte et pure [...].

Tel doit être, en effet, l'ordre de la nature ; plus les hommes seront éclairés, moins ceux qui ont l'autorité pourront en abuser, et moins aussi il sera nécessaire de donner aux pouvoirs sociaux d'étendue ou d'énergie. La vérité est donc à la fois l'ennemie du pouvoir comme de ceux qui l'exercent ; plus elle se répand, moins ceux-ci peuvent espérer de tromper les hommes ; plus elle acquiert de force, moins les sociétés ont besoin d'être gouvernées.

CONDORCET, *Cinq mémoires sur l'Instruction publique* (1791), V[e] mémoire, Flammarion, coll. « GF », 1994, p. 261-262.

1. Le XVIIIe siècle est souvent qualifié de « siècle des Lumières » : le mot « lumière » renvoie dans ce cas aux idées de vérité, raison et progrès.

Comprendre la démarche

1 Identifiez et résumez brièvement la thèse du texte et ses deux séries d'arguments.

2 « Tout pouvoir [...] est naturellement ennemi des lumières » (l. 1-3) : repérez les autres phrases du texte qui ont la même signification. Cherchez dans l'histoire ou dans l'actualité des situations (y compris banales) illustrant cet ensemble d'affirmations.

3 Quels modes d'exercice du pouvoir et de l'*autorité* sont critiqués dans ce texte ?

4 Qu'est-ce qu'un « homme éclairé » (l. 12) ? Comment le devient-il ? Appuyez votre réponse à ces deux questions sur des exemples précis.

à lire

- « Théorie et expérience », 3 (Platon) ;
- « La vérité », 8 à 11 (Descartes, Freud, Kant, Nietzsche) ;
- « La liberté ».

Identifier les enjeux philosophiques

5 Condorcet affirme que « plus les hommes seront éclairés, moins ceux qui ont l'autorité pourront en abuser » (l. 11-12). N'est-il pas paradoxal d'ajouter que le lien entre ces deux situations est dans « l'ordre de la nature » (l. 11) ? Justifiez votre réponse, notamment en précisant à quoi s'oppose « l'ordre de la nature ».

6 L'idée qu'il faut combattre l'ignorance est sous-jacente à ce texte. Comment peut-on combattre l'ignorance ? Pourquoi, à l'inverse, l'encouragement à la « recherche de la vérité » peut-il faire peur, et à qui ? Appuyez vos réponses à ces questions à la fois sur le texte et sur votre réflexion personnelle.

7 Quelle conception des rapports entre les hommes vivant en société se dégage de ce texte ?

8 Quels commentaires vous inspire la conclusion du texte, selon laquelle plus la vérité « se répand », « moins les sociétés ont besoin d'être gouvernées » ?

Dissertation

Pour bien penser, faut-il ne rien aimer ?

Éléments pour comprendre le sujet

- Précisez ce qu'il faut entendre ici par « bien penser ». Analysez la signification de cette expression par rapport à ses contraires (mal penser, penser « de travers », avoir des préjugés, être irréfléchi, avoir de « mauvaises » pensées, être déraisonnable...).
- Pour construire une dissertation qui traite vraiment ce sujet, faut-il considérer que « bien penser » renvoie ici aux décisions relatives à la conduite de la vie ? À la construction de connaissances ? Aux deux ?
- Quel sens faut-il donner au verbe « aimer » pour que le sujet débouche sur la discussion d'un problème philosophique pertinent ? (Éprouver de l'affection pour quelqu'un ou quelque chose ? Être amoureux ? Être passionné ? Éprouver des sentiments ? Avoir des préférences ?)
- Le verbe « falloir » renvoie généralement à une obligation. En vous appuyant sur des exemples, montrez qu'on ne saurait être obligé de faire ce qu'on n'a pas le pouvoir de faire.

Les enjeux du sujet

1 On présuppose parfois une opposition entre d'un côté ce qui relève de la *sensibilité* et des sentiments, ou du désir, et de l'autre ce qui relève de la pensée, de la *raison* et des raisonnements, de la théorie. Explicitez et illustrez cette opposition. Est-elle toujours pertinente ? Cherchez des contre-exemples.

2 Montrez en quoi présupposer une telle opposition invite à choisir entre l'amour (et, d'une façon générale, les sentiments, voire les passions) et le jugement sain. Mettez en évidence les préjugés de celui qui choisit d'emblée les passions contre le jugement ; puis les préjugés de celui qui fait le choix inverse.

Pour construire une problématique

3 Peut-on souhaiter une existence « raisonnable » si celle-ci consiste à n'éprouver aucun sentiment ni aucune passion ? Être raisonnable, est-ce nécessairement cela ?

4 À quelles conditions nos passions sont-elles raisonnables ? Sont-elles condamnées dès lors qu'on s'interroge sur leur caractère raisonnable ? Une passion raisonnable est-elle encore une passion ?

5 La pensée rigoureuse peut-elle être l'objet d'une passion ? Par exemple : est-il envisageable d'éprouver une passion pour la science ou une passion pour la sagesse ?

6 Le souci d'une pensée consciente et rigoureuse, la volonté de lucidité nous empêchent-ils nécessairement d'éprouver de l'affection et de l'attachement pour autrui ? d'aimer le monde dans lequel nous vivons ? Montrez en quoi certaines façons d'être rigoureux peuvent conduire à des dérives inhumaines ; donnez-en des exemples. Comment ces dérives peuvent-elles être évitées ?

à lire

- « La perception », 1 à 6 (Platon, Sextus Empiricus, Épicure, Spinoza, Descartes) ;
- « Autrui », 8 et 9 (Lévi-Strauss, Merleau-Ponty) ;
- « La vérité ».

Explication de texte

L'effet naturel du commerce est de porter à la paix. Deux nations qui négocient ensemble se rendent réciproquement dépendantes : si l'une a intérêt d'acheter, l'autre a intérêt de vendre ; et toutes les unions sont fondées sur des besoins mutuels.

Mais, si l'esprit de commerce unit les nations, il n'unit pas de même les particuliers. Nous voyons que dans les pays où l'on n'est affecté que de l'esprit de commerce, on trafique de toutes les actions humaines, et de toutes les vertus morales : les plus petites choses, celles que l'humanité demande, s'y font ou s'y donnent pour de l'argent.

L'esprit de commerce produit dans les hommes un certain sentiment de justice exacte, opposé d'un côté au brigandage, et de l'autre à ces vertus morales qui font qu'on ne discute pas toujours ses intérêts avec rigidité, et qu'on peut les négliger pour ceux des autres.

Charles DE SECONDAT, baron de LA BRÈDE et DE MONTESQUIEU, *De l'esprit des lois* (1748), IVe partie, livre XX, chap. II, Classiques Garnier, t. II, 1998, p. 3.

Comprendre la démarche

1 Formulez brièvement la thèse de Montesquieu en mettant en évidence la nuance centrale.

2 Définissez l'« esprit de commerce » (l. 5) en l'opposant à d'autres attitudes qui existent aussi, soit entre les peuples, soit entre les individus.

3 Qu'est-ce qui ferait défaut dans les pays où « l'on n'est affecté que de l'esprit de commerce » (l. 6-7) ?

4 En quel sens « un certain sentiment de justice exacte » (l. 10-11) nuit-il au désintéressement ou à l'altruisme ?

Identifier les enjeux philosophiques

5 Dès qu'on dépasse le simple troc occasionnel, l'argent ou la monnaie apparaît. Pourquoi les actions de payer, vendre et acheter sont-elles souvent considérées avec soupçon ou dédain ?

6 Montesquieu étudie ici les effets moraux de l'activité commerciale sur les hommes qui la pratiquent. Peut-on dire cependant que le commerce est en lui-même nécessairement moral ?

7 Faut-il fixer des règles morales qui s'imposeraient aux commerçants et aux clients ?

8 Le mot « commerce » est aussi employé pour désigner des échanges autres que commerciaux. Peut-on affirmer que toute communication est un bien en soi, indépendamment de ce qui est communiqué ?

à lire

- « La société » ;
- « La justice et le droit », 9 et 12-13 (Rawls, Aristote).

Dissertation

Le meilleur des gouvernements est-il celui qui gouverne le moins ?

Éléments pour comprendre le sujet

- Qu'est-ce qu'un gouvernement ? À quelles conditions peut-on parler d'un gouvernement ? Quels critères permettent de distinguer des formes ou des types différents de gouvernement ?
- En quoi consiste l'action de gouverner ? Proposez une définition générale, recherchez quels seraient les buts et les moyens de cette action.
- Que signifierait concrètement qu'un gouvernement gouverne trop ? Ou bien, à l'inverse, qu'il ne gouverne pas assez ? Trouvez des exemples.
- Quels qualités et défauts permettraient de juger un gouvernement plus ou moins bon ou plus ou moins mauvais ?

Les enjeux du sujet

1 Analysez le début et la fin du sujet : « le meilleur », « le moins ». Ces deux formules font-elles référence à des critères d'appréciation de même nature ?

2 Dirait-on de même, par exemple : « Le meilleur des traitements est celui qui soigne le moins » ? Pourquoi ?

3 L'affirmation qui est mise ici à la forme interrogative pourrait résumer une certaine conception politique. Nommez et précisez cette conception.

Pour construire une problématique

4 Définissez le pouvoir et l'autorité en général et précisez ce qui les caractérise lorsqu'ils sont ceux d'un gouvernement.

5 Précisez le domaine où gouverner a véritablement un sens : un gouvernement au sens strict est-il concevable dans n'importe quelle collectivité humaine ? Caractérisez en termes de taille et de nature la collectivité pour laquelle un gouvernement devient possible ou souhaitable.

6 Définissez et distinguez les notions suivantes : politique, société, État, régime.

7 Il y a différentes manières de légitimer la présence d'un État et d'un gouvernement. Faites la liste des principales conceptions élaborées par la philosophie politique.

8 Établissez quels peuvent ou doivent être les buts d'un gouvernement, dans quels domaines il est souhaitable qu'il intervienne, puis dans quels domaines il ne faudrait pas qu'il intervienne.

9 Faut-il fixer des limites à l'action d'un gouvernement ? Quelles sont les règles classiquement fixées pour tracer ces limites ?

10 Quels doivent être les rapports entre gouvernants et gouvernés ? Quels sont les critères de la qualité de l'action gouvernementale ? À qui appartient-il de les appliquer et de les faire appliquer ?

à lire

- « La société » ;
- « L'État » ;
- « La justice et le droit ».

Explication de texte

Accéder aux Lumières[1] *consiste pour l'homme à sortir de la minorité où il se trouve par sa propre faute.* Être *mineur*, c'est être incapable de se servir de son propre entendement sans la direction d'un autre. L'homme est par sa propre faute dans cet état de minorité quand ce n'est pas le manque d'entendement qui en est la cause mais le manque de décision et de courage à se servir de son entendement sans la direction d'un autre. *Sapere aude !* [Ose savoir !] Aie le courage de te servir de ton *propre* entendement ! Telle est la devise des Lumières. [...]

Il est donc difficile pour chaque homme pris individuellement de s'arracher à la minorité, qui est presque devenue pour lui une nature. Il y a même pris goût et il est pour le moment réellement incapable de se servir de son propre entendement, parce qu'on ne lui en a jamais laissé faire l'essai. Préceptes et formules, instruments mécaniques permettant un usage raisonnable ou plutôt un mauvais usage de ses dons naturels, sont les entraves qui perpétuent la minorité. Celui-là même qui les rejetterait ne franchirait le plus étroit fossé que d'un saut encore mal assuré, parce qu'il n'est pas habitué à une semblable liberté de mouvement. C'est pourquoi il n'y a que peu d'hommes qui soient parvenus à s'arracher à la minorité en exerçant eux-mêmes leur esprit et à marcher malgré tout d'un pas sûr.

Emmanuel KANT, *Qu'est-ce que les Lumières ?* (1784), § 1 et 3, trad. J.-M. Muglioni, Hatier, « Les classiques de la philosophie », 1999, p. 4-5.

1. Le XVIIIe siècle est souvent qualifié de « siècle des Lumières » : le mot « lumière » renvoie dans ce cas aux idées de vérité, raison et progrès.

Comprendre la démarche

1 Identifiez et résumez en une phrase les trois moments de l'argumentation de Kant.

2 Quelle définition de la *minorité* se dégage de ce texte ?

3 Explicitez l'argumentation qui conduit Kant à affirmer à la fois que l'homme se trouverait dans l'état de minorité « par sa propre faute » (l. 2) et qu'il est « difficile pour chaque homme pris individuellement de s'arracher à la minorité » (l. 9-10).

4 En vous appuyant à la fois sur le texte et sur votre propre réflexion, commentez le jugement de Kant selon lequel l'homme est « incapable de se servir de son propre entendement, parce qu'on ne lui en a jamais laissé faire l'essai » (l. 11-12).

5 Kant utilise l'expression « liberté de mouvement » (l. 17) à propos de ceux qui arrivent à rejeter « les entraves qui perpétuent la minorité » (l. 14-15) : quels liens peut-on établir entre ce passage du texte et la formule latine citée plus haut – « *Sapere aude !* [Ose savoir !] » (l. 7) ?

Identifier les enjeux philosophiques

6 Comment décririez-vous l'état de *majorité*, par opposition à celui de *minorité* analysé dans ce texte ?

7 Quelle est la conception de la liberté sous-jacente à la thèse défendue par Kant ? Pourquoi cette conception découle-t-elle naturellement de « l'esprit des Lumières » ?

8 Ce texte décrit-il seulement la condition de la plupart des hommes « pris individuellement » (l. 9), ou permet-il aussi d'expliquer le fonctionnement des sociétés humaines ? Justifiez votre réponse en l'illustrant par des exemples précis.

à lire

- « La liberté » ;
- « L'État », 6 à 9 (Engels, Clastres, Tocqueville, Arendt).

Dissertation

La lucidité est-elle un obstacle au bonheur ?

Éléments pour comprendre le sujet

- Essayez de définir ce qu'est le bonheur. Quelles sont les difficultés ? Proposez malgré tout une définition générale et formelle. Évitez d'annuler le problème en concluant avant toute analyse que chacun conçoit le bonheur à sa façon.
- En vous appuyant sur quelques exemples, définissez ce qu'est la lucidité. Se confond-elle exactement avec la connaissance objective ? À quoi s'oppose-t-elle ?
- En quoi peut-elle sembler compromettre le bonheur ?

Les enjeux du sujet

1 Si l'on choisit de « mettre en sommeil » sa conscience, ses facultés intellectuelles et morales pour accéder au bonheur, quelles conséquences doit-on assumer ?

2 En quoi les illusions peuvent-elles être à plus ou moins long terme source de malheur ?

3 Montrez pourquoi c'est dans la réalité, même imparfaite, que l'homme peut espérer trouver un véritable bonheur, peut-être imparfait lui aussi.

Pour construire une problématique

4 La conscience aiguë des imperfections de sa propre personne, de ceux qui nous sont chers et des sociétés humaines, le fait de voir la réalité en face, les injustices, la misère ne peuvent que nous attrister et nous rendre malheureux. Analysez la satisfaction éprouvée par ceux qui se réjouissent du malheur des autres : est-ce un bonheur serein ?

5 Examinez la position pessimiste, qui prétend à la lucidité suprême sur la condition humaine et affirme son absurdité fondamentale et son malheur radical.

6 La conscience somnolente ou la fuite dans l'imaginaire peuvent apparaître comme condition du bonheur : le type de bonheur qui en découle vous semble-t-il correspondre aux capacités et à la dignité humaines ?

7 Expliquez pourquoi les illusions « agréables » peuvent être source de déception, voire d'un malheur plus grand que celui qui accompagne, le cas échéant, la lucidité.

8 Quel rapport y a-t-il entre le degré de conscience et le degré de bonheur, de même qu'entre la capacité au bonheur et la capacité au malheur ?

9 Dans quelle mesure la lucidité pourrait-elle contribuer à accroître le bonheur possible dans une réalité imparfaite ?

à lire

- « Le désir », 7 à 9 (Épictète, Descartes, Nietzsche) ;
- « La vérité », 8 à 11 (Descartes, Freud, Kant, Nietzsche) ;
- « Le bonheur ».

Explication de texte

Un commandement qui stipulerait que chacun devrait chercher à se rendre heureux serait stupide : en effet, on ne commande jamais à quelqu'un ce qu'infailliblement il veut déjà de lui-même. Il faudrait seulement lui ordonner les mesures à prendre, ou bien plutôt les lui indiquer, parce qu'il ne peut pas tout ce qu'il veut. Au contraire, ordonner la moralité sous le nom de devoir est tout à fait raisonnable, d'abord parce que personne, justement, n'obéit volontiers à son précepte lorsqu'il est en conflit avec des inclinations, et ensuite que, concernant les mesures à prendre quant à la façon dont on pourrait obéir à cette loi, il n'y a pas ici à les enseigner ; car ce que, à cet égard, quelqu'un veut, il le peut aussi.

Celui qui a *perdu* au jeu peut se *fâcher* contre lui-même et contre son manque de prudence ; mais s'il sait qu'il a *triché* au jeu (bien qu'il ait gagné grâce à cela), alors il lui faut se *mépriser* lui-même dès lors qu'il se compare à la loi morale. Il faut donc quand même que cette dernière soit assurément autre chose que le principe du bonheur personnel. Car, qu'il faille se dire à soi-même : je suis un être *indigne*, bien que j'aie rempli ma bourse, il faut quand même que cela renvoie à une autre norme du jugement que le fait de se féliciter soi-même et de dire : je suis un homme *prudent*, car j'ai enrichi ma caisse.

Emmanuel Kant, *Critique de la raison pratique* (1788), Ire partie, livre I, chap. I, trad. J.-P. Fussler, Flammarion, coll. « GF », 2003.

Comprendre la démarche

1 Repérez et définissez brièvement les oppositions conceptuelles qui parcourent tout le texte.

2 Pourquoi est-il absurde de commander à l'homme de se rendre heureux ?

3 Pourquoi, au contraire, est-il raisonnable de lui ordonner la moralité ? Attachez-vous particulièrement à élucider la deuxième raison invoquée par Kant : signifie-t-elle que l'action morale soit toujours réussie, efficace ? Quel autre sens peut-on lui donner ?

4 Illustrez l'opposition terme à terme établie entre ces raisons en vous appuyant sur l'exemple du deuxième paragraphe ou sur un autre exemple de votre choix. Quel est le but de l'auteur en marquant cette opposition ? Identifiez la phrase qui exprime la thèse principale du texte et reformulez-la.

5 De quel point de vue celui qui a perdu au jeu peut-il se faire des reproches ? Pourrait-il se louer ?

6 Inversement, de quoi peut se louer celui qui a gagné en trichant, mais de quoi doit-il se blâmer ?

Identifier les enjeux philosophiques

7 Si la morale se définissait par la recherche du bonheur personnel, comporterait-elle des devoirs ?

8 La moralité d'un homme est-elle totalement indépendante de l'éducation qu'il a reçue ?

9 Est-il toujours si facile que l'affirme Kant de déterminer en quoi consiste son devoir ? Illustrez votre réponse d'un exemple.

10 Pour être moral, faut-il renoncer à la recherche du bonheur personnel ?

11 Une morale qui fait du bonheur et même du plaisir le but de la vie aboutit-elle nécessairement à la négation de la vertu ?

à lire

- « Le devoir », 5 à 8 (Descartes, Kant, Sénèque) ;
- « Le bonheur ».

Dissertation

Ne fait-on son devoir que par crainte du regard d'autrui ?

Éléments pour comprendre le sujet

- Qu'est-ce qu'un devoir ? Donnez les différents sens du verbe « devoir ».
- On craint ce qui semble dangereux. Quel danger ou quel risque le regard d'une autre personne peut-il impliquer ?
- Pourquoi le mot « regard » ne peut-il pas être pris ici au sens littéral ? Ce qui est regardé est-il simplement vu ? Si ce regard n'est pas neutre, en quoi consiste-t-il ?
- Quel risque court-on si on ne fait pas son devoir ? Ce risque disparaît-il si personne ne me voit ou n'est au courant de ma conduite ?
- Un autre regard sur moi que celui d'autrui est-il concevable ?

Les enjeux du sujet

1 Analysez la relation entre l'être humain et son devoir et l'opposition ou la contradiction avec le rôle joué ici par une autre personne.

2 Se conduire moralement implique presque obligatoirement la présence d'autrui. Donnez des exemples des différents types de rapports qui peuvent exister entre les hommes.

3 D'un côté, faire son devoir implique qu'on tienne compte d'autrui. De l'autre, il ne faudrait pas faire son devoir seulement par crainte du regard d'autrui. Tentez de préciser quelle serait la « bonne » attitude.

Pour construire une problématique

4 Le sujet exprime un doute ou un soupçon. Établissez dans quelle situation on peut être amené à tenir cette position et qualifiez-la philosophiquement si on l'étend à toute l'humanité.

5 Pourquoi dit-on « son » devoir, alors que, la plupart du temps, il s'impose à tout être humain et donc ne semble pas personnel ?

6 Analysez la notion de regard, et indiquez de quelle façon elle pèse sur la personne.

7 « Autrui » désigne tout homme autre que nous-même. Mais quels sont les êtres dont le regard nous importe le plus ? Et ceux dont il nous importe le moins ?

8 Obéir, est-ce forcément faire son devoir ? Montrez que le regard des autres peut conduire parfois à agir d'une façon tout à fait contraire au devoir.

9 Une obligation à laquelle on se plie par crainte du regard d'autrui est-elle véritablement un devoir, au sens philosophique strict ? Sinon, de quelle nature est cette limitation de la liberté ?

10 Montrez qu'il peut être normal que le jugement d'autrui joue un rôle contraignant à certaines étapes de la vie, ou bien lorsque le refus de faire son devoir peut conduire à des actes graves.

à lire

- « Autrui », ouverture (Sartre) et 1 à 3 (Hobbes, Rousseau, Kant) ;
- « La liberté », 11 à 14 (Arendt, Rousseau, Hegel, Tocqueville) ;
- « Le devoir ».

Explication de texte

Regardez-y de près, et vous verrez que le mot *liberté* est un mot vide de sens ; qu'il n'y a point, et qu'il ne peut y avoir d'êtres libres ; que nous ne sommes que ce qui convient à l'ordre général, à l'organisation, à l'éducation et à la chaîne des événements. Voilà ce qui dispose de nous invinciblement. On ne conçoit non plus qu'un être agisse sans motif, qu'un des bras d'une balance agisse sans l'action d'un poids ; et le motif nous est toujours extérieur, étranger, attaché ou par une nature ou par une cause quelconque, qui n'est pas nous. Ce qui nous trompe, c'est la prodigieuse variété de nos actions, jointe à l'habitude que nous avons prise tout en naissant de confondre le volontaire avec le libre. Nous avons tant loué, tant repris, nous l'avons été tant de fois, que c'est un préjugé bien vieux que celui de croire que nous et les autres voulons, agissons librement.

Denis DIDEROT, « Lettre à Landois sur le déterminisme et le fondement de la morale », 29 juin 1756, dans *Correspondance de Diderot*, éd. Roth et Varloot, Éd. de Minuit, 1953, t. I, p. 209-218.

Comprendre la démarche

1 Diderot s'adresse ici à un correspondant bien réel et, par-delà, au lecteur. Reconstituez la position mentale spontanée de ce lecteur, que le philosophe interpelle et remet en cause ici.

2 Précisez, en prenant des exemples, comment agissent sur nous les facteurs dont Diderot fait la liste : « l'ordre général » (de l'univers), « l'organisation » (physique et mentale de l'individu), « l'éducation », « la chaîne des événements ». Puis établissez comment ils peuvent se renforcer les uns les autres ou, au contraire, se contrebalancer.

3 Explicitez la comparaison de l'être humain qui n'agit pas sans cause (« motif ») à une balance. En quoi, d'après Diderot, le motif nous est-il toujours extérieur, même si nous le ressentons en nous-mêmes ?

Identifier les enjeux philosophiques

4 Expliquez à partir d'exemples pourquoi le fait que nos actions sont « prodigieusement » variées nous donne l'illusion d'être libres.

5 Selon Diderot, nous confondons le volontaire avec le libre. Mais si ce que nous voulons n'est pas libre, s'agit-il véritablement d'une volonté ? Comment définir plus justement nos motivations en ce sens ?

6 Un préjugé est une idée fausse que l'esprit considère pourtant comme évidente. Quel est, pour l'esprit humain ordinaire, l'avantage de la croyance en notre liberté ?

7 Peut-on déduire de ce texte que, pour Diderot, l'initiative humaine est une illusion totale, donc qu'il vaut mieux ne rien faire ? S'agit-il ici d'une position fataliste ?

8 Montrez que la critique de Diderot, en nous débarrassant d'une vision naïve, permet de redéfinir la liberté humaine sans la nier.

à lire

- « Le désir », 7 et 8 (Épictète, Descartes) ;
- « La vérité », 8 et 9 (Descartes, Freud) ;
- « La liberté ».

Parcours philosophique

La Grèce antique

Auteurs au programme

Platon (vers 420-340 av. J.-C.), Aristote (384-322 av. J.-C.), Épicure (341-270 av. J.-C.), Cicéron (106-43 av. J.-C.), Lucrèce (vers 98-55 av. J.-C.), Sénèque (vers 4 av. J.-C.-65 apr. J.-C.), Épictète (vers 50-vers 125), Marc Aurèle (121-180), Sextus Empiricus (IIe siècle-IIIe siècle), Plotin (vers 205-270), Augustin (354-430).

L'invention de la philosophie

Le discours rationnel *(logos)* est né en Grèce. Entre les VIIe et VIe siècles av. J.-C., les premiers philosophes, Thalès, Anaximène, Anaximandre (école de Milet) proposent des récits de formation du monde (« cosmogonies ») qui entrent en concurrence avec les **mythes** alors en vigueur. Ils prétendent expliquer la façon dont le monde s'est formé en recourant non aux personnages surnaturels des mythes mais au jeu des éléments naturels (l'eau pour Thalès, l'air pour Anaximène...). Ces explications sont élaborées non en vertu d'un don de voyance attribué à celui qui les donne mais de leur vraisemblance.

Il faut, malgré l'impression première que peut nous donner la transmission de leurs doctrines, imaginer les efforts qui conduisirent ces premiers théoriciens de la nature (*phusiologoï*, « physiciens ») à remplacer par des mécanismes naturels les récits expliquant les phénomènes matériels et les destins humains par la volonté des dieux, représentée selon un modèle de comportement humain.

Les premières philosophies (dites **présocratiques**) furent donc des cosmologies (théories de l'ordre du monde). Mais la vision de l'homme et de la société se ratio-

Stèle de Démokleidès, IVe siècle av. J.-C., Musée archéologique, Athènes.

nalise aussi, surtout grâce au développement de la **démocratie athénienne**, à partir du Vᵉ siècle av. J.-C. : les lois sont décidées par les citoyens et les délibérations à l'Assemblée se substituent à l'argument d'autorité. Prenant le contre-pied des « maîtres de vérité » de la Grèce archaïque et religieuse, Socrate prétend enseigner non un savoir mais, au contraire, la nécessité d'être d'abord conscient de son ignorance. Il devient ainsi le symbole de cette nouvelle forme de pensée qu'on nomme *philosophie* : reconnaître que les problèmes précèdent les solutions et que celles-ci sont le résultat d'une interrogation critique et d'une recherche. En écrivant sous forme de **dialogues**, Platon exprime lui aussi cet aspect essentiel de toute philosophie : la vérité dépend des raisons et des arguments qu'on avance. Elle n'est ni une vérité révélée ni un dogme : la raison devrait ainsi, selon lui, remplacer les rapports de force ou les opérations de séduction. L'invention par Aristote de la **logique** permet enfin de franchir un pas de plus dans l'exigence de rationalité du discours. La logique aristotélicienne veut être en effet une théorie du raisonnement formel (la syllogistique) : elle fournit les règles en vertu desquelles on peut raisonner correctement et éviter ou démasquer les sophismes ou arguments non valides[1] ; et elle est aussi une théorie de la démonstration et de la connaissance scientifique.

Le problème du savoir

Le monde est constitué de **phénomènes** (littéralement : « ce qui apparaît à nos sens ») à la fois relatifs et changeants. Mais la vérité se définit par sa permanence et son universalité. Comment est-il possible alors de tenir un discours vrai ? Cette question a reçu dans la philosophie grecque deux types de solutions :

– *la solution phénoméniste* représentée par Protagoras d'Abdère (Vᵉ siècle av. J.-C.) et reprise par l'école sceptique (fondée par Pyrrhon d'Élis au IIIᵉ siècle av. J.-C.) : il n'y a que des phénomènes, il est donc impossible d'atteindre une vérité objective valable pour tous. « L'homme, dit Protagoras, est la mesure de toutes choses[2] » – formule que Socrate interprète comme signifiant que la vérité est relative à chacun[3] : « Telle m'apparaît chaque chose, telle elle est pour moi, et telle elle t'apparaît à toi, telle à nouveau elle est pour toi[4] » ;

– *la solution platonicienne* ou théorie des Idées. Platon dénonce dans le *Théétète* le relativisme de Protagoras. Ce relativisme est d'ailleurs contradictoire puisque Protagoras affirme « à chacun sa vérité »... comme une vérité universelle ! Il faut ainsi distinguer l'**opinion**, changeante et relative, de la **science**, une et immuable. Les phénomènes ne peuvent être des objets que pour l'opinion, pas pour la science. Il existe donc un autre monde que le monde sensible, un monde extérieur et supérieur, c'est-à-dire **transcendant** : le **monde intelligible**, le monde des Idées, c'est-à-dire des essences immuables des choses. Seule la connaissance des essences est objet de science.

Aristote a critiqué la théorie des Idées de son maître Platon. Mais il n'était pas question pour lui d'adopter pour autant la solution phénoméniste. Platon, pour lui, a raison sur un point capital : il n'y a de science que de ce qui est nécessaire et immuable. Simplement, cette immuabilité et cette nécessité ne sont pas à rechercher dans un monde intelligible séparé mais dans la **forme** (ce que les interprètes d'Aristote

1. Voir, dans « La démonstration », le texte 1 de Blanché, p. 294. 2. *Théétète*, 152a. 3. Voir, dans « La vérité », le texte 3 de Sextus Empiricus, p. 366. 4. *Théétète*, 152a.

appelleront « quiddité ») des objets[1]. En d'autres termes, ceux-ci ont bien une essence, mais elle n'existe pas à part. Elle leur est **immanente** et non transcendante. En outre, sans méconnaître ni désapprouver la critique des sens et du corps développée par Platon, Aristote réhabilite cependant le rôle de l'expérience et de l'observation, qu'il juge indispensables à la construction de connaissances de la nature. Cela le conduit, par exemple, à consacrer une partie importante de son œuvre à l'étude et à la classification des espèces animales.

Idéal contemplatif et métaphysique

La connaissance la plus haute est contemplative. Cette conception de la connaissance n'est pas propre à Platon ; elle est même une caractéristique générale de la pensée grecque. Ainsi Aristote hiérarchise-t-il les *sciences pratiques*, acquises en vue de pouvoir agir sur le monde, et les *sciences théoriques*, c'est-à-dire contemplatives : celles-ci valent mieux que celles-là, car leur but est de satisfaire, de façon désintéressée, un pur désir de savoir.

Aristote distingue trois sciences théoriques : les mathématiques, la physique et la science « des premiers principes et des premières causes » que la tradition aristotélicienne appellera « **métaphysique** », c'est-à-dire la science qui vient *après* la physique dans l'ordre du corpus. Mais c'est aussi la science qui s'occupe des réalités *au-dessus* de la physique (le préfixe grec *méta* a ce double sens de « après » et « au-dessus »). Car étudier la science des premiers principes et des premières causes, c'est étudier la science du divin. Cette science est supérieure à toute autre, même aux autres sciences théoriques, parce qu'en elle se réalise parfaitement le pur désir de savoir. C'est elle qui procure à l'homme ses satisfactions les plus intenses.

Morale et politique

Mais si la science vaut d'abord, de façon désintéressée, par la connaissance qu'elle procure, elle vaut aussi par les règles de conduite privée (morale) ou publique (politique) qu'elle permet de fonder. « Philosophie » signifie en effet en grec « amour de la sagesse ». L'idéal du philosophe est donc de devenir un sage. Mais qu'est-ce qu'un sage ? La sagesse *(sophia)* est d'abord savoir, et le mot peut être pris comme synonyme de « science ». Mais elle est aussi d'ordre pratique, dans la mesure où la connaissance détermine une éthique et une politique : il faut connaître les normes du bien pour pouvoir agir conformément à lui. Platon disait en ce sens que « nul n'est méchant volontairement » : le mal ne résulte que d'une ignorance du bien. C'est aussi la raison pour laquelle Platon souhaitait que les philosophes deviennent « rois » de la cité : après avoir contemplé les vérités éternelles du monde intelligible, il leur faut redescendre dans la caverne qu'est le monde sensible pour éclairer les hommes et les guider[2]. Ce qui fit de Platon, au moins dans *La République*[3], un adversaire de la démocratie athénienne, dans laquelle les délibérations sont collectives et résultent non de la connaissance de la vérité, mais d'un vote majoritaire. La conception platonicienne de la politique, du moins lorsqu'il

1. Voir, dans « La matière et l'esprit », le texte 1 d'Aristote, p. 345. 2. Voir, dans « Théorie et expérience », le texte 3 de Platon, p. 276. 3. Dans *Les Lois*, Platon est plus nuancé.

s'efforce de dresser le tableau d'une cité idéale, est hostile à la démocratie, précisément parce que c'est une conception républicaine : l'intérêt général est une chose trop sérieuse pour être confié au peuple. C'est donc aux meilleurs (*aristoï* en grec, d'où vient le mot « aristocratie ») qu'il faut confier le pouvoir, non pour qu'ils le confisquent à leur profit, mais parce que leur sagesse (compétence et honnêteté) est profitable à l'ensemble de la cité. Dans *Les Lois* – dont l'objet n'est plus le régime idéal mais l'exercice réel du pouvoir, avec tous ses risques de dégradation –, Platon admet cependant que si la démocratie n'est pas le régime idéal, elle est sans doute le moins dangereux dans la réalité.

En faisant redescendre le philosophe dans la caverne, Platon affirme la vocation politique de la philosophie. La question est de savoir si cette vocation, comme le pense Platon, est celle des seuls philosophes ou si elle vaut pour tout homme. Cette dernière réponse sera celle d'Aristote : l'homme est, dit-il, un « animal politique », c'est-à-dire qu'il ne se réalise pleinement que dans la cité[1]. Cela ne signifie évidemment pas que tous les hommes sont également compétents pour exercer le pouvoir politique, mais que tous les citoyens libres doivent être consultés à propos des décisions qui les concernent – ce qu'Aristote préconise est alors ce qu'il appelle un « régime mixte », où les sages ne gouvernent pas sans un contrôle exercé par le peuple.

Les grandes sagesses antiques que furent, à partir du IIIe siècle av. J.-C., le **stoïcisme** (ou école du « portique », *stoa* en grec) et l'**épicurisme** (du nom de son fondateur Épicure) ont eu tendance à refuser la dimension politique de l'action humaine (même si, pour le stoïcisme, chacun doit exercer dans la cité la fonction qui lui revient). Mais elles partagent avec Platon l'idée que seule la connaissance peut déterminer l'action. Seule une *physique* et une *logique* donnent les clés de la sagesse, c'est-à-dire d'une **morale** fondée, aussi bien pour les épicuriens que pour les stoïciens, sur la maîtrise des passions et la recherche du bonheur.

La **vie heureuse** est d'ailleurs le but de toutes les philosophies morales de l'Antiquité. La différence sur ce point entre Platon ou Aristote et les sagesses épicuriennes et stoïciennes est que celles-ci ne voient pas dans la politique la condition du bonheur, lequel implique plutôt un repli sur soi[2].

L'épicurisme et le stoïcisme eurent une grande influence sur la vie intellectuelle de la Rome antique. Lucrèce fut, au Ier siècle av. J.-C., une figure importante de l'épicurisme romain, et les noms les plus connus de la philosophie stoïcienne appartiennent à la période de la Rome impériale des Ier et IIe siècles de notre ère : Sénèque, Épictète et l'empereur Marc Aurèle.

1. Voir, dans « L'État », le texte 1 d'Aristote, p. 429. 2. Voir, dans « Le désir », le texte 5 d'Épicure, p. 98, et le texte 7 d'Épictète, p. 100, et, dans « Le bonheur », les textes 4 d'Épicure et 5 d'Épictète, p. 498-499.

Antiquité chrétienne et Moyen Âge

Auteurs au programme
Anselme (1033-1109), Averroès (1126-1198), Thomas d'Aquin (1225-1274), Guillaume d'Ockham (vers 1285-vers 1349).

Un monde religieux

À partir de l'an 380 de notre ère, le christianisme devient la religion d'État de l'Empire romain. La pensée religieuse va prendre progressivement une place prépondérante dans la philosophie occidentale. Désormais, la plupart des philosophes vont penser à partir de leur religion. Cela est vrai des penseurs chrétiens comme Augustin, Anselme de Canterbury, Thomas d'Aquin,... mais aussi des penseurs juifs (Maïmonide, 1135-1204) et musulmans (Avicenne [980-1037], Averroès [1126-1198]...).

Ces religions, dites religions du Livre, ont au moins deux points communs : elles sont **monothéistes** et elles reposent sur une **révélation**, consignée dans un **texte sacré** (la Bible, le Coran). Dire que la parole de Dieu est révélée signifie que l'homme ne peut avoir accès de lui-même, par la seule « lumière naturelle » de sa raison, aux vérités qu'elle énonce. Elles sont donc l'objet non d'un savoir, mais d'une croyance. Face aux vérités révélées, l'attitude proprement religieuse est la **foi**.

Mais la croyance religieuse, la foi, est une croyance d'un type particulier. Quand quelqu'un dit : « Je crois en Dieu », le verbe « croire » n'a pas le même sens que lorsqu'il dit : « Je crois que demain il va pleuvoir. » « Croire en » n'est pas « croire que ». La foi est une adhésion absolue, une fidélité qui se veut indéfectible (les mots « foi » et « fidélité » ont la même racine latine, *fides*).

Philosophie et théologie

La question est alors : quel rapport la philosophie, qui est recherche rationnelle, peut-elle entretenir avec la foi ? La croyance religieuse n'empêche-t-elle pas le questionnement philosophique ? Comment philosopher à partir du religieux ? Telles seront les questions principales de la philosophie du Moyen Âge, posées notamment par Anselme, Abélard et, surtout, Thomas d'Aquin. La réponse générale donnée alors à ce problème a mis **la philosophie au service de la théologie**[1]. Pour tous ces philosophes théologiens, la foi est première et n'a pas à être justifiée. Mais la philosophie peut la renforcer en montrant, selon ses voies propres, c'est-à-dire selon la raison, que le fondement de la foi — à savoir l'existence de Dieu — est vrai. Anselme de Canterbury et Thomas d'Aquin sont ainsi surtout connus pour les preuves de l'existence de Dieu qu'ils ont cru donner. Kant, au XVIIIe siècle, a définitivement montré que ces preuves n'en étaient pas. Mais ce qu'il faut retenir, c'est le sens de la démarche : il ne s'agit pas de se substituer à l'autorité de la révélation, mais de la conforter.

La philosophie religieuse du Moyen Âge fut donc aussi une philosophie rationaliste, et c'est une erreur historique que de faire de cette période une période d'obscurantisme. C'est au contraire grâce aux philosophes arabes (Averroès) et chrétiens (Thomas d'Aquin) que la philosophie d'Aristote fut diffusée en Europe, au point de

1. Voir, dans « La religion », le texte 6 d'Averroès, p. 222.

devenir la philosophie officielle de l'Église. Mais le rationalisme de la philosophie médiévale ne reconnaît pas encore l'**autonomie de la raison**, c'est-à-dire son droit de penser à partir de ses propres normes, et non en fonction d'une vérité religieuse extérieure et présupposée.

La scolastique

Le rationalisme philosophique et théologique du Moyen Âge s'exprime aussi dans le développement, à partir du XIIe siècle et à l'échelle européenne, des **universités**. Dans les universités médiévales s'enseigne la **scolastique**, divisée en trois activités rigoureusement codifiées : la *lectio*, c'est-à-dire la lecture et le commentaire des textes faisant autorité (les Pères de l'Église, Aristote...) ; la *quaestio*, chargée de résoudre les questions d'interprétation née de la *lectio* ; enfin, la *disputatio* : comme la *quaestio*, il s'agit d'exposer les arguments « pour » et les arguments « contre » une thèse, mais la confrontation se fait alors non pas par les maîtres devant les élèves, mais entre les maîtres eux-mêmes.

Le terme « scolastique » a pris, à partir de la Renaissance, une connotation péjorative. Les arguments de la *quaestio* et de la *disputatio* sont des arguments d'autorité tirés des textes sacrés ou des auteurs philosophiques consacrés (Aristote). La scolastique apparaît ainsi comme un discours formel, figé et dogmatique. Mais il y a là une certaine injustice. *Lectio*, *quaestio* et *disputatio* supposent une grande habileté dans l'analyse des textes et dans le maniement du discours (la **rhétorique**). Aussi faut-il souligner la richesse de l'apport de la scolastique dans la réflexion sur les formes logiques de l'argumentation.

Classe de philosophie à Paris, fin XIVe siècle, manuscrit, musée Goya, Castres.

La Renaissance

Auteurs au programme
Machiavel (1469-1527),
Montaigne (1533-1592).

L'humanisme

La Renaissance se caractérise d'abord par l'**humanisme**, mouvement intellectuel littéraire inspiré par la « redécouverte » des auteurs antiques, et aussi mouvement philosophique dont Montaigne en France, Érasme (1469-1536) aux Pays-Bas et le courant néoplatonicien en Italie (Pic de La Mirandole, 1463-1499) furent des figures marquantes. Du point de vue philosophique, l'humanisme se reconnaît, comme son nom l'indique, à la place prépondérante qu'il donne à l'homme dans l'univers. Contre un Moyen Âge qui subordonnait l'homme à Dieu, l'humanisme philosophique affirme l'éminente dignité de l'homme. D'où l'importance qu'il accorde, avec Montaigne et Érasme notamment, à l'**éducation**, dont la tâche essentielle est de réaliser l'homme en l'enfant.

L'humanisme de la Renaissance renoue aussi avec les modèles antiques de sagesse : le stoïcisme, l'épicurisme et le scepticisme. Contrairement à la morale chrétienne, mais conformément à celle d'Épicure ou d'Épictète, l'idéal moral de Montaigne n'est pas le dévouement ou le devoir mais : être heureux, ne dépendre que de soi et ne pas redouter la mort.

La Réforme

L'autre grand courant de pensée de la Renaissance est religieux : la réforme protestante, avec Luther (1483-1546) et Calvin (1509-1564). Contrairement à certains philosophes du Moyen Âge, comme Anselme ou Thomas d'Aquin, Luther affirme la complète séparation de la foi et de la raison, non pour revendiquer l'autonomie de la raison, mais pour souligner la supériorité de la foi. Pour Luther, la question fondamentale est : comment assurer son salut ? Pour y répondre, la raison est impuissante, et l'homme, corrompu par le péché originel, ne peut être sauvé que par la grâce divine.

Mais être au service de Dieu ne signifie pas se détourner de la vie profane. Luther condamne l'existence recluse et séparée des moines, et c'est dans les œuvres profanes, notamment dans le travail, qu'on peut aussi servir Dieu. Cette revalorisation du travail est un trait caractéristique de la réforme protestante. Le sociologue Max Weber mettra beaucoup plus tard en évidence le lien existant entre l'éthique protestante et l'esprit du capitalisme (tel est le titre du livre qu'il fait paraître en 1920).

L'art et la pensée esthétique

La Renaissance fut aussi le moment d'une véritable révolution dans l'art et dans la philosophie esthétique. Le peintre devient créateur de son œuvre ; l'artiste fait la conquête de sa propre individualité. Il commence à signer ses tableaux et prend même le droit, inexistant auparavant, de ne pas les achever (une des premières

Le Concert (détail), école italienne, XVIe siècle, fresque, Villa Palladinia, Caldogno.

esquisses inachevées connues est *La Vierge au rocher* de Léonard de Vinci).

L'art de la Renaissance, notamment en peinture, se veut d'abord, sous l'influence du néoplatonisme, une recherche de la beauté et des proportions. Il veut ensuite être une **imitation de la nature**. Au XVe siècle, les peintres florentins inventent la **perspective**[1], qui donne l'illusion de la profondeur sur la surface plane de la toile. Leurs tableaux deviennent alors comme une scène de théâtre, où les personnages ont des expressions, des sentiments et une vie qui les rendent immédiatement distincts des figures stéréotypées et figées de la peinture médiévale. Imiter la nature signifie donc non pas la copier platement, mais rendre la vie, le mouvement, la psychologie des personnages, le caractère naturel et humain des situations qu'ils vivent (même s'il s'agit de Jésus-Christ ou des saints).

La pensée politique entre le réalisme et l'utopie

Machiavel écrit *Le Prince* en 1513, Thomas More publie son *Utopie* en 1516. Tout oppose ces deux philosophes. More est le penseur de l'**idéalisme politique**. Il invente le mot « utopie » (littéralement : « pays de nulle part ») en décrivant une île imaginaire dont la société est parfaite, et qui est l'envers idéal de la société anglaise de l'époque (l'île d'Utopie ressemble à une Angleterre inversée, située significativement dans l'hémisphère sud).

Machiavel est, au contraire, le penseur du **réalisme politique**. Il objecte aux utopies (More publiant son livre après l'écriture du *Prince*, Machiavel s'en prend surtout à *La République* de Platon) leur caractère non seulement inutile, mais nuisible : « il y a si loin de la manière dont on vit à celle dont on devrait vivre qu'en n'étudiant que cette dernière, on apprend plutôt à se nuire qu'à se conserver » (*Le Prince*, chap. XV). Pour Machiavel, le problème politique n'est pas celui des meilleures institutions possibles, mais celui de la stabilité et de la longévité de l'État : comment prendre le pouvoir et le conserver ? Le point de vue moral devient alors non pertinent. Cela ne signifie pas que la politique est nécessairement immorale, mais elle est moralement neutre. Morale et politique sont indépendantes l'une de l'autre. Machiavel fut en cela le premier penseur de l'État moderne, désacralisé, affranchi de la tutelle religieuse : un État qui poursuit ses fins propres et n'est plus, comme on le pensait au Moyen Âge, le serviteur de la « cité de Dieu ».

1. Voir, dans « L'art », le texte d'ouverture de Vasari, p. 154.

Le XVIIe siècle

Auteurs au programme

Bacon (1561-1626), Hobbes (1588-1679), Descartes (1596-1650), Pascal (1623-1662), Spinoza (1632-1677), Locke (1632-1704), Malebranche (1638-1715), Leibniz (1646-1716).

La « découverte » de la conscience

L'œuvre de Descartes occupe une place centrale au XVIIe siècle. Elle énonce des thèses qui, acceptées ou contestées, seront des références pour tous les philosophes du siècle (et pour bien des philosophes du siècle suivant). L'apport fondamental de Descartes à l'histoire de la philosophie est la « découverte » du sujet.

Descartes bâtit en effet tout son système à partir d'une première certitude inébranlable, celle du **sujet pensant** : « je pense » (*cogito* en latin). Il est en ce sens le premier à accomplir ce que Kant, plus d'un siècle plus tard, appellera une « révolution copernicienne en philosophie » : le sujet est le centre à partir duquel s'organise le savoir. Il n'y a de connaissance possible que pour un sujet qui pense et qui se saisit d'abord comme pensée : c'est-à-dire pour une **conscience**[1].

Le modèle mathématique

Le XVIIe siècle est aussi celui où s'impose un critère de vérité qui passe pour insurpassable et dont l'archétype se trouve dans les mathématiques. Les idées mathématiques sont des illustrations exemplaires de vérités claires, distinctes et certaines : qui peut raisonnablement douter que 2 + 2 égalent 4, que tous les points de la circonférence d'un cercle soient à même distance du centre, etc. ? La déduction mathématique, telle qu'Euclide, dès le IIIe siècle av. J.-C., en avait construit le principe dans ses *Éléments de géométrie*, devient un modèle qui passe pour universellement transposable à tous les objets de connaissance. Ainsi Spinoza voulait-il, dans son *Éthique* (1667, posthume), démontrer les vérités relatives à Dieu et à l'âme « à la façon des géomètres » (c'est le sous-titre du livre), et Descartes lui-même envisageait l'idée d'une « mathématique universelle » s'appliquant à n'importe quel objet du savoir (*Règles pour la direction de l'esprit*, règle 4).

Astrolabe, école française, XVIIe siècle, Musée national de la Renaissance, château d'Écouen.

1. Voir, dans « La conscience », le texte 1 de Descartes, p. 25.

Toute démonstration repose sur l'**évidence** de ses premiers principes, nécessairement indémontrables[1]. L'évidence est donc pour un cartésien le premier critère de vérité[2]. Leibniz contestera ce critère, insuffisant du point de vue logique : il vaut mieux se fier aux **règles de calcul**, qui sont un art infaillible du vrai[3]. Mais, en substituant le calcul à l'évidence, Leibniz reste tributaire du projet d'une mathématique universelle.

Une nature désenchantée

Les mathématiques s'imposent dans la science physique elle-même. La révolution scientifique que le XVIIe siècle a accomplie (grâce notamment – mais pas seulement – à Galilée [1564-1642], Descartes et Newton [1642-1727]) consiste dans une **mathématisation de la nature**. Le monde, dit Galilée, est écrit en langage mathématique. Il se réduit à l'espace abstrait de la géométrie d'Euclide. Cette nature mathématisée et rationalisée à l'extrême devient alors un pur objet de connaissance. Le monde perd son mystère ; il n'a plus les forces occultes, les principes cachés ou les « intentions » que la représentation magique et anthropomorphique de la nature propre à la Renaissance lui attribuait. La nature devient comparable à une gigantesque **machine**, intégralement connaissable et maîtrisable. Elle est organisée selon des **lois**, c'est-à-dire des relations nécessaires et invariables entre les phénomènes, qui rendent ceux-ci prévisibles et même calculables.

Religion et libre-pensée

Les philosophes du XVIIe siècle ne sont certes pas dans leur ensemble incroyants. Mais ils refusent, comme Descartes ou Spinoza, qu'une vérité révélée extérieure au sujet puisse être au fondement de la recherche philosophique. Il existe ainsi un lien étroit entre l'avènement du sujet pensant, fondement de la connaissance, et la revendication d'une **pensée libre**, affranchie de l'argument d'autorité. Aucune institution, Église ou État, ne peut limiter le libre exercice de la raison en quête de vérité. Bien des philosophes sont marqués par les circonstances dramatiques de l'« affaire Galilée » (les thèses du savant italien sur le mouvement de la Terre ont été condamnées en 1633 par le tribunal de la sainte Inquisition). Il faut donc affirmer le principe de l'**autonomie rationnelle**, c'est-à-dire séparer la raison et la foi, la philosophie et la théologie. Elles « ont chacune leur domaine propre, sans s'opposer l'une à l'autre, ne devant pas être la servante l'une de l'autre » (Spinoza, *Traité théologico-politique*, Préface). C'est cette proclamation de l'autonomie de la raison qu'un penseur comme Pascal, singulier en son siècle, n'acceptera pas. Car pour lui, la philosophie ne vaut pas une heure de peine si elle ne vise pas au salut de l'âme, qui est la seule grande affaire de l'existence humaine. La raison doit alors surtout travailler à connaître ses propres limites et à aider l'homme à comprendre la misère où il se trouve sans Dieu[4].

1. Voir, dans « La démonstration », le texte 4 de Pascal, p. 297. 2. Voir, dans « La vérité », le texte 6 d'Arnaud et Nicole, p. 369. 3. Voir, dans « La démonstration », le texte 3 de Leibniz, p. 296. 4. Voir, dans « La religion », le texte 4 de Pascal, p. 220.

Raison et politique

Le monde social et politique est, pour le XVIIe siècle, tout aussi rationnel que le monde physique. Mais qu'est-ce qui fonde la rationalité de l'ordre politique ? Deux types de théorie s'affrontent sur cette question :

– *la théorie de la souveraineté de droit divin*, soutenue notamment par Bossuet (1627-1704). Dieu apparaît comme le garant de la rationalité de l'univers politique ;

– *la théorie du contrat social*, qui va progressivement s'imposer, supplanter sa rivale et dominer la fin du XVIIe siècle et tout le XVIIIe siècle. Cette théorie, défendue au XVIIe siècle par Hobbes et Locke, fait définitivement de l'État une institution rationnelle. Il devient le résultat d'une **convention** librement consentie entre des hommes qu'il faut d'abord envisager comme vivant dans un **état de nature** auquel ils renoncent pour s'engager dans une société politique. Les conceptions de Hobbes et de Locke sont à bien des égards opposées. L'état de nature, pour Hobbes, est un état de guerre généralisée de chacun contre tous, et c'est ce qui pousse les individus à renoncer par le contrat social à leur liberté naturelle pour se mettre sous la protection et l'autorité absolue d'un souverain[1]. Témoin des guerres civiles anglaises, Hobbes fut un penseur de l'**absolutisme** dans lequel il voyait le moyen de garantir la paix civile. Pour Locke en revanche, l'état de nature est pacifique et avantageux. Le contrat social n'en est que l'institutionnalisation (rendue nécessaire par l'absence de garanties juridiques dans l'état de nature). Contrairement à Hobbes, le but de l'État institué par le contrat est alors essentiellement de sauvegarder, sous forme de libertés civiles, les libertés naturelles des individus.

Mais, au-delà de ces différences, Hobbes et Locke posent à propos de l'État le même problème : pour les deux philosophes, l'État est bien une institution par excellence **raisonnable** dans ses fins et dans son fondement.

1. Voir, dans « Autrui », le texte 1 de Hobbes, p. 78, et, dans « L'État », le texte 3 de Hobbes, p. 431.

Le XVIIIe siècle

Auteurs au programme

Vico (1668-1744), Berkeley (1685-1753), Montesquieu (1689-1755), Hume (1711-1776), Rousseau (1712-1778), Diderot (1713-1784), Condillac (1714-1780), Kant (1724-1804).

La philosophie des Lumières

Giuseppe Maria Crespi (1665-1747), *Partitions et livres de musique*, vers 1710, Conservatoire de musique, Bologne.

Les « Lumières » qui illuminent le XVIIIe siècle sont celles de la raison. Se réclamer des Lumières, c'est vouloir définitivement l'autonomie de la raison et refuser l'argument d'autorité. « Aie le courage de te servir de ton propre entendement. Voilà la devise des Lumières », écrit Kant en 1784 (*Réponse à la question : Qu'est-ce que les Lumières ?*). On a vu que cette devise de la liberté de penser a été formulée, dès le XVIIe siècle, par Descartes et Spinoza. La philosophie des Lumières va cependant généraliser cette indépendance et demander à la raison d'attaquer les préjugés de toutes sortes : religieux, moraux, sociaux ou politiques. Il ne s'agit plus seulement de reconnaître à la raison un domaine propre, mais d'en faire une arme de combat, au besoin contre la religion elle-même ou contre les institutions religieuses et politiques. L'aspect le plus caractéristique des Lumières est de concevoir un programme de lutte contre l'obscurantisme, la superstition et l'ignorance, une politique du savoir qui le rende public et véritablement universel. Tel est notamment le but de *L'Encyclopédie* dirigée par Diderot et d'Alembert (1717-1783).

La religion naturelle

La philosophie des Lumières n'est pas nécessairement athée et matérialiste (elle peut cependant l'être, ainsi La Mettrie [1709-1751], Helvétius [1715-1771] et parfois Diderot). En général, la cible principale des Lumières est moins l'idée de Dieu que les superstitions et les dogmes absurdes. D'où l'idée d'une **religion naturelle**. Celle-ci s'oppose aux religions positives, c'est-à-dire instituées et révélées, fondées sur la transmission aux hommes d'un message divin écrit et mystérieux. La religion naturelle prône, au contraire, un rapport immédiat à Dieu, sans l'intermédiaire du clergé (« naturelle » s'oppose ici à « artificielle »). Elle voit dans les lois de la nature, plus que dans un texte sacré, la présence de Dieu. Enfin, elle situe la piété non dans l'observance formelle des rites, mais dans le contenu moral de la religion (« naturelle » signifie donc aussi « rationnelle »).

La tolérance

La religion est aussi affaire de conscience. Il ne saurait donc être question d'imposer des dogmes. En un temps où les protestants, en France, subissent des persécutions, les Lumières revendiquent la tolérance, à l'exemple des combats de Voltaire (1694-1778) contre les iniquités d'un pouvoir politique et judiciaire hostile aux protestants et aux libres-penseurs. En publiant ses *Lettres sur la tolérance* (1762), Voltaire suit l'exemple illustre de penseurs du siècle précédent, celui du libéral Locke et de Pierre Bayle (1647-1706), protestant français exilé en Hollande.

L'idée de progrès

Le XVIIIe siècle consacre l'idée de progrès. L'homme possède la **perfectibilité**. Sauf pour Rousseau, qui voit dans cette disposition la possibilité pour l'homme de se perfectionner mais aussi de se corrompre, le terme, fort en usage au XVIIIe siècle signifie que l'histoire a un sens, qu'elle est orientée vers la réalisation progressive d'une perfection. Dans le devenir historique, apparemment chaotique, s'accomplit, comme le dit Kant, la destination morale de l'homme.

Les Lumières témoignent ainsi pour l'avenir de l'espèce humaine d'un optimisme certain (à l'exception notable, là encore, de Rousseau). Progrès moral et politique lié au progrès du savoir (Voltaire, Condorcet [1743-1794]...), avènement historique de la liberté (Kant), progrès technique aussi, célébré par *L'Encyclopédie* qui revalorise les « arts mécaniques » par rapport aux « arts libéraux » du Moyen Âge : sur tous les plans, l'état futur de l'humanité est conçu, ou du moins espéré, comme un état meilleur.

D'où, également, l'importance que les Lumières attachent à l'**éducation**. Car éduquer, c'est concourir à cette humanité future meilleure. Il faut éduquer les enfants, dit Kant, de telle façon qu'on cherche non pas à reproduire en eux ce que nous sommes, mais en vue de l'idée de la perfection humaine (*Réflexions sur l'éducation*, 1803).

Philosophie de la connaissance. Kant contre l'empirisme

Sur le plan de la philosophie de la connaissance, le XVIIIe siècle fut d'abord anticartésien. Contre Descartes qui soutenait la théorie des **idées innées**, se dresse l'**empirisme**, selon lequel toutes les idées naissent de l'expérience. En publiant, en 1690, son *Essai sur l'entendement humain*, Locke signe le premier manifeste de l'empirisme et opère la transition d'un siècle à l'autre : l'esprit, dit-il, est d'abord une « table rase » qui n'aurait, sans l'expérience, aucun commencement d'idées[1]. En France, Condillac, puis ceux que Napoléon Ier appellera les « idéologues » (Destutt de Tracy [1754-1836], Cabanis [1757-1808]...) veulent ainsi reconstituer la genèse des idées humaines en fonction des principes hérités de Locke. En Grande-Bretagne, l'empirisme domine toute la théorie de la connaissance, en particulier avec Berkeley et Hume.

Dans ses *Nouveaux essais sur l'entendement humain* (1703), dont le titre indique bien qu'ils sont conçus comme une réponse au livre de Locke, Leibniz oppose une objection capitale à l'empirisme : il est vrai que rien n'est dans l'intelligence avant

1. Voir, dans « Théorie et expérience », le texte 6 de Locke, p. 280.

d'avoir été dans les sens, sauf... l'intelligence elle-même. Autrement dit, il ne faut pas confondre les principes sur lesquels repose la connaissance avec les contenus que la connaissance prend pour objet. Dans la *Critique de la raison pure* (1781), Kant développera cette objection : il faut, pour qu'il y ait connaissance, que le monde de l'expérience soit mis en ordre, et comment pourrait-il l'être, sinon par l'action du pouvoir propre de l'esprit ? Il faut donc qu'existent dans l'esprit des **structures** *a priori*[1], c'est-à-dire indépendantes de l'expérience, mais qui sont la condition de possibilité de l'expérience, c'est-à-dire d'un monde organisé selon des lois[2].

Le problème du fondement de l'État

La question du fondement de l'État est celle de sa **légitimité**. Qu'est-ce qui autorise le souverain (que celui-ci soit roi, assemblée aristocratique ou assemblée démocratique) à exercer sa souveraineté sur les membres du corps social ? Qu'est-ce qui oblige ceux-ci à lui obéir ? Il faut en effet distinguer l'**obligation** de la **contrainte**. La première est d'ordre moral. Elle s'impose même en l'absence d'une force physique capable de contraindre. Elle repose sur la reconnaissance d'un **droit** à commander et d'un **devoir** d'obéir. La question est de savoir ce qui fonde ce droit. La philosophie politique du XVIIIe siècle répond à cette question en s'inscrivant dans le sillage de celle du XVIIe siècle : ce qui fonde en droit l'autorité politique, c'est le **contrat social**. Dans son livre *Du contrat social* (1762), Rousseau pose la question : à quelles conditions ce pacte social est-il juste ? En désaccord avec Hobbes, il n'admet pas que le contrat entraîne la perte de la liberté des contractants. Or, le seul moyen de ne pas perdre cette liberté est l'**égalité** entre tous ceux qui concluent le pacte. Il faut renoncer à user librement des forces dont chacun dispose dans l'état de nature, mais, au contraire de ce qu'affirme Hobbes, il n'est pas permis d'y renoncer au profit d'un tiers dès lors institué souverain. On ne peut y renoncer qu'au profit de la collectivité dont on est membre à égalité avec tous les autres[3].

Il en résulte que seule la **volonté générale** peut être légitimement souveraine[4], autrement dit que la seule souveraineté légitime est démocratique. Ainsi, seul le **pouvoir législatif** est souverain, puisque la volonté générale s'exprime par des **lois**.

Les droits de l'homme

L'idée de droits de l'homme ne s'est guère développée avant le XVIIIe siècle, où elle s'incarne dans des textes constitutionnels : la Déclaration d'indépendance des États-Unis (1776) et la Déclaration française des droits de l'homme et du citoyen (1789). Ces textes proclament l'attachement à des droits **naturels** et **subjectifs**.

Dire que ces droits sont **naturels**, cela signifie qu'ils sont **universels** : ils sont affirmés pour tout homme, quels que soient les pays ou les époques. Les droits de l'homme sont en principe **inaliénables** (imprescriptibles). Dire que ces droits sont naturels signifie également qu'ils sont **antérieurs** et **supérieurs** à l'existence de l'État. Certes, seuls des États peuvent réellement les proclamer et les faire exister, mais c'est précisément que ces États reconnaissent alors que leur autorité n'est pas

1. Voir, dans « L'existence et le temps », le texte 6 de Kant, p. 114. 2. Voir, dans « Théorie et expérience », le texte 8 de Kant, p. 282. 3. Voir, dans « L'État », le texte 4 de Rousseau, p. 432. 4. Voir, dans « La justice et le droit », le texte 11 de Rousseau, p. 419.

sans bornes. Les droits de l'homme sont donc conçus, au XVIIIe siècle, comme des **limites** au pouvoir politique, c'est-à-dire comme des **libertés**.

Dire que ces droits sont **subjectifs** signifie qu'ils sont **individuels**. Chacun peut les opposer à autrui, ou à l'État lui-même lorsqu'il s'estime lésé. L'homme des droits de l'homme est donc considéré comme un individu **autonome** et **raisonnable**, capable d'obéir à sa propre loi.

La conscience morale

La philosophie morale est dominée, au XVIIIe siècle, par Kant qui construit une théorie de l'obligation morale, c'est-à-dire du devoir. Seule l'action accomplie par devoir (et pas seulement conformément au devoir) est authentiquement morale. Un acte se juge ainsi à la pureté de son intention.

Comment est-il possible de se représenter son devoir ? En ce que, dit Kant, l'homme est un **être raisonnable** et **volontaire**. L'action morale repose sur la volonté que nous avons d'obéir à la **loi morale** universelle que chaque sujet peut découvrir en lui-même. Autrement dit, l'action morale se présente toujours sous la forme d'un **impératif catégorique**, qui commande une action comme nécessaire en elle-même, et qu'il faut distinguer de l'**impératif hypothétique**, dans lequel l'action est prescrite comme nécessaire en vue d'une fin extérieure. Œuvre de volonté, l'action morale suppose la **liberté** que Kant définit comme **autonomie de la volonté**[1].

Le problème du jugement esthétique

Le XVIIIe siècle renouvelle profondément la problématique de la philosophie de l'art en mettant en évidence le fait que l'œuvre d'art est l'expression d'une subjectivité. Est-ce à dire alors que le jugement esthétique est complètement relatif, conformément au dicton selon lequel « des goûts et des couleurs on ne discute pas » ? Comment est-il possible de penser à la fois la **subjectivité** et l'**universalité** du jugement esthétique ? C'est ce problème que Kant va s'efforcer de résoudre dans la *Critique de la faculté de juger* (1790). Le jugement de goût (« C'est beau ») est, contrairement au jugement de connaissance, « sans concept », c'est-à-dire qu'il n'est pas objectif. Il signifie un pur sentiment de plaisir pris à la contemplation de la nature ou d'une œuvre d'art. Mais chacun s'attend à ce que ce plaisir soit partagé par d'autres. Le jugement esthétique prétend à l'universalité. Cette universalité n'est pas due à la conformité de l'objet à des règles préétablies, mais à ce que l'objet que nous trouvons beau nous semble le résultat d'une finalité que nous ne connaissons pas. C'est cette « finalité sans fins » que le génie artistique est capable de créer[2].

1. Voir, dans « La liberté », les textes 7 et 9 de Kant, p. 465 et 467. 2. Voir, dans « L'art », le texte 10 de Kant, p. 176.

Le XIXe siècle

Auteurs au programme

Hegel (1770-1831), Schopenhauer (1788-1860), Comte (1798-1857), Cournot (1801-1877), Tocqueville (1805-1859), Mill (1806-1873), Kierkegaard (1813-1855), Marx (1818-1883), Nietzsche (1844-1900).

La philosophie de l'histoire

Avec Hegel et Marx, le XIXe siècle sera celui des **philosophies de l'histoire**. La première caractéristique de toutes les philosophies de l'histoire est d'affirmer que l'histoire a un **sens**, c'est-à-dire à la fois une **signification** et une **direction** définies, et donc qu'elle tend vers une **fin**[1]. Tout l'effort des philosophies de l'histoire est donc de percevoir dans l'irrationalité apparente du cours de l'histoire l'œuvre d'une rationalité réelle. Rien de grand ne se fait dans l'histoire sans passion, dit Hegel, mais les passions elles-mêmes ne sont qu'une « **ruse de la raison**[2] ». Cela pose le problème de l'**action des hommes dans l'histoire** : en tendant à un certain **déterminisme historique**, ces philosophies sont-elles conduites à reconsidérer la **liberté** de l'action des hommes dans l'histoire ?

L'ère du soupçon

Deux figures opposées dominent la philosophie du XIXe siècle : Hegel, pour qui « ce qui est rationnel est effectif ; et ce qui est effectif est rationnel », et Nietzsche, qui se déclare parfois lui-même irrationaliste. Le premier interprète l'histoire – malgré ses horreurs – comme relevant d'un sens rationnel ; le second, au contraire, veut interroger le droit, la philosophie, la morale, la science, bref la rationalité elle-même, du point de vue de leur genèse et de leur signification. Nietzsche contre Hegel : le soupçon porté sur l'origine des valeurs contre la quête de la rationalité inscrite dans le réel.

Le principe de la critique nietzschéenne consiste à se demander **ce que valent les valeurs** en les ramenant au type de **volonté** qui les veut. Cette volonté peut être affirmative, créatrice et active. Elle peut être au contraire réactive, négatrice et dépréciatrice de la vie. C'est de ce type de volonté, selon Nietzsche, qu'émanent toutes les fausses valeurs de la modernité : la morale religieuse comme celle de la philosophie depuis Socrate, la valeur du travail[3], la valeur de la démocratie, enfin, la valeur de la vérité et de la science[4].

La philosophie comme démystification

La philosophie tend alors à changer de fonction : non plus dire une vérité ou construire un système, mais détruire les illusions. Le philosophe se pose en **démystificateur**. En se voulant briseur d'idoles, Nietzsche illustre à merveille cette nouvelle définition de la philosophie. Mais, à sa manière propre, Marx aussi. Certes, les idées de ces deux penseurs sont opposées : l'aristocratisme de Nietzsche est

1. Voir, dans « L'histoire », le texte 10 de Marx, p. 248. 2. Voir, dans « L'histoire », le texte 12 de Hegel, p. 250.
3. Voir, dans « Le travail et la technique », le texte 11 de Nietzsche, p. 206 et, dans « Le devoir », le texte de Nietzsche, p. 485. 4. Voir, dans « La vérité », le texte 11 de Nietzsche, p. 373.

aux antipodes du socialisme de Marx. Mais il existe de l'un à l'autre une certaine communauté de démarche, qu'il est possible de résumer ainsi : ne pas croire les hommes ni leurs représentations sur parole. Le soupçon nietzschéen porté sur les valeurs fait ainsi écho, d'une certaine façon, à la théorie marxiste de l'**idéologie**, c'est-à-dire des idées produites par une société, qui s'expriment dans son système juridique et dans ses conceptions morales, politiques, philosophiques ou religieuses dominantes. L'idéologie est une fausse conscience, une **conscience aliénée** du réel. La critique de la religion est l'exemple type, chez Marx, de l'entreprise de démystification de l'idéologie[1].

Le travail : un nouvel objet philosophique

Dans le contexte de l'industrialisation, se pose la question de la valeur du **travail**, notamment avec Hegel et Marx. Pour Hegel, le travail n'a pas seulement une valeur morale ou une valeur économique. Il a une valeur **anthropologique** : en assurant sa subsistance, l'homme est amené à transformer la nature et à se transformer lui-même. Le travail est ce grâce à quoi il manifeste ce qu'il est en se reconnaissant dans les produits de son travail. Tel est le sens chez Hegel de la célèbre **dialectique du maître et de l'esclave** (*Phénoménologie de l'Esprit*, 1807) : dans le travail, l'esclave trouve les conditions de sa libération, en devenant le maître du maître, lequel finit par dépendre du travail de l'esclave pour la satisfaction de ses besoins.

Marx reprend à Hegel cette idée que le travail fait l'homme[2]. Mais, si telle est l'essence du travail, tel n'est pas le travail accompli dans les conditions d'une société où les travailleurs sont exploités. La critique marxiste du travail salarié dans une société capitaliste (*Le Capital*, 1867) est la critique d'un **travail dénaturé**, et Marx attend précisément de la société communiste qu'elle permette de retrouver le vrai sens du travail humain.

Libéralisme ou socialisme ?

Les problèmes engendrés par la révolution industrielle dans le monde du travail vont donner lieu à un débat opposant deux conceptions politiques et sociales : le **socialisme** et le **libéralisme**. Le socialisme, qui s'est développé avec le mouvement ouvrier, s'est incarné dans plusieurs figures : Marx bien sûr, mais aussi les utopies de Fourier (1772-1837), de Owen (1771-1858), de Proudhon (1809-1865) et l'anarchisme de Bakounine (1814-1876)... En général, le socialisme voit dans l'exploitation d'un prolétariat misérable la vérité du capitalisme. Il prône une réduction, voire une suppression des inégalités sociales et une réglementation du travail. Dans ses versions les plus révolutionnaires, celle de Marx par exemple, il milite en faveur de la destruction du régime de la propriété privée des moyens de production.

À l'opposé, le libéralisme, dont Benjamin Constant (1767-1830) fut en France un représentant éminent, fait de l'**individu** le centre de la vie sociale. Constant distingue ainsi la « liberté des anciens », qui était celle de participer à la vie publique, de la « liberté des modernes », qui est celle de vaquer à ses occupations

1. Voir, dans « La religion », le texte 12 de Marx, p. 228, et, dans « L'histoire », le texte 10 de Marx, p. 345, dans « La conscience », le texte 10 de Marx et Engels, p. 33. 2. Voir, dans « Le travail et la technique », le texte 1 de Marx, p. 196.

Boris Mikhaïlovitch Koustodiev (1878-1927), *Grève*, huile sur toile, Musée national d'art russe, Saint-Pétersbourg.

privées. D'où l'idée de l'**État minimum** : son rôle doit être réduit à ses fonctions d'ordre public (police, justice, armée). Ses compétences s'arrêtent là où commence la vie privée, de laquelle relève la vie économique. Autre penseur du libéralisme, Tocqueville voit dans cet **individualisme** le trait caractéristique des sociétés démocratiques modernes[1] (*De la démocratie en Amérique*, livre I, 1835, livre II, 1840).

L'État en question

Le libéralisme est donc méfiant envers un État dont il craint les empiétements sur la vie privée des individus. Mais il continue à lui reconnaître une valeur irremplaçable : protéger cette vie privée même, c'est-à-dire les libertés et la propriété individuelle.

La pensée socialiste aura, quant à elle, tendance à développer un **anti-étatisme** beaucoup plus radical. Ainsi l'anarchisme et le marxisme se rejoignent-ils dans l'idée d'une aspiration à une société sans classes impliquant la destruction de l'État, dans lequel ils voient un instrument de domination et d'oppression[2].

Science et civilisation

La philosophie du XIXe siècle hérite du XVIIIe siècle sa foi dans le **progrès**. Mais elle donne aux **sciences** un rôle déterminant dans l'accomplissement de ce progrès. Le **positivisme** d'Auguste Comte est à cet égard exemplaire en formulant sa **loi des trois états** : à l'âge théologique et à l'âge métaphysique succède un âge positif ou âge de la science[3], qui est le dernier état de l'histoire humaine, celui de sa maturité. La science prétend alors être un principe organisateur de la société, comme la religion l'avait été pour le Moyen Âge.

Qu'est-ce qui rend la science si sûre d'elle-même ? La **méthode expérimentale**, dont Claude Bernard codifie les règles dans son *Introduction à l'étude de la médecine expérimentale* (1865). Claude Bernard étend à la science du vivant les principes d'une démarche expérimentale qui s'était imposée à la physique au siècle précédent. Il souligne le fait que ce qui rend la science objective, c'est que ses hypothèses sont vérifiées par l'observation et l'expérience. Certes, le **raisonnement expérimental** suppose ces « idées préconçues » que sont les hypothèses scientifiques, mais seule la vérification expérimentale de ces hypothèses conduira à les accepter.

1. Voir, dans « La liberté », le texte 14 de Tocqueville, p. 471. 2. Voir, dans « L'État », le texte 6 d'Engels, p. 434.
3. Voir, dans « L'histoire », le texte 9 de Comte, p. 247.

Le xxe siècle

Auteurs au programme

Freud (1856-1939), Durkheim (1858-1917), Husserl (1859-1938), Bergson (1859-1941), Alain (1868-1951), Russell (1872-1970), Bachelard (1884-1962), Wittgenstein (1889-1951), Heidegger (1889-1976), Popper (1902-1994), Sartre (1905-1980), Levinas (1905-1995), Arendt (1906-1975), Merleau-Ponty (1908-1961), Foucault (1926-1984).

Le tournant linguistique de la philosophie contemporaine

Par rapport aux philosophies classiques de la connaissance (Descartes, Hume, Kant...), la philosophie du xxe siècle opère un déplacement : pour comprendre comment nous pouvons connaître le monde, ce n'est pas des « idées » ou des « facultés » de l'esprit qu'il faut partir, mais du **langage**. Ce « tournant linguistique » fut amorcé, dès le début du siècle, par deux grands courants de pensée : d'une part, ce qu'on a appelé la **philosophie analytique**, née à Cambridge et dont Bertrand Russell fut le représentant le plus éminent ; d'autre part, le **cercle de Vienne**, mouvement fondé dans les années 1920 qui regroupait autour de Moritz Schlick (1882-1936) – un des chefs de file – des philosophes allemands et autrichiens dont Rudolph Carnap (1881-1970) fut le plus important.

L'idée commune à Russell et à Carnap est de faire de la **logique formelle un instrument au service de l'analyse philosophique**. Elle doit servir à reformuler correctement les problèmes philosophiques et à dénoncer comme faux problèmes ceux qui se révèlent impropres à cette reformulation (ce qui est le cas, d'après Carnap, de la plupart des problèmes métaphysiques). Il est donc possible, grâce à l'outil logique, de construire une langue bien faite capable d'exprimer sans confusion tous les contenus de pensée. Ce projet doit beaucoup aux analyses du *Tractatus logico-philosophicus* (1921) de Wittgenstein, qui eut sur Russell et sur le cercle de Vienne une profonde influence. Il a également été marqué par les travaux du philosophe et logicien Gottlob Frege (1848-1925).

La philosophie analytique anglaise fut d'abord préoccupée du problème des rapports entre le langage et la vérité. Mais, à partir de la Deuxième Guerre mondiale, elle va infléchir ses recherches en portant son attention sur le **langage ordinaire**. Les représentants de cette seconde génération de philosophes analytiques sont Gilbert Ryle (1900-1976), Peter Strawson (né en 1919) et surtout John L. Austin, dont l'ouvrage *Quand dire c'est faire* (1960) montre que le langage n'est pas seulement un moyen de dire la vérité, mais un **acte total**, impliquant tout un jeu de relations complexes entre les interlocuteurs, le contexte, les conditions de communication et d'action, etc.[1]. Dès les années 1930, la pensée de L. Wittgenstein avait évolué dans le même sens. Dans les *Investigations philosophiques* (1936-1949), il abandonne certaines des conceptions essentielles du *Tractatus* en avançant la notion de « **jeu de langage** ». Il n'existe pas de langage idéal ; tout énoncé est légitime si, dans le jeu de langage qui lui est propre, il remplit sa fonction de communication.

1. Voir « Le langage », p. 139, note 1, et, dans « La vérité », le texte 5 d'Austin, p. 368.

L'analyse de la science

Le développement de la philosophie des sciences conduit à se situer par rapport à une conception positiviste, que le cercle de Vienne renouvelle en faisant de la science le modèle de ce dont la connaissance humaine est capable et en projetant de ruiner toute prétention à la vérité de la métaphysique.
– *La réponse de la phénoménologie* – philosophie dont Merleau-Ponty fut, en France, le plus célèbre représentant, et dont le fondateur fut Husserl – est que le positivisme est un « objectivisme » : il se polarise sur l'observation des faits et néglige l'énigme de la subjectivité qui est au travail, y compris dans les sciences objectives.
– *La réponse de Bergson* défend l'existence de vérités « métaphysiques ». La métaphysique n'est pas invalidée par la science, parce qu'elle n'a ni le même objet ni la même méthode. La science est l'œuvre de l'**intelligence** ; elle a pour objet la matière et sa fonction est d'augmenter notre puissance d'agir. La métaphysique, quant à elle, a pour objet l'esprit ; ses connaissances sont détournées de l'action, désintéressées.

Le positivisme est attaqué également sur le plan de la conception qu'il se fait de la démarche scientifique. Ainsi, Gaston Bachelard montre que les faits scientifiques ne sont pas donnés à l'observation, mais le résultat de toute une construction tant intellectuelle qu'expérimentale[1]. Quant à Karl Popper, il établit que la science ne repose pas sur la vérifiabilité de ses énoncés, mais sur leur **falsifiabilité** (en anglais *falsifiability*, qu'il serait plus clair de traduire par « réfutabilité » que par « falsifiabilité[2] »).

Richard Artchwager (né en 1923), *Question Mark*, 1994, brosse de Nylon sur armature de fibre de verre (345 x 183 x 73 cm), Fondation Cartier pour l'art contemporain, Paris.

La mise en question du sujet

À la fin de son livre *Les Mots et les Choses* (1966), Michel Foucault annonce la « mort de l'homme » : « l'homme » est une figure du savoir en train de s'effacer. Tel est le résultat paradoxal du développement des sciences humaines : elles mettent au jour les **structures** multiples à l'intérieur desquelles les hommes pensent, agissent ou parlent, mais sans qu'ils puissent être institués **sujets fondateurs** de leurs pensées, leurs actions ou leurs discours. La linguistique structurale, à la suite de Ferdinand de Saussure (*Cours de linguistique générale*, 1913), propose d'analyser la langue comme un système de signes. De la même façon, le **structuralisme** de Claude Lévi-Strauss (né en 1908) considère les productions sociales, tels les mythes religieux ou les relations de parenté, comme Saussure considérait la langue. Une analyse structurale des faits sociaux suppose donc qu'on puisse en rendre compte en faisant abstraction des acteurs sociaux.

1. Voir, dans « Théorie et expérience », le texte 9 de Bachelard, p. 282.
2. Voir, dans « Théorie et expérience », le texte 12 de Popper, p. 285.

Une autre conception, défendue en France notamment par Paul Ricœur (né en 1913) et en Allemagne par Hans Georg Gadamer (1900-2002), prétend redonner toute sa place au sujet, en faisant des sciences humaines des sciences **herméneutiques**, c'est-à-dire fondées sur la compréhension des interactions sociales à partir du sens que leur donnent ceux qui les vivent[1].

La révolution psychanalytique

Nul, dans la pensée contemporaine, n'a mis davantage en question le sujet que Freud. Les thèses du fondateur de la psychanalyse ont eu une importance philosophique capitale. Elles atteignent en effet en plein cœur ce qui est pour Freud un préjugé fondamental de la philosophie depuis Descartes : la transparence du sujet à lui-même. Le psychisme ne se réduit pas à la conscience. Sa part la plus importante relève de l'**inconscient**. Je pense, mais « ça » pense en moi, et malgré moi[2].

La thèse psychanalytique de l'inconscient n'a pas été sans soulever de très sérieuses objections, de la part de philosophes comme Alain ou Sartre[3]. L'analyse de la conscience comme **acte intentionnel**, que Sartre emprunte à la phénoménologie de Husserl[4], est à la racine de son refus de l'inconscient. De telles objections rappellent que l'inconscient n'est pas un fait : c'est une hypothèse qui permet d'interpréter certains faits psychiques, mais qu'il est possible d'interpréter autrement.

La « découverte » d'autrui

La philosophie du XXe siècle, surtout avec Sartre et Levinas (1905-1995), a « découvert » autrui. Autrui est à la fois autre que moi et un autre moi. D'où l'importance du **regard**, soulignée par Sartre : il est ce qui peut faire exister autrui comme un sujet ou, au contraire, le nier en le chosifiant. C'est ce qui fait dire à Sartre, à la fin de sa pièce *Huis clos* (1944) : « L'enfer, c'est les autres. » Il ne faut pas se méprendre sur le sens de cette formule : elle signifie que je ne peux exister comme conscience que reconnu par une autre conscience[5]. Un monde sans autrui est un monde inhumain[6].

La notion de culture

L'ethnologie contemporaine renouvelle notre vision de l'homme avec le concept de **culture**. Est culture tout élément, matériel ou spirituel, que les hommes héritent de la société dans laquelle ils vivent. Quand on veut étudier scientifiquement les cultures, il n'y a donc aucun jugement de valeur à établir entre elles. Il existe une **diversité** des cultures qui rend impossible leur comparaison. Cela conduit à relativiser la notion de « civilisation » et à considérer comme dénuée de fondement une classification des hommes entre « primitifs » et « civilisés ». Avec Lévi-Strauss, nous devons récuser l'**ethnocentrisme**, c'est-à-dire la tendance à regarder notre type de société comme la norme en fonction de laquelle toutes les autres peuvent être classées. Le « barbare », dit Lévi-Strauss, n'est pas l'homme sans culture, mais celui qui refuse la culture des autres[7].

1. Voir, dans « L'interprétation », le texte 5 d'Aron, p. 314. 2. Voir, dans « L'inconscient », les textes 4 de Freud et 5 de Dolto, p. 46-47. 3. Voir, dans « L'inconscient », le texte 8 d'Alain et le texte 9 de Sartre, p. 50-51. 4. Voir, dans « La conscience », le texte 4 de Husserl, p. 28. 5. Voir, dans « Autrui », le texte d'ouverture de Sartre, p. 72-73, et le texte 6 de Levinas, p. 83. 6. Voir, dans « Autrui », le texte 4 de Tournier, p. 81. 7. Voir, dans « Autrui », le texte 8 de Lévi-Strauss, p. 84.

La question posée par la relativité des cultures est de savoir si sa reconnaissance conduit au **relativisme.** Revient-elle à dire que tout se vaut ? Le philosophe américain John Rawls (né en 1921) distingue à cet égard les « conceptions du bien », propres à chaque groupe social, et une « conception du juste » sur laquelle un accord universel peut se faire[1]. Il existerait alors une forme contestable d'universalisme qui consisterait à imposer aux autres sa propre conception du bien. Mais le relativisme est également critiquable s'il s'interdit d'évaluer le caractère plus ou moins juste des organisations sociales différentes existant dans le monde ou des pratiques reconnues par une tradition (par exemple, ce n'est pas parce que l'esclavage est admis dans une société qu'il est légitime).

Le problème de la responsabilité

La responsabilité est une notion centrale de la philosophie contemporaine que nul peut-être mieux que Sartre n'a développée (*L'Être et le Néant*, 1942, *L'existentialisme est un humanisme*, 1946). Sartre a été influencé par la philosophie de Heidegger, et notamment par sa description de « l'être-là » *(Da-Sein)* qu'il expose dans *Être et Temps* (1927). L'homme, dit Heidegger, est un « être des lointains ». Il est l'être qui pose la question de son être. L'existentialisme sartrien affirme dans le même sens que l'homme n'est pas un objet, mais un projet : « l'existence précède l'essence » ; l'homme est libre au sens où il est ce qu'il se fait[2]. À aucun moment, le sens de son existence n'est tracé.

La question de la responsabilité a été renouvelée avec l'Allemand Hans Jonas. *Le Principe responsabilité* (1979) pose en effet le problème de la responsabilité que nous avons devant les générations futures : le développement du projet technique de maîtrise du monde, que Jonas, à la suite de Heidegger, juge négativement, ne risque-t-il pas de rendre le monde inhabitable pour nos enfants ?

Éthique et politique à l'âge démocratique

Le développement des sociétés démocratiques fait apparaître un **vide éthique et politique**. Dans *La Crise de la culture* (1968), Hannah Arendt analyse l'effondrement de la tradition – en particulier des formes traditionnelles d'autorité – lié à la modernité démocratique. Celle-ci est donc éminemment fragile : d'une part, parce qu'elle est toujours exposée au **totalitarisme** qui peut naître de cet effondrement même ; d'autre part, parce que les valeurs démocratiques n'ont aucun caractère absolu. Elles s'élaborent dans la délibération ; elles sont l'objet d'une discussion visant à établir un consensus. Comme l'écrit le philosophe allemand Jürgen Habermas, la raison démocratique est « communicationnelle » (*Théorie de l'agir communicationnel*, 1981). Ce n'est pas celle du sujet cartésien, isolé et définissant son action à partir de soi seul. Cela exige que nous nous entendions tous sur un certain nombre de « règles du jeu » raisonnables et universelles, hors desquelles aucun consensus ne peut émerger. L'éthique démocratique moderne est ce que Habermas ou son compatriote Karl Otto Apel (né en 1921) nomment une « éthique de la discussion ».

1. Voir, dans « La justice et le droit », le texte 9 de Rawls, p. 417. 2. Voir, dans « La liberté », le texte 8 de Sartre, p. 466.

ANTIQUITÉ

		VIe s. - début Ve s. av. J.-C.	Ve s.-IVe s. av. J.-C.	IVe s.-IIIe s. av. J.-C.
		LES PRÉSOCRATIQUES	GRÈCE CLASSIQUE	ÉPOQUE MACÉDONIENNE et HELLÉNISTIQUE
Philosophie	AVANT LA PHILOSOPHIE : MYTHES ET RELIGIONS	Héraclite (576-480) Pythagore (570 ? 490 ?) Parménide (544-450) Anaxagore (500-428) Empédocle (490-435) Zénon d'Élée (490-430) Démocrite (460-370)	Socrate (470-399) **Les sophistes** • Gorgias • Protagoras • Hippias Platon (vers 420-340) Diogène le Cynique (413-323) **Le scepticisme** Pyrrhon d'Elée (365-275)	Aristote (384-322) **Le stoïcisme** • Zénon de Citium (335-264) • Cléanthe (331-232) **L'épicurisme** Épicure (341-270)
Arts, sciences et techniques en Europe	**Xe s. - IXe s.** Usage du fer en pays méditerranéens **VIIIe s.** **Poésie** • Poèmes homériques – *Iliade* – *Odyssée* • Hésiode – *Les Travaux et les Jours* – *La Théogonie*	**Médecine** Hippocrate (460-vers 377) **Mathématiques** • Thalès (vers 625-vers 547) • Pythagore (vers 570-vers 480) **Tragédie** Eschyle (525-456) – *Les Perses* (472) – *Prométhée enchaîné* (après 467) – *L'Orestie* (458) **Poésie** • Pindare • Anacréon	**Tragédie** • Sophocle (495-406) – *Antigone* (442) – *Œdipe roi* (430) • Euripide (480-406) – *Médée* (431) – *Iphigénie* (405) **Comédie** Aristophane (450-386) – *Les Nuées* (423) – *La Paix* (421) **Histoire** Hérodote (484-425) Thucydide (vers 460-apr. 385 av. J.-C.) **Sculpture** Phidias	**Mathématiques** Euclide (vers 300) **Physique** • Aristarque de Samos (310-vers 230) Hypothèse de l'héliocentrisme • Archimède (287-212) **Sculpture** Praxitèle **Poésie** Théocrite (310-250)
Politique et faits de société en Europe	Guerre de Troie (1200 av. J.-C.) Fondation de Rome (753 av. J.-C.) Fondation de Carthage (vers 700 av. J.-C.) et expansion phénicienne en Méditerranée (alphabet vers 1100 av. J.-C.)	Lois de Solon à Athènes (vers 594 av. J. C.) La République à Rome (vers 500 av. J.-C.)	Guerre médiques (Perses contre Grecs) Marathon (490 av. J.-C.) Apogée d'Athènes • Périclès • Construction du Parthénon (vers 440 av. J.-C.) Guerre du Péloponnèse (431-404) Philippe de Macédoine conquiert la Grèce (338 av. J.-C.) Démosthène (384-322)	Alexandre de Macédoine conquiert l'Asie (339-323) Royaumes hellénistiques (successeurs d'Alexandre) Les Romains conquièrent l'Italie et la Méditerranée occidentale (guerres puniques contre Carthage) Traduction de la Bible en grec
Autres continents	**Égypte** Écriture et pharaons depuis 3000 av. J.-C. **Mésopotamie** • Écriture cunéiforme (vers 3000 av. J.-C.) • Code d'Hammurabi et empire de Babylone vers 1730 av. J.-C. **Israël** • Exode (XIIIe s. av. J.-C.) • David, Salomon (Xe s. av. J.-C.) • Écriture de la Bible (IXe-IIe s. av. J.-C.)	**Perse** Zoroastre (VIIe s. av. J.-C.) **Chine** Confucius et Lao-Tseu (taoïsme) vers 500 av. J.-C. **Inde** le Bouddha entre 566 et 368 **Israël** • Population de Jérusalem déportée à Babylone (587-538) • Reconstruction du Temple (539 av. J.-C.)	**Perse** Défaite des guerres médiques (Darius, 490-448) **Inde** Formation d'un grand État au IVe s. av. J.-C. (dynastie Maurya)	**Inde** • Épopée du Mahābhārata (rédaction commencée vers le XIe s. av. J.-C.) • Alexandre atteint l'Indus (326 av. J.-C.) **Chine** • Unification de l'Empire vers 220 av. J.-C. (Qin, puis Han) • Début de la construction de la Grande Muraille (vers 220 av. J.-C.) La **Bible** traduite en grec

* Les noms propres en orange (par exemple : Platon) sont les noms des auteurs au programme.

ANTIQUITÉ ET MOYEN ÂGE

	IIe s. av. J.-C.-IIe s. apr. J.-C.	IIe s.-XIe s.	XIe s.-XVe s.
	ROME	ANTIQUITÉ TARDIVE et MOYEN ÂGE	
Philosophie	**Cicéron** (106-43 av. J.-C.) **Lucrèce** (98-55 av. J.-C.) **Sénèque** (4 av. J.-C.-65 apr. J.-C.) **Épictète** (50?-130? apr. J.-C.) **Marc Aurèle** (121-180 apr. J.-C.) **Sextus Empiricus** (IIe s. apr. J.-C.)	Saint Jérôme (347-420) Traduit la Bible en latin **Augustin** (354-430) Boèce (480-524) Influence l'enseignement médiéval	**La scolastique** • **Anselme** (1033-1109) • Abélard (1079-1142) • **Thomas d'Aquin** (1228-1274) • Duns Scot (1266-1308) • **Ockham** (vers 1290-vers 1349) • **Averroès** (1126-1198) • Maïmonide (1135-1204) **Le mysticisme** Maître Eckart (1260-1327 ?)
	Néoplatonisme • Philon (vers 13 av. J.-C.-54 apr. J.-C.) • **Plotin** (vers 205-270 apr. J.-C.)		
Arts, sciences et techniques en Europe	**Géographie, histoire** • Polybe (202-120 av. J.-C.) • Tite-Live (59 av. J.-C.-17 apr. J.-C.) • Strabon (58 av. J.-C.- 25 apr. J.-C.) • Tacite (vers 55-vers 120 apr. J.-C.) • Plutarque (46-125 apr. J.-C.) **Astronomie** • Hipparque (IIe siècle av. J.-C.) • Ptolémée (vers 90-vers 168 apr. J.-C.) Système du monde géocentrique **Histoire naturelle** Pline l'Ancien (23-79 apr. J.-C.) **Poésie et théâtre** • Virgile (70-19 av. J.-C.) • Plaute (254 184 av. J.-C.) • Térence (vers 185-159 av. J.-C.) • Horace (65-8 av. J.-C.)	**Mathématiques** Diophante (IIIe ou IVe s.?) 1er exposé méthodique d'algèbre **Médecine** • Galien (131-201) Importantes découvertes sur le système nerveux et le cœur • Avicenne (980-1037)	Marco Polo en Chine (1275) La boussole (vers 1300) *Chanson de Roland* (vers 1080) Les chansons de geste (XIe-XIIIe s.) *Roman de Renart* (XIIe-XIIIe s.) Les troubadours et les trouvères (XIIe et XIIIe s.) Dante (1265-1321) – *La Divine Comédie* François Villon (1431-1463) Art roman (du Xe à la fin du XIIe s.) Art gothique (du XIIe au XVIe s.) Giotto (1266-1337)
Politique et faits de société en Europe	Conquête romaine en Gaule et tout autour de la Méditerranée **Empire romain : débuts et apogée** • Auguste (27 av. J.-C.-14 apr. J.-C.*) • Tibère (14-37 apr. J.-C.*) • Néron (54-68 apr. J.-C.*) • Trajan (98-117 apr. J.-C.*) • Hadrien (117-138 apr. J.-C.*) • Antonin (138-161 apr. J.-C.*) • Marc Aurèle (161-180 apr. J.-C.*) Édit de Caracalla (212) : citoyenneté romaine aux hommes libres de l'Empire	• Le christianisme persécuté jusqu'en 313 • Concile de Nicée (325) • Le christianisme, religion d'État (391) • La Bible traduite en latin Invasions germaniques dans l'Empire romain (IVe-Ve s.) Rome saccagée en 410 • Clovis (vers 465-511) • Empire carolingien (800-888) • Saint Empire romain germanique (962) Invasions Vikings, Hongrois, Sarrasins (840-950)	Croisades de l'Europe chrétienne en Orient (1099-1270) Concile de Latran (1215) Condamnation de la doctrine d'Aristote Début de l'inquisition (1232) Guerre de Cent Ans (1338-1453) Peste noire (1347-1353) Supplice de Jeanne d'Arc (1431)
Autres continents	**Jésus-Christ** et écriture des Évangiles (Ier s.) Disparition politique d'**Israël** • 2e destruction du Temple par les Romains (70 apr. J.-C.) • Jérusalem rasée par les Romains (135 apr. J.-C.) • Grande diaspora **Chine** • Expansion du bouddhisme • Commerce de la soie avec Rome	• Fondation de Constantinople par les Romains (330) • Empire Romain d'Orient (dit Byzantin) (395-1453) **Début de l'Islam** • Mahomet (Hégire, 622) • Conquête arabe jusqu'en Espagne et Inde (632-750) **Civilisation arabo-musulmane** (VIIIe-XIIIe s.) • Alkharezmi (vers 800) mathématicien (algorithme) • Avicenne (980-1037) Synthèse de la pensée islamique, du platonisme et de l'aristotélisme	Schisme orthodoxe de l'Église chrétienne d'Orient (1054) **Islam** • XI-XIIe s. : 1res conquêtes turques en terres d'Islam • XIII-XIVe s. : conquêtes mongoles **Conquête mongoles en Chine, Asie centrale, Moyen-Orient et Russie** • Gengis Khan (env. 1160-1227) • Tamerlan (1336-1405) Conquête de l'Inde par les **Turcs** musulmans (XIe-XIVe s.)

* Les dates suivies d'un astérisque renvoient aux dates de début et de fin de règne et non de naissance et de mort.

XVe ET XVIe SIÈCLES

Philosophie	**Néoplatonisme** • Nicolas de Cuse (1401-1464) • Marsile Ficin (1433-1499) **Panthéisme** Giordano Bruno (1548-1600) Soutient l'infinité du monde Condamné par l'Inquisition et brûlé vif	Machiavel (1469-1527) – *Le Prince* (1513) Thomas More – *L'Utopie* (1516)	La Boétie (1530-1563) – *Discours de la servitude volontaire* (1549) Montaigne (1533-1592) – *Les Essais* (1572-1592)
Sciences et techniques	**Découvertes géographiques** • Christophe Colomb (1451-1506) Premier voyage jusqu'en Amérique (1492) • Magellan (1480 ?-1521) Premier tour du monde (1519-1522), terminé par Elcano • Vasco de Gama (vers 1469-1524) Découverte de la route des Indes par le cap de Bonne Espérance, 1497 Gutemberg et l'imprimerie, vers 1440	**Astronomie** • N. de Cuse • Copernic (1473-1543) Système héliocentrique, rotation de la Terre • Condamnation de la théorie de Copernic (1616) • Tycho Brahe (1546-1601) Découvertes sur les étoiles, les comètes, la Lune • Kepler (1571-1630) Lois du mouvement des planètes	**Mathématiques** • Cardan (1501-1567) Équation du 3e degré Suspension (« cardan ») • Viète (1540-1603) Algèbre **Anatomie, médecine** • Vésale (1514-1564) Description du corps humain • Ambroise Paré (1509-1590) Nouvelles méthodes de chirurgie Palissy (vers 1510-1590) Technique de la céramique
Arts et littérature en Europe	**La Renaissance, l'humanisme** **Littérature** • Érasme (1469-1536) – *Éloge de la folie* (1511) • Arioste (1474-1533) – *Roland furieux* (1503-1532) • Rabelais (1494-1553) – *Pantagruel* (1532) – *Gargantua* (1534)	• Du Bellay (1522-1560) – *Les Regrets* (1558) • Ronsard (1524-1585) – *Poésies* • Le Tasse (1544-1595) – *Jérusalem délivrée* (1580) • Cervantès (1547-1616) – *Don Quichotte* (1605-1615) • Shakespeare (1564-1616) – *Hamlet* ; *Macbeth*	**Peinture et sculpture** • Uccello (1397-1475) • Botticelli (1445-1510) • Léonard de Vinci (1452-1519) • Bosch (1460-1516) • Dürer (1471-1528) • Michel-Ange (1475-1564) • Raphaël (1483-1520) • Titien (1490-1576) • Holbein le Jeune (1497-1543) • Bruegel (vers 1525-1569)
Religion et politique en Europe	**Réforme protestante** • Luther (1483-1546) • Henry VIII (1509-1547) • Calvin (1509-1564) • 1re Bible en français (1535)	Concile de Trente (1545-1563) et Contre-Réforme catholique Fondation de la Compagnie de Jésus (1540) par saint Ignace de Loyola (1491-1556) Missions d'évangélisation : saint François Xavier en Inde, au Japon et en Chine Guerres de Religion en France (1562-1598) Édit de Nantes (1598)	Supplice de Jean Hus (1415) Guerres d'Italie (1494-1559) Les Turcs ottomans à Constantinople (chute de l'Empire byzantin). Ils conquièrent le Sud-Est de l'Europe Expulsion des juifs et des musulmans d'Espagne (1492) Victoire navale contre les Turcs ottomans à Lépante (1571) Âge d'or espagnol (1656-1559)
Autres continents	**Débuts de l'hégémonie européenne** • Traité de Tordesillas (1494) : Portugal et Espagne se partagent le Nouveau Monde • L'Espagne colonise l'Amérique centrale et de l'ouest (Mexico 1519)	• Le Portugal colonise le Brésil, les côtes d'Afrique et l'Asie (Japon, 1543 ; Macao, 1555)	**Inde (1500-1750)** • Domination moghole • Implantations européennes sur les côtes (Goa, 1505)

XVIIe SIÈCLE

Philosophie	Bacon (1561-1626) – *Novum Organum* (1620) établit les principes de la méthode inductive et expérimentale Hobbes (1588-1679) Descartes (1596-1650) – *Discours de la méthode* (1637) – *Méditations métaphysiques* (1641) – *Traité des passions de l'âme* (1649)	Pascal (1623-1662) Spinoza (1632-1677) – *Éthique* (1677) – *Traité théologico-politique* (1670) Locke (1632-1704) – *Essai philosophique concernant l'entendement humain* (1690) Arnauld et Nicole – *La Logique ou l'Art de penser* (1662)	Malebranche (1638-1715) – *De la recherche de la vérité* Leibniz (1646-1716) – *Discours de métaphysique* (1685) Bayle (1647-1706) – *Dictionnaire historique et critique* (1695-1697)
Sciences et techniques	**Astronomie et physique** • Galilée (1564-1642) Lois du mouvement, héliocentrisme • Torricelli (1608-1647), Pascal (1623-1662) Pression atmosphérique, baromètre • Descartes, Huygens Optique • Huygens (1629-1695) Découverte des anneaux de Saturne • Newton (1642-1727) Théorie corpusculaire de la lumière, attraction universelle	**Mathématiques** • Fermat (1601-1665) invente avec Pascal le calcul des probabilités • Pascal invente la 1re machine à calculer (1642) • Descartes (1596-1650) La géométrie analytique • Leibniz (1646-1716) Calcul infinitésimal • Jacques Bernoulli (1654-1705) Calcul des variations Calcul des probabilités	**Médecine** • Harvey (1578-1657), Circulation du sang
Arts et littérature en Europe	**Littérature** • Calderón (1600-1681) • Corneille (1606-1684) • Milton (1608-1674) • La Fontaine (1621-1695) • Molière (1622-1673) • Bossuet (1627-1704) • Racine (1639-1699) • Fénelon (1651-1715) La **préciosité** (à partir de 1620)	**Peinture** • Jacques Callot (1592-1635) • Le Greco (1541-1614) • Rubens (1577-1640) • Poussin (1594-1665) • Vélasquez (1599-1660) • Le Lorrain (1600-1682) • Philippe de Champaigne (1602-1674) • Rembrandt (1606-1669) • Murillo (1618-1682) • Vermeer (1632-1675)	**Architecture** Mansart (1646-1708) Construction du château de Versailles à partir de 1661 **Musique** • Monteverdi (1567-1643) • Lully (1632-1687) • Charpentier (1643-1704)
Religion et politique en Europe	**Contre-Réforme catholique** • Saint François de Sales (1567-1622) • Saint Vincent de Paul (1581-1660) • Oratoire de France (1611) • Condamnation de Galilée (1633) **Jansénisme** • Jansénius (1585-1638) • Port-Royal (1625-1711) • Condamnations du jansénisme (1656 et 1713) Révocation de l'Édit de Nantes (1685)	Assassinat d'Henri IV (1610) Guerre de Trente ans (1618-1648) Pouvoir personnel de Louis XIV (1661-1715) Domination anglaise sur l'Irlande (1603) et l'Écosse (1707) Pierre le Grand en Europe (vers 1700) Conquête de la Sibérie par l'Empire russe	Première révolution anglaise (1642-1649) République de Cromwell (1469-1659) Établissement de la monarchie parlementaire en Angleterre et *Habeas corpus* (1679)
Autres continents	**Colonisation anglaise et française** en Amérique du Nord, Antilles et Inde, Québec (1608), Boston (1630) **Colonisation hollandaise** Indonésie (1619), Le Cap (1652)	Début de la « traite des Noirs » Recul des **Turcs Ottomans** (échec du siège de Vienne, 1683)	Le **Japon** se ferme aux étrangers (1639) Dynastie mandchoue en **Chine** (1644)

XVIIIe SIÈCLE

Philosophie	Leibniz (1646-1716) – *La Monadologie* (1714) Vico (1668-1744) Berkeley (1685-1753) Montesquieu (1689-1755) – *De l'esprit des lois* (1748) Voltaire (1694-1778) Hume (1711-1776) – *Enquête sur l'entendement humain* (1748)	Rousseau (1712-1778) – *Discours sur l'origine et les fondements de l'inégalité parmi les hommes* (1754) – *Du contrat social* (1762) – *Émile* (1762) Diderot (1713-1784) – *L'Encyclopédie* (à partir de 1751) Kant (1724-1804) – *Critique de la raison pure* (1781) – *Critique de la raison pratique* (1788) – *Critique de la faculté de juger* (1790)	**Le matérialisme** • Helvétius (1715-1771) • Condillac (1715-1780) • Holbach (1723-1789) • Condorcet (1743-1794) **Économie** Smith (1723-1790)
Sciences et techniques	**Physique, astronomie, électricité** • Papin (1647-1714), • Halley (1656-1742) Observation et prédiction des comètes • Daniel Bernoulli (1700-1782) • D'Alembert (1717-1783) • Watt (1736-1819) • Laplace (1749-1827) • Première machine à vapeur (1769) • Franklin (1706-1790) • Galvani (1737-1798) • Volta (1745-1827) Système métrique à partir de 1790 • Delambre (1749-1822) et Méchain (1744-1804) • Arago (1786-1863)	**Chimie** • Priestley (1733-1804) • Lavoisier (1743-1794) Analyse et synthèse de l'eau (1783) • Avogadro (1776-1856) **Mathématiques** • Jean Bernoulli (1667-1748) Géométrie Calcul des probabilités • Euler (1707-1783) • Lagrange (1736-1813)	**Histoire naturelle** • Linné (1707-1778) Classification des végétaux • Buffon (1707-1788) Jardin des Plantes de Paris **Techniques** • Vaucanson (1709-1782) Automates • Montgolfier Première ascension en ballon (1782) • Chappe (1763-1805) Télégraphe aérien (1793) **Voyages de découvertes dans le Pacifique** • Cook (1728-1779) • Bougainville (1729-1811) • La Pérouse (1741-1788)
Arts et littérature	**Littérature** • Defoe (1660-1731) – *Robinson Crusoé* (1719) • Swift (1667-1745) – *Les Voyages de Gulliver* (1726) • Saint-Simon (1675-1755) – *Mémoires* (1739-1750) • Marivaux (1688-1763) – *Le Jeu de l'amour et du hasard* (1730) – *Les Fausses Confidences* (1737) • Goldoni (1707-1793) – *Arlequin serviteur de deux maîtres* (1745) • Rousseau (1712-1778) – *La Nouvelle Héloïse* (1761) – *Confessions* (1782-1789)	• Vauvenargues (1715-1747) • Beaumarchais (1732-1799) – *Le Barbier de Séville* (1775) – *Le Mariage de Figaro* (1784) **Musique** • Vivaldi (1678-1741) • Rameau (1683-1764) • Bach (1685-1750) • Haendel (1685-1759) • Haydn (1732-1809) • Mozart (1756-1791)	**Peinture** • Watteau (1684-1721) • Tiepolo (1696-1770) • Chardin (1699-1779) • La Tour (1704-1788) • Greuze (1725-1805) • Fragonard (1732-1806) • Goya (1746-1828)
Religion, politique et vie sociale en Europe	Expulsion des jésuites • de France (1759) • du Portugal (1764) Dernière épidémie de peste à Marseille (1720)	Catherine II en Russie (1762) Expansion russe vers l'Ouest et la mer Noire Disparition de la Pologne (1795)	**Révolution française** (1789-1799) • Déclaration des droits de l'homme (1789) • Échec de la monarchie constitutionnelle et Ire République (1792) • Guerres révolutionnaires de la France contre l'Europe (1792-1799)
Autres continents	Domination **anglaise** en Amérique du Nord et en Inde contre les Français (1763) Les Anglais en Australie (1788)	Guerre d'indépendance des **États-Unis** (1775-1783) Constitution en 1787	L'empire **chinois** s'étend vers l'Ouest Canton ouvert au commerce européen

XIXe SIÈCLE

Philosophie	Saint-Simon (1760-1825) Fichte (1762-1814) Maine de Biran (1766-1824) **Hegel** (1770-1831) – *Phénoménologie de l'esprit* (1807) – *Principes de la philosophie du droit* (1820-1821) Schelling (1775-1854) **Schopenhauer** (1788-1860)	**Comte** (1798-1857) – *Cours de philosophie positive* (1830-1842) **Cournot** (1801-1877) Feuerbach (1804-1872) **Tocqueville** (1805-1859) **Mill** (1806-1873) L'utilitarisme Proudhon (1809-1865)	**Kierkegaard** (1813-1855) **Marx** (1818-1883) et Engels (1820-1895) – *Manifeste du parti communiste* (1848) Taine (1828-1893) – *Les Origines de la France contemporaine* (1876-1893) **Nietzsche** (1844-1900) – *La Généalogie de la morale* (1887)
Sciences et techniques	**Histoire naturelle** • Lamarck (1744-1829) • Cuvier (1769-1832) • Darwin (1809-1882) – *De l'origine des espèces au moyen de la sélection naturelle* (1859) • Mendel (1822-1884) Premières lois de la génétique **Physique** • Oersted (1777-1851) Électromagnétisme • Le Verrier (1811-1877) Astronomie • Fresnel (1788-1827) Optique • Foucault (1819-1868) Démontre la rotation de la Terre grâce au pendule • Helmholtz (1821-1894) • Hertz (1857-1894) Ondes radio	**Mathématiques** • Boole (1815-1864) Algèbre • Lobatchevski (1792-1856) et Riemann (1826-1866) Géométries non euclidiennes **Médecine** • Claude Bernard (1813-1878) – *Introduction à l'étude de la médecine expérimentale* (1865) • Pasteur (1822-1895) Vaccin contre la rage (1885) • Broca (1824-1880) Localisation cérébrale du langage	**Chimie** • Berthelot (1827-1907) Synthèse des corps organiques • Mendeleiev (1834-1907) Classification des éléments chimiques **Techniques** • Télégraphe électrique (1842) Morse (1791-1872) • Chemins de fer à partir de 1830 Niépce (1765-1833) • Photographie à partir de 1830 • La tour Eiffel (1889) • Débuts de l'aviation (1897) Ader (1841-1925) • Téléphone (1876) Bell (1847-1922) • Cinéma Premier film des frères Lumière (1895) Méliès (1861-1938) • Radio (1895-1897) Marconi (1874-1937)
Arts et littérature	**Littérature** • Goethe (1749-1832) • Schiller (1759-1805) • Chateaubriand (1768-1848) • Stendhal (1783-1842) • Balzac (1799-1850) • Pouchkine (1799-1837) • Hugo (1802-1885) • Poe (1809-1849) • Tourgueniev (1818-1883) • Dostoievsky (1821-1881) • Baudelaire (1821-1867) • Flaubert (1821-1880) • Ibsen (1828-1906) • Zola (1840-1902)	• Rimbaud (1854-1891) • Tchekov (1860-1904) • Tolstoï (1883-1945) **Musique** • Beethoven (1770-1827) • Schubert (1797-1828) • Berlioz (1803-1869) • Chopin (1810-1849) • Schumann (1810-1856) • Liszt (1811-1886) • Verdi (1813-1901) • Wagner (1813-1883) • Brahms (1833-1897) • Moussorgski (1839-1881) • Tchaikovsky (1840-1893)	**Peinture** • Turner (1775-1851) • Delacroix (1798-1863) • Courbet (1819-1877) • Manet (1832-1883) • Cézanne (1839-1906) • Monet (1840-1926) • Renoir (1841-1919) • Gauguin (1848-1903) • Van Gogh (1853-1890) • Klimt (1862-1918) **Sculpture** • Carpeaux (1827-1875) • Rodin (1840-1917) • Maillol (1861-144)
Religion, politique et vie sociale en Europe	Napoléon Bonaparte consul (1799-1804) puis empereur (1804-1814) Guerres et conquêtes napoléoniennes Expansion des idées libérales et du sentiment nationaliste en Europe Congrès de Vienne (1815) Renforcement des empires en Europe La France retrouve ses frontières et un roi	Révolution de 1848 en Europe IIde République et suffrage universel en France Unités italienne (1860-1870) et allemande (1871) L'Empire ottoman perd ses territoires européens Industrialisation (Europe, États-Unis)	Ire internationale (1864) Commune de Paris (1871) Condamnation du modernisme par l'Église • *Syllabus* (1864) • *Rerum Novarum* (1891) République en France (1875) et lois scolaires de Jules Ferry (1882-1883) Affaire Dreyfus (1894-1899)
Autres continents	Expansion des **États-Unis** (1803-1890) et guerre de Sécession (1861-1865) Indépendance de l'**Amérique latine** (1811-1850)	Seconde **expansion coloniale** européenne en Afrique et en Asie **Chine** • Guerre de l'opium (1840-1842) • Ouverture et dislocation de l'empire	Colonisation du Caucase et de l'Asie centrale par la **Russie** Industrialisation du **Japon** Guerres contre la Chine et la Russie (annexion de Taïwan, 1895, et Corée, 1910)

XXe SIÈCLE

Philosophie

Le renouveau de la logique

Frege (1848-1925)
– *Sens et Référence* (1892)

Russell (1872-1970)

Whitehead (1861-1947)
– *Principia mathematica* (1910-1913)

Wittgenstein (1889-1951)
– *Tractatus logico-philosophicus* (1921)

Carnap (1891-1970)
– *Signification et nécessité* (1947)

Bergson (1859-1941)
– *Matière et Mémoire* (1896)

Husserl (1859-1938)
– *Recherches logiques* (1900)
– *Méditations cartésiennes* (1931)
– *La Crise des sciences européennes* (1936)

Henri Poincaré (1854-1912)
– *La Science et l'Hypothèse* (1902)

James (1842-1910)
– *Le Pragmatisme* (1907)

Alain (1868-1951)
– *Système des beaux-arts* (1920)

Brunschvicg (1869-1944)
– *Les Âges de l'intelligence* (1922)

Scheler (1874-1928)
– *Nature et Formes de la sympathie* (1923)

Cassirer (1874-1945)
– *Philosophie des formes symboliques* (1923)

Heidegger (1889-1976)
– *L'Être et le Temps* (1927)

Popper (1902-1994)
– *Logique de la découverte scientifique* (1935)

Sciences et techniques

Physique
- Pierre Curie, Marie Curie et Becquerel
Radium, radioactivité naturelle (1896)
- Rutherford (1881-1937),
Bohr (1885-1962)
Structure de l'atome
- Planck (1858-1947), Schrödinger (1887-1961), De Broglie (1892-1987), Heisenberg (1901-1976)
Mécaniques quantique et ondulatoire
- Einstein (1879-1955)
La relativité, à partir de 1905
- Gamow (1904-1968)
Théorie du big bang
- Fermi (1901-1954)
Énergie nucléaire (1942)
- Gell-Mann (né en 1929)
Classification des particules (quarks)
- Kastler (1902-1984)
Pompage optique (laser)
- Néel (né en 1904)
Magnétisme (1970)
- Charpak (né en 1924)
Chambre à fils (détecteur de particules)
- Prigogine (né en 1917)
Notions d'instabilité et de chaos en thermodynamique
- De Gennes (né en 1932)
Physique des milieux hétérogènes

Chimie
Développement de la chimie des polymères : la bakélite, première résine de synthèse (1907)

Mathématiques et logique
- Poincaré (1854-1912)
- Hilbert (1862-1943)
- Gödel (1906-1978)
- Bourbaki (pseudonyme collectif), à partir de 1939

Sciences humaines

Anthropologie
- Lévy-Bruhl (1857-1939)
- Mauss (1872-1950)
- Lévi-Strauss (né en 1908)
– *Structures élémentaires de la parenté* (1947)
– *Tristes Tropiques* (1955)
- Lorenz (1903-1989)
- Foucault (1926-1984)
– *Histoire de la folie* (1961)

Sociologie
- Durkheim (1858-1917)
– *Règles de la méthode sociologique* (1895)
- Max Weber (1864-1920)
– *L'Éthique protestante et l'esprit du capitalisme* (1920)
- Bourdieu (1930-2002)
- Touraine (né en 1925)
- Labov (né en 1927)
Sociolinguistique

Linguistique
- Saussure (1857-1913)
– *Cours de linguistique générale* (1916)
- Jakobson (1896-1982)
- Benveniste (1902-1976)
- Chomsky (né en 1928)

Arts et littérature

Littérature
- Conrad (1846-1927)
- Kipling (1865-1936)
- Pirandello (1867-1936)
- Claudel (1868-1955)
- Gide (1869-1951)
- Proust (1871-1922)
- Valéry (1871-1945)
- Rilke (1875-1926)
- Mann (1875-1955)
- Musil (1880-1942)
- Joyce (1882-1941)
- Kafka (1883-1924)
- Saint John Perse (1887-1975)
- Pessõa (1888-1935)
- Céline (1894-1961)
- Huxley (1894-1963)
- Éluard (1895-1952)
- Breton (1896-1966)
- Faulkner (1897-1962)
- Aragon (1897-1982)
- Brecht (1898-1956)
- García Lorca (1899-1936)
- Borges (1899-1986)
- Hemingway (1899-1961)
- Kawabata (1899-1972)
- Steinbeck (1902-1968)
- Yourcenar (1903-1987)
- Beckett (1906-1989)
- Ionesco (1909-1994)
- Camus (1913-1960)
- Simon (né en 1913)
- Duras (1914-1996)
- Tournier (né en 1924)
- García Márquez (né en 1928)

Architecture
- F. Lloyd Wright (1867-1959)
- Gropius (1883-1969)
Le Bauhaus (à partir de 1919)
- Mies van der Rohe (1886-1969)
- Le Corbusier (1887-1965)
- Gaudí (1852-1926)

Politique

- Séparation des Églises et de l'État en France (1905)
- Russie : défaite contre le Japon (1905), 1re révolution
- 1re Guerre mondiale (1914-1918)
- Révolution russe et guerre civile (1917-1921)
- Société des nations (1920)
- Fascisme en Italie (1922-1943)
- Staline en URSS (1928-1953)
- Crise économique mondiale (1929)
- Nazisme en Allemagne (1933-1945)
- L'Église condamne fascisme, nazisme et bolchevisme (1931-1937)
- Guerre civile en Espagne (1936-1939)
- Front populaire en France (1936-1938)
- 2e Guerre mondiale (1939-1945)
- Régime de Vichy (1940-1944)
- Hiroshima (août 1945)
- ONU (1945)
- Tribunal de Nuremberg (1945-1946)
- Création de l'État d'Israël (1948) et début du conflit avec les Palestiniens

XXᵉ SIÈCLE

Philosophie

Bachelard (1884-1962)
– *La Formation de l'esprit scientifique* (1938)

Marcuse (1898-1979)

Camus (1913-1960)
– *Le Mythe de Sisyphe* (1942)

Adorno (1903-1969) – École de Francfort

Horkheimer (1895-1973)
– *La Dialectique de la raison* (1947)

Sartre (1905-1980)
– *L'Être et le Néant* (1943)
– *Critique de la raison dialectique* (1960)

Merleau-Ponty (1908-1961)
– *Phénoménologie de la perception* (1945)

Arendt (1906-1975)
– *L'Impérialisme* (1951)

Austin (1911-1960)
– *Quand dire, c'est faire* (1962)

Foucault (1926-1984)
– *Les Mots et les Choses* (1966)

Jankélévitch (1903-1985)
– *La Mort* (1966)

Éric Weil (1904-1977)
– *Logique de la philosophie* (1967)

Derrida (né en 1930)
– *L'Écriture et la Différence* (1967)

Rawls (né en 1921)
– *Une théorie de la justice* (1971)

Habermas (né en 1929)

Levinas (1905-1995)
– *Autrement qu'être* (1974)

Ricœur (né en 1913)
– *Du texte à l'action* (1986)

Deleuze (1925-1995)
– *Qu'est-ce que la philosophie ?* (1991)

Sciences et techniques

Sciences de la vie, médecine
- Fleming (1881-1955)
Découverte de la pénicilline (1928)
- Découverte de l'ADN (1953)
- Monod et Jacob (1965)
Mécanismes de la régulation génétique
- Dausset (1958)
Découverte sur les groupes tissulaires
- Clonage à partir de 1952 (Dolly, 1er clone d'une brebis adulte, 1996)
- Déchiffrage du génome humain à partir de 1972 ; thérapie génique, 1991
- Frydman : bébé éprouvette (1978)
- Montagnier, Gallo (1983)
Identification du virus du sida
- Carte physique du génome humain (1994)

Paléo-anthropologie
- Leroi-Gourhan (1911-1986)
- Coppens (1974)
Découverte de Lucy

Informatique
- Aiken et IBM (1944)
Premier calculateur électromécanique
- Microordinateur PC (1973)
- Arpanet (1969)
Réseau militaire américain d'ordinateurs, à l'origine d'Internet
- Internet (développement fulgurant à partir de 1995)

Techniques
- Blériot traverse la Manche en avion (1909)
- Débuts de la télévision (1926)
- Film parlant (1927)
- Radar (1935)
- Fibre synthétique, le nylon (1936)
- Avion à réaction (à partir de 1939)
- Premier vol supersonique (1947)
- Invention du transistor (1948)
- Premier disque microsillon (1948)
- Spoutnik I, 1er satellite artificiel (1957)
- Laser (1960)
- Armstrong et Aldrin sur la Lune (1969)

Sciences humaines

Psychologie, psychanalyse
- Freud (1856-1939)
– *Cinq psychanalyses* (1905-1918)
- Janet (1859-1947)
- Jung (1875-1961)
- Guillaume (1878-1962)
- Wallon (1879-1962)
- Winnicott (1896-1971)
- Piaget (1896-1980)
- Lacan (1901-1981)
- Bettelheim (1903-1990)
- Dolto (1908-1988)
- Bruner (né en 1915)

Économie
- Taylor (1856-1915)
- Keynes (1883-1946)
- Hayek (1899-1992)

Arts et littérature

Peinture
- Kandinsky (1866-1944)
- Matisse (1869-1954)
- Picasso (1881-1973)
- Braque (1882-1963)
- Modigliani (1884-1920)
- Duchamp (1887-1968)
- Miró (1893-1983)
- Dalí (1904-1989)
- Bacon (1909-1992)
- De Staël (1914-1955)
- Warhol (1930-1987)

Sculpture
- Brancusi (1876-1957)
- Giacometti (1901-1966)

Musique
- Malher (1860-1911)
- Schoenberg (1874-1951)
- Stravinski (1882-1971)
- Varèse (1882-1971)
- Webern (1883-1945)
- Gershwin (1898-1937)
- Ellington (1899-1974)
- Armstrong (1900-1971)
- Messiaen (1908-1992)
- Cage (1912-1992)
- Boulez (né en 1925)
- Stockhausen (né en 1928)

Cinéma
- Chaplin (1889-1977)
- Renoir (1894-1979)
- Keaton (1895-1966)
- Eisenstein (1898-1948)
- Cukor (1899-1983)
- Buñuel (1900-1983)
- Bresson (1901-1999)
- Kazan (né en 1909)
- Losey (1909-1984)
- Welles (1915-1985)
- Bergman (né en 1918)
- Fellini (1920-1993)
- Kubrick (1928-1999)
- Godard (né en 1930)
- Spielberg (né en 1947)

Politique

- Décolonisation (1945-1990) : Inde et Pakistan (1947), Afrique noire française (1960), Algérie (1962)
- « Guerre froide » (1946-1989)
- République populaire de Chine (1949)
- Guerre d'Indochine (1946-1954)
- Guerre d'Algérie (1954-1962)
- Guerre du Vietnam (1965-1973)
- Concile Vatican II (1962)
- Création de la CEE (1957)
- Traité de Maastricht et élargissement de l'Union européenne (1992)
- République islamique en Iran (1979)
- Intervention soviétique en Afghanistan (1979-1989)
- Chute du mur de Berlin (1989)
- Fin de l'URSS (1991)
- Guerre du Golfe (1991)
- Début des guerres civiles en Afrique (1991)
- Guerre des Balkans (1991-1999)
- Attentat aux États-Unis (11.09.2001)
- Interventions américaines en Afghanistan puis en Irak (2002-2003)

Index des notions

Les numéros de pages en gras renvoient aux chapitres complets ou aux introductions générales.

A

Absolu, absolutisme 213, 477, 576.
Abstraction, abstrait 158, 545.
Accident 310.
Acquis (et inné) 61.
Action 195, 204-205, 309, 476.
Adam et Ève 210-211, 480.
Affect 463.
Aliénation 547, (de la conscience) 24, 217, 494, 534, 582.
Allégorie de la caverne 271, 276-278, 568.
Âme (et corps) 338-343, 347-352, (tombeau de l') 62, 111, 113, 227, 271.
Amitié 495, 541.
Amour 45, 91-92, 97, 558, (amour de soi et amour-propre) 79.
Analogie 76.
Anarchie, anarchisme 457, 471.
Angoisse 109, 220.
Animal (animalité) 140, 142, 147, 192, 199, 219, 330, 535, (politique) 426, 429, 569.
Animisme 213, 268.
Anthropologie 255-258, 390, 426.
Aperception 44, 94.
Apparence 63, 164-165, 276-278, 494.
Appétit, appétition, appéter 94, 463.
A priori/A posteriori 108, 114, 579.
Arbitraire 418, (du signe) 138, 145-146.
Arbitre (libre) 41, 370, 400, 465, 482, 500.
Argument, argumentation *voir Démonstration, Vérité.*
Art 131, **152-185**, 197, 338, 544, 545, 572, (de vivre) 448, (arts mécaniques et libéraux) 578.
Ascétisme 93, 101, 312.
Association *voir Contrat social, Société.*
Ataraxie 92, 493.
Athéisme 214, 343.
Atome, atomisme 347-348.
Attribut 348-350.
Autonomie 456-457, 467, 477, 571, 575, 577, 580.
Autorité 426, 505, 579.
Autrui 23, 24, **70-85**, 91, 192, 372, 400, 541, 564, 586.
Axiome, axiomatique 291-292.

B

Barbare, barbarie 84.
Béatitude *voir Bonheur.*
Beau *voir Art.*
Besoin 255-258, 390, 396, 401, 410, 430, *voir Désir.*
Bible 210-211, 223, 313.
Bien 150-176, 587, (souverain bien) 449, 492, 498-500.
Bioéthique 325, 334, 380-381.
Biologie *(voir Vivant : 320-335)*, 378.
Bonheur (et malheur) 90, 205, 245, 389, 428, 435, **488-503**, 537, 539, 562, 563, 569, 572.
Bouddha, bouddhisme 214.

C

Ça (moi et surmoi) 42, 47-48, 52.
Calcul 146, 292, 575.
Capitalisme *voir Libéralisme.*
Catharsis 156.
Cause, causalité 148, 272, 299-300, 326, 345-347, 465, (finale) 431.
Censure (de la presse) 440-441, (en psychanalyse) 42, 50, 51.
Certitude 20, 25, 40, 273, 574, *voir Démonstration, Vérité.*
Cerveau 120-127.
Charité 407.
Choix (et conscience) 27.
Chose en soi 108, 456.
Cité 221, 397, 426, 569.
Civilisation 182-183, 257-258.
Classe (lutte des classes) 434.
Code 138, *voir Langage.*
Cogito 20-22, 25, 28-30, 574.
Cohérence *voir Démonstration, Vérité.*
Communication 136-141, 293, 394, 584-586.
Compréhension 139-140, 314.
Conflit (de devoir) 411, *voir Guerre.*
Connaissance (historique) 236-237, 240, *(voir La raison et le réel)*, (scientifique) 271-273.
Conscience **16-35**, 203-204, 225, 493, 532-533, 535, 562, 574, (aliénation de la) 24, (de soi) 40, 96, (et bonheur) 45, (limites de la) 24, 33-35, (morale) 21-77, (réflexive) 21, (souveraineté de la) 24, 41, 43, *voir Devoir.*
Constitution 417, 421.
Contemplation (esthétique) 179-180, 270.
Contingence 146, *voir Hasard.*
Contingent *voir Futur.*
Contrainte 194-195, 392, 479, *voir Obligation.*
Contrat (social) 427, 432, 433, 576.
Convention 576, (langage) 137, 427.
Coran 211.
Corps 52, 58, (propre) 69, 92, (et esprit) 94, *(voir La matière et l'esprit : 336-355)*, 197, 463.
Cosmos, cosmologie, cosmogonie 111, 566.
Courage 92.
Coutume 414-415.
Création 157-160, 306.
Critère 21, 284, 361-362, 368-370.
Critique (de la religion) 215-217, 228.
Croire, croyance 148, 213, 219, 307-308, 316, 548, *voir Religion.*
Culte 213, 220, *voir Religion.*
Culture **130-131**, 149, 191, 229, 254-261, 456, 586-587.

D

Dasein 23, 466, 587.
Déclaration (des droits de l'homme) 442.
Déduction 290-292, 361-362, 574.
Démiurge 111.
Démocratie 377, 410, 424-425, 427, 438, 567, 569, 587.
Démonstration, démontrer 264, 282, **286-301**, 361-362, 366, 571, 574-575.
Désir 41, **86-101**, 95, 118, 193, 206, 363, 456, 537, 538, (de désir) 91, (naturel et nécessaire) 92, 98.
Despotisme 428, 502.
Destin 452, 463, 492, *voir Fatalisme.*
Déterminisme 46, 249, 256, 322, 328, 455, 465, 581.
Devoir 224, 234, 253, 372-373, 413-414, 430, **472-487**, 495, 563, 564, 579-580.
Dialectique du maître et de l'esclave 582.
Dialogue 77, 85, 469, 567, *voir Langage.*

Dieu 118, 216-217, 220, 224, 227, 231, 342, 407, 466, 476, 486, 572, 575-577, (preuves de l'existence de) 288, 570, *voir Religion*.
Dignité 410, 478, 493, 498, 504-510.
Discipline 476-477, 480-482.
Divertissement 24, 109, 118, 497.
Don 391, 395, 396.
Doute 25, 365-366, *voir Scepticisme*.
Droit 384, 401, 476, 579, (droits de l'homme) 406, 442, 579-580, (du plus fort) 415, (naturel) 384, 393, 409, 416, 427, 459, (opposé à fait) 408, *voir La justice et le droit*.
Dualisme, dualité 40-41, 120, 342-343, 347-349.
Durée 23, 90, 108, 115, 242.

E

Échange 193, 390-391, 394-395, 427, 544, 559.
École 207, 258-261, 476-477, 480, (université) 571.
Écologie 280-281.
Écriture 134, 149.
Éducation 234, 246, 255, 456, 459, 476-477, 480-482, 572, 578.
Égalité 206-207, 257-259, 421, 428, 435, 458, 471, 579.
Égocentrisme 23, *voir Sociabilité (insociable)*.
Égoïsme 397, 401, 495, 502.
Émotion (esthétique) 161-162, 181-184.
Empirique, empirisme 271-272, 280-282, 285, 578.
Enfance, enfant 182-183, 207, 229.
Enfer (« c'est les autres ») 72, 76-77, 586.
Engagement 456.
Ennui 497, *voir Divertissement*.
Épicurisme 64, 92, 98, 275, 341, 490, 493, 569-570.
Épigone, « épigonisme » 160, 178.
Équité 308, 385, 409-410, 417-418, 420, 421, 458.
Éros, érotisme 91-92, 205.
Erreur 59, 219, 363, 370-372, 552, *voir Illusion*.
Esclavage, esclave 194-195, 202, 204-205, 504-510, 582, 587.
Espace 69, 114, 154-155, 169-171, 343.
Espèce 323.
Esprit 120-127, 179-180, 340-341, *voir La matière et l'esprit*.
Essence 276-278, (et existence) 466, 587.
Esthétique, *voir Art, Jugement, Perception*.
État (L') 384, 391-393, 399-401, **422-437**, 457, 470, 560, 573, 579-580, 583, (civil) 393, 419, (de nature) 75, 78-79, 141, 428, 431, 391, 409, 432, 437, 576, (providence) 428.
Étendue 65, 348-349.
Éternité 104, 106, 110, 112, 341, 539.
Éthique 265, 325, 334, 380-381, 428, 587, *voir Devoir*.
Ethnocentrisme 246, 399, 587.
Ethnologie 255-257.
Être (critique de l') 148, (et existence) 106, (individu) 494, (-là) 587, (du temps) 114.
Eudémonisme 493, 498.
Événement 163, 237, 241-242, 264.
Évidence 291-292, 362-362, 369, 575, *voir Cogito*.
Évolution, évolutionnisme 322, 323, 327.
Exclusion 388.
Existence 32, 90, 536, 540, (et essence) 466, 501, 587, *voir L'existence et le temps*.
Existence (L') et le temps **102-119**.
Existentialisme 29, 117, 466, 586.
Expérience 265, 270-272, 274-282, 292-293, 299-300, 353, 465, 492, 552, *voir Théorie et expérience*.
Expérimentation (méthode expérimentale) 282-285, 322, 375, 583.
Expliquer/Comprendre 270, 284, 306-308, 314.

F

Faibles (morale des) 101, 485.
Fait social total 391, 395.
Falsifiabilité, falsifiable 273, 285, 585.
Famille 391, 395, 401, 426, 429, 430.
Fanatisme 454, 479, 485.
Fatalisme, fatalité 455, 492, *voir Destin*.
Faute 478.
Fin (cause/fin), finalisme, finalité 326-327, 581.
Finitude 106-107.
Foi 216, 307-308, 313, 570, (mauvaise) 52, *voir Religion*.
Force 485.
Formalisation, formel, formalisme 290-291, 584.
Forme 26, (*a priori* de la sensibilité) 114, 196, 333, 567.
Fortune 93, 492.
Fruit défendu 210-211, 217, 480.
Futur 107, 112-113, 325.

G

Générosité 482.
Génie 159-161, 175, 176, (malin génie, Dieu trompeur) 25.
Gouvernement 430, 560.
Guerre 75, 392, 396, 400, 428, 431.

H

Habitude 459, 492.
Handicap, handicapé 58, (aveugle) 61, 410.
Hasard 310, 323, 327, 492.
Hédonisme 493, 498.
Héliocentrisme 215, 272, 313, 375.
Herméneutique 306, 317, 586.
Hétéronomie 477-479.
Histoire 131, 231, **232-253**, 550, 551, 578, 581, 583, (universelle) 399.
Homme, humanité 20, 77, 92, 130-131, 162, 190-192, 194-196, 198, 236, 332, 504, 538.
Humanisme 572.
Hypothèse, hypothético-déductif 282, 291.
Hystérie 42.

I

Idéal 165-167, 180, 237, 276-280, 312, 428, 476, 478, 496.
Idéalisme 59, 265, 340, (politique, opposé à réalisme) 573.
Idée (innée) 578, (et langage) 141, (origine) 281, (platonicienne) 276.
Identité 22.
Idéologie 24, 33, 245, 248, 428, 436, 578, 582.
Ignorance 326, 328, 455, 463, 548, 557, *voir Allégorie de la caverne*.
Illusion (du moi) 24, 30, 46, (en art) 156-157, 167-168, (et erreur) 59, 61, 94, 363, 371-372, 454-455, 458, 463, 494, 500, 562, 565, (historique) 249, (métaphysique) 264, (religieuse) 217, 228, (sensible) 58-59, 62-64, *voir Allégorie de la caverne*.

Imaginaire, imagination 60, 65, 91, 118, 123-124, 181, 268, 492, 494, 496, 500, 562, (et perception) 67.
Imitation 156-160, 164-174, 573.
Immanent 30, 568.
Immatérialisme 60, 66, 343, 352.
Immortalité, immortel 227.
Impératif (hypothétique et catégorique) 97, 483, 580, (catégorique dévoyé) 486.
Inceste (interdit de l') 390, 395.
Inconditionné 477, 483.
Inconscient **36-53**, 161, 181, 230, 309, 534, 586.
Individu, individualisme *voir Égoïsme*, 410, 426-428, 433, 583.
Induction 293, 299-300.
Inégalité *voir Égalité, Équité*, 257-259.
Inférence 294.
Infini (volonté) 370, 462, 482.
Inné, innéisme (inné/acquis) 61, 191, 281.
Instant 106.
Instinct 24, 51, 91, 196, 395, 448, 471.
Institution 214, 257-259, 385, 410.
Intelligibilité, intelligible 276-278, 314, 567.
Intention 160, 341, 478, 489.
Intentionnalité 28-29, 327, 586.
Interdit 42, 549, *voir Inceste*.
Intérêt, intéressé 250-252, (général) 410, 434.
Interprétation 59, 158, 212, 222-223, 236, 264, **302-317**.
Intersubjectivité 74, 76, 77, 85.
Intuition 26, 114, 361-362, 585.
Invention 156-158, 169-173.
Irrationalité, irrationnel 41, 215-216, 225, 548.

J

Je (pouvoir de dire) 31, 50, 532-533.
Joie 494.
Jugement 59, 264, 308, 467, 468, (esthétique) 177, 545, 580, (et perception) 59-60, 65, (judiciaire) 385, 410, 420.
Jurisconsulte 409.
Jurisprudence 410.
Justice (La) et le droit 384-385, 400, **402-421**, 438, 493, 559, (justice distributive) 410, 421.

L

Langage 130, **132-151**, 199, 218, 307, 311, 320, 394, 429, 532-533, 542, 543, 584-586.
Lapsus, 42.
Légal (et/ou légitime) 308, 407-409, 411-417.
Légalité 385, 406-408, 414, 418.
Légitimité 406, 478, 579, *voir Devoir, La justice et le droit*.
Léviathan 431.
Libéralisme 393, 427-428, 457, 582.
Liberté 46, 188, 207, 279-280, **450-471**, 530-531, 534, 547, 565, 575-576, 579-581, (civile) 470, (de la presse) 438-445, (d'indifférence) 462, (d'opinion) 436, (et égalité) 471-476, (individuelle) 495, (naturelle) 427, 431, 432, 454-470.
Libido 48, 205.
Libre arbitre *voir Arbitre*.
Logique 290-292, 294-297, 301, 567, 584, *voir Démonstration*.
Loi 221-222, 247, 250-252, 292, 329, 400, 477, 481, 483-484, 495, 530-531, 575, 577, 579, 580.
Loisir 188, 195, 207.
Lumières 557, 561, 577-578.

M

Machine 142, 192, 206, 257, 324, 328, 330, 332, 333, 354, 546.
Majeure *voir Syllogisme*.
Mal 459, 463, 474, 478, 568.
Malheur 90, 495, 497.
Matérialisme 265, 340, 346-348, (historique) 24, 248.
Mathématiques 291-296, 574-575.
Matière 26, 196, 332, 333.
Matière (La) et l'esprit 160-161, 265, **336-355**, 555.
Marxisme *voir Matérialisme (historique)*.
Maxime 248, 414.
Mécanisme 323-324, 333.
Méchanceté 78-79, 568, *voir Perversité*.
Mémoire 27, 33, 44, 61, 64, 134, (et histoire) 238, 246, 550.
Mensonge 358-359, 363.
Mérite 410, 483.
Métaphysique 292, 323-324, 343-344, 353, 568, 584-585.
Méthode 292-293, 295-296.
Mineure *voir Syllogisme*.
Misère 412.
Moi 22, 534, (autre que moi) 51, (et mon passé) 536, (illusion du) 30-31, 35, 534, (introuvable) 48, *voir Ça*.
Monothéisme 570.
Morale 80, 238, 362-363, 372, 398, 406, 408, 413, **448-449**, 494, 498, 563, 577-580, (des faibles) 479, 485, (et bonheur) 495, 502-503, (et économie) 509, (et politique) 243, 568, (et religion) 216, 479, 486, 549, *voir Devoir*.
Morceau de cire 59, 65.
Mort 108-109, 119, 231, 322, 330, 492, 540, 572, (de Dieu) 231.
Mystique, mysticisme 217.
Mythe 566, 585, (d'Aristophane) 97, (de Prométhée) 200-213.
Mythologie 182, 230, 307.

N

Narcissisme 181, 205.
Nature 164-174, 196, 273, 332, 340-342, 346, 395, 456, 466, 505, 566, (et art) 156-160, 164-174, 573, (nature humaine : *voir Homme, humanité*), *voir État (de nature)*.
Naturel (signe) 137, (liberté) 454-459, *voir Droit*.
Néant, néantiser 22, 29, 114, 469, 587.
Nécessaire, nécessité 323, 465, 476, 482.
Neurosciences 120-127.
Névrose 181, 229, *voir Hystérie*.
Nihilisme 93.
Norme *voir Devoir, La justice et le droit*.

O

Obéissance 407-408, 412, 457, 476-478, 480-481, 483-485.
Objectif (opposé à *subjectif*) 76, 107, 143, 214, 237, 366.
Objectivité, (critère d') 21, (de la science) 271, (du temps) 107-108, 113-117, (en histoire) 237.
Obligation (opposé à *contrainte*) 150, 194-195, 221-222, 391, 395, 415-416, 476, 477, 481, 579.
Observation 272, 281, 283, 552.
Obstacle épistémologique 271-279.
Œdipe 229.
Œuvre 160-163, 177, 179-185, 195, 196.
Opinion 360, 552, 556, 567, (publique) 436, 438-445, 454, 457, 460, 467-468, 494, 499.
Organon 291.
Origine 148, 193.
Oubli 38, 245, *voir Mémoire*.

P

Pacte (social) 426, 431.
Paix (perpétuelle) 428, 431, 437, 559.
Paléontologie 327.
Parole 179, *voir Langage*.
Passé 112, 236-239, 536, *voir Histoire, Mémoire*.
Passion 41, 45, 250-252, 331, 338, 392, 416, 418, 454, 460, 494, 535, 539, 558.
Paternalisme 426, 428, 430, 435.
Penchant *voir Sensible*.
Perception 40, 44, **54-69**, 120-124, 265, 352, 552.
Perfectibilité, perfection 167-168, 193, 392, 578, *voir Infini*.
Performatif 139.
Personne 14, 21-23, 394, 401, 432, 481.
Persuasion 148, 150, 164-165, 179.
Perversion, perversité 474, *voir Méchanceté*.
Phénomène 108, 115, 456, 475, 567, 575, *voir Théorie et expérience*.
Phénoménologie 21.
Phusis 146.
Physique 268, 284, 323-324, 344.
Pitié (fondement de la moralité) 75, 79, 398.
Plaisir 61, 95, 181, 493, 498, *voir Hédonisme*.
Politique, 410, 428, 469, 495, 560, 576-580, (animal) 426, 429, 568, *voir La politique*.
Politique (La), **384-445**.
Positivisme 236, 246, 283, 583, 585, (juridique) 409, 416.
Pouvoir 374-381, 392, 400, 406, 408-410, 421, 426, 428, 435, 438-440, 442, 457, 460, 476, 494, 501, 557, (des mots) 139, 147-151, 215, 542, (technique) 455, (séparation des) 458, (législatif) 579.
Pratique 253, 448, 496, 568, *voir Devoir*.
Présent 107, 112, *voir L'existence et le temps*.
Présocratiques 566.
Preuve (de l'existence de Dieu) 288, 570, *voir Démonstration*.
Primitif 84, 254, 392, 393, 399, 434.
Profane 213, 219.
Progrès 239, 253, 334-335, 376, 378, 380, 578, 583.
Prométhée, prométhéen 332.
Propagande 245, 469.
Propriété 400, 409, 412, 430, 432, 458, 507.
Prosopopée des lois 412.
Providence 412.
Psychanalyse 24, 35, 41-43, 46-52, 161, 181, 205, 308-310, 315, 586, *voir Inconscient*.
Psychique, psychisme *voir Inconscient*.
Psychologie 344, *voir Âme*.
Pulsion 24, 42, 161, 230, 455.
Pyrrhonisme 275, 367, *voir Scepticisme*.

R

Raison, raisonnement, rationalisme, rationnel 275, 282, 290-295, 307-308, 362, 463, 539, 552, 558, 561, 575-576, (dans l'histoire) 239, 250-252, (et religion) 214-216, 221-227, 313, 571, *voir Démonstration, Théorie et expérience, Vérité*.
Raison (La) et le réel **264-265**
Réalité 156-159, 164-174, 494, 545.
Reconnaissance 23, 76, 82, 83, 91.
Référent 138.
Réforme protestante 572.
Refoulement 42-43, 51, 229.
Réfutabilité *voir Falsifiabilité*.
Relativisme 360.
Religion 197, **208-231**, 307, 313, 479, 486, 548, 549, 570, 577.
Remords 109.
Repentir 109, 537.
Représentation 158, 268, 456, 499.
République, républicain 410, *voir Démocratie*.
Résistance (psychanalyse) 43, (à soi-même) 478, *voir Inconscient*.
Responsable, responsabilité 21, 40, 238, 325, 448, 587.
Ressentiment 479, 485.
Rêve 42, 304-305, 309, 315-316.
Révélation 156, 222-224, 307, 570, *voir Religion*.
Rhétorique 150, 179, 571.
Rite, rituel 219, 226-227.
Robinson 75, 80.
Roseau pensant 20, 74.
Ruse (de la raison) 239, 250-252, 581.

S

Sacré 162, 213, 219.
Sacrifice 101, 495.
Sagesse 15, 92, 93, 264, 448, 493-494, 498-501, 553, 568.
Salut 408, 572.
Sauvage 84, 399.
Scepticisme, sceptique 63, 110, 224, 360, 367, 567-568.
Science 552, 553, (et art) 165, 567, (et progrès) 583, (et société) 374-381, *voir Démonstration, Théorie et expérience, Vérité, Vie*.
Scientisme 376.
Scolastique 571.
Sens 63, 306-307, 312, (de l'histoire) 239, 581, (des mots) 137-139, (erreur des) 58-59, 62-64, *voir Interprétation*.
Sensation 279-281, *voir Perception*.
Sensibilité, sensible 58-59, 62-64, 107, 114, 161, 351-352, 397, 456, 465, 484, 492, 558, 568.
Service public 458.
Servitude 428, 454-455, 459-463, 471, 504-510.
Sexe, sexualité 51, 52, 99, *voir Libido, Pulsion*.
Signe, signification 137-139, 145-147, 320, *voir Interprétation, Langage*.
Signifiant/Signifié 138, 145.
Sociabilité 201, 202, 391, 392, 396-398, (insociable) 75, 80, 392, 398.
Socialisme 582-583.
Société 136-137, 193, 254-259, **386-401**, 457, 560, (animale) 384, (civile) 385, 393, 401, 428, 470, (et science) 374-381, *voir Primitif*.
Sociologie 254-259, 314, 379.
Socrate 221, 364-365.
Solitude 74, 77, 81, 83.
Sophisme, sophiste, sophistique 150, 156, 164, 426, 438-439.
Soupçon (ère du) 581.
Souverain (bien) 449, 492, 498, 500, *voir Bien*.
Souveraineté 579, (de la conscience) 24, 41, 43.
Spiritualité, spirituel 160-161, 180, spiritualisme, 340.
Spontanéité 268, 456.
Stoïcien, stoïcisme 20, 275, 449, 493, 569.
Structure, structuralisme 585.
Subjectif 76, 241, *voir Objectif*.
Subjectivité 20, 237, 241, 580.
Substance 23, 41, 342, 348-350, 352.
Sujet **14-15**
Sujet pensant 574-575, 585-586, *voir Conscience*.
Superstition 215, 219, 225-226, 307, 310.

Surmoi 42.
Syllogisme 290, 294-296, 567, *voir Démonstration*.
Symboles, symbolique 138, 197, 218, 394.
Sympathie 74, (et histoire) 241.
Syncrétisme 23.
Synthèse (de nos représentations) 23.
Système 138.

T

Table rase 281.
Technique 130, 157, 159, 183, 188-192, 197, 200, 218, 345, 546.
Tekhnê 197.
Temps 15, (et conscience) 27, (objectivité du) 107-108, 113-117, (perdre et prendre son) 540, *voir Durée, L'existence et le temps*.
Théologie 247, 283, 570, 575, *voir Religion*.
Théorie *voir Théorie et expérience*.
Théorie et expérience 265, **266-285**.
Tolérance 578.
Totalitaire, totalitarisme 428, 436, 587.
Tragédie, tragique 407, 411.
Transcendance, transcendant, transcendantal 22, 28, 85, 213, 409, 465, 567.
Travail, 130, 196, 434, 546, 547, (aliéné, dénaturé) 504, 582, (de l'artiste) 159-160, (division du) 396-397.
Travail (Le) et la technique **186-207**.
Tyran, tyrannie 460.

U

Univers 311.
Universel 141, 180, 250-252, 418, 427, 433, 574, (droit) 410, 579, 580.
Utile, utilitarisme, utilité 61, 92, (de la philosophie) 554.
Utopie 271, 279, 573.

V

Valeur 165-166, 194, 362, 394, 477, 548, 581.
Validité (du raisonnement) 294.
Vengeance 410, 418.
Vérité 76, 164-165, 180, 240, 264, 273, 284, 290-301, **356-373**, 556, 557, 567, 574-575, 584.
Vie, Vivant 90, 312, **318-335**.
Violence 392, 436, *voir Guerre*.
Vitalisme 323-324, 328-329.
Voile d'ignorance 409, 418.
Volonté, 92-93, 100-101, 148, 196, 370, 373, 401, 419, 431, 462, 467, 469, 477-478, 482-485, 493, 499, 501, 580, (générale) 433, 579, 581.

Index des repères

Les numéros de pages en gras renvoient aux notices des repères.

Absolu/Relatif 62, 63, 111, 115, 213, 360, 367, 408, 409, 411, 412, 413, 415, 417, 419, 477, 484, **512**.

Abstrait/Concret 62, 149, 271, **512**.

Analyse/Synthèse 22, **513**.

Cause/Fin 46, 51, 81, 96, 148, 196, 239, 243, 248, 250, 272, 322, 326, 327, 328, 333, 341, 345, 346, 347, 391, 400, 401, 431, **513**.

Contingent/Nécessaire/Possible 92, 93, 99, 119, 146, 193, 230, 239, 248, 290, 323, 327, 362, 390, 418, 464, 484, **514**.

Croire/Savoir 46, 47, 63, 64, 66, 148, 299, 307, 313, 343, 360, 366, 367, 369, 371, 372, 373, 487, **514**.

En acte/En puissance 178, 325, 398, **515**.

En fait/En droit 372, 393, 408, 412, 414, 415, 416, 417, 419, 420, 478, 484, **516**.

En théorie/En pratique, 32, 63, 270, 271, 275, 276, 366, 367, 372, 415, 417, 418, 420, **516**.

Essentiel/Accidentel 62, 66, 92, 94, 346, 347, 348, **517**.

Expliquer/Comprendre 158, 160, 270, 308, **517**.

Formel/Matériel 26, 60, 108, 115, 160, 161, 180, 272, 333, 341, 346, 347, 348, 353, 484, **518**.

Genre/Espèce/Individu 85, 205, 398, **518**.

Idéal/Réel, 34, 94, 96, 118, 157, 160, 161, 167, 170, 173, 180, 183, 196, 250, 271, 278, 280, 348, 372, 373, 408, 413, 415, 428, 437, 477, 485, **519**.

Identité/Égalité/Différence 192, 203, 397, 410, 421, 458, **519**.

Intuitif/Discursif 68, 115, 116, 291, 292, 296, 298, 299, 300, 314, 361, 369, 370, **520**.

Légal/Légitime 308, 400, 406, 407, 411, 413, 414, 415, 417, 419, 420, 431, 434, **520**.

Médiat/Immédiat 60, 67, 69, 82, 83, 96, 115, 158, 163, 198, 311, 317, 362, 370, 401, **521**.

Objectif/Subjectif 21, 26, 30, 32, 49, 60, 62, 64, 67, 68, 69, 76, 82, 85, 94, 107, 108, 112, 114, 116, 117, 143, 198, 214, 237, 240, 241, 271, 272, 306, 310, 316, 367, 368, 372, 484, 487, **521**.

Obligation/Contrainte 151, 194, 395, 396, 408, 416, 465, 467, 470, 477, 478, 479, 480, 481, 484, 500, **522**.

Origine/Fondement 75, 108, 148, 183, 193, 346, 391, 395, 397, 406, 407, 408, 417, 435, 480, **522**.

Persuader/Convaincre 148, 151, 165, 290, 293, 366, 369, **523**.

Principe/Conséquence, 42, 49, 80, **523**.

Ressemblance/Analogie 145, 165, 167, 168, 170, 173, 304, 321, 394, 431, **524**.

Transcendant/Immanent 22, 28, 29, 30, 85, 96, 227, 230, 340, 409, 465, **524**.

Universel/Général/Particulier/Singulier 68, 82, 83, 96, 108, 141, 162, 180, 252, 273, 285, 401, 408, 410, 419, 427, 484, **525**.

Index des textes par auteur

ALAIN (Émile CHARTIER, dit) 1868-1951
Éléments de philosophie 51, 68 ; *Les Idées et les Âges* 207 ; *Propos* 502, 535 ; *Propos d'un Normand* 226 ; *Propos sur l'éducation* 467.

ARENDT (Hannah) 1906-1975
Condition de l'homme moderne 206 ; *La Crise de la culture* 469 ; *Eichmann à Jérusalem* 486 ; *Les Origines du totalitarisme* 436 ; *La Vie de l'esprit* 117.

ARISTOTE 384-322 av. J.-C.
Éthique à Nicomaque 420, 541 ; *Métaphysique* 346 ; *Les Politiques* 204, 421, 429, 505.

ARNAULD (Antoine) 1612-1694 et NICOLE (Pierre) 1625-1695
La Logique ou l'Art de penser 369, 553.

ARON (Raymond) 1905-1983
Les Étapes de la pensée sociologique 314.

AUGUSTIN 350-430
Confessions 112.

AUSTIN (John Langshaw) 1911-1960
« Performatif-Constatif » 368.

AVERROÈS (IBN RUSH, dit) 1126-1198
Discours décisif 222.

BACHELARD (Gaston) 1884-1962
La Formation de l'esprit scientifique 279 ; *Le Nouvel Esprit scientifique* 282.

BATAILLE (Georges) 1897-1962
La Part maudite 99.

BEAUVOIR (Simone de) 1908-1986
Pour une morale de l'ambiguïté 117.

BENJAMIN (Walter) 1892-1940
Œuvres III 183.

BENVENISTE (Émile) 1902-1976
Problèmes de linguistique générale 146.

BERGSON (Henri) 1859-1941
Les Deux Sources de la morale et de la religion 219, 480 ; *L'Énergie spirituelle* 26 ; *Essai sur les données immédiates de la conscience* 116 ; *La Pensée et le Mouvant* 249.

BERKELEY (George) 1685-1753
Trois Dialogues entre Hylas et Philonous 66, 352.

BERNARD (Claude) 1813-1878
Cahiers de note 327 ; *Introduction à l'étude de la médecine expérimentale* 274, 328.

BERTHOZ (Alain) né en 1939
« Le cerveau et le mouvement » 127.

La Bible 210.

BICHAT (Xavier) 1771-1802
Recherches physiologiques sur la vie et la mort 330.

BLANCHÉ (Robert) 1898-1975
Introduction à la logique contemporaine 294.

BONNET (Charles) 1720-1793
La Palingénésie philosophique ou Idées sur l'état passé et l'état futur des êtres vivants 329.

BORGES (Jorge Luis) 1899-1986
Histoire de l'infamie, histoire de l'éternité 104.

BOULEZ (Pierre) né en 1925
Penser la musique aujourd'hui 177.

BOURDIEU (Pierre) 1930-2002
La Distinction 259 ; *La Misère du monde* 503.

BRAUDEL (Fernand) 1902-1985
Écrits sur l'histoire 242.

BRENTANO (Franz) 1838-1917
L'Origine de la connaissance morale 481.

BRUNER (Jerome) né en 1915
L'Éducation 258.

BUTOR (Michel) né en 1926
La Modification 19.

CHAMPAGNE (Patrick) né en 1945
Faire l'opinion 443.

CHRISTOPHE (Anne) née en 1967
« L'apprentissage du langage (les bases cérébrales du langage) » 147.

CICÉRON 106-43 av. J.-C.
Traité du destin 463.

CLASTRES (Pierre)
La Société contre l'État 399, 434.

CLUZEL (Jean) né en 1923
« La formation de l'opinion publique à l'heure d'Internet » 444.

Le Code noir (1685) 507.

COMTE (Auguste) 1798-1857
Cours de philosophie positive 247, 283.

CONDILLAC (Étienne Bonnot de) 1714-1780
Traité des sensations 281.

CONDORCET (Marie Jean Antoine Caritat, marquis de) 1743-1794
Cinq mémoires sur l'Instruction publique 557

Le Coran 211.

DAGOGNET (François) né en 1924
« Penser le vivant » 335.

DANTO (Arthur)
La Transfiguration du banal 173.

DECLERCK (Patrick) né en 1953
Les Naufragés 388.

DELPORTE (Christian)
Les Journalistes en France 442.

DESCARTES (René) 1596-1650
Discours de la méthode 100, 295, 376 ; *Lettre à Chanut* 45 ; *Lettre à Élisabeth* 349, 500, 537, 539 ; *Lettre au marquis de Newcastle* 142 ; *Lettre de mars 1638* 331 ; *Méditations métaphysiques* 25, 65, 365, 370, 462 ; *Le Monde* 145 ; *Les Passions de l'âme* 482 ; *Les Principes de la philosophie* 348 ; *Traité de l'homme* 123.

DESCOLA (Philippe) né en 1949
Les Lances du crépuscule 304.

DIDEROT (Denis) 1713-1784
De l'interprétation de la nature 298 ; *Entretien entre d'Alembert et Diderot* 352 ; « Lettre à Landois sur le déterminisme et le fondement de la morale » 565, *Lettre sur les aveugles* 68 ; *Paradoxe sur le comédien* 172.

DIOGÈNE LAËRCE IIIe siècle av. J.-C.
Vie et Doctrine des philosophes illustres 64

DOLTO (Françoise) 1908-1988
Psychanalyse et Pédiatrie 48.

DUHEM (Pierre) 1861-1916
La Théorie physique. Son objet. Sa structure 284.

DURKHEIM (Émile) 1858-1917
De la division du travail social 203 ; *Les Formes élémentaires de la vie religieuse* 219.

ÉLIADE (Mircéa) 1907-1986
Le Sacré et le Profane 230.

ENGELS (Friedrich) 1820-1895
L'origine de la famille, de la propriété et de l'État 434.
Voir aussi à MARX *(Karl).*

ÉPICTÈTE 50 ?-130 ?
Entretiens 100 ; *Manuel* 499.

ÉPICURE 341-270 av. J.-C.
Lettre à Ménécée 98, 498 ; selon Diogène Laërce, dans Vie *et Doctrine des philosophes illustres* 64.

ERNAUX (Annie) née en 1940
La Place 261.

FOUCAULT (Michel) 1926-1984
Les Mots et les Choses 321 ; *L'Archéologie du savoir* 242.

FREUD (Sigmund) 1856-1939
Abrégé de psychanalyse 53 ; *L'Avenir d'une illusion* 229, 371, 549 ; *Essais de psychanalyse appliquée* 46 ; *Introduction à la psychanalyse* 35 ; *Le Malaise dans la culture* 49, 205 ; *Psychopathologie de la vie quotidienne* 39, 310 ; *Sigmund Freud présenté par lui-même* 181 ; *Sur le rêve* 315.

GALILÉE (Galileo GALILEI, dit) 1564-1642
Lettre à Don Benedetto Castelli 313.

GARCIA MARQUEZ (Gabriel) né en 1928
Cent ans de solitude 134.

GOODY (Jack) né en 1918
La Raison graphique 149.

GRASSÉ (Pierre-Paul) 1895-1985
dans *Le Darwinisme aujourd'hui* 327.

HARASZTI (Miklos) né en 1945
Salaire aux pièces 188.

HEGEL (Friedrich) 1770-1831
Cours d'esthétique 32, 167, 179 ; *Encyclopédie des sciences philosophiques* 143 ; *Précis de l'encyclopédie des sciences philosophiques* 82 ; *Principes de la philosophie du droit* 401, 433, 470 ; *Propédeutique philosophique* 418 ; *La Raison dans l'histoire* 95, 250.

HOBBES (Thomas) 1588-1679
De la nature humaine 416 ; *Du citoyen* 79 ; *Léviathan* 431.

HOGGART (Richard) né en 1918
33 Newport Street 260.

HUGO (Victor) 1802-1855
Les Misérables 358.

HUME (David) 1711-1776
« Des principes premiers du gouvernement » 460 ; *Enquête sur l'entendement humain* 275, 299, 369 ; *Traité de la nature humaine* 30, 83.

HUSSERL (Edmund) 1859-1938
Méditations cartésiennes 28.

IMBERT (Michel) né en 1935
« Neurosciences et sciences cognitives » 121.

JANKÉLÉVITCH (Vladimir) 1903-1985
La Musique et l'Ineffable 178.

JEANNEROD (Marc) né en 1935
« Les fonctions cérébrales » 125.

JONAS (Hans) 1903-1993
Le Principe responsabilité 379.

JOUVET (Michel) né en 1925
« Histoire naturelle du rêve » 316.

KAFKA (Franz) 1883-1924
Le Procès 404.

KANT (Emmanuel) 1724-1804
Anthropologie du point de vue pragmatique 32 ; *Critique de la faculté de juger* 176, 333 ; *Critique de la raison pratique* 467, 563 ; *Critique de la raison pure* 114, 279, 282, 465, 486 ; *D'un prétendu droit de mentir par humanité* 372 ; *Idée d'une histoire universelle d'un point de vue cosmopolitique* 80 ; *Logique* 26 ; *Métaphysique des mœurs* 413, 483, 484, 496 ; *Premiers principes métaphysiques de la science de la nature* 353 ; *Qu'est-ce que les Lumières ?* 561 ; *Réflexion sur l'éducation* 481 ; *La Religion dans les limites de la simple raison* 226 ; *Théorie et Pratique* 253 ; *Vers la paix perpétuelle* 437 ; *Théorie de la justice* 503.

KELSEN (Hans) 1881-1973
« Justice et droit naturel » 416.

KLEE (Paul) 1879-1940
Théorie de l'art moderne 169.

KOYRÉ (Alexandre) 1882-1964
Études d'histoire de la pensée scientifique 375.

KUNDERA (Milan) né en 1929
Le Livre du rire et de l'oubli 245.

LA BOÉTIE (Étienne de) 1530-1563
Discours de la servitude volontaire 459.

LACAN (Jacques) 1901-1981
Écrits, I 50.

LAMARTINE (Alphonse de) 1790-1869
Histoire de la révolution française 424.

LA METTRIE (Julien Offray de) 1709-1751
L'Homme machine 333.

LATOUR (Bruno) et WOOLGAR (Steve)
La Vie de laboratoire 379.

LAVISSE (Ernest) 1842-1922
Article « Histoire », *Dictionnaire de pédagogie de d'instruction primaire* 234.

LÉGER (Fernand) 1881-1955
Les Fonctions de la peinture 170.

LEIBNIZ (Gottfried Wilhelm) 1646-1716
Nouveaux essais sur l'entendement humain 44, 296.

LEOPARDI (Giacomo, comte) 1798-1837
Tout est rien (Zibaldone di pensieri) 113.

LEROI-GOURHAN (André) 1911-1986
Les Religions de la préhistoire 218.

LESTEL (Dominique)
Les Origines animales de la culture 198.

LÉVI-STRAUSS (Claude) né en 1908
Anthropologie structurale 394 ; *Race et Histoire* 84, 257 ; *Le Regard éloigné* 395 ; Introduction, dans Marcel Mauss, *Sociologie et Anthropologie* 311.

LEVINAS (Emmanuel) 1906-1995
Dieu, la Mort et le Temps 83.

LÉVY-LEBLOND (Jean-Marc)
La Pierre de touche 377.

LOCKE (John) 1632-1704
Essai philosophique concernant l'entendement humain 280 ; *Le Second Traité du gouvernement civil* 400.

LUCRÈCE 98-55 av. J.-C.
De la nature 347, 555.

MACHIAVEL (Nicolas) 1469-1527
Le Prince 243.

MALEBRANCHE (Nicolas) 1638-1715
De la recherche de la vérité 118.

MALINOWSKI (Bronislaw) 1884-1942
Une théorie scientifique de la culture 255.

MALRAUX (André) 1901-1976
Les Voix du silence 184.

MARC AURÈLE 121-180
Pensées 119.

MARROU (Henri-Irénée) 1904-1977
De la connaissance historique 240.

MARX (Karl) 1818-1883
Le Capital 196, 547 ; *Contribution à la critique de l'économie politique* 182, 248 ; *Critique de la philosophie du droit de Hegel* 228.

MARX (Karl) et ENGELS (Friedrich)
L'idéologie allemande 34.
Voir aussi à ENGELS (Friedrich).

MAUPASSANT (Guy de) 1850-1893
« Lettre d'un fou » 57.

MAUSS (Marcel) 1873-1950
Essai sur le don 395 ; « Les techniques du corps » 197.

MERLEAU-PONTY (Maurice) 1908-1961
Éloge de la philosophie 221 ; *Phénoménologie de la perception* 69, 85 ; *Signes* 143.

MILL (John Stuart) 1806-1873
L'Utilitarisme 498.

MOLIÈRE (Jean-Baptiste Poquelin, dit) 1622-1673
L'École des femmes 88.

MONOD (Jacques) 1910-1976
Le Hasard et la Nécessité 328.

MONTESQUIEU (Charles de Secondat, baron de LA BRÈDE et de) 1689-1755
De l'esprit des lois 506, 559.

NICOLE (Pierre)
Voir ARNAULD (Antoine).

NIETZSCHE (Friedrich) 1844-1900
Aurore 34, 206 ; *Considérations inactuelles* 245 ; *Crépuscule des idoles* 101, 148 ; *Le Gai Savoir* 231, 316, 373 ; *La Généalogie de la morale* 312, 485 ; *Humain, trop humain* 175.

ONFRAY (Michel) né en 1959
Féeries anatomiques 381.

PANOFSKY (Erwin) 1892-1968
Idea 165.

PASCAL (Blaise) 1623-1662
De l'esprit géométrique 297 ; *Pensées* 220, 227, 414.

PIAGET (Jean) 1896-1980
La Représentation du monde chez l'enfant 269.

PLATON vers 420-340 av. J.-C.
Apologie de Socrate 364 ; *Le Banquet* 97 ; *Criton* 413 ; *Gorgias* 150, 460 ; *Phédon* 62, 346 ; *Phèdre* 174, 439 ; *Protagoras* 200 ; *La République* 164, 276, 396 ; *Timée* 111.

PLOTIN vers 205-270
Ennéades 111.

POE (Edgar Allan) 1809-1849
« Le démon de la perversité » 474.

POPPER (Karl) 1902-1994
La Logique de la découverte scientifique 285 ; *Toute vie est résolution de problèmes* 33.

PROUST (Joëlle)
Les animaux pensent-ils ? 140.

RAWLS (John) né en 1921
Théorie de la justice 417.

RICŒUR (Paul) né en 1913
Du texte à l'action 317 ;
Histoire et Vérité 241.

ROMILLY (Jacqueline Worms de) née en 1913
Problèmes de la démocratie grecque 440.

ROUSSEAU (Jean-Jacques) 1712-1778
Discours sur l'économie politique 430 ; *Discours sur l'origine et les fondements de l'inégalité parmi les hommes* 79, 141, 202, 397, 543 ; *Du contrat social* 415, 419, 432, 470 ; *Émile ou De l'éducation* 223, 501 ; *Les Rêveries du promeneur solitaire* 490.

RUSSELL (Bertrand) 1872-1970
Essais sceptiques 367 ; *Histoire de mes idées philosophiques* 355 ; *Problèmes de philosophie* 300.

RYLE (Gilbert) 1900-1976
La Notion d'esprit 354.

SARTRE (Jean-Paul) 1905-1980
L'Être et le Néant 51 ; *Huis Clos* 72 ; *L'Imaginaire* 545, *Situations I* 29.

SAUSSURE (Ferdinand de) 1857-1913
Cours de linguistique générale 145.

SCHŒLCHER (Victor) 1804-1893
Esclavage et Colonisation 508, 509.

SCHOPENHAUER (Arthur) 1788-1860
Le Monde comme volonté et comme représentation 95, 497, 551 ; *Parerga et Paralipomena* 398.

SÉNÈQUE 4 av. J.-C.-65 apr. J.-C.
La Vie heureuse 485.

SEXTUS EMPIRICUS IIe-IIIe siècle
Esquisses pyrhonniennes 63, 110, 366.

SIMONDON (Gilbert) 1926-1987
Du mode d'existence des objets techniques 198.

SMITH (Adam) 1723-1790
Recherche sur la nature et les causes de la richesse des nations 203.

SOPHOCLE 496-406 av. J.-C.
Antigone 411 ; *Œdipe à Colone* 452.

SPINOZA (Baruch) 1632-1677
Éthique 46, 64, 94, 326, 351, 463 ; *Traité théologico-politique* 223.

THOMAS D'AQUIN 1228-1274
Somme théologique 412.

TOCQUEVILLE (Charles Alexis CLÉREL de) 1805-1859
De la démocratie en Amérique 435, 471 ; *Souvenirs* 425.

TOULMIN (Stephen) né en 1922
Les Usages de l'argumentation 301.

TOURNIER (Michel) né en 1924
Vendredi ou les Limbes du Pacifique 81.

VACQUIN (Monette)
Frankenstein ou les Délires de la raison 334.

VALLÈS (Jules) 1832-1885
L'Enfant 288.

VASARI (Giorgio) 1511-1574
Les Vies des meilleurs peintres, sculpteurs, architectes 154.

VEYNE (Paul) né en 1930
Philosophie et Histoire 246.

WILDE (Oscar) 1854-1900
Le Portrait de Dorian Gray 338.

WITTGENSTEIN (Ludwig Josef) 1889-1951
« Intention, vouloir dire, signifier » 146.

WOOLGAR (Steve)
Voir Latour (Bruno).

Table des illustrations

12-13 ph © Mathieu Bernard-Reymond
17 ph © Gladys
19 ph © Fonds National d'Art Contemporain, Paris © Alain Fleischer/ADAGP, Paris, 2004
37 ph Yves Bresson © Jean-Michel Othoniel/ADAGP, Paris, 2004
39 ph J.-H. Lartigue © Ministère de la Culture – France/AAJHL
55 ph © Jean-Marc Tingaud
57 ph © Nan Goldin
71 © Jean-Charles Blais/ ADAGP, Paris, 2004
73 ph DR © Giulio Paolini/ Fondation Cartier pour l'art contemporain, Paris
87 ph © Ferrante Ferranti
88-89 ph © Olivier Rebufa
103 ph © Xavier Zimbardo
105 ph © David Alan Harvey/ Magnum Photos
120 ph © CNAC/MNAM/RMN © Raoul Haussmann/ ADAGP, Paris, 2004
122 ph © CNRI
123 ph © Lauros/Giraudon/ Bridgeman Art Library
124 ph © Jean Gaumy/Magnum Photos
125 ph Fondation Cartier pour l'art contemporain © Jean-Michel Alberola/ADAGP, Paris, 2004
126 ph © Archives Charmet/ Bridgeman Art Library
127 ph © The Andy Warhol Foundation/Art Resource/ Scala, Florence © ADAGP, Paris, 2004
128-129 ph Fonds National d'Art Contemporain © Patrick Tosani/ADAGP, Paris, 2004
133 ph © Géraldine Aresteanu
135 ph © Brigitte Enguerand/ Agence Enguerand
153 ph © Keiichi Tahara
155 ph © Scala, Florence
156 ph © Philippe Bertin
157 ph © Nils-Udo
158 © Giorgio Morandi/ ADAGP, Paris, 2004
159 ph © Jean-Marie del Moral
160 ph © Peter Beard/ Galerie Kamel Mennour
161 ph © Galerie Karsten Grève © Louise Bourgeois/ ADAGP, Paris, 2004
162 ph © AKG, Paris
163 ph © Galerie Yvon Lambert © Bertrand Lavier/ ADAGP, Paris, 2004
164 ph © AKG, Paris
165 ph © AKG, Paris © David Hockney Studios, Los Angeles
166 g ph © AKG, Paris
166 d ph © AKG, Paris © David Hockney Studios, Los Angeles
168 ph © AKG, Paris
169 ph © AKG, Paris © Arnold Topp/ ADAGP, Paris, 2004
171 ph © CNAC/MNAM/RMN © Fernand Léger/ ADAGP, Paris, 2004
173 ph © Whitney Museum of American Art, New York © Jasper Johns/ ADAGP, Paris, 2004
174 ph © The Frick Collection, New York
175 ph © Jean-Marie del Moral
176 ph © Jean-Marie del Moral © Miquel Barceló/ ADAGP, Paris, 2004
178 © Nam June Paik/DR
180 ph extraite du livre *L'Unique trait de pinceau,* Éd. Albin Michel, 2001 © Fabienne Verdier
181 © The Estate of Jean-Michel Basquiat/ ADAGP, Paris, 2004
182 © Martial Raysse/ ADAGP, Paris, 2004
184 ph © Claus Goedicke/ Galerie Thaddaeus Ropac
185 ph © Ferdinando Scianna/ Magnum Photos
187 ph © Jean Dieuzaide
189 ph © Catherine Réchard
209 ph © DR
211 ph © Peter Marlow/ Magnum Photos
232-233 ph © Josef Koudelka/ Magnum Photos
235 ph © Gérard Rondeau/Agence VU
254 ph © J. D.' Okhai Ojeikere/CAAC
255 ph © Psihoyos/Cosmos
256-257 ph © Galerie Monika Sprüth, Cologne © Andreas Gursky/ ADAGP, Paris, 2004
258 ph © Leong Ka Tai/Cosmos
260-261 ph © Guillaume de Laubier
262-263 ph © The Victoria and Albert Museum, Londres
267 ph © Rue des Archives
269 ph © Emmanuel Pierrot/ Agence VU
286 ph © Miguel Chevalier/ ADAGP, Paris, 2004
289 ph © John Batho
303 ph © Edward Weston/DR
305 ph © Tony Oursler/ Metro Pictures Gallery, New York/DR
319 ph © Bertrand Gadenne/ Galerie Aline Vidal
321 ph © Gladys
337 ph © Juan Manuel Castro Prieto/ Agence VU
339 ph © François-Marie Banier/DR
357 ph © P. Goetelen/ Archives Denyse Durand-Ruel © Jean-Pierre Raynaud/ ADAGP, Paris, 2004
359 ph © Laurent Lecat © Pierre Soulages/ADAGP, Paris, 2004
374 ph © James King Holmes/ SPL/Cosmos
375 ph © Giraudon/ Bridgeman Art Library
376 ph Archives Hatier
377 ph © DR
378 ph © Lane Justin/Gamma
380 ph © Mauro Fermariello/ SPL/Cosmos
381 ph © Thomas Fred/HOA QUI
382-383 ph © Jean-Pierre Attal
387 ph © Alain Buu/Gamma
389 ph © Olivier Coulange/ Agence VU
403 ph © Raymond Depardon/ Magnum Photos
405 ph © René Burri/ Magnum Photos
423 ph © Galerie Monika Sprüth, Cologne © Andreas Gursky/ ADAGP, Paris, 2004
425 ph © Archives Charmet/ Bridgeman Art Library
438 ph © René Burri/ Magnum Photos
439 © Ivan Messac/ ADAGP, Paris, 2004
440 ph collection Raymond Bachollet
442 ph Archives Hatier
443 ph © George Kaplan/Télérama
444 ph © Thomas Cheng/AFP
446-447 ph © Pierre-Marie Brisson/ ADAGP, Paris, 2004
451 ph © Alexander Nemenov/AFP
453 ph © Herb Ritts/DR
473 ph © Ikko Narahara
475 ph © Gladys
489 © Joan Mitchell/DR
490-491 ph © Cahiers du Cinéma
504 ph © Dagli Orti
505 ph © Musée national, Copenhague
507 ph © Lauros/Giraudon/ Bridgeman Art Library
508 ph © Sebastião Salgado/ Amazonas/ Contact Press Images
509 ph © Sebastião Salgado/ Amazonas/ Contact Press Images
510 ph © Giraudon/ Bridgeman Art Library
511 ph © Arnaud Brunet/Gamma
530 ph © Alexis Duclos/Gamma
532 ph © Dagli Orti
566 ph Archives Hatier
571 ph © Giraudon/ Bridgeman Art Library
573 ph © Giraudon/ Bridgeman Art Library
574 ph © Giraudon/ Bridgeman Art Library
577 ph © Scala, Florence
583 ph © Giraudon/ Bridgeman Art Library
585 ph © Peter Willi/ Keystone © Richard Artschwager/ ADAGP, Paris, 2004

Achevé imprimer chez Rotolito - Pioltello - Italie
Dépôt légal n° 46440 - Avril 2004